TAIXING SHI GUOTU ZIYUAN ZHI

泰兴市国土资源志

（1996—2018）

《泰兴市国土资源志》编纂委员会　编

方志出版社
Publishing House of Local Records

图书在版编目（CIP）数据

泰兴市国土资源志：1996—2018 /《泰兴市国土资源志》编纂委员会编 .—北京：方志出版社，2023.2

ISBN 978-7-5144-5277-8

Ⅰ. ①泰… Ⅱ. ①泰… Ⅲ. ①国土资源—概况—泰兴—1996—2018 Ⅳ. ① F129.953.4

中国国家版本馆 CIP 数据核字（2023）第 033415 号

责任编辑：王海荣
责任校对：刘玉霞
责任印制：梅中英
出 版 者：方志出版社
地　　址：北京市朝阳区潘家园东里 9 号（国家方志馆 4 层）
邮　　编：100021
网　　址：http://www.zgfzcb.cn
发　　行：方志出版社图书营销中心（010-67110500）
印　　刷：北京中科印刷有限公司
开　　本：889 毫米 ×1194 毫米 1/16
印　　张：35.5
字　　数：772 千字
版　　次：2023 年 2 月第 1 版
印　　次：2023 年 2 月第 1 次印刷
定　　价：280.00 元

《泰兴市国土资源志（1996—2018）》编纂委员会

主　　任：孙红东

副 主 任：栾　俊　徐建锋　顾海荣　陈希阳　祝　萍

委　　员：蒋　俊　栾　欣　叶金龙　马文国　冯书林　周　宁　田为春　朱　剑　王永华　葛　萍　丁黎明　张　斌　刘家瑞　朱　鹏　时　萍　杨绍华　聂　锋　朱　虎

编纂委员会下设办公室，顾海荣兼任办公室主任，蒋俊、李君、叶春荣、叶扣章为成员。

《泰兴市国土资源志（1996—2018）》编辑部

主　　编：孙红东　栾　俊

副 主 编：叶扣章　叶春荣　蒋　俊　李　君

成　　员：孙红东　叶扣章　叶春荣　蒋　俊　李　君　栾　欣　张　伟　朱　虎　张　鸣　吴朝阳　张　冲　宋世荣　聂　锋　成建新　徐向阳　殷　珂　覃慧敏　莫晓艳

文　　印：鞠九红

主要摄影：朱　立等

《泰兴市国土资源志（1996—2018）》评审会成员

翁元锋　陈建明　王国强　朱桂红　蒋淑颖　张留红

要事回眸

2013 年 5 月 15 日，省国土资源厅厅长李侃桢、副厅长祖耀升等一行对泰兴市推进城镇化和城乡一体化土地管理政策创新进行调研

2013 年 8 月 13 日，省国土资源厅调研组到泰兴市调研市国土资源局党的群众路线教育实践活动开展情况

2013 年 8 月 14 日，省国土资源厅在泰兴市召开全省国土资源系统党风廉政建设联系点工作会议

2015 年 5 月 12 日，省国土资源厅督查组到泰兴市督查建设用地使用情况

2016 年 5 月 31 日，省国土资源厅不动产登记局局长林颢、泰兴市市长张育林为泰兴市不动产登记中心揭牌

2016 年 11 月 10 日，省国土资源厅副厅长吴震强、执法局局长袁晓军一行到泰兴市国土资源局督查信访工作

2017 年 5 月 7 日，泰兴市国土资源系统召开党委会，谋划各项国土资源管理工作

2017 年 9 月 1 日，泰兴市在浙江召开江苏 · 泰兴 2017（杭州）城市建设暨服务业项目推介会

2017 年 11 月 29 日，省、市领导到泰兴市国土资源局对“书记领题”项目进行督查

2018 年 8 月 31 日，泰兴市委书记张育林到市国土资源局观摩“书记领题”项目

名胜古迹

中山塔（摄于 2018 年）

奎文阁（摄于 2018 年）

仙鹤湾（摄于 2018 年）

鲲化池（摄于 2018 年）

泰兴县县衙旧址（摄于 2018 年）

襟江书院（摄于 2018 年）

庆云禅寺（摄于 2018 年）

宝塔湾法轮塔（摄于 2018 年）

老城隍庙（摄于 2018 年）

澄江门遗址公园（摄于 2018 年）

国家级泰兴宣堡古银杏森林公园（摄于 2018 年）

红色教育基地

杨根思烈士陵园（摄于 2018 年）

新四军黄桥战役纪念馆（摄于 2018 年）

中国共产党江浙区泰兴独立支部纪念馆（摄于 2020 年）

城市新貌

佳源新天地（摄于 2018 年）

香榭湖（摄于 2018 年）

序

在全国人民热烈欢庆中国共产党诞生100周年之际,《泰兴市国土资源志（1996—2018）》历数度寒暑，几易其稿，终于付梓。这是全市人民政治生活中的一件喜事，是全市国土资源系统向伟大、光荣、正确的中国共产党百岁生日敬献的一份喜礼，也是全市国土人向泰兴文化宝库敬献的一项历史文化成果。

“民以食为天，食以地为源。”大地母亲，赐予泰兴儿女独特的区位优势，距离长江20余千米，与苏州、无锡、常州一江相隔。境内一片平原，土地肥沃，物产富饶，得天时地利之宜。泰兴人民利用自身的资源优势，深入推进沿江开发，大力培育优势产业，“一区四园”成效显著，乡镇、街道振业崛起，全市综合实力逐年大幅度提升。近年来，泰兴一直跻身于全国县域经济基本竞争力百强县之列。如今，泰兴人民以昂扬的斗志，为继续全面深化改革、加快建设“强富美高”的新泰兴做出新的更大的贡献。

《泰兴市国土资源志（1996—2018）》以土地为记述对象，以翔实的资料为依据，全面系统地记述了23年来泰兴这块土地从管理到保护的历史，重点记述了23年来全市国土资源管理工作取得的成绩与存在的不足，使泰兴人民增强热爱土地、保护耕地的意识，从而形成惜土如金、用地有方的良好风气。该志的出版是现实的需要，不仅续写了23年泰兴国土资源管理的史实，而且是人们了解土地市情的重要窗口，具有较高的资政、存史价值。

土地资源是人类生活和生存的根本依托，是人类社会发展的重要物质基础，离开土地，人类将一事无成。在社会主义新时代，习近平总书记高瞻远瞩地告诫我们，中国人一定要牢牢地把饭碗端在自己的手上。如此谆谆教导，深深地启迪我们，在当今改革开放不断深入、社会经济发展突飞猛进、对土地的需求与挑战越来越严峻的形势下，切实加强耕地保护，合理利用每寸土地，既是我们的当务之急，也是我们的长远之虑。这就要求我们一定要不忘“保护国土资源、坚守耕地红线”的初心，牢记“保障经济发展、确保用地需求”的使命，强化土地资源和土地资产并重管理，积极推进土地节约集约利用。奋进新时代，奋斗新征程，为美好泰兴再创新辉煌，谱写新篇章。

泰兴市人民政府党组成员、副市长　孙红东

2021年11月

凡 例

一、本志以马克思列宁主义、毛泽东思想、邓小平理论、“三个代表”重要思想、科学发展观、习近平新时代中国特色社会主义思想为指导，坚持辩证唯物主义和历史唯物主义的立场、观点和方法，贯彻实事求是的原则，力求全面、系统、客观记述泰兴市1996—2018年进行国土资源开发、利用及管理等方面的历史和现状，同时反映改革开放以后泰兴国土资源管理工作取得的成就和经验，力求思想性、科学性、资料性的统一。

二、本志系1998年10月出版的《泰兴市土地志》续志，上限起于1996年，下限断至2018年。1996年之前与1996年有关联的工作或2018年以后与2018年有关联的工作，有所提及，以明来龙去脉。

三、本志所述内容运用述、记、志、传、图、表、录等体裁，以志为主。全志语言采用现代语体文。总述有叙有议，叙议结合，以叙为主；大事记以编年体为主，辅以纪事本末体；其余均以类系事，以时为序，只记事实，不作评论。本志采用中篇结构，按章、节、目、子目层次排列。

四、本志各章下设无题小序，概括引领正文内容，节下视情况设无题小序，不求统一。

五、本志所列各项统计数据，均以1997—2019年卷《泰兴年鉴》和泰兴市国土资源局提供的数据为准，凡有年份而不标明月份的数据，均为年末数。

六、本志纪年，中华民国成立前使用朝代年号纪年，括注公元年份，中华民国成立后使用公元纪年。世纪、年代用阿拉伯数字书写。月、日书写，农历用汉字数字，公历用阿拉伯数字。凡公元纪年年代前未注明具体世纪者，均属20世纪。

七、本志数字用法、标点符号用法分别采用国家标准《出版物上数字用法》（GB/T 15835—2011）、《标点符号用法》（GB/T 15834—2011），计量单位采用国家技术监督局1993年12月发布的《量和单位》系列国家标准。

八、本志中，土地面积的计量单位主要用公顷，也有用平方千米，面积较小的用平方米或亩。有些两数相乘不等于积、两数相除不等于商的情况，是四舍五入所致。一般小数点后保留两位，个别较小的数字，按需要保留多位。

九、本志人物部分遵循“生不立传”的原则。设人物传，主要记述泰兴市国土资源局建立以来，已故局主要领导人及获得省级、国家级表彰且具有影响力的人物。在国土资源管理工作中具有影响的人一律采用以事系人的方法载入有关章节。对历任局主要领导人只收录其简介。获得国家、省、市级国土资源管理部门及泰兴市委、市政府以上表彰的个人荣誉收录于人物表。

十、本地本系统原在国内外地质矿产领域做出杰出贡献的历史人物生平事迹和本市印发的部分国土资源管理规范性文件及在报纸杂志上发表的部分文章收录于附录。

目 录

第四章 耕地保护

第五章 建设用地管理

第六章 土地节约集约利用与评价

第七章　土地市场与地价

第八章　地籍管理

第九章　土地法治

第十章　国土资源税费

第十一章　矿产资源管理与地质灾害防治

第十二章　土地科技

第十三章　人　物

附　录

总 述

泰兴市文化博览中心、佳源新天地建筑群

① ① 泰兴市高新区南极机械有限公司

② ② 泰兴市城南新区——香榭湖

③ ③ 泰兴市虹桥镇人民政府

泰兴置县始于五代南唐升元元年（937 年），县名由来是随泰州兴起之意，属泰州管辖。北宋宣和四年（1122 年）改属扬州。南宋绍兴初年，再属泰州；绍兴五年（1135 年），仍属扬州；绍兴十年（1140 年）又再属泰州；绍兴十二年（1142 年）又改属扬州。元时升泰兴为上等县，属扬州路总管府。明属扬州府。清雍正二年（1724 年）改属通州。1914 年属苏常道，1927 年直属江苏省。1933 年属泰州督察区，1934 年改属扬州督察区。1949 年全县解放，属泰州行政区。1953 年，属扬州行政公署，1983 年属扬州市。1992 年经国务院批准撤县设泰兴市（县级），由江苏省直辖、扬州市代管。1996 年 8 月由新设的地级泰州市代管。

泰兴位于江苏省中部、长江下游北岸，东接如皋市，南界靖江市，西濒长江，与扬中市、常州市武进区隔江相望，北临泰州市姜堰区，东北与海安市接壤，西北与高港区毗邻。东西最大直线距离 47.0 千米，南北最大直线距离 43.5 千米。泰兴地势东北高，西南低，略呈倾斜。地质基础比较稳定，900 多年来，仅发生有感地震 18 次，均未造成灾害。这里土地肥沃，气候温和，日光充足，物产丰富，交通便捷，自然资源、人文环境和社会经济条件十分优越。

1996 年 8 月，全市有 21 个镇、21 个乡，共有 48 个居委会、997 个行政村。1997 年 4 月经省委、省政府批准，口岸、刁铺、田河、许庄、永安洲 5 个乡镇划归泰州市海陵区管辖，8 月划归泰州市新建的高港区管辖。至此，全市辖 17 个镇、20 个乡，共有 48 个居委会、883 个行政村。全市总人口 126.95 万人，土地总面积 1252.63 平方千米。

2008 年 9 月，经省委、省政府批准，胡庄镇、泰兴市第二捕捞公司、宣堡镇 7 个行政村（超王、乔扬、明和、钱赵、管营、孔桥、蔡庄）划归泰州市高港区管辖，至此全市土地总面积 1169.65 平方千米，全市户籍人口为 119.7 万人。

二

为了更好地合理配置土地资源，统筹安排和控制各类非农业建设用地，优化土地利用结构，提高土地利用整体效益，有效保护土地资源，市委、市政府根据中共中央、国务院《关于进一步加强土地管理切实保护耕地的通知》和《江苏省土地利用总体规划编制和修订工作方案》，于1997年和2006年分别在1991年和1997年编制的市、乡两级土地利用总体规划的基础上，进行土地利用总体规划修编。这两次规划修编，都坚持从市情出发，以土地用途管制为总要求，以基本农田保护为中心，以严格控制非农业用地为重点，统筹安排各业用地，坚持占用耕地与土地复垦整理相结合，规划指标控制与实施管理相结合，确保耕地总量动态平衡。泰兴市建立以规划引领用地、以规划协调用地、以规划管理用地的长效机制，既为全市土地资源管理实现合理有效保护，又为全市经济全面、协调、可持续发展增添不竭动力。

二

随着改革开放的不断深入和泰兴经济的快速发展，各类非农业建设用地的供需矛盾越来越突出。1996年以后，市国土管理部门在市委、市政府的领导下，积极贯彻“一要吃饭，二要建设”的方针，以改革创新的工作思维，进一步加强建设用地管理，坚持以规划为龙头、以计划为手段、以依法依规为准则，不断制定和完善相应的用地管理政策和审批程序。1997年起，对全市非农业建设用地实行规划管理“一图一表”审批制度。坚持推行“批前早介入、批中严把关、批后重监管”的管理模式，不断规范用地行为。坚持依法依规的基本原则，严格执行国家和市委、市政府制定的各项用地政策规定，切实履行各项用地审批程序和审批权限。坚持严把建设项目预审关，严格实行土地用途管制制度，从严控制农用地转用指标，确保既保护资源又保障发展。坚持逐步完善被征地农民生活保障制度，不断提高被征地农民的各项土地补偿和安置标准，切实维护被征地农民的合法权益。1996—2018年，全市共依法供应国家集体建设用地5363宗、8167.15公顷，个人建房103415户、用地1420.06公顷。在确保全市各类非农业建设用地的同时，优先保证全市“一区四园”（经济开发区、虹桥工业园区、城东工业园区、黄桥工业园区、农产品加工园区）和骨干企业的用地需求，为“一区四园”的转型发展上规模提供了强劲支撑。至2018年，江苏省泰兴经济开发区创建成国家级知识产权试点园区，虹桥工业园区被列为江苏省两化融合试验区，江苏泰兴高新技术产业开发区创建成江苏省高新技术众创集聚区，农产品加工园区创建成国家农业产业化示范基地。

三

面对经济社会快速发展对土地需求的挑战，市委、市政府实行节流与开源并举、开发与保护并重，大力开展土地复垦整理，逐年下达复垦指标，列入乡镇目标考核。每年建立复垦项目库，有计划地组织土地复垦整理。1996—2018年，全市实施土地复垦整理项目 2201 个，复垦整理土地 25360.13 公顷，增加耕地 5231.87 公顷。2011 年 5 月，市委、市政府在虹桥镇开展“万顷良田”工程建设，围绕“生产发展、生活宽裕、乡风文明、村容整洁、管理民主”的总体目标，坚持高标准，进行村庄整理，建成田成方、路成行、地平整、水系畅、林成网的基本农田示范区。2015 年，市政府实行同一乡镇范围内村庄建设用地布局调整，将同一乡镇范围内规划撤并村庄涉及的建设用地地块和拟用于镇村建设的地块，通过实施复垦整理及建设用地的布局调整，达到耕地有增加、建设用地有减少、镇村布局更优化、农村环境更优美的目标。

与此同时，市委、市政府大力加强对耕地的保护。1998 年按照全市土地利用总体规划，划定基本农田保护区 36 个、保护片 874 个，保护面积 70454.67 公顷。2018 年，根据国家、省、市统一部署，全市划定永久基本农田保护区 22 个、保护片（块）346 个、保护图斑 118575 个，保护面积 57358.64 公顷，高标准基本农田保护面积 4846.67 公顷。基本农田保护区划定后，市政府印发《关于加强基本农田保护管理的意见》，制定六项基本农田保护制度，对农田保护区实行“五个禁止”“五个不准”。市、乡镇、村、组四级层层签订保护责任状，层层落实保护责任。每一个基本农田保护区、片、块，都设立保护标志牌，基本农田保护实现了手段信息化、管理网络化、监督社会化。1996 年 11 月 23 日，全国人大常委会副委员长吴阶平、全国政协副主席万国权到泰兴对耕地保护工作进行专题考察，都给予高度评价。1998 年 4 月，全省土地复垦工作会议把泰兴作为参观主现场。

为了既要保护资源，又要保障发展，市委、市政府认真贯彻落实《国务院关于促进节约集约用地的通知》，积极推行建设用地方式由粗放型向节约集约型转变。1998 年，市国土管理局提出“建设用地控制总量、管住增量、盘活存量”的思路，1999 年推行“存量盘活、复垦挂钩、等量转换”的办法，引导企业和小城镇建设走内涵挖潜、集约用地的路子。2003 年，市委、市政府实施“工业向园区集中、人口向小城镇集中、住宅向社区集中”的战略，撤销镇级工业园，积极引导企业向经济开发区、工业园区集聚，以集聚促节约，推动新型工业化、新型城镇化、农业现代化同步发展。2005 年，市政府印发《关于加强推进高标准厂房建设的实施意见》，鼓励企业建多层标准厂房，向空间和地下要土地，提高土地利用节约集约化水平。泰兴的土地开发与保护，实现了全市耕地总量动态平衡的目标。2012 年，泰兴市被省国土资源厅表彰为“江苏省国土资源节约集约利用模范市”，同时被省国土资源厅、省经济信息化委员会授予“高标准厂房建设与使用先进地区”称号。2017 年和 2018 年连续两年，被国务院表彰为“土地节约集约利用、土地利用秩序、土地利用计划执行好的市（盟）、县（市、区）”。2017 年 6 月，被省国土资源厅表彰为“2016 年度江苏省国土资源节约集约利用模范市”。

四

20世纪90年代，土地使用制度改革催生了土地一级市场（出让）和土地二级市场（转让、出租、抵押等），一级市场由政府高度垄断，二级市场可以放开搞活，从而全市各级政府和市土地管理部门对土地实行了由资源管理向资源和资产并重管理的转变。

1998年6月24日，市政府在河失镇召开了拍卖出让国有土地使用权现场会，成功敲响了苏北拍卖出让国有土地使用权的第一槌，为苏北国有土地使用权出让开了先河。1999年，全市组织拍卖活动24次，面积1.95公顷，获取出让金4679万元，其中，拍卖泰兴城区鼓楼北路北段41宗地块，面积0.28公顷，平均每平方米地价8790元，最高地价每平方米14164元，创全省之最。2000年4月6日，黄桥镇拍卖出让土地1235.52平方米，获取出让金575.1万元，平均地价每平方米4654.7元，创泰兴历史上乡镇地价之最。2001年2月28日，拍卖出让市区鼓楼北路国有土地37宗2383.36平方米，平均地价每平方米1.203万元，其中一宗地经过152轮竞价，拍出单价每平方米2.397万元，打破全省拍卖地价每平方米1.41万元的纪录，再创全省之最。为加强土地市场管理，防止土地资产流失，1997年起，市土地管理局按照《城镇土地估价规程》的规定，结合各乡镇区位因素和市政设施配套等情况，对泰兴市区、全市各建制镇和乡集镇土地开展分等定级估价工作，制定基准地价等地价体系，并不断进行地价体系成果更新，做到土地价格与地区基础设施建设功能的提升相适应。2000年，泰兴市土地开发储备中心成立，受市政府委托，负责收回全市各乡镇集镇区和城区内闲置和低效利用土地或企业破产、搬迁等需要调整利用的土地，经适度开发整理后推向市场进行出让，从此实行“一个渠道进水（政府统一征用、收购和回收土地），一个池子蓄水（政府统一储备土地），一个龙头放水（政府统一供地）”。至2018年，全市共出让土地3068宗，面积4390.55公顷，土地出让总价4291.86亿元。

五

地籍管理是国土资源管理工作的重要组成部分，也是国土资源管理工作的基础。1996年，市土地管理局进行土地利用现状调查，查清全市土地8个一级类、32个二级类和2个三级类的用地面积、分布情况和权属状况。2002年，市国土资源局按照省、市部署，进行新设地类土地变更调查，查清全市土地利用状况。2008年，全市开展第二次土地调查，查清全市土地资源状况，分清地属界、地类界，厘清土地权属关系，结束了全市土地家底不清的历史，为实现全市土地管理信息化奠定基础。1998年、1999年，市国土管理局分别被省国土管理局评为地政地籍管理工作优胜单位和地籍管理先进单位，2012年被省国土资源厅评为全省地籍管理双强单位。2015年9月，泰兴市不动产登记中心成立，2016年5月31日，正式揭牌。省国土资源厅不动产登记局局长林颢、副局长谭静，泰州市国土资源局局长李兴国，泰兴市市长张育林，市委常委、常务副市长刘荣华出席揭牌仪式，并为4名市民颁发4本首批城镇不动产权证书。此后，市不动产登记中心不断创新工作思路，实行“一窗受理，集成服务”模式，履行全业务“四个工作日办结”服务承诺，成绩突出，2018年，被国土资源部授予“全国百佳不动产登记便民利民示范窗口”称号。

六

泰兴主要地质构造为隆起区，域内矿产资源主要有二氧化碳气、黏土、氦气、地热、浅层天然气、优质石英砂等。经勘探，二氧化碳气较为丰富，储量在1000亿立方米以上，为中国最大的天然液压二氧化碳气田。矿产资源管理机构原隶属于市计划委员会，2001年12月，按照国家大部制体制改革的模式，市委、市政府将其职能划入市国土资源局，增设矿产资源开发管理办公室。此后，市国土资源局认真履行矿产资源管理职责，不断加强矿业秩序管理，严格规定在全市境内的采矿企业和个人，必须依法领取采矿许可证，否则严禁开采和生产。并定期不定期地组织市工商行政管理局、市公安局等部门进行联合执法巡查，对无土源、乱采乱挖的窑场，一律关停，限期复垦到位。对二氧化碳的开采，实行“一厂一管一表”的管理模式，坚决打击盗气、盗售行为。不断加强矿业安全管理，2001年，市国土资源局对全市所有矿产企业进行“六查一整顿”。此后，规定所有矿产企业必须建立安全生产领导小组，明确企业法人为第一责任人，督促各企业层层落实安全责任制，及时治理安全隐患，二氧化碳开采30多年来未发生一起安全事故。2016—2017年连续两年，市国土资源局被市政府表彰为安全生产工作先进单位。

在加强矿业企业秩序和安全管理的同时，市委、市政府加强对矿产资源的开发利用管理，不断增加资金投入，扩大二氧化碳企业规模，增加设备产能，至2018年，二氧化碳气产品用户达500多家，产品销售遍布华东地区。对砖瓦窑业不断整顿，凡18门以下的砖瓦窑一律拆除，推行黏土资源竞价出让制度，至2016年，全市共有18门以上砖瓦生产企业11家，年产值4025万元。

2016年7月至2018年年底，市国土资源局围绕“地质资源保障”和“地质环境安全”两大主题，完成域内面上地质调查1169.65平方千米、地质物理勘查90000余米、钻探施工7000余米，为地质资源评估提供重要依据。2003年起，市国土资源局对建设用地，认真履行地质灾害危险性评估职责，至2018年，为全市评估各类用地1677宗。并根据国务院《地质灾害防治条例》，认真做好地质灾害防治和监测，做到责任到人、任务到人，措施到位。2018年，市国土资源局被省国土资源厅表彰为“全省地质资料管理工作成绩突出的单位”。

七

为依法管理好土地，1996年以后，市委、市政府相继制定了一系列国土资源管理法规性文件，市国土资源局在依法管理土地的过程中，紧密结合工作实际，相应制定了规章制度等规范性文件，做到有法可依、有章可循。

历年来，市委、市政府和市国土管理部门坚持以宣传为先导，每年结合普法教育活动，在抓好常规性法规宣传的同时，围绕全国“6·25”土地日宣传主题，运用各种手段，采取多种形式全方位、多层次大张旗鼓地宣传土地管理法律法规，宣传土地国情、市情和土地国策，不断提高广大干部群众依法用地和珍惜土地、保护耕地的自觉性，营造了良好的土地管理社会环境。2002年，市国土资源局被省国土资源厅表彰为“全省国土资源系统法制宣传先进集体”，2005年被省国土资源厅评为“四五”普法工作先进集体，被省委宣传部、省依法治省领导小组办公室、省司法厅评为“2001—2005年全省法制宣传教育工作先进单位”。在全面提高全市广大干部群众土地法治意识的同时，市国土管理局坚持从强化土地执法监察入手，不断强化土地执法监察措施。1996年9月成立“泰兴市土地监察大队”，专司土地执法监察工作，组织定期、不定期土地巡回监察。建立健全市、乡（镇）、村、组四级土地监察网络，对违法用地行为做到早发现、早制止、早查处。2012年起，全市推行全覆盖无盲区的网格化巡查模式，全面建立土地执法监察防控机制。面对违法用地时而发生的现象，市委、市政府多次召开土地执法专题会议，定期督查土地卫片发现和新发生的违法用地整改工作。仅就2017年为例，是年，共拆除违法用地构筑物179宗，还耕土地3.7公顷。1996—2018年，全市立案查处土地违法案件2644宗。认真做好土地信访工作，常年坚持局领导轮值接待日制度，及时有效化解土地的矛盾纠纷。1996—2018年，共受理群众涉土来信、来电7332件次，接待群众来访5523人次。2002年9月，市国土资源局在全省国土资源系统信访工作会议上，介绍了泰兴涉土信访工作的做法和经验。为保经济增长、保耕地红线，市委、市政府从长远出发，精心谋划，在全市范围内积极开展“三无”乡镇和“土地执法模范市”创建活动。2010年，全市开展“土地执法模范市”、“土地管理模范乡（镇）”和“基本农田保护模范村”三模联创活动。2003年，市国土资源局被泰州市委、市政府表彰为依法行政先进集体，被泰州市政府表彰为土地执法监察工作先进单位。2017年，泰兴市被省国土资源厅表彰为江苏省土地执法先进县（市、区）。

八

随着改革的不断深入，市、乡（镇）土地管理机构的名称几度变更。1997年9月，市土地管理局更名为市国土管理局，各乡镇土地管理所更名为国土管理所。2001年11月，在市国土管理局的基础上，组建市国土资源局，各乡镇国土管理所亦随之更名为国土资源所。此后，因乡镇体制的几次合并与重组，原乡镇国土资源所也随之合并重组。至2018年，全市按区域划分，组成9个国土资源分局，均为副科级建制。

局党组织建设不断加强，1988年，建立中共泰兴县土地管理局支部委员会。2006年6月，成立中共泰兴市国土资源局党组。2008年3月，成立中共泰兴市国土资源系统委员会。2017年8月，改称中共泰兴市国土资源局委员会。与此同时，局工会、共青团等群团组织相应建立和健全，并正常组织开展活动。

随着组织机构的健全和完善，土地管理队伍不断壮大。市国土资源局把培育和锻造一支既勇于担当又敢于作为的高素质干部队伍作为搞好土地管理工作的关键，紧抓不放。坚持加强政治思想建设，有效提高全系统人员的政治素质；坚持加强廉政和勤政建设，不断提高干部职工廉洁自律的自觉性；坚持加强作风建设，培养紧密结合工作实际、深入调查研究的好作风；坚持加强制度建设，实现内部管理制度化、规范化，把可能发生的不良行为关进制度的笼子里；坚持加强对干部职工的考核，实行绩效挂钩，不断激发干部职工积极进取、争当一流的积极性和主观能动性；坚持全面系统地开展土地管理业务培训，不断提高全系统人员的业务管理水平。1996—2018年，泰兴市政府和市国土资源局获得国家级奖项5个、省级奖项58个、泰州市级奖项54个，市国土资源局获泰兴市级奖项104个。全市土地管理系统干部职工获得市委、市政府以上表彰奖励391人次，其中国家级表彰3人次，省级表彰57人次，泰州市级表彰19人次，泰兴市级表彰312人次。

在抓好国土管理队伍建设的同时，市国土资源局十分重视和全面加强国土管理基础设施和信息化建设。2002年，市国土资源局投入50多万元，购置电脑、网络防火墙、交换机等硬件、软件，每个乡镇国土资源所全部配齐电脑和打印机，局机关建成局域网和触摸屏查询系统，建成并开通泰兴国土资源门户网站，初步构成信息化建设平台。2004年，市国土资源局投入200多万元，用于办公自动化建设。局机关工作人员每人拥有一台计算机，乡镇国土资源所（分局）全部配备计算机及有关设备，硬件、软件全部到位。2007年建成符合国土资源业务特点的电子政务网络平台，实现内、外网单独布线，外网与互联网相连，内网与省、市国土资源部门相连，向下与全市各基层国土资源所（分局）相通，横向与市政府电子政务连接。2010年，市国土资源局采用 ASP、NET、SQL、Server 在 B/S 模式下进行大改版，改版后，各种应用模块功能更大，分类管理、信息管理查询功能等一应俱全。2017 年，泰兴国土资源“一张图”工程项目建设完成并应用，形成了“批、供、登、用、补、查”的完整体系。是年，市国土资源局网站正式迁移至省国土资源厅网站群，由省国土资源厅统一管理。是年 6 月，市国土资源局被省国土资源厅授予“2016 年度国土资源厅县级国土资源优秀网站”称号。

档案管理和基础设施建设是土地管理工作的重要基础，局历任领导十分重视。库房面积逐步扩大，内部设施不断充实和完善，科技化、智能化、信息化管理水平快速提升。2017 年 12 月，通过省档案局组织的 4A 数字档案室等级评估和五星级规范测评，确认市国土资源局档案管理达五星级标准。

土地资源是经济社会发展的物质基础，是国计民生的基本依托。因此，合理利用土地，落实最严格的耕地保护，切实加强国土资源管理，是国土管理部门神圣职责，是党和人民赋予国土人的历史使命。泰兴市国土资源局将和全市人民一道，在市委、市政府的领导下，不忘初心，牢记使命，继续为保障经济发展，保护土地资源，守住耕地红线谱写新篇章，再创新辉煌。

大事记

2017 年 2 月 17 日，泰兴市国土资源工作会议召开

① 2017 年 2 月 26 日，泰兴市国土资源系统工作会议召开

② 2012 年 3 月 14 日，泰兴市国土资源系统党风廉政建设暨作风建设工作会议召开

1996年

3月19日 全市土地管理工作会议召开。

4月18日 全市“两区”（村镇建设规划区、基本农田保护区）划定工作会议召开。

5月29—30日 市十届人大常委会第26次会议召开，听取市政府关于“两区”划定工作情况报告。

6月22日 扬州市土地管理局受国家土地管理局委托，向河失镇颁发“全国土地管理‘三无’乡（镇）活动模范乡（镇）”奖匾。

7月2—3日 扬州市人大、市政府对泰兴市“两区”划定工作进行验收。

11月14日 全市耕地保护工作会议召开，市四套班子负责人出席会议。

11月23日 全国人大常委会副委员长吴阶平、全国政协副主席万国权率民主党派调研组一行45人，调研泰兴市耕地保护工作，并视察泰兴市蒋华镇六圩村耕地保护情况。

12月15日 全市“三土”（土窑、土坟、土地庙）治理工作会议召开。

12月30日 市政府召开土地财务工作会议，明确各乡镇土地管理所独立建账、自收自支，并要求各乡镇在1997年1月10日之前，完成土地财务交接工作。

1997年

3月12日 全市土地管理工作会议召开。

3月 泰兴市土地管理局被省国土管理局评为“1996年度全省土地管理宣传工作先进单位”。

4月7日 陈保桂任市土地管理局局长。

4月27日 经省委、省政府批准，泰州市委、市政府决定，将泰兴市原管辖的口岸、刁铺、永安洲、田河、许庄5个乡镇划归泰州市海陵区管辖，8月，划归新设立的泰州市高港区管辖。

6月2日 市委、市政府召开市各新闻单位和市委宣传部、市教育局、团市委、市土地管理局等单位负责人会议，传达中共中央、国务院《关于进一步加强土地管理切实保护耕地的通知》精神，并对“6·25”全国土地日宣传进行部署。

6月18日 市政协与市检察院、市司法局、市法院、市土地管理局等部门在张桥乡联合举办土地管理法规咨询活动。

6月28日 省国土管理局、泰州市国土管理局负责人到泰兴考察宁通公路两侧和横垛乡省立复垦项目实施情况。

7月12日 全市非农业建设用地清查工作会议召开。

9月20日 泰兴市区城镇地籍调查成果通过省国土管理局验收和鉴定，认为泰兴市区地籍调查符合国家和省规定要求。

11月20日 省、泰州市档案达标评审小组对市土地管理局档案管理进行达标评审，经评审达省二级标准。

12月3日 全市土地利用总体规划修编工作会议召开。

12月13日 中央电视台《新闻联播》播放长生乡改造低产田以粮还贷新闻。

1998年

1月11日 省国土管理局组织扬州、南通、盐城、泰州4个市国土管理系统160多人，在泰兴市进行江苏省第二期土地登记上岗资格考试。

1月13—14日 省国土管理局验收组到泰兴检查验收非农业建设用地清查工作，并到化工开发区、河失、黄桥等地进行调查。

3月5日 市国土管理局将行政管理的范围、具体工作内容、程序、要求、办结时限、违示责任等向全社会公开明示并正式运行。这种做法在泰州市国土管理系统中开创先例。

3月12日 全市土地管理工作会议召开。

4月1—3日 全省土地复垦现场会在泰兴召开。

5月21日 市政府召开《泰兴市〈土地管理法〉实施办法（修订草案）》座谈会。

5月23日 市人大、市政协召开《泰兴市〈土地管理法〉实施办法（修订草案）》座谈会。

5月 泰兴市被确定为江苏省土地执法模范县（市）创建试点单位。

6月24日 泰兴市首次国有土地使用权拍卖大会在河失镇举行，敲响苏北拍卖国有土地使用权第一槌。

6月25日 市人民法院对珊瑚乡王埭村王某某户违法用地建房，进行强制拆除。

7月7日 省国土管理局副局长曹雄到泰兴调研土地复垦、土地市场、土地监察、建设用地管理等方面工作。

7 月中旬 市人大组织全市土地执法大检查，并重点抽查河失、常周、汪群、胡庄 4 个乡镇土地执法情况。

8 月 28 日 全市创建土地执法模范市动员大会召开。

10 月 30 日 泰兴市土地利用总体规划修编成果通过省、泰州市土地利用总体规划修编验收小组验收。

1999 年

5 月 8 日 市政府公开拍卖出让城区 41 宗国有土地使用权，出让面积 0.28 公顷，成交总额 2461 万元，平均地价每平方米 8790 元。

6 月 5 日 市国土管理系统全体人员参加国土资源部组织的土地管理基础知识考试。

7 月 22 日 市人大组织 4 个代表小组分别到市国土管理局及各乡镇检查创建土地执法模范市活动情况。

2000 年

3 月 16 日 省国土资源厅对泰兴市创建土地执法模范市活动进行检查验收。

4 月 6 日 全市乡镇区划调整后的第一次土地拍卖活动在黄桥镇举行，出让面积 1235.52 平方米，收取出让金 575.1 万元，平均每平方米 4654.7 元，为泰兴市历史上乡镇平均地价之最。

5 月 市国土管理局在市区劳动新村进行商品房、房改房土地登记发证试点工作，200 户住户领取国有土地使用证。

6 月 19 日 市国土管理局组织鼓楼北路原市政府西侧国有土地使用权拍卖，38 宗地块共 2634 平方米，拍得出让金 2966.2 万元，平均地价每平方米 11260 元。

6 月 25 日 市委副书记、市长朱有瑞为纪念第 10 个全国“土地日”发表电视讲话，并在《泰兴日报》上发表署名文章。

7 月 17 日 省国土资源厅“三五”普法验收小组到泰兴市国土管理局检查“三五”普法工作，评定结果为合格。

9 月 21 日 省人大常委会副主任俞敬忠率执法检查组到泰兴进行《中华人民共和国土地管理法》执法检查。

11 月 市国土管理局与南京师范大学合作，建立农村地籍管理信息系统，并通过省国土资源厅验收。

12 月 28 日 “泰兴市土地估价所”“泰兴市土地管理事务所”撤销，“泰兴市土地市场服务中心”和“泰兴市土地开发储备中心”建立。

12 月 姚王、老叶等 4 个乡镇接合部土地整理项目经国土资源部批准立项，获配套资金 270 万元。

2001 年

1 月 10 日 全市土地管理工作会议召开。

2 月 28 日 市区鼓楼北路国有土地拍卖会举行，37 宗 2383.36 平方米土地使用权拍得出让金 2867.3 万元，每平方米地价 12030 元。其中一宗地经过 152 轮竞价，拍出每平方米地价 23970 元，打破全省拍卖地价每平方米 14100 元最高纪录。

5 月 12 日 市国土管理局对省泰兴中学对面 4 公顷国有土地使用权和建设开发受让权进行“两权”拍卖，以超出底价 1728 万元的最高价成交，市政府收取出让金 3008 万元。

7 月 5 日 全市土地批租专项治理工作会议召开。

11 月 市国土资源局进行机构改革，编制“三定”方案，对中层干部实行竞岗聘任。

2002 年

1 月 25 日 全市国土资源工作会议召开。

2 月 28 日 市国土资源局局长陈保桂被国土资源部授予“全国土地资产管理先进个人”称号。

3 月 21 日 《泰兴市土地储备实施办法（试行）》经市政府第 37 次市长常务会议讨论通过，并颁布实施。

6 月 市国土资源局邀请泰兴籍中国作协会员、中国诗歌学会会员、江苏省和泰州市作协会员数十人到泰兴采风，并围绕土地国情、国策、国法及典型人和事，积极撰稿。经专家评审，筛选 26 篇优秀诗词作品，汇编成《土地吟》诗歌集，向市党政领导、机关部门和乡镇负责人、学生等发送 3000 余册。

9 月 5 日 市国土资源局在全省国土资源系统信访工作会议上作典型发言，介绍泰兴国土资源信访工作的做法和经验。

9 月 中石化南方勘探开发公司对溪桥境内 N4、N9 井开井勘探解放油气层，下扬子地区中古生界油气勘探取得突破。

2003年

3月14日 田之本任市国土资源局局长。

3月15日 国土资源部召开土地市场清理整顿电视电话会议，市国土资源系统中层以上干部参加收看收听。

4月12日 全市土地市场治理整顿工作会议召开。

5月20日 市政府颁布《泰兴市宅基地管理办法》。

7月23日 省国土资源厅党组成员、纪检组长陈茹华到泰兴调研国土资源系统党风廉政建设及队伍建设情况。

12月上旬 泰兴市土地变更调查工作通过泰州市国土资源局验收。

2004年

1月8日 全市国土资源管理工作会议召开。

3月19日 泰兴市国土资源局依法申请姜堰市人民法院强制拆除张某某等9户村民在泰兴镇东城村违法占地建造的18间房屋，退田还耕766.65平方米。

5月13日 省人大常委会土地管理法执法检查组到泰兴检查贯彻实施《中华人民共和国土地管理法》情况。

8月20日 省国土资源厅及省审计、农林、纪检等部门到泰兴对征地补偿费清欠工作进行阶段性检查。

9月28日 全市拆除土立窑工作情况汇报会召开。

2005年

2月17日 江苏省人民政府颁布《关于全面免征农业税的通知》。是年起，泰兴全面免征农业税及其附加。

5月 田之本任中共泰兴市国土资源局党组书记。

6月23日 市政府印发《泰兴市征收集体土地房屋拆迁补偿安置暂行办法》。

7月1日 市国土资源局局长田之本、局长助理栾俊、土地开发储备中心主任姚锦岳、执法监察科科长兼国土资源监察大队大队长陈希阳走进市电视台《行风热线》直播室，接受群众咨询和投诉。

9月2日 泰兴市国土资源局机关工会委员会建立。

2006年

1月16日　全市国土资源管理工作会议召开。

3月7日　省国土资源厅厅长陶培荣到泰兴调研国土资源管理工作。

4月12日　省国土资源厅监察总队到泰兴巡回监察。

7月11日　泰兴城区英特学校南侧地块7.11公顷国有土地使用权以挂牌出让方式成交，获出让金9688万元，高出起始价3500万元。

7月24日　泰州市国土资源局、泰州市监察局检查组到泰兴对违法违规用地问题及处理情况进行联合执法检查。

7月26日　市国土资源局邀请市人大、市政协、市监察局、市公安局、市法院、市检察院、市法制局等部门负责人，召开国土资源管理执法监察研讨会，商讨并建立相互联动的土地执法机制。

8月1日　市国土资源局党组抽调12人充实到市行政服务中心国土资源窗口，明确职能科室派驻窗口的副科长代表科长行使本科室在窗口的职能，并实行局负责人带班轮值制，启用“泰兴市国土资源局（1）”行政章。

9月29日　市国土资源系统 “庆国庆‘国土·廉政’文化知识竞赛”活动举行。

10月20日　市国土资源局组织机关中层以上干部和乡镇国土资源所所长赴金坛市国土资源局芜塘镇、金城镇国土资源所参观学习。

10月23日　泰州市国土资源局局长张文彬、副局长李兴国到泰兴市国土资源局督查和调研。

11月22—23日　省国土资源厅党组成员、纪检组长陈茹华率督查组，到泰兴督查查处土地违法违规案件专项行动工作情况。

11月28日　国家投资泰兴市土地整理开发项目通过省验收。

11月29日　省国土资源厅副厅长、测绘局党组书记、局长穆广荣，带领全省测绘职工政治思想研究会代表到泰兴参观考察。

11月　市国土资源局被省国土资源厅表彰为“全省国土资源政务信息宣传工作先进单位”。

△　市国土资源局被省委宣传部、省依法治省领导小组、省司法厅表彰为“2001—2005年全省法制宣传教育工作先进单位”。

12月　泰兴电视台《新视线》栏目拍摄《优质服务在国土》电视专题片。

2007年

1月16日　泰州市国土资源局考核泰兴市国土资源局2006年度国土资源管理工

作，并听取局领导班子及主要负责人的述职述廉报告。

2月9日 全市国土资源工作会议召开。

3月9日 全市国土资源系统党风廉政建设工作会议召开。

3月15日 国土资源部调研组到泰兴调研基层国土资源所建设情况。

3月20日 省国土资源厅对河失镇国土资源所“创建人民满意国土所”工作进行检查验收。

3月 撤销过船镇、经济开发区国土资源所，组建“泰兴市国土资源局经济开发区分局”，将“泰兴镇国土资源所”更名为“泰兴市国土资源局城区分局”，将“黄桥镇国土资源所”更名为“泰兴市国土资源局黄桥分局”，将“河失镇国土资源所”更名为“泰兴市国土资源局河失分局”。

4月27日 泰兴市在杭州举行出让土地推介会。

5月14日 市国土资源局召开基层国土资源所长（分局局长）、副所长（分局副局长）竞聘动员会。

5月17日 泰州市国土资源局党委书记、局长张文彬和副局长李兴国到泰兴调研“解难题、保发展”工作。

5月25日 市委副书记、市长高亚梓，副市长田之本到市国土资源局调研国土资源管理工作。

6月19日 市政协主席刘军林，副主席丁功爵、吴网生、朱从云、张春山等到市国土资源局调研机关作风建设、效能建设等工作。

6月22日 市国土资源局和泰兴电视台联合举办“一区四园”国土资源管理知识电视大奖赛。

7月24日 泰州市国土资源局检查组到泰兴检查验收整顿和规范矿产资源开发秩序工作。

7月 撤销南沙镇、大生镇国土资源所，分别并入溪桥镇国土资源所和城区分局。

8月12日 市国土资源局编排的摇滚快板《勤廉促和谐　双保铸辉煌》和小品《铁窗悔》参加泰州市廉政文化会演专场演出。

9月18—23日 省国土资源厅和泰州市国土资源局对泰兴市2006年耕地占补平衡新增耕地项目库68个项目进行验收，合格率达100%，新增耕地262.78公顷。

10月13日 市国土资源局负责人、中层正职以上干部集中收看收听国土资源部召开的土地执法百日行动视频会议。

10月26日 全市创建土地执法模范市暨土地执法百日行动工作会议召开。

2008 年

1 月 18 日 市国土资源局万源土地测绘队更名为泰兴市万源土地测绘有限公司。

2 月 18 日 市国土资源局举办《中华人民共和国物权法》培训班，省国土资源厅法规处副处长刘燕授课，全系统 160 人听课。

2 月 25 日 市委书记曹苏民、副市长田之本到市国土资源局调研国土资源管理工作。

3 月 4 日 省国土资源厅验收组对河失镇第二次土地调查试点工作进行验收。

3 月 5 日 全市国土资源工作会议召开。

3 月 7 日 中共泰兴市国土资源系统委员会、中共泰兴市国土资源系统纪律检查委员会建立。14 日，中共泰兴市国土资源系统党委成立大会召开，潘仁虎任中共泰兴市国土资源系统党委书记。

4 月 9 日 泰兴市分界镇、根思乡省级以上土地整理项目通过泰州市检查组验收。

4 月 15 日 泰州市国土资源局局长张文彬、副局长李兴国到泰兴调研国土资源局管理工作。

4 月 22 日 扬州市国土资源局邗江区分局局长沈绍林带领该局全体中层以上干部和基层国土资源所所长到泰兴市国土资源局考察学习基层国土资源所队伍建设等工作。

△ 山东省淄博市国土资源局淄川分局副局长于学军一行 6 人到市国土资源局考察学习处置闲置土地和土地利用等工作。

4 月 23 日 省国土资源厅副厅长扬维兴到泰兴检查整顿和规范矿产资源开发秩序“回头看”活动。

4 月 28 日 泰州市城乡建设用地增减挂钩工作座谈会在泰兴召开。

5 月 8 日 由市国土资源局承办的泰兴市土地出让推介会在浙江绍兴举行。

5 月 16—20 日 市国土资源局组织局机关工作人员和退休人员开展“与灾区人民心连心”“一方有难、八方支援”募捐活动，向四川地震灾区募集善款 3.5 万元。

6 月 12—14 日 省国土资源厅验收泰兴市分界镇（国投）、根思乡（省投）土地整理项目。

6 月 25 日 市国土资源局领导班子带领各科室（中心）负责人分 4 个小组到蒋华、宣堡、古溪、河失开展“6·25”全国土地日送法下乡咨询服务活动，共接受群众咨询 278 人次，发放宣传资料 4620 份。

7 月 8 日 泰州市基层国土资源所作风建设会议在泰兴召开。

8 月 5 日 经中共泰州市国土资源局委员会批准，刘国成任泰兴市国土资源局局长、党委书记。

8 月 29 日 市委书记张兆江、副市长田之本到市国土资源局调研。

9 月 泰兴市原管辖的胡庄镇、市第二捕捞公司、宣堡镇赵王等 7 个村划归泰州市高港区管辖。

10 月 9 日 泰兴市城区土地出让推介座谈会在杭州举行。

11 月 14 日 省国土资源厅检查组稽查泰兴市省级以上投资土地整理项目。

11 月 25 日 省国土资源厅检查泰兴市城乡建设用地增减挂钩项目实施情况。

12 月 6 日 市国土资源局举办全市乡（镇）、村级干部国土资源法律知识宣传教育培训班。

12 月 30 日 省国土资源厅厅长夏鸣到泰兴为市四套班子成员进行国土资源管理知识专题讲座。

2009 年

2 月 18 日 全市国土资源管理工作会议召开。

3 月 20 日 泰州市国土资源局党委书记、局长张文彬，党委委员、副局长李兴国、何文忠等到泰兴市国土资源局调研。

4 月 8 日 全市矿业权核查工作部署会议召开。

4 月 14 日 市委书记张兆江到市国土资源局调研第二次土地调查、新一轮土地利用总体规划修编等工作。

6 月 4 日 泰兴市城区基准地价成果通过省国土资源厅专家评审验收。

6 月 11 日 泰兴市黄桥等集镇地籍调查开标会召开，江苏省测绘工程院以每平方千米 7.8 万元中标。

6 月 18 日 市国土资源局举办全市国土资源系统法律法规培训班，省国土资源厅法律顾问、南京志邦律师事务所律师李晨授课，165 人参加听课。

8 月 3 日 省国土资源厅验收胡庄、横垛、河失 3 个乡镇土地整理项目。

8 月 12 日 全市城乡建设用地增减挂钩项目实施工作会议召开。

9 月 8 日 全省土地卫片执法检查整改工作专题传达部署会议在泰兴召开。

11 月 11 日 泰州市国土资源局党委书记、局长张文彬到泰兴调研国土资源管理工作。

11 月 12 日 全市基层国土资源分局干部职位竞争上岗进行笔试。

11 月 25 日 省国土资源厅副厅长刘聪到泰兴检查违法违规用地整改落实情况。

12 月 3 日 泰州市国土资源系统纪检监察工作例会在泰兴召开。

12 月 8 日 全市违法用地查处推进会议召开。

12 月 28 日 市国土资源局各分局干部任前集中谈话会召开。

2010 年

3 月 5 日 市国土资源局以“飞扬巾帼风采，打造国土品牌”为主题，召开纪念“三八”妇女节 100 周年座谈会。

3 月 10 日 全市土地利用总体规划修编工作会议召开。

3 月 15 日 全市国土资源管理工作会议召开。

3 月 18 日 国家土地督察南京局副局长马素兰一行对泰兴 2007—2009 年未报即用违法用地的查处整改工作进行重点督察评估。

3 月 19 日 全市违法违规用地查处整改工作会议召开。

3 月 26 日 市“行政服务十佳明星”先进事迹巡回演讲活动在市国土资源局举行。

3 月 30 日 全市违法违规用地查处整改任务交办会召开。

4 月 20 日 泰州市国土资源局党委书记、局长张文彬到泰兴调研国土资源系统如何做好服务地方发展等 8 个课题。

5 月 7 日 市国土资源局举行博爱募捐活动，全系统人员共捐款 1.93 万元。

5 月 22 日 泰兴市土地一级市场地价评估项目招标会在市国土资源局举行，江苏金宁达不动产评估咨询有限公司中标。

5 月 27 日 全市 2010 年度城乡建设用地增减挂钩工作会议召开。

6 月 2 日 市万顷良田建设工程领导小组会议召开。与会者就江苏国图不动产信息技术有限公司《关于虹桥镇万顷良田建设工程规划设计方案》和市国土资源局制定的《关于推进全市万顷良田工程建设的实施意见（征求意见稿）》进行讨论。

6 月 19 日 市国土资源局开展“送政策进园区、送服务到企业”活动，局机关中层正职以上干部赴黄桥向园区和企业赠送《泰兴市国土资源局行政服务手册》和土地日宣传资料，并与黄桥工业园区领导班子、部分企业负责人就国土资源部门服务园区发展事宜进行座谈。

8 月 13 日 泰兴市土地利用总体规划基本农田专项规划通过省国土资源厅审查。

8 月 15 日 泰兴市土地利用总体规划衔接性修改方案通过泰州市国土资源局专家认证。

8 月 20 日 全市耕地后备资源调查工作会议召开。

9 月 15 日 市人大、市政协、市纪委联合召开国土资源系统作风建设评议动员大会。

△ 泰兴市虹桥镇“万顷良田建设工程”试点规划方案通过省国土资源厅专家组

论证。

10月27日 市国土资源局局长刘国成走进市电视台《访谈在线》栏目进行公开述职，现场回答场外观众电话提问，并接受由市人大、市政协、市纪委、市作风办负责人、部分市人大代表、市政协委员和机关部门党风行风作风监督员组成的评议组提出的质询。

11月6日 泰兴市土地利用总体规划数据库开标会召开，南京国图信息技术与咨询有限公司中标。

11月11日 市人大、市政协、市纪委召开国土资源系统作风建设联合评议总结大会。

11月29日至12月1日 省国土资源厅及泰州市国土资源局专家组对宣堡镇、张桥镇、马甸镇土地整理项目进行验收。

2011年

1月11日 全市“万顷良田建设工程”项目和2011年占补平衡项目论证会召开。

2月25日 全市国土资源管理工作暨创建土地执法模范市动员会召开。

3月18日 全市土地执法工作研讨会召开。

3月20日 泰兴市土地利用总体规划修编成果听证会召开。

4月23日 市国土资源局邀请泰州市国土资源局、泰兴市政府法制办负责人、专家组成评查组，对行政处罚、行政确认、行政许可、行政征收4大类26本行政执法案卷进行评查。

5月13日 市国土资源局举办全市《国有土地上房屋征收与补偿条例》讲座，东南大学法学院副教授顾大松主讲，全系统180人听讲。

5月17日 省国土资源厅对泰兴市2010年度采矿权年检工作进行抽查。

5月19日 全市国土资源管理工作会议召开。

6月10日 市国土资源局开展“满意服务乡镇行”活动，局机关中层正职以上干部赴分界镇参观，并与该镇党、政领导班子成员就国土资源部门服务乡镇、企业发展问题举行座谈。

7月6—7日 泰兴市第二次土地调查（城镇部分）成果通过省国土资源厅专家组检查验收，泰兴市被列为全省首家通过省级验收县市。

9月22日 市国土资源局邀请部分市人大代表、市政协委员和服务对象参加局中层干部“公述民评”会议，6个科室（中心）负责人进行述职述廉，并接受代表、委员和服务对象的质询和评议。

9月27日 市国土资源局组织局机关中层正职以上干部12人赴古溪镇开展“满

意服务乡镇行”活动。

10 月 27 日 市法制办与市国土资源局联合举办国土资源管理政策法规培训班，省国土资源厅执法监督局副局长葛素琴、省法制学会行政法学研究会副会长李晨律师等，分别对《江苏省党政领导干部违反土地管理规定行为责任追究暂行办法》《中华人民共和国政府信息公开条例》及《中华人民共和国保守国家秘密法》进行解读。市国土资源系统 160 人参加培训。

11 月 3 日 泰州市国土资源局检查组对泰兴市土地执法模范市创建工作进行检查验收。

2012 年

2 月 22 日 河失镇常周片土地整理项目通过省国土资源厅验收。

3 月 14 日 全市国土资源管理工作会议召开。

3 月 20 日 市国土资源局开展党员义工活动，组织 24 名党员干部前往挂扶村——古溪镇横垛居委会义务植树 700 棵。

3 月 23 日 泰州市农村集体土地所有权确权发证工作汇报会在泰兴召开。

5 月 4 日 市委副书记、市长张育林，市委常委、副市长刘荣华调研国土资源管理工作。

5 月 22 日 全市国土资源重点工作推进会召开。

6 月 6 日 市国土资源局邀请省委党校教授徐民华就社会主义核心价值体系对全系统 180 名人员进行专题讲座。

6 月 11 日 市国土资源局邀请泰州市国土资源局法规处、泰兴市法院及市法制办专家对泰兴 2012 年度行政执法卷宗进行评查。

6 月 30 日 市国土资源局组织全系统 170 名人员举办国土资源管理政策业务培训，东南大学法学院副教授顾大松就《闲置土地处置办法》和《最高人民法院关于审理涉及农村集体土地行政案件若干问题的规定》进行解读。

8 月 20 日 市国土资源局举办全市国土资源系统“勤廉并举树形象，阳光运行保发展”主题演讲比赛。

9 月 7 日 市国土资源局负责人及局机关中层干部共 10 人赴虹桥工业园区开展“满意服务 园区乡镇行”活动。

12 月 13 日 省国土资源厅执法监察局副局长葛素琴，泰州市国土资源局党委委员、副局长何文忠等对泰兴市土地执法模范市创建工作进行考核验收。

2013 年

3 月 8 日 全市国土资源管理工作会议召开。

3 月 28 日 泰兴市在深圳召开服务业暨土地招商会，吸引 50 多名企业家以及工商界人士参加。

4 月 8 日 省国土资源厅调研组到泰兴对耕地保护工作进行专题调研。

5 月 7 日 泰州市国土资源局对泰兴市集体土地所有权确权登记发证工作进行检查验收。

5 月 15 日 省国土资源厅厅长李侃桢对泰兴市推进城镇化建设和城乡一体化土地管理政策创新工作进行调研。考察虹桥工业园区江苏扬子鑫福造船有限公司、祥福居委会和虹桥新城。

7 月 5 日 全市土地例行督察整改工作会议召开。

7 月 22 日 全市国土资源系统例行督察暨巡查督察整改工作会议召开。会议通报国家土地督察南京局例行督察反馈意见和市纪委巡查督察工作情况，提出整改措施和建议。

8 月 13 日 省国土资源厅调研组到泰兴调研市国土资源局党的群众路线教育实践活动开展情况。

8 月 14 日 全省国土资源系统基层党风廉政建设联系点工作会议在泰兴召开。

8 月 26 日 市委副书记、市长张育林到市国土资源局调研国土资源管理工作。

2014 年

1 月 17 日 市国土资源局举行泰兴市 2013 年度地价动态监测和基准地价更新成果听证会。

2 月 27 日 市国土资源系统召开党的群众路线教育实践活动动员大会，省国土资源厅党组成员、驻厅纪检组组长孙军出席并讲话，省国土资源厅第三督导组成员参加会议。

2 月 28 日 市国土资源局组织机关全体人员、分局副局长以上人员收听收看全国国土资源系统党风廉政建设工作视频会议。

3 月 7 日 市国土资源局组织全系统 160 名人员赴刁家网瞻仰中共江浙区泰兴独立支部纪念馆，并赴市看守所接受警示教育。

3 月 10 日 市国土资源局召开全系统党风廉政建设工作会议，会上全系统人员观看警示教育片《失守的底线》，各分局主要负责人签订党风廉政建设责任状，各科室（中心）负责人签订党风廉政建设承诺书。

3 月 21 日 市国土资源局邀请全国人大代表、全国劳动模范何健忠对全系统人员作“爱岗敬业、奉献人民、报效祖国”主题报告。

3 月 28 日 市国土资源局邀请市委党校副校长冯锦涛作题为《我是谁 为了谁 依靠谁》的辅导讲座。

4 月 9 日 省国土资源厅副巡视员顾迅建带领第三督导组对市国土资源局党的群众路线教育实践活动第一环节开展情况进行专项督查。

5 月 21 日 市委副书记、市长张育林，市委常委、常务副市长刘荣华到市国土资源局调研国土资源管理工作。

6 月 18 日 市委副书记、市长张育林，市委常委、常务副市长刘荣华到市国土资源局专题调研节约集约用地工作。

6 月 26 日 市委书记孙耀灿到市国土资源局调研国土资源管理工作。

6 月 30 日 全市推进节约集约用地工作会议召开。

7 月 16 日 省国土资源厅副厅长李如海到泰兴调研省政府 93 号令贯彻实施情况。

12 月 20 日 全市国土资源重点工作推进会召开，研究部署违法用地整改、村庄闲置建设用地复垦、批而未供和闲置土地处置等工作。

2015 年

1 月 6 日 市国土资源系统党风廉政建设责任制暨述职述廉会议召开，省国土资源厅党组成员、副厅长吴震强主持会议。

3 月 16 日 全市国土资源管理工作会议召开。

4 月 2 日 全市国土资源系统党风廉政建设暨作风建设工作会议召开。全系统人员赴看守所接受警示教育，在国土管理干部培训中心观看《不收敛不收手的代价》警示教育片。

4 月 20 日 省国土资源厅副巡视员陈定祖督查市国土资源局 2015 年重点工作落实情况，考察晟楠电子、远大家私标准厂房建设情况。

5 月 12 日 省国土资源厅副厅长李如海到泰兴调研省政府 93 号令贯彻落实情况、国土资源“四全”（全流程优化审批、全地域便民服务、全业务网上办理、全节点效能监察）服务模式及国土资源节约集约“双提升”行动推进等情况。

8 月 28 日 市政府举办泰兴市土地招商（杭州）推介会。

9 月 1—2 日 市国土资源系统第一届“国土资源杯”职工运动会举办。

10 月 14 日 省国土资源厅副厅长李闽率省委第四督查组对泰兴市不动产统一登记工作进行专项督查。

10 月 21 日 市国土资源局联合市检察院召开典型案例剖析会。

11 月 5 日　省国土资源厅机关党委副书记黄建春率省厅党风廉政巡查组到泰兴召开党风廉政建设巡查动员会，启动对市国土资源局党风廉政建设的巡查工作。

12 月 3 日　省国土资源厅督查组到泰兴督查国土资源“四全”服务模式及信息化建设推进情况。

2016 年

2 月 18 日　孙红东任泰兴市国土资源系统党委书记、局长。

3 月 2 日　市委副书记、市长张育林，市委常委、常务副市长刘荣华调研国土资源管理工作。

3 月 10 日　省国土资源厅副巡视员顾迅建率依法行政考核第一小组到泰兴对市国土资源局 2015 年度依法行政工作进行考核。

3 月 11 日　全市国土资源管理工作会议召开。

4 月 8 日　市委副书记、市长张育林，市委常委、常务副市长刘荣华到市国土资源局调研永久基本农田划定、推进土地节约集约利用、服务项目建设等工作。

4 月 20 日　泰兴市 2015 年度同一乡镇范围内村庄建设用地布局调整试点拆迁复垦 48 个项目通过泰州市国土资源局验收。

4 月 22 日　泰兴在福建厦门举行土地暨服务业招商推介会，现场签约 11 个项目。

4 月 29 日　市国土资源局干部职工家属廉内助座谈会召开，倡导家、局“三个一”，即人人签订一份承诺书，人人算好一笔经济账，人人持有一本警示册，共筑拒腐防线。

5 月 11 日　市国土资源局联合市法院、市政府法制办召开不动产登记业务研讨会。

5 月 27 日　市国土资源局举办廉政警示教育专题讲座，邀请泰州市国土资源局纪律检查委员会书记刘银发讲授，全系统干部职工 180 人参加听讲。

5 月 31 日　泰兴市不动产登记中心正式揭牌，省国土资源厅不动产登记局局长林颢、泰州国土资源局局长李兴国、泰兴市市长张育林等为 4 名市民颁发 4 本首批城镇不动产权证书。

6 月 25—30 日　市国土资源局与市委组织部联合开展国土资源政策法律宣讲活动，接受教育的乡镇（街道）和村（居）干部及中心户长近 3000 人。

7 月 1 日　市国土资源局邀请市检察院反渎职侵权局局长张荣为全系统干部职工上“预防职务犯罪”廉政党课。

7 月 18 日　市委副书记、代市长刘志明到市国土资源局调研国土资源管理工作。

7 月 21 日　全市工业用地调查工作会议召开。

7 月 22 日 市国土资源局举办“扬家风家规家训传承　展向上向美向廉风采”主题演讲比赛活动。

7 月 26 日 省法治发展院副院长、南京师范大学法学院教授、省国家机关“谁执法谁普法”第三方评估组组长季金华率队调研泰兴市国土资源局“谁执法谁普法”工作。

7 月 31 日 市国土资源系统党风廉政建设暨文明行业创建工作会议召开，全系统 180 名干部职工观看两部作风建设专题片和电影《寻明胜》。

8 月 17 日 省国土资源厅不动产登记中心副主任傅介平率队到泰兴调研不动产统一登记工作。

8 月 26 日 全市国土资源管理工作会议召开。

10 月 27 日 市国土资源系统党委组织基层党支部 35 名委员，参观黄桥新四军革命烈士纪念馆，接受革命传统教育。

10 月 29—30 日 市国土资源局第二届“国土资源杯”职工运动会举行。

11 月 7 日 全市土地利用总体规划调整完善工作会议召开。

11 月 10 日 省国土资源厅副厅长吴震强、执法局局长袁晓军到市国土资源局督查信访维稳与执法监察工作。

12 月 13 日 省国土资源厅厅长李侃桢在泰兴主持召开全省国土资源所所长座谈会，各区市和省直管县（市）16 名基层国土资源分局（所）局长（所长）参加座谈。

12 月 16 日 省国土资源厅副厅长祖耀升等参加市国土资源局领导班子民主生活会。

12 月 20 日 泰州市国土资源局专家组对泰兴市永久性测量标志维护项目进行现场验收。

12 月 21 日 泰州市国土资源局副局长陆俊率专家组到泰兴对全市工业用地调查成果进行验收。

2017 年

2 月 14 日 全市工业经济创新转型大会召开，市国土资源局被市政府授予部门服务“项目大突破”特别贡献奖、“项目大突破”部门招商引资先进单位称号。

2 月 17 日 全市国土资源管理工作会议召开。

3 月 15 日 市长刘志明、副市长顾刚到市国土资源局调研国土资源管理工作。

4 月 19 日 省测绘地理信息局局长施建石到泰兴调研测绘管理工作。

4 月 24 日 泰兴市被国务院办公厅表彰为“土地集约节约利用较好、闲置土地较少的市（盟）、县（市、区）”，奖励新增建设用地 66.67 公顷计划指标。

5 月 11 日 市国土资源局组织虹桥、滨江等镇负责人赴张家港学习张家港市长江沿岸滩涂土地整理开发经验。

5月15日 泰州市违法用地整改现场推进会在泰兴召开。

5月17日 市国土资源系统党委组织党务干部到高邮市国土资源局参观学习基层国土资源所党建工作。

6月6日 全市国土资源管理重点工作推进会召开。

6月13日 全省汛期地质灾害防治形势分析和全省开发园区地质灾害危险性区域评估试点工作座谈会在泰兴召开。

6月19日 泰兴市被省国土资源厅表彰为“2016年度江苏省国土资源节约集约利用模范县（市、区）”。

6月25日 泰兴市不动产登记中心完成窗口调整、系统测试工作，26日正式对外提供服务，同步履行“全业务4个工作日办结”服务承诺，“一窗受理，集成服务”模式正式实施。

7月7日 泰州市国土资源局副局长陆俊到泰兴调查农村建设用地、压缩不动产登记时限和“四全”服务工作进展情况。

7月14日 全市农村建设用地调查动员会召开。

8月25日起 市不动产登记中心正式推行不动产登记信息自助查询服务。

9月1日 市政府举办2017年（杭州）城市建设暨服务业项目推介会，现场推介16宗出让地块和10个经营性服务项目。

9月4日 泰州市国土资源局在泰兴召开全市基层国土资源所（分局）规范化建设现场推进会。

9月9日 泰兴市耕地质量定级和农用地估价成果通过国土资源部土地利用管理司和土地整治中心专家组验收。

9月28日 市国土资源局与市农村商业银行签订不动产抵押登记“一窗办结”合作协议，泰兴市首个金融机构不动产登记便民服务网点正式揭牌运行。

10月30日 省测绘地理信息局委托省测绘产品质量监督检查站到泰兴开展抽检工作，专家组实地检查苏泰房产测绘服务有限公司。

11月9日 省国土资源厅不动产登记局检查组到泰兴考核“全国百佳不动产登记便民利民示范窗口”创建工作。

11月11日 全市国土资源管理重点工作部署会召开。

11月29日 市国土资源局档案室通过省五星级及4A数字化档案室验收。

12月7日 全市房地产项目用地专题整治工作会议召开，在泰兴的53家房地产公司负责人参加会议。

2018年

1月6日 省国土资源厅信息中心主任张毅到市国土资源局检查评估信息化建设工作情况。

1月9日 省国土资源厅副厅长潘正勤参加市国土资源局领导班子民主生活会。

2月5日 全市国土资源管理工作会议召开。

2月7日 市国土资源局被省国土资源厅表彰为“全省地质资料管理工作成绩突出的单位”。

2月28日 市国土资源局被省国土资源厅表彰为“2017年度全省国土资源政务公开工作成绩突出集体”。

3月19日 全市国土资源管理重点工作督查会召开。

3月27日 市国土资源系统40名党员和入党积极分子赴全国爱国主义教育基地——侵华日军南京大屠杀遇难同胞纪念馆和雨花台革命烈士纪念馆，开展“寻初心、铸信念”主题教育。

4月10日 泰兴市被省国土资源厅、省经济和信息化委员会联合表彰为“全省2017年度高标准厂房建设与使用先进地区”。

4月18日 市国土资源局被省国土资源厅表彰为“2017年度全省国土资源系统法治国土建设成绩突出的单位”。

5月3日 泰兴市被国务院办公厅表彰为“土地节约集约利用、土地利用秩序、土地利用计划执行好的市（盟）、县（市、区）”，成为全省唯一一个连续两年国土资源管理工作被国务院办公厅表彰奖励的市、县。

5月16日 市委副书记、市长刘志明到市国土资源局调研国土资源管理工作。

5月16日 泰州市国土资源局副局长刘银发到泰兴调研督查规划与计划执行情况。

5月22日 泰兴市被江苏省国土资源厅表彰为“2017年度江苏省土地执法先进县（市、区）”。

6月11—14日 泰兴市国土资源系统党委组织党务骨干、优秀党员和入党积极分子52人到瑞金干部学院接受党性教育培训。

6月23日 全市土地利用总体规划调整工作会议召开。

6月26日 省国土资源厅农民集中安置及特色田园乡村不动产登记工作座谈会在泰兴召开。

6月30日—7月1日 自然资源部补充耕地核查组对泰兴2007年以来的19个占补平衡项目进行实地核查。

7月18日 省不动产登记中心瞿巍到市国土资源局调研不动产单元编码推广与

应用示范区建设情况。

8 月 1 日 市国土资源局党委书记、局长孙红东带队赴昆山市国土资源局考察学习。

8 月 8 日 省纪委监委派驻省国土资源厅纪检监察组组长孙军到市国土资源局调研解放思想大讨论活动开展情况。

8 月 6—11 日 市国土资源局联合浙江大学举办为期一周的领导干部综合素能提升班，全系统中层干部、业务骨干 54 人参加。

8 月 23—24 日 全省国土资源系统行政复议案卷评审暨行政争议典型案例研讨会在泰兴召开。

8 月 27 日 泰兴市政务服务办党工委不动产登记中心党支部被省国土资源厅党组授予全省 20 个不动产登记窗口党组织“党员先锋岗”称号。

8 月 31 日 市委副书记、市长刘志明，市委常委顾刚，副市长焦国庆，市政协副主席兼市财政局局长董剑东到市国土资源局调研国土资源管理工作。

8 月 31 日 市委书记张育林带领市委常委、各乡（街道）、园区党委书记及市委党建工作领导小组成员现场观摩市国土资源局“书记领题”项目。

9 月 21 日 泰州市国土资源局农村宅基地和集体建设用地确权登记发证工作实施效果评估会在泰兴召开。

10 月 19 日 全市 2018 年度第一期全天候土地卫片执法检查工作会议召开。

10 月 21—28 日 市国土资源系统中青年干部 41 人到上海交通大学参加干部综合素能提升培训班。

10 月 26 日 省纪委省级机关纪工委书记王爱平到市国土资源局调研党风廉政、党建阵地建设情况，参观局机关组织生活馆和党支部活动室。

11 月 2 日 省自然资源厅专家组到泰兴对不动产单元编码示范推广与集成应用示范区建设工作实施评审验收。认为泰兴市不动产登记中心在示范区建设上成果显著，具有引领示范作用。

12 月 12 日 市国土资源局 2018 年度第四期道德讲堂在市文化艺术中心三楼开讲，国土资源系统 120 名干部职工现场诵读经典、洗涤心灵、感悟道德。

12 月 泰兴市不动产登记中心被自然资源部表彰为“全国百佳不动产登记便民利民示范窗口”。

第一章

机构　队伍

2018 年 2 月 11 日，泰兴市国土资源局举办 2018 年春节文艺晚会

①｜②
③
④

① 2017年10月30日，泰兴市国土资源局传达学习党的十九大精神大会召开

② 2010年6月11日，泰兴市国土系统创先争优动员大会召开

③ 2016年7月22日，泰兴市国土资源局举办“扬家风家规家训传承　展向上向善向廉风采”演讲比赛活动

④ 2018年8月6日，泰兴市国土资源局组织系统部分党员干部赴浙江大学参加领导干部综合素能提升培训

1996年以后，市土地管理局内设机构、直属事业单位、42个乡镇土地管理所逐步建立健全。是年7月，成立中共泰兴市土地管理局支部委员会。随着改革的深入，土地管理机构名称和管理体制也随之变化。1997年9月，市土地管理局更名为市国土管理局，各乡镇土地管理所更名为乡镇国土管理所。1999年5月建立共青团泰兴市国土管理局总支委员会。2001年11月，在市国土管理局基础上，组建市国土资源局。同时，建立市国土资源局纪律检查组，各乡镇国土管理所更名为乡镇国土资源所。2005年6月，成立中共泰兴市国土资源局党组。9月，市国土资源局机关工会委员会建立。2008年3月，成立中共泰兴市国土资源系统委员会、中共泰兴市国土资源系统纪律检查委员会。2009年7月，撤销乡镇国土资源所（分局），全市设置9个分局。2017年8月，中共泰兴市国土资源系统委员会更名为中共泰兴市国土资源局委员会。随着组织机构的进一步健全，国土资源管理队伍也不断发展壮大。市国土资源局坚持以人为本，不断加强队伍建设，进行职业道德教育、勤政廉政教育和岗位培训，全系统人员综合素质和国土资源管理水平进一步提高，机关内部管理进一步规范，信息化建设逐步提升。

第一节　机构设置

一、市土地管理机构

（一）市土地管理局机关

1996年，市土地管理局设局长1名、副局长3名、科长（主任）6名、副科长（副主任）6名，核定行政编制16名、行政附属编制2名。

1997年9月8日，市土地管理局更名为市国土管理局，设局长1名、副局长3名、科长（主任）6名、副科长（副主任）6名，核定行政编制16名、行政附属编制2名。

2001年11月27日，市政府决定，在市国土管理局基础上组建市国土资源局，正科级建制，为市政府组成部门，主管全市国土资源工作。设局长1名、副局长4名、科长（主任）5名、副科长（副主任）1名，配备专职纪检组长1名。核定行政编制16名、行政附属编制2名。

2004年10月，泰兴市国土资源局归江苏省、泰州市国土资源系统垂直管理，市政府协助管理。副科级以上人员划归泰州市国土资源局党委管理，泰兴市委协助管理。

2011年12月，市国土资源局内设机构和人员编制调整，设局长1名、副局长4名、科长（主任）6名、副科长（副主任）2名。核定行政编制16名、行政附属编制2名。

2012年9月，市国土资源局被省国土资源厅列为国土资源系统省直管县体制改革试点单位之一。省国土资源厅明确，市国土资源局领导干部，以省国土资源厅党组管理为主，正、副职领导干部，党委书记、副书记、纪检书记、党委成员，以及其他副科级以上干部，由省国土资源厅党组征求泰兴市委意见后任免，并明确由省国土资源厅党组任免的干部违法违纪处理由驻省国土资源厅纪检组、监察室办理。

2014年11月，泰兴市机构编制委员会印发《关于核增（调整）部分市级机关部门（单位）领导职数的通知》，规定经市委批准设立党委（党工委、党组）的市级机关配备党委（党工委、党组）书记1名、党委（党工委）副书记1名。

2015年9月，不动产登记职责整合到市国土资源局，市国土资源局增挂市不动产登记局牌子，核增副局长职数1名。翌年6月，增加不动产登记管理职能，市国土资源局机关增加行政编制 1 名。

2017 年 8 月，泰兴市市级机关部门行政编制调整，市国土资源局核减行政编制 2 名。2018 年 3 月，核增市国土资源局行政编制 1 名。

至 2019 年 1 月，市国土资源局内设行政科室 6 个，有直属事业单位 5 个、基层分局 9 个。全系统共有编制 219 人，其中行政编制 16 人，行政附属编制 2 人，参照公务员法管理事业编制 149 人，其他事业编制 52 人，另核定泰兴市不动产登记中心非在编聘用人员 36 人。

1990—2018 年泰兴市国土资源局正局职领导一览表

表 1-1-1

职务	姓名	性别	任职时间
局长	叶新彩	男	1990.5—1997.4
局长	陈保桂	男	1997.4—2003.3
局长	田之本	男	2003.3—2006.5
局长	潘仁虎	男	2006.5—2008.8
局长	刘国成	男	2008.8—2015.10
副局长（主持工作）	孙红东	男	2015.10—2016.1
局长	孙红东	男	2016.1—

1988—2018 年泰兴市国土资源局副局职领导一览表

表 1-1-2

职务	姓名	性别	任职时间
副局长	刘汉武	男	1988.5— 1997.10
副局长	张圣元	男	1991.4 — 2001.11
副局长	孙冬英	女	1994.5 — 2005.6
副局长	聂江林	男	1996.5 — 2001.11
副局长	殷炳建	男	2000.4 — 2001.11
副局长	沈习美	男	2001.11 — 2005.6
副局长	丁冠三	男	2001.11 — 2007.9
副局长	徐益群	男	2003.11 — 2010.3
副局长	潘仁虎	男	2000.4 — 2004.12
副局长	孙红东	男	2005.6 — 2016.1
副局长	栾　俊	男	2006.9 —

续表 1–1–2

职务	姓名	性别	任职时间
副局长	徐建锋	男	2011.5 —
副局长	吴　萍	女	2013.4 — 2013.11（新疆到泰兴挂职）
副局长	顾海荣	男	2016.1 —
副局长	祝　萍	女	2016.6 —

（二）局内设科室

1996 年，泰兴市土地管理局内设综合科、建设用地科、地政地籍科、土地监察科、财务科、土地利用规划科 6 个科室。

1997 年 4 月，撤销综合科，改设办公室、人事科，财务科更名为计划财务科。

2001 年 12 月，土地监察科改称执法监察科。

2002 年 8 月，建立市国土资源系统纪检监察室（2017 年 9 月撤销）。

2005 年 6 月，设立耕地保护科。建设用地科更名为土地利用管理科，地政地籍科更名为地籍与测绘管理科，土地利用规划科更名为规划科技科。

2009 年 3 月，设立行政许可服务科，在土地利用管理科挂牌。4 月，设立政策法规科。

2009 年 12 月，设立党委办公室。土地利用管理科更名为资源利用管理科，地籍与测绘管理科更名为地籍管理科。2015 年 9 月，地籍管理科更名为不动产登记管理科，挂地籍管理科牌子。

至 2019 年 1 月，市国土资源局设办公室（党委办公室、人事科）、耕地保护科（规划科技科）、资源利用管理科（行政许可服务科）、不动产登记管理科（地籍管理科）、计划财务科、执法监察科（政策法规科）。

1988—2018 年泰兴市（县）国土资源局内设科室负责人一览表

表 1–1–3

部门	职务	姓名	任职时间
综合科（股）	科（股）长	钱伯林	1988.9 — 1989.3
		殷炳建	1989.3 — 1996.5
		叶春荣	1996.5 — 1997.4
办公室	主任	张国民	1997.4 — 1999.11
		孙红东	1999.11 — 2005.6
		徐建锋	2005.6 — 2010.7
		蒋　俊	2010.7 —
党办	主任	马文国	2009.12 —

续表 1-1-3

部门	职务	姓名	任职时间
人事科	科长	叶春荣	1997.4—2001.12
		李秋生	2001.12—2005.6
		钱伯林	2005.6—2009.4
		栾 欣	2009.4—
纪检监察室	主任	王胜泉	2002.8—2004.2
		李秋生	2004.2—2005.6
		钱伯林	2005.6—2006.8
		丁永跃	2006.8—2009.4
		叶金龙	2009.4—2017.9
建设用地科（股）	科（股）长	殷炳建	1988.9—1989.3
		李兴国	1989.3—1997.5
		黄建国	1997.5—2005.6
土地利用管理科（资源利用管理科）	科长	陈振东	2005.6—2009.4
		聂 锋	2009.4—2016.3
		杨绍华	2016.3—2016.7
		王永华	2016.7—
行政许可服务科	科长	杨绍华	2009.3—2016.3
		王永华（兼）	2016.7—
地政地籍科（股）（地籍与测绘管理科、地籍管理科、不动产登记管理科）	科（股）长	何启贤	1988.9—1989.3
		戴选德	1989.3—1996.5
		黄建国	1996.5—1997.5
		潘仁虎	1997.5—2000.5
		栾 俊	2000.5—2003.7
		刘 程	2003.7—2004.2
		钱伯林	2004.2—2005.6
		刘 程	2005.6—2012.7
		周志甫	2012.7—2016.6
		朱 剑（副科长主持工作）	2016.6—2017.12
		朱 剑	2017.12—

续表 1–1–3

部门	职务	姓名	任职时间
执法监察科（股）	科（股）长	俞言发	1988.9—1996.5
		谢春林	1996.5—2001.12
		陈振东	2001.12—2003.7
		陈希阳	2003.7—2004.2
		陈振东	2004.2—2005.6
		陈希阳	2005.6—2009.4
		丁黎明	2009.4—2017.9
		叶金龙	2017.9—2018.1
		葛萍（兼）	2018.6—
财务科（计划财务科）	科长	姚锦岳	1996.5—2005.6
		封新萍	2005.6—2014.12
		冯书林	2014.12—
土地利用规划科（规划科技科）	科长	刘　程	1996.5—1997.5
		陈振东	1997.5—1998.6
		刘　程	1998.6—2005.6
		丁黎明	2005.6—2009.4
		祝　萍	2009.4—2016.7
		周　宁	2016.7—2018.9
		田为春	2018.9（明确负责该科室工作）
耕地保护科	科长	李秋生	2005.6—2009.4
		张　锋	2009.4—2016.8
		田为春	2016.8—
政策法规科	科长	周　宁	2009.3—2016.8
		葛　萍	2016.8—

（三）局直属事业单位

泰兴市土地管理事务所　1988年12月，泰兴县土地管理事务所设立，股级建制，全民事业单位，编制10名。1989年6月，核定事业编制12名。1994年增加事业编制3名。1997年增加事业编制2名，增至17名。2000年12月，泰兴市土地管理事务所撤销。

泰兴市土地估价所　1994年5月，泰兴市土地估价所设立，全民事业单位，不增加编制，人员由市土地管理局内部调剂，经费自理，隶属市土地管理局领导。2000年12月，泰兴市土地估价所撤销。

泰兴市国土资源监察大队 1996年9月，泰兴市土地监察大队建立，只挂牌子，不增编制，所需工作人员以监察科人员为主。1998年6月，明确市土地监察大队为全民事业单位，相当股级，隶属市国土管理局领导，定编20名，人员从局内所属单位符合条件的人员中调整。同时，明确市土地监察大队工作人员依照国家公务员制度进行管理。依照公务员制度管理后，机构性质、规格、编制、隶属关系、经费渠道等均保持不变，不再执行事业单位的职称、奖金、工资等人事管理制度。2001年12月，泰兴市土地监察大队更名为泰兴市国土资源监察大队，定事业编制20名，经费渠道不变，依照国家公务员制度进行管理，领导职数为大队长1名、副大队长3名。2007年12月，明确市国土资源监察大队为参照国家公务员法管理的事业单位。2015年1月，泰兴市国土资源监察大队机构规格调整为相当副科级，核定领导职数为大队长1名、副大队长3名，其余均保持不变。2015年4月，核增泰兴市国土资源监察大队教导员1名，核减副大队长1名，调整后大队领导职数为大队长1名、教导员1名、副大队长2名，所需编制内部调剂。2016年4月，明确泰兴市国土资源监察大队为市国土资源局管理的事业单位，机构规格相当副科级，参照公务员法管理，核定全额事业编制20名。内设综合科、巡查督查科、案件查办科、信访室等4个科室，均为正股级建制。调整后大队领导职数为大队长1名、教导员1名、副大队长2名，中层科长4名、副科长4名。

泰兴市国土管理干部培训中心 1997年6月，泰兴市国土管理干部培训中心建立，全民事业单位，股级建制，人员编制5名，自收自支，领导职数为主任1名。2003年5月，市国土管理干部培训中心增设岗位控制数2名。2017年10月，增加1名副主任领导职数。

泰兴市土地市场服务中心 2000年12月，泰兴市土地市场服务中心建立，隶属市国土管理局领导，全民事业单位，相当股级，核定人员编制18名，自收自支，设领导职数为主任1名、副主任2名。2007年5月，划转编制8名至新建立的泰兴市国土资源信息中心。至此，市土地市场服务中心编制总数核减至10名。2014年9月，核减编制1名。2015年9月，市土地市场服务中心撤销，原有人员和编制整体划入市不动产登记中心，人员性质保持不变。

泰兴市土地开发储备中心 2000年12月，泰兴市土地开发储备中心建立，全民事业单位，相当股级，隶属市国土管理局管理，核定事业编制6名，实行独立核算，自收自支，领导职数为主任1名、副主任1名。2006年1月，市土地开发储备中心核增自收自支事业编制4名，人员编制数增至10名。2009年12月，市土地开发储备中心机构规格由相当股级调整为相当副科级，仍由市国土资源局管理，原经费渠道、人员编制等均不变。2011 年 9 月，市土地开发储备中心机构规格由副科级调整为正科级，仍隶属市国土资源局管理，经费形式由自收自支调整为市财政全额拨款，实行收支两条线，核定人员编制数 10 名。内设综合科、土地收购储备科、土地开发整理科 3 个科室，均为股级建制。核定领导职数为主任 1 名、副主任 2 名、科长 3 名。2012 年 10 月，市土地开发储备中心核增全额拨款事业编制 2 名，人员编制数增至 12 名。12 月，市土地开发储备中心内设科室增至 4 个，分别为综合科、土地收购储备科、土地征收事务科、土地开发整理科。核定全额拨款事业编制人员 12 名，其中领导职数为主任 1 名、副主任 2 名、正科长 4 名、副科长 2 名。2014 年 6 月，市土地开发储备中心核增全额拨款事业编制 3 名，人员编制数增至 15 名。

泰兴市矿产资源开发管理办公室 2001 年 12 月，原市计划委员会承担的地质矿产资源行政管理职能和制定国土规划及土地利用总体规划的职能划归市国土资源局。随职能调整，市国土资源局设泰兴市矿产资源开发管理办公室。核定自收自支事业编制 6 名，领导职数为主任 1 名、副主任 1 名。2014 年 9 月，核减自收自支事业编制 1 名。

泰兴市国土资源信息中心 2007 年 5 月，泰兴市国土资源信息中心建立，全民事业单位，股级建制，自收自支，核定编制数 8 名，领导职数为主任 1 名、副主任 1 名。所需编制和人员由市土地市场服务中心划转。2015 年 9 月，市国土资源信息中心撤销，原有人员和编制整体划入市不动产登记中心，人员性质保持不变。

泰兴市不动产登记中心 2015 年 9 月，泰兴市不动产登记中心设立，为公益一类事业单位，隶属市国土资源局管理，机构规格相当副科级，经费形式为全额拨款。原泰兴市土地市场服务中心和泰兴市国土资源信息中心的人员和编制整体划入市不动产登记中心。市住建局负责的房屋测绘成果审核、房产档案管理工作职责调整至市国土资源局，市房屋产权监理所撤销，其 8 名人员和编制一并划入市不动产登记中心，人员性质不变，原有的 7 名退休人员整体划入不动产登记中心。调整后，市不动产登记中心核定事业编制 27 名，其中全额拨款 2 名，自收自支 25 名。核定领导职数为主任 1 名、副主任 3 名。市不动产登记中心内设综合科、登记管理科（在登记管理科挂地籍管理科牌子）、权籍调查科、土地市场服务科、信息科 5 个科室，均为正股级，核定正科长 5 名、副科长 7 名。至 2019 年 1 月，市国土资源局直属事业单位（含归口管理单位）有市土地开发储备中心、市国土资源监察大队、市不动产登记中心、市矿产资源开发管理办公室、市国土管理干部培训中心。

1989—2018 年泰兴市（县）国土资源局直属事业单位负责人一览表

表 1-1-4

<table>
<tr><th>单位</th><th colspan="2">职务</th><th>姓名</th><th>任职时间</th></tr>
<tr><td rowspan="4">土地事务所</td><td colspan="2" rowspan="4">所长</td><td>陈振东</td><td>1988.12—1996.5</td></tr>
<tr><td>王胜泉</td><td>1996.5—1997.5</td></tr>
<tr><td>刘　程</td><td>1997.5—1997.9</td></tr>
<tr><td>周怀剑</td><td>1997.9—2000.12</td></tr>
<tr><td>土地估价所</td><td colspan="2">所长</td><td>潘仁虎</td><td>1994.5—2000.12</td></tr>
<tr><td rowspan="21">土地监察大队（国土资源监察大队）</td><td colspan="2" rowspan="9">大队长</td><td>谢春林</td><td>1996.9—1997.12</td></tr>
<tr><td>刘　程</td><td>1997.12—1998.6</td></tr>
<tr><td>黄金华</td><td>1998.6—2001.2</td></tr>
<tr><td>周怀剑</td><td>2001.2—2001.12</td></tr>
<tr><td>栾　俊</td><td>2001.12—2003.7</td></tr>
<tr><td>陈希阳</td><td>2003.7—2009.4</td></tr>
<tr><td>丁黎明</td><td>2009.4—2011.8</td></tr>
<tr><td>丁黎明（副科级）</td><td>2011.8—2017.10</td></tr>
<tr><td>丁黎明（副科职）</td><td>2017.10—</td></tr>
<tr><td colspan="2">教导员</td><td>张　斌（副科职）</td><td>2017.10—</td></tr>
<tr><td colspan="2" rowspan="7">副大队长</td><td>栾　欣</td><td>2003.7—</td></tr>
<tr><td>徐建锋</td><td>2003.7—2010.6</td></tr>
<tr><td>丁永跃</td><td>2003.7—2005.6</td></tr>
<tr><td>周　宁</td><td>2005.6—2009.4</td></tr>
<tr><td>王胜泉</td><td>2005.6—2009.12</td></tr>
<tr><td>骆建国</td><td>2005.6—2009.12</td></tr>
<tr><td>居佳伟</td><td>2016.10—</td></tr>
<tr><td>综合科</td><td>副科长（主持工作）</td><td>吴国栋</td><td>2016.8—</td></tr>
<tr><td>巡查督查科</td><td>科长</td><td>居佳伟（兼）</td><td>2016.10—</td></tr>
<tr><td>案件查办科</td><td>科长</td><td>陶　勇</td><td>2017.12—</td></tr>
<tr><td>信访室</td><td>副主任（主持工作）</td><td>吴卫峰</td><td>2016.10—</td></tr>
</table>

续表 1-1-4

单位	职务	姓名	任职时间
国土管理干部培训中心	主任	刘　程	1997.9—1997.12
		王胜泉	1997.12—2002.8
		蒋娅俊	2002.8—2003.7
		孙红东	2003.7—2005.6
		蒋娅俊（副主任主持工作）	2005.6—2009.4
		蒋俊（兼）	2009.4—2018.6
		居佳伟	2018.6—
土地市场服务中心	主任	潘仁虎	2001.2—2001.12
		孙红东	2001.12—2003.7
		栾　俊	2003.7—2005.6
		丁永跃	2005.6—2006.8
		张　斌（副主任主持工作）	2006.8—2007.8
		祝　萍	2007.8—2009.4
		张　斌（副主任主持工作）	2009.4—2009.12
		张　斌	2009.12—2015.9
土地开发储备中心	主任	黄金华	2001.2—2005.4
		姚锦岳	2005.4—2009.4
		陈希阳	2009.4—2010.1
		孙红东（兼）（正科职）	2010.1—
	副主任	唐金芳	2001.2—2005.6
		祝　萍	2003.7—2005.6
		徐向阳	2005.6—2011.8
		张　斌	2006.3—2011.8
		刘家瑞	2011.1—2011.8
		陈希阳（副科职）	2011.8—2016.6
		祝　萍（副科职）	2011.8—2016.6

续表 1–1–4

单位	职务		姓名	任职时间
土地开发储备中心	综合科	科长	蒋俊（兼）	2012.7—2016.10
			时　萍	2016.10—
	收购储备科	科长	张斌（兼）	2012.7—
	开发整理科	科长	刘家瑞（兼）	2012.7—2016.7
		副科长（主持工作）	朱　鹏	2016.7—2018.9
		科长	朱　鹏	2018.9—
	土地征收事务科	科长	刘家瑞（兼）	2016.7—
矿产资源开发管理办公室	主任		戴新华	2001.12—2016.7
			杨绍华	2016.7—
国土资源信息中心	主任		丁永跃	2009.4—2015.9
不动产登记中心	主任		聂　锋（副主任主持工作）	2016.3—2017.10
			聂　锋（副科职）	2017.10—
	副主任		鲁　涛	2016.8—
			黄庆末	2016.10—
			朱　鹏	2018.9—
	综合科	科长	鲁涛（兼）	2016.10—2017.12
			姚兆君	2017.12—
	登记管理科	科长	黄庆末（兼）	2016.10—2017.12
			朱　剑	2017.12—
	权籍调查科	科长	殷　峰	2016.10—
	土地市场服务科	副科长（主持工作）	莫晓艳	2016.10—
	信息科	科长	朱　虎	2016. 8—

二、乡（镇）土地管理机构

1996年，全市共有42个乡（镇）土地管理所。市政府根据省、市《关于加强乡镇土地管理所建设的意见》，决定从1997年1月1日起，市土地管理局对乡（镇）土地管理所人、财、物实行统一管理，各所单独建账、独立核算，经费自收自支，人员固定工资部分的60%由市土地管理局下拨。1997年4月，原泰兴市管辖的刁铺镇、口岸镇、田河镇、永安洲镇、许庄乡等5个乡（镇）先后划归泰州市海陵区、高港区管辖，所属乡镇的土地管理所也随之划归泰州市海陵区、高港区土地管理部门管辖。是年8月，全市共有37个乡（镇）土地管理所。10月，全市各乡（镇）土地管理所更名为乡（镇）国土管理所。1998年6月，建立泰兴市经济开发区国土管理所，性质、体制、职责、经费来源与其他乡（镇）国土管理所相同。2000年4月，泰兴市部分乡镇合并后，乡（镇）国土管理所也随之相应合并。至此，全市共有25个乡（镇）国土管理所，分别为：

黄桥镇国土管理所、分界乡国土管理所、古溪镇国土管理所、横垛乡国土管理所、元竹乡国土管理所、曲霞镇国土管理所、珊瑚镇国土管理所、南沙乡国土管理所、广陵镇国土管理所、张桥乡国土管理所、河失镇国土管理所、溪桥乡国土管理所、刘陈乡国土管理所、新街镇国土管理所、姚王镇国土管理所、根思乡国土管理所、宣堡镇国土管理所、胡庄镇国土管理所、马甸镇国土管理所、泰兴镇国土管理所、蒋华镇国土管理所、七圩镇国土管理所、大生镇国土管理所、过船镇国土管理所、经济开发区国土管理所。

2001年12月，全市乡（镇）国土管理所更名为乡（镇）国土资源所。2005年9月，全市乡（镇）国土资源所和经济开发区国土管理所的149名工作人员经公务员过渡考试后参照公务员法管理，实行定编定岗。2007年3月，市国土资源局撤销过船镇国土资源所和经济开发区国土资源所，组建泰兴市国土资源局经济开发区分局；将泰兴镇国土资源所，更名为泰兴市国土资源局城区分局；将黄桥镇国土资源所，更名为泰兴市国土资源局黄桥分局；将河失镇国土资源所，更名为泰兴市国土资源局河失分局。以上4个分局均为市国土资源局派出机构，股级建制，全额拨款事业单位，参照公务员法管理，领导职数为局长1名、副局长1名，原定编制和人员相应划转，人员身份和经费渠道保持不变。7月，市国土资源局撤销南沙镇、大生镇国土资源所，分别并入溪桥镇国土资源所、泰兴市国土资源局城区分局。12月，全市国土资源所（分局）经公务员过渡审批的149名工作人员参照公务员法管理。

2008年8月，胡庄镇和宣堡镇赵王等7个行政村及市第二捕捞公司划归泰州市高港区管辖，胡庄镇国土资源所随之划归高港区国土资源管理部门管理。

1989—2009年泰兴市（县）乡镇国土资源所（分局）负责人一览表

表 1-1-5

乡镇	职务	姓名	任职时间
黄桥	所长	吴云福	1989.9—2004.4
		吴吉友	2004.4—2007.5
	分局局长	吴吉友	2007.5—2009.12
河失	所长	殷存祥	1989.9—2000.5
		何文军	2000.5—2001.12
		叶扣章	2001.12—2004.4
		朱家宏	2004.4—2007.5
	分局局长	朱家宏	2007.5—2009.12
长生	所长	王如元	1989.9—1998.8
		谭佩宏	1998.8—2000.5
姚王	所长	鲁森林	1989.9—1996.11
		成国堂	1996.11—2003.6
		孙　斌	2003.6—2009.12
广陵	所长	余济良	1989.9—1991.9
		吴　玖	1991.9—1997.9
		叶扣章	1997.9—2001.12
		杨克善	2001.12—2009.12
新市	所长	江雪林	1989.9—1994.8
		朱锦祥	1994.8—2000.5
常周	所长	罗伯仲	1989.9—1993.1
		白杏元	1993.1—1997.10
		何文军	1997.10—2000.5
南沙	所长	赵宝龙	1989.9—1993.5
		常爱国	1993.5—1996.12
		王民放	1996.12—2001.12
		唐雪华	2001.12—2007.7
珊瑚	所长	孙长生	1989.9—1997.11
		闾月清	1997.11—2000.3
		陈光荣	2000.3—2007.5
		周晓祥	2007.5—2009.12

续表 1-1-5

乡镇	职务	姓名	任职时间
南新	所长	严圣堂	1989.9—1994.9
		严伯生	1994.9—1997.11
		蒋建春	1997.11—2000.5
北新	所长	程祥凤	1989.09—1998.12
		戴维乐	1998.12—2000.5
新街（南新、北新合并）	所长	戴维乐	2000.5—2002.4
		周加圣	2002.4—2004.11
		丁文光	2004.11—2009.12
刘陈	所长	周志华	1989.9—1998.12
		徐国余	1998.12—2007.7
		唐雪华	2007.7—2009.12
溪桥	所长	何文忠	1989.9—1995.1
		黄亚平	1995.1—2002.5
		钱泽生（副所长主持工作）	2002.5—2003.1
		丁严军	2003.1—2004.4
		叶扣章	2004.4—2006.3
		许晓林	2006.3—2006.9
		吴吉友（兼）	2006.9—2007.5
		成国堂	2007.5—2009.12
十里甸	所长	殷国成	1989.9—2000.5
张桥	所长	朱荣华	1989.9—2000.5
		辛建平	2000.5—2007.5
		封　萍	2007.5—2009.12
曲霞	所长	白杏元	1989.9—1993.1
		罗伯仲	1993.1—1998.8
		张松南	1998.8—2000.5
		许晓林	2000.5—2006.3
		顾新荣	2006.3—2009.12
刁铺	所长	栾建国	1989.9—1997.4

续表 1-1-5

乡镇	职务	姓名	任职时间
田河	所长	沈宝怀	1989.9—1997.4
永安洲	所长	周永宏	1989.9—1991.9
		施光文	1991.9—1997.4
许庄	所长	孙圣忠	1989.9—1997.4
口岸	所长	韩国斌	1990.3—1997.4
汪群	所长	樊专荣	1989.9—1991.4
		刘宝芝	1991.4—1991.9
		马荣芳	1991.9—2000.5
孔桥	所长	周宝泉	1990.4—1997.6
		孔宏运	1997.6—2000.5
宁界	所长	肖仁龙	1989.9—2000.5
三里	所长	张光永	1989.9—1994.5
燕头	所长	焦国发	1989.9—1994.12
		李欣宏	1994.12—2000.5
分界	所长	周万寿	1989.9—2000.5
		谭佩宏	2000.5—2001.12
		朱家宏	2001.12—2004.4
		丁严军	2004.4—2009.12
古溪	所长	时根章	1989.9—2001.12
		吴俊峰	2001.12—2004.4
		顾献忠	2004.4—2007.7
		吴俊峰	2007.7—2009.12
宣堡	所长	季秀生	1989.9—2000.5
		孔德富	2000.5—2001.12
		王松庆	2001.12—2008.8
胡庄	所长	徐文才	1989.9—1992.3
		孔德富	1992.3—2000.5
		孔宏运	2000.5—2001.6
		李新宏	2001.6—2008.8

续表 1-1-5

乡镇	职务	姓名	任职时间
根思	所长	唐龙祥	1989.9—1991.9
		刘宝芝	1991.9—1995.9
		唐龙祥	1995.9—2000.5
		戴学标	2000.5—2001.12
		刘家瑞	2001.12—2009.12
老叶	所长	杨圣根	1989.9—1998.8
		戴学标	1998.8—2000.5
天星	所长	蒋俊鹏	1989.9—1999.3
		许晓林	1999.3—2000.5
焦荡	所长	薛龙平	1990.4—1999.2
		杨克善	1999.2—2000.5
过船	所长	季长泉	1989.9—1999.1
		冯书林	1999.1—2005.3
		孙佳俊（主持工作）	2005.3—2006.3
蒋华	所长	陶根生	1989.9—1997.10
		鲍玉良	1997.10—2000.5
		朱锦祥	2000.5—2001.12
		鲍玉良	2001.12—2003.1
		祝留国	2003.1—2009.12
城西（大生）	所长	张银德	1989.9—1996.11
		陈跃年	1996.11—2000.5
		孙　斌	2000.5—2003.6
		成国堂	2003.6—2006.9
元竹	所长	王全凤	1989.9—1993.1
		陈国金	1993.1—2000.5
		陈建国	2000.5—2001.12
		王　颖	2001.12—2004.4
		吴俊峰	2004.4—2007.7
		徐国余	2007.7—2009.12

续表 1-1-5

乡镇	职务	姓名	任职时间
马甸	所长	曹桂元	1989.9—1995.5
		周永宏	1995.5—1997.6
		顾云龙	1997.6—2005.3
		顾坚平	2005.3—2007.5
		李　阳	2007.5—2009.12
横巷	所长	王师俊	1989.9—1994.5
		陈建国	1994.5—2000.5
经济开发区	所长	殷凯杰	1998.8—2006.3
		蒋卫兵	2006.3—2007.5
	分局局长	蒋卫兵	2007.5—2009.12
七圩	所长	常恩辉	1989.9—2001.6
		孙龙海	2001.6—2003.1
		鲍玉良	2003.1—2005.3
		冯书林	2005.3—2009.12
横垛	所长	周春网	1989.9—1996.11
		吴吉友	1996.11—2004.4
		丁义华	2004.4—2007.7
		顾献忠	2007.7—2009.12
泰兴镇（城区）	所长	李信芝	1989.9—1997.9
		徐丽华	1997.9—2001.8
		丁荣华	2001.8—2007.5
	分局局长	丁荣华	2007.5—2009.12

2009 年 7 月，泰兴市政府撤销 21 个国土资源所（分局），按区域设置市国土资源局经济开发区分局、虹桥工业园区分局、黄桥工业园区分局、农产品加工园区分局、城东工业园区分局、城区分局、古溪分局、曲霞分局和宣堡分局等 9 个分局（分别增挂“市国土资源监察大队 ×× 中队”牌子），均为全民事业单位，参照公务员法管理，机构规格均为副科级，经费渠道不变。各分局设局长 1 名、副局长 2 名（其中 1 名副局长兼监察中队长），副股级科员 1 名（协助监察中队长负责国土资源执法监察工作）。

2010 年 5 月，泰兴市国土资源局曲霞分局更名为泰兴市国土资源局广陵分局。其机构性质、管辖范围、人员编制等保持不变。

2010 年泰兴市国土资源局下辖黄桥工业园区分局、城东工业园区分局、虹桥工业园区分局、经济开发区分局、农产品加工园区分局、古溪分局、广陵分局、宣堡分局、城区分局。

2012 年 9 月，泰兴市国土资源局黄桥工业园区分局更名为泰兴市国土资源局黄桥分局，挂泰兴市国土资源局黄桥工业园区分局牌子，仍为市国土资源局派出机构，机构规格仍为副科级，其余均保持不变。2017 年 11 月，泰兴市国土资源局城东工业园区分局更名为泰兴市国土资源局高新区分局，泰兴市国土资源局虹桥工业园区分局更名为泰兴市国土资源局虹桥分局，泰兴市国土资源局广陵分局管辖的张桥镇调整为虹桥分局管辖，相应划转市国土资源局广陵分局 3 名全额事业编制至虹桥分局。至 2018 年，市国土资源局设黄桥分局、古溪分局、广陵分局、高新区分局、虹桥分局、宣堡分局、城区分局、经济开发区分局、农产品加工园区分局 9 个分局。

2009—2018 年泰兴市国土资源局基层分局升格副科级后分局负责人一览表

表 1-1-6

分局	职务	姓名	任职时间
经济开发区分局	局长	孙　斌	2009.12—2010.6
	市局副主任科员	陈振东（兼）	2010.7—2016.6
	局长	赵建军	2016.6—
虹桥工业园区分局（虹桥）	局长	冯书林	2009.12—2014.4
	副局长（主持工作）	周　和	2014.4—2016.6
	局长	封　萍	2016.6—
黄桥工业园区分局（黄桥）	局长	朱家宏	2009.12—
城区分局	局长	丁荣华	2009.12—
古溪分局	局长	吴俊峰	2009.12—2015.2
	副局长（主持工作）	顾献忠	2015.2—2016.6
	局长	祝留国	2016.6—
曲霞分局（广陵）	局长	祝留国	2009.12—2016.6
	副局长（主持工作）	戚　斌	2016.6—

续表 1-1-6

分局	职务	姓名	任职时间
宣堡分局	副局长（主持工作）	封　萍	2009.12—2011.8
	局长	封　萍	2011.8—2016.6
	局长	成国堂	2016.6—
城东工业园区分局（高新区）	副局长（主持工作）	成国堂	2009.12—2016.6
	副局长（主持工作）	张　锋	2016.6—2017.2
	副局长（主持工作）	朱福彪	2017.2—
农产品加工园区分局	副局长（主持工作）	丁文光	2009.12—2011.8
	局长	丁文光	2011.8—2013.3
	副局长（主持工作）	朱福彪	2013.3—2016.6
	局长	周志甫	2016.6—

第二节　党群组织

一、中共泰兴市国土资源局组织

（一）党组织机构

1. 中共泰兴市国土管理局机关支部委员会

1996年7月，中共泰兴市土地管理局机关支部委员会由聂江林、叶春荣、孙冬英、陈振东、李兴国、黄建国6人组成，聂江林任书记，叶春荣任副书记，孙冬英、陈振东、李兴国、黄建国为支部委员。有党员30人。局机关支部隶属中共泰兴市市级机关委员会。2000年6月，局机关支部委员会换届选举，支部委员会由陈保桂、李秋生、朱进国、孙冬英、黄金华5人组成，陈保桂任书记，李秋生任副书记，朱进国、孙冬英、黄金华为支部委员。支部仍隶属中共泰兴市市级机关委员会。2001年12月，泰兴市国土资源局配备专职纪检组长1名，陈明光任纪检组长。

2. 中共泰兴市国土资源局党组

2005年5月，中共泰兴市国土资源局党组建立。田之本任中共泰兴市国土资源局党组书记，陈明光任党组副书记兼纪检组长，丁冠三、徐益群、孙红东为党组成员。2006年5月，潘仁虎任泰兴市国土资源局党组书记，田之本因工作调动免去党组书记职务。

3. 中共泰兴市国土资源系统委员会

2008年3月，中共泰兴市国土资源系统委员会成立。潘仁虎任中共泰兴市国土资源系统党委书记，陈明光任党委副书记兼纪委书记，徐益群、孙红东、栾俊为党委委员。乡镇国土资源所（分局）124名党员组织关系转入系统党委管理。8月，撤销潘仁虎中共泰兴市国土资源系统党委书记职务，刘国成任中共泰兴市国土资源系统党委书记。

2010年3月，免去陈明光泰兴市国土资源系统党委副书记及纪委书记职务，免去徐益群党委委员职务。6月，栾俊兼任纪委书记，增补李秋生、陈振东、徐建锋为党委委员。

2016年2月，孙红东任中共泰兴市国土资源系统委员会书记，增补顾海荣为党委委员，免去刘国成中共泰兴市国土资源系统委员会书记职务。6月，陈希阳任中共泰兴市国土资源系统纪委书记、党委委员，免去栾俊兼任的中共泰兴市国土资源系统纪委书记职务，免去李秋生、陈振东中共泰兴市国土资源系统党委委员职务，增补祝萍为党委委员。2017年8月，中共泰兴市国土资源系统委员会经市委组织部批准，更名为中共泰兴市国土资源局委员会。孙红东任中共泰兴市国土资源局委员会书记，陈希阳任纪委书记、党委委员，栾俊、徐建峰、顾海荣、祝萍任党委委员。至2018年年末，中共泰兴市国土资源局委员会有中共正式党员196人、预备党员1人。

4. 中共泰兴市国土资源局机关总支部委员会

2005年10月，市国土资源局建立中共泰兴市国土资源局第一届总支委员会，由陈明光任总支书记。总支委员会下设3个支部：第一支部戴新华任书记，第二支部丁黎明任书记，第三支部陈希阳任书记。

2010年12月，局机关党总支委员会下设4个支部：中共泰兴市国土资源局机关支部委员会，钱伯林任书记；中共泰兴市国土资源局直属事业单位第一支部委员会，丁永跃任书记；中共泰兴市国土资源局直属事业单位第二支部委员会，陈希阳任书记；中共泰兴市国土资源局老干部支部委员会，陈保桂任书记。

2016年8月，中共泰兴市国土资源系统委员会调整局机关内党组织设置，撤销原局机关内建立的4个党支部。建立机关党总支，顾海荣任书记，马文国任副书记。下设机关第一党支部，蒋俊任书记；第二党支部，周宁任书记。建立中共泰兴市土地开发储备中心支部委员会，张斌任书记；建立中共泰兴市国土资源监察大队支部委员会，丁黎明任书记；建立中共泰兴市国土资源局退休人员支部委员会，陈保桂任书记。

2018年8月，中共泰兴市国土资源局委员会决定建立中共泰兴市不动产登记中心支部委员会。9月，聂锋任泰兴市不动产登记中心党支部书记。11月，因人事变动，葛萍任机关第二党支部书记，免去周宁机关第二党支部书记职务。

5. 中共泰兴市国土资源系统基层分局支部委员会

2010年2月，全市9个国土资源分局相继建立党支部委员会。经济开发区分局党支部，孙斌任书记，2010年12月，撤销其书记职务，由唐雪华任书记。2014年12月，撤销唐雪华书记职务，由陈振东任书记至2016年9月。黄桥工业园区分局党支部，吴吉友任书记至2016年9月；城东工业园区分局党支部，丁严军任书记至2016年9月；城区分局党支部，丁荣华任书记至2016年9月；宣堡分局党支部，封萍任书记至2016年9月；广陵分局党支部，顾新荣任书记至2016年9月；虹桥工业园区分局党支部，冯书林任书记，2014年12月，因工作调动，免去其书记职务，由周和任书记至2016年9月；农产品加工园区分局党支部，徐国余任书记，2010年12月，徐国余调至黄桥工业园区分局工作，故免去其书记职务，由丁文光任书记，2013年3

月撤销丁文光书记职务，市国土资源系统党委明确由朱福彪负责支部工作至2016年9月；古溪分局党支部，吴俊峰任书记，2015年2月，撤销其书记职务，市国土资源系统党委明确由顾献忠负责支部工作至2016年9月。

2016年9月，9个分局党支部分别进行改选工作。经济开发区分局党支部，赵建军任书记；黄桥分局党支部，朱家宏任书记；城东工业园区分局党支部，张锋任书记；2017年4月，因人事变动，免去张锋书记职务，朱福彪任书记；城区分局党支部，丁荣华任书记；宣堡分局党支部，成国堂任书记；广陵分局党支部，戚斌任书记；虹桥工业园区分局党支部，封萍任书记；农产品加工园区分局党支部，周志甫任书记；古溪分局党支部，顾献忠任书记。

（二）政治思想建设

1996年，局机关支部组织全体党员系统地学习中共十四届五中、六中全会文件，学习《中共中央关于加强党的建设几个重大问题的决定》和江泽民总书记在中共十四届五中全会上的讲话精神及《邓小平同志建设有中国特色社会主义理论学习纲要》。“七一”前夕，召开支部会议，组织全体党员对照党员标准，联系行风、勤政、廉政建设的内容，开展批评与自我批评。组织观看电影《孔繁森》，开展“我向孔繁森学什么”大讨论。年底，局机关支部把百分赛考核与年终总结相结合，对党员进行年终考核，评出优秀党员2人。1997年，局机关支部组织全体党员学习中共十五大文件、江泽民总书记《努力建设高素质的干部队伍》有关论述、中共中央关于党员领导干部廉政建设有关规定，开展以“树形象、做表率、创新风”为主题的思想政治教育。1998年，局机关支部发动全体党员讨论修订“创争规划”，继续坚持“三会一课”（支部党员大会、支部委员会、党小组会，党课）制度，组织学习邓小平理论及《中国共产党纪律处分条例（试行）》等，全年组织全体党员上党课6次。1999年，局机关支部开展争创“四好党支部”活动，组织党员学习党的基层组织工作条例和党章，重温入党誓词。同年，出台《关于加强中青年干部培养和管理的意见》，9名青年干部向党支部递交入党申请书，3人转为中共正式党员。2000年7—9月，根据中共中央、江苏省委在党政领导班子、领导干部中开展“三讲”（讲学习、讲政治、讲正气）集中教育的要求和中共泰兴市委的统一部署，局机关支部在领导班子、领导干部中开展以“三讲”为主要内容的党性、党风教育。同时把“三讲”教育与学习理论、武装头脑、整顿思想、改进作风相结合，与“双思”（致富思源、富而思进）教育相结合，收到良好效果。2001年1月开始，局机关支部开展“三个代表”（中国共产党始终代表中国先进社会生产力的发展要求、始终代表中国先进文化的前进方向、始终代表中国最广大人民的根本利益）重要思想学习教育活动，组织全体党员干部职工采取集中学和自学相结合的方法，认真学习江泽民总书记“三个代表”重要思想，对照检查，查找自身存在的问题，并进行整改提高，巩固和扩大学习成果。2002年，局机关支部认真执行党要管党和从严治党的方针，围绕建设高标准的基层党组织、高素质的机关党员干部队伍，开展“八提倡、八反对”和“三必须、八优先”（提倡爱党爱民，旗帜鲜明，反对是非不辨，立场不稳；提倡忠于职守，爱岗敬业，反对空谈空议，不学无术；提倡举止文明，依法行政，反对言行粗野，违法乱纪；提倡谦虚谨慎，争创一流，反对骄傲自满，不求上进；提倡坚持原则，顾全大局，反对自由主义，唯我独尊；提倡光明正大，廉洁自律，反对阳奉阴违，以权谋私；提倡遵守公德，修身养性，反对低级庸俗，贪图享乐；提倡精打细算，勤俭节约，反对大手大脚，铺张浪费。对重点项目必须提前介入，对特困户必须按下限收费，对一般手续必须限时办结；优先为“三农”服务，优先为城镇基础设施建设服务，优先为经济结构战略性调整服务，优先为小城镇建设服务，优先为企业改制攻坚服务，优先为培植新的经济增长点服务，优先为招商引资服务，优先为科技教育发展服务）活动，强化机关党员干部的思想、作风建设。2003年，局机关支部采取个人自学、专家辅导和讨论交流等多种形式，组织全体党员干部职工系统学习中共十六大报告和一系列文件，并邀请市委党校老师作专题辅导。2004年，局机关支部组织参加市级机关庆“七一”歌咏比赛等活动。2005年，局党组围绕依法行政和提高服务质量组织开展“查问题、找差距、促整改”活动。2006年“七一”前夕，局党组组织机关全体党员和入党积极分子到浙江嘉兴南湖举行重温入党誓词活动，激发大家为共产主义奋斗终身的革命热情。2005—2006年度局党总支被泰兴市委授予“先进基层党组织”称号。2007年，局党组组织党员学习《中国共产党组织建设条例》和胡锦涛总书记在十六届六次全会上的重要讲话，每个党员联系实际，查找差距，争做合格党员。2008年，系统党委组织“七一”建党87周年庆祝活动，开展“学习实践科学发展观、加快建设美好新泰兴”等主题教育。2009年，系统党委在全系统继续开展学习实践科学发展观活动，坚持以科学发展观保护耕地红线，保障经济发展，扎实做好国土资源各项工作。2011年，系统党委围绕泰兴市第十二次党代会提出的“三个共创”（共创更高水平新小康、共创文明和谐新泰兴、共创领先苏中新辉煌）奋斗目标，开展“力争一流业绩，服务三个共创”主题活动。2012年，系统党委严格按照场所建设标准化、

2009年7月16日，泰兴市国土资源局召开市国土系统学习实践活动整改落实工作推进会

制度建设精细化、服务项目最优化的要求建设党员服务中心，构筑党员服务新平台，提升党建工作科学化水平，倾心打造“三思”（思源、思静、思远）国土文化，以浓厚的文化氛围陶冶全体党员干部的高尚情操。局机关党总支被市委表彰为“2010—2012年度创先争优先进基层党组织”。2013年，市国土资源系统党委班子内部严格执行民主集中制，“三重一大”（重大人事任免、重大基建项目、重大物资采购、大额资金使用）事项一律集体会商，共同确定。年内，组织开展“贯彻十八大、学习新党章、铭记廉政准则”知识竞赛。构建社会监督、行政监督、党内监督“三位一体”的监督机制。推进党务公开，局机关设立党务公开栏，定期公布思想建设、组织建设、作风建设及反腐倡廉建设等方面的工作动态，主动接受监督。是年，市国土资源局被市纪委、市委组织部联合命名为“党务公开示范点”。2014年，市国土资源系统党委开展党的群众路线教育实践活动。党委成员深入23个园区、乡镇、村组，接待群众来访146人次，办理信访案件72件，召开各种类型座谈会28次，开展交心谈话81人次，发放征求意见表1045份，征集意见和建议197条。召开专题民主生活会1次、专题组织生活会12次，在系统内部取得一批思想成果、实践成果和制度成果。2015年，市国土资源系统党委组织开展党纪党规教育年活动，开展满意服务园区、乡镇行和送政策进园区（企业）及“十百千入户工程”。是年，市国土资源局宣堡分局党支部被泰兴市委授予“2013—2015年度先进基层党组织”称号。2016年，市国土资源系统党委组织全体党员干部职工认真研学中共十八届五中、六中全会精神及习近平总书记关于进一步加强新时期党的建设和从严治党、依法治国等重要思想，组织观看电影《寻明胜》和《永远在路上》专题片，组织开展“当先锋、作表率，亮身份、树形象，学典型、赶先进”活动。是年，局机关党总支被市委机关工作委员会表彰为“2016年度市级机关先进基层党组织”。2017年，全面推进从严治党，创新“12345”（“1”突出一个抓手，各级党组织书记将党建工作紧紧抓在手中；“2”健全两项制度，建立局领导基层党建工作联系点制度和党建工作月度例会制度；“3”抓好三个重点，严格考评、严格追责、全力保障；“4”建设四个标准化，局机关、直属事业单位4个党支部办公场所标准化、9个分局党支部办公场所标准化、党员活动室标准化、各级党

2016年4月29日，泰兴市国土资源系统“两学一做”学习教育动员部署会召开

组织党建资料归集标准化；“5”推进五个融合，把党建工作与民生国土、阳光国土、法治国土、和谐国土、廉洁国土建设等5个方面深度融合）党建工作法。建立党委班子成员基层党建工作联系点制度，每月召开落实全面从严治党主体责任汇报会，抓苗头，查根源，促整改。市国土资源系统党委研究出台《基层党建工作目标管理量化考评细则》等文件，组织机关党员到基层村组开展“七一”主题党日活动。举办“不忘初心、牢记使命”主题演讲比赛，编排“经典歌曲大家唱”和“诵读经典”参加市级机关比赛。2018年，局党委推进“书记领题”项目，局党委建有组织生活馆，全系统13个党支部统一党建阵地，达到“六个有”标准，即有党员活动室、标准公开栏、党员监督岗、党员志愿站、党建园地、荣誉展示墙，做到制度健全、内容及时更新，活动正常。研发“党建云平台”，建设管理“云仓库”，打造网站、PC机、手机端“三位一体”的开放式“指尖党建”新模式，推进党务管理智能化、党建活动痕迹化、党员教育数据化。利用微信公众号，在手机端设置“我的学习”“我的组织生活”“我的志愿服务”“我的好声音”“我的党费”五大核心模块功能，开展学习、发表心得、评论点赞、缴纳党费、打造全天候、随身携带的“指尖阵地”。同时，打造“为民党建”品牌，以创建自然资源部关于“全国百佳不动产登记便民示范窗口”和省国土资源厅关于“党员先锋岗”为目标，坚持民生导向，创新服务硬件、服务软件和服务载体，提升不动产登记“泰易（e）登”为民服务质量。是年，市不动产登记中心被自然资源部表彰为“全国百佳不动产登记便民利民服务示范窗口”，被省国土资源厅党组授予全省20个不动产登记窗口党组织“党员先锋岗”称号。

（三）廉政建设

1996年，市土地管理局机关党支部不断修订完善各项工作制度和建立健全监督约束机制，在建设用地管理上继续推行“两公开一监督”（公开审批程序，公开审批结果，接受群众监督）制度，推进廉政建设。1997年，局机关党支部组织全体党员学习中共中央关于党员领导干部廉政建设的规定，并在全系统开展职业道德教育、勤政廉政教育，推行承诺服务制度，形成爱岗敬业、忠于职守、遵守公德、讲究文明、廉洁奉公、不谋私利、高效办事、热情服务的良好风气。1998年，局机关党支部推行公开政务、公开办事程序、规范行政管理行为、接受社会和群众监督为主要内容的公示制管理。把各科室、乡镇国土管理所的工作职责、工作要求、用地审批程序和期限以及主要法律法规依据全方位公开明示，从收件、批件到发文实行一个窗口对外、一条龙服务。1999年，局机关党支部把整顿工作作风作为推进队伍廉政建设的重要突破口，在全系统推行党风和廉政建设责任制，出台《泰兴市国土管理局廉政建设制度》和考评细则，定期开展检查和评比，实行一级抓一级、一级对一级负责。2000年3月，遵照中共中央、国务院《关于实行党风廉政建设责任制的规定》，市国土管理局层层落实责任，局长与副局长及各科室、事业单位、各乡镇国土管理所负责人签订《泰兴市国土管理系统党风廉政建设责任状》，将廉政建设责任落实到基层各部门。2002 年，局机关党支部认真贯彻省国土资源厅《关于进一步加强全省国土资源系统行风建设的意见》，对局机关每一个人，特别是领导干部住房进行清理，局机关 80 人进行房产填表登记，并将登记结果公示 15 天，无一举报电话。是年，局机关支部印发《泰兴市国土资源系统 2002 年党风廉政建设工作责任分解实施意见》《2002 年纪检监察工作要点》，把党风廉政建设各项工作进行分解，逐一落实到局负责人和责任科室。组织学习泰州市纪委关于查处陆某某、丁某某等大案要案通报，观看《慕绥新、马向东等案件警示录》教育片，对全系统人员进行警戒教育。

2003 年，市国土资源局修订工作规则、工作行为规范、党风廉政建设责任制、廉洁从政规定、考勤考核制度、服务承诺、首问负责制度、一次投诉查实下岗制度、政务公开违示追究制度等 22 项制度。并将各项制度的执行情况纳入绩效挂钩考核机制。2004 年，市国土资源局贯彻落实国土资源部制定的工作人员“五条禁令”和《行政为民十项规定》，出台《泰兴市国土资源系统行政便民十项措施》，设立国土资源免费法律咨询热线、国土资源管理违法举报电话和行风监督投诉电话。各乡镇国土资源所所长进行异地交流，机关科室负责人适时调整轮岗。2005 年，市国土资源局加强党风廉政建设的经验和做法在全省国土资源工作会议上作专题交流发言。

2006 年，局党组坚持把党风廉政建设作为“一把手”工程，开展反腐倡廉和典型案例教育，全面推行“一岗双责”。9 月底，在全系统举办庆国庆“国土 · 廉政”文化知识竞赛活动。是年，市国土资源局被泰州市纪委、监察局命名为廉政文化建设示范点。2007 年，局党组在全系统组织廉政提醒和诫勉谈话教育，开展“廉洁在我心中”交流汇报、“弘扬新风正气，建设廉洁泰兴”主题教育等活动。强化权力运作内部监督，实行廉情定期公示、重大事项决策及时公布，局纪检组始终参与局基建工程、基层国土资源所办公楼处置、土地整理项目招投标、土地上市会审等敏感事项，确保权力运行规范透明。2008 年 8 月，市国土资源局编排的摇滚快板《廉政促和谐、双保铸辉煌》和小品《铁窗悔》参加泰州市廉政文化专场会演。

2009 年，市国土资源系统党委把人人能干事、干成事、不出事作为廉政建设重点工作紧抓不放。年初，局各科室（中心）向系统党委递交廉政承诺书，系统党委与各乡镇国土资源所（分局）签订党风廉政建设责任状，构建一级抓一级，层层抓落实的责任体系。经常性开展正反典型教育，引导全系统人员对照正面典型找差距，对照反面典型谈体会。印发廉政格言，开展“廉政文化”主题征文活动，弘扬“以廉为荣、以贪为耻、崇尚廉洁”的清廉风气。年中，市国土资源局组织全系统人员廉洁从政知识测试，合格率达 100%，优秀率达 90%。并在全系统推行廉政风险预警防控管理，建成以岗位为点、程序为线、制度为面环环相扣的风险预警防控机制，强化对行政权力运行内部监督和自我约束。

2010年，系统党委在全系统开展党风廉政建设集中整改活动，组织各分局根治“小金库”问题。组织“十百千入户工程”活动，向10家以上成长型企业、100户以上个人建房户、1000名以上机关部门、园区、乡镇、村居党政负责人和普通群众征集意见和建议，并把问题整改作为最终落脚点。对群众反映的问题，逐一予以解决，对涉及的人，一经查实坚决处理。是年，对1名科室负责人、3名分局负责人进行诫勉谈话，在全系统通报孙斌案件涉及的6名责任人处理结果。同时，全面完善廉政风险点防控机制，组织全系统人员查找各岗位和科室（中心）、分局潜在的廉政风险点，逐个设置前期预防措施、中期监控手段、后期处置方案，制定完善26个风险防控模式，健全国土资源系统廉政风险预警防控管理机制。2011年，系统党委组织局负责人、分局主要负责人在全系统人员会议上述职述廉，让群众考评干部。2012年，市国土资源局对全系统中层以上干部建立电子廉政档案，实行动态分级管理，对热点科室和分局负责人实行红色预警管理。建立动态排查廉政风险点制度，将风险防控向基层延伸，制定《泰兴市国土资源局基层分局廉政风险防控机制》，强化对分局执法监察、土地初始登记初审、居民建房初审、档案管理、信访工作等5个廉政风险防控，并在各分局进行公示。是年6—8月，在全系统开展“五个一”活动，即邀请省委党校教授给全系统党员上一次党课、请市纪委领导给全系统人员举办一次廉政讲座、组织每个党员阅读一本好书、开展一次主题演讲比赛、组织一次廉洁从政知识考试。做到“规定动作”不折不扣、“自选动作”有声有色。2013年，系统党委以领导班子为表率，建立健全“如何为”的引导机制；以各类教育活动为先导，建立健全“不想为”的防范机制；以制度纪律为保证，建立健全“不能为”的约束机制；以民主监督为手段，建立健全“不敢为”制约机制。是年，市国土资源系统开展党风廉政建设和机关作风建设“三个一”活动，即人人签订一份承诺书、人人算好一笔经济账、人人持有一本警示册。2014年，市国土资源局引导全体党员干部克服对廉政建设的轻视思想、观望心理和敷衍态度，构筑单位、家庭、社会“三位一体”廉政共建模式，把为民、务实、清廉作为国土人的职业追求和行为准则。2015年，系统党委组织全系统人员前往市看守所，旁听违纪违法案件庭审，观看《不收敛不收手的代价》警示教育片。对系统内违法案件进行剖析，排查全系统廉政

2012年3月14日，全市国土资源系统党风廉政建设暨作风建设工作会议召开

风险点87个，建立风险防控模式39个。是年，市国土资源局在9个分局设立兼职纪检监察员，实现“临时监督”向“随时监督”的转变。

2016年，系统党委创新构建拒腐防线，着力塑造高效清廉部门形象。从严从细排查履职过程中存在的廉政风险点和可能出现的失职、渎职行为，印发《泰兴市国土资源系统失职渎职和廉政风险点》，有针对性地制定完善教育、制度、监督等方面的具体防控措施。年内，对宣堡等3个分局进行党风廉政建设巡察，梳理排查出的问题，督促整改到位。邀请官方媒体，坚持不通知、不陪同、不定期“三不”原则。对局机关、服务窗口、9个分局及服务点进行暗访，全面搜集部门廉政建设及效能建设方面存在的突出问题。召开全系统干部职工家属廉内助座谈会，发放严守清廉底线、共建幸福家园倡议书，倡导全体党员干部职工家属增强家庭助廉意识，算好政治廉洁账和家庭幸福账。全体家属一致承诺做好家庭助廉文化传播者，常吹廉政风、常敲廉政鼓、常把廉政关。是年，市国土资源局组织全系统人员举办“扬家风家规家训传承　展向上向善向廉风采”主题演讲比赛，引导大家廉洁从政、廉洁用权、廉洁修身、廉洁齐家。2017年，系统党委印发《泰兴市国土资源系统2017年党风廉政建设和反腐败工作要点》，对9个分局进行党风廉政建设巡查，并向全系统人员家属发送助廉短信，发挥家庭助廉作用。年内，邀请市纪委负责人作“把纪律和规矩挺在前面”专题报告，邀请市检察院反贪局负责人作预防失职渎职专题讲座，为全系统人员拒腐防变奠定思想基础。2018年，市国土资源局印发《泰兴市国土资源局廉政风险排查和防控暂行办法》，建立局党风廉政建设领导小组，健全教育、预防、监督、惩治制度系统，解决“权力制约、廉政风险防控机制不健全”问题。印发《泰兴市国土资源局建设项目管理暂行办法》，建立廉政承诺制，实

2016年7月1日，泰兴市国土资源系统预防职务犯罪专题讲座举办

2017年2月26日，泰兴市国土资源系统党风廉政建设工作会议召开

行项目建设全过程监管，解决“项目建设和财务管理存在廉政风险”问题。严格执行党风廉政建设责任制检查考核办法，解决“主体责任传递不到位”问题。全面实施固本强基工程，健全完善分局各项管理制度，定期开展党风廉政建设专项督查，加强八小时以外的人员管理，解决“基层国土分局问题多发”问题。实现党风廉政建设工作任务由虚变实，由软变硬的转化，形成横向到边，纵向到底的责任体系，实现监督考核全覆盖。

1996—2018 年，全系统有 12 人违纪违法，被开除党籍和工作籍，其违法行为由司法机关依法处理，其中局领导 1 人，基层工作人员 11 人。

二、局机关群团组织

（一）泰兴市国土资源局工会委员会

组织　2005 年 9 月，建立泰兴市国土资源局工会委员会，首届工会委员会由钱伯林、丁永跃、朱进国、骆建国、唐金芳 5 人组成，钱伯林任工会主席，任期 5 年。工会经费审查委员会由朱进国、骆建国、唐金芳 3 人组成，朱进国任工会经审会主任。唐金芳任工会女工委主任。时有工会会员 78 人。

2005 年 9 月 1 日，泰兴市国土资源系统首届工会代表大会召开

2010 年 9 月，市国土资源局工会委员会进行改选，系统工会委员会由钱伯林、刘程、封新萍、祝萍、丁荣华等 5 人组成，钱伯林任工会主席，刘程任工会副主席，任期 5 年。工会经费审查委员会由封新萍、丁永跃、戴玉恒 3 人组成，封新萍任工会经审会主任。工会女工委员会由祝萍、李小红、梅颖 3 人组成，祝萍任工会女工委主任。时有工会会员 195 人。

2013 年 12 月，冯书林任泰兴市国土资源局工会主席，任期与本届工会同期。免去钱伯林泰兴市国土资源系统工会主席职务。至 2018 年，市国土资源局工会委员会有会员 228 人。

活动　局工会委员会成立后，组织会员学习《中华人民共和国工会法》《中国

2010 年 12 月 28 日，泰兴市国土资源局组织局机关工作人员进行捐款活动

2015 年 9 月 1 日，泰兴市国土资源系统第一届“国土资源杯”职工运动会开幕

工会事程》及有关法律法规，增强工会会员的法治意识，依法维护职工的合法权益。2005 年，配合局党组开展“党员经常受教育，群众长期得实惠”主题教育。2006 年，配合局党组开展社会主义荣辱观学习教育活动。2007 年，落实《江苏省总工会实施职工素质提升规划》，开展职工读书活动及学习型工会组织创建活动。2008 年，开展支援汶川抗震救灾捐款活动，共捐款 3.5 万元。2009 年，配合系统党委开展学习实践科学发展观活动。2010 年，举行博爱募捐活动，共捐款 1.93 万元。2011 年，配合系统党委开展“力争一流业绩，服务三个共创”活动。2013 年，市国土资源系统工会被泰州市总工会表彰为工会工作先进集体，获泰兴市第六届运动会优秀文体节目表演奖。2015 年起，每年举办“国土资源杯”职工运动会。2016 年 11 月，市国土资源系统工会被市委市级机关工委、市总工会、市体育局评为泰兴市第二届市级机关运动会拔河团体二等奖。

2018 年 7 月，市国土资源局党委办公室、工会联合市体育中心举办第四届“国土资源杯”职工运动会。运动会设乒乓球、象棋、掼蛋、二龙戏珠、摸石过河、时代列车等 6 个项目，全系统参赛人员牢固树立大局意识，顽强拼搏，奋勇争先，赛出风格，赛出水平，既丰富活跃全系统干部职工文化生活，又增进大家的团结和友谊。

（二）共青团泰兴市国土资源（管理）局总支委员会

1999 年 5 月，建立共青团泰兴市国土管理局总支委员会，栾欣任总支委员会书记。时有团员 39 人。

2000 年起，局团总支委员会围绕局党组、党委中心工作和上级团委的要求，不断建立完善各项工作制度，强化共青团组织“推优入党、推优荐才”工作，组织开展各类适合青年特点的活动。2001—2005年，栾欣连续5年被泰兴市团委表彰为泰兴市优秀共青团干部。2006年，局团总支委员会被泰兴市团委表彰为泰兴市共青团宣传工作先进集体。2007年11月，栾欣当选为共青团泰州市第三次代表大会代表并出席会议。2008年，栾欣当选为共青团泰兴市委员会常委。2009年，局团总支委员会被泰兴市团委表彰为泰兴市共青团工作先进集体。2011年，梅颖被泰兴市团委表彰为泰兴市优秀共青团干部。2012年，市国土资源局农产品加工园区分局、城东工业园区分局分别被泰兴市团委授予泰兴市青年文明号称号；秦建萍、朱福彪、陈辉琴、赵建军分别被泰兴市团委授予泰兴市青年岗位能手称号；臧斌、梅颖分别被泰兴市团委表彰为泰兴市优秀共青团员、泰兴市优秀共青团干部。2014年，潘久婷、梅颖分别被泰兴市团委表彰为泰兴市优秀共青团员、泰兴市优秀共青团干部。2016年，局团总支委员会被泰兴市团委授予泰兴市五四红旗团支部（总支）称号，王洁被泰兴市团委表彰为泰兴市优秀共青团员，吴国栋被泰兴市团委授予泰兴市青年岗位能手称号。2017年7月，市国土资源局团总支委员会进行换届选举，朱立当选局团总支委员会书记。是年，市国土资源局虹桥分局、古溪分局分别被泰兴市团委授予泰兴市青年文明号称号。至2019年1月，共青团泰兴市国土资源系统总支委员会有共青团员52人。1999—2018年，先后有26名团员青年加入中国共产党。

2017年7月24日，共青团泰兴市国土资源局总支委员会召开第二次团员大会

第三节　管理队伍

一、队伍构成

1996年，全市共有专职土地管理人员203名，其中市土地管理局机关干部职工39名，各乡（镇）土地管理所干部职工164名。局机关39名干部职工中，行政编制12人，事业编制27人；学历方面，大学本科及以上学历3人，大专学历15人，高中（中专）学历19人，初中学历2人；具有高级技术职称1人，中级技术职称10人，初级技术职称15人。在乡（镇）土地管理所164名干部职工中，行政编制52人，事业编制112人（其中聘用干部71人）；学历方面，大学本科及以上学历3人，大专学历5人，高中（中专）学历107人，初中学历49人。随着国土资源管理事业不断发展和管理体制改革不断深入，国土资源管理队伍逐渐壮大。2019年1月，市国土资源系统共有工作人员224人，其中公务员14人，事业编制174人（参照公务员法管理事业编制125人、其他事业编制49人），非在编聘用人员36人。在职人员中，有研究生18人、大学本科学历143人、大专学历47人、高中（中专）学历16人，专科及以上学历人数占全系统在职人数的92%；具有高级技术职称1人、中级技术职称14人、初级技术职称37人，初级及以上技术职称人数占全系统在职人数23%。另有退休人员67人。

二、队伍建设

（一）业务技能建设

1995年年底，市土地管理局对符合报考条件的乡（镇）土地管理所人员进行为期两个月的招聘考试培训，经过考试和考核，招收71名人员为乡（镇）土地管理所聘用干部。1996年9月，市土地管理局将各乡（镇）土地管理所所长和刚进编的聘用干部共113人集中到市委党校，进行单位建设用地、个人建房用地、临时用地、地籍管理、土地规划、土地监察、土地复垦、土地档案等方面的业务知识培训。是年，先后举办由各乡（镇）涉土工作人员参加的地籍调查、土地隐形市场清理整顿等专项培训班40期，培训700余人次。1998年全系统举办各类培训班10次，参训人员达800人次。2001年，省国土资源厅与南京农业大学联合在泰兴设立土地管理专业大专班，学制2年。市国土管理局选派33人参加学习，均取得土地管理专业大专学历毕业证书。是年，市国土管理局组织局机关及各乡镇国土管理所共40名微机操作人员进行计算机基本操作和信息系统应用技能培训。2003年起，市国土资源局规定，各科室（中心）及各乡镇国土资源所每月组织两次业务学习，局机关由各业务科室（中心）负责人向局机关工作人员讲解业务工作基本概念、具体操作程序等；各乡镇国土资源所由负责具体业务工作人员为全所人员辅导，相互学习。同时，市国土资源局组织局机关中层干部及各乡镇国土资源所正、副所长和业务骨干120人次分别参加省、市举办的4期岗位培训和经验交流，提高业务水平。2004年，市国土资源局举办两期培训班，对全系统140名人员分别进行应用软件、局域网办公自动化系统培训，45岁以下的一线工作人员全部达到初级以上水平。2007年，市国土资源系统全体人员分3期进行封闭式集训，每期一周，集训内容主要包括土地管理新政、法律法规及土地管理业务知识。当年，有12名在职人员参加电大、党校函授及自学考试等学历教育。2011年3月，市国土资源局举办全系统公务员“五十X”能力培训班，聘请市委党校专家授课，并组织统一考试，参训的110名人员考试成绩均达优秀标准。2014年，市国土资源局针对系统内部人员素质参差不齐、年龄结构偏大及被安置的转业军人缺乏必备专业知识等现状，采取分类集中培训方式组织90名人员参加培训。2015年起，市国土资源局建立分期集中培训制度，定期举办业务知识集中培训班，全系统人员每年轮训一遍。2016年，市国土资源局负责人分期参加国土资源部在厦门举办的局长培训班和省国土资源厅组织的执法监察、行政复议、不动产登记、地籍测量、规划管理、建设用地管理等业务培训活动。是年，市国土资源局结合全系统实际，列出14个国土资源管理业务知识学习专题，组织全系统180名人员业务轮训5期。2017年，市国土资源局组织新进人员初任培训和全员分批集中脱产轮训，邀请专家学者进行专题授课。2018年，市国土资源局印发《泰兴市国土资源系统2018年度干部职工教育培训实施方案》，年内，组织系统中层干部、业务骨干95人，分两期赴浙江大学、上海交通大学进行综合素能专题提升培训。市国土资源

2018年4月27日，泰兴市国土资源局举办书记（局长）讲堂

2018 年 5 月 5 日，泰州市不动产登记业务技能比赛第一轮理论知识考试举行（泰兴考场）

局配合市委组织部完成一期局长讲堂；组织分局 27 名负责人参加 4 期省、市国土资源所所长示范班；组织系统中层干部 30 人参加 6 期省、市国土资源部门举办的业务轮训班；组织 16 名青年人才参加 8 期干部成长计划培训班。1996—2018 年，市国土资源局先后举办建设用地审批、非农业用地清理、土地详查、地籍测绘、规划编制、土地整理、土地档案、网络知识更新、财务管理、土地监察、土地法律法规知识等各类培训班 130 期，参训人员 9420 余人次。在职在岗人员参加各类学历培育，取得研究生学历 9 人、大学本科学历 103 人、大专学历 96 人，研究生在读 12 人。

（二）精神文明建设

1996 年，市土地管理局以创建文明单位、争做文明人为抓手，开展创建文明行业、文明单位等活动，推进行业文明建设。是年，15 个乡镇土地管理所被评为先进单位。1997 年，市土地管理局在全系统开展以“树形象、做表率、创新风”为主题的职业道德教育、勤政廉政教育。1998 年，市国土管理局采取“典型引路”的办法，开展向河失镇国土管理所学习活动，学习该所在内部管理、土地执法、为民服务、自身建设等方面的经验和做法，调动争先创优的积极性。年终，4 个乡镇获市政府国土杯奖，16 个乡镇国土管理所被评为先进单位。1999 年，市国土管理局开展“六讲”（讲学习、讲政治、讲正气、讲大局、讲奉献、讲团结）主题教育，推动全系统精神文明建设。是年，18 个乡镇国土管理所被评为先进单位。2001 年，市国土管理局在全系统开展经济发展软环境建设集中整治活动，对自查出的思想解放不到位等六大问题进行剖析，逐一落实整改措施。是年，市国土管理局被泰兴市委评为软环境建设“十佳单位”。2002 年，市国土资源局按照“依法行政、规范运作、方便群众、自我约束、热情接待、廉洁高效”要求，积极抓好市行政审批中心国土资源窗口建设。是年，国土资源窗口被市委、市政府评为红旗窗口。2003 年，市国土资源局在全系统开展以“创一流业绩，建一流队伍”为主题文明行业创建活动，全系统 17 个创建文明行业示范点通过市文明办验收，19 个乡镇国土资源所达到文明单位标准。市国土资源局被市委表彰为泰兴市文明行业、2002—2003 年度泰兴市文明机关。河失镇国土资源所被泰州市国土资源局表彰为 2003 年度国土资源管理工作先进单位。2004

年，市国土资源局在全系统开展巾帼示范岗、青年文明号、文明单位创建活动，组织开展局机关作风建设集中教育和“为发展服务，让群众得益”基层国土资源所作风建设活动。是年，蒋华、胡庄、经济开发区等12个基层国土资源所被市委、市政府表彰为2003—2004年度泰兴市文明单位。泰兴市国土资源系统被省国土资源厅表彰为2003—2004年度江苏省创建文明行业工作先进单位。2005年，市国土资源局开展“完善体制、提高素质”活动，全面提高人员素质，提升队伍形象。是年，胡庄镇国土资源所被泰州市委、市政府表彰为泰州市“五十佳”基层站所；黄桥镇、胡庄镇国土资源所和局办公室被泰州市国土资源局表彰为2005年度国土资源管理先进集体；市国土资源局被泰州市政府表彰为2005年度国土资源管理工作先进单位。2006年，市国土资源局开展争创“四好科室”（学习好、服务好、管理好、廉政好）、人民满意国土资源所活动，并将基层站所作风建设、文明创建活动有机结合。是年，市国土资源系统被泰州市委、市政府表彰为2005—2006年度泰州市文明行业。2007年，市国土资源局继续开展文明行业和“人民满意国土资源所”创建活动，市国土资源局河失分局被省国土资源厅表彰为人民满意国土资源所优秀所，根思、新街等8个乡镇国土资源所（分局）被省国土资源厅表彰为人民满意国土资源所先进所（分局）。2008年，市国土资源局开展“内强素质、外树形象”和“学习实践科学发展观、加快建设美好新泰兴”等主题教育，引导全系统人员立足本职岗位，树形象、当先锋、作奉献、创“文明岗”“示范岗”。是年，分界镇国土资源所被省国土资源厅表彰为人民满意国土资源所优秀所。河失、经济开发区分局被市委、市政府表彰为2008年度泰兴市“四十佳”基层站所。2009年，市国土资源局组织开展“五比五看”活动，即比学习，看综合素质是否提高；比服务，看履职效能是否提升；比规范，看内部管理是否严格；比奉献，看敬业精神是否饱满；比业绩，看工作成效是否明显。全系统上下创新载体，丰富“五比五看”内涵，形成争先创优、比学赶超良好氛围。同时，市国土资源局参加市委组织开展的“三服务”（主动服务、高效服务、创新服务）竞赛活动；在局机关组织7个业务科室参加以“服务发展、服务基层、群众满意”为主题的全市“二十佳”科室创争活动。是年，市国土资源局被市委表彰为市级机关“三服务”竞赛优胜单位；市国土资源局行政许可服务科（建设用地科）被市委表彰为2009年度“两服务、一满意”科室创争活动先进科室；殷珂、葛萍被泰兴市委表彰为行政服务十佳明星。2011年，市国土资源局黄桥工业园区分局被省国土资源厅表彰为人民满意国土资源所优秀所；市国土资源局虹桥工业园区分局和黄桥工业园区分局分别被市委表彰为2011年度泰兴市“四十佳”基层站所；市国土资源局古溪分局、农产品加工园区分局被市纪委表彰为2011年度泰兴市基层站所作风建设先进单位；王文晶被市委表彰为行政服务十佳明星。翌年，市国土资源局虹桥工业园区分局被省国土资源厅表彰为人民满意国土资源所优秀所。2013年，市国土资源局参与全市“十佳”

人民满意机关、效能建设先进单位和服务地方发展先进单位创建活动，各分局继续开展基层站所作风建设活动。是年，市国土资源局被市委表彰为2013年度泰兴市“十佳”效能建设先进单位；市国土资源局黄桥工业园区分局被泰州市纪委表彰为2013年度基层站所作风建设五星级单位；市国土资源局古溪分局、虹桥工业园区分局分别被泰州市纪委表彰为2013年度基层站所作风建设四星级单位。2014—2015年，市国土资源局开展作风建设提升年活动和作风效能治理专项行动，优化服务举措，提升整体服务水平，杜绝对待群众态度生硬、推诿扯皮现象发生。2016年，市国土资源局被市委表彰为2016年度泰兴市十佳服务地方发展先进单位；市国土资源局不动产登记中心被市委组织部、市级机关工作委员会表彰为市级机关优质服务科室。2017年6月，市国土资源局黄桥工业园区分局被省国土资源厅表彰为2016年度全省国土资源系统先进集体；赵建军被省人力资源和社会保障厅、省国土资源厅表彰为2016年度全省国土资源系统先进个人。2018年1月，市国土资源局高新区分局被省国土资源厅表彰为2017年度全省优秀国土资源所；封萍被省国土资源厅表彰为2017年度全省国土资源系统先进个人。3月，市国土资源局虹桥工业园区分局、经济开发区分局分别被泰州市国土资源局表彰为2017年度全市先进基层国土资源所；戴玉恒、封瑛分别被泰州市国土资源局表彰为2017年度全市国土资源系统先进个人。局机关、黄桥分局和城区分局分别被泰州市政府表彰为泰州市文明单位。

2011年7月18日，泰兴市国土资源全系统政风行风监督员座谈会召开

2012年1月31日，全市国土资源系统机关作风建设动员会议召开

（三）竞争上岗

2001年，市国土管理局对局机关科室（中心）领导职位实施竞争上岗。12月，

4 名参加竞聘人员分别述职，通过民主测评，3 名人员竞聘走上科室（中心）负责人岗位。是年，市国土管理局对乡镇国土管理所机构进行改革，印发《泰兴市乡镇国土管理所机构改革和人员分流工作方案》和《泰兴市乡镇国土管理所人员竞争上岗实施意见》。按照“先全员下岗，再竞争上岗”“全员聘用制，打破终身制”“考试与考核相结合”等原则，由市国土管理局和市组织、人事部门统一组织考试和综合考核，根据考试考核结果，由高分到低分择优录用，优胜劣汰。通过实施提前离岗、竞争上岗、辞职辞聘等措施进行人员分流，全市乡镇国土管理所 140 名人员中提前离岗 6 人，待岗 5 人。2003 年 3 月，市国土资源局启动新一轮事业单位人事制度改革工作，印发《泰兴市国土资源局直属事业单位人事制度改革工作实施意见》《泰兴市国土资源局竞争上岗实施意见》《泰兴市国土资源局中层干部竞争上岗和一般人员双向选择实施办法》等文件，全系统共有 55 名工作人员参加事业单位负责人 12 个职位竞聘，最终 12 人受聘。2007 年，市国土资源局对乡（镇）国土资源所所长（分局局长）、副所长（分局副局长）实行竞聘上岗，全系统共 35 人参加竞聘，最终 22 名副所长（分局副局长）、普通工作人员分别走上所长（分局局长）、副所长（分局副局长）岗位。乡镇国土资源所所长（分局局长）、副所长（分局副局长）的平均年龄由 42 周岁下降到 35 周岁，大学学历者占 87%，年龄、知识结构进一步优化。2009 年，市国土资源局抓住调整下属机构（撤销原有 21 个乡镇国土资源所及分局，重新组建 9 个副科级建制分局，同时建立 9 个国土资源执法监察中队）之机，实行中层以下全员竞岗，竞聘中层干部职位及工作人员岗位，有 9 名普通工作人员走上中层干部岗位。2011 年，泰州市国土资源局在泰兴市国土资源局组织 1 名副局长职位竞岗，有 5 名中层干部参加竞岗，1 人走上领导岗位。

2009 年 11 月 20 日，全市基层国土资源分局干部职位竞争上岗述职测评会召开

（四）考核考评

国土资源管理工作考核 1996 年，市委、市政府制定国土资源管理工作百分考核制度。考核内容为土地管理法律法规宣传及土地管理业务工作等。1998 年，将土地管理“三无”乡镇创建、基本农田保护、土地复垦整理等工作列为单项考核。随着国土资源管理工作不断深化，2005 年，考核内容增加标准化厂房建设与使用、万顷良田工程建设、城乡建设用地增减挂钩、同一乡镇范围内村庄建设用地布局调整等

工作。考核结果向各乡镇（街道）党委、政府通报。根据市政府对各乡镇的考核办法和内容，市国土资源局制定考核办法对局内设科室和各乡镇国土资源所（分局）进行绩效考核。市国土资源局对各乡镇国土资源所（分局）考核内容为宣传教育、政务公开、作风建设、党风廉政建设、文明单位创建活动和内部管理、土地规划、地籍管理、土地复垦整理、耕地保护、土地利用、执法监察、矿产资源管理、财务管理、政务信息等。对局机关各科室（中心）考核内容为作风建设、党风廉政建设、先进科室（窗口）创建活动和内部管理及相关业务工作等。每年年终依据考核考评结果进行评议，对先进单位和个人给予精神和物质奖励。2018 年，市政府对国土资源管理工作考核评定结果为：十佳服务地方发展先进单位、改革创新一等奖、特别贡献奖。市国土资源局对全系统考核评定，评出先进集体 5 个、先进个人 38 人。

工作人员考核 1996 年起，市土地管理部门继续对全系统人员进行年度全面考核。考核评比坚持“客观公正、民主公开、注重实绩”的原则，实行组织考核与群众评议相结合，平时考核与年终考核相结合。考核内容为德、能、勤、绩、廉 5 个方面。考核程序为个人总结、自我评鉴、民主测评。考核材料存入个人档案。2018 年，市国土资源系统 179 人参加考核，其中优秀等次 34 人、称职（合格）等次 142 人，不定等次 3 人。

第四节　机关管理

一、日常管理

（一）建章立制

1996 年，市土地管理局修订学习制度、工作纪律制度、勤政廉政制度、财务管理制度、用地审批会审制度、土管人员岗位责任制度、信访处理报结制度、档案管理制度等 8 项制度。制定“忠于职守、通晓业务、秉公执法、热情服务”职业道德行为规范和文明办公守则。1998 年，市国土管理局制定行政管理公示、社会服务承诺和内部监督会审等 3 项制度。1999 年，制定行政执法责任制度、执法过错和错案追究制度、廉政建设制度和考评细则等 4 项制度。2002 年，制定绩效挂钩制度，在各乡镇国土资源所推行绩效挂钩工作机制，实行压力传递、奖勤罚懒。2003 年，市国土资源局对原有制度进行修改、完善，印发《泰兴市国土资源局制度汇编》，其内容包括工作规则、工作行为规范、党风廉政建设责任制、廉洁从政规定、考勤考核制度、服务承诺制度、首问负责制、一次投诉查实下岗制度、政务公开违示追究等 22 项制度。把各项制度执行情况纳入全系统人员绩效挂钩考核机制。2005 年，市国土资源局修订会议、廉洁从政、重大业务事项会审等 21 项制度，出台《泰兴市国土资源管理工作程序》，明确行政审批事项工作流程、责任科室、工作内容和时间要求。依靠制度管人管事，完善绩效挂钩考核机制，将日常考勤、工作实绩、业务素质等列入对全系统工作人员考核内容，与工资报酬挂钩，奖优罚劣。2006 年，市国土资源局印发《泰兴市国土资源局政务公开手册》，全系统人员人手一册，为实现“一改两提”（改进服务，提高效率，提升形象）作行为规范。2008 年，市国土资源局制定《泰兴市国土资源局局机关人员绩效挂钩考核暂行办法》和《泰兴国土资源局关于各乡镇国土资源所（分局）绩效考核暂行办法》等内部管理制度，从日常出勤、行为规范、工作实绩 3 个方面对工作人员进行考核。制定印发《泰兴市村居民建房批前公示暂行办法》《泰兴市国土资源违法案件审理暂行办法》《泰兴市土地登记工作人员职责》《泰兴市土地登记过错责任追究暂行办法》《泰兴市村（居）民建房审查报批过错责任追究暂行办法》《泰兴市国土资源局关于加强信访工作的意见》等制度。2012 年，市国土资源局制定《泰兴市国土资源局基层分局廉政风险防控机制》，加强对建设用地初审、规划审批、执法监察等热点岗位和重点环节监管，做到赋权正确、用权规范、制权有效。坚持办事程序、办事制度、办事政策三公开，接受社会监督。2014 年，市国土资源局制定《泰兴市国土资源系统工作人员日常行为规范补充规定》《泰兴市国土资源系统工作人员考勤办法》《泰兴市国土资源系统土地执法监察工作绩效考核办法》等 12 项制度规定。2015 年，市国土资源局制定《泰兴市国土资源局执法监管动态巡查责任追究暂行办法》《泰兴市国土资源局错案责任追究制度》，修订学习、考勤、督查督办、责任追究等 24 项制度。2016 年，先后制定《泰兴市国土资源局固定资产管理办法》《泰兴市国土资源局印章管理办法》《泰兴市国土资源局人事管理暂行办法》《泰兴市国土资源系统全员绩效考核办法》《泰兴市国土资源系统工作人员考勤办法》等 36 项内部管理制度。2018 年，市国土资源局制定《泰兴市国土资源系统工作人员违反六大纪律处理暂行规定》等 8 项制度规定。至 2018 年，市国土资源局出台 86 项制度，并分门别类汇编成册。

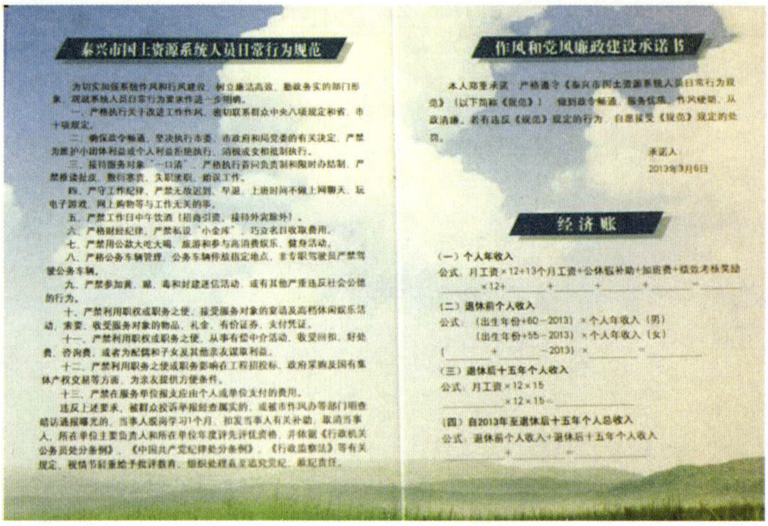

泰兴市国土资源局制定系统人员日常行为规范、全系统人员签订作风和党风廉政建设承诺书，算好经济账

（二）后勤保障

1996 年，市土地管理局已从市委、市政府大院内东南角办公室（原市政府防震局 4 间五架梁房屋）迁至城区国庆东路 34 号土地管理综合楼办公。该综合楼建筑面积达 4500 平方米，设有各科室（中心、大队、事务所）办公室及档案库房、阅档室、计算机房等。添置计算机 4 台、四通打印机 1 台、复印机 1 台、传真机 3 台、绘图仪 1 台、测量仪 1 台、公务用车和土地巡回监察执法用车各 1 辆。

1997 年，市国土管理局购建城区鼓楼南路 247 号 1 幢办公用房，建筑面积 4103 平方米，改善办公条件。对原综合办公楼进行改造装修，建立泰兴市国土管理干部培训中心，承担泰州市国土管理培训任务。培训中心设有可容纳 100 人的大教室、50 人的会议室，另有餐饮、客房、娱乐等设施。2000 年，市国土管理局投入 600 万元，在培训中心综合楼西侧建造一幢建筑面积达 2500 平方米新大楼。2007 年 9 月，市国土资源局迁至城区文昌东路 6 号新办公大楼，主楼建筑面积 7719.39 平方米，附楼建筑面积 1543.17 平方米。拥有较现代化的档案库房、陈列室、土地交易市场拍卖大厅、大小会议室、多功能视频会议室、信息中心处理机房、职工文体活动室、局机关党组织活动室和职工食堂，基本实现办公自动化。基层国土管理部门办公条件亦不断改善。1996年，河失镇土地管理所已有独立办公楼。1998年，马甸、过船、长生、南新、横垛和宁界6个乡镇国土管理所办公楼相继落成。2000年全市行政区划调整，25个基层国土管理所有一半没有独立的办公场所。市国土管理局采取国土管理所自筹一点、局补贴一点、局再统筹一点的办法，为珊瑚、分界、广陵、刘陈、宣堡、胡庄等6个乡镇国土管理所先后购建办公楼。2001年，大生、曲霞等5个乡镇国土管理所建造办公楼。2002年，元竹等7个基层国土资源所新建办公楼，至此，全市国土资源系统25个国土资源所中，除经济开发区国土资源所外，24个国土资源所拥有独立办公楼。2009年，市国土资源局对9个分局办公场所进行整修和信息化系统建设，改善办公环境，提升自动化办公条件。2017年，市国土资源局对宣堡分局、经济开发区分局、高新区分局、

泰兴市土地管理局办公大楼（国庆东路）

泰兴市国土管理局办公大楼（鼓楼南路）

泰兴市国土资源局办公大楼（文昌东路）

黄桥分局、河失服务点、姚王服务点等加强硬件配备和改造，对办公楼统一布置，明确功能区划分。至 2018 年，9 个分局均达到泰州市国土资源局规范化建设标准要求。

二、财务管理

1995 年 9 月，市土地管理局设立财务科。1997 年 4 月，财务科更名为计划财务科。市土地管理部门财务管理按照会计法、预算法、预算外资金管理各项规定及上级主管部门会计制度规范运作。财务科目设置、会计财务核算，按照财政及上级主管部门规定执行。对行政事业单位预算外资金实施收支两条线管理。市国土资源系统按照市政府要求，实行政府集中采购制度。系统内部财务收支由分管财务的局领导负责，实行“一支笔”审批制度。局机关行政经费按市财政部门审查批复的预算执行。行政事业性收费项目和标准按省、市财政、物价部门批准的收费许可文件执行。代收款项按各时期省、市财政、物价、国土资源等部门规定的收费项目和收费标准执行。经营性收入依法收取，照章纳税。自觉接受物价、财政、税务部门检查，按时办理收费许可年检。机关内部财务管理实行内部控制制度，财务人员岗位按照机构分设、职务分离、钱账物分管原则设置，每一项业务经费经办人员相互牵制、相互制约，出纳、审批、记账、财物保管人员单独设置，互不兼任。报账、稽核、内审相互分离。重大经济业务事项决策人员与执行人员岗位相互分离。任何一项经济业务办理，必须由两个或两个以上的部门或人员分工办理。票据管理，建立票据专管员专管制度。至 2018 年，市国土资源局始终实行严格的财务管理内部控制制度和政府集中采购制度。

在国土资源管理工作中，先后开征农业重点建设开发资金、耕地开垦费、新增建设用地土地有偿使用费等。市国土资源局按照省、市政府及财政部门规定，从上述行政类费用征收总额中按分成比例提取资金建立土地整理、土地复垦、耕地保护建设 3 项专项资金。专项资金主要用于建设用地增减挂钩项目，万顷良田工程建设，闲置土地、零星废弃地、村庄废弃地复垦项目，挖废压废土地、未利用土地的开发项目等。市国土资源局对专项资金使用实行收支预算管理，按以收定支、量入为出原则确定项目，会同市财政部门编制项目预算，报市政府批准实施。在项目实施过程中，专项资金拨付根据项目预算、项目工程序时进度和项目工程质量，经市国土资源管理部门和财政部门审核后，报市政府批准。同时建立审计监督制度，市审计局、市财政局、市国土资源局对项目组织实施和专项资金使用情况进行监督检查，规范资金使用。

市国土资源局严格基建资金管理，购建、新建办公大楼都严格执行国家招投标管理办法，按照国家标准编制投资计划、工程预算、工程标底价，实施阳光操作，公开招投标，签订施工合同。施工过程中加强监督管理，严格控制建设成本，减少资金损失和浪费。工程价款结算方式，按照工程要求和合同规定时间付款。工程竣工后由审计部门审计，作为付款依据。市国土资源局制定并严格执行固定资产及财产清查管理制度，固定资产添置，先由因工作需要确需购置固定资产的科室（基层国土资源管理部门）申请并说明添置理由，经分管领导审查后，报局长审批。重大资金经党委会集体讨论决定。采购时一律按政府采购规定程序办理。固定资产报废的，须经单位管理人、主要负责人、局固定资产领导小组办公室逐级审核，同时提出处置建议，经局固定资产管理领导小组同意后，履行报批手续，经批准后按规定处置。市国土管理部门对局机关及各乡镇国土资源所（分局）固定资产每年都进行清查核实，做到账物相符。至 2018 年年底，市国土资源系统固定资产账面总额为 8752.22 万元。市国土资源局每年自觉接受并主动配合审计部门审计监督，财务管理工作得到省、市主管部门和泰兴市政府及市财政局、市审计局、市物价局等部门肯定。1996—1999 年被省国土管理局评为全省土地财务管理先进单位；1998—1999 年连续两年被省国土管理局评为全省征收农业重点开发建设资金先进单位；2005 年被泰州市国土资源局评为财务管理工作先进单位；2011 年被省国土资源厅评为全省国土资源财务管理先进集体。

1996 年，市土地管理局对乡镇土地管理所实行人、财、物统管，逐一挑选落实各乡镇土地管理所专职或兼职财务人员，并集中时间对财务人员进行业务和素质培训。1997 年，市土地管理局、市财政局联合印发《乡镇土地管理所财务管理意见》，各乡镇土地管理所实行单独建账、独立核算。2000 年，市国土管理局会同市审计局对全市 25 个乡镇国土管理所财务工作进行全面审计，及时纠正票据使用不统一及财务科目设置不规范等问题。2002 年，市国土资源局组织局纪检监察室专职审计人员，对各乡镇国土资源所进行财务内审，采取常规审计与问题审计相结合的办法，抓前延后伸，抓问题查纠。年内，对 2 名国土资源所所长进行离任审计，对 12 个国土资源所进行经济责任审计，每个所审核结束后，都形成审计报告，指出存在问题，对问题严重的，责令检查，限期整改。2006 年，市国土资源局印发《关于对基层国土资源所有关费用实行定额控制管理的通知》和《关于进一步严肃基层国土资源所财经纪律的通知》，建立支出限额管理和月度集中报批、所长离任审计、任期经济责任审计等制度。年内，对全市各乡镇国土资源所进行全面审计，对个别国土资源所出现的问题进行认真调查，并对所长和有关责任人采取组织措施。2007 年，市国土资源局印发《关于进一步加强基层国土资源所财务管理工作的意见》，对差旅费、办公费、业务费和公务接待费等费用实行限额控制管理。针对少数乡镇国土资源所（分局）存在私设账外账和“小金库”等问题，市国土资源局采取全面清查和重点审计相结合的方法，对全市 22 个乡镇国土资源所（分局）财务工作进行拉网式检查，对 5 名国土资源所所长进行离任审计，对其中 1 名所长进行处理。2010 年起，实行财务统管，分局不单独建账，各分局明确一名报账员，实行分局月度支出月底集中报批制度，规定各分局报账员将由该分局主要负责人审核后的票据报经市局纪检室和财务科再度审核，最后由局长“一支笔”审批。2010年，全市9个分局全年支出较上年下降13%。2015年，市国土资源局印发《关于进一步规范基层分局财务行为的通知》，各分局按规定收取的各项费用、房租全额上缴，不私设“小金库”，不隐瞒、截留、挤占、坐支和挪用。基本支出用于办公费、印刷费、水电费、邮电费、差旅费、会议费、培训费、维修费等，支出原始凭证都是正式票据。分局费用全部纳入国土资源系统预算统一管理，不转嫁至园区、乡镇（街道）以及其他单位报销。各分局负责各单位固定资产登记、盘点、保管、增减变动和维修、清查等工作，建立固定资产台账。2016年7月，市国土资源局印发《泰兴市国土资源分局财务管理制度》，各分局进一步明确财务管理内容、财务管理职责、收入管理、经费管理、经费使用范围等，所有经费一律不坐收坐支，及时解缴，未发现私设账外账、“小金库”等现象。2018年7月，市国土资源局印发《关于进一步规范分局财务支出的通知》，对差旅费报销、网上商城采购、报账时间、发票使用、支付方式及公务卡管理等方面作出明确规定。各分局按照通知要求严格执行。

三、土地档案

（一）档案管理

1996年，市土地管理局围绕档案管理达标升级目标，制订档案工作计划，完善各项管理制度，健全档案管理制度体系，从文件材料的归档率、完整率、发文规范、公文书写要求等方面入手，狠抓归档文件材料质量，立卷归档工作基本实现科学化、标准化、规范化。档案管理工作达扬州市机关档案管理三级标准。1997年8月，市土地管理局建立局机关综合档案室。按照《江苏省土地管理档案达标升级标准》和《泰州市机关档案工作目标管理考核评分标准（试行）》，组织对建立县土地管理办公室以后形成的各类土地档案重新分类立卷，各乡镇土地管理所档案工作同步进行。11月，经省国土管理局和省档案局联合验收，市国土管理局档案管理工作达省二级标准。是年，市国土管理局分别被省国土管理局、省档案局和泰州市国土管理局评为1997年度土地管理档案工作先进单位。1998年，市国土管理局组建档案达标升级工作领导小组，制订档案达标升级工作计划，明确工作任务，分工负责，职责到人。局机关综合档案室配备2名专职档案员，各科室、中心、大队、各乡镇国土管理所均明确1名兼职档案员。修订《档案保管利用制度》，建立档案借阅登记簿、档案利用效果登记簿、档案管理职责履行情况记载簿、档案管理制度执行情况记录簿、档案管理考核奖惩情况记录簿及档案数量统计台账、档案收进或移出登记表等，做到台账清晰，借阅、调阅利用规范。12月，通过省国土管理局和省档案局考评验收，市国土管理局土地管理档案工作达省一级标准，全市37个乡镇国土管理所和经济开发区国土管理所土地档案管理全部达到省级合格以上标准。是年，市国土管理局再次被省国土管理局评为土地管理档案工作先进单位。

泰兴市国土资源局设施一流的档案库房

1999年，市国土管理局实行土地档案微机化管理，全年输入微机信息量4000余条。各乡镇国土管理所按照档案分类整理要求，2月底完成上年度土地档案装订归档工作。2004年，市国土资源局执行《江苏省档案工作等级（星级）评定试行办法》，重新制定完善文件材料整理归档、档案保管、库房管理、鉴定销毁、保密、借（调）阅利用、档案工作人员岗位责任制、电子文件归档管理等办法和制度。2008年，市国土资源局按照“国土资源档案事业与国土资源管理事业同步发展”要求，积极推进全系统档案管理达标升级。是年，省国土资源厅和省档案局组织复查认定，市国土资源局机关档案工作被认定省一级标准；22个乡镇国土资源所（分局）中，河失、黄桥等7个镇国土资源所（分局）被认定省一级标准，其他15个乡镇国土资源所（分局）被认定为省二级标准。同年，市国土资源局开展创建档案工作达省三星级标准活动。市国土资源局与局机关各科室签订责任状，对责任科室进行考核。12月，经省国土资源厅和省档案局考评验收，市国土资源局档案管理达省三星级标准。2016年12月，市国土资源局数字档案室建成。

2017年，市国土资源局以创建江苏省档案管理五星级和4A级数字档案室为目标，继续全面规范各类档案管理，完善台账和汇编材料。是年12月25日，经省档案局测评，达省五星级标准。12月29日，以92.5分的考评成绩通过省4A级数字档案室等级评估。2018年1月，局机关档案室张清华被省档案局表彰为数字档案室建设突出贡献人员。12月，市委组织部组织星级评定，市国土资源局干部人事档案管理工作被评定为三星级。

（二）档案业务建设

收集与整理 1996年，市土地管理局按照国家档案局《机关文件材料归档范围和文书档案保管期限规定》和国家土地管理局、国家档案局《土地管理档案工作暂行规定》，重新完善《文件材料归档范围》《档案保管期限表》等，综合科采取平时收集和年终集中收集相结合的方法，对在土地管理各项活动中形成的机关文书、单位建设用地、个人建房用地、来电来访处理、违法用地案件查处、图纸、表册、簿卡、声像及其他文件资料，及时跟踪收集或定期收集。凡归档文件材料必须是印鉴齐全、字迹工整、页面整洁、图样清晰的原件。凡打印文件正稿后必须附有原稿，做到土地档案收集齐全、准确、系统。

1997年4月，市土地管理局依据《中华人民共和国档案法》规定，结合泰兴实际制定《立卷归档制度》和《文件处理制度》等，并建立综合档案室，由局办公室负责。要求局各科室将日常工作中形成的文件材料及时收集齐全，整理立卷，于每年2月底前由科室兼职档案员填写好清单移交局档案室，由局档案室进行整理编目，装盒排架，编制检索工具，提供利用。局机关文书档案、基建档案、特殊载体档案由局档案室直接收集整理立卷归档。是年8月，局档案室按照《江苏省档案局县级土地管理档案分类方案（试行）》《土地管理档案案卷构成的一般要求》，历时3个多月，对县土地管理办公室建立以来至1996年形成不符合规定分类及构成要求的档案按综合类、地籍类、建设用地类、规划类、财务类、土地科技宣教类、土地监察类、影像类等八大类进行重新整理，做到分类科学、组卷合理、装订结实、排列有序。

1999年后，新修订的《中华人民共和国土地管理法》实施，建设用地审批制度调整，报送材料与以前有所不同，局档案室及时研究设置新的固定卷内目录，便于科室立卷。2001年，根据土地管理档案成套性、动态性特点，局档案室将文书档案及部门业务类档案（如村居民建房用地、地籍调查资料），由组卷整理改为单件整理。2017年，市国土资源局以争创省五星级档案管理为目标，组织人员对室藏所有档案逐卷逐件核查和整理，做到案卷标题完整、简明、准确，卷内目录、备考表、页码等填写齐全、清楚，卷内文件装订合规，结实美观，文件材料排列合理，立卷程序符合要求，文件之间保持有机联系，并将所有归档文件材料全部上架，排序规范，室藏档案目录数据库和全文数据库也全部建成。

开发与编研 1996年，市土地管理局注重对档案开发，建立和完善档案检索体系，编制案卷文件目录、索引、归档文件目录、全引目录、文件目录、专题目录、文号目录、库房档案存放示意图索引等，检索工具共86册，其中各类案卷目录56册、文件目录30册。结合国土管理工作实际和社会各界查询需要，先后编写和续编《全宗指南》《人事任免汇编》《组织机构沿革》《大事记汇编》《各年度发文汇编》《基础数据汇编》《国土管理政策法规汇编》《〈泰兴国土信息〉汇编》《地籍管理文件汇编》《土地利用规划文件汇编》《泰兴市国土资源执法监察长效管理制度汇编》《政策法规巡讲材料汇编》《系统业务操作规范文件汇编》《全系统业务知识轮训材料汇编》《国土资源分局规范化建设标准体系材料汇编》《国土资源分局内部管理制度汇编》《档案利用效果汇编》等汇编资料。

1999年，市国土管理局档案室建立机读目录数据库和原文数据库。新开发档案管理信息系统，纳入市国土资源“一张图”系统及“四全”服务平台，与 OA 自动化办公系统实现无缝对接。根据档案管理工作延续性特点，局档案室每年对数据库进行补充完善，注重开展档案数字化扫描工作。至 2017 年年底，局档案室对库存近 600 万页档案资料进行数字化处理，扫描挂接档案 194310 卷，扫描挂接率达 95.77%。同时，强化档案资料日常数字化处理，对数量较大的不动产登记档案，安排专职档案人员及时扫描归档，其他业务档案由各职能科室兼职档案管理员在规定时间内扫描归档，确保无积压现象。

至 2018 年，市国土资源局档案室室藏各类档案资料 349216 卷、5716 件，其中永久件 246257 卷（其中干部人事档案 303 卷）、948 件，长期件 96627 卷、1345 件，短期件 6332 卷、3423 件。档案分一级类目 11 大类，二级类目 40 个，11 大类档案数量、主要内容与成分如下：

文书类：421 卷、5453 件。主要有国土资源管理法律、法规、政策性文件和领导讲话，国土资源管理、党群、行政工作规划、计划、报告、总结、请示、批复、纪要、记录和会议材料，土地管理综合统计年报，机构设置、人事任免、奖惩，述职报告、表彰奖励及调研论文等档案资料。

地籍管理类：321023 卷。主要有城镇地籍调查成果，土地详查资料，土地利用现状变更调查资料、土地面积及分类统计表，城乡居民、单位用地初始、分割、变更、抵押、注销等登记及发证材料，集体土地所有权登记及发证材料，不动产登记及发证材料，土地估价、测量材料，测量标志维护资料及信息化建设等资料。

建设用地类：17388 卷。主要有村（居）民建房用地、单位建设征、使、拨用土地审批材料，土地出让、转让、租赁供地材料，土地使用权招、拍、挂用地材料，报省批次审批及单独选址、点供农用地征、转用审批材料，土地收购、储备等档案材料。土地复垦、开发项目立项、审批、检查、验收材料，建设用地增减挂钩立项、审批、检查、验收材料，万顷良田工程立项、审批、检查等材料，同一乡镇范围内村庄建设用地布局调整试点工作材料等。

规划管理类：3106 卷。主要有市、乡镇土地利用总体规划、基本农田保护规划、土地复垦开发整理规划及文本、图件，建设项目用地预审材料，基本农田保护与建设材料。

执法监察类：1794 卷。主要有土地执法监察巡查记录，违法用地案件查处、行政处罚、行政处理、行政复议、行政诉讼、听证会等资料，群众来信来访登记、处理等材料。

地质矿产类：714 卷。主要有地质灾害危险性评估报告，二氧化碳资源开发、管理资料，砖瓦生产企业用黏土情况调查资料，黏土、采矿权延续申请、上报审批材料，采矿企业安全管理材料，地下水、地热勘采材料及地质灾害应急预案等资料。

财务类：4053 卷。主要有单位月、季、年度财务报表，预算报表及决算分析，会计账册、会计凭证等。

声像类：658 卷。主要有各项活动的录像、录音、照片，专用软件、数据备份及应归档的电子文件等。

设备类：25 卷。主要有单位固定资产投资、计划等项目审批（核准）、管理、验收等文件材料，单位物资采购计划、审批手续、招标投标、购置等材料，机动车调拨、保险、事故、转让等资料。

荣誉类：263 件。主要有国土资源工作中单位获上级表彰形成的各种证书、奖状、奖章、奖牌、奖杯、纪念品、样品等实物，单位或个人赠送国土资源部门锦旗等。

基建类：34 卷。主要有国土资源部门建设工程项目设计、招投标施工等文件资料及图件，公有房屋出售转让等材料。

至此，查档可从计算机上直接调阅，需要原文的，可从计算机上直接打印。减少对档案原件的损伤，延长室藏档案的使用寿命。

2018 年泰兴市国土资源局档案室档案数量一览表

表 1-4-1

类别	小计		永久		长期（30 年）		短期（10 年）	
	卷数	件数	卷数	件数	卷数	件数	卷数	件数
文书类	421	5453	140	685	109	1345	172	3423
地籍管理类	321023	—	219416	—	95447	—	6160	—
建设用地类	17388	—	17388	—	—	—	—	—
规划管理类	3106	—	3106	—	—	—	—	—
执法监察类	1794	—	1346	—	448	—	—	—
地质矿产类	714	—	714	—	—	—	—	—
账务类	4053	—	3430	—	623	—	—	—
声像类	658	—	658	—	—	—	—	—
设备类	25	—	25	—	—	—	—	—
荣誉类	0	263	0	263	—	—	—	—
基建类	34	—	34	—	—	—	—	—
合计	349216	5716	246257	948	96627	1345	6332	3423

保管与利用 1996年，市土地管理局对档案管理做到办公室、档案库房及阅档室三分开。1997年，按照省土地管理局、省档案局制定的《江苏省土地管理档案达标升级标准》，市土地管理局投入10多万元，采取硬件、软件一起上，购置了密集架、空调、底图柜、检索柜、铁制档案橱、除湿机、温湿度计、灭火器材、避光窗帘及必备档案保管用品。1998年，局机关档案库房搬进鼓楼南路办公大楼，档案保管条件得到改善，除办公、库房、阅档三分开外，库房管理达到“七防”（防火、防盗、防鼠、防光、防潮、防尘、防蛀）、“三专”（专人、专室、专柜）要求。2007年9月，市国土资源局迁入文昌东路新办公大楼，档案库房面积进一步增大。至2018年，档案室用房面积达438平方米，其中：库房260平方米，办公室30平方米，阅档室48平方米，陈列室100平方米，达到库房、办公、阅览、陈列四分开要求。库房配备密集架44组、检索柜12套、防磁柜2套、消毒柜1套、空调2台、电脑5台、复印机1台、打印机4台、除湿机2台。配置电子驱虫器、电子驱鼠器、红外线报警器、电子监控等一系列现代化档案设备，并安装防盗门、遮光窗帘。另配置档案系统应用服务器、数据库服务器，存储数据光盘、磁盘阵列等备份以及2台高级扫描仪、刻录机、摄像机、数码相机、灭火器、吸尘器等档案专用设备。库房达到防光、防火、防尘、防蛀、防潮、防鼠、防盗、防高温等“八防”要求，硬件设施达到省国土资源厅、省档案局要求的一流水平。

至2018年，市国土资源局库存档案全面实现数字化管理，并建立档案利用综合管理信息系统。该系统对全市土地管理档案具有收集、整理、编目、统计、鉴定、借阅利用和原文管理等功能，可及时接收国土资源系统各科室、部门的电子档案信息，对各种文件数据集中统一管理，实现档案数据资源共享，发挥档案利用效果。1996—2018年，局档案室为社会各界提供档案利用服务，共接待借阅、调档单位和个人共10万余人次，提供档案资料15万余卷（件）。土地档案为保护和管理国土资源、资产提供重要凭证，为领导决策、招商引资、政法部门执法、城市建设、企业改制提供大量依据，为单位、个人办理不动产登记及资产抵押、解决土地权属争议、化解矛盾、稳定社会等发挥重要作用。在为社会提供服务的同时，也为国土资源系统各科室、中心及国土资源分局等提供便捷服务，为国土资源局编史修志、土地定级估价提供大量资料。

附：土地档案利用典型事例

1996年，泰兴市化工开发区扩区建设，涉及位于过船沈岱村、天星洋思村的泰兴市滨江医院（1965年，省政府、扬州专署拨款建设的原麻风村），因该院用地审批手续遗失，造成界址不清。通过查阅市土地管理局档案室保存的1964年省人民委员会的批文和当时与被用地单位的土地补偿、青苗补助协议及宗地草图等资料，确定了滨江医院的界址，为泰兴市化工开发区扩区建设提供了用地依据，避免了重复征用，节省13公顷土地的征地费用。

1997年，土地更新调查时，需查清周边市属界线接边。为此，泰兴、靖江两市查阅市国土管理局档案室保存的航拍图和1992年补充调查的墨底图。经图件与实地比对，达成一致意见，为做好泰兴、靖江两市界河沿线乡镇市属界线接边提供了依据。

1998年，市城北中学与当年被征地单位燕头镇燕头村东风组因界址问题造成冲突。通过查阅市国土管理局档案室提供的当时市城北中学征地资料，明确了该校应有的国有土地使用权属范围，从而协调了双方的矛盾纠纷，平息了事态，维持了该校正常的教学、工作、生活秩序。

1999年，市燃料公司为盘活存量土地资产，经与市盛达房地产开发公司协商，盛达房地产开发公司同意受让市燃料公司部分土地用于房地产开发。为确认市燃料公司原使用的土地性质、面积、界址，通过查阅市国土管理局保存的市燃料公司的土地登记资料，证实该公司使用的土地为国有土地，为盛达房地产开发公司受让国有土地使用权提供了依据，同时为市燃料公司下岗职工解决了部分养老及住房问题。

2006年，全市新一轮土地利用总体规划修编时，市国土资源局档案室先后提供各乡镇基本农田保护区划定资料、历次规划编制和修编材料、全市土地详查数据、土地利用现状墨底图及相关建设用地情况，为土地利用总体规划的前期调研、大纲编制和土地利用总体规划的论证修改完善提供大量翔实资料。

2018年，市国土资源局启动《泰兴市国土资源志（1996—2018）》编纂工作。局档案室为此提供了机构沿革、人事管理、科室职能、建设用地、地籍管理、土地开发整理、土地市场、土地使用制度改革、矿产资源管理、财务管理、土地违法案件处理、土地纠纷调解、国土资源管理规范性文件等600余卷档案资料，为顺利完成修志工作提供素材依据。

四、信息化建设

（一）制度建设

2002年12月，市国土资源局研究出台《关于加强国土资源信息化建设工作的实施意见》，明确全系统信息化工作目标、任务。2003年，市国土资源局先后制定《泰兴市国土资源局政府信息化公开制度》《政府信息化公开责任追究制度》《网络及信息安全应急预案》《政府信息公开（保密）审核制度》《网站安全巡查制度》等规章制度。2014—2017年，市国土资源局陆续修订、调整、完善信息化安全检查管理办法、信息化部门岗位设置及其职责、信息系统管理授权审批等26项规定和制度。2018年6月，市国土资源局印发《关于进一步提升信息化工作水平的实施意见》，为规范信息化建设管理提供制度保障。

（二）硬件及安全建设

2002年，市国土资源局投入资金50多万元，购置电脑、网络防火墙、交换机、财务管理系统等硬、软件，24个乡镇国土资源所全部配齐电脑和打印机。局机关建成局域网和触摸屏查询系统，建成并开通泰兴国土资源门户网站。2007年，市国土资源局建设新办公大楼，投入资金360多万元进行信息化硬件建设及网络基础设施建设。在机房建设中，统筹土建施工、防水、防静电、防雷、机房装修、网络综合布线、UPS不间断电源、机房电气系统及空调、新风换气、消防系统建设。各系统相互关联，构成完整、规范机房系统。新大楼为主干千兆光纤汇聚（预留万兆光纤接口），6类千兆电缆到桌面，内外网各配一套万兆核心交换机、千兆核心路由、UTM等网络设备，并配全配齐接入千兆接入交换机、应用服务器、存储、备份设备等。2014年，市国土资源局启动以虚拟化刀片平台为主体的硬件解决方案，购置光纤存储和容灾备份设备，增加内外网防火墙、WEB防火墙、网络审计、网络行为管理、网闸和入侵检测等设备。2015年，市国土资源局对机房硬件环境进行整改升级，安装消防气体灭火、精密空调、UPS不间断电源及监控设备。2017年8月，市国土资源局完成"一张图"（包括不动产）等保三级测评，网络安全升级方案按照三级要求整改到位。2018年11月，市国土资源局完成桌面虚拟化和安全建设项目招标工作，并于12月底实施到位。

（三）网络建设

2007年，市国土资源局建成符合国土资源业务特点的国土资源电子政务网络平台。实现内、外网单独布线，建成物理上完全相互隔离的千兆级外部局域网和内部局域网。其中外网与互联网连接，形成互联网访问、信息服务和非涉密业务系统运行网络平台；内网纵向向上与省国土资源厅及泰州市国土资源局相连，向下与全市各乡镇国土资源所（分局）相通，横向与市政府电子政务内网连接，成为政务、业务系统运行主干网络平台。为各乡镇国土资源政务内外网节点添加防火墙，加强网络防护，与各乡镇国土资源所（分局）采用VPN技术建立虚拟专网，实现网上业务数据加密传输。同时增加入侵检测和入侵防御设备，重点防护数据中心基础数据库安全，确保全市国土资源主干网安全、畅通、保密。2015年，市国土资源局完成网络升级，县、乡两级业务主干网全部升级为100兆光纤专线。2018年，市国土资源局优化改造国土资源互联网、政务外网、政务内网和主干网，以适应全省信息化工作发展。

（四）网站体系建设

2002年，市国土资源局建成泰兴市国土资源局局域网以及门户网站，是全市首批自建部门网站单位之一，是年8月正式运行。网站页面设机构设置、国土动态、政务公开、政策法规、公告信息、服务指南、咨询答复等栏目，该网站成为市国土资源局宣传国土资源管理政策、强化社会服务、促进政务公开的窗口。明确专人负责国土资源网站的建设和维护，网站成为推进政务公开、接受公众监督、沟通社会的平台。2007年，市国土资源局对网站进行改版，丰富网站栏目和内容，增加多媒体信息及适合公众参与的互动性栏目，定期不定期地进行更新。2010年4月，市国土资源局采用ASP. NET和SQL Server在B/S模式下进行重大改版，改版后，实现全动态自主管理，信息管理、查询功能等一应俱全。市国土资源局在网站内部嵌入依申请公开、在线申报等17项与公众密切联系的可网上办理业务流程，做到前台受理、后台办理，最后前台反馈，使工作流程化、具体化。同时在网站上设立多项互动栏目，一切从为民、便民、利民角度出发，以群众满意为最终目标，将政务公开细化到全市国土资源具体业务管理中。2017年3月，市国土资源局网站正式迁移至省国土资源厅网站群，由省国土资源厅统一管理。2007年、2015年、2016年，市国土资源局分别被省国土资源厅授予“县级国土资源优秀网站”称号。2018年2月，市国土资源局被省国土资源厅表彰为“2017年度全省国土资源政务公开工作成绩突出的单位”。

（五）“一张图”工程建设

市国土资源局通过2006年土地利用总体规划修编、2007年第二次土地调查等工作，先后建立地政地籍、规划、征供地等数据库，开发国土资源信息化管理系统。2013年10月，市国土资源“金土工程”一期工程启动，建立综合事务管理（OA）、门户网站、舆情及档案管理等办公系统。2014年3月，市国土资源局编制《泰兴市国土资源“一张图”工程总体建设方案》，确立以“一张图”为基础，整合网上办公、网上审批、网上交易、网上监管、网上服务等功能，构建“五位一体”的国土资源管理信息化建设目标。6月，市国土资源局邀请省国土资源厅、泰州市国土资源局、周边地区国土资源管理系统专家及高校专家、学者对此方案进行评审，并根据评审意见对方案进行修改完善。8月，市国土资源局按照“一张图”工程建设方案要求建设17个数据库（包括泰兴市基础地理行政区图、遥感影像、土地利用现状、土地利用总体规划、基本农田、城镇地籍等6个基础数据库及建设项目用地报批、供地、收储、建设用地预审数据、土地开发整理、地质灾害管理等11个业务数据库）和建设用地预审管理、建设用地报批管理、矿产资源管理、建设用地供地等24个业务应用系统。市国土资源局根据实际业务应用需求，将行政强制系统替换为设施农用地审批系统，同时停用采矿权管理系统，并对其他部分系统分类进行调整。2016年，市国土资源局在“一张图”系统中整合不动产登记系统，并将智能动态监管与“一张图”系统运行融合，增加案件管理、卫片执法监察、重点矛盾纠纷排查情况报告等系统。对综合事务管理系统（OA）和档案管理系统进行升级改版，以满足各类业务归档需求。在“一张图”工程建设过程中，市国土资源局从主要负责人到各科室（中心）工作人员以实际工作流程为基础，对各业务系统进行反复增补、修删、上线测试，最终形成符合国土资源管理实际需求的“一张图”综合管理系统。是年起，市国土资源局结合9个国土资源分局标准化建设，制定工作制度，规范各类系统操作，在全市国土资源系统广泛推广和应用。2017年6月，市国土资源局将13项行政许可事项一次性纳入“不见面审批”。11月，市国土资源局邀请省、市国土资源管理系统资深专家、领导及高校专家、教授对“一张图”工程项目进行评审验收。经过项目汇报、成果演示、文档查阅、专家质询等环节，专家验收组认为：泰兴国土资源“一张图”工程项目系统架构合理、技术成熟、界面友好、功能齐全、实用性强，达到预期目标，通过验收。“一张图”工程项目建成与应用，形成“批、供、登、用、补、查”的完整体系，规范各类业务行为，降低动态巡查成本，提升全市国土资源管理工作效率。2018年年初，市国土资源局完成省国土资源厅“一张图”数据异地在线备份试点工作，并与省国土资源厅海门备份中心对接，完成存量数据分析、在线备份需求调研等工作。5月完成所有存量数据离线完整性备份工作。8月，完成所有在线数据备份工作。10月，“一张图”系统2000坐标转换、“一张图”系统升级、档案融合升级、智能信访平台建设等项目完成招标，并开始实施。

2017年11月24日，泰兴市国土资源局邀请省、市国土资源管理系统专家、学者对“一张图”工程项目进行评审验收

第二章
土地资源

泰兴市虹桥镇“万顷良田建设工程”一角

①/② ① 泰兴市根思乡永久基本农田保护区一角

② 泰兴市姚王镇毛庄村永久基本农田保护区一角

泰兴市位于江苏省腹部地区、长江下游北岸，属长江三角洲冲积平原。1996 年全市有 42 个乡镇，土地总面积为 1429.65 平方千米。1997 年 4 月，经省委、省政府批准，将口岸等 5 个乡镇先后划归泰州市海陵区、高港区后，全市辖 37 个乡镇，土地总面积为 1252.63 平方千米。2008 年 8 月，胡庄镇、市第二捕捞公司、宣堡镇赵王等 7 个行政村划归泰州市高港区管辖，全市土地总面积减少 82.98 平方千米。2000 年 3 月以后，随着乡镇多次调整与合并，部分乡镇行政区划面积也相应发生变化。泰兴河网密布，组成纵横交错水系网络。气候宜人，光照充足，四季分明，雨量充沛，土壤肥沃，适宜植物生长和农业发展。2018 年，泰兴市土地总面积 1169.65 平方千米，其中耕地面积 674.30 平方千米，占 57.65%，建设用地面积 287.69 平方千米，占 24.60%，水域面积 187.13 平方千米，占 16%。全市户籍人口总数 119.7 万人，设 1 个街道、14 个镇、1 个乡，另设 5 个开发区及园区，下辖 52 个居民委员会、298 个村民委员会。

第一节　辖区总面积

泰兴地处长江三角洲北岸，北纬 31°57′14″至 32°24′14″，东经 119°47′03″至 120°22′14″。1996 年，泰兴市东接如皋市，南界靖江市，西濒长江，北邻姜堰市，东北与海安县接壤，西北与江都市毗连，南北最大直线距离 46.5 千米，东西最大直线距离 54.4 千米。7 月，泰兴市由原扬州市代管改为新设地级泰州市管辖，全市辖 21 个镇、21 个乡，共有 48 个居委会、997 个行政村，8355 个村（居）民小组，全市总户数 438965 户，总人口 1428551 人，国有农牧渔场 5 个，市属集体捕捞公司 2 个。土地总面积 1429.65 平方千米，其中陆地面积 1149.67 平方千米，占土地总面积的 80.42%；水域面积 279.98 平方千米（含江域面积 64.18 平方千米），占土地总面积的 19.58%。

1997 年 4 月，经省委、省政府批准，口岸、刁铺、田河、许庄、永安洲 5 个乡镇划归泰州市海陵区管辖，8 月，划归新设立的高港区管辖。全市辖 17 个镇、20 个乡，共有 48 个居委会、883 个行政村，7339 个村（居）民小组，国有农牧渔场 5 个，市属集体捕捞公司 2 个。全市总户数 398552 户，总人口 1269536 人。至此，泰兴东接如皋市，南界靖江市，西濒长江，北邻姜堰市，东北与海安市接壤，西北与泰州市高港区毗连，东西最大直线距离为 47.0 千米，南北最大直线距离为 43.5 千米，总面积 1252.63 平方千米，其中陆地 1022.24 平方千米，占土地总面积的 81.60%；水域 230.39 平方千米（含江域面积 42.88 平方千米），占土地总面积的 18.40%。

2008 年 9 月，经省委、省政府批准，胡庄镇、泰兴市第二捕捞公司及宣堡镇赵王、乔扬、明河、钱赵、管营、孔桥、蔡庄 7 个行政村划归泰州市高港区管辖。至 2018 年，全市辖济川街道，黄桥、虹桥、广陵、滨江、古溪、曲霞、河失、姚王、新街、珊瑚、张桥、分界、元竹、宣堡等 14 个镇和根思乡，共有 52 个居委会、298 个村委会，总户数 392900 户，总人口 119.7 万人。土地总面积为 1169.65 平方千米，其中陆地面积 1149.67 平方千米，占土地总面积的 84%；水域面积 187.13 平方千米（含江域面积 42.08 平方千米），占土地总面积的 16%。

第二节　乡镇行政区划面积

1996年，全市辖21个镇、21个乡。

1996年泰兴市各乡镇行政区划面积一览表

表2-2-1

乡镇名称	土地总面积（平方千米）	其中			
		陆地面积（平方千米）	占土地总面积（%）	水域面积（平方千米）	占土地总面积（%）
合计	1429.65	1149.67	80.42	279.98	19.58
珊瑚	39.81	33.78	84.85	6.03	15.15
长生	41.70	35.05	84.05	6.65	15.95
横巷	30.15	25.72	85.31	4.43	14.69
宁界	27.92	23.33	83.56	4.59	16.44
南沙	32.95	27.46	83.34	5.49	16.66
黄桥	44.69	41.15	92.08	3.54	7.92
分界	29.28	24.82	84.77	4.46	15.23
古溪	33.67	28.96	86.01	4.71	13.99
横垛	42.48	36.20	85.22	6.28	14.78
元竹	42.47	35.43	83.42	7.04	16.58
广陵	30.63	25.17	82.17	5.46	17.83
常周	28.58	24.14	84.46	4.44	15.54
曲霞	35.35	29.40	83.17	5.95	16.83
张桥	34.58	29.29	84.70	5.29	15.30
焦荡	29.33	24.97	85.13	4.36	14.87
溪桥	30.97	26.30	84.92	4.67	15.08

续表 2-2-1

乡镇名称	土地总面积（平方千米）	其中			
		陆地面积（平方千米）	占土地总面积（%）	水域面积（平方千米）	占土地总面积（%）
刘陈	40.87	35.38	86.57	5.49	13.43
河失	35.90	30.54	85.07	5.36	14.93
南新	37.46	32.14	85.80	5.32	14.20
北新	34.62	29.11	84.08	5.51	15.92
十里甸	38.38	32.60	84.94	5.78	15.06
姚王	29.72	25.05	84.29	4.67	15.71
燕头	37.16	31.17	83.88	5.99	16.12
根思	28.06	23.38	83.32	4.68	16.68
老叶	30.70	25.83	84.14	4.87	15.86
宣堡	27.99	23.10	82.53	4.89	17.47
汪群	27.43	22.82	83.19	4.61	16.81
胡庄	30.60	25.81	84.35	4.79	15.65
孔桥	25.76	21.10	81.91	4.66	18.09
新市	27.37	23.65	86.41	3.72	13.59
七圩	46.22	23.93	51.77	22.29	48.23
蒋华	37.85	28.12	74.29	9.73	25.71
大生	30.22	25.95	85.87	4.27	14.13
天星	35.08	20.23	57.67	14.85	42.33
过船	40.50	27.75	68.52	12.75	31.48
马甸	29.60	24.68	83.38	4.92	16.62
永安洲	51.22	27.43	53.55	23.79	46.45
田河	29.38	24.73	84.17	4.65	15.83
口岸	41.34	29.02	70.20	12.32	29.80
刁铺	27.00	22.69	84.04	4.31	15.96
许庄	28.08	23.56	83.90	4.52	16.10
泰兴	9.79	8.20	83.76	1.59	16.24
国有农牧渔场、市属集体捕捞公司	16.79	10.45	62.24	6.34	37.76

说明：七圩、蒋华、天星、过船、永安洲、口岸沿江乡镇水域面积中含江域面积

1997 年 4 月，口岸、刁铺、田河、许庄、永安洲等 5 个乡镇划归泰州市海陵区，8 月又划归泰州市高港区。至此，全市辖 17 个镇、20 个乡。

2000 年 3 月，泰兴市乡镇行政区划调整，原 37 个乡镇中，保留七圩镇、过船镇（除柿园村外）、马甸镇、曲霞镇、古溪镇、元竹乡、刘陈乡、溪桥乡、横垛乡、南沙乡 10 个乡镇；其他 27 个乡镇合并为 14 个乡镇。具体为：1. 泰兴镇，燕头镇，十里甸的三泰村、后营村、周曾村、朱庄村、华泰居委会，张桥乡的张堡村、曹堡村，姚王镇的南段村、张陈村、钱庄村，大生镇的宝塔村、延陵村、马垡村合并为泰兴镇。2. 姚王镇（除张陈村、南殷村、钱庄村外）和十里甸乡的戴堡村、谭湖村、张湾村、殷王村、羌庄村、西元村、姚垡村、姚前村、仙西村、官东村、官西村、甸何村、盐泥村、姚王村、徐庄村、蔡堡村、曾庄村、封庄村、桑木村、小塘村、红星村、袁庄村、李桥村、蔡郭村、前营村、席荡村合并为姚王镇。3. 大生镇（除宝塔村、延陵村、马垡村外）、天星镇（除举思村外）合并为大生镇。4. 蒋华镇、新市镇合并为蒋华镇。5. 张桥乡（除张堡村、曹堡村外）、焦荡乡合并为张桥乡。6. 宣堡镇、孔桥乡合并为宣堡镇。7. 胡庄乡、汪群乡合并设立胡庄镇。8. 根思乡、老叶乡合并为根思乡。9. 北新乡、南新镇合并设立新街镇。10. 河失镇、常周乡合并为河失镇。11. 横巷乡的大徐村、小徐村、徐家庄村、丁达村、二甲村、八井村、周桥村、垡湾村划归珊瑚镇管辖。12. 黄桥镇和横巷乡的横巷村、大桥村、东太平村、西太平村、东小湖村、丁庄村、祁巷村、余家庄村、三家村、顾何荡村、王韩村、何韩村、西洋庄村、周堡村、吴西村、蔡家庄村合并为黄桥镇。13. 分界乡、长生乡合并为分界乡。14. 广陵镇、宁界乡合并为广陵镇。天星镇的洋思村、过船镇的柿园村划归为市经济开发区管辖。合并后乡镇行政区划面积相应发生变化。

2002 年，元竹乡、刘陈乡、溪桥乡、横垛乡、南沙乡分别撤乡设镇。全市辖泰兴、黄桥、蒋华、广陵、马甸、过船、七圩、宣堡、古溪、曲霞、河失、姚王、新街、大生、珊瑚、横垛、南沙、张桥、溪桥、胡庄、分界、元竹、刘陈等 23 个镇和根思乡，共有 59 个居委会、341 个村委会。

2007 年 7 月，泰兴进行部分乡镇行政区划调整。撤销过船镇、大生镇，将原过船镇所辖区域与原大生镇管辖的天星桥居委会、芦碾、翻身、天星、新星等 4 个村以及委托经济开发区管理的洋思、蒋榨、红旗、五杨、中港等 5 个村合并，设立滨江镇。原大生镇管辖的其他村（居）并入泰兴镇。将原南沙镇所辖区域与溪桥镇合并，设立新溪桥镇。

2008 年 9 月，胡庄镇、市第二捕捞公司、宣堡镇赵王等 7 个村划归泰州市高港区管辖。

2010 年 3 月 25 日，省政府批复同意，泰兴市再次进行乡镇行政区划调整，原古溪镇、横垛镇合并，设立新古溪镇；原刘陈镇、溪桥镇、黄桥镇合并，设立新黄桥镇；原滨江镇、马甸镇合并，设立新滨江镇；泰兴镇向阳、张庄、郭庄、三联4个村委会划归滨江镇管辖；原蒋华镇、七圩镇合并，设立虹桥镇。

2011年3月，泰兴镇更名为济川街道。至2018年年底，泰兴市辖济川街道，黄桥、虹桥、广陵、滨江、宣堡、古溪、曲霞、河失、姚王、新街、珊瑚、张桥、分界、元竹14个镇和根思乡，共有52个居民委员会、298个村民委员会。

2018年泰兴市各乡镇（街道）行政区划面积一览表

表2-2-2

乡镇名称	土地总面积（平方千米）	其中			
		陆地面积（平方千米）	占土地总面积（%）	水域面积（平方千米）	占土地总面积（%）
合计	1169.65	982.52	84	187.13	16.00
黄桥镇	175.96	153.72	87.36	22.24	12.64
虹桥镇	109.10	78.69	72.13	30.41	27.87
广陵镇	58.43	49.43	84.60	9.00	15.40
宣堡镇	32.27	28.11	87.11	4.16	12.89
曲霞镇	35.31	29.85	84.54	5.46	15.46
滨江镇	117.62	85.28	72.50	32.34	27.50
古溪镇	76.06	66.76	87.77	9.30	12.23
河失镇	64.41	55.44	86.07	8.97	13.93
姚王镇	57.92	50.86	87.81	7.06	12.19
新街镇	72.07	63.28	87.80	8.79	12.20
珊瑚镇	49.38	42.38	85.82	7.00	14.18
张桥镇	61.76	52.26	84.62	9.50	15.38
分界镇	71.11	62.07	87.29	9.04	12.71
元竹镇	47.49	42.17	88.80	5.32	11.20
根思乡	58.90	50.45	85.65	8.45	14.35
济川街道	81.87	71.78	87.68	10.09	12.32

说明：滨江镇、虹桥镇、姚王镇、黄桥镇、新街镇、济川街道土地总面积中含开发区、园区及国营场圃面积。滨江镇、虹桥镇土地总面积中含江域面积

第三章

土地规划修编与管理

2010 年 10 月 16 日，泰兴市国土资源局举办土地利用总体规划成果编制业务培训班

①
② | ③

① 2009 年 8 月 15 日，泰兴市土地利用总体规划修编工作领导小组会议召开

② 2016 年 11 月 7 日，泰兴市土地利用总体规划调整完善及永久基本农田规定工作业务交流会召开

③ 2016 年 9 月 12 日，泰兴市土地利用总体规划调整完善前期摸底调查工作会议召开

土地规划管理是贯彻落实土地基本国策、合理配置土地资源、统筹安排各类建设用地、优化土地利用结构、提高土地利用整体效益、保障土地可持续利用的重要措施。泰兴在1991 年编制的市（县）和乡镇土地利用总体规划的基础上，于 1997 年、2006 年先后两次对市、乡镇两级土地利用总体规划进行修编，建立以规划引导用地、以规划协调用地、以规划管理用地的长效机制，既为全市土地资源实现合理配置和有效保护，又为全市经济全面、协调、可持续发展增添不竭动力。

第一节　土地利用总体规划修编

一、乡镇级土地利用总体规划修编

（一）1997 年乡镇级土地利用总体规划修编

1991 年 5 月，泰兴编制乡镇级土地利用总体规划，1992 年 9 月经省和扬州市验收并批准实施。

1997 年 11 月，市政府成立土地利用总体规划修编领导小组及办公室，开展乡镇土地利用总体规划修编工作。全市 37 个乡镇相应成立土地利用总体规划修编领导小组及办公室。各乡镇依据 1992 年批准实施的土地利用总体规划和 1995 年编制的“两区”（村镇建设规划区、基本农田保护区）划定规划，以 1996 年 10 月 31 日为时点，以 1996 年为基础年，以 2010 年为目标年，对各乡镇行政区域范围内的土地利用情况进行调查摸底和土地利用现状分析。于 1998 年 3 月 10 日前，填报市规划修编办公室下发的 17 种统计表格，为规划修编提供准确的基础数据。同时，各乡镇与人口、交通、水利等部门对接，进行用地需求预测，并根据市政府下达的建设占用耕地、补充耕地、净增耕地、耕地保护面积等 4 项控制指标，对各乡镇土地利用总体规划进行修编。各乡镇在修编过程中，分别召开村（居）、企业、水利、交通、计生、村建等单位负责人论证会，听取他们的意见和建议，进行反复修改。经过前期准备、收集资料和调查研究、编制规划方案及汇总、评审、报批等阶段，最终形成的成果有《乡镇土地利用总体规划（1997—2010 年）文本和说明》、乡镇土地利用现状图、乡镇土地利用总体规划图、乡镇基本农田保护区规划图、乡镇土地整理、复垦开发规划图及汇总表格等资料。1998 年 3 月，各乡镇修编的土地利用总体规划先后通过市土地利用总体规划修编领导小组评审和验收。2000 年 4 月，泰兴市各乡镇土地利用总体规划（1997—2010 年）经江苏省国土管理局批准实施。

1997—2010 年泰兴市各乡镇建设用地规划一览表

表 3-1-1　　单位：公顷

项目/乡镇	居民点及工矿用地					交通用地					水利用地
	城市	集镇	农村居民点	独立工矿	其他	公路	铁路	农村道路	港口码头	其他	
珊瑚	—	115.39	403.95	58.25	—	33.03	26.03	15.65	—	—	643.43
长生	—	134.99	485.37	32.11	0.07	22.73	—	22.64	—	—	610.57
横巷	—	113.99	341.28	26.25	—	12.61	47.30	11.59	—	—	462.55
黄桥	—	340.43	334.32	117.34	0.69	55.89	29.30	26.40	—	—	667.26
分界	—	100.02	281.81	26.15	—	29.35	17.77	17.65	—	—	508.88
古溪	—	186.51	217.43	30.29	0.79	25.99	20.43	74.24	—	—	457.84
横垛	—	100.12	249.05	37.28	0.63	53.41	11.63	83.04	—	—	660.38
元竹	—	97.90	597.97	21.65	0.21	27.03	—	41.84	—	—	571.91
宁界	—	97.21	253.96	19.47	1.38	34.36	—	14.14	—	—	476.99
南沙	—	100.18	312.06	28.65	—	43.06	—	14.49	—	—	522.50
广陵	—	117.13	166.86	49.79	—	61.02	—	38.17	—	—	642.37
常周	—	91.62	2251.91	15.64	—	44.80	—	31.66	—	—	417.39
曲霞	—	174.99	203.08	69.45	—	5.29	—	19.66	—	—	646.40
焦荡	—	96.06	210.29	34.20	—	17.69	—	28.72	—	—	447.86
张桥	—	124.92	435.14	30.63	0.89	22.47	—	29.68	—	—	570.86
溪桥	—	82.90	345.30	34.51	—	49.43	13.50	17.22	—	—	501.84
刘陈	—	101.18	247.85	40.29	—	68.39	—	55.77	—	—	539.96
河失	—	174.17	209.04	22.61	0.88	36.58	14.37	45.39	—	—	459.58
南新	—	162.91	203.31	57.69	1.14	14.82	—	54.31	—	—	515.32
北新	—	91.47	334.16	25.75	1.23	18.40	—	58.30	—	—	512.34

续表 3-1-1

项目 乡镇	居民点及工矿用地					交通用地					水利用地
	城市	集镇	农村居民点	独立工矿	其他	公路	铁路	农村道路	港口码头	其他	
十里甸	215.73	102.36	239.22	90.13	—	84.23	—	45.48	—	—	579.65
姚王	27.10	147.84	110.95	82.70	—	45.88	18.84	29.63	—	—	458.16
燕头	470.20	—	79.60	191.45	—	55.57	9.80	21.20	—	—	427.69
根思	—	91.56	229.98	47.59	1.63	57.33	—	18.95	—	—	470.99
老叶	—	85.14	265.67	34.89	—	18.33	—	30.20	—	—	460.71
宣堡	—	166.09	218.10	35.43	—	41.39	7.50	18.99	—	—	507.84
汪群	—	96.14	278.94	22.67	0.29	17.50	—	9.31	—	—	321.70
胡庄	—	95.64	329.13	17.09	—	23.98	—	12.39	—	—	430.09
孔桥	—	97.65	243.02	18.55	—	25.71	3.90	16.65	—	—	398.06
新市	—	169.57	138.91	68.73	—	16.71	—	17.21	—	—	454.84
七圩	—	191.83	193.53	47.90	—	15.76	—	21.06	—	—	2293.46
蒋华	—	186.79	272.79	87.75	0.72	22.05	—	41.98	—	—	1094.90
大生	252.33	153.00	170.91	36.34	2.41	37.68	—	23.67	—	—	488.10
天星	83.67	135.97	145.47	96.79	—	12.20	—	14.16	—	—	1432.90
过船	47.77	172.86	163.61	107.20	3.11	9.19	—	27.73	0.15	—	1043.36
马甸	17.63	175.42	279.47	60.23	—	22.04	18.93	23.22	—	—	463.54
泰兴	698.45	—	—	—	—	67.33	—	2.57	—	—	153.28
场圃及化工开发区	256.17	—	42.40	39.80	—	14.80	—	6.11	—	—	485.47
合计	2125.00	4729.98	9575.82	1863.23	16.07	1243.03	239.30	1081.09	0.15	—	22801.91

1997—2010 年泰兴市土地整理、复垦开发规划一览表

表 3-1-2　　单位：公顷

项目 / 时间	土地复垦开发		交通用地				合计	
			农地整理		村庄整理			
	总量	耕地	总量	耕地	总量	耕地	总量	净增耕地
1997—2000 年	253.70	221.00	4412.13	322.04	353.80	161.10	5019.63	714.14
2001—2005 年	72.30	50.14	3120.67	200.00	687.07	475.33	3880.04	725.47
2006—2010 年	50.00	50.00	717.60	41.24	1135.33	483.57	1902.93	574.81
合计	376.00	321.14	8250.40	573.28	2176.20	1120.00	10802.60	2014.42

1997—2010 年泰兴市各乡镇基本农田保护区规划一览表

表 3-1-3　　单位：公顷

项目 / 乡镇	基本农田保护区		项目 / 乡镇	基本农田保护区	
	总数	其中：耕地		总数	其中：耕地
合计	70454.67	70454.67	北新	2148.67	2148.67
珊瑚	2372.00	2372.00	十里甸	1854.00	1854.00
长生	2530.67	2530.67	姚王	1784.67	1784.67
横巷	1838.00	1838.00	燕头	1562.00	1562.00
黄桥	2664.67	2664.67	根思	1720.67	1720.67
分界	1710.00	1710.00	老叶	1913.33	1913.33
古溪	2041.33	2041.33	宣堡	1524.00	1524.00
横垛	2800.00	2800.00	汪群	1720.67	1720.67
元竹	2948.67	2948.67	胡庄	1923.33	1923.33
宁界	1666.67	1666.67	孔桥	1546.00	1546.00
南沙	2142.00	2142.00	新市	1688.00	1688.00
广陵	1650.00	1650.00	七圩	1705.33	1705.33
常周	1818.00	1818.00	蒋华	2042.67	2042.67
曲霞	2225.33	2225.33	大生	1404.00	1404.00
焦荡	1829.33	1829.33	天星	1222.67	1222.67

续表 3-1-3

项目 乡镇	基本农田保护区		项目 乡镇	基本农田保护区	
	总数	其中：耕地		总数	其中：耕地
张桥	1822.00	1822.00	过船	1512.00	1512.00
溪桥	1919.33	1919.33	马甸	1573.33	1573.33
刘陈	2821.33	2821.33	泰兴镇	—	—
河失	2388.00	2388.00	开发区及场圃	—	—
南新	2422.00	2422.00			

（二）2006 年乡镇级土地利用总体规划修编

2006 年 10 月，全市各乡镇相继成立土地利用总体规划修编领导小组，建立工作班子，开展新一轮乡镇级土地利用总体规划修编工作。这次修编以 2006 年为基础年，以 2020 年为目标年。整个修编工作分为组织准备、搜集整理资料、方案拟定、协调论证、修改完善和验收审批 6 个阶段。各乡镇按照市政府下达的耕地保有量、基本农田保护面积、城乡建设用地、人均城镇工矿用地、新增建设占用耕地等约束性指标以及园地、林地等预测性指标进行落实，并注重在土地复垦整治工程、基础设施工程的空间布局上与土地利用规划相衔接，与城镇总体规划等其他空间规划相协调。这次各乡镇土地利用总体规划修编工作取得的主要成果有《乡镇土地利用总体规划（2006—2020 年）文本和说明》、乡镇土地利用现状图、乡镇土地利用规划图、乡镇建设用地管制和基本农田保护区图、乡镇土地复垦整治规划图等。2011 年 4 月，全市各乡镇土地利用总体规划修编成果通过省国土资源厅专家组评审。12 月，获江苏省人民政府批准实施。

2006—2020 年泰兴市各乡镇（街道）土地利用规划控制指标一览表

表 3-1-4　　单位：公顷

乡镇 街道	基本农田 保护面积	耕地 保有量	建设用地 总规模	城乡建设 用地规模	新增建设 占用耕地 规模	土地整治 补充耕地 规模
济川街道	2143.4	2927.3	2658.8	2483.5	305.2	20.0
滨江镇	4524.3	5781.6	3173.5	2459.3	711.9	48.0
虹桥镇	4482.4	5561.2	2396.4	1868.2	425.0	547.7
姚王镇	2729.7	3515.0	1319.6	1093.7	242.8	68.0
黄桥镇	9943.8	11736.0	3356.5	3013.5	212.2	421.6
元竹镇	3086.4	3419.1	762.8	682.4	54.2	33.3

续表 3-1-4

乡镇街道	基本农田保护面积	耕地保有量	建设用地总规模	城乡建设用地规模	新增建设占用耕地规模	土地整治补充耕地规模
新街镇	4595.6	4963.2	1216.9	1148.3	49.6	82.7
古溪镇	4835.5	5339.8	1180.1	1118.6	6.5	79.2
广陵镇	3510.7	3874.5	900.0	798.2	10.5	65.2
宣堡镇	1938.8	2174.5	318.8	272.4	9.6	49.9
河失镇	3998.7	4297.2	1052.5	953.4	24.2	91.0
分界镇	4488.0	4866.4	1076.0	1018.9	29.4	83.8
张桥镇	3750.5	4089.7	1007.4	953.0	4.8	94.3
曲霞镇	2231.9	2455.6	506.4	468.9	2.9	128.2
根思乡	3693.1	4049.4	837.1	757.4	32.3	104.2
珊瑚镇	2924.1	3246.2	882.4	833.1	3.3	78.5
合　计	62877.1	72296.6	22645.2	19922.8	2124.4	1995.8

2006—2020 年泰兴市各乡镇（街道）土地用途分区面积一览表

表 3-1-5　　单位：公顷

乡镇街道	基本农田保护区	一般农地区	城镇村建设用地区	独立工矿区	风景旅游用地区	自然与文化遗产保护区
济川街道	2278.7	2043.5	2477.2	6.3	29.8	0
滨江镇	4646.8	5363.2	2444.7	14.6	0	0
虹桥镇	4616.3	3813.0	1813.6	54.6	0	0
姚王镇	2811.4	1615.6	1093.2	0.5	0	0
黄桥镇	10151.8	4151.0	3000.8	12.7	8.2	0
元竹镇	3167.6	834.6	677.0	5.4	0	0
新街镇	4710.6	1301.5	1127.4	20.9	0	0
古溪镇	4992.0	1459.8	1110.2	8.4	0	0
广陵镇	3600.6	1358.1	797.2	1.0	0	0
宣堡镇	1977.7	920.5	271.6	0.8	0	10.9
河失镇	4121.5	1286.1	953.1	0.3	0	0
分界镇	4595.0	1460.3	1018.9	0	0	0
张桥镇	3885.3	1304.2	948.3	4.6	0	0
曲霞镇	2309.1	725.2	468.9	0	0	0

续表 3-1-5

乡镇街道	基本农田保护区	一般农地区	城镇村建设用地区	独立工矿区	风景旅游用地区	自然与文化遗产保护区
根思乡	3811.6	1238.6	755.7	1.7	37.3	0
珊瑚镇	3001.5	1069.1	830.5	2.6	0	0
合　计	64677.3	29944.3	19788.4	134.4	75.3	10.9

2006—2020 年泰兴市各乡镇（街道）农村居民点整理复垦专项方案一览表

表 3-1-6　　单位：公顷

乡镇街道	整理复垦面积	整理复垦实施计划		
		2010 年已实施	2011—2015 年	2016—2020 年
济川街道	34.7	0.8	0	33.9
滨江镇	208.8	12.9	119.3	76.6
虹桥镇	210.1	61.3	121.5	27.3
姚王镇	87.9	6.8	14	67.1
黄桥镇	201.6	49.9	56.3	95.4
元竹镇	35.7	4.8	21.1	9.8
新街镇	36.0	2.1	16.8	17.1
古溪镇	39.9	14.0	4.3	31.6
广陵镇	41.9	17.4	22.9	1.6
宣堡镇	67.8	0.2	3.3	64.3
河失镇	15.6	0	8.4	7.2
分界镇	39.4	19.2	14.3	5.9
张桥镇	16.6	1.9	12.8	1.9
曲霞镇	16.7	4.6	8.6	3.5
根思乡	16.8	0.4	3.7	12.7
珊瑚镇	18.1	0	1.9	16.2
合　计	1087.6	196.3	429.2	462.1

二、市级土地利用总体规划修编

（一）1997 年市级土地利用总体规划修编

1997 年 10 月，市政府成立土地利用总体规划修编领导小组及办公室，对 1993 年编制的《泰兴市土地利用总体规划》进行修编。此次规划修编，以 1997 年为基础年，2010 年为目标年，远景展望至 2030 年。经过先期准备、资料搜集整理、调查分析、编制规划、协调论证，规划安排至目标年，全市增加耕地 2014.42 公顷，确保耕地总量稳定在 7.98 万公顷；划定基本农田保护面积 7.05 万公顷；提供建设用地 5640 公顷，其中新占耕地 1086.67 公顷，存量建设用地挖潜 4160 公顷，利用其他土地 393.33 公顷。鉴于对统筹推进“城市现代化、集镇城市化、城乡一体化”考虑，规划 2010 年年末，建成城镇 37 个、中心村 668 个，撤并自然村庄 3627 个。城市建成区控制总面积 2125 公顷，集镇建成区控制总面积 4730 公顷。复垦开发土地 376.00 公顷，整理土地 1.04 万公顷，增加耕地 2014.42 公顷。土地利用结构按 8 类土地利用现状进行调整：1997—2000 年，耕地增加 714.14 公顷，园地增加 126.67 公顷，林地增加 86.67 公顷，牧草地减少 26.67 公顷，居民点及工矿用地减少 280 公顷，交通用地增加 326.67 公顷，水域减少 126.67 公顷，未利用土地减少 173.33 公顷，耕地保有量为 79313.33 公顷。2001—2010 年，耕地增加 1300.28 公顷，园地增加 506.67 公顷，林地增加 360 公顷，居民点及工矿用地减少 1440 公顷，交通用地增加 133.33 公顷，水域增加 33.33 公顷，未利用土地减少 120 公顷，人均建设用地控制在 135.1 平方米。2011—2030 年，耕地面积稳定在 8 万公顷，人均建设用地控制在 100 平方米以内。1998 年 3 月，市土地利用总体规划修编工作基本完成。取得成果有《泰兴市土地利用总体规划（1997—2010 年）》《泰兴市土地利用总体规划（1997—2010 年）说明》《泰兴市基本农田保护区规划》《泰兴市土地整理复垦开发规划》《泰兴市耕地总量动态平衡方案》《泰兴市土地利用现状图（1∶50000）》《泰兴市土地利用总体规划图（1∶50000）》《泰兴市基本农田保护区规划图（1∶5000）》《泰兴市土地整理、复垦开发规划图（1∶5000）》《泰兴市土地利用总体规划修编工作报告》。1998 年 10 月 30 日，泰兴市土地利用总体规划（1997—2010 年）通过泰州市规划修编工作领导小组专家组评审。2000 年 4 月，经江苏省人民政府批准实施。

1997—2010 年泰兴市城镇、农村居民点用地平衡一览表

表 3-1-7

分类	规划基期			规划目标年			规划期间用地面积变化（公顷）
	人口（万人）	用地面积（公顷）	人均占地（平方米）	人口（万人）	用地面积（公顷）	人均占地（平方米）	
城　市	12.26	829.80	67.7	25.00	2125.00	85.00	+1295.20
集镇及农村居民点	114.30	19199.40	168.00	110.63	16185.10	146.30	-3014.30
合　计	126.56	20029.20	158.30	135.63	18310.10	135.10	-1719.10

1997—2010 年泰兴市非农业建设用地控制指标一览表

表 3-1-8　　单位：公顷

项目 \ 时期		1997—2000 年				2001—2005 年				2006—2010 年			
		合计	耕地	非耕地	存量	合计	耕地	非耕地	存量	合计	耕地	非耕地	存量
居民点占地	小计	1517.97	242.07	80.80	1196.10	1481.73	177.73	60.00	1244.00	1876.50	116.20	38.50	1721.80
	1. 城市	530.17	162.07	54.00	314.10	393.33	104.33	35.00	254.00	371.70	69.60	23.30	278.80
	2. 集镇	877.20	70.40	26.80	780.00	1020.20	65.20	25.00	930.00	1457.60	40.40	15.20	1402.00
	3. 农村居民点	110.60	9.60	—	101.00	68.20	8.20	—	60.00	47.20	6.20	—	41.00
独立工矿		—	—	—	—	—	—	—	—	—	—	—	—
交通用地	小计	326.33	233.33	93.00	—	131.80	94.00	37.80	—	—	—	—	—
	1. 铁路	139.90	100.00	39.90	—	99.40	70.00	29.40	—	—	—	—	—
	2. 公路	186.43	133.33	53.10	—	32.40	24.00	8.40	—	—	—	—	—
	3. 农村道路	—	—	—	—	—	—	—	—	—	—	—	—
	4. 其他	—	—	—	—	—	—	—	—	—	—	—	—
水利用地	小计	91.87	78.87	13.00	—	118.53	78.53	40.00	—	97.50	67.00	30.50	—
	1. 水库	—	—	—	—	—	—	—	—	—	—	—	—
	2. 河道	91.87	78.87	13.00	—	118.53	78.53	40.00	—	97.50	67.00	30.50	—
	3. 其他	—	—	—	—	—	—	—	—	—	—	—	—
其他		—	—	—	—	—	—	—	—	—	—	—	—
年均占地		484.04	138.57	46.70	298.77	346.41	70.05	27.56	248.80	394.80	36.64	13.80	344.36

1997—2010 年泰兴市耕地总量动态平衡一览表

表 3-1-9 单位：公顷

			总量	1997—2000 年	2001—2005 年	2006—2010 年
一、1996 年 10 月 31 日耕地总量			79233.54			
二、1997—2010 年建设用地总量			5642.23	1858.10	1810.13	1974.00
其中	1. 新增耕地		1087.73	476.20	428.33	183.20
	2. 存量建设用地挖潜		4160.90	1195.10	1244.00	1721.80
	3. 其他		393.60	186.80	137.80	69.00
三、1997—2010 年耕地减少量			1407.73	636.07	508.43	263.23
其中	1. 建设占用	小计	1087.73	476.20	428.33	183.20
		a . 城市	336.00	92.80	173.60	69.60
		b . 集镇	176.00	61.60	74.00	40.40
		c . 村庄	24.00	9.60	8.20	6.20
		d . 交通	327.33	233.33	94.00	—
		e . 水利	224.40	78.87	78.53	67.00
		其中：国家和省重点工程	213.33	213.33	—	—
	2. 退耕、灾毁		66.67	33.20	16.80	16.67
	3. 其他		253.33	126.67	63.30	63.36
四、1997—2010 年补充耕地量			2014.42	714.14	725.47	574.81
其中	1. 后备资源复垦开发	小计	321.14	221.00	50.14	50.00
		a . 荒地开发	—	—	—	—
		b . 其他	321.14	221.00	50.14	50.00
	2. 土地整理	小计	1693.28	493.14	675.33	524.81
		a . 村庄整理	1120.00	161.10	475.33	483.57
		b . 农地整理	573.28	332.04	200.00	41.24
五、1997—2010 年净增耕地			606.72	78.07	217.04	311.61
六、2010 年 10 月 31 日耕地总量			79840.23			

（二）2006年市级土地利用总体规划修编

2006年10月，市政府成立土地利用总体规划修编领导小组，按照《全国土地利用总体规划纲要（2006—2020年）》和省、泰州市对土地利用总体规划修编工作的要求，启动新一轮市级土地利用总体规划修编工作。此次规划修编采取自上而下、上下联动、指标控制、搞好衔接的方法。前期工作主要在各职能部门、乡镇和开发区进行资料收集，对规划实施情况进行评价，形成《泰兴市土地利用总体规划（1997—2010年）实施评价》《泰兴市土地利用总体规划修编“四查清、四对照”研究》《泰兴市基本农田保护研究》《泰兴市土地节约与集约利用研究》《泰兴市城乡用地结构及布局优化研究》《泰兴市协调土地利用与生态环境建设研究》《泰兴市土地利用总体规划实施保障措施研究》《泰兴市统筹区域土地利用研究》等8个专题研究成果。全面厘清泰兴市在上轮规划实施期间土地利用结构变化情况及主要特征，并对规划实施期间出现的突出问题及其原因进行深入总结，为新一轮规划修编提供借鉴。2008年8月，市政府召开全市土地利用总体规划修编前期工作汇报会，审议前期工作的8个专题研究成果。11月，8个专题研究成果提交泰州市国土资源局通过审查验收。

2009年年初，规划大纲编制工作启动。泰兴市规划修编项目组召开“一区四园”和市水利局、市交通运输局、市农业委员会、市计划生育委员会等部门负责人座谈会，进行实地调查，了解用地需求和空间布局发展特征，收集和征询意见。12月，根据泰州市下达的约束性、预期性主要指标，统筹安排各业用地，兼顾各乡镇社会经济发展趋势和土地资源特点，把约束性指标和预期性指标分解到各乡镇，编制《泰兴市土地利用总体规划（2006—2020年）大纲》。该规划大纲于2010年4月通过省国土资源厅评审。2010年4月，根据《泰兴市土地利用总体规划（2006—2020年）大纲》，编制市土地利用总体规划征求意见稿，经市土地利用总体规划修编领导小组和市四套班子审议，并听取专家学者意见，形成《泰兴市土地利用总体规划（2006—2020年）》送审稿。2011年4月，该规划通过省国土资源厅评审。12月，获江苏省人民政府批准实施。

此轮市土地利用总体规划修编基础年为2005年，规划期限为2006—2020年，其中近期为2006—2010年，远期为2011—2020年。规划成果主要由规划文件、图件、数据库3个方面构成，共形成《泰兴市土地利用总体规划（2006—2020年）前期研究专题》《泰兴市土地利用总体规划（2006—2020年）大纲》《泰兴市土地利用总体规划（2006—2020年）文本》《泰兴市土地利用总体规划（2006—2020年）说明》《泰兴市土地利用现状图（2009年）》《泰兴市土地利用总体规划图（2006—2020年）》《泰兴市建设用地管制分区图（2006—2020年）》《泰兴市基本农田保护规划图（2006—2020年）》《泰兴市土地整治规划图（2006—2020年）》《泰兴市重点建设项目用地布局图（2006—2020年）》《泰兴市土地利用总体规划（2006—2020年）数据库》11项成果。

2005—2020 年泰兴市土地利用主要调控指标规划一览表

表 3-1-10

指　标		2005 年	2010 年	2020 年	指标属性
总量指标	耕地保有量（公顷）	72585.1	72403.2	72296.6	约束性
	基本农田面积（公顷）	63841.2	62877.1	62877.1	约束性
	园地面积（公顷）	407.8	407.8	407.8	预期性
	林地面积（公顷）	120.9	458.6	1157.2	预期性
	其他农用地（公顷）	10151.3	9872.4	8094.5	预期性
	建设用地总规模（公顷）	20430.9	20957.7	22645.2	预期性
	城乡建设用地规模（公顷）	19041.4	19233.0	19922.8	约束性
	城镇工矿用地规模（公顷）	3787.2	4263.3	5049.9	预期性
	交通水利及其他用地（公顷）	1389.5	1724.7	2722.4	预期性
增量指标	新增建设用地总量（公顷）	—	687.9	2752.3	预期性
	建设占用农用地规模（公顷）	—	615.6	2602.8	预期性
	建设占用耕地规模（公顷）	—	541.4	2124.4	约束性
	整理开发复垦补充耕地（公顷）	—	359.5	1995.8	约束性
效率指标	人均城镇工矿用地（平方米/人）	85.0	94.0	104.0	约束性

2005—2020 年泰兴市土地利用结构调整一览表

表 3-1-11

地　类		2005 年		2010 年		2020 年	
		面积	占总面积比重	面积	占总面积比重	面积	占总面积比重
		公顷	%	公顷	%	公顷	%
土地总面积		117225.0	100	117225.0	100	117225.0	100
农用地	耕地	72585.1	61.92	72403.2	61.76	72296.6	61.67
	园地	407.8	0.35	407.8	0.35	407.8	0.35
	林地	120.9	0.1	458.6	0.39	1157.2	0.99
	其他农用地	10151.3	8.66	9872.4	8.42	8094.2	6.91
	农用地合计	83265.1	71.03	83142.0	70.92	81956.1	69.92

续表 3-1-11

地类		2005 年		2010 年		2020 年	
		面积	占总面积比重	面积	占总面积比重	面积	占总面积比重
		公顷	%	公顷	%	公顷	%
建设用地	城镇用地	2980.4	2.54	3481.1	2.97	4377.7	3.73
	农村居民点用地	15254.2	13.01	14969.7	12.77	14872.9	12.69
	工矿用地	806.9	0.69	782.2	0.67	672.2	0.57
	交通水利用地	1372.9	1.17	1674.6	1.43	258/5.2	2.21
	其他建设用地	16.6	0.01	50.1	0.04	137.2	0.12
	建设用地合计	20430.9	17.43	20957.7	17.88	22645.2	19.32
其他土地	水域	13075.7	11.15	12715.4	10.85	12325.5	10.51
	自然保留地	453.3	0.39	409.9	0.35	298.2	0.25
	其他土地合计	13529.0	11.54	13125.3	11.20	12623.7	10.76

2006—2020 年泰兴市耕地保有量变化情况一览表

表 3-1-12 单位：公顷

基期耕地面积		规划期间补充耕地面积					规划期间减少耕地面积				规划期间变化	规划期末耕地保有量
		增加合计	土地整理	土地复垦	土地开发	其他	减少合计	建设占用	灾毁	其他		
规划近期	72585.1	259.5	160.3	177.1	22.1	0	541.4	541.4	0	0	-181.9	72403.2
规划远期	72585.1	1995.8	908.1	962.4	125.3	0	2284.3	2124.4	0	159.9	-288.5	72296.6
年均增减	—	133.1	60.5	64.2	8.4	0	152.3	141.6	0	10.7	-19.2	—

第二节 土地利用总体规划管理和调整

一、规划管理

1995 年 9 月，市土地管理局增设土地利用规划科，专司土地利用规划管理工作。1996 年，泰兴加强对各项用地的规划管理和各项建设用地规划跟踪管理，做到按规划批地、按规划用地、按规划管地，切实维护规划的严肃性。1997 年起，全市实行“一图一表”审批制度，做到用地有登记、土地利用规划图上有标注、土地类别变化有说明。严格把好规划用地审批关，凡占用一级基本农田的建设项目用地一律不批。1998 年，市、乡镇两级编制土地复垦整理规划，将土地复垦整理的具体项目定时、定量、定序落实到规划图上，省、泰州市主管部门负责人视察后给予高度评价。1999 年，全市严格实行土地用途管制制度，在新增建设用地审核报批中，严格按土地利用总体规划确定的区域、土地使用条件和用途要求，有效控制新增建设用地总量。

2002 年，市国土资源局建立和实施规划动态监测制度和领导目标考核制度。市政府将规划实施列入市、乡（镇）各级领导干部管理目标进行考核。每一项建设用地项目首先必须经规划审查，每一次土地动态巡回监察都把所有在建项目用地有无执行规划作为重要内容。2003 年，市政府印发《关于进一步加强建设用地和项目审批管理工作的意见》，市国土资源局对所有非农业建设用地项目进行规划审查，在进行可行性研究阶段先期介入，参与论证和规划预审，凡经预审不符合土地利用总体规划的，计划部门不得立项，建设部门不出选址意见书。对已经取得土地使用权但未动工建设的项目重新审查，凡是违背规划的，一律收回土地使用权，重新按规划选址。2007 年，市国土资源局坚持源头控制、从严把关的原则，充分发挥规划、计划对耕地保护的双控作用，做到不符合土地利用总体规划的、没有年度用地计划的建设项目用地坚决不批。全年审查建设用地项目 105 宗，取消不符合规划项目 43 宗。

2011 年 12 月，《泰兴市土地利用总体规划（2006—2020 年）》经省政府批准实施后，市国土资源局按照集中、集约用地原则，把非农业建设用地从单纯的规模控制转向规划控制与土地利用集约度考核相结合的双重控制。

二、规划调整

在规划实施过程中，市国土资源局充分注意根据情况变化和上级政府决策，及时对规划进行局部调整。2000 年 3 月底，泰兴市部分乡镇行政区划调整，市国土管理局于 5 月对区划调整乡镇的土地利用总体规划，进行相应调整和完善。调整工作中，做到不突破建设用地总规模，不减少耕地保有量，不影响规划总体布局，合理安排各业用地，保护“饭碗田”，抓住机遇，为建设用地预留充足空间。年底，撤并乡镇土地利用总体规划调整工作结束，经泰州市政府批准后，及时向社会公告，并遵照实施。2003 年 3 月，市国土资源局组织开展《沿江开发区土地利用专项规划》编制工作。在编制过程中，市国土资源局、市规划局、市交通运输局、市住房和城乡建设局等部门通力协作，搞好衔接，进行“一区六镇”（经济开发区、七圩镇、蒋华镇、大生镇、过船镇、马甸镇、泰兴镇）土地利用现状调查，摸清土地利用现状，绘制沿江开发区现状图，并征求市规划局、市交通运输局、市住房和城乡建设局、市水务局等部门意见，形成规划方案。确定沿江开发核心区域面积 29804 公顷。规划到 2010 年，沿江开发区新增建设占用耕地 6022.6 公顷（含置换指标 532.12 公顷），建设用地总量 27096.2 公顷。是年，对黄桥、溪桥、大生、七圩、宣堡、张桥等乡镇土地利用总体规划作调整，妥善解决规划与用地之间的矛盾，为经济发展提供用地保障和足够空间。2004 年年初，市委、市政府提出工业向开发区（集聚区）集中、人口向城镇集中、住宅向社区集中、优化城乡建设用地结构的调整思路，市国土资源局对全市乡镇级土地利用总体规划进行调整。4 月，经泰州市政府批准实施。

2005 年下半年，市国土资源局按照“耕地保有量不减少，建设占用耕地指标不增加”的原则，对姚王等 9 个镇建设用地规划布局作调整，涉及土地面积 366.54 公顷。2006 年 11 月，开展国家级生态示范区创建工作，市国土资源局组织对如泰运河以北马甸等 7 个乡镇土地利用总体规划进行调整，将 466.67 公顷建设预留地调整到城区和“一区四园”所涉及的黄桥等 6 个乡镇，相应调整土地利用方向、布局和规模。规划调整方案通过省国土资源厅专家论证，并经省政府批准实施。2007 年 7 月，部分乡镇行政区划调整，市国土资源局组织对七圩等 8 个镇土地利用总体规划进行修改，调整基本农田 333.33 公顷，将 266.67 公顷未利用地调整为建设用地，缓解沿江开发规划瓶颈制约难题。2008 年 7 月，市国土资源局与经济开发区及滨江镇、马甸镇协调，对沿江经济带项目急需使用地块的规划进行微调，在坚持“基本农田不减、耕地保有量不少、质量不降低”的原则下，合理布局用地，调整建设预留地规划面积 334 公顷。2009 年，市国土资源局对滨江、黄桥、姚王 3 个镇土地利用总体规划进行局部调整，增加建设预留地 50.8 公顷，为沿江及园区重大项目落地提供规划空间。2012年，按照市政府“工业向园区集中，居住向城镇集中，农业向规模化集中”的要求，市国土资源局从规划入手，严格坚持“保证重点、兼顾一般、守好耕地底线、促进集约利用”的原则，采取差别化供地政策，加强土地资源整合，统筹用地空间布局。为全市实行建设用地增减挂钩、耕地占补平衡和“万顷良田”工程建设，提供规划依据。2013年，为保障城市建设、黄桥镇“城市副中心”建设、“一区四园”建设、经济适用房及新农村建设用地需要，市委、市政府提出“统筹安排、突出重点、优化结构”的要求，在取得省、泰州市国土资源主管部门同意的情况下，市国土资源局对15个乡镇（街道）土地利用总体规划进行局部调整，在确定的允许建设区规模不增加、建设用地扩展边界不突破前提下，对允许建设区等进行合理调整。

2016年，市国土资源局取得省国土资源厅、泰州市国土资源局同意，在“一增两减”（即建设用地总量增加、耕地和基本农田保护指标减少）的基础上，对济川街道及滨江、虹桥、黄桥、姚王等镇土地利用总体规划允许建设区进行调整。重新编制乡镇（街道）土地利用总体规划修改方案，获得省政府批准实施。2017年6月，市国土资源局组织对全市各乡镇（街道）、园区结合乡镇（街道）、园区土地利用总体规划、工业集聚区规划进行调整完善，统筹安排新增建设用地规模，确保土地利用总体规划的科学性和可操作性。7月，全市土地利用规划调整完善成果在泰州市率先获得省政府批复。2018年，市国土资源局组织修改完善《泰兴市土地利用总体规划（2006—2020年）》，获得省国土资源厅追加规划流量指标1000公顷。9月4日，市级及各乡镇（街道）级土地利用总体规划成果获省政府批复。是年，市国土资源局组织对黄桥镇祁巷村、宣堡镇银杏村、曲霞镇印达村3个特色田园乡村土地利用规划的编制。

2016年6月29日，泰兴市召开全市土地利用总体规划编制成果听证会

第四章

耕地保护

2010 年 9 月 15 日，泰兴市虹桥镇“万顷良田建设工程”试点规划方案论坛会召开

①	②
③	④

① 2010年5月10日，泰兴市2010年度城乡建设用地增减挂钩复垦项目备选库论证会召开

② 2010年11月2日，省国土资源厅对泰兴市马甸镇、宣堡镇、张桥镇土地整理项目进行验收

③ 2015年，泰兴市夏季农业作物喜获丰收

④ 2010年5月27日，泰兴市2010年度城乡建设用地增减挂钩工作会议召开

面对泰兴人多地少的市情和经济社会快速发展对土地需求的挑战，市委、市政府贯彻执行“十分珍惜和合理利用每寸土地，切实保护耕地”的基本国策，坚持“一要吃饭，二要建设”的方针，实施节流与开源并举之策。大力开展土地复垦整理，实现耕地占补平衡目标。采取积极措施，加强基本农田保护，守住耕地红线。1996 年 11 月，全国人大常委会副委员长吴阶平、全国政协副主席万国权到泰兴对耕地保护工作进行考察，给予高度评价。1998 年 4 月，全省土地复垦工作会议把泰兴作为参观主现场，泰兴市复垦工作得到省、泰州市领导和与会代表充分肯定。1996—2018 年，全市实施土地复垦整理项目 2201 个，复垦整理土地 25360.13 公顷，新增耕地面积 5231.87 公顷。至 2018 年，全市永久基本农田保护面积稳定在 57358.64 公顷。

第一节　土地整治

一、土地复垦整理

1996年，市土地管理局和市计划委员会联合下达各乡镇土地复垦计划40公顷。与市农业发展办公室、市财政局等部门联合论证筛选重大复垦项目组织上报，省立项1个，扬州市立项2个，泰兴市立项1个，向省、扬州市争取扶持复垦配套资金21万元。全年共复垦整理土地199.47公顷，其中建成耕地171.40公顷，其他用地28.07公顷。1997年，市土地管理局结合“三土”整治，下达复垦计划54公顷。将宁通公路挖压废土地复垦工程报省立项，上争复垦配套资金55万元。横巷吴西复垦项目获泰州市立项，获配套资金10万元。泰兴市立项11个。拆除土立窑357座，全年共复垦土地面积213.39公顷，其中建成耕地185.61公顷、建成鱼塘25.99公顷、其他土地1.79公顷。是年市土地管理局根据不同类型的复垦整治典型，先后建立横垛后备资源复垦示范区、长生低产田改造示范区、十里甸农田改造工程示范区和蒋华老庄台改造示范区。1998年，市政府下达各乡镇土地复垦整理计划144.73公顷，各乡镇分解到村，并与承担复垦任务的村签订复垦合同。市国土管理局组织土地复垦整理项目申报，获省立项1个、泰州市立项13个，完成复垦整理面积462.79公顷，净增耕地98.73公顷。全市结合低产田改造，整理土地4667公顷，净增耕地64公顷。通过“三土”专项整治，还耕土地37.33公顷。1999年年初，市国土管理局将泰州市下达的194公顷土地复垦净增耕地任务指令下达各乡镇，同时组织重大项目论证筛选和申报立项工作。其中报省立项1个、泰州市立项4个、泰兴市立项13个。市政府与各乡镇签订土地复垦责任状，确保复垦任务如期完成。市国土管理局将复垦地块标注到土地利用现状图上，平时加强指导和督查，年终对照图件进行验收。是年，经省、泰州市验收，全市复垦新增耕地203.40公顷。

2000年年初，市政府办公室印发《关于建立2000年耕地占补平衡项目库的通知》，市国土管理局对各乡镇年内实施的复垦项目实行定位、定量、定时管理，并组织力量深入项目所在乡镇指导和督查。10月，经省、泰州市验收，11个项目合格，新增耕地68.52公顷。同年，市国土管理局申报姚王、老叶等4个乡镇土地复垦整理项目，获得国土资源部立项，并获取配套资金 270 万元。2001 年 3 月，市国土管理局实地勘测和核实各乡镇预报的复垦项目，将每个项目逐一附上明细表和图件资料，做到图件、台账、实地相一致。经过筛选，最终 16 个项目入库。市国土管理局不定期组织督查，及时掌握项目实施进度和质量。10 月，经省、泰州市国土管理部门验收，15 个项目合格，净增耕地 61.27 公顷。是年，市国土管理局对河失、刘陈等 4 个乡镇接合部土地整理项目制作申报立项材料上报，该项目被国土资源部批准为首批国家投资配套资金 1086 万元由地方承担的土地复垦整理项目。市政府成立泰兴市土地整理项目建设工程处，对项目实施，推行法人制度、招投标制度、合同制及公告制度。市国土管理局聘请南京大学根据该项目总体规划，设计年度实施方案，委托泰兴市正丰工程咨询有限公司编制工程招标文件，全程实行工程招投标。经两年实施，整理土地 1533.33 公顷，累计完成土方 300.29 万立方米，接长中沟 3 条，新开生产沟 1.7 千米、排水沟 15.6 千米，平整高垛田 113.73 公顷，填塞废沟塘 12 公顷，新筑硬质衬渠 61.16 千米、砂石路 16.2 千米，开挖鱼塘 29.23 公顷，新增耕地 70 公顷，新建各类配套建筑物 1553 座，其中桥 5 座、电站 9 座、中沟级排水涵 959 座、其他配套设施 580 座。经省、泰州市验收，符合土地整理工程样板示范区要求。2002 年，全市确定 10 个土地复垦整理进库项目，全部实施到位，净增耕地 51.47 公顷。是年 8 月，市国土资源局对国家投资、地方承担的分界镇土地整理项目进行实地勘察，编制规划设计和预算，通过省国土资源厅专家会审。2003 年，确定全市 26 个项目进入省国土资源厅耕地占补平衡项目库。年底，19 个项目验收合格，新增耕地 72.81 公顷。

姚王、河失、刘陈、根思 4 个乡镇国家级土地复垦项目区（2001 年）

2004 年，全市进入省耕地占补平衡项目库项目 46 个。市政府制定考核办法，要求新增耕地 5.3 公顷以下的项目，必须在当年夏收之前竣工，其余项目在秋种前竣工。年底，37 个土地复垦项目通过省国土资源厅验收，新增耕地面积 157.28 公顷。是年，市国土资源局组织对泰兴市腹部地区、分界镇、胡庄镇和横垛镇 4 个土地整理项目进行论证并报国土资源部立项，获取国家投资 1 亿元。3 月，市政府印发《泰兴市实施国家投资土地整理项目管理办法》和《泰兴市国家投资土地整理项目资金管理办法》，引入市场竞争机制，实行施工、管理的单位全部由招投标确定，至2005年年底，以上4个项目按时按质实施到位，通过国家、省、泰州市国土资源主管部门验收，整理土地面积3732公顷，新增耕地419.5公顷。2005年，全市确定入库项目93个。市委、市政府规定将全年用地单位新增建设用地缴纳的土地复垦费，专项用于对各乡镇复垦土地的补助和奖励。同时在年终对各乡镇的考核中，提高土地复垦单项工作考核分值。年底，93个土地复垦项目全部通过验收，新增耕地241.47公顷。是年，市国土资源局组织申报的泰兴市马甸镇1233公顷土地整理项目获国家立项，上争资金1949万元；申报的根思乡900.07公顷土地整理项目获省立项，上争资金1566万元。以上两个土地整理项目于2007年竣工，经验收，新增耕地174.37公顷。2006年，市政府将复垦补助经费调高到每亩4000元。是年，全市确定土地复垦整理入库项目99个，年底经省国土资源厅验收全部合格，新增耕地253.45公顷。同年，市国土资源局组织申报的河失镇土地整理项目获省立项，该项目规模1917.1公顷，上争资金2610万元，至2009年全部实施到位，经验收确认新增耕地126.91公顷。2005—2006年两年是泰兴土地复垦整理高峰年，5个国家立项项目，2个省立项项目及其他192个入库项目一起实施，且保质保量全部通过验收。

2007年，全市68个耕地占补平衡入库项目实施到位，通过省国土资源厅和泰州市国土资源局验收，新增耕地262.78公顷。是年，新街镇土地整理项目获省立项，该项目规模1082.48公顷，省投资1384万元，于2009年1月实施竣工，新增耕地37.67公顷。2008年，全市实施的54个耕地占补平衡入库项目通过省、泰州市国土资源主管部门验收，新增耕地214.41公顷。市国土资源局组织申报的张桥镇和宣堡镇两个土地整理项目获省立项，土地整理规模1442.42公顷，省投资1312.6万元，于2009年年底基本结束，新增耕地45.37公顷。

1996—2008年泰兴市土地复垦整理项目实施情况一览表

表4-1-1

年份	入库项目数（个）	验收项目数（个）	复垦整理土地面积（公顷）	新增耕地面积（公顷）
1996	4	4	199.47	171.40
1997	13	13	213.39	185.61
1998	14	14	5129.79	200.06
1999	18	18	6234.52	203.40
2000	12	11	253.22	68.52
2001	17	15	317.87	61.27
2002	10	11	1775.20	121.47

续表 4-1-1

年份	入库项目数（个）	验收项目数（个）	复垦整理土地面积（公顷）	新增耕地面积（公顷）
2003	26	19	376.91	72.81
2004	50	37	183.97	157.28
2005	95	97	3732.00	660.97
2006	100	99	1389.79	253.45
2007	69	68	1345.26	262.78
2008	56	54	1656.53	214.41
2009	—	4	—	209.95
合计	484	464	22807.92	2843.38

说明：土地复垦整理项目包括国家、省、市、泰兴市立项项目；2001 年河失、刘陈等 4 个乡镇接合部国家立项项目 2002 年验收；2004 年泰兴腹部地区、分界镇、胡庄镇、横垛镇国家立项项目 2005 年验收；2005 年马甸镇国家立项项目、根思乡省立项项目 2007 年验收；2006 年河失镇省立项项目和 2007 年新街镇省立项项目及 2008 年张桥、宣堡两镇省立项项目 2009 年验收

2009 年，市政府对乡镇年度目标管理考核增加土地复垦工作计分指标，规定完成或超额完成土地复垦整理任务加 1 分，未完成任务按比例计分。

2009—2018 年，全市耕地占补平衡入库项目数 751 个，面积 1638.29 公顷，上争复垦整理补助资金 71030.44 万元。验收确认合格项目 731 个，新增耕地面积 1485.98 公顷。

2009 年 10 月 13 日，2009 年度泰兴市挂钩复垦备选库项目论证会召开

2009—2018年泰兴市耕地占补平衡项目实施情况一览表

表4-1-2

年 份	入库项目数（个）	验收项目数（个）	入库面积（公顷）	新增耕地面积（公顷）	补助资金（万元）
2009	31	31	209.97	106.42	832.66
2010	24	23	47.00	47.00	450.02
2011	42	39	120.34	119.97	1262.86
2012	50	50	129.80	128.75	1751.00
2013	93	93	208.50	208.50	4065.75
2014	100	96	214.98	206.02	4635.45
2015	92	90	177.15	163.77	6145.25
2016	96	93	166.34	156.61	6972.34
2017	112	106	185.66	172.12	22092.26
2018	111	111	178.55	176.82	22826.87
合 计	751	731	1638.29	1485.98	71030.44

2009—2018年，全市城乡建设用地增减挂钩入库项目1020个，面积913.92公顷，上争补助资金52394.52万元。验收合格项目1006个，新增耕地902.51公顷。

2009—2018年泰兴市城乡建设用地增减挂钩项目实施情况一览表

表4-1-3

年 份	入库项目数（个）	验收项目数（个）	入库面积（公顷）	新增耕地面积（公顷）	补助资金（万元）
2009	19	19	67.62	65.99	1348.50
2010	30	30	61.97	61.07	3931.00
2011	15	15	32.28	32.17	8653.97
2012	38	38	98.16	98.03	
2013	64	64	62.63	62.61	7155.11
2014	154	154	134.12	130.96	7184.60
2015	448	448	277.16	275.87	6367.08
2016	123	123	74.96	74.96	9205.80
2017	53	48	47.09	43.15	3657.81
2018	76	67	57.93	57.70	4890.65
合 计	1020	1006	913.92	902.51	52394.52

二、万顷良田工程建设

2008 年 10 月，市政府按照《江苏省“万顷良田建设工程”试点方案》要求，以节约集约和合理利用土地资源、促进城乡统筹发展、加快社会主义新农村建设为出发点，决定将虹桥镇部分村作为试点，申报江苏省“万顷良田建设工程”。10 月 20 日，市国土资源局成立以局长刘国成为组长，分管副局长栾俊为副组长，耕保、地籍、规划、计财、办公室等科室负责人为成员的“泰兴市万顷良田建设工程试点工作领导小组”，具体负责《泰兴市虹桥镇“万顷良田建设工程”规划方案》编制和项目申报等工作。在编制规划方案过程中，领导小组成员深入项目区召开镇、村、组干部座谈会，宣传工程实施的重大意义，论证安置区的选址和建设，探讨群众接受的土地流转方式和安置途径，规划方案近、远期目标合理可行。

2010 年 9 月 15 日，省国土资源厅专家审查组对《泰兴市虹桥镇“万顷良田建设工程”规划方案》审查论证。审查组依据《江苏省“万顷良田建设工程”试点方案》，通过听取汇报、查阅资料、实地核查、走访农户、技术质询等，认为符合要求。2010 年 11 月 22 日,《泰兴市虹桥镇“万顷良田建设工程”规划方案》经省国土资源厅批准实施。

虹桥镇“万顷良田建设工程”工程区总面积 1072.19 公顷，建设规模为 1055.02 公顷，其中耕地 721.94 公顷，园地 0.28 公顷，林地 2.09 公顷，其他农用地 110.26 公顷，未利用土地 2.43 公顷，其他土地 82.49 公顷。该工程项目涉及虹桥镇封祝、通石、上元、蒋华、同德、公殿、四仙等 7 个行政村。整个工程分三期实施三年竣工。第一期工程涉及同德 村、公殿村、四仙村。建设规模 419.28 公顷，其中农用地 320.05 公顷（耕地 271.65 公顷，园地 0.10 公顷，林地 0.77 公顷，其他农用地 47.53 公顷）；建设用地（居民点及独立工矿用地）58.65 公顷；未利用地 40.58 公顷。第二期工程涉及通石村、上元村、蒋华村、同德村、四仙村。建设规模 337.84 公顷，其中农用地 268.91 公顷（耕地 241.68 公顷，园地 0.18 公顷，林地 0.44 公顷，其他农用地 26.61 公顷）；建设用地（居民点及独立工矿用地）38.78 公顷；未利用地 30.15 公顷。第三期工程涉及封祝村、通石村、上元村、蒋华村。建设规模 297.90 公顷，其中农用地 245.58 公顷（耕地 208.58 公顷，林地 0.88 公顷，其他农用地 36.12 公顷）；建设用地（居民点及独立工矿用地）38.13 公顷；未利用地 14.19 公顷。

2011 年 5 月，市委、市政府成立“泰兴市万顷良田建设工程领导小组”，由市委副书记、市长高亚梓任组长，常务副市长刘荣华任副组长，市国土资源局、市财政局、市水务局、市农业委员会、市发展和改革委员会、市规划局、市审计局、市住房和城乡建设局等部门及虹桥镇负责人为成员，负责审核“万顷良田建设工程”年度实施方案，制定政策，协调工程实施过程中出现的各类矛盾。领导小组下设办公室，常务副市长刘荣华任主任，市国土资源局局长刘国成任副主任，具体负责项目实施督查和技术指导。项目承担单位虹桥镇政府组建房屋拆迁、农田水利、土地流转等专业技术队伍，为工程实施提供组织和技术保障。市政府印发《泰兴市万顷良田工程建设实施意见》，在项目区内落实支农、惠农项目，明确优惠政策和保障措施。市“万顷良田建设工程”领导小组每月召开工程建设协调会，实行工程建设月报制度，对实施过程中出现的问题及时协调和解决。在“万顷良田建设工程”项目实施过程中，坚持高起点、高标准，做到路、桥、涵、闸、站配套完善，能灌、能排、能降、能挡，建成田成方、路成行、地平整，水系畅、林成网的基本农田示范区。围绕“生产发展、生活宽裕、乡风文明、村容整洁、管理民主”的总体目标，进行村庄整理，完善配套设施，改善公共服务，节约使用资源，方便农民生产生活，突出地方特色，体现农村风貌。依托长江优势资源，实行立体开发、综合养殖。以农家乐为主题，在长江沿线建设集餐饮、观光、休闲为一体的度假村和现代生态农业园区。项目阶段工程竣工后，领导小组组织市国土资源局、市住房和城乡建设局、市发展和改革委员会等部门专家对照规划设计要求，进行初验，对质量不符合标准的，责成返工，限期整改到位。

经过3年努力，至2014年8月，虹桥镇“万顷良田建设工程”项目实施结束。该工程总投资85695.47万元，其中土地开发整理费2991.97万元，拆迁补偿迁建费82022.5万元，农村建设用地复垦费681万元。农村居民点拆迁3089户，涉及人口11142人，面积125.94公顷。独立工矿拆迁47家，面积9.62公顷。房屋安置3028户，安置区面积53.95公顷。承包经营权流转2945户，劳动力安置7352人。9月，省国土资源厅组织对该工程建设用地复垦项目进行验收，确认新增耕地面积155.43公顷。

2011年11月11日，泰兴市召开虹桥镇“万顷良田建设工程”项目实施工作会议

三、同一乡镇范围内村庄建设用地布局调整

同一乡镇范围内村庄建设用地布局调整，依据土地利用总体规划、土地整治规划和镇村布局规划等，将同一乡镇范围内规划撤并村庄涉及的农村建设用地地块（即折旧地块）和拟用于镇村建设的地块（即新建地块）共同组成布局调整区，通过实施农村建设用地复垦以及建设用地的布局调整、优化，达到耕地数量有增加、建设用地总量有减少、镇村布局更优化、农村环境有改善的目的。2015年，市政府决定在黄桥镇、虹桥镇及滨江镇开展同一乡镇范围内村庄建设用地布局调整工作。按照市政府决定，市国土资源局组织工作班子，对3个镇布局调整区土地复垦项目备选库项目逐一进行核查、实地踏勘和评审论证。最终确定3个镇共申报2015年度同一乡镇范围内村庄建设用地布局调整土地复垦项目备选库项目53个，其中黄桥镇29个、虹桥镇19个、滨江镇5个。建设总规模47.09公顷，规划新增农用地47.09公顷，耕地47.09公顷。同一乡镇范围内村庄建设用地布局调整土地复垦项目确定后，3个镇采取工程招投标方式落实施工单位，进驻项目所在村组进行房屋拆迁、土地复垦整理，所在村组密切配合。是年，黄桥、虹桥、滨江3个镇共投入资金4890.65万元，工程于2016年年初竣工。2016年4月，泰州市国土资源局验收确认合格项目48个，其中黄桥镇27个、虹桥镇17个、滨江镇4个。涉及项目建设总规模43.16公顷，确认新增农用地面积43.16公顷，新增耕地面积43.16公顷。

2016年，市国土资源局继续对黄桥、虹桥及滨江3个镇上报的同一乡镇范围内村庄建设用地布局调整土地复垦项目备选库项目进行实地勘查，评审论证、严格筛选，共申报3个镇2016年度同一乡镇范围内村庄建设用地布局调整土地复垦项目备选库项目76个，其中黄桥镇60个、虹桥镇12个、滨江镇4个。建设总规模为74.41公顷，规划新增农用地74.41公顷，新增耕地74.41公顷。黄桥、虹桥、滨江3个镇共投入4147.34万元资金实施工程项目。2017年4月，泰州市国土资源局验收确认，合格项目67个，其中黄桥镇53个、虹桥镇11个、滨江镇3个。涉及项目建设总规模57.94公顷，确认新增农用地面积57.70公顷，新增耕地面积57.70公顷。2018年，全市申报黄桥、姚王两镇同一乡镇范围内村庄建设用地布局调整土地复垦项目67个。6月，经泰州市国土资源局验收确认合格项目62个，其中黄桥镇9个、姚王镇53个。涉及项目建设总规模34.57公顷，新增耕地面积34.57公顷。黄桥、姚王2个镇在项目实施中，共投入资金2474.52万元。

第二节　基本农田保护

一、基本农田保护区划定

1994 年 12 月，市政府印发《基本农田保护方案》，在全市范围内开展基本农田保护区划定工作。市政府及各乡镇分别建立基本农田保护区划定工作领导小组，各乡镇培训骨干，组织专业队伍，按照划定基本农田保护区工作规程开展工作。全市各乡镇划定工作于翌年 2 月结束。市土地管理局于 1996 年 5 月向市十届人大常委会 26 次会议报告划定成果及工作情况。全市共划定基本农田保护区 41 个、保护片 997 个、保护块 5863 个，划定保护面积 89740 公顷，其中一级基本农田 78266.67 公顷、二级基本农田 11473.33 公顷。12 月，市政府批准各乡镇基本农田保护区划定方案。1997 年 10 月，全市开展土地利用总体规划（1997—2010 年）修编工作，修编工作中，突出对基本农田的保护，重新划定基本农田保护区。泰兴市政府在完成规划修编任务的同时，重新划定基本农田保护区 36 个、基本农田保护片 874 个、基本农田保护面积 70454.67 公顷。

1998 年泰兴市基本农田保护区面积一览表

表 4-2-1　　　　单位：公顷

乡镇	基本农田保护区		乡镇	基本农田保护区	
	保护面积	其中：耕地		保护面积	其中：耕地
珊瑚	2372.00	2372.00	十里甸	1354.00	1354.00
长生	2530.67	2530.67	姚王	1784.67	1784.67
横巷	1838.00	1838.00	燕头	1562.00	1562.00
黄桥	2664.67	2664.67	根思	1720.67	1720.67
分界	1710.00	1710.00	老叶	1913.33	1913.33
古溪	2041.33	2041.33	宣堡	1524.00	1524.00
横垛	2800.00	2800.00	汪群	1720.67	1720.67
元竹	2948.67	2948.67	胡庄	1923.33	1923.33

续表 4-2-1

乡镇	基本农田保护区		乡镇	基本农田保护区	
	保护面积	其中：耕地		保护面积	其中：耕地
宁界	1666.67	1666.67	新市	1688.00	1688.00
南沙	2142.00	2142.00	七圩	1705.33	1705.33
广陵	1650.00	1650.00	蒋华	2042.67	2042.67
常周	1818.00	1818.00	大生	1404.00	1404.00
曲霞	2225.33	2225.33	天星	1222.67	1222.67
焦荡	1829.33	1829.33	过船	1512.00	1512.00
张桥	1822.00	1822.00	马甸	1573.33	1573.33
溪桥	1919.33	1919.33	南新	2422.00	2422.00
刘陈	2821.33	2821.33	北新	2148.67	2148.67
河失	2388.00	2388.00	合计	69954.67	69954.67
孔桥	1546.00	1546.00			

2000 年，泰兴行政区划调整，合并乡镇土地利用总体规划相应调整。调整后全市共有基本农田保护区 23 个、基本农田保护片 753 个，保护面积 69954.67 公顷。

2011 年 12 月，《泰兴市土地利用总体规划（2006—2020 年）》修编后，全市共划定基本农田保护区 16 个、保护片 355 个，基本农田保护面积 62877.10 公顷。

2011 年泰兴市基本农田保护区面积一览表

表 4-2-2　　单位：公顷

乡镇街道	基本农田保护区		乡镇街道	基本农田保护区	
	保护面积	其中：耕地		保护面积	其中：耕地
济川街道	2143.4	2143.4	河失镇	3998.7	3998.7
滨江镇	4524.3	4524.3	分界镇	4488.0	4488.0
虹桥镇	4482.4	4482.4	张桥镇	3750.5	3750.5
姚王镇	2729.7	2729.7	曲霞镇	2231.9	2231.9
黄桥镇	9943.8	9943.8	根思乡	3693.1	3693.1
元竹镇	3086.4	3086.4	珊瑚镇	2924.1	2924.1
新街镇	4595.6	4595.6	广陵镇	3510.7	3510.7
古溪镇	4835.5	4835.5	合计	62876.9	62876.9
宣堡镇	1938.8	1938.8			

2012年，市政府在全市开展基本农田划定工作。这次划定，在经过内业判读、外业勘察，收集规划图件、表册数据资料等阶段工作，制定基本农田划定方案，形成文本报告，报省国土资源厅评审通过。此次，全市划定基本农田面积62950公顷，超额完成上级下达的62870公顷基本农田保护任务。

2017年，市政府根据国家、省、泰州市统一部署，全市开展永久基本农田划定工作。至2018年，全市划定永久基本农田保护区22个、保护片（块）346个、保护图斑118575个，保护面积57358.62公顷，其中城市（镇）周边划定永久基本农田保护面积1312.53公顷。划定后耕地平均质量等别为5.74等，永久基本农田中耕地面积56702.83公顷，占比达98.86%。

2018年泰兴市永久基本农田保护区面积一览表

表4-2-3　　单位：公顷

乡镇街道	永久基本农田保护区		乡镇街道	永久基本农田保护区	
	保护面积	其中：耕地		保护面积	其中：耕地
济川街道	1975.67	1962.92	河失镇	3716.19	3598.62
滨江镇	3427.34	3414.02	分界镇	4395.43	4335.69
虹桥镇	3734.23	3727.83	张桥镇	3586.26	3529.74
姚王镇	1785.43	1782.52	曲霞镇	2086.57	2066.59
黄桥镇	9377.69	9288.81	根思乡	3561.87	3480.37
元竹镇	2691.08	2683.71	珊瑚镇	2828.22	2822.57
新街镇	4260.48	4134.35	广陵镇	3364.33	3361.19
古溪镇	4749.38	4730.95	合　计	57358.62	56702.83
宣堡镇	1818.45	1782.95			

二、基本农田保护区管理

1996年12月，市政府建立副市长吴国华任组长，市土地管理局、市建设局、市财政局、市农业局等部门负责人为成员的泰兴市基本农田保护领导小组，加强对村镇建设规划区、基本农田保护区划定工作的督促检查。各乡镇相应成立基本农田保护领导小组，明确乡（镇）长为基本农田保护区责任人，村（居）民委员会主任为保护片负责人，村（居）民小组组长为保护块责任人。市与乡（镇）、乡（镇）与村（居）、村（居）与组、组与农户逐级签订基本农田保护责任书，层层落实保护责任。市土地管理局对划定的基本农田保护地块，均设立基本农田保护标志牌，标志牌上分别标明该乡镇、该村、该组保护地块的示意图、面积、田块编号、保护措施、保护责任人及立牌单位和时间。全市制作基本农田保护区标志牌41块、保护片牌997块，统一埋设基本农田保护界址桩5000根。各村安排管理员，对保护标志定期检查和管护。1997年，市政府修订和完善基本农田保护制度，与各乡镇政府签订土地管理目标责任书，实行一级抓一级，一级对一级负责。把基本农田保护和管理分别列入对乡（镇）、村（居）、组年度综合考核评比内容。1999年，市政府严格农用地转用管理，对非农业建设用地按新修订的《中华人民共和国土地管理法》规定的审批权限执行。把基本农田保护、管理和监督纳入正常的土地利用规划管理范畴。2000年，市国土管理局进一步加大基本农田保护力度，坚持执行建设用地规划预报、预审和审查制度。在建设用地报批时严把立项预审关、实地勘查关、用地面积关和用地政策关。在规划审查中坚持做到审计划指标、审地类性质、审土地用途、审补充耕地方案。是年，全市行政区划调整后，市国土管理局及时下发调查表，对各乡镇的基本农田面积、非农业建设占用耕地数、补充耕地量、耕地保有量进行认真核算和落实，及时准确掌握合并乡镇的土地利用新态势，使耕地保有量不因行政区划调整而受影响。2001年，市国土管理局严格执行土地用途管制制度，在对非农业建设用地项目审核报批过程中，做到对报批材料审查与实地踏勘相结合，量算面积与核对文本相结合，对发现占用基本农田或不在建设用地区的用地项目一律不予批准。2002年，市国土资源局建立和完善8项制度，即《泰兴市基本农田保护责任制度》《泰兴市基本农田用途管制制度》《泰兴市基本农田占补平衡制度》《泰兴市基本农田质量保护制度》《泰兴市基本农田保护监督检查制度》《泰兴市基本农田保护动态巡查制度》《泰兴市基本农田保护规划制度》《泰兴市基本农田转用审批制度》，并将8项制度汇编成册，发送到各乡镇、村及企事业单位学习和执行。全市非农业建设单位和个人自觉执行市政府对保护基本农田提出的“五个禁止”和“五个不准”规定，即在基本农田保护区内禁止建房、建厂、建窑、建坟；禁止采矿、采石、挖砂、取土、开挖鱼塘；禁止排放污染物、堆放固体废弃物；禁止弃耕、抛荒和破坏地力；禁止破坏基本农田的其他行为。不准占用基本农田植树造林、发展林果业和搞林粮间作以及超标准建设农田林网；不准以调整农业结构为名，在基本农田内挖塘养鱼、建设用于畜禽养殖的建筑物等严重破坏耕作层的生产经营活动；不准占用基本农田进行绿色通道和城市绿化隔离带建设；不准以退耕还林为名违反土地利用总体规划，将基本农田纳入退耕范围；不准非农业建设项目（除法律规定的国家重点建设项目以外）占用基本农田。

2003年6月，市政府印发《关于加强城市建设用地和建设项目审批管理工作的意见》，市国土资源局对所有建设项目在选址定点前先行土地规划预审，对已取得土地使用权但未动工建设的用地项目重新审核，凡是违背土地利用规划、侵占基本农田的，一律不予供地。2004 年 8 月，市国土资源局组织对全市基本农田保护工作进行专项检查。检查过程中对每一个基本农田保护块做到“七到”，即跑到、看到、问到、查到、量到、记到、绘到。对每一块基本农田重新建档，确保基本农田资料的现势性和保护面积的准确性，重新确认全市基本农田保护面积为 70454.67 公顷。同时，进一步健全和完善基本农田保护制度，全面落实保护责任。市、乡（镇）、村（居）、组、农户重新签订基本农田保护目标责任书 27000 份，设立基本农田保护区牌 24 块、保护片牌 390 块，对埋设的基本农田保护界桩进一步检查维护。2005 年，全市开展基本农田保护“争先达标”活动。建立和完善市、乡（镇）、村（居）、组、户五级管护网络，形成“上下联动，齐抓共管”保护格局。刷新和补充基本农田保护区、片公示牌，便于全社会监督。市国土资源局及时在图表册上更新基本农田利用变化情况，以保护块为单位逐块将分图幅、图斑、地类、面积登记造册，确保数据资料的时效性，准确反映基本农田现状，按时将图表册整理归档，确保档案资料的翔实性，使基本农田保护有据可依。乡（镇）国土资源所把基本农田保护区作为巡回监察重点，及时发现和制止侵占基本农田的违法行为。市国土资源局加强对基本农田保护动态巡查，向社会长期公开监督电话，设立举报信箱，发动全市广大干部群众参与监督和保护基本农田。2006 年，市政府印发《泰兴市乡镇政府耕地保护责任目标考核办法》，将耕地保护列入对乡镇领导政绩考核的重要内容，明确规定“三个一票否决”，即发生违法侵占耕地处理不到位、耕地占补平衡项目实施不到位和土立窑拆除复垦不到位的，一律取消乡镇农村土地管理工作评先资格。层层签订耕地保护责任状，落实责任和措施，耕地保护工作在全市形成市、乡（镇）、村（居）、组层层有责任、级级抓落实的良好局面。市国土资源局坚持把基本农田作为耕地保护的重点，按照“管理网络化、手段信息化、监督社会化”的要求，建立健全动态监管体系，确保全市基本农田面积持续稳定在 70454 公顷以上。

2011 年，市政府将基本农田保护列入对各乡镇（街道）“双文明”百分赛考核内容，并作为对各级领导干部政绩考核内容。乡镇（街道）以此作为文明村、模范村评比及村居干部任期目标考核内容，实行耕地保护未达标或违反土地管理规定一票否决制。年末，全市耕地保有量和基本农田保护面积分别稳定在 72400 公顷和 62880 公顷。2014 年，市国土资源局在全市公路交通沿线设立统一规范的基本农田保护标志牌 16 个，制定并下发基本农田保护责任书 7970 份。按照高标准基本农田建设标准，全市落实基本具备高标准条件的项目 11 个，经努力，当年建成高标准基本农田 5370.4 公顷。2015 年年初，市政府将耕地保有量不低于 72400 公顷 、基本农田保护面积不低于 62950 公顷任务分解到各乡镇（街道），并层层签订责任状，形成市、乡镇（街道）、村（居）、组齐抓共管的管护体系。同时，市政府印发《泰兴市耕地占补平衡补充耕地项目培肥工作方案》，从专项资金中安排每亩 1200 元，对年度耕地占补平衡项目新增耕地进行统一培肥，以提高耕地质量。是年，市财政拨付 19.68 万元专项资金对耕地占补平衡项目中 164 亩新增耕地给予培肥补助。

2017 年，根据泰州市确定泰兴永久基本农田保护目标任务，市国土资源局按照划足、划优、划实的要求，落实永久基本农田保护布局安排，优先划定城区周边永久基本农田，统筹推进“落地块、明责任、设标志、建表册、入图库”等工作，形成全市永久基本农田划定成果。全市共划定永久基本农田 57360 公顷，划定保护区 22 个、保护片（块）345 个、保护图斑 118564 个。

2018 年 3 月，市政府明确乡镇（街道）“一把手”为耕地保护第一责任人，将耕地保护责任目标考核纳入“一把手”政绩考核和经济责任审计重要内容，突出对永久基本农田严格管理、特殊保护。市政府与各乡镇（街道）签订永久基本农田保护责任书 16 份，乡镇（街道）与村（社区）签订保护责任书 319 份，村（社区）与村（居）民小组签订保护责任书 7048 份，向全市村民发放永久基本农田保护明白卡 23190 份。6 月，市政府印发《泰兴市耕地保护激励暂行办法》，构建对耕地保护主体的激励机制，激发乡镇（街道）和村组对保护耕地的积极性。年末，全市设立永久基本农田保护标志牌 337 个，其中市级永久基本农田保护宣传牌 1 个、市级标志牌 1 个、乡镇（街道）标志牌 335 个，保护界桩 3289 个。通过强化永久基本农田保护各项措施，全市永久基本农田保护面积稳定在 57358.62 公顷，占耕地总面积的 85.06%。

泰兴市根思乡根思村永久基本农田保护区标志牌

第五章
建设用地管理

泰兴市农民集中安置区

① | ②
③

① 泰兴市虹桥镇万顷良田建设工程商住一条街
② 泰兴立交桥夜景
③ 泰兴市虹桥镇万顷良田建设工程农民安置房

1996年后，围绕经济建设，泰兴在严格执行用地计划的同时，逐步完善和健全各类建设用地审批制度，对符合产业政策的建设用地项目严格进行预审，加强宏观调控，确保实际批准的建设用地面积不突破省、市下达的用地计划。1999年新修订的《中华人民共和国土地管理法》施行后，注重建设用地全程管理，推行“批前早介入、批中严把关、批后重监管”的管理模式。2000年以后，泰兴经济快速发展，市国土资源局坚持“服务大局、服务中心、保护资源、保障发展”的方针，认真贯彻国家产业政策，在批地供地上做到依法依规、从严从紧、有保有压、节约集约、统筹安排，优先保障国家、省、市重点建设项目用地，对国家禁止类、限制类产业项目用地不予审批。同时，积极采取“单独选址”和“点供”方式上争农用地转用指标，化解重大项目落地落户难题，有效保障全市建设用地需要。1996—2018年，市国土资源管理部门为国家、集体建设项目供地8330.80公顷，为村（居）民建房供地1420.08公顷，并按规定做好征收（用）土地补偿、劳力安置和被征地农民基本生活保障等工作，维护被征地农民的合法权益。

第一节　用地计划编制与管理

一、用地计划编制

1996年，在全市范围内，凡是国家建设用地、乡（镇）集体建设用地和个人建房用地，仍然坚持计划供地，并以市为单位编制年度建设用地计划。每年第四季度全市各部门、各单位、各乡镇分别按照国民经济和社会发展计划以及建设项目落实情况，预测下年度所需建设用地面积，向市土地管理局报送预测建设项目用地需求。市土地管理局根据各部门和各乡镇上报的预测建设项目用地需求，编制下年度建设用地计划。编制建设用地计划时做到土地利用计划与国民经济和社会发展计划在发展方向、建设的重点领域和主要指标上充分衔接；做到年度农用地转用计划、开发整理（复垦）增加耕地计划在总量上、布局上与土地利用总体规划保持一致；做到优先保证农林水利、交通通信、城市基础设施、城乡电网改造、经济适用住房、环保工程、根治水患、“两高两低”（高效益、高就业、低消耗、低污染）等项目以及政府确定的重点中心镇的建设用地，同时兼顾社会事业、城市发展用地；做到在安排农用地转用计划的同时，安排开发整理（复垦）增加耕地计划。建设用地计划编制后，经市计划委员会综合平衡，由市计划委员会、市土地管理局联合上报扬州市计划委员会、扬州市土地管理局（隶属泰州市代管后随之改报泰州市计划委员会、泰州市土地管理局）备案。

2000年，全市各乡镇、开发区（园区）、水利、交通、建设等部门，按照建设项目落实情况，向市国土管理局报送预测建设项目用地需求，市国土管理局根据全市建设用地需求，编制下年度建设用地计划，并上报泰州市国土管理局审核确定。2009年，市国土资源局编制年度建设用地计划，坚持“统筹安排、突出重点、优化结构”的原则，优先安排城市建设和黄桥镇“城市副中心”及虹桥新城建设；重点向“一区四园”（经济开发区、黄桥工业园区、城东工业园区、虹桥工业园区、农产品加工园区）工业项目倾斜；保证民生工程经济适用房用地需求及新农村建设用地。2011年起，市国土资源局按照国土资源部发布的《国有建设用地供应计划编制规范》要求，结合上年度土地供应情况和当年各类用地需求，科学合理编制建设用地供应计划，报省国土资源厅、泰州市国土资源局审核确定。

二、用地计划管理

1996年，全市建设用地计划下达后，国家建设用地计划指标由市土地管理局统一掌握使用，主要用于全民和市属集体单位重点建设项目用地。乡（镇）村建设用地和农村村民个人建房用地计划指标，由各乡（镇）掌握使用。乡（镇）村建设用地计划指标可在全市范围内调剂使用。凡未列入当年度用地计划的项目，市土地管理局不予办理征、拨用土地审批手续。对农村个人建房用地计划，各乡（镇）按市政府要求，每年将计划指标分解到村，再由村安排到户，并由村（居）民委员会张榜公布，广泛征求群众意见，经乡（镇）土地管理所审核后，对安排建房用地计划的农户发给“派建证”，同时将分解计划和安排到户的情况造册报市土地管理局备案，作为审批建房用地计划的依据。凡未获得当年建房用地计划的农户，一律不予办理建房用地审批手续。1999年，年度用地计划由上一级国土管理部门和计划管理部门联合下达。市国土管理局根据下达的用地计划，按照“保证重点、兼顾一般”原则，按土地利用总体规划和土地利用计划审批用地，确保重点建设项目用地。是年，市国土管理局贯彻执行国土资源部《土地利用年度计划管理办法》，对建设项目用地管理实行由“前置管理”向“全程管理”转变，推行“批前早介入、批中严把关、批后重监管”的管理模式。对上级下达的用地计划总量严格控制，杜绝突破。当年节约的农用地转用计划指标，经上级国土管理、计划管理部门核准后，结转下一年度继续使用。为确保国家和省重点非农业建设项目用地，不挤占省带指标下达的国家和省重点非农业建设项目用地计划，市国土管理局对农用地转用计划实行总量和项目双控制，并严格执行建设占用耕地补偿制度，凡未严格执行占用耕地补偿制度或未完成土地开发整理计划指标的，将核减该乡（镇）、开发区（园区）下一年度农用地转用计划指标。同时建立土地利用计划季报台账制度，每季度第一个月的15日前向泰州市国土管理局、计划委员会如实报告上季度全市行政区域内土地利用计划执行情况。每年11月10日前将全市全年土地利用计划执行情况向泰州市国土管理局和计划委员会报告。

2005年起，江苏省国土资源厅对外资达1亿美元及内资8亿元人民币以上规模、符合国家和省产业政策及环保要求，特别是高新技术类产业的重大工业项目，采用“点供”（即点式供地，是指对省、市有权部门核准的重大项目采用直接对点安排用地指标的保障性供地）的创新办法安排用地计划，以确保有限计划指标为重点项目提供用地。泰兴市政府针对农用地转用计划继续偏紧的宏观环境，按照“区别对待、有保有压”思路，严把项目筛选关，采用“点供”“单独选址”等方式上争农用地转用计划指标，确保国家、省、市重点工程、基础设施等重大建设项目和“两高两低”产业项目用地。

2009 年，市国土资源局坚持“统筹安排、突出重点、优化结构”原则，将建设用地计划优先向“一区四园”重点工业项目倾斜；保障民生工程经济适用房用地及新农村建设用地需求。

2005—2018 年，全市上报审批“点供项目”26 个、“单独选址项目”（单独选址项目，指在土地利用总体规划确定的城市建设用地范围外选址建设的能源、交通、水利等基础设施项目）116 个，向上争取农用地转用计划指标 1350.53 公顷。同时经省、泰州市国土资源主管部门批准，有偿使用兴化市等地耕地占补平衡（指非农业建设经批准占用耕地后，根据“占多少，垦多少”原则，由建设占用耕地单位或所在地政府负责补充数量和质量相当的耕地）指标 181.61 公顷。

2013—2018 年泰兴市农转用、征用计划执行一览表

表 5-1-1　　　　单位：公顷

年份	农转用计划构成												征转用情况					计划执行情况
	小计		省市下达计划		“点供”计划		单独选址		奖励指标		增减挂钩指标		征转用总数	其中				
														新增建设用地			建设用地	
	新增建设用地	其中农用地	新增建设用地	其中农用地	新增建设用地	其中农用地	新增建设用地	其中农用地	新增建设用地	其中农用地	新增建设用地	其中农用地		小计	农用地	未利用地		
2013	351.46	308.83	85.33	62.67	92.47	77.00	85.60	84.16	—	—	88.06	85.00	507.15	439.47	385.13	54.34	67.68	+88.06
2014	457.06	430.49	70.87	70.29	20.00	20.00	176.25	154.48	—	—	189.94	185.72	540.09	430.14	369.31	60.83	109.95	-26.92
2015	406.36	386.74	122.67	105.33	31.66	31.66	25.37	23.09	33.33	33.33	193.33	193.33	378.31	333.23	282.80	50.43	45.08	-73.13
2016	528.66	514.45	120.67	114.00	53.87	53.87	68.39	62.93	100.00	100.00	185.73	183.65	590.96	538.81	462.91	75.90	52.15	+10.15
2017	849.43	822.56	186.17	170.00	295.8	295.8	84.48	81.26	66.67	66.67	216.31	208.83	924.53	719.69	679.90	39.79	204.84	-129.74
2018	417.89	386.69	197.07	175.73	21.27	21.27	47.83	44.14	38.4	38.4	113.32	107.41	768.93	650.89	617.16	33.73	118.04	+233.00
合计	3010.86	2849.76	782.78	698.02	515.07	499.6	487.92	450.06	238.40	238.14	986.69	963.94	3708.97	3112.23	2797.21	315.02	597.74	+101.37

第二节 建设用地审批与供应

一、建设用地政策规定

（一）国家、集体建设用地政策规定

1996 年，泰兴对国家、集体建设用地按照《中华人民共和国土地管理法》《江苏省实施〈土地管理法〉暂行办法》《江苏省乡镇村企业建设用地管理办法（暂行）》以及县政府 1991 年制定的《江苏省〈土地管理法〉实施办法泰兴县补充规定》等法律法规进行管理。1997 年 4 月 15 日，中共中央、国务院发出《关于进一步加强土地管理切实保护耕地的通知》，规定非农业建设用地冻结一年。泰兴市除广靖高速公路，宁通高速公路泰兴段收费站、停车场等重点工程建设用地项目报省审批外，各类建设用地报批一律停止一年。1998 年 8 月，泰兴执行新修订的《中华人民共和国土地管理法》，对乡镇企业、乡（镇）村公共设施、公益事业、农村村民住宅等建设，按照村庄和集镇规划，合理布局，综合开发，配套建设。同时建立以土地用途管制为核心的土地管理制度，建设占用土地涉及农用地转为建设用地的，必须符合土地利用总体规划和土地利用年度计划确定的农用地转用指标，不符合土地利用总体规划的，不得批准农用地转为建设用地。1999 年 1 月起，全市实行建设项目用地预审制度。市国土管理局在建设项目用地报批前，严格按土地利用规划、用地计划、产业政策和行业用地标准进行审核，以确保土地利用总体规划实施和用地计划的执行。

2000 年，市政府印发《泰兴市建设用地统一征地与供地办法》，明确城市建设用地除法律、法规规定的国家机关、军事、城市基础设施和公益事业用地，及国家重点扶持的能源、交通、水利等基础设施项目用地，可以划拨供地外，一律引入市场竞争机制，实行有偿供地；对商业、金融、娱乐、旅游、服务等经营性项目用地，应通过招标、拍卖方式出让或租赁供地；房地产开发用地必须通过招标、拍卖、挂牌方式出让供地。2003 年 5 月，市政府颁发《泰兴市实施〈土地管理法〉暂行办法》，规定建设项目用地在可行性研究阶段必须报市国土资源局进行预审，未经预审的建设用地项目，市国土资源、建设部门不予受理。经过预审的建设用地项目，应当持建设项目和建设规划批准文件，向市国土资源局提出用地申请，由市国土资源局按规定统一征

地、统一供地。6 月，市政府印发《关于进一步加强城市建设用地和建设项目审批管理工作的意见》，要求必须建立建设用地、建设项目规划联合审批制度，严格控制城市建设用地供应总量，强化政府对土地一级市场的调控，全面推行土地有偿使用。进一步规范征用和使用城市规划区范围内的农村集体土地，切实加强经济适用房、单位住宅房等建设用地的管理。

2012 年 3 月，市政府出台《关于切实推进节约集约利用土地的意见（试行）》，强调进一步强化新增工业用地管理，严格按照国家《限制用地项目目录》和《禁止用地项目目录》，严禁向淘汰类工业项目供地，从严控制限制类工业项目供地，优先向高新技术产业、先进装备制造业、运用先进设施和技术改造传统产业项目供地。对不符合国家产业政策和用地控制指标的建设项目，国土资源部门不得办理用地预审。“一区四园”引进项目时，实行招商引资向招商选资转变，按园区的功能定位实行产业集聚的思路进行选址，按经济指标和建设用地控制指标确定用地规模，将土地节约集约利用作为重点审查内容。强调进一步提高供地门槛，强化建设用地控制指标管理，规定进入经济开发区和虹桥工业园区的工业（仓储）项目投资总量低于 1 亿元人民币的，进入黄桥、城东、农产品加工园区的项目投资总量低于 5000 万元人民币的，进入其他乡镇工业集聚区的项目投资总量低于 3000 万元人民币的，不予单独供地，统一进入标准化厂房。进入经济开发区、虹桥工业园区的项目投资强度在省控制指标体系的基础上上浮 15%，进入黄桥、城东、农产品加工园区的项目投资强度在省控制指标体系的基础上上浮 10%。企业注册资本金占项目投资额不低于 30%，到账资金不得少于注册资本的 70%；项目投产后第一个完整生产年投入产出比应达到 1∶1 以上，亩均税收必须达到 10 万元人民币以上。达不到上述条件的企业核减用地面积，按原出让价格收回，不得在本市范围内新增建设用地；享受过政府优惠的，必须全额补足。强调强化对企业内部设施用地管理，“一区四园”新建工业（仓储）项目，除有特别规定外，鼓励企业建造两层以上多层厂房，建造配套及附属设施必须充分合理利用地下空间。企业内部行政办公和生活服务设施用地严格控制在工业项目总用地面积 7% 以内。鼓励“一区四园”建设多层标准化厂房和企业集中办公楼，解决中小企业发展和企业办公用房，严格控制企业内部建设办公楼，禁止建“花园式工厂”。

2013 年 2 月，市政府印发《泰兴市重大产业项目落户预审办法（试行）》，提出按照产业集中、集聚、集约发展和打造特色园区进行项目选址的要求，落户经济开发区的主要是投资 1 亿元以上的新材料、新医药等新兴产业项目和生产性、商贸服务业项目；落户虹桥工业园区的主要是投资 1 亿元以上现代装备制造业、医药原料药研发生产、金属材料物流项目；落户黄桥工业园区的主要是投资 5000 万元以上现代装备制造业、绿色低碳产业、乐器制造产业等项目；落户农产品加工园区的主要是投资 5000 万元以上农产品精深加工和食品工业、仓储物流等项目；落户城东工业园区的主要是投资 5000 万元以上节能、环保科技产业等项目；落户各乡镇的主要是投资 3000 万元以上符合产业集聚发展的工业、服务业项目以及农业 1000 万元以上的种养业项目。至 2018 年，全市国家、集体建设用地按以上文件精神执行。

（二）村（居）民建房用地政策规定

1996 年，全市对村（居）民建房用地按照县政府 1991 年 4 月颁布的《江苏省〈土地管理法〉实施办法泰兴县补充规定》和 1992 年 2 月印发的《泰兴县农村宅基地审批管理办法》进行管理。1999 年 1 月，全市执行新修订的《中华人民共和国土地管理法》规定，实行农村村民一户只能拥有一处宅基地，其宅基地面积不得超过省、市规定的标准。农村村民建住宅，必须符合乡（镇）土地利用总体规划，并尽量使用原有的宅基地和村内空闲地。农村村民住宅用地，经乡（镇）人民政府审核，由县级人民政府批准；其中，涉及占用农用地的，必须办理农用地审批手续。农村村民出卖、出租住房后，再申请宅基地的，不予批准。2001 年 4 月，市政府规定：村民利用村内空闲地易地翻（扩）建、新建住宅使用土地，由市国土管理局负责对其进行规划审查；村民利用原宅基地翻（扩）建住宅使用土地，由乡（镇）人民政府负责规划审查。村民建住宅使用另一村组的集体土地，村组之间必须进行等质等量的土地调整，并经村民会议三分之二以上成员或三分之二以上村民代表同意，报乡（镇）人民政府和市政府农业主管部门批准后依法报批；村民建住宅使用该村组其他承包经营者在土地承包期限内的土地，村组必须对承包经营者承包的土地进行适当调整，并经村民会议三分之二以上成员或三分之二以上村民代表同意，报乡（镇）人民政府和市政府农业主管部门批准后依法报批；在国营场圃工作并定居的职工建住宅使用该场圃土地，除依法按规定程序报批外，须对其原籍住宅使用的土地情况由所在乡（镇）人民政府附报；招婿的村民在已经依法落户的村组建住宅使用土地，除按规定程序报批外，须对其本人原籍住宅使用土地的情况由所在乡（镇）人民政府附报。

2002 年 6 月，泰兴执行泰州市政府颁发的《泰州市实施〈江苏省土地管理条例〉办法》，规定农村村民新房建成后，旧房应当拆除让地或转让给符合建房条件的其他村民；城镇居民不得占用农村集体经济组织的土地新建住宅或购买农村集体经济组织成员的住宅；因户籍制度改革，农业户口转为非农业户口以及离退休干部、职工，没有享受过划拨供地建房且没有参加房改或货币分房的，原农村住房经批准可予以翻建；城镇居民经批准在城镇规划区内翻建住宅，新翻建住宅的用地面积每户不得超过 100 平方米。2003 年 4 月，市政府印发《泰兴市城市规划区范围内农村居民建造住宅管理暂行规定》，规定规划区农村居民在农村集体土地上建造的房屋只限于自住。未经批准，农村居民不得在户口所在地（村、居民委员会）以外的地区利用农村集体土地建房。城镇非农业户口居民建设住宅不得直接使用农村集体土地。同时规定，城市规划区范围内（如泰运河以南、济川路以西、江平路以东、城南路以北地区，以及泰兴镇原东元村、西元村、北站村）全部地段和规划的东部新区、城区科技工业园等地块属城市近期建设用地范围，上述范围内的农村居民个人新建和易地翻建住宅，原则上由所辖镇政府或村民委员会、村集体经济组织统一规划建设连排式住宅。远期控制区建房审批，由市国土资源局、市规划局和所在镇政府（园区）先行预审，再按规定程序统一履行建房手续。5 月，市政府颁布《泰兴市宅基地管理办法》，规定居民宅基地用地面积一般按居民家庭所在地的户籍实有人数计算。有下列情况之一的，可照顾增计 1 名家庭人口申请宅基地面积：夫妇一方户口不在家庭所在地的；可能回原籍的现役军人、劳教服刑人员；户口虽已迁出但实际仍在原家庭生活居住的；已超婚龄的家庭成员；大、中专院校在籍学生；独生子女。有下列情况之一的，不得列为家庭人口申请宅基地面积：另有住房的家庭成员；已婚嫁的子女户口未迁出，配偶方宅基地面积已达标准的；父母已随一个子女计算家庭人口享受了宅基地面积又随另一个子女申请宅基地的。

2009 年 12 月，市政府印发《泰兴市农村宅基地转换住房试点工作意见》，规定泰兴镇及“一区四园”规划区农村村民原宅基地房屋停批原地翻建，翻建户一律向集中居住点集中。2012 年 9 月，市政府印发《关于停止审批城市规划区内村（居）民个人建房的通知》，要求停止审批城市规划区内（西至长江、东至宁通高速公路、北至蔡港、南至南三环路以南 1.5 千米，面积 145.63 平方千米）村（居）民个人建房。在此范围内，经有权部门鉴定为危房的，必须按照规定程序履行在原地、原址，按原结构、原高度进行维修加固的审批手续。2012 年 11 月，市政府印发《关于推进农民集中居住的意见》，要求进一步加强农村住宅规划建设管理，停止非规划点的住宅审批和建设。2014 年 9 月，市政府印发《严格规范村（居）民个人建房、积极推进农民集中居住工作意见》，明确规定，通过三年努力，各园区、重点镇集中居住人口达到 60%，其他乡镇有 1~2 个环境优美、设施配套齐全的农民集中居住点，每个集中居住点规模不少于 200 户。同时规定严格规范农村村（居）民个人建房审批，积极推进农民集中居住，空心村、小型村、偏远村及非规划布点村庄，严格控制个人新建、改建和扩建住房。至 2018 年，全市村（居）民建房用地按以上文件精神执行。

（三）临时用地政策规定

1996 年，泰兴执行 1989 年 4 月县土地管理局印发的《关于加强临时用地管理的意见》，规定专业户、经济联合体因生产、经营确需临时用地，应持工商部门颁发的生产营业执照，向所在村委会或街道居委会申请，经乡镇人民政府审核，报县土地管理局审批；临时使用集体所有土地的，应逐年向生产队交纳土地使用费，收费标准按该地年产值三倍计算。临时用地者必须严格按照批准的占地面积和用途使用，不得搞永久性建筑，不得私自转让。一旦国家建设需要，必须无条件拆除让地。生产经营活动停止后，必须恢复原来的生产条件，交还生产队耕种。经批准的临时用地两年期满后，确需延期使用的，必须在期满前一个月申请办理延期手续，换发《临时用地使用证》。1997 年 3 月，市政府印发《关于进一步整治、管理窑业用地的意见》，规定凡符合下列情况之一者，必须责令窑主立即拆除或限期拆除。未经批准或未按期办理换证手续的；窑址在一级农田保护区或村镇建设规划区内的；窑址在“五线一堤”（宁通、江平、姜八、城黄、汽渡、江堤）两侧 500 米范围内的；无正当土源保证的；已作报停处理的；有严重污染，群众反映强烈的。1999 年 1 月，泰兴市执行新修订的《中华人民共和国土地管理法》和《中华人民共和国土地管理法实施条例》，明确建设项目施工和地质勘查等临时占用耕地的必须申请办理临时用地批准手续，土地使用者自临时用地期满之日起一年内恢复种植条件。

2000 年 10 月，泰兴市执行《江苏省土地管理条例》规定，明确临时用地使用者必须按照临时使用土地合同约定用途使用土地，不得修建永久性建筑物。临时使用土地届满，由临时用地单位和个人负责恢复土地原貌；无法恢复而造成损失的，必须承担相应经济补偿责任。2003 年 5 月，市政府印发《泰兴市实施土地管理法暂行办法》，规定各类临时用地必须符合土地利用总体规划和城乡建设规划，由用地单位或个人报经市国土资源局审核批准后方可使用。其使用期限一般不得超过两年，使用期满，由用地者恢复种植条件，及时归还；若需继续使用，必须重新报批，换发证书。2007 年 12 月，市政府印发《泰兴市临时用地管理暂行办法》，规定单位和个人临时使用土地，不得占用基本农田，在城市规划区内的临时用地，在报市国土资源局批准前先经市规划局同意。临时用地使用人不得改变临时用地批准用途，不得在临时用地上修建永久性建筑物、构筑物。2016 年 5 月，市国土资源局印发《关于进一步加强临时用地管理的通知》，规定临时用地不得占用基本农田；不得新（修）建永久性建筑物、构筑物；不得改变用途；谁使用，谁复垦。至 2018 年，临时用地按以上文件精神执行。

二、建设用地审批权限

（一）国家、集体建设用地审批权限

1996 年，全市对国家和集体建设用地，按照《中华人民共和国土地管理法》和《江苏省〈土地管理法〉实施办法》中规定的审批权限履行报批手续。各级政府审批权限为：凡征（拨）用耕地 3 亩以下、其他土地 10 亩以下，由泰兴市人民政府批准；征（拨）用耕地 3 亩以上、30 亩以下，蔬菜地 3 亩以下，其他土地 10 亩以上、50 亩以下，由地级市人民政府批准；征（拨）用耕地 30 亩以上，蔬菜地 3 亩以上，其他土地 50 亩以上，由省人民政府批准。

1999 年 1 月，泰兴执行新修订的《中华人民共和国土地管理法》，取消建设用

地分级审批的做法，规定建设占用土地，涉及农用地转为建设用地的，必须办理农用地转用审批手续。征用农用地的，在办理农用地转用审批手续的同时办理征地审批手续。转用、征用涉及基本农田或基本农田以外的耕地超过 35 公顷的、其他土地超过 70 公顷的报国务院批准。转用、征用上述额以下的各类土地，报省政府批准并报国务院备案。在已批准的农用地转用、征用范围内，具体建设项目用地由市、县政府批准。

2001 年 1 月，泰兴实施新修订的《江苏省土地管理条例》，对具体建设项目需要占用土地利用总体规划确定的国有未利用地的审批权限作出规定：1 公顷以下的，由县级政府批准；1 公顷以上、5 公顷以下的，由设区的市政府批准；5 公顷以上的，报省政府批准；国家重点建设项目、军事设施以及国务院规定的其他建设项目用地，报国务院批准。至 2018 年，域内国家、集体建设用地仍按以上文件精神规定的审批权限执行。

（二）村（居）民建房用地审批权限

1996 年，泰兴域内凡是新建、易地翻（扩）建及原地翻（扩）建的所有个人建房用地手续实行由乡（镇）人民政府审核、市土地管理局审定，报市政府批准。其批准权限为：农村村民以 4 人户为基数，每户用地 120 平方米，每增加 1 人，增加 25 平方米；城镇居民（含经县批准的蔬菜队村民和国营场圃职工）以 4 人户为基数，每户用地 100 平方米，每增加 1 人，增加 20 平方米。建筑占地面积为宅基地的 70%。

2001 年 1 月，泰兴执行《江苏省土地管理条例》规定。村民新建、翻建住宅使用所在集体经济组织农民集体所有土地的，由村民提出用地申请，经村民会议或者农村集体经济组织全体成员会议讨论同意，乡（镇）政府审核，再由市国土管理局审定后报市政府批准。其中，农村村民建住宅占用农用地的，由市政府按照土地利用年度计划，按年度分批次办理农用地转用审批手续。2003 年 5 月，市政府颁发《泰兴市宅基地管理办法》，个人建房审批权限为：农村居民 1 ~ 4 人户，每户不得超过 120 平方米，5 人（含 5 人）以上户，每户不得超过 135 平方米；城镇居民 1 ~ 4 人户，每户不得超过 100 平方米，5 人（含 5 人）以上户，每户不得超过 120 平方米。建筑占地面积不得超过宅基地面积 70%。至 2018 年，村（居）民建房用地仍按以上文件精神规定的审批权限执行。

（三）临时用地审批权限

农村砖瓦窑业用地属于临时用地范围。1997 年 3 月，市政府印发《关于进一步整治、管理窑业用地的意见》，明确规定各乡（镇）不得再新建砖瓦窑。对在整治过程中确定保留的窑场，要切实加强管理，规范用地行为。1999 年 1 月，泰兴执行新修订的《中华人民共和国土地管理法》和《江苏省土地管理条例》，规定凡建设项目施工和其他所有临时需要使用国有土地或者农民集体所有土地的，必须报市国土管理局批准。临时使用土地期限一般不得超过两年。2007 年 12 月，市政府印发《泰兴市临时用地管理暂行办法》，规定市国土资源局负责泰兴市行政区域内临时用地管理和监督。单位和个人确需临时使用土地的，由市国土资源局批准。法律、法规另有规定的从其规定。临时用地使用期限不得超过两年。2016 年 5 月，市国土资源局印发《关于进一步加强临时用地管理的通知》，规定临时用地不占用基本农田的由市国土资源局批准；国家和省批准的能源、交通、水利、军队设施等重点项目建设，确需临时占用基本农田的，应报省国土资源厅批准。临时用地期限一般不超过两年，确需延长临时用地期限的，须按规定程序办理延期用地手续。至 2018 年，临时用地审批按以上文件精神执行。

三、建设用地审批程序

（一）国家、集体建设用地审批程序

1996 年，泰兴按照省、市政府规定的订立建设项目、选址定点、签订征（拨、使）用土地协议书、申报、批准等程序报批国家、集体建设用地。1999 年 1 月，市国土管理局根据《中华人民共和国土地管理法实施条例》规定，对征、转、使用土地审批程序作进一步规范。具体程序为：1. 申请。建设用地使用者提出用地申请，填写建设用地申请表，并提交项目可行性研究报告批准文件或其他批准文件、初步设计方案、建设单位的资质证明、项目总平面布置图、规划部门出具的建设用地规划许可证及用地范围红线图。合资、合作、股份制企业还应提供经批准的企业合同、章程、企业批准证书、营业执照。属于改、扩、移、续建项目，须附原有项目可行性研究报告批复、初步设计批复和其他有关文件、总平面图、原用地批准文件，移建项目须附场地安排利用说明。化工或涉及危险品生产、加工的项目须附环境影响评估报告和消防审批意见，建设项目涉及国有江滩、干河、公路等用地的，须附水利、交通等部门的审查意见及其他要求提供的材料。2. 预审。由市国土管理局对建设项目进行土地利用规划、产业政策、供地政策、行业用地指标等审查，根据项目工程设计核定用地规模，决定供地方式，出具规划等审查意见。3. 勘测。由专业人员对建设用地进行实地勘测，出具勘测报告书。4. 编制方案。按照土地利用年度计划，填写建设用地项目呈报说明书，涉及农用地的需编制农用地转用方案，占用耕地的需编制补充耕地方案，征用土地的需编制征用土地方案。5. 报批。市国土管理局在编制好方案的基础上分批次上报有批准权的人民政府批准。6. 供地。建设用地经批准后，市国土管理局与土地使用者签订国有土地有偿使用合同（出让供地），或向土地使用者核发划拨决定（划拨供地）。建设单位竣工后，经市国土管理局验收合格，市政府核发土地使用证。

2006 年，市国土资源局对征、转、使用土地审批程序作进一步规范。在征、转、使用土地前期工作中，明确由地籍科做好征、使用土地的地籍调查（权属调查及地

籍测量）和权属审核工作。2008 年 10 月，市国土资源局执行省国土资源厅印发的《关于进一步规范征地报批前有关程序的通知》，规定征、转用地报批前期工作程序：1. 征地告知；2. 征地调查确认；3. 组织征地听证。报批时必须附有征地告知书、征地告知书送达证明、地籍调查结果确认表以及听证笔录、纪要等材料，随同报批材料一同上报。

2011 年 5 月，市国土资源局根据省国土资源厅《关于进一步完善建设用地审查报批工作的通知》精神，印发《关于进一步规范征地工作的通知》，明确规定征地报批前的工作程序：1. 征地告知、听证、确认。市国土资源局依据建设项目用地单位提供的用地位置确认红线图、建设项目用地勘测定界成果报告书，向被征地农村集体经济组织和农户下发征地告知书，告知拟征土地用途、位置、补偿标准、安置途径等有关事项。征地告知后，被征地农村集体经济组织和农户对征地补偿标准和安置途径提出听证书面申请的，由市国土资源局按照《国土资源听证规定》组织听证（听证笔录复印件作为建设用地报件材料一并上报）。如果在征地告知后 5 个工作日内被征地农村集体经济组织和农户未提出听证书面申请的，视为放弃听证。2. 征地洽谈、签订征地补偿协议。按照 2011 年省政府印发的《关于调整征地补偿标准的通知》中规定的征地补偿标准，市国土资源局负责与项目所在村组洽谈，签订补偿协议及做好协调工作。3. 整理汇集农用地转用、土地征收报批材料。4. 预存征地款。在建设用地项目所有材料汇总报批前，用地单位必须将出让金预交款（含征地补偿安置费用和相关规费）足额打入市土地开发储备中心专户，凡是该款项不落实到位的，一律不予上报，并取消其农用地转用计划。至 2018 年，国家、集体建设用地仍按以上文件规定的审批程序执行。

（二）村（居）民建房用地审批程序

1996 年，全市村（居）民建房用地审批执行 1990 年 3 月县政府印发的《关于加强村民建房及宅基地管理的通知》及 1992 年 2 月县政府印发的《泰兴县农村宅基地审批管理办法》规定的程序：建房户向村（居）民小组申请；经村民委员会或街道居民委员会通过；填写建房用地呈报表分别送交乡镇土地管理所、村镇建设管理服务站；乡镇土地管理所和村镇建设管理服务站派员现场勘查；乡（镇）政府初审；送市土地管理局审核后报市政府批准。1999 年，市政府规定村（居）民建房用地审批按下列程序办理：1. 申请。符合建房条件的农户向所在村（居）民委员会提出安排宅基地书面申请，填写农村村民住宅建设用地呈报表，由村（居）民小组、村（居）民委员会逐项初步审查后报乡镇国土管理所。2. 审查。乡镇国土管理所收到村（居）民建房用地申请书和呈报表后，到现场进行勘查，核实家庭人口应享受建房用地面积与申请用地面积是否一致。审查建房用地位置是否符合土地利用总体规划，并听取当地群众意见，交乡（镇）政府进行初审。3. 报批。村民建房用地材料经乡镇政府初审后上报市国土管理局审核，涉及占用农用地的由市国土管理局按规定分批次办理农用地转用审批手续，报市政府批准。4. 供地。经市政府批准的村（居）民建房用地由市国土管理局指派乡镇国土管理人员到现场实地放样，确定用地位置和面积。5. 发证。村（居）民建房竣工后，经国土管理部门验收合格发给建房户集体土地建设用地使用证。

2001 年，市国土管理局对村（居）民个人建房用地明确具体报批程序：1. 乡镇国土管理所收到村（居）民个人建房用地书面申请后，派专人到实地勘查，对符合住宅建设用地条件的，告知申请人应提供有关材料（原集体土地建设用地使用证、户主身份证及户口簿等复印件；副乡局级干部须附经市纪检部门审核的建房资金、建房材料来源证明），向申请人发放《农村村民住宅建设用地呈报表》，并指导填写，同时协同村（居）民委员会对建房户用地条件进行初审。2. 乡镇国土管理所将村（居）民住宅建设用地材料报所在乡（镇）政府审核。3. 乡镇国土管理所将经乡（镇）政府审核同意的村（居）民住宅建设用地材料汇总，报市国土管理局复核后送市政府批准。4. 村（居）民住宅建设用地批准后，乡镇国土管理所会同乡（镇）村镇建设管理服务站实地交地放样。国土管理部门发放“准建旗”，并实行全程跟踪管理。2003 年 5 月，市政府印发《泰兴市宅基地管理办法》，规定凡已列入当年用地计划的居民新建、翻建住宅用地，必须按下列程序申报办理：1. 建房户提出用地申请；2. 村民小组讨论同意；3. 村（居）民委员会初审；4. 乡镇国土资源所、村镇建设管理服务站审查，符合规划和用地条件的，填写选址意见书连同申请建房材料，交乡（镇）政府审核；5. 经市国土资源局审定后报市政府批准；6. 建房户领取工程建设许可证、用地通知书和“准建旗”，由乡镇国土资源所、村镇建设管理服务站放样定界，建房户方可施工建房；7. 房屋竣工后申请验收，领取房屋产权证和集体土地使用证。

2014 年 9 月，市政府办公室印发《严格规范村（居）民建房，积极推进农民集中居住工作意见》，对村（居）民建房用地审批程序作适当调整：1. 申请。村（居）民向村（居）民委员会提出书面建房申请，同时出具原颁发的集体土地使用证和村镇房屋所有权证（以下简称“两证”）。如村民提供不出“两证”，但土地使用权和房屋所有权事实存在，则由乡镇（街道）村镇建设管理服务站、国土资源分局会同所在村（居）联合确认，并出具证明，否则不得受理。2. 现场踏勘。村建监管员（各乡镇、街道在各行政村、居明确一名副村级干部担任）收到村（居）民建房申请后，与村镇建设管理服务站、国土资源分局工作人员一起现场查勘，拍摄原房屋结构和占地地貌照片，实地丈量占地面积和建筑面积形成现场查勘笔录，绘制平面位置图、建设规划图，填写村（居）民建房初步审查表。3. 审查审核。对照现场勘查情况，村（居）民委员会、国土资源分局、村镇建设管理服务建站联合审查审核申请建房户是否符合建房条件、建设地点是否符合规划及与相邻住户有否影响等，并提出明确意见。4. 集体讨论。各乡镇（街道）召开乡镇长（主任）办公会，逐户讨论建房户报批材料，形成会议纪要。5. 审核批准。对经讨论确认符合建房条件的由各乡镇政府（街道）形成书面报告，报市规划、国土资源行政服务中心窗口审查，审核合格后报市政府批准。6. 登记发证。经市政府批准后，乡镇（街道）村镇建设管理服务站牵头，国土资源分局、村建监管员参加，负责对建房户交地放样。建房户在领取乡村建设规划许可证后，必须一年内竣工。竣工后，报村镇建设管理服务站、国土资源分局验收。经验收合格，发放村镇房屋所有权证及集体土地使用证。一年内未进行建设的，须重新办理建房审批手续。至 2018 年，域内村（居）民建房仍按以上文件规定的审批程序执行。

（三）临时用地审批程序

1996 年，临时用地审批程序为：由用地者申请，村组研究，经乡镇审核，报市土地管理局批准后，领取临时用地使用证。必备的审批材料有临时用地申请、工商营业执照、土地补偿协议、临时用地平面图、有关部门（规划、交通、水利）审查意见、临时用地审批表。

2007 年 12 月，市政府印发《泰兴市临时用地管理暂行办法的通知》，规定临时用地审批程序为：1. 申请。申请使用临时用地时，必须附有下列材料：临时用地呈报审批表、临时使用土地申请书、申请人身份证明、项目立项批准文件和供地批文（工程项目）、临时用地平面布置图、土地利用总体规划位置图（比例尺 1∶500 或 1∶1000）；临时使用城市规划区范围内土地，必须附市规划局核发的建设用地规划许可证（临时）；临时使用国有土地或农村集体土地的，必须提交与原国有土地使用者或农村集体经济组织或承包经营者签订的临时用地协议；临时使用公路两侧控制范围内土地的，必须提交交通或公路主管部门审查意见；涉及水利工程控制范围内土地的，必须提交水务主管部门审查意见。在提交上述材料的同时，还必须提交与所在地乡镇国土资源所（分局）签订的土地复垦整理协议书。2. 审核报批。所在地乡镇国土资源所（分局）对临时用地申请人提交的所有资料进行审查，符合条件的，由所在地乡镇政府签署意见后，报市国土资源局批准。3. 缴纳费用。临时用地申请经市国土资源局批准后，申请人按照临时用地合同约定，支付土地补偿费，按土地复垦整治协议约定预缴土地复垦费，按照使用临时用地规定缴纳临时用地管理费。4. 颁发证书。临时用地申请经批准并缴纳规费后，市国土资源局派员到实地划定用地范围，确定界址，颁发临时用地使用证。

2016 年 5 月，市国土资源局印发《关于进一步加强临时用地管理的通知》，规范临时用地报批程序：1. 申请。临时用地申请人，持申请材料向属地管辖国土资源分局提出用地申请。2. 初审。国土资源分局收到临时用地申请书后，对申请事项进行初审，并对临时用地选址进行现场勘查，符合临时用地报批条件的，签署审查意见并经乡镇、园区（街道）同意后，将报批材料扫描进入临时用地审批系统上传市国土资源局。3. 审批。市国土资源局收到分局临时用地报件后进行审核，签署审核意见后报局负责人审批，出具临时用地批准书。4. 交地放样。国土资源分局持临时用地批准书派员会同临时用地使用者、原使用土地所有人或土地承包经营者实地交地放样，建立交地放样备忘录，并将交地放样情况拍照存档。至 2018 年，临时用地审批程序仍按以上文件精神执行。

四、建设用地供应

（一）国家、集体建设用地供应

1996 年，全市供应国家、集体建设用地 215 宗，面积 268.67 公顷。1997 年 12 月，宁通公路泰兴段收费站、停车场等建设项目，经省政府批准，征用宣堡镇西宣村二组和纪沟村八组耕地 3.73 公顷、广陵镇顾周村十组耕地 0.55 公顷、根思乡前进村和小井村耕地 1.15 公顷，合计 5.43 公顷。1998 年 9 月，广靖高速公路泰兴段工程建设项目，经省政府批准，征用广陵镇肖堡、张拾、大八、草小 4 个村 15 个组及镇集体耕地 45.18 公顷。2000 年后，随着省沿江开发战略实施，泰兴经济步入快速发展轨道，市镇联动开发趋势迅猛，经济开发区和各园区及乡镇工业集聚区建设步伐进一步加快，城乡统筹发展，推进城乡一体化进程，旧城改造加速，城中企业用地“退二进三”（退出第二产业、发展第三产业），泰兴城市向外扩张，全市用地需求量大增。1996—2018 年，全市各类国家、集体建设用地供应 5363 宗，面积 8167.15 公顷。

1996—2018 年泰兴市国家、集体建设用地供应一览表

表 5-2-1

年份	宗数（宗）	面积（公顷）	年份	宗数（宗）	面积（公顷）
1996	215	268.67	2008	108	166.71
1997	177	136.44	2009	127	231.44
1998	251	167.86	2010	154	391.13
1999	248	103.79	2011	121	343.60
2000	232	172.16	2012	199	372.21
2001	190	136.44	2013	222	426.92
2002	218	133.37	2014	206	609.03
2003	271	276.38	2015	135	415.19
2004	394	642.24	2016	143	357.03
2005	354	457.72	2017	289	671.54
2006	640	696.21	2018	401	945.60
2007	68	209.12	合计	5363	8330.80

1996 年宁通公路（泰兴段）四座立交桥建设征地面积一览表

表 5-2-2　　　　单位：公顷

乡镇	村	组	征地面积
广陵	李曹	一组	0.93
		二组	0.40
		三组	4.89
		五组	5.92
		六组	7.15
		七组	3.82
		集体	0.13
	曹小	七组	1.91
	小计		25.15
南沙	港湾	五组	0.33
	唐庄	一组	0.77
	小计		1.10
常周	东老圩	一组	5.33
		四组	0.26
		六组	0.26
	小计		5.85
许庄	万厦	一组	1.57
	小计		1.57
宁界	联刀	八组	1.07
		九组	1.06
	小计		2.13
根思	小井	七组	0.04
	前进	一组	0.38
		二组	0.35
	小计		0.77
十里甸	盐泥	二组	0.33
		三组	0.55
		四组	1.32
		五组	1.99
		六组	0.10
		七组	2.17
	小计		6.46
刁铺	刁东		6.15
	小计		6.15
合计			49.18

1998 年新长铁路（泰兴段）建设征地面积一览表

表 5-2-3　　　　单位：公顷

乡镇	村	征地面积
古溪	古溪	2.25
	常桥	4.30
	顾南	5.16
	顾庄	0.60
	松杨	0.91
	小 计	13.22
分界	港岔	2.97
	兴隆	4.31
	小 计	7.28
横巷	顾何	2.97
横巷	余庄	1.47
	王庄	3.76
	吴西	3.66
	东太平	2.41
	周堡	1.30
	大徐	1.33
	徐庄	3.89
	丁达	1.47
	八井	1.23
	小 计	23.49

续表 5-2-3

乡镇	村	征地面积	乡镇	村	征地面积
横垛	龚垛	1.80	黄桥	小 计	26.51
	红军	1.95	珊瑚	八户	4.25
	野芹	1.45		木排	0.58
	桃园	4.51		吴桥	1.63
	小 计	9.71		新武	2.87
黄桥	合兴	1.67		左庄	1.94
	刘堡	4.23		南洋	0.90
	勤丰	4.18		小 计	12.17
	浩堡	2.69	合 计		92.38
	焦庄	13.74			

1998 年宁靖盐高速公路（泰兴段）建设征地面积一览表

表 5-2-4　　单位：公顷

乡镇	村	征地面积	乡镇	村	征地面积
广陵	李曹	9.98	溪桥	江堡	12.23
	小 计	9.98		钱葛	4.33
南沙	港湾	14.14		褚葛	10.07
	邵岱	0.47		东向	8.27
	南王	3.50		向堡	7.13
	吴庄	16.34		何兴	25.83
	秦小	8.41		西华	9.73
	解庄	12.45		小 计	77.59
	陆孙	1.40	刘陈	后顾	2.92
	南沙	3.79		东顾	2.18
	印陈	11.08		前顾	18.54
	前王	10.05		严徐	16.69
	大王	7.07		海林	13.48
	路二	1.73		扬一	5.19
	乡集体	0.84		小 计	59.00
	小 计	91.27	元竹	小蒋	2.87
南新	严堡	4.66		大蒋	4.16
	车西	6.85		北徐	8.54
	车马	2.67		小 计	15.57
	严北	5.97	合 计		273.56
	小 计	20.15			

2015 年 334 省道（泰兴段）建设征地面积一览表

表 5-2-5 单位：公顷

乡镇、街道	村居	征地面积	乡镇、街道	村居	征地面积
分界	耿厂	3.74	黄桥	陈桥	5.00
	湖头	7.57		金堡	3.35
	野庙	12.42		祁巷	5.35
	赵庄	2.46		钱葛	3.58
	小计	26.19		吴韩	0.56
河失	失迷巷	3.78		西洋	5.81
	司马	0.72		余庄	3.19
	同心	5.74		站东	1.37
	元仙	10.55		朱徐	5.40
	小计	20.79		诸马	6.94
姚王	朝阳	0.56		小计	40.55
	东阳	8.41	济川	大生	2.30
	官沟	11.66		小计	2.30
	桑木桥	3.13	滨江	红旗	5.70
	十里甸	11.00		蒋榨	11.93
	姚岱	4.07		小计	17.63
	小计	38.83	合　计		146.29

1996—2018 年泰兴市用地 6.67 公顷以上企业一览表

表 5-2-6 单位：公顷

年份	企业名称	供地面积	企业位置	土地用途
1996	泰兴新浦化工有限公司	22.53	过船镇中港村	工业
1998	爱森（中国）絮凝剂有限公司	7.33	过船镇沈垡村、殷石村	工业
2002	泰兴市沿江化工（集团）总公司	17.19	泰兴经济开发区	工业
2003	江苏曲轴总厂	8.56	泰兴镇金沙路东侧	工业
2004	江苏光明化工股份有限公司	7.80	马甸镇电厂路 2 号	仓储
2005	泰兴市成兴国有资产经营投资有限公司	15.94	泰兴经济开发区	仓储
	泰兴市常电粉煤灰综合利用有限公司	8.33	滨江镇天星村	仓储

续表 5-2-6

年份	企业名称	供地面积	企业位置	土地用途
2005	江苏泰隆减速机股份有限公司	12.60	泰兴镇如泰运河北侧	仓储
	新浦化学工业（泰兴）有限公司	11.47	泰兴经济开发区	仓储
	新浦化学工业（泰兴）有限公司	12.37	泰兴经济开发区	仓储
2006	泰兴市兴盛资产投资公司	18.21	泰兴经济开发区	仓储
2008	泰州联成化学工业有限公司	22.47	滨江镇新木路东侧	工业
	泰兴协联众达化学有限公司	10.89	滨江镇中港路东侧	工业
	泰兴市兴盛资产投资公司	7.68	泰兴城区工业园	工业
2009	江苏常隆农化有限公司	8.24	滨江镇蒋港村过船村	工业
	先尼科化工（泰兴）有限公司	6.74	滨江镇洋思村	工业
	新浦化学工业（泰兴）有限公司	24.95	滨江镇洋思村	工业
	江苏鑫福造船有限公司	30.00	虹桥镇九圩村	工业
2010	泰州联成塑胶工业有限公司	26.67	滨江镇过船村	工业
	江苏华泰船业有限公司	15.84	虹桥镇七圩村	工业
	泰兴市城东投资发展有限公司	8.61	姚王镇王庄、徐庄村	工业
	沙桐（泰兴）化学有限公司	36.54	滨江镇蒋榨、洋思村	工业
	泰兴市兴黄综合投资开发有限公司	16.49	黄桥镇胜利村	工业
2011	泰兴市裕廊化工有限公司	20.00	滨江镇洋思村	仓储
	江苏兆胜空调有限公司	17.58	滨江镇红旗村济川街道大生村	仓储
	江苏盛泰化学科技有限公司	26.67	滨江镇中港村、蒋榨村	仓储
	江苏新源农产品发展有限公司	23.33	元竹镇沿泰村、镇北村	仓储
	江苏鑫福造船有限公司	55.94	虹桥镇九圩村	仓储
2012	江苏新扬子海洋工程装备制造有限公司	16.74	虹桥工业园区腾飞路东侧、上同路南侧	工业
	阿贝尔化学（江苏）有限公司	26.41	滨江镇朝阳路西侧、团结河路北侧	工业
	泰兴太平洋液化气有限公司	15.86	滨江镇洋思村	码头
	泰兴丹天机械科技有限公司	50.66	滨江镇蒋榨村、洋思村	工业
	泰兴市中天水处理设备有限公司	16.13	姚王镇十里甸村	工业
	泰兴梅兰新材料有限公司	23.04	滨江镇褚港村	工业
2013	江苏济川源源投资有限公司	8.33	济川街道延陵村、滨江镇蔡桥村	仓储
	泰兴福润肉类加工有限公司	20.33	新街镇霍庄村、元竹镇镇北村	工业

续表 5-2-6

年份	企业名称	供地面积	企业位置	土地用途
2013	江苏方泰超纤革业有限公司	18.64	虹桥镇上元村	工业
	济川药业集团股份有限公司	8.79	滨江镇殷石村	工业
	济川药业集团股份有限公司	10.33	滨江镇殷石村、中港村	工业
	江苏港湾实业有限公司	16.57	滨江镇蒋港村	仓储
	江苏方泰超纤革业有限公司	15.71	虹桥镇上元村、同德村	工业
	泰兴金江化学工业有限公司	8.86	滨江镇中港村	工业
	泰州联成塑料制品有限公司	15.00	滨江镇过船村	工业
	泰兴市姚王镇粮食储备有限公司	9.97	姚王镇南二环南侧、朝阳路东侧	仓储
	江苏旺溪实业有限公司	6.72	古溪镇乾坤路北侧、古董港东侧	码头
2014	江苏宏峰新材料科技有限公司	12.41	虹桥镇公殿村	仓储
	江苏宏峰新材料科技有限公司	12.41	虹桥镇公殿村	工业
	泰兴市中泰城市建设投资有限公司	35.21	济川街道如泰运河北侧	码头
	泰兴市智光环保科技有限公司	14.20	姚王镇如泰运河北侧、向阳中沟东侧	码头
	泰兴市兴黄综合投资开发有限公司	15.80	黄桥镇如泰运河南侧、银杏路北侧	码头
	泰兴电除尘设备厂有限公司	9.79	姚王镇官沟村	工业
	泰兴市爱德普数码科技有限公司	7.42	滨江镇中港村、蒋榨村	工业
	博特新材料泰州有限公司	15.95	滨江镇洋思村、蒋榨村	工业
	泰州市过船港务有限公司	9.38	滨江镇中港村	仓储
	泰兴市裕佳化工有限公司	21.87	滨江镇蒋榨村	工业
	惠尔新机械泰兴有限公司	7.25	黄桥镇韩庄村	工业
	泰州联成仓储有限公司	7.55	滨江镇过船村	仓储
2015	泰兴市宏锦物流有限责任公司	10.94	虹桥镇六圩港口上游	码头
	红宝丽集团泰兴化学有限公司	26.15	滨江镇洋思村、蒋榨村	工业
2016	泰兴市天星洲开发投资有限公司	20.00	滨江镇褚港村	仓储
	新浦烯烃（泰兴）有限公司	24.04	滨江镇褚港村、过船村	工业
	泰兴市泰瑞航科技发展有限公司	16.00	滨江镇长沟村	工业
	斐讯通信技术（泰兴）有限公司	33.14	虹桥镇公殿村	工业
	阿尔贝尔化工仓储（泰兴）有限公司	12.97	泰兴经济开发区江泰北路东侧	码头

续表 5-2-6

年份	企业名称	供地面积	企业位置	土地用途
2017	江苏恒润制药有限公司	7.57	滨江镇殷石村	工业
	江苏东圣食品科技有限公司	8.91	黄桥镇韩庄村	工业
	江苏中一环保科技股份有限公司	7.61	黄桥镇祁港村、韩庄村	工业
	泰兴怡达化学有限公司	11.88	滨江镇蒋榨村、洋思村	工业
	阿尔贝尔化工仓储（泰兴）有限公司	12.97	泰兴经济开发区江泰北路东侧	仓储
	泰兴怡达化学有限公司	7.76	滨江镇洋思村	工业
	江苏锦泰实联电子材料有限公司	7.21	滨江镇殷石村	工业
	江苏虹桥港口开发有限公司	21.75	虹桥镇七圩村、公殿村	工业
	泰兴市申联环保科技有限公司	23.68	虹桥镇六圩港东侧、七圩村	工业
	红宝丽集团泰兴化学有限公司	8.72	滨江镇蒋榨村	工业
	泰兴中全新能源技术有限公司	7.16	姚王镇王庄村	工业
2018	博瑞生物医药泰兴市有限公司	8.00	滨江镇中港村、蒋榨村	工业
	泰州百力化学股份有限公司	7.69	滨江镇蒋榨村	工业
	江苏兆胜科技股份有限公司	6.67	滨江镇红旗村	工业
	江苏宏基环电有限公司	6.67	滨江镇红旗村	工业
	中智（泰兴）电子科技有限公司	6.67	姚王镇官沟村、十里甸村	工业
	江苏健坤化学股份有限公司	12.12	滨江镇蒋榨村	工业
	泰兴梅兰新材料有限公司	14.94	滨江镇褚港村	工业
	泰兴市兴黄综合投资开发有限公司	9.35	黄桥镇韩庄村	工业
	济川药业集团有限公司	12.09	济川街道延陵村、滨江镇蔡桥村	工业
	江苏济川康煦源保健品有限公司	7.55	黄桥镇西洋村、韩庄村	工业
	江苏中一环保科技股份有限公司	10.49	黄桥镇祁港村、韩庄村	工业
	泰兴市成兴国有资产经营投资有限公司	33.35	滨江镇天星村、蒋榨村	工业
	惠尔新机械泰兴有限公司	8.08	黄桥镇诸马村、江堡村	工业
	江苏虹桥港口开发有限公司	10.40	虹桥园区江堤路西侧	码头
	泰兴市智光环保科技有限公司	24.11	姚王镇王庄村	工业
	泰州远大休闲用品有限公司	6.71	姚王镇城黄公路南侧	工业
	江苏泰隆减速机股份有限公司	31.24	姚王镇姚堡村	工业
	泰兴梅兰新材料有限公司	19.68	滨江镇褚港村	工业

附：泰兴城的修筑

泰兴城首建于设县之前，传说为唐贞观元年（公元 627 年）尉迟恭所建。当时尉迟恭驻江防海陵济川镇，随军有一个阴阳家袁天罡，来到后略看地形，得知长江不断向北坍，已到了后来的南门口，便建议建一座“城”以禁长江继续北陷，建成后名为“禁江城”（不是后之“襟江”），这座夯筑的“土城”实际是尉迟恭的防御工事。一直到北宋靖康二年（公元 1127 年），金兵南下，将此城烧毁一空。

南宋绍兴元年（公元 1131 年）县治复由柴墟迁回，虽未重修故城，却扩大县城范围，环以“城河”。城河以南界河为起点（今国庆路）向东环广福寺向北，连通一支通洗钵池的水流，向北穿今烈士西桥环延令村县治所，向西穿北小桥，西达今长征桥（原没有桥）拐弯向南沿今长征路穿西小桥，直至与南界河“闭合”，这样就把延令村并入城区，这也是泰兴县城第一次扩大。东北角所取出的土，分别堆在东、西岸，其东成为今大会堂后的“笔架山”；其西成为“后乐山”。

绍兴二十九年（公元 1159 年）第二次扩城，把县城范围扩大到南至文明桥（即今五亭桥），北至高桥（今光明巷西口），东至六角桥（今泰中东，古称朝阳桥），西至济川桥（今民主桥），即绍兴年间《县志》所记载的“复增外城”。不幸元兵南下又遭破坏。这次元兵与金兵比起来却“文明”得多了，城内无破坏记载，仅烧去城以外“大成殿”。究其原因？传说元世祖南下路过曲阜孔庙指着孔子骂道：“夷狄之有君，不如诸夏之无也，这是你说的吗？”即一把火焚去，所以每到一处元兵都烧孔庙。

明弘治五年（公元 1492 年）县城又做了一次扩大。这算泰兴县史上第三次扩城。大概也环以外河即今之外城河，没有城仅立四门，把绍兴年间的城河改称“外环河”，相应地将早先的内城河称“内环河”。正德年间又建小西门，后来泰兴城便有五城门之说。嘉靖三十年（公元 1551 年）为防止倭寇侵扰泰兴，全城军民同仇敌忾预备迎敌。当时泰兴官绅羽悪提议建城，并得到知县姚邦材支持，经有关方面批准于嘉靖三十二年（公元 1553 年）开工，以五城门为基点建城，把它们相互连接，于嘉靖三十四年（公元 1555 年）泰兴城外围建成砖石城墙，并定东门为“镇海”，西门为“阜成”，南门为“澄江”，北门为“拱极”，小西门为“通济”。解放初期被拆除。

作者　翁家藩

摘自《泰兴年鉴（2004）》

（二）村（居）民建房用地供应

1996年，全市共审批村（居）民个人建房8349户，比1995年10838户减少2489户，全年个人建房用地134.73公顷。1997年4月，根据中共中央、国务院《关于进一步加强土地管理切实保护耕地的通知》的要求，市政府对全市村（居）民个人建房新增耕地审批工作冻结一年。6月30日，曲霞、常周、南沙、胡庄4个乡镇同时遭受龙卷风袭击，共154户455间民房被夷为平地。其中有22户66间住房在划定的基本农田保护区内，必须撤并易地翻建。为解决村民灾后重建，市土地管理局对原地翻建户主动上门办理手续，对需易地翻建的农户，市土地管理局出具《关于我市部分乡（镇）遭受龙卷风袭击倒塌房屋能否易地翻建的请示》，向省、市报告，取得同意后，随即为22户建房户办理易地翻建批准手续。1998年以后，市委、市政府对村（居）民建房用地坚持按条件审批、按标准供地，对宅基地管理既从严控制，又确保需求。1996—2018年，泰兴市村（居）民建房（含集中居住）总计103415户，用地面积1420.08公顷。

1996—2018年泰兴市村（居）民建房用地供应情况一览表

表5-2-7

年份	建房户数（户）	建房用地面积（公顷）	年份	建房户数（户）	建房用地面积（公顷）
1996	8349	134.73	2008	4621	64.36
1997	8923	134.20	2009	3886	49.15
1998	7638	106.24	2010	3625	46.98
1999	6389	89.44	2011	2671	34.22
2000	6675	90.92	2012	1779	22.99
2001	7460	105.13	2013	1542	19.27
2002	7985	108.80	2014	1169	14.73
2003	5864	80.23	2015	2033	25.01
2004	4313	60.36	2016	847	10.31
2005	3855	49.30	2017	1370	16.69
2006	6313	78.99	2018	1719	20.97
2007	4389	57.06	合计	103415	1420.08

（三）临时用地供应

1996年，全市全年共办理临时用地1260宗，其中换证870宗，新办、补办390宗、面积4.18公顷。在换证的870宗临时用地中，全市现存的632座土窑、立窑全部换证。1997 年，按照省、市统一部署，继续对窑业用地进行专项治理，共拆除小土窑 342 座。全市临时用地换证 406 宗，办理临时用地 350 宗、面积 3.80 公顷。1998 年，针对临时用地分布广、面积小现实状况，市国土管理局组织力量进行专项清理。通过清理，全市全年共办理临时用地换发证 1469 宗，面积 19.81 公顷。其中换证 1229 宗、面积 17.74 公顷；补办 215 宗，面积 2 公顷；新办 25 宗，面积 0.07 公顷。1999 年，全市办理临时用地换发证 1397 宗，面积 14.57 公顷。其中新办证 6 宗，面积 0.03 公顷；换证 1391 宗，面积 14.54 公顷，换证率达 99.5%。2001 年，全年共办理临时用地 155 宗，面积 2.20 公顷；换证 768 宗，换证率达 75%。2002 年起，全市严格控制审批临时用地，逐步退出存量临时用地。1996—2018 年，全市办理临时用地 1261 宗，面积 75.20 公顷。

1996—2018 年泰兴市临时用地供应情况一览表

表 5-2-8

年 份	宗数（宗）	面积（公顷）	年 份	宗数（宗）	面积（公顷）
1996	390	4.18	2008	—	—
1997	350	3.80	2009	—	—
1998	240	2.07	2010	—	—
1999	6	0.03	2011	—	—
2000	69	0.81	2012	—	—
2001	155	2.20	2013	—	—
2002	—	—	2014	—	—
2003	—	—	2015	—	—
2004	—	—	2016	6	3.50
2005	—	—	2017	26	50.78
2006	—	—	2018	19	7.83
2007	—	—	合计	1261	75.20

第三节　征收（用）土地补偿与安置

一、补偿

（一）土地补偿

1996年，泰兴执行《江苏省〈土地管理法〉实施办法扬州市补充规定》，对国家、集体建设征（使）用土地补偿标准为：（1）征用耕地、蔬菜地，按该土地前三年平均年产值6倍计算；（2）征用鱼塘、藕塘、养殖场、果园、竹园、林地等，按该土地前三年平均年产值5倍计算；（3）征用滩池、水塘、苇塘和其他有收益的非耕地，按该土地前三年平均年产值3倍计算；（4）征用宅基地，按邻近耕地的补偿标准计算，房屋由建设单位另行征地迁移重建的，原宅基地不再给予补偿；（5）征用无收益的非耕地，一般不予补偿。1999年1月，泰兴执行新修订的《中华人民共和国土地管理法》规定，征用土地的，按照被征用土地的原用途给予补偿。征用耕地的土地补偿费为：该耕地被征用前三年平均年产值6~10倍。2001年1月，根据《江苏省土地管理条例》规定，泰兴执行的土地补偿费标准为：征用耕地的，按其被征用前三年平均年产值8~10倍计算；征用精养鱼池的，按其邻近耕地前三年平均年产值10~12倍计算；征用其他养殖水面的，按其邻近耕地前三年平均年产值4~8倍计算；征用果园或者其他经济林地的，按其邻近耕地前三年平均年产值8~12倍计算；征用其他农用地的，按其邻近耕地前三年平均年产值6~10倍计算；征用未利用地的，按其邻近耕地前三年平均年产值3~5倍计算；征用农民集体所有非农业建设用地的，按其邻近耕地前三年平均年产值6~10倍计算。2002年5月，根据泰州市政府制定的《泰州市实施〈江苏省土地管理条例〉办法》，泰兴执行的平均年产值计算标准为：粮田平均每公顷年产值18000~21000元；城市规划区内常年（连续三年以上）蔬菜地平均每公顷年产值24000~28500元。

2003年6月，市政府印发《泰兴市征用土地补偿安置暂行办法》，明确主要种植类型土地平均年产值计算标准为：粮田平均每公顷年产值18000~21000元。其中，珊瑚、分界、南沙、横垛、刘陈、新街、胡庄、古溪、元竹每公顷18000元；张桥、河失、姚王、宣堡、溪桥、根思每公顷19500元；泰兴、黄桥、广陵、马甸、蒋华、曲霞、七圩、过船、大生、经济开发区每公顷21000元。城市规划区内常年（连续三年以上）蔬菜地平均每公顷年产值24000~28500元。规定征地补偿标准为：征用耕地，按其被征用前三年平均年产值8~10倍计算；征用鱼塘，按其邻近耕地前三年平均年产值10~12倍计算；征用其他养殖水面的，按其邻近耕地前三年平均年产值4~8倍计算；征用果园、桑园或者其他经济林地，按其邻近耕地前三年平均年产值8~12倍计算；征用其他农用地，按其邻近耕地前三年平均年产值6~10倍计算；征用农民集体所有非农业建设用地（工矿、村庄用地）和城镇、村庄以外农田水利基础设施用地、机耕道路用地等，按其邻近耕地补偿标准给予补偿。农民集体所有非农业建设用地和村（居）民宅基地上所建房屋因本组无地而需要易地建设的，按规划建设地点的补偿标准对被征地村组予以补偿，原建设用地不再给予补偿。农民集体所有非农业建设用地上的土地补偿费，按土地所有权的归属支付；征用未利用地的，按其邻近耕地前三年平均年产值3~5倍计算。2004年12月，市政府印发《泰兴市征地补偿和被征地农民基本生活保障暂行办法》规定：耕地被征前三年平均年产值最低标准为每公顷21000元，城市规划区内常年（连续三年以上）蔬菜地平均年产值最低标准为每公顷28500元。同时规定征地补偿标准按被征地前三年平均年产值的倍数计算，即征用耕地（含粮田、蔬菜地）土地补偿费为该耕地被征前三年平均年产值10倍；征用精养鱼池土地补偿费为邻近耕地前三年平均年产值的10~12倍；征用其他养殖水面土地补偿费，为其邻近耕地前三年平均年产值的6~8倍；征用果园或其他经济林地土地补偿费，为其邻近耕地前三年平均年产值的10~12倍；征用其他农用地土地补偿费，为其邻近耕地前三年平均年产值的8~10倍；征用未利用地土地补偿费，为其邻近耕地前三年平均年产值的5倍；征用集体所有非农业建设用地土地补偿费，为其邻近耕地前三年平均年产值的8~10倍。2009年12月，市政府印发《关于调整征地补偿标准的通知》，对土地被征收前三年平均年产值最低标准进行调整，由每公顷21000元调整为每公顷22200元。调整后的标准自2010年1月1日起执行。

2011年4月，省政府印发《关于调整征地补偿标准的通知》，决定全省统一按照农用地、建设用地、未利用地确定土地补偿标准。根据通知精神，7月，市政府印发《关于调整征地补偿标准的通知》，调整提高征地补偿标准：征收农用地的土地补偿费调整为每公顷270000元，征收蔬菜地的土地补偿调整为每公顷300000元；征收建设用地的土地补偿费，按照征收农用地土地补偿费计算；征收未利用地的土地补偿费，按照征收农用地土地补偿费的0.5倍计算。调整后的征地补偿标准从2011年4月1日起实施。在此之前经依法批准的征地项目，仍按原征地补偿标准执行。2013年12月，市政府印发《泰兴市贯彻实施〈江苏省征地补偿和被征地农民社会保障实施办法〉若干问题的规定》，泰兴征地补偿标准按照省规定的三类地区标准执行。三类地区征地补偿标准为：水田、旱地、林地、牧草地、其他农用地、建设用地每公顷 270000 元；蔬菜地每公顷 300000 元；未利用地每公顷 135000 元。至 2018 年，泰兴征地补偿仍按照省规定的三类地区标准执行。

（二）青苗补偿

1996 年，泰兴执行《江苏省〈土地管理法〉实施办法扬州市补充规定》，对国家、集体建设征（使）用土地青苗补偿费按在田作物一季产值计算：麦子、油菜每公顷 2250 元，水稻每公顷 3150 元，棉花每公顷 3450 元，花生每公顷 2400 元；蔬菜及其他经济作物按在田品种实际产值（综合价）计算，最高不得突破年产值，能收获的不予补偿。2001 年 1 月 1 日起，全市执行《江苏省土地管理条例》的规定：青苗补偿费一般按一季产值计算，能如期收获的不予补偿。2003 年 6 月，市政府印发《泰兴市征用土地补偿安置暂行办法》，规定征用耕地按该土地被征用前三年平均年产值 50% 支付青苗补偿费。

2004 年 12 月，市政府印发《泰兴市征地补偿和被征地农民基本生活保障暂行办法》，规定青苗补偿费标准为：耕地一年生作物按前三年平均年产值（每公顷 21000 元）补偿，一年两季作物以上的，按该土地被征用前三年平均年产值（每公顷 21000 元）50% 补偿，能如期收获的，不予补偿。2009 年 12 月，市政府印发《关于调整征地补偿标准的通知》，规定征收耕地的青苗补偿费标准为每公顷 11100 元。2011 年 7 月，市政府印发《关于调整征地补偿标准的通知》，将征收耕地的青苗补偿费标准调整为每公顷 13500 元。至 2018 年，青苗补偿均按该通知精神执行。

（三）主要附着物补偿

1996 年，泰兴对被征用的建设用地上建筑物和构筑物拆迁，按房屋结构、新旧程度等实际情况给予补偿：瓦房每平方米 25~35 元；草房每平方米 10~20 元；院墙每平方米 6~15 元；水井每口 45~65 元；草灶每座 10~20 元；沼气池每口 120~150 元；猪、牛、羊舍每平方米 2~5 元，木瓦结构每平方米 4~10 元。建设用地上的树木和苗木尽量由被用地单位移植，用地单位适当负责迁移费；如无法移植的，由用地单位付给补偿费，每公顷 4500~6000 元。1999 年 3 月，市政府印发《泰兴市城市房屋拆迁补偿安置实施细则》，对拆迁范围内房屋及附着物补偿明确规定：（1）自拆自建农户房屋补偿标准，按合法建筑面积计算，楼房每平方米 200 元，平房（正屋）每平方米 160 元，辅助房每平方米 120 元，简易房每平方米 30~80 元。（2）室内、外地坪补偿标准为：水磨石地面每平方米 20 元，预制块地面每平方米 6 元，砖铺地面每平方米 4 元。（3）墙面补偿标准为：三合板护墙墙面每间 500 元，水泥内外粉墙面每间 400 元，喷塑墙面每间 300 元，贴墙布墙面每间 200 元，吊顶每间 200~800 元（按实际面积每间 25 平方米计算上升或下降）。（4）圈梁补贴标准为：钢筋砼圈梁每间 300 元，砖带筋圈梁每间 150 元（按实际面积每间 25 平方米计算上升或下降）。

（5）附着物拆迁补偿标准为：水泥预制粪坑、砖砌粪坑每平方米 100 元，粪缸每个 30~100 元，迁棺木坟每座 600 元，迁骨灰盒每个 200 元，水井每眼 200~400 元，水池每个 30~60 元。同时规定在拆迁范围内银杏树木和杂树两种类型补偿标准为：银杏树成荫挂果的，以地面以上 1.3 米处计算，直径每厘米 80~120 元；杂树按地面以上 1.3 米处计算，直径每厘米 5 元，特大树木适当增加。对国家重点保护树木、植物比照银杏树补偿标准进行补偿。2002 年 3 月，市政府印发《泰兴市城市房屋拆迁管理暂行办法》，规定拆迁补偿方式可实行货币补偿，也可实行房屋产权调换。货币补偿金额，根据被拆迁房屋的区位、用途、建筑面积、新旧程度等因素，以房地产市场评估价格确定。实行房屋产权调换的，拆迁人与被拆迁人按照上述方法，委托具有房地产评估资质的房地产评估机构，计算被拆迁房屋补偿金额和所调换房屋市场价格，结清产权调换差价。拆除违章建筑和超过批准期限临时建筑 ，一律不予补偿；拆除未超过批准期限临时建筑，按剩余使用期限应分摊的建设成本给予补偿。规划部门在发放临时建筑许可证或国土管理部门在发放临时用地使用证时，已载明在临时用地批准使用期限内因城市建设需要无偿自行拆除的，一律不予补偿。拆迁范围内，属被拆迁人或房屋承租人安装使用的管道燃气、有线电视、有线广播、空调器、电话等设施，由拆迁人对其进行补偿。拆迁公益事业用房或公共设施的，拆迁人依照法律、法规规定和城市规划要求予以重建，或者给予货币补偿。

2003 年 6 月，市政府印发《泰兴市征用土地补偿安置暂行办法》，对征用土地所涉及地上附着物补偿标准作出规定：被征用土地上的坟墓，由市国土资源局会同被征地所在乡（镇）政府以公告形式通知坟主限期迁移，补偿坟墓迁移费标准为：棺木每口 400 元，骨灰盒（缸）每个 150 元。被征用土地所涉及地上附着物按暂行办法规定的补偿标准对附着物产权人进行补偿。同时，市政府印发《泰兴市城市房屋拆迁管理办法》，对补偿原则和标准作出新规定：（1）拆迁房屋补偿方式可实行货币补偿，也可实行房产权调换，被拆迁人有权选择拆迁补偿方式 。但拆迁非公益事业房屋的附属物，不作产权调换，由拆迁人给予货币补偿；拆迁租赁房屋，被拆迁人与房屋承租人对解除租赁关系达不成协议的，拆迁人应当对被拆迁人实行房屋产权调换。实行货币补偿的，货币补偿金直接支付给被拆迁人。（2）拆迁经依法批准的新建住宅房屋自竣工之日起至拆迁许可证颁发之日止不满一年的，拆迁人按被拆迁房屋重置价格增加 19% 的补偿金额；一年以上不满三年的，增加 17% 的补偿金额；三年以上不满五年的，增加 15% 的补偿金额。（3）因拆迁非住宅房屋造成停产、停业的，由拆迁人给予补偿。对非住宅房屋中从事商业、餐饮业、娱乐业、服务业的按实际营业面积给予货币补偿金额 10% 的停业补偿；对非住宅房屋中金融保险业、工业、仓储业、办公及其他按实际使用面积给予货币补偿金额 5% 的停产、停业补偿；对已停产停业的房屋不给予停产停业补偿。（4）凡被拆迁人具有市区常住户口，仅有被拆迁房屋一处住房且在该房屋中实际居住的，被拆迁人获得的货币补偿金额低于拆迁补偿最低标准4万元的，由拆迁人按4万元予以补偿。7月，市国土资源局、市物价局联合制定《泰兴市征用集体土地房屋拆迁补偿价格评估标准》，作为全市征用集体土地房屋拆迁补偿评估依据。全市按征用集体土地拆迁房屋重置补偿价格标准、建安补偿价格（建安价是指房屋及其配套设施的建造、改建、安装等过程中，由原材料、人工、机械等产生的成本。其构成由建设用地征用补偿费，建安工程费组成）标准执行。8月，市政府办公室印发《泰兴经济开发区拆迁补偿安置暂行办法》，对经济开发区被征用土地上拆迁房屋及其附属设施补偿作统一规定：（1）房屋拆迁补偿，是对经有权部门确认产权的合法建筑面积的房屋进行补偿，违章建筑和超过批准期限的临时建筑不予补偿；未超过批准期限的临时建筑，给予适当补偿。（2）被拆迁房屋实施货币补偿或实施统建公寓房安置的，根据被拆迁房屋的重置价结合成新，按照《泰兴经济开发区征地拆迁房屋补偿标准》，经评估后进行补偿；被拆迁房屋按规划自拆自建的，根据被拆除房屋的建安价结合成新，按照《泰兴经济开发区征地拆迁房屋补偿标准》，经评估后进行补偿。（3）被拆迁房屋的成新度为：100%－折旧率（按每年2%计算）×使用年限；成新度低于50%的，一律按50%计算。（4）附属物补偿标准为：围墙每平方米10元；水井每眼150元；混凝土室外地坪铺设厚度在10厘米以下的每平方米12元、厚度在10厘米以上（不含10厘米）的每平方米18元、砖铺室外地坪每平方米5元；室外水池每个50元；砖砌厕所每平方米50元；禽棚每平方米5元；锅灶每个50元；迁移棺木坟墓每座400元、骨灰盒每个150元、拾骨每具100元；缸式粪缸每个50元、砖砌每个100元；太阳能热水器拆装费每个100元；空调拆装费每个150元；电话、有线电视迁移，按有关部门规定补偿。（5）阁楼补偿标准为：阁楼檐净高（前后檐不等高取平均值，下同）0.5米至1.2米，最高点净高在1.6米以上（下同）的，按实际建筑面积的四分之一计算；阁楼檐净高在1.21米至1.70米的按实际建筑面积的二分之一计算；阁楼檐净高在1.71米至2.20米的，按实际建筑面积的四分之三计算；阁楼檐净高在2.21米以上的，按实际建筑面积的全部计算；阁楼建筑面积小于4平方米的，不作补偿；未经批准加建的假层，不列为阁楼建筑面积计算。企事业单位的厂房、办公用房及其他构，建筑物拆迁补偿，参照该暂行办法执行。

2003 年泰兴市附着物补偿标准一览表

表 5-3-1

名　称	规　格	单　位	标准（元）
喷灌设施		亩	1600
蔬菜大棚	钢管结构	亩	5000
	混凝土结构	亩	4000
	竹、木简易结构	亩	2000
涵、渠	直径 30~45 厘米	米	60
	直径 46~60 厘米		100
	直径 61~80 厘米		150
	直径 81 厘米以上		300
	水泥硬质衬渠	米	30
	水泥板明渠		60
村组自建道路（应在道路的使用期内，并且符合交通部门的道路标准，否则不予补偿）	泥石路	平方米	10
	沙石路		15
	沥青路		25
	混凝土路（混凝土厚度不低于 10 厘米，不足 10 厘米的折半计算）		40
	土路		不予补偿
晒场	现浇水泥混凝土厚度 5 厘米以上（不足 5 厘米的折半计算）	平方米	30
	预制块、砖铺		15
泵站（含泵房、水泵、配电柜、变压器等）	6 寸	座	2000
	8 寸		4000
	10 寸		6000
	12 寸		8000
	14 寸以上		10000
粪坑	缸式坑	个	100
	砖砌坑		150
水井	水泥管	座	150
	砖砌		300
	压泵井		120
	电泵井		200
沼气池		个	400

2003 年泰兴市树木和花木补偿标准一览表

表 5-3-2

<table>
<tr><th colspan="2">类 别</th><th>说 明</th><th>规格（直径）</th><th>单 位</th><th>标准（元）</th></tr>
<tr><td rowspan="8">一般树木</td><td rowspan="3">移植补偿</td><td rowspan="3">凡树木未成材可移植的，不分品种，从 1.3 米高处直径计算，付移植费用</td><td>3 厘米以下</td><td rowspan="3">株</td><td>不予补偿</td></tr>
<tr><td>3~5 厘米以下</td><td>10</td></tr>
<tr><td>5~10 厘米以下</td><td>15</td></tr>
<tr><td rowspan="5">砍伐补偿</td><td rowspan="5">凡树木可作成材使用的，不分品种，从 1.3 米高处直径计算补偿，砍伐树木归所有权人</td><td>5 厘米以下</td><td rowspan="5">株</td><td>2</td></tr>
<tr><td>5~10 厘米</td><td>5</td></tr>
<tr><td>10~15 厘米</td><td>25</td></tr>
<tr><td>15~20 厘米</td><td>50</td></tr>
<tr><td>20~25 厘米</td><td>75</td></tr>
<tr><td rowspan="12">经济树木</td><td>桃李杏柿梨等</td><td>未挂果的果树应尽量移植，按年限每株补偿标准：一年内 2 元；两年内 4 元；三年以上每株补偿标准见右</td><td>25 厘米以上</td><td>株</td><td>100</td></tr>
<tr><td rowspan="4">葡萄湖桑竹林杞柳</td><td rowspan="4">按等级和年限确定</td><td rowspan="4"></td><td>墩</td><td>50~100</td></tr>
<tr><td>株</td><td>5~10</td></tr>
<tr><td>平方米</td><td>10</td></tr>
<tr><td>亩</td><td>600~1000</td></tr>
<tr><td rowspan="7">银杏</td><td rowspan="6">每亩栽植低于 50 棵的，按直径大小分等，从地面 1 米高处测量</td><td>30.1 厘米</td><td rowspan="6">株</td><td>3000</td></tr>
<tr><td>20.1~30 厘米</td><td>2000</td></tr>
<tr><td>10.1~20 厘米</td><td>1000</td></tr>
<tr><td>5.1~10 厘米</td><td>100</td></tr>
<tr><td>3.1~5.0 厘米</td><td>30</td></tr>
<tr><td>3.0 厘米以下</td><td>1</td></tr>
<tr><td colspan="4">每亩栽植超过 50 棵的（定植苗木除外），一律按市场苗木价格补偿；30.1 厘米以上的，直径每增加 1 厘米，补偿费用增加 120 元</td></tr>
<tr><td colspan="2">花木苗圃迁移</td><td colspan="4">1. 庭院观赏地栽花木，参照移植费用补偿；
2. 盆栽花木，不予补偿；
3. 花木苗圃实施迁移的补偿，经有评估资质的人员评估后确定</td></tr>
</table>

2003年泰兴市征用集体土地拆迁房屋重置补偿价格标准一览表

表 5-3-3

类别	等级	结构、装修及设施	重置价格
砖混结构	一级	层高 2.8~3.2 米，条形基础，240 毫米实砌砖墙，钢筋混凝土构造柱，层层圈梁，现浇楼梯，水磨石地，坡屋面带阁楼，塑钢窗、铝合金窗，纱门窗齐全，内墙乳胶漆，外墙面砖。水、电设施及卫生洁具齐全	500 元 / 平方米
	二级	层高 2.8~3.2 米，条形基础，240 毫米实砌砖墙，层层圈梁，现浇楼梯，水泥地、现浇板、刚性防水屋面，有隔热层或木椽、望砖小瓦屋面。木门窗或部分铝合金窗，纱门窗齐全，外墙水泥砂浆粉刷，内墙乳胶漆，水、电设施及卫生洁具齐全	440 元 / 平方米
	三级	层高 2.8~3.2 米，砖基础，部分实砌墙，有圈梁，现浇或预制楼梯，水泥地，多孔板屋面或木椽、望砖小瓦屋面，木门窗或钢窗，纱门窗齐全，外墙粉刷，内墙涂料，水、电设施及卫生洁具齐全	380 元 / 平方米
	四级	层高 2.8~3.2 米，砖基础，空斗墙，有圈梁、现浇或预制楼梯，水泥地，坡屋面，木门窗或钢窗，有纱门纱窗，外墙局部粉刷、内墙涂料，水、电设施齐全	320 元 / 平方米
砖木结构	一级	檐高 3~3.2 米，砖基础，实砌 240 毫米砖墙。杉木桁条（ø19 以上），望砖木椽小瓦屋面，立贴式屋架（ø17 以上），间板齐全，室内采光、通风很好，内外墙粉刷，铝合金窗或木门窗，纱门窗齐全，水泥地或架空预制块地，水、电设施及卫生洁具齐全	445 元 / 平方米
	二级	檐高 2.8~3 米，砖基础，实砌 240 毫米砖墙。松木或杉木桁条（ø17 以上），望砖木小瓦屋面，立贴式屋架（ø15 以上），间板齐全，室内采光、通风很好，内外墙粉刷，木门窗，纱门窗齐全，水泥地或架空预制块地，水、电设施及卫生洁具齐全	385 元 / 平方米
	三级	檐高 2.6~2.8 米，砖基础，部分实砌墙，松木或杉木桁条（ø14 以上），望砖木椽小瓦或平瓦屋面，立贴式屋架（ø13 以上）或水泥木山，内隔墙，室内采光、通风一般，内外墙抹灰，木门窗，有纱门窗，预制块地或水泥地，水、电设施齐全	325 元 / 平方米
	四级	檐高 2.2~2.6 米，空斗墙、木梁或水泥桁条，水泥山、内隔墙，木椽、芦席油毡平瓦或小瓦屋面，木门窗，有纱门窗，砖地或预制块地，水泥地，室内采光、通风一般，水、电设施齐全	265 元 / 平方米
其他		檐高 2.2 米以上，空斗墙、砖地、瓦屋面、木门窗，水、电设施齐全	150 元 / 平方米

说明：

1. 评估时按实际层高对照以上结构层高标准，每增减 10 厘米调整价格 ±1%，前后不等高的，按平均高度计算。

2. 两家合山的，每合一山折减 2%。

3. 钢混及砖混结构若无卫生间，则按应设卫生间每个扣除 500 元

2003年泰兴市征用集体土地拆迁房屋建安补偿价格标准一览表

表 5-3-4

类别	等级	结构、装修及设施	建安价格
砖混结构	一级	层高2.8~3.2米，条形基础，240毫米实砌砖墙，钢筋混凝土构造柱，层层圈梁，现浇楼梯，水磨石地，坡屋面带阁楼，塑钢窗、铝合金窗，纱门窗齐全，内墙乳胶漆，外墙面砖。水、电设施及卫生洁具齐全	400元/平方米
	二级	层高2.8~3.2米，条形基础，240毫米实砌砖墙，层层圈梁，现浇楼梯，水泥地，现浇板，刚性防水屋面，有隔热层或木椽、望砖小瓦屋面。木门窗或部分铝合金窗，纱门窗齐全，外墙水泥砂浆粉刷，内墙乳胶漆，水、电设施及卫生洁具齐全	340元/平方米
	三级	层高2.8~3.2米，砖基础，部分实砌墙，有圈梁，现浇或预制楼梯，水泥地，多孔板屋面或木椽，望砖小瓦屋面，木门窗或钢窗，纱门窗齐全，外墙粉刷，内墙涂料，水、电设施及卫生洁具齐全	290元/平方米
	四级	层高2.8~3.2米，砖基础，空斗墙，有圈梁，现浇或预制楼梯，水泥地，坡屋面，木门窗或钢窗，有纱门纱窗，外墙局部粉刷、内墙涂料，水、电设施齐全	260元/平方米
砖木结构	一级	檐高3~3.2米，砖基础。实砌240毫米砖墙。杉木桁条（ø19以上），望砖木椽小瓦屋面，立贴式屋架（ø17以上），间板齐全，室内采光、通风很好，内外墙粉刷，铝合金窗或木门窗，纱门窗齐全，水泥地或架空预制块地，水、电设施及卫生洁具齐全	345元/平方米
	二级	檐高2.8~3米，砖基础，实砌240毫米砖墙，松木或杉木桁条（ø17以上），望砖木椽小瓦屋面，立贴式屋架（ø15以上），间板齐全，室内采光、通风很好，内外墙粉刷，木门窗，纱门窗齐全，水泥地或架空预制块地，水、电设施及卫生洁具齐全	300元/平方米
	三级	檐高2.6~2.8米，砖基础，部分实砌墙，松木或杉木桁条（ø14以上），望砖木椽小瓦或平瓦屋面，立贴式屋架（ø13以上）或水泥木山，内隔墙，室内采光、通风一般，内外墙抹灰，木门窗，有纱门窗，预制块地或水泥地，水、电设施齐全	270元/平方米
	四级	檐高2.2~2.6米，空斗墙、木梁或水泥桁条，水泥山、内隔墙，木椽、芦席油毡平瓦或小瓦屋面，木门窗，有纱门窗，砖地或预制块地、水泥地，室内采光、通风一般，水、电设施齐全	230元/平方米
其他		檐高2.2米以上，空斗墙、砖地、瓦屋面、木门窗，水、电设施齐全	130元/平方米

说明：

1. 评估时按实际层高对照以上结构层高标准，每增减10厘米调整价格±1%，前后不等高的，按平均高度计算。

2. 两家合山的，每合一山折减2%。

3. 钢混及砖混结构若无卫生间，则按应设卫生间每个扣除500元

2003 年泰兴经济开发区征地拆迁房屋补偿标准一览表

表 5-3-5

类别	等级	评估参据	重置价格（元）	建安价格（元）
砖混结构	一级	1. 层高 3.2 米以上，桩基或整板基础，240 毫米实砌砖墙，钢筋混凝土构造柱，层层圈梁，现浇楼梯，现浇坡屋面带阁楼。 2. 楼梯木扶手、木板踏步，大理石或镜面砖地面，塑钢窗或铝合金窗，纱门窗齐全，内墙乳胶漆，外墙面砖。 3. 水、电设施及卫生洁具齐全	380	320
	二级	1. 层高 3.0 米，条形基础，240 毫米实砌砖墙或部分实砌墙，层层圈梁，现浇楼梯，现浇平板屋面加钢性防水层和隔热层，或坡屋面木椽、望砖小瓦屋面。 2. 楼梯铺设大理石或同质砖踏步，水磨石地，木门窗或部分铝合金窗，纱门窗齐全，外墙水泥砂浆粉刷，内墙乳胶漆。 3. 水、电设施及卫生洁具齐全	330	270
	三级	1. 层高 3.0 米以下，砖基础，空斗墙或部分实砌墙，压筋腰箍，现浇或预制楼梯，多孔板屋面或坡屋面木椽、望砖小瓦屋顶。 2. 木门窗或钢窗，纱门窗齐全。外墙粉刷或局部粉刷，内墙涂料。 3. 有水、电设施，无卫生洁具或不齐全	280	240
砖木结构	一级	1. 檐高 3.2 米以上，条形基础，实砌 240 毫米砖墙，杉木桁条（ø 19 以上），望砖木椽小瓦屋面，立贴式屋架（ø 17 以上）。 2. 间板齐全，外墙瓷砖贴面，内墙乳胶漆，铝合金窗或木门窗，纱门窗齐全，大理石或镜面砖地。 3. 水、电设施及卫生洁具齐全	320	280
	二级	1. 檐高 3 米，砖基础，部分实砌 240 毫米砖墙，松木或杉木桁条（ø 17 以上），望砖木椽小瓦屋面，立贴式屋架（ø15 以上）。 2. 内隔墙，内外墙粉刷，木门窗，纱门窗齐全，水泥地或架空预制块地。 3. 水、电设施及卫生洁具齐全	280	250
	三级	1. 檐高 3 米以下，一般基础，空斗墙，松木或杉木桁条（ø 14 以上）或水泥桁条，望砖木椽小瓦或平瓦屋面，立贴式屋架（ø 13 以上）或水泥大山。 2. 部分内隔墙、内外墙无粉刷，木门窗，有纱门窗，预制块地或水泥地。 3. 水、电设施齐全	250	230
其他		檐高 2.2 米以下，空斗墙，砖地，瓦屋面，木门窗，水、电设施齐全	110	100

说明：

1. 评估时按实际层高（檐高），每增减 10 厘米调整价格 ±1%，前后不等高的，按平均高度计算。

2. 两家合山的，每合一山折减 2%。

3. 钢混及砖混结构若无卫生间，则按应设卫生间数量每个扣除 500 元

2003年泰兴经济开发区一般树木和经济树木补偿标准一览表

表5–3–6

<table>
<tr><th colspan="2">类 别</th><th>说　明</th><th>规 格（直径）</th><th>单 位</th><th>标准(元)</th></tr>
<tr><td rowspan="10">一般树木</td><td rowspan="4">移植</td><td rowspan="4">凡可移植的，不分品种，从1.3米高处直径计算，作移植补偿</td><td>3厘米以下（不含3厘米）</td><td rowspan="4">株</td><td>不予补偿</td></tr>
<tr><td>3~5厘米（不含5厘米）</td><td>3</td></tr>
<tr><td>5~10厘米（不含10厘米）</td><td>10</td></tr>
<tr><td>10厘米以上</td><td>15</td></tr>
<tr><td rowspan="6">砍伐</td><td rowspan="6">凡不可移植的，不分品种，从1.3米高处直径计算补偿，被砍伐树木归所有权人</td><td>5厘米以下（不含5厘米）</td><td rowspan="6">株</td><td>2</td></tr>
<tr><td>5~10厘米（不含10厘米）</td><td>5</td></tr>
<tr><td>10~15厘米（不含15厘米）</td><td>10</td></tr>
<tr><td>15~20厘米（不含20厘米）</td><td>20</td></tr>
<tr><td>20~25厘米（不含25厘米）</td><td>30</td></tr>
<tr><td>25厘米以上</td><td>50</td></tr>
<tr><td rowspan="15">经济树木</td><td rowspan="5">桃、李、杏、柿、梨等一般果树</td><td rowspan="5">凡可移植的，参照一般树木的移植标准补偿；不可移植的，补偿标准见右</td><td>3厘米以下（不含3厘米）</td><td rowspan="5">株</td><td>5</td></tr>
<tr><td>3~5厘米（不含5厘米）</td><td>15</td></tr>
<tr><td>5~10厘米（不含10厘米）</td><td>40</td></tr>
<tr><td>10~15厘米（不含15厘米）</td><td>70</td></tr>
<tr><td>15厘米以上</td><td>100</td></tr>
<tr><td>葡萄</td><td rowspan="3">凡可移植的，参照一般树木的移植标准补偿，不可移植的补偿标准见右</td><td rowspan="3"></td><td rowspan="2">株</td><td>50</td></tr>
<tr><td>湖桑</td><td>5</td></tr>
<tr><td>竹林</td><td>平方米</td><td>10</td></tr>
<tr><td rowspan="7">银杏</td><td>种育或外购成片密植的，按同等种植面积农作物青苗费的标准适当提高补偿标准，但最高不超过右侧标准</td><td></td><td>亩</td><td>3000</td></tr>
<tr><td rowspan="6">栽植株距在3米以上，每亩栽植低于50棵，已嫁接的定植苗从地面1.3米高处测量胸径，按直径大小给予移植费和移植后的经济补偿，标准见右</td><td>3厘米以下（不含3厘米）</td><td rowspan="2">株</td><td>1</td></tr>
<tr><td>3~5厘米（不含5厘米）</td><td>30</td></tr>
<tr><td colspan="3">5~10厘米（不含10厘米），5厘米50元/株，每增加1厘米，增加10元/株</td></tr>
<tr><td colspan="3">10~20厘米（不含20厘米），10厘米100元/株，每增加1厘米，增加100元/株</td></tr>
<tr><td colspan="3">20~30厘米（不含30厘米），20厘米1000元/株，每增加1厘米，增加100元/株</td></tr>
<tr><td colspan="3">30厘米以上，30厘米2000元/株，每增加1厘米，增加200元/株</td></tr>
<tr><td colspan="2">花木苗圃迁移</td><td colspan="4">1. 庭院观赏地栽花木，参照移植标准补偿；
2. 盆栽花木，不予补偿；
3. 花木苗圃实施迁移的补偿，经有评估资质的人员评估确定</td></tr>
</table>

2004 年 12 月，市政府印发《泰兴市征地补偿和被征地农民基本生活保障暂行办法》，规定被拆迁房屋及其建筑物、构筑物补偿费，按照重置价格结合成新确定；征地范围内拆迁的房屋，具有合法产权证明的，拆迁房屋建筑面积以产权证载明的面积为准，并按照重置价格结合成新的原则，经有资质的评估机构评估后予以补偿；违章建筑、违章搭建的建筑物及构筑物和超过批准期限的临时建筑物、构筑物一律不予补偿。地上附着物按规定补偿标准对产权人进行补偿。

2004 年泰兴市附着物补偿标准一览表

表 5-3-7

<table>
<tr><th>名　称</th><th>规　格</th><th>单　位</th><th>标准(元)</th></tr>
<tr><td>喷灌设施</td><td></td><td>亩</td><td>1600</td></tr>
<tr><td rowspan="3">蔬菜大棚</td><td>钢管结构</td><td rowspan="3">亩</td><td>5000</td></tr>
<tr><td>混凝土结构</td><td>4000</td></tr>
<tr><td>竹、木简易结构</td><td>2000</td></tr>
<tr><td rowspan="6">涵、渠</td><td>直径 30~45 厘米</td><td rowspan="4">厘米</td><td>60</td></tr>
<tr><td>直径 46~60 厘米</td><td>100</td></tr>
<tr><td>直径 61~80 厘米</td><td>150</td></tr>
<tr><td>直径 81 厘米以上</td><td>300</td></tr>
<tr><td>水泥硬质衬渠</td><td rowspan="2">米</td><td>30</td></tr>
<tr><td>水泥板明渠</td><td>60</td></tr>
<tr><td rowspan="5">村组自建道路（应在道路的使用期内，并且符合交通部门的道路标准，否则不予补偿）</td><td>泥石路</td><td rowspan="5">平方米</td><td>10</td></tr>
<tr><td>沙石路</td><td>15</td></tr>
<tr><td>沥青路</td><td>25</td></tr>
<tr><td>混凝土路（混凝土厚度不低于 10 厘米，不足 10 厘米的折半计算）</td><td>40</td></tr>
<tr><td>土路</td><td>不予补偿</td></tr>
<tr><td rowspan="2">晒场</td><td>现浇水泥混凝土厚度 5 厘米以上（不足 5 厘米的折半计算）</td><td rowspan="2">平方米</td><td>30</td></tr>
<tr><td>预制块、砖铺</td><td>15</td></tr>
<tr><td rowspan="5">泵站(含泵房、水泵、配电柜、变压器等)</td><td>6 寸</td><td rowspan="5">座</td><td>2000</td></tr>
<tr><td>8 寸</td><td>4000</td></tr>
<tr><td>10 寸</td><td>6000</td></tr>
<tr><td>12 寸</td><td>8000</td></tr>
<tr><td>14 寸以上</td><td>10000</td></tr>
<tr><td rowspan="2">粪坑</td><td>缸式坑</td><td rowspan="2">个</td><td>100</td></tr>
<tr><td>砖砌坑</td><td>150</td></tr>
</table>

续表 5-3-7

名　称	规　格	单　位	标准(元)
水井	水泥管	眼	150
	砖砌		300
	压泵井		120
	电泵井		200
沼气池		个	400

2004 年泰兴市树木和花木补偿标准一览表

表 5-3-8

类别		说　明	规格(直径)	单位	标准(元)
一般树木	移植补偿	凡树木未成材可移植的，不分品种，从 1.3 米高处直径计算，付移植费用	5~10 厘米（含 10 厘米）	株	15
			3~5 厘米（含 5 厘米）	株	10
			3 厘米以下（含 3 厘米）	株	不予补偿
	砍伐补偿	凡树木可做成材料使用的，不分品种，从 1.3 米高处直径计算补偿，砍伐树木归所有权人，付砍伐补偿费，标准见右	25 厘米以上	株	100
			20~25 厘米（含 25 厘米）	株	75
			15~20 厘米（含 20 厘米）	株	50
			10~15 厘米（含 15 厘米）	株	25
			5~10 厘米（含 10 厘米）	株	5
			5 厘米以下（含 5 厘米）	株	2
经济树木	桃李杏柿梨等	未挂果的果树应尽量移植，按年限每株补偿标准：一年内 2 元；两年内 4 元；三年以上每株标准见右		株	100
	葡萄 湖桑 竹林 杞柳	按等级和年限确定		墩 株 平方米 亩	50~100 5~10 10 600
	银杏	每亩栽植低于 50 棵的，按直径大小分等，从地面 1 米高处测量	30 厘米以上	厘米	120
			20~30 厘米（含 30 厘米）	厘米	70
			10~20 厘米（含 20 厘米）	厘米	50
			5~10 厘米（含 10 厘米）	厘米	10
			3~5 厘米（含 5 厘米）	厘米	6
			3 厘米以下（含 3 厘米）	厘米	2
花木苗圃迁移		每亩栽植多于 50 棵的（定植苗木除外），一律按市场苗木价格补偿； 1. 庭院观赏地栽花木，参照移植费用补偿； 2. 盆栽花木，不予补偿； 3. 花木苗圃实施迁移的补偿，经有评估资质的人员评估后确定			

2005 年 6 月，市政府印发《泰兴市征收集体土地房屋拆迁补偿安置暂行办法》规定:（1）对拆除批建房屋办理审批手续中明确应拆除而未拆除的旧房，不予补偿。（2）因房屋拆迁需要迁移管线或者铺设临时管线的费用，由拆迁人负责；结合道路扩建，按照规划需要移位或者新建、改建、扩建各种管线的费用，由管线权属部门承担。（3）房屋拆迁实行货币补偿安置方式的，货币补偿安置款由房屋重置价、房屋区位补偿款组成。房屋重置价由有资质的房地产评估机构按所拆房屋合法建筑面积的重置价格结合成新价计算。房屋区位补偿款按照集体土地拆迁补偿价格评估标准确定。（4）使用村集体经济组织土地的工业仓储用房，其房屋拆迁按重置价结合成新补偿房屋产权人，并补助其机械设备搬迁费用。

2006 年 11 月，市政府印发《泰兴市城市房屋拆迁管理办法》，规定凡被拆迁人具有被拆迁房屋所在地常住户口、在城市规划区内仅有被拆迁房屋一处住房且在该房屋中实际居住的，被拆迁人获得货币补偿金额低于拆迁补偿最低标准的（指房屋的市场评估价，不含装饰装潢等费用，下同），拆迁人按拆迁补偿最低标准 6 万元对被拆迁人予以补偿。

2009 年 5 月，市政府印发《关于泰兴市城市房屋拆迁管理办法》，对城市房屋拆迁补偿规定:（1）自拆迁公告发布后，被拆迁人实施的房屋装饰、装潢，以及突击栽植的经济林木苗不予补偿。拆除违章建筑和超过批准期限的临时建筑，不予补偿。拆除未超过批准期限临时建筑，应按剩余使用期限评估价格予以补偿。（2）拆迁补偿方式可以实行货币补偿，也可以实行房屋产权调换。被拆迁人选择货币补偿的，其货币补偿金额，根据被拆迁房屋的区位、用途、建筑面积、新旧程度等因素，以房地产市场评估价格确定。被拆迁人选择房屋产权调换的，拆迁人应当将被拆迁人的拆迁房屋补偿金额和所调换房屋的价格进行比较，如有差价的，则结清差价后给予产权调换。（3）被拆迁人选择产权调换的，只能选择住宅房进行产权调换，不得选择经营用房进行调换。（4）拆迁非公益事业房屋附属物，不作产权调换，由拆迁人给予货币补偿。（5）拆迁公益事业用房的，拆迁人应当按照法律、法规规定和城市规划要求予以重建，或者给予货币补偿。（6）被拆迁人具有被拆迁房屋所在地常住户口、在城市规划区仅有被拆迁的一处房屋且一直在该房屋中实际居住的，其获得的货币补偿 金额低于拆迁补偿最低标准 7 万元的，拆迁人按 7 万元标准对其予以补偿。同时，市住房和城乡建设局、市物价局、市国土资源局根据《泰兴市城市房屋拆迁管理的办法》规定，制定泰兴市市区拆迁房屋附属物附属设施装饰装潢及其他补偿标准，此补偿标准自 2009 年 5 月 5 日起执行，此前发布实施的补偿标准同时废止。

2009年泰兴市市区拆迁房屋附属物附属设施装饰装潢及其他补偿标准一览表

表5-3-9

类别	序号	项目名称	等级规格	单位	单价（元）	备注
（一）楼地面装修项目	1	釉面砖、同质砖、马赛克地面		平方米	50	
	2	抛光地砖		平方米	65	
	3	油漆地面		平方米	12	
	4	水磨石地面	普通嵌条	平方米	45	
			分格调色	平方米	50	
			彩色石子嵌铜条	平方米	75	
	5	花岗岩、大理石地面		平方米	100	含硬质基层
	6	拼花木条地板		平方米	45	
	7	实木地板 杉木材质		平方米	120	
		实木地板 水曲柳材质		平方米	150	
		实木地板 樱桃木材质		平方米	180	
		实木地板 竹木材质		平方米	180	
	8	免漆实木地板		平方米	240	含木基层
	9	复合木地板		平方米	40	板材厚0.8厘米、粘贴安装
					80	板材厚1.2厘米、粘贴安装、企口式
（二）贴面类	10	外墙面砖		平方米	70	
	11	内墙瓷砖		平方米	55	
	12	马赛克贴面		平方米	45	
	13	水刷石		平方米	25	
	14	墙裙 胡桃木	凹凸	平方米	75	含木龙骨、木基层、线条和油漆
			平面	平方米	65	含木龙骨、木基层、线条和油漆
		墙裙 水曲柳面	凹凸	平方米	60	含木龙骨、木基层、线条和油漆
			平面	平方米	50	含木龙骨、木基层、线条和油漆
		墙裙 红榉面	凹凸	平方米	65	含木龙骨、木基层、线条和油漆
			平面	平方米	58	含木龙骨、木基层、线条和油漆
		墙裙 普通三合板	凹凸	平方米	50	含木龙骨、木基层、线条和油漆
			平面	平方米	45	含木龙骨、木基层、线条和油漆
		墙裙 塑料扣板		平方米	30	含木龙骨
		墙裙 夹板面层		平方米	20	含木龙骨、线条、油漆

续表 5-3-9

类别	序号	项目名称	等级规格	单位	单价（元）	备注
（二）贴面类	15	软包	一等	平方米	45	九厘板以上衬板，海绵厚度 2 厘米以上，面料好，做工考究，含线条
			二等	平方米	30	五厘板以上衬板，海绵厚度 2 厘米以上，面料较好，质量符合工程验收标准，含线条
			三等	平方米	15	五厘板以下衬板，海绵厚度 1.5 厘米以上，面料一般，含线条
			四等	平方米	8	无木衬板，海绵厚度 1.5 厘米以下，面料一般，含线条，无海绵的可适当再降 3~5 元
	16	贴墙纸		平方米	15	
	17	喷塑墙面		平方米	15	
	18	油漆墙面		平方米	15	
	19	踢脚线	面砖踢脚	米	10	
			木踢脚	米	12	
			大理石踢脚	米	15	
（三）门窗类	20	窗帘盒		米	20	含窗轨
	21	木门窗套	单面、混水	米	18	含木龙骨（木基层）、线条和油漆
			单面、清水	米	25	含木龙骨（木基层）、线条和油漆
	22	铝合金、塑钢门窗		平方米	60	补差：古铜色铝合金门窗增加 20 元 / 平方米
	23	铝合金纱窗		个	40	
	24	铝合金、塑钢门窗	地弹门（含地弹簧）	平方米	280	古铜色铝合金门窗增加 20 元 / 平方米
			平开门	平方米	200	
			推拉窗	平方米	180	
			固定窗	平方米	100	
	25	木门　普通杉木门		樘	150	
		木门　胶合板门		樘	200	
		木门　实木门		樘	300	
	26	绿纱木门窗		平方米	60	

续表 5-3-9

类别	序号	项目名称		等级规格	单位	单价（元）	备注
（三）门窗类	27	不锈钢防盗栏			平方米	180	壁厚 1 毫米以上，立管间隔小于 12 厘米，有衬管、国标
						100	壁厚 0.8 毫米以上，间隔小于 15 厘米，无衬管、国标
						70	壁厚 0.8 毫米以上，间隔小于 20 厘米，无衬管、国标。大于 20 厘米可适当再降 10~15 元
	28	防盗门		普通方管	平方米	120	
				铁制平板	平方米	180	
				不锈钢管式门	平方米	250	
				不锈钢板式门（单面）	平方米	350	
				不锈钢板式门（双面）	平方米	600	
				双面铁制	樘	900	品牌防盗门
	29	钢管防盗栏			平方米	80	
	30	老虎窗			平方米	100	
	31	卷帘门			平方米	120	
（四）天棚类	32	夹板天棚	红榉面	凹凸	平方米	73	凹凸顶高差在 10 厘米以上，凸出面积必须占该房间面积的 15% 以上，含木龙骨、线条和油漆
				平面	平方米	65	
			水曲柳面	凹凸	平方米	68	
				平面	平方米	60	
			普通三合板	凹凸	平方米	60	
				平面	平方米	50	
	33	镜玻吊顶			平方米	80	
	34	彩玻吊顶			平方米	100	
	35	纤维板天棚			平方米	40	含木龙骨、线条和油漆
	36	石膏板吊顶			平方米	45	同钙塑板
	37	塑料扣板吊顶			平方米	40	含木龙骨、线条
	38	石膏线条			米	4	
	39	双层屋面			平方米	85	按水平投影面积

续表 5-3-9

类别	序号	项目名称	等级规格	单位	单价（元）	备注
（五）楼梯类	40	室外现浇楼梯		平方米	250	按水平投影面积
	41	实木楼梯		平方米	300	按水平投影面积
	42	铁楼梯		平方米	150	按水平投影面积
	43	铸铁栏杆		米	80	
	44	砼栏杆		米	45	
	45	不锈钢栏杆		米	130	
	46	实木栏杆		米	180	含油漆
（六）阁楼类	47	木阁楼（含木楞）		平方米	120	洋松或杉木板、楞
		水泥阁、砼阁楼		平方米	65	
（七）雨篷类	48	简易雨篷		平方米	15	
	49	玻璃钢雨篷		平方米	50	
	50	布遮阳篷		平方米	50	含钢骨架
	51	彩钢雨篷		平方米	120	含钢骨架
	52	现浇雨篷		平方米	100	
（八）家具类	53	厨房吊柜		平方米	100	
	54	普通固定木柜		平方米	200	大芯板衬底，榉木、樱桃木、枫木板贴面、带柜门
				平方米	120	大芯板衬底，木夹板贴面、带柜门
				平方米	60	普通夹板贴面
（九）装修的设备设施	55	家用灶	单眼	座	300	
			双眼	座	400	
	56	工作台		米	50	
	57	不锈钢水池	单眼	个	60	
			双眼	个	90	
	58	普通水池		个	50	含下水
	59	坐便器（普通）		套	400	含水箱、下水等
	60	洗脸池		套	90	含下水
	61	浴缸	铸铁	个	600	含下水
			亚克力	个	400	含下水

续表 5-3-9

类别	序号	项目名称	等级规格	单位	单价（元）	备注
（九）装修的设备设施	62	大理石台面		米	100	含磨边
	63	吊灯		叉	30	
	64	吸顶灯		盏	30	
	65	壁灯	单叉	盏	20	
			双叉	盏	40	
	66	筒灯、射灯		盏	10	
	67	镜面装饰玻璃		平方米	60	
	68	太阳能热水器		管	80	含组件、配件
	69	燃气、电热水器		台	300	拆装费
	70	窗式空调		台	120	拆装费
	72	挂壁式空调		台	180	拆装费
	72	柜式空调		台	220	拆装费
（十）附属物	73	水井	砖砌	口	450	含井台
			电泵井	口	300	
			压泵井	口	200	
	74	简易披屋		平方米	40	
	75	粪坑	缸式	只	120	
			砖砌	平方米	180	
	76	厕所	砖砌	平方米	80	
	77	沼气池、化粪池	座	600		
	78	院木门	樘	150	单扇	
	79	院铁门	管式	平方米	120	
			板式	平方米	180	
	80	铁艺围墙		平方米	120	
	81	围墙	实砌	平方米	100	含墙基、粉水泥砂浆
			空斗、1/2 墙	平方米	80	含墙基、粉水泥砂浆
	82	石驳岸		平方米	320	含基础
	83	室外块料地面		平方米	25	
	84	室外水泥地		平方米	40	
	85	砼道路		平方米	60	厚 15 厘米以上
	86	霓虹灯广告牌		组	150	一组含一只变压器

续表 5-3-9

类别	序号	项目名称	等级规格	单位	单价（元）	备注
（十）附属物	87	广告灯箱		平方米	180	
	88	喷绘广告牌		平方米	80	
	89	琉璃瓦		平方米	60~100	
	90	彩钢夹心瓦		平方米	80	
	91	玻璃钢瓦		平方米	30	
	92	水泥瓦		平方米	20	
	93	鱼池		平方米	260	24 墙砌筑内外粉刷、含防水层
	94	花台		平方米	120	
（十一）其他	95	银　杏	ø ＜ 5 厘米	厘米	5	按直径大小分等，从地面 1 米高处测量，含买断，未成活的不予补偿
			5 厘米 ≤ ø ＜ 10 厘米	厘米	10	
			10 厘米 ≤ ø ＜ 20 厘米	厘米	40	
			20 厘米 ≤ ø ＜ 30 厘米	厘米	60	
			ø ≥ 30 厘米	厘米	80	
			每亩栽植多于 50 棵的（定值苗木除外）一律按市场苗木价格补偿			
	96	桃、李、杏、柿、梨等		株	100	未挂果的应尽量移植，按年限每株补偿标准：一年内 2 元；两年内 4 元；三年以上每株标准见左
		葡萄		墩	50~100	
		湖桑		株	5~10	
		竹林		平方米	10	
		杞柳		亩	600~1000	
	97	密栽经济林木苗	6 ~ 10 棵 / 平方米	平方米	5	是指大乔木直径 3 厘米以下（含 3 厘米）、小乔木直径 2 厘米以下（含 2 厘米），且每平方米超过 5 棵
			11 ~ 15 棵 / 平方米	平方米	8	
			16 ~ 20 棵 / 平方米	平方米	10	
			21 棵以上 / 平方米	平方米	12	
	98	桂花树、蜡梅等	ø ≤ 5 厘米	厘米	20	庭院观赏地栽花木，参照移植费用补偿；盆栽花木不予补偿
			ø ＞ 5 厘米	厘米	50	

续表 5-3-9

类别	序号	项目名称	等级规格	单位	单价（元）	备注
（十一）其他	99	一般树木	5 厘米以下	株	2	贴补砍伐费
			5 ~ 10 厘米	株	5	
			10 ~ 15 厘米	株	25	
			15 ~ 20 厘米	株	50	
			20 ~ 25 厘米	株	75	
			25 厘米以上	株	100	
	100	迁坟费	棺木	口	800	
			骨灰盒	个	400	埋入地下

说明：评估操作中，用材和规格与此细则标准有差异的，由评估机构按实调整

2011 年 7 月，根据国务院《国有土地上房屋征收与补偿条例》和住建部《国有土地上房屋征收评估办法》规定，市住房和城乡建设局、市物价局、市国土资源局联合制定并公布《泰兴市市区征收房屋附属物、附属设施、装饰装潢及其他补偿标准》，该补偿标准公布执行后。此前实施的补偿标准同时废止（此前实施的项目仍适用原补偿标准）。7 月，市政府印发《关于调整征地补偿的通知》，对部分附着物补偿标准在 2004 年的基础上进行调整提高，调整后的征地附着物补偿标准从 2011 年 4 月 1 日起实施。在此之前征地附着物补偿方案已经批准的项目，仍按原征地附着物补偿标准执行。

2011 年泰兴市市区征收房屋附属物附属设施装饰装潢及其他补偿标准一览表

表 5-3-10

类别	序号	项目名称	等级规格	单位	单价（元）	备注
（一）楼地面装修项目	1	釉面砖、同质砖、马赛克地面		平方米	40	铺法简单、欠平整
				平方米	50	含硬质基层
	2	抛光地面	（60×60）	平方米	65	含硬质基层
			（80×80）	平方米	80	含硬质基层
	3	油漆地面		平方米	15	
	4	水磨石地面	普通嵌条	平方米	50	含硬质基层
			分格调色	平方米	60	含硬质基层
			彩色石子嵌铜条	平方米	85	含硬质基层

续表 5-3-10

类别	序号	项目名称		等级规格	单位	单价（元）	备注
（一）楼地面装修项目	5	花岗岩、大理石地面		普通	平方米	60	铺法简单、欠平整
				五莲红	平方米	100	含硬质基层
				蒙古黑	平方米	150	含硬质基层
				将军红	平方米	200	含硬质基层
	6	拼花木条地板			平方米	100	含木基层
	7	实木地板		木地板	平方米	100	
				杉木材质	平方米	120	
				水曲柳材质	平方米	150	
				樱桃木材质	平方米	180	
				竹木地板	平方米	180	
	8	免漆实木地板			平方米	240	含木基层
	9	复合木地板			平方米	25	铺法简单、材质一般
					平方米	40	板材厚 0.8 厘米、粘贴安装
					平方米	80	板材厚 1.2 厘米企口式、粘贴安装
					平方米	100	强化实木地板
（二）贴面类	10	踢脚线		PVC 踢脚	米	10	
				面砖踢脚	米	15	
				大理石踢脚	米	20	
				实木踢脚	米	30	
	11	外墙面砖			平方米	40	贴法简单、材质一般
					平方米	70	表面平整、专业勾缝
	12	内墙瓷砖			平方米	35	贴法简单、材质一般
					平方米	55	表面平整、专业勾缝
	13	马赛克贴面			平方米	45	
	14	水刷石			平方米	25	
	15	墙裙	胡桃木	凹凸	平方米	85	含木龙骨、木基层、线条和油漆
				平面	平方米	75	
			红榉面	凹凸	平方米	75	
				平面	平方米	68	
			水曲柳面	凹凸	平方米	65	
				平面	平方米	55	
			普通三合板	凹凸	平方米	55	
				平面	平方米	50	
			夹板面层		平方米	20	含木龙骨、线条、油漆
			塑料扣板		平方米	30	含木龙骨

续表 5-3-10

类别	序号	项目名称	等级规格	单位	单价（元）	备注
（二）贴面类	16	软包	一等	平方米	45	9 厘板以上衬板，海绵厚度 2 厘米以上，面料好，做工考究，含线条
			二等	平方米	30	5 厘板以上衬板，海绵厚度 2 厘米以上，面料较好，质量符合工程验收标准，含线条
			三等	平方米	15	5 厘板以下衬板，海绵厚度 1.5 厘米以上，面料一般，含线条
			四等	平方米	8	无木衬板，海绵厚度 1.5 厘米以下，面料一般，含线条，无海绵的可适当再降 3~5 元
	17	贴墙纸		平方米	25	
	18	喷塑墙面		平方米	15	
	19	油漆墙面		平方米	15	
	20	乳胶漆墙面		平方米	20	
（三）门窗类	21	木门窗套	单面、混水	米	25	含木龙骨（木基层）、线条和油漆
			单面、清水	米	35	含木龙骨（木基层）、线条和油漆
	22	大理石窗台板		米	60	宽 1.5 厘米以上，含磨边
	23	铝合金、塑钢门窗	补差	平方米	60	古铜色铝合金门窗增加 20 元 / 平方米
	24	铝合金（塑钢）内门、内隔断	平开	平方米	200	
			推拉	平方米	180	
			固定	平方米	100	
			固定	平方米	80	边框料较少
			地弹簧	付	200	
	25	木内门	普通杉木门	樘	250	含门锁等配件
			胶合板门	樘	300	含门锁等配件
			实木门	樘	450	含门锁等配件
			成品模压门	樘	600	含成品门套、门锁等配件
			成品全实木门	樘	1000	含成品门套、门锁等配件
	26	钛合金内门		平方米	200	主料壁较薄
			嵌玻	平方米	400	主料壁厚 1.2 毫米以上
			铝板	平方米	550	主料壁厚 1.2 毫米以上

续表 5-3-10

类别	序号	项目名称		等级规格	单位	单价（元）	备注
（三）门窗类	27	无框全玻门			平方米	500	10厘米以上钢化玻、含钢骨架、金属包边（门含地弹簧）、配件
	28	无框固定玻窗			平方米	200	
	29	防盗门		普通方管	平方米	120	含门锁等配件
				铁制平板	平方米	180	含门锁等配件
				不锈钢管式门	平方米	250	含门锁等配件
				不锈钢板式门（单面）	平方米	350	含门锁等配件
				不锈钢板式门（双面）	平方米	500	含门锁等配件
				双面铁制	樘	900	品牌防盗门
	30	不锈钢防盗栏		有衬管	平方米	180	壁厚1毫米以上，立管间距小于12厘米，国标
				无衬管	平方米	100	壁厚0.8毫米以上，间距小于15厘米，国标
					平方米	70	壁厚0.8毫米以上，间距小于20厘米，无衬管、国标。大于20厘米可适当再降10~15元
	31	钢管防盗栏			平方米	80	
	32	老虎窗			平方米	120	
	33	卷帘门		塑钢	平方米	100	
				网格	平方米	150	
				铝合金	平方米	200	
				电动卷帘门		350	含电机
	34	铝合金纱窗			个	50	
	35	窗铁栅			平方米	45	
	36	绿纱木门窗			平方米	80	
（四）天棚类	37	夹板天棚	胡桃木	凹凸	平方米	90	凹凸顶高差在10厘米以上，凸出面积必须占该房间面积15%以上，含木龙骨、线条和油漆
				平面	平方米	85	
			红榉木	凹凸	平方米	85	
				平面	平方米	80	
			水曲柳面	凹凸	平方米	80	
				平面	平方米	75	

续表 5-3-10

类别	序号	项目名称		等级规格	单位	单价（元）	备注
（四）天棚类	37	夹板天棚	普通三合板	凹凸	平方米	70	
				平面	平方米	60	
			夹板面层		平方米	30	含木龙骨、线条、油漆
	38	铝塑板吊顶		铝塑板面层	平方米	20	含木条、线条
					平方米	75	含龙骨、线条和造型
	39	镜玻吊顶			平方米	100	含龙骨、线条和造型
	40	彩玻吊顶			平方米	150	含龙骨、线条和造型
	41	纤维板天棚			平方米	40	含木龙骨、线条、油漆
	42	石膏板吊顶			平方米	25	工艺简单、表面不平整
				普通	平方米	50	含木龙骨、同钙塑板
				多层次	平方米	70	含木龙骨或轻钢龙骨
	43	塑料扣板吊顶			平方米	25	含木龙骨（间距 80 厘米以上）线条
					平方米	50	含木龙骨（间距 80 厘米以内）线条
	44	石膏线条			米	4	
	45	窗帘盒			米	20	
	46	窗轨		塑钢	米	10	
				铝合金	米	15	
				罗马杆	米	25	
	47	双层层面			平方米	100	按水平投影面积，含找平层
（五）楼梯类	48	室外现浇楼梯			平方米	300	按水平投影面积，已计入建筑面积的不另外计算
	49	室外铁楼梯			平方米	150	按水平投影面积
	50	砼栏杆			米	45	
	51	铸铁栏杆			米	80	
	52	罗马柱栏杆			米	100	
	53	不锈钢栏杆			米	80	壁厚 1 毫米以下，立柱间距 25~40 厘米
					米	150	壁厚 1 毫米以上（包含 1 毫米），立柱间距 25 厘米以内（含 25 厘米）
	54	金属拉丝栏杆			米	160	
	55	实木栏杆			米	180	含油漆

续表 5-3-10

类别	序号	项目名称	等级规格	单位	单价（元）	备注
（六）阁楼类	56	木阁楼（含木楞）		平方米	180	洋松或杉木板、楞
		水泥阁、砼阁楼		平方米	80	
（七）固定家具类	57		上柜	米	150	防火板面板、衬板
			下柜	米	300	
	58	普通固定木柜		平方米	60	吊柜、带柜门
				平方米	120	大芯板衬底，木夹板贴面，带柜门
				平方米	200	大芯板衬底，榉木、樱桃木、枫木板贴面，带柜门
				平方米	300	高档面板
（八）装修的设备设施	59	家用灶	单眼	座	500	含烟囱
			双眼	座	600	含烟囱
			三眼	座	700	含烟囱
	60	工作台		米	100	含砖砌基座、台板
	61	不锈钢水池	单眼	个	90	含下水、砖砌基座
			双眼	个	200	含下水、砖砌基座
	62	双联水嘴		套	120	
	63	三联水嘴		套	200	
	64	普通水池		个	80	含下水、砖砌基座
	65	坐便器（普通）		套	400	含水箱、下水等
	66	洗脸池	普通、立式	套	150	含下水、基座
			整体洗脸池	套	400	含下水
	67	浴缸	亚克力	只	500	含下水
			铸铁	只	800	含下水
	68	大理石台面		米	150	含磨边
	69	吊灯		叉	30	每间一盏，灯泡齐全、电路接通（超过的不予补偿）
	70	双管格栅灯		盏	80	
	71	吸顶灯、日光灯		盏	30	
	72	壁灯	单叉	盏	40	每间两盏，灯泡齐全、电路接通（超过的不予补偿）
			双叉	盏	60	

续表 5-3-10

类别	序号	项目名称	等级规格	单位	单价（元）	备注
（八）装修的设备设施	73	筒灯、射灯		盏	15	
	74	镜面装饰玻璃		平方米	100	
	75	太阳能热水器		管	80	含组件、配件
	76	燃气、电热水器		台	400	拆装费（含更换配件）
	77	空调移机	窗式空调	台	200	拆装费
			挂壁式空调	台	300	
			柜式空调	台	400	
	78	油烟机	拆装费	台	200	两种补偿方式只可选一种
			一次性买断	台	400	
	79	嵌入式燃气灶	拆装费	台	150	
			一次性买断	台	500	
（九）附属物	80	水井	压泵井	眼	200	
			电泵井	眼	300	
			砖砌	眼	600	含井台
	81	简易披屋		平方米	40	
	82	粪坑	缸式	个	120	
			砖砌	平方米	180	
	83	厕所		平方米	150	砖砌墙围护、瓦材屋面
	84	沼气池、化粪池		座	600	含盖板
	85	院木门		座	250	单扇、含门锁
	86	院铁门	管式	平方米	120	含门锁
			板式	平方米	180	含门锁
			铁艺大门	平方米	250	含门锁
	87	铁艺围墙		平方米	120	
	88	砖砌围墙	空斗、1/2 墙	平方米	100	含墙基、粉水泥砂浆
			实砌	平方米	120	含墙基、粉水泥砂浆
	89	砼现浇门楼		平方米	180	含防水、天沟
	90	实砌砖柱		平方米	400	含柱面粉水泥砂浆
	91	石驳岸		立方米	320	含基础
	92	室外块料地面		平方米	30	
	93	室外水泥地		平方米	30	厚 5 厘米以下，含简易垫层
				平方米	50	厚 5 厘米以上（含 5 厘米），含碎石垫层
	94	砼道路		平方米	70	厚 15 厘米以上含钢筋

续表 5-3-10

类别	序号	项目名称	等级规格	单位	单价（元）	备注
（九）附属物	95	固定广告牌	喷绘灯箱布	平方米	80	含角铁骨架
			铝塑板	平方米	180	含角铁骨架
			LED 电子	平方米	250	含骨架
			亚克力	平方米	300	含骨架
			玻管霓虹灯	组	150	一组含一只变压器
	96	招牌、灯箱凸体字	亚克力	平方米	200	
			铜字	平方米	500	
	97	玻璃瓦		平方米	30	屋面补差价
				平方米	100	非屋面部分、含垫层
	98	雨篷	简易雨篷	平方米	15	含骨架
			水泥瓦	平方米	20	含骨架
			玻璃钢雨篷	平方米	50	含骨架
			布遮阳篷	平方米	50	含钢骨架
			彩钢雨篷	平方米	80	彩钢单板，含钢骨架
				平方米	150	5 厘米以上夹心板，含钢骨架
			现浇雨篷	平方米	120	
（十）其他	99	鱼池		立方米	260	现浇砼底面、24 墙砌筑内外粉刷，含防水层
	100	花台		立方米	120	含 24 墙砌筑内外粉刷、压顶
	101	银杏	ø < 5 厘米	厘米	5	树冠齐全，枝下高 1.5 米以上（含 1.5 米），按直径大小分等，从地面 1 米高处测量，买断价。树冠不齐全或未成活的不予补偿
			5 厘米 ≤ ø < 10 厘米	厘米	10	
			10 厘米 ≤ ø < 20 厘米	厘米	40	
			20 厘米 ≤ ø < 30 厘米	厘米	60	
			ø ≥ 30 厘米	厘米	80	
			ø < 5 厘米	厘米	4	树冠齐全，枝下高 1.5 米以下，按直径大小分等，从地面 1 米高处测量，买断价。树冠不齐全或未成活的不予补偿
			5 厘米 ≤ ø < 10 厘米	厘米	8	
			10 厘米 ≤ ø < 20 厘米	厘米	30	
			20 厘米 ≤ ø < 30 厘米	厘米	50	
			ø ≥ 30 厘米	厘米	70	
			每亩栽植多于 50 棵的（定植苗木除外）一律按市场苗木价格补偿			

续表 5-3-10

类别	序号	项目名称	等级规格	单位	单价（元）	备注
（十）其他	102	桃李杏柿梨等	ø ≥ 5 厘米以上	株	100	砍伐费，根部以上 1 米处测量直径
			2 厘米≤ ø ＜ 5 厘米	株	20	
			ø ＜ 2 厘米	株	6	
		葡萄	ø ≥ 5 厘米以上	墩	100	砍伐费，根部以上 0.5 米处测量直径
			2 厘米 ≤ ø ＜ 5 厘米	墩	20	
			ø ＜ 2 厘米	墩	6	
		湖桑		株	10	
		竹林		平方米	10	
		杞柳		亩	600 ~ 1000	
		密栽经济林木苗	6 ~ 10 棵 / 平方米	平方米	5	是指大乔木直径 3 厘米以下（含 3 厘米），小乔木直径 2 厘米以下（含 2 厘米），且每平方米超过 5 棵。未成活的不予补偿
			11 ~ 15 棵 / 平方米	平方米	8	
			16 ~ 20 棵 / 平方米	平方米	10	
			21 棵以上 / 平方米	平方米	12	
	103	桂花树、蜡梅等	ø ＜ 5 厘米	厘米	20	庭院观赏地栽花木，参照移植费用补偿；盆栽花木不予补偿
			ø ≥ 5 厘米	厘米	50	
	104	一般树木	5 厘米以下	株	2	贴补砍伐费
			5 ~ 10 厘米	株	5	
			10 ~ 15 厘米	株	25	
			15 ~ 20 厘米	株	50	
			20 ~ 25 厘米	株	75	
			25 厘米以上	株	100	
	105	迁坟费	骨灰盒	个	400	埋入地下
			棺木	口	800	

2011 年泰兴市征地附着物补偿标准一览表

表 5-3-11

名　称	规　格	单位	标准（元）
喷灌设施		亩	1600
蔬菜大棚	钢管结构	亩	5000
	混凝土结构	亩	4000
	竹、木简易结构	亩	2000
涵、渠	直径 30～45 厘米	米	60
	直径 46～60 厘米	米	100
	直径 61～80 厘米	米	150
	直径 81 厘米以上	米	300
	水泥硬质衬渠	米	30
	水泥板明渠	米	60
村组自建道路（应在道路的使用期内，并且符合交通部门的道路标准，否则不予补偿）	泥石路	平方米	10
	沙石路	平方米	15
	沥青路	平方米	25
	混凝土路	平方米	40
	土路	平方米	不予补偿
晒场（室外水泥地）	厚度 5 厘米以上（含 5 厘米），含碎石垫层	平方米	50
	厚度 5 厘米以下，含简易垫层	平方米	30
	预制块、砖铺	平方米	25
泵站（含泵房、水泵、配电柜、变压器等）	6 寸	座	4000
	8 寸	座	8000
	10 寸	座	12000
	12 寸	座	16000
	14 寸以上	座	20000
粪坑	缸式坑	个	120
	砖砌坑	平方米	180
简易披屋		平方米	40
厕所	砖砌墙围护，瓦材屋面	平方米	150
水井	压泵井	眼	200
	电泵井	眼	300
	砖砌（含井台）	眼	600
沼气池		座	600

2011年泰兴市树木和花木补偿标准一览表

表 5-3-12

项目名称	等级规格	单位	单价（元）	备注
银杏	ø ＜ 5 厘米	厘米	5	树冠齐全，枝下高1.5米以上（含1.5米），按直径大小分等，从地面1米高处测量，买断价。树冠不齐全或未成活的不予补偿
	5 厘米 ≤ ø ＜ 10 厘米	厘米	10	
	10 厘米 ≤ ø ＜ 20 厘米	厘米	40	
	20 厘米 ≤ ø ＜ 30 厘米	厘米	60	
	ø ≥ 30 厘米	厘米	80	
	ø ＜ 5 厘米	厘米	4	树冠齐全，枝下高1.5米以下，按直径大小分等，从地面1米高处测量，买断价。树冠不齐全或未成活的不予补偿
	5 厘米 ≤ ø ＜ 10 厘米	厘米	8	
	10 厘米 ≤ ø ＜ 20 厘米	厘米	30	
	20 厘米 ≤ ø ＜ 30 厘米	厘米	50	
	ø ≥ 30 厘米	厘米	70	
	每亩栽植多于50棵的（定植苗木除外）一律按市场苗木价格补偿			
桃李杏柿梨等	ø ≥ 5 厘米以上	株	100	砍伐费，根部以上1米处测量直径
	2 厘米 ≤ ø ＜ 5 厘米	株	20	
	ø ＜ 2 厘米	株	6	
葡萄	ø ≥ 5 厘米以上	墩	100	砍伐费，根部以上0.5米处测量直径
	2 厘米 ≤ ø ＜ 5 厘米	墩	20	
	ø ＜ 2 厘米	墩	6	
湖桑		株	10	
竹林		平方米	10	
杞柳		亩	600–1000	
密栽经济林木苗	6 ~ 10 棵 / 平方米	平方米	5	是指大乔木直径3厘米以下（含3厘米），小乔木直径2厘米以下（含2厘米），且每平方米超过5棵。未成活的不予补偿
	11 ~ 15 棵 / 平方米	平方米	8	
	16 ~ 20 棵 / 平方米	平方米	10	
	21 棵以上 / 平方米	平方米	12	
桂花树、蜡梅等	ø ＜ 5 厘米	厘米	20	庭院观赏地栽花木，参照移植费用补偿；盆栽花木不予补偿
	ø ≥ 5 厘米	厘米	50	
一般树木	5 厘米以下	株	2	贴补砍伐费
	5 ~ 10 厘米	株	5	
	10 ~ 15 厘米	株	25	
	15 ~ 20 厘米	株	50	
	20 ~ 25 厘米	株	75	
	25 厘米以上	株	100	

2012 年 2 月，市政府印发《泰兴市国有土地上房屋征收与补偿办法》，规定经公示确认，被征收人具有本市常住户口、在城市规划区内仅有被征收的一处住房且在该房屋中实际居住，其获得货币补偿金额低于 8 万元的，按 8 万元标准给予补偿。

2013 年 12 月，市政府印发《泰兴市贯彻实施〈江苏省征地补偿被征地农民社会保障实施办法〉若干问题的规定》，明确要求：(1) 征地范围内地上附着物补偿按本市 2011 年 7 月确定的标准执行。地上附着物未明确补偿标准的，由征地单位与地上附着物所有权人协商确定，协商不成的，由有资质的价格鉴证机构进行评估，作为补偿依据。(2) 征收土地涉及房屋及其他建筑物、构筑物的，依法给予补偿。(3) 城市规划区内征收土地上涉及农民住宅的，不再安排宅基地，按照与被征收住房合法面积相当的原则安排住房，或者按照市场评估价格给予补偿。(4) 非法占地进行建设，或者违反城乡规划进行建设的，其建筑物、构筑物不予补偿；被批准为临时用地，超过批准使用期限的地上建筑物和其他附着物，不予补偿。

2015 年 8 月，市政府印发《关于调整附着物补偿标准的通知》，对征地涉及附着物补偿标准进行调整提高，调整后的附着物补偿标准从 2015 年 8 月 1 日起实施。至 2018 年，泰兴仍执行此附着物补偿标准。

2015 年泰兴市调整征地附着物补偿标准一览表

表 5-3-13

名称	规格	单位	标准（元）	备注
喷灌设施		亩	1600	
蔬菜大棚	钢管结构	亩	5000	
	混凝土结构	亩	4000	
	竹、木简易结构	亩	2000	
涵、渠	PVC 下水管	米	20	
	直径 30 ~ 45 厘米	米	60	
	直径 46 ~ 60 厘米	米	100	
	直径 61 ~ 80 厘米	米	150	
	直径 81 厘米以上	米	300	
	水泥硬质衬渠	米	30	
	水泥板明渠	米	60	

续表 5-3-13

名称	规格	单位	标准（元）	备注
村组自建道路（应在道路的使用期内，并且符合交通部门的道路标准，否则不予补偿）	泥石路	平方米	10	
	沙石路	平方米	30	
	沥青路	平方米	60	
	砼道路	平方米	70	含钢筋砼基层（厚10～20厘米）、垫层
		平方米	90	含钢筋砼基层（厚20厘米以上）、垫层
	土路	平方米	不予补偿	
晒场	室外水泥地	平方米	60	厚5厘米以上（含5厘米），含碎石垫层
		平方米	30	厚5厘米以下，含简易垫层
	室外块料地	平方米	30	预制块、砖地
		平方米	40	道板砖地面
泵站（含水泵、配电柜、变压器）	6寸	座	4000	泵房按重置价格补偿
	8寸	座	8000	
	10寸	座	12000	
	12寸	座	16000	
	14寸以上	座	20000	
粪坑	缸式坑	个	120	
	砖砌坑	平方米	180	
简易披屋		平方米	40	
厕所		平方米	300	砖砌墙围护、瓦材屋面
水井	压泵井	眼	350	含压泵、管道等
	电泵井	眼	400	含电泵、管道等
	砖砌	眼	800	含井台
沼气池		座	600	含盖板

2015 年泰兴市树木和花木补偿标准一览表

表 5-3-14

项目名称	等级规格	单位	单价（元）	备注
银杏	ø < 5 厘米	厘米	5	树冠齐全，枝下高 1.5 米以上（含 1.5 米），按直径大小分等，从地面 1 米高处测量，买断价。树冠不齐全或未成活的不予补偿
	5 厘米 ≤ ø < 10 厘米	厘米	10	
	10 厘米 ≤ ø < 20 厘米	厘米	40	
	20 厘米 ≤ ø < 30 厘米	厘米	60	
	ø ≥ 30 厘米	厘米	80	
	ø < 5 厘米	厘米	4	树冠齐全，枝下高 1.5 米以下，按直径大小分等，从地面 1 米高处测量，买断价。树冠不齐全或未成活的不予补偿
	5 厘米 ≤ ø < 10 厘米	厘米	8	
	10 厘米 ≤ ø < 20 厘米	厘米	30	
	20 厘米 ≤ ø < 30 厘米	厘米	50	
	ø ≥ 30 厘米	厘米	70	
	每亩栽植多于 50 棵的（定植苗木除外）一律按市场苗木价格补偿			
桃李杏柿梨等	ø ≥ 10 厘米以上	株	200	根部以上 1 米处测量直径，树木归所有人处置。未成活的不予补偿
	5 厘米 ≤ ø < 10 厘米	株	100	
	2 厘米 ≤ ø < 5 厘米	株	20	
	ø < 2 厘米	株	6	
葡萄	ø ≥ 8 厘米以上	墩	200	根部以上 0.5 米处测量直径，树木归所有人处置，未成活的不予补偿
	5 厘米 ≤ ø < 8 厘米	墩	100	
	2 厘米 ≤ ø < 5 厘米	墩	20	
	ø < 2 厘米	墩	6	
湖桑		株	10	
竹林		平方米	10	
杞柳		亩	600 ~ 1000	
密栽果树、经济林木苗	6 ~ 10 棵 / 平方米	平方米	5	是指大乔木直径 3 厘米以下（含 3 厘米），小乔木直径 2 厘米以下（含 2 厘米），且每平方米超过 5 棵。未成活的不予补偿
	11 ~ 15 棵 / 平方米	平方米	8	
	16 ~ 20 棵 / 平方米	平方米	10	
	21 棵以上 / 平方米	平方米	12	
桂花树、蜡梅等	ø < 5 厘米	厘米	20	庭院观赏地栽花木，参照移植费用补偿；盆栽花木不予补偿
	ø ≥ 5 厘米	厘米	50	

续表 5-3-14

项目名称	等级规格	单位	单价（元）	备注
一般树木	5 厘米以下	株	2	根部以上 1 米处测量直径，树木归所有人处置。未成活的不予补偿。
	5 ～ 10 厘米	株	5	
	10 ～ 15 厘米	株	30	
	15 ～ 20 厘米	株	50	
	20 ～ 25 厘米	株	75	
	25 厘米以上	株	100	

二、安置

（一）劳动力安置

1996 年，泰兴市被征地农民劳动力安置按照市政府 1992 年印发《关于征地劳力安置的实施意见》和 1994 年 5 月市政府关于征地劳力安置补充规定执行：（1）凡征地前农业人口平均耕地 1 亩以上的被征地单位，征用耕地安置补助费为该地被征用前 3 年平均每亩年产值的 3 倍；征地前农业人口平均耕地不满 1 亩的被征地单位，征用每亩耕地的安置补助费以年产值 的 4 倍起算；人均耕地每减少 0.1 亩，安置补助费相应增加年产值的 1 倍，但最高不得超过年产值的 10 倍（征用非耕地安置补助费，按该土地年产值和略低于邻近耕地的安置补助倍数计算）。（2）征地前人均耕地在 0.5 亩以下的（含 0.5 亩），按被征地单位征地前土劳比例计算安置人数，但最多不得超过一亩二人。（3）征地劳动力安置，本着谁征地谁安排的原则，由征地单位与被征地村民委员会签订劳力安置协议，给征地工实行一次性经济补偿，由其自谋职业，征地单位一律不负责劳力安置。征地工补助标准每人一次性补助 11000 元，其补助费归个人所有，但不直接发给个人，由征地单位一次性发付给银行或保险公司，按月发给利息为其生活费。（4）征用土地后被征地村民小组人均耕地在 0.4~0.3 亩的，每征用 1 亩耕地由征地单位另外支付老年村民保养金 2000 元；征地后人均耕地在 0.3~0.2 亩的，每征用 1 亩耕地支付老年村民保养金 3000 元；征地后人均耕地低于 0.2 亩的，每征用 1 亩耕地支付老年村民保养金 4000 元；人均耕地不足 0.1 亩的村民小组，报经省政府批准撤销原建制，将原有农业户口转为非农业户口。同时让老年村民每月享受到 30~50 元的老年保养金。

1999 年，泰兴市对被征地农民劳动力安置，执行 1999 年 1 月 1 日起施行的《中华人民共和国土地管理法》和《中华人民共和国土地管理法实施条例》规定：（1）征用耕地的安置补助费，按照需要安置的农业人口计算。需要安置的农业人口数，按照被征用耕地数量除以征地前被征用单位人均占有耕地数量计算。每一个需要安置的农业人口安置补助费标准，为该耕地被征用前三年平均年产值4~6倍，但每公顷被征用耕地的安置补助费，最高不得超过被征用前三年平均年产值的15倍。（2）征用耕地支付的土地补偿费和安置补助费，尚不能使需要安置农民保持原有生活水平的，经省政府批准，可增加安置补助费。但土地补偿费和安置补助费总和不得超过土地征用前三年平均年产值的30倍。（3）征用土地安置补助费分三种类型使用：需要安置人员由农村集体经济组织安置的，安置补助费支付给农村集体经济组织，由农村集体经济组织管理和使用；由其他单位安置的，安置补助费支付给安置单位；不需要统一安置的，安置补助费发放给被安置人员个人或者征得被安置人员同意后用于支付被安置人员的保险费用。2001年，泰兴市对被征地农民劳动力安置，执行2001年1月1日起施行的《江苏省土地管理条例》规定：征用耕地的安置补助费，按征地前被征地单位农业人口人均耕地面积计算：人均耕地面积十五分之一公顷（1亩）以上的，安置补助费为该耕地被征用前3年平均年产值的5倍；人均耕地不足十五分之一公顷（1亩）的，从6倍起算，人均耕地每减少一百五十分之一公顷（0.1亩），安置补助费相应增加1倍，但最高不得超过该耕地被征用前3年平均年产值的15倍。征用其他农用地安置补助费，按照该土地邻近耕地补偿费标准70%计算。征用农民集体所有非农业建设用地的，不支付安置补助费。

2002年6月，泰兴市执行《泰州市实施〈江苏省土地管理条例〉办法》规定：征用市、市（县）城市规划区内集体土地，被征地农村集体经济组织人均耕地低于三十分之一公顷（0.5亩）的，可实行货币安置，每个需安置人员的标准为10000~18000元，实行货币安置的不再按征用耕地面积支付安置补助费。

2003年6月，市政府印发《泰兴市征用土地补偿安置暂行办法》，规定征用耕地后被征地单位人均耕地在0.5亩（含0.5亩）以下的，征地单位除按规定支付安置补助费外，应向被征地人支付农业人口保养金，支付标准按该土地征用前3年平均年产值4倍计算。2004年12月，市政府印发《泰兴市征地补偿和被征地农民基本生活保障暂行办法》，规定需要安置的被征地农村集体经济组织人数，按照被征用耕地数量除以被征地农村集体经济组织征地前平均每人占有耕地的数量计算，每个安置人员安置补助费标准为13000元。需要安置人员不再安排工作的，实行基本生活保障，自谋职业。被征地农民基本生活保障资金来源包括：（1）80%的土地补偿费和全部安置补助费；（2）政府从新征用建设用地土地出让金中按每公顷135000元标准提取；（3）被征地农民基本生活保障资金利息及其增值收入部分；（4）其他可用于被征地农民基本生活保障的资金。同时规定：以征地补偿安置方案批准之日起为界限，实行基本生活保障的被征地农民划分为4个年龄段：第一年龄段为16周岁以下；第二年龄段为女性16周岁以上（“以上”含本数，下同）至45周岁、男性16周岁以上至50周岁；第三年龄段为女性45周岁以上至55周岁、男性50周岁以上至60周岁；第四年龄段为女性55周岁以上、男性60周岁以上。第一年龄段人员一次性领取生活补助费每人4000元，不再纳入基本生活保障体系，达到就业年龄后，按照城镇新成长劳动力进行管理；第二年龄段人员，从农村集体经济组织交付土地的次月起两年内，按月领取就业培训期生活补助费，每人每月120元，达到养老年龄按月领取养老金；第三年龄段人员，从交付土地次月起到养老年龄止，按月领取生活补助费，每人每月100元，达到养老年龄按月领取养老金；第四年龄段人员，从交付土地次月起，按月领取养老金，每人每月140元。上述年龄人员中，经有权部门鉴定丧失劳动能力的，从交付土地的次月起至达到养老年龄止，每人每月增领100元生活补助费，达到养老年龄按月领取养老金。

2006年11月，市政府印发《泰兴市被征地农民基本生活保障补充办法》，明确规定:（1）2005年1月1日以后被征用土地、经国土资源部门核定领取安置补助费且年龄在16周岁以上的农村集体经济组织成员，都可以参加基本生活保障。（2）参加基本生活保障的被征地农民，男年满60周岁、女年满55周岁，可按月领取基本生活保障养老金；参加基本生活保障时，男超过60周岁、女超过55周岁的被征地农民，从缴费办理领取基本生活保障养老金手续的次月起享受待遇。（3）参加基本生活保障的被征地农民，达到享受养老金规定年龄后，领取养老金标准为每月300元。同时，建立基本生活保障养老金调整增长机制，对享受被征地基本生活保障待遇的人员，适时提高基本生活保障养老金发放标准，增幅不低于城镇居民最低生活保障调整幅度。（4）参加基本生活保障的被征地农民，在被征地同时办理参加基本生活保障手续，参照《被征地农民参加基本生活保障一次性缴费标准对照表》缴纳基本生活保障费。对女超过55周岁、男超过60周岁的被征地农民，缴费时分别执行女55周岁、男60周岁的标准。（5）被征地农民缴纳的基本生活保障费由所有安置补助费、80%的土地补偿费、财政补助三部分构成，参加基本生活保障的大龄人员参保时，上述三项资金一次性全部用于缴费，仍出现不足的，由村集体经济组织20%的土地补偿费中解决。参保人员用土地补偿费和安置补助费一次性缴纳基本生活保障费后有多余的，多余部分归参保个人所有。（6）市建立统筹配套基金专户，资金来源主要为政府提取的土地出让金。2005年1月1日至2006年11月30日征用出让的土地，提取土地出让金标准为每公顷135000元；2006年12月1日起，经营性用地土地出让金提取标准为每公顷270000元，工业、公益性用地土地出让金提取标准每公顷仍为135000元。统筹配套基金主要用于对参加基本生活保障人员按缴费总额的25%给予补助和调整基本生活保障待遇标准，确保被征地农民基本生活保障养老金按时足额发放。

征地农民参加基本生活保障一次性缴费标准对照表

表 5-3-15

领取标准 缴费标准 年龄(岁)	女（300 元 / 月）			男（300 元 / 月）		
	小 计	个人缴纳	财政补助	小 计	个人缴纳	财政补助
16	18652	13989	4663	15421	11566	3855
17	19021	14266	4755	15727	11795	3932
18	19397	14548	4849	16037	12028	4009
19	19781	14836	4945	16356	12267	4089
20	20173	15130	5043	16679	12509	4170
21	20573	15430	5143	17009	12757	4252
22	20980	15735	5245	17347	13010	4337
23	21396	16047	5349	17689	13267	4422
24	21819	16364	5455	18040	13530	4510
25	22251	16688	5563	18397	13798	4599
26	22692	17019	5673	18761	14071	4690
27	23141	17356	5785	19133	14350	4783
28	23599	17699	5900	19512	14634	4878
29	24067	18050	6017	19899	14924	4975
30	24543	18407	6136	20292	15219	5073
31	25029	18772	6257	20693	15520	5173
32	25524	19143	6381	21104	15828	5276
33	26031	19523	6508	21521	16141	5380
34	26545	19909	6636	21948	16461	5487
35	27071	20303	6768	22383	16787	5596
36	27607	20705	6902	22825	17119	5706
37	28153	21115	7038	23277	17458	5819
38	28711	21533	7178	23739	17804	5935
39	29280	21960	7320	24208	18156	6052
40	29859	22394	7465	24688	18516	6172
41	30451	22838	7613	25176	18882	6294
42	31053	23290	7763	25675	19256	6419
43	31668	23751	7917	26183	19637	6546
44	32295	24221	8074	26701	20026	6675
45	32935	24701	8234	27231	20423	6808

续表 5-3-15

领取标准 / 缴费标准 / 年龄（岁）	女（300 元 / 月）			男（300 元 / 月）		
	小 计	个人缴纳	财政补助	小 计	个人缴纳	财政补助
46	33587	25190	8397	27769	20827	6942
47	34252	25689	8563	28319	21239	7080
48	34931	26198	8733	28880	21660	7220
49	35621	26716	8905	29452	22089	7363
50	36327	27245	9082	30035	22526	7509
51	37047	27785	9262	30629	22972	7657
52	37780	28335	9445	31236	23427	7809
53	38528	28896	9632	31855	23891	7964
54	39291	29468	9823	32485	24364	8121
55	40068	30051	10017	33128	24846	8282
56	—	—	—	33784	25338	8446
57	—	—	—	34453	25840	8613
58	—	—	—	35136	26352	8784
59	—	—	—	35831	26873	8958
60	—	—	—	36541	27406	9135

2007 年，全市征收集体土地 170 公顷，从土地出让金中提取工业用地每亩 9000 元、经营性用地每亩 18000 元，共提取 2297.26 万元被征地农民基本生活保障资金，1152 名被征地农民得到基本生活保障。2009 年 10 月，市政府印发《泰兴市被征地和自愿放弃土地承包经营权的农民社会保障暂行办法》规定：（1）对被征地农民实行征地、补偿、保障“三同步”，土地征收时，由市国土资源部门核定被征地农民参加社会保障人数，参保人员名单由所在村（组）确定；对集体经济组织部分征地后，按征地面积和人数比例，遵循人地对应原则，确定征地保障人员。（2）按“依法、自愿、有偿”的原则，让放弃土地承包经营权的农民和以承包地换保的农民，同等享受被征地农民待遇。（3）被征地农民基本生活保障资金由土地补偿费、安置补助费和市政府从土地出让金中提取的被征地农民基本生活保障资金组成。对被征建设用地，市政府从土地出让金中提取的基本生活保障资金标准为：经营性用地由每公顷 270000 元提高到 330000 元，工业、公益性用地由每公顷 135000 元提高到 165000 元。基本生活保障资金不足支付的，由市财政解决。（4）对被征地农民分 4 个年龄段实行补偿。第一年龄段（16 周岁以下）人员，一次性领取生活补助费 13000 元；第二年龄段（女性 16 周岁以上至 45 周岁、男性 16 周岁以上至 50 周岁）人员，领取就业培训期生活补助费每月 140 元，发放期为 3 年；第三年龄段（女性 45 周岁以上至 55 周岁、男性

50周岁以上至60周岁）人员，领取生活补助费每月120元；第四年龄段（女性55周岁以上、男性60周岁以上）人员直接领取养老保险金。2011年7月，市政府印发《关于调整征地补偿标准的通知》，规定从是年4月1日起，对全市每一名需要安置的被征地农民，将安置补助费调整为每人17000元；征收建设用地和未利用地的，不支付安置补助费。2011—2012年，市政府从出让金中提取被征地农民社会保障统筹配套资金15104.4万元，安置农业人口9075人。

2013年12月，市政府印发《泰兴市贯彻实施〈江苏省征地补偿和被征地农民社会保障实施办法〉若干问题的规定》，进一步明确：（1）泰兴市征地安置补助费标准按照省规定的三类地区标准执行，即需要安置的被征地农民，其安置补助费标准为每人17000元，在此基础上，根据社会发展水平、物价变动和被征地农民社会保障标准等情况适时调整。（2）安置补助费用于16周岁以下被征地农民生活补助和16周岁以上（"以上"含本数，下同）被征地农民社会保障。16周岁以上至60周岁被征地农民在企业就业的，参加企业职工基本养老保险；从事非全日制工作或者自由择业（灵活就业）的，按照灵活就业人员规定参加企业职工基本养老保险。达到退休年龄时缴费不足15年的按照差几年补几年的办法补缴（暂执行至2016年12月底）。（3）16周岁以上至60周岁被征地农民未参加企业职工基本养老保险的，按规定参加城乡居民社会养老保险，缴纳保险费至少15年（含补缴）；每年最低缴费标准按征地时泰兴市农村最低生活保障标准10倍确定；征地前已参加城乡居民社会养老保险的被征地农民，征地前、后累计缴纳保险费基本金水平，平均每年要达到征地时泰兴市农村最低生活保障标准10倍。（4）60周岁以上被征地农民从征地补偿安置方案批准次月起，按照泰兴市农村最低生活保障标准1.1倍按月领取养老补助金；被征地前已经参加新型农村社会养老保险或者城镇居民养老保险人员，同时享受省政府规定的最低标准基础养老金。（5）被征地农民家庭人均收入低于当地最低生活保障标准的，按照规定申请最低生活保障。2013—2014年，市政府从土地出让金中提取被征地农民基本生活保障资金35818.74万元，安置农业人口12383人。2015—2018年，全市安置被征地农民27629人。至2018年，泰兴对征（使）用土地劳动力安置仍执行以上文件规定。

（二）房屋拆迁安置

1996年，全市执行1995年2月市政府印发的《泰兴市城市房屋拆迁管理规定》中明确的政策和安置标准：（1）拆除住宅房屋和非住宅房屋，按照原建筑面积安置。安置建筑面积与被拆除建筑面积相等的，按照被拆除房屋重置价格结合成新与安置房建筑安装工程造价相互结算；安置建筑面积超出拆除建筑面积的部分，由被拆迁人按照商品房价格承担；安置建筑面积不足被拆除建筑面积的部分，按照建筑安装工程造价与商品房价的差价进行补偿。（2）安置房由被拆迁人自行解决的，拆迁人对被拆除房屋及其附属物按照拆除的合法建筑面积的重置价格结合成新结算，给予被拆迁人补偿，安置房拆一还一部分，按上年度征地新建的普通住宅商品房（套房）最高限价与其建筑安装工程造价的差价对被拆迁人进行补偿；世居在拆迁范围内的农民，在不影响规划的前提下，由村（组）调出土地安排宅基地采取自拆自建的，拆迁人对其只给予被拆除房屋及其附属物的补偿，并由被拆迁人自行解决过渡用房。（3）拆迁补偿安置采取产权调换形式的，拆迁人没有现房安置，必须按被拆除房屋使用面积给予每平方米每月 1 元的临时过渡费，过渡期限一般为一年，最长不得超过两年，由于拆迁人的责任而超过最长过渡期限的，从逾期之日起加倍付给临时过渡费；采取作价补偿和自拆自建形式的，一次性付给 4 个月临时过渡费。（4）被拆迁房屋使用人因拆迁搬家，由拆迁人按被拆除房屋常住人口付给搬家费。搬家费以 3 人户为基数，每户 80 元，每增加 1 人，增加 20 元，最高不超过 140 元。（5）拆迁非住宅房屋造成停产、停业引起经济损失的，拆迁人按在编职工人数或按工商营业执照登记的从业人数每人每月 80 元标准，一次性发给 6 个月生活补助费。

1999 年 3 月，市政府印发《泰兴市城市房屋拆迁补偿安置实施细则》，对房屋拆迁安置作出规定：（1）被拆迁人自行解决安置房，放弃安置面积的，除按被拆除房屋合法建筑面积的重置价格结合成新进行补偿外，再一次性补偿每平方米 500 元。实行产权调换的，按被拆除房屋合法建筑面积计算，安置的建筑面积与被拆除建筑面积相等的，按照旧房重置价格结合成新与新房安置价格相互结算；安置的建筑面积超过原拆除建筑面积，到新区（指新征地建设的区域，下同）安置的，享受靠套型面积 10 平方米的优惠价，到旧区（指拆迁改建的区域，下同）安置的，享受靠套型面积 5 平方米的优惠价，其余部分按商品房价格结算，优惠价按安置地段商品房价格 85% 计算。（2）被拆迁人房屋拆除后，从区位较好地段安置到区位较差地段的，拆迁人必须按拆除房屋面积提高补偿标准，由一类地段安置到二类地段的补偿每平方米 30 元，安置到三类地段的补偿每平方米 50 元；由二类地段安置到三类地段的补偿每平方米 20 元。（3）拆除经济条件较差的特困户住房，其确无能力承担安置差价、其他又无住房的，由拆迁人用旧平房调换安置，或按重置价结合成新作价收购后，对其安置相等面积的公房给予租住，其房租由租住人承担。（4）拆除单位生产、经营性非住宅用房，造成被拆迁单位停产、停业的，拆迁人按照在被拆除房屋内工作的在册职工人数和泰兴市职工最低工资保障线每人每月 146 元的标准，一次性发给 6 个月生活补助费；拆除个体工商户和私营企业自有生产、营业用房造成停产、停业的，由拆迁人按照营业执照登记的从业人员和泰兴市职工最低工资保障线标准，一次性发给 6 个月生活补助费，停产、停业不足 6 个月的按实际发给。

2000 年 3 月，市政府印发《泰兴市城市房屋拆迁补偿安置补充细则》，规定拆除非住宅房屋补偿安置结算办法为：拆一还一部分按旧房的重置价格结合成新与安置房价格结算，框架结构的按每平方米 1500 元结算，混合结构的按每平方米 1200

元结算，超出拆一还一面积的部分按商品价格结算。同时规定拆除不能界定为非住宅房屋的，视情况一律按住宅用房分别进行补偿安置:（1）历史上形成的门面房屋实际作为营业用房使用、有工商营业执照或其法人执照并按规定缴纳有关税费的，按实际营业用房面积给予产权人每平方米 200 元的标准补偿。（2）由住宅用房改为营业用房的（含在城市道路拓宽、新建后将原住宅房屋改为营业用房的）或破门、破墙开店的，有工商营业执照或其他法人执照的，按实际营业用房面积给予产权人每平方米 100 元的标准补偿。（3）出租给企事业单位、个人用于仓储或办公的，有工商营业执照（地点必须与实际使用地点相符）或租赁许可证且连续使用三年以上的，按实际仓储或办公面积给予产权人每平方米 100 元的标准补偿。（4）其他房屋，实际作为营业用房使用，有工商营业执照或其他法人执照的，按实际营业用房面积给予产权人每平方米 50 元的标准补偿。2002 年 3 月，市政府印发《泰兴市城市房屋拆迁管理暂行办法》，规定被拆迁人采取货币补偿或产权调换，在过渡期限内，被拆迁人或房屋承租人自行安排住处的，拆迁人按每户每月 200 元的标准一次性发给被拆迁人或房屋承租人 8 个月的临时安置补助费；因拆迁非住宅房屋造成被拆迁人停产、停业的，拆迁人按营业执照、从业人员登记手册登记的从业人员数或在职职工签订劳动合同的人数，按上年度泰兴市居民最低生活保障每人每月 210 元的标准，一次性发给每人 6 个月生活补助费。同时拆迁人对被拆迁人或者房屋承租人按实际使用面积支付每平方米 10~15 元搬迁补助费。

2003 年 2 月，市政府印发的《泰兴市城区开发建设征用集体土地房屋拆迁补偿安置暂行办法》规定:（1）拆迁安置采用公寓复式楼或多层住宅楼进行安置。（2）房屋产权人按原建房经批准的建筑面积享受安置，拆除人均主房合法建筑面积在 50 平方米以上的（含 50 平方米），按人均建筑面积 40 平方米给予安置；拆除人均主房合法建筑面积在 50 平方米以下 40 平方米以上的（含 40 平方米），按人均建筑面积 35 平方米给予安置；拆除人均主房合法建筑面积在 40 平方米以下 30 平方米以上的（含 30 平方米），按人均建筑面积 30 平方米给予安置；拆除人均主房合法建筑面积在 30 平方米以下，按原主房合法建筑面积给予安置。（3）被拆迁人家庭人口计算为：有正式户口并在被拆迁房屋居住的人员。包括户口原在被拆除房屋所在户中现正在服役的现役军人、正在服刑的劳改、劳教人员、正在大、中专院校上学的子女、夫妻一方在外地工作的、户口在工作单位实际在被拆除房屋中居住的直系亲属，以上人员均可计入被拆迁人家庭人口；仅有户口，但实际长期不在被拆除房屋中居住的、已婚在他处已有居住用房的、他处另有住房但户口未迁移的、父母已随一个子女计算家庭人口享受宅基地或安置房人均标准又随另一个子女申请宅基地或安置房人均标准的，不得计入被拆迁人家庭人口。8 月，市政府办公室印发《泰兴经济开发区拆迁补偿安置暂行办法》规定:（1）拆迁单位可采取货币补偿、统建公寓房和自拆自建的方式对被拆迁人进行安置。（2）实施自拆自建或统建公寓房的，由经济开发区管理委员会根据开发区规划，制定自拆自建或统建公寓房方案，安排住宅建设用地，并负责基础设施配套。（3）自拆自建安置户由经济开发区管理委员会安排每户两间二层或三层连体住宅房宅基地，安置户的宅基地采取“用一还一”的办法进行置换。（4）实施公寓房安置的，被拆迁户根据签订协议与交钥匙或拆除房屋序号两者加权平均，得出综合顺序选择层次，同时根据被拆迁户人口结构及要求安排套型。被拆迁人在规定享受的安置面积内，房价按每平方米450元加、减层次费计算；被拆迁人需提高住房标准，超过安置面积的部分，房价按每平方米650元加、减层次费计算。

2005年6月，市政府印发《泰兴市征收集体土地房屋拆迁补偿安置暂行办法》规定:（1）征地房屋拆迁安置方式 实行货币补偿或产权调换，产权调换以公寓楼安置为主。（2）房屋产权人按原建房批复确认，家庭内部的分户不作补偿安置依据，也不另行安排购买安置房。（3）安置房面积按现有人口（包括可照顾计入被拆迁户的家庭人员，剔除空挂、非正常转进及暂住人员）计算，每人35平方米；安置房单户面积不少于50平方米；对特困户采取照顾途径，解决其住房和基本生活问题。（4）根据实际情况确定交付期限，逾期不能交付的增付1倍的临时安置补助费，直至安置房交付为止。（5）被拆迁人合法建筑面积超过安置房面积的，其差额部分的房屋拆迁补偿费按120%计算；低于安置房面积的，其差额部分的安置面积按成本价计付房款。2006年11月，市政府印发《泰兴市城市房屋拆迁管理办法》规定:（1）被拆迁人选择货币补偿的，由拆迁人按合法建筑面积每平方米50元的标准，一次性支付其临时安置补助费，临时安置补助费低于3000元的按3000元支付；被拆迁人选择产权调换的，过渡期限内被拆迁人或者房屋承租人自行安排住处的，由拆迁人按合法建筑面积每月每平方米4元的标准对其支付临时安置补助费，临时安置补助费每月低于400元的，按每月400元的标准支付。（2）被拆迁人或者房屋承租人自行解决过渡用房的，超过协议约定的过渡期限在12个月以内的，增付1倍临时安置补助费，超过12个月的，自第13个月起再增付1倍的临时安置补助费；由拆迁人提供过渡用房的，超过期限在12个月以内的，拆迁人按合法建筑面积每月每平方米4元的标准支付临时安置补助费，临时安置补助费每月低于400元的，按每月400元的标准支付，延长期限超过12个月的，自第13个月起增付1倍临时安置补助费。（3）拆迁非住宅房屋造成停产、停业的，由拆迁人给予停产、停业补偿。对从事商业、餐饮业、娱乐业、服务业、金融、保险业的营业性房屋，拆迁人按实际营业房屋评估价格的10%给予停业补偿，对从事工业、仓储业、办公等非住宅非营业性房屋，拆迁人按实际使用房屋评估价格的5%给予停产、停业补偿。拆迁时已停产、停业的房屋不给予停产、停业补偿。（4）在房屋拆迁公告规定期限内，被拆迁人或房屋承租人按拆迁补偿安置协议约定的期限完成搬迁的，拆迁人按合法建筑面积每平方米6元的标准支付其搬迁补助费。搬迁补助费低于300元的补足300元；高于1000元的按1000元支付。

2009年5月，市政府印发《泰兴市城市房屋拆迁管理办法》，对房屋拆迁安置补助费进行调整：（1）被拆迁人选择货币补偿的，由拆迁人按合法建筑面积每平方米150元的标准，对其一次性支付临时安置补助费；临时安置补助费低于5000元的按5000元支付。（2）被拆迁人选择产权调换且自行安排住处的，过渡期限内由拆迁人按合法建筑面积每月每平方米6元标准支付其临时安置补助费；临时安置补助费每月低于600元的，按600元标准支付。（3）在房屋拆迁公告规定期限内，被拆迁人或房屋承租人按拆迁补偿安置协议约定的期限完成搬迁的，拆迁人对其支付搬迁补助费，住宅房按合法建筑面积每平方米8元标准计算，低于600元的补足600元。非住宅房每平方米标准为20元。2012年2月，市政府印发《泰兴市国有土地上房屋征收与补偿办法》，对泰兴市国有土地上房屋征收与补偿明确规定：（1）征收国有土地上房屋必须支付被征收房屋所有权人（以下简称被征收人）临时安置费。被征收人选择货币补偿或实行现房产权调换的，对其一次性支付12个月临时安置费（按被征收房屋合法建筑面积每月每平方米10元计算；临时安置费不足1000元的，按1000元计算）；被征收人选择产权调换房屋为期房的，过渡期限不超过24个月。过渡期限内被征收人自行安排住处的，由市房屋征收中心支付临时安置费。（2）被征收人选择产权调换期房且自行解决过渡用房的，因市房屋征收中心的责任延长过渡期限在12个月以内的，由房屋征收中心支付2倍的临时安置费；延长期限超过12个月的，自超过之月起支付3倍的临时安置费。被征收人由市房屋征收中心提供过渡用房的，因市房屋征收中心责任延长过渡期限在12个月以内的，支付临时安置费，延长期限超过12个月，自超过之月起支付2倍的临时安置费。（3）在房屋征收决定公告规定期限内，被征收人或房屋承租人按征收补偿安置协议约定的期限完成搬迁的，由市房屋征收中心支付搬迁费。住宅房屋的搬迁费按被征收房屋合法建筑面积每平方米10元计算，不足1000元的，按1000元计算；非住宅营业用房和非住宅非营业用房的搬迁费按被征收房屋合法建筑面积每平方米20元计算，不足1000元的按1000元计算；被征收人选择货币补偿以及现房安置的，按一次计算搬迁费；选择期房产权调换的，按两次计算搬迁费。（4）被征收人（户）家庭成员中有大病、残疾（含盲、聋、精神、智力、肢体）、贫困、高龄等情况之一，且在被征收范围内有常住户口的给予适当补助。至2018年，泰兴房屋拆迁安置按以上文件精神执行。

2012年泰兴市国有土地上被征收人（户）大病等补助标准一览表

表5-3-16

补助类别		补助金额（万元）	备　注
大病	危重病	1	包括：癌症、白血病、尿毒症、血友病、系统性红斑狼疮、再生障碍性贫血、器官移植抗排异药物治疗。在征收决定发布后医院证明未愈，且一次性治疗自费超过2万元（含2万元）的贫困家庭给予补助1万元，自费在1万~2万元以内的贫困家庭给予补助0.5万元
	其他类疾病	0.5~1	
残疾（含盲、聋、精神、智力、肢体）	1级	1	残疾认定必须持有残疾证，且丧失或限制劳动能力，生活贫困
	2级	0.8	
	3级	0.5	
	4级	0.3	
贫困	五保户（除集中供养）	1	须提供民政部门有效证件
	低保家庭	0.5	
	低保边缘人群	0.3	
	特困职工	0.5	须提供市总工会有效证件
高龄	100（含）周岁以上的老年人	0.8	以征收决定发布当年被征收人身份证或户口簿记载的出生年月为准
	90~99（含）周岁的老年人	0.5	
	80~89（含）周岁的老年人	0.3	

说明：根据补助类别确定相应的补助金额，补助金额可累计，但最高不超过3万元

第六章

土地节约集约利用与评价

2014 年 6 月 30 日，泰兴市节约推进节约集约用地工作会议召开

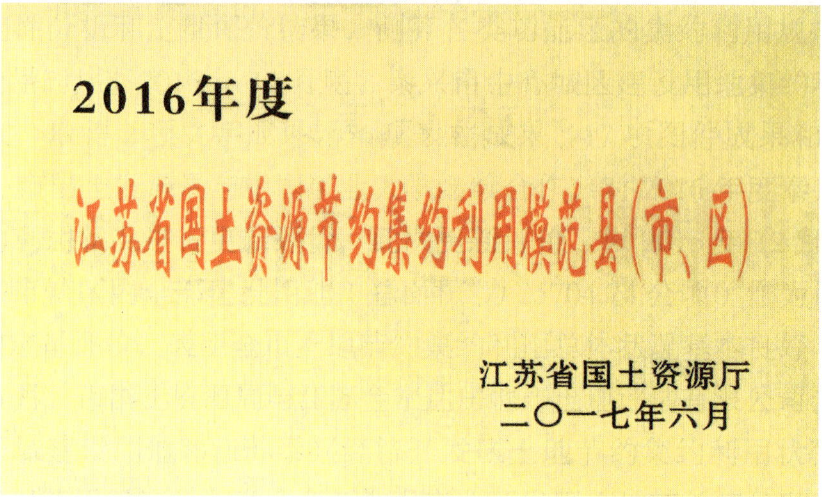

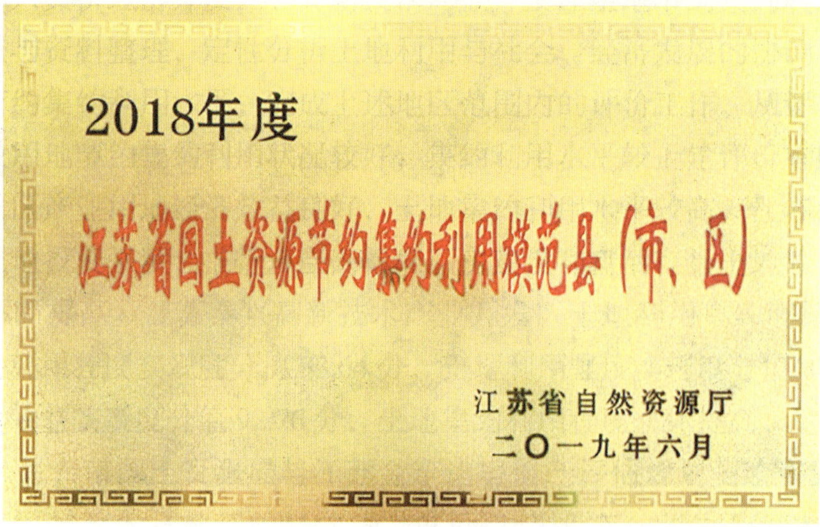

①
②

① 2017 年 6 月，泰兴市被江苏省国土资源厅表彰为 2016 年度江苏省国土资源节约集约利用模范县（市、区）

② 2019 年 6 月，泰兴市被江苏省国土资源厅表彰为 2018 年度江苏省国土资源节约集约利用模范县（市、区）

泰兴人多地少，人均耕地面积低于全国平均水平，后备土地资源十分匮乏。为贯彻落实土地基本国策，保护土地资源，统筹安排各类建设用地，保障全市经济社会可持续发展，市委、市政府积极推进建设用地方式由粗放型向节约集约型转变。实施“工业向园区集中、人口向城镇集中、住宅向社区集中”的节约集约用地战略，采取“腾笼换鸟”办法，全市设定“一区四园”，撤销镇级工业园。市国土资源局按照市委、市政府要求，强化对建设用地控制总量，管住增量，盘活存量，积极引导生产要素向经济开发区、工业园集聚，以集聚促集约，鼓励企业建多层标准化厂房，向空间和地下要土地。科学评测全市区域（中心城区、开发区）土地利用集约度，提高全市土地利用节约集约化水平。积极开展“全省高标准厂房建设与使用先进地区”创建工作，2012 年、2016 年、2017 年泰兴分别被省国土资源厅、省经济和信息化委员会授予“高标准厂房建设与使用先进地区”称号。2016—2017 年连续两年分别被国务院办公厅表彰为“土地集约节约利用、土地利用秩序、土地利用计划执行好的市（盟）、县（市、区）”。2012 年、2016 年、2018 年分别被省国土资源厅表彰为“江苏省国土资源节约集约利用模范市”。

第一节 土地节约集约利用

1996年，泰兴沿用苏南发展乡镇企业的运作模式，市委、市政府将招商引资成绩、企业税收和各乡镇财政收入作为对乡镇的重点考核内容，导致各乡镇纷纷圈地建工业园，但乡镇级工业园规模小、配套设施分散、低水平重复建设、土地利用率不高。2003年，市委、市政府提出实施工业向园区集中、人口向城镇集中、住宅向社区集中的节约集约用地战略。10月，作出重点发展经济开发区、整合虹桥工业园区、撤并广陵等15个乡镇工业园区的决定，各乡镇除重点骨干企业技术改造外，不再新增建设用地，所有新上项目，全部按类型分别进入全市“一区四园”，走“资源集约、企业集群”之路。2005年，市国土资源局按照“管住总量、严控增量、盘活存量”的要求，实行耕地保有量和建设用地总量的“双控”。在进行城镇建设、安排工业项目、调整产业结构时，严格执行建设项目用地预审制度，确保项目符合节约集约用地规定，杜绝用地宽打宽算现象发生。是年，全市共审查各类建设用地项目140个，取消不符合用地条件的项目6个。

2006年10月，市政府印发《关于加强新增建设项目用地管理的通知》，提出“严格建设用地管理，促进土地节约集约利用”的要求。市国土资源局在建设用地审批过程中，坚持把好年度用地计划管理关，把有限用地计划向“一区四园”重点项目及城市新区重大基础设施项目倾斜。把好建设项目用地预审关，对不符合国家产业政策、投资强度和容积率低的项目一律不批。全年预审135个建设项目，其中取消8个不符合要求的项目。把好土地供应关，按照供给引导和制约需求原则，合理编制年度土地供应计划和上市计划，适度压缩土地供应总量，刺激土地市场，提高土地投资强度和利用效率。2007年，市政府确立“四个优先”的用地指标分配原则：优先保证重大招商引资项目用地；优先保证“一区四园”建设项目用地；优先保证重点基础设施建设项目用地；优先保证支柱产业、高新技术和规模企业用地。同时，规定新增建设用地项目投资强度必须达到每亩160万元、注册资本每亩40万元、容积率1.0、税收每亩每年8万~10万元，达不到增资节地要求的一律不予安排用地。对用地需求较大的项目，市国土资源局根据项目建设序时进度，采取一次规划预留、分步给予供地的办法，谨防超额或浪费使用土地。2009年，市委 、市政府明确规定，工业项目向“一区四园”集中，用地指标向“一区四园”倾斜，以产业集聚促进用地集约。采取适度提高“一区四园”项目供地门槛的办法，规定经济开发区项目投资强度内资必须每亩250万元、外资必须每亩40万美元以上；其他四园项目投资强度内资必须每亩200万元、外资必须每亩25万美元以上。12月，市政府针对农村宅基地粗放利用现状，印发《泰兴市农村宅基地置换住房试点工作意见》，引导农民向集镇、中心村集中居住，退出的宅基地用于农村土地整理，提升农村土地节约集约利用水平。

2011年，市委、市政府决定，国家用地计划指标不再安排乡镇，促使乡镇招引项目集聚进驻园区。同时，对产能过剩和低水平重复建设项目一律不予供地。对进园区建设项目用地严格执行“一降低一禁止两必须”的规定：厂区降低绿化率；禁止建设办公楼和生活设施；园区必须建设写字楼用于园区企业集中办公，必须建设标准厂房解决中小企业用地需求。2014年12月，市国土资源局按照《泰兴市重大产业项目落户预审办法》，对投资规模低于3000万元人民币的工业项目不予单独供地，一律进驻高标准厂房。同时严格执行江苏省《限制用地项目目录》和《禁止用地项目目录》，不向淘汰类工业项目供地。2015年起，泰兴各类工业用地控制指标在省《限制用地项目目录》规定标准上平均提升10%。2017年12月，市政府印发《关于进一步推进节约集约用地的实施意见》，规定严格执行产业供地政策，对市确定的基础产业、科技创新产业、战略性新兴产业、先进制造业等，优先安排供地，促进产业集聚；对其他一般项目用地，原则上优先使用存量土地；对列入国家和省明确限制和淘汰类投资项目，一律不得供地。同时规定工业项目投资强度不得低于每亩260万元，其中经济开发区、泰兴高新区、黄桥开发区、虹桥工业园区不低于每亩350万元（化工行业每亩500万元以上），其他园区不低于每亩280万元。园区项目实际投资1亿元以上（化工项目3亿元以上）、乡镇工业集聚区项目实际投资3000万元以上，且固定资产投资占比80%以上的，可以单独供地；不符合上述条件的，原则上不得单独供地。至2018年，泰兴按上述文件精神执行。

第二节 建设用地挖潜、盘活利用

1997年4月，中共中央、国务院发出《关于进一步加强土地管理切实保护耕地的通知》，作出对各类非农业建设用地冻结一年的规定。为协调发展经济与占用耕地的矛盾，市国土管理局结合非农业用地清查，对各乡镇倒闭企业占地、征而未用闲置土地以及其他空闲土地的位置、数量分别进行登记造册，摸清可挖潜、盘活的建设用地底数。动员确需新增用地企业，立足内部挖潜，通过企业联合或兼并措施，盘活存量土地资产。中外合资泰丰有限公司结构调整后，产品供不应求，为扩大生产，该公司申请到泰兴化工开发区新征用地。市土地管理局为解决用地难题，进行调查研究，决定让该公司与其他两个已停产的化工企业联营，既解决了泰丰有限公司扩产用地问题，又充分利用两化工企业的已有设备抢救了两个濒临倒闭企业。是年，仅化工开发区盘活存量建设用地16.6公顷。1998年，针对各类行业用地需求，市国土管理局提出“盘活存量，控制增量，合理用地，服务经济”的工作思路，对可供盘活的存量土地，采取出让、转让、划拨、变更等方式，确保经济发展所需建设用地。七圩镇国家大型乡镇化工企业——中丹集团开发新产品急需扩建生产厂区，市国土管理局立即为中丹集团与位于经济开发区的倒闭企业华江化工厂牵线搭桥，最终达成协议，中丹集团购买华江化工厂所有资产，既解决中丹集团用地需求，又盘活华江化工厂土地资产。12月，市国土管理局将泰仪集团经批准征用后圈而未用的5.8公顷土地通过有偿划拨方式调拨给江苏河海集团纳米厂使用，为其解决用地难题。在教育结构布局调整中，市国土管理局采取对一些闲置、校舍破旧的学校实施复垦并置换的方式，为9所学校新建校舍提供用地11.65公顷，解决了教育用地矛盾。当年，全市共盘活存量土地86.67公顷。1999年，泰州市小城镇建设工作会议召开，提出实施小城镇建设战略目标。市国土管理局组织对各乡镇集镇建设用地需求和存量土地情况进行调查。在摸清现状、科学预测发展趋势的基础上，采用存量盘活、计划启动、复垦挂钩、等量置换、招标拍卖等办法，引导小城镇建设用地走内涵挖潜、集约用地路子。全年全市盘活小城镇建设用地15.8公顷。

2000年，全市教育资源布局调整，造成93.33公顷教育用地闲置。市国土管理局按照土地利用总体规划和村镇建设规划，以耕地总量不减少为原则，将19.5公顷闲置教育用地采取变更、出让、租赁或作价入股等运作方式，满足各类建设项目用地需求。对困难企业 、关停企业的闲置用地，市国土管理局进行盘活变现。1 月底，对位于城区大庆西路的原市煤球厂 1.59 公顷闲置国有土地使用权进行拍卖，获取出让金 528 万元，90% 的收入返还给企业安排下岗职工生活和企业发展。5 月初，将市丰裕染织有限公司 2.56 公顷闲置工业用地及厂房等转让给市实隆农业综合开发有限公司，实隆公司追加 300 万元资金，帮助丰裕公司偿还所欠市信用联社贷款。9 月，将市化肥厂 3.02 公顷闲置土地及厂房有偿转让给上海一家公司，使市化肥厂获得 638 万元流动资金。经调查，泰兴经济开发区内有 40 公顷闲置的非农业建设用地，市国土管理局利用此闲置土地依法按项目规模对芬兰 CMC、阿克苏磷化工等招商项目进行供地，保证外资企业用地需求。全年全市累计盘活闲置存量土地 66.67 公顷。2004 年，全市处置 124 家改制企业土地使用权 123 公顷、盘活存量土地 381 宗、面积 230 公顷，通过市场运作，变现土地资产 3.1 亿元。2005 年，市政府规定，使用存量土地可享受免收一年或两年税费等优惠政策，鼓励投资商使用存量建设用地。全年共盘活存量建设用地 72 宗 44.48 公顷。2006 年，市国土资源局把盘活利用存量建设用地作为缓解用地计划不足、满足中小项目用地需求的重要途径，灵活运用“易主”“易用”“流转”等手段，盘活存量土地 306.83 公顷，占全年供地总量的 52.3%。2007 年 12 月，市政府印发《关于盘活存量建设用地的意见》，明确规定：通过流转使用存量集体建设用地的，流转收益的 95% 留给土地所有者用于发展企业。对出让之日起两年内未进行有效利用，或未达到转让条件的土地，允许采取收购退让办法，由乡镇政府或园区管理委员会与原土地使用者协调后，按原土地使用者原来支付的地价加地面建筑及土地平整成本，再加银行同期贷款利息进行收购。退出土地损失费按土地收购总价 10% 给予补偿。再次出让土地其增值部分全部转移支付给乡镇政府或园区管理委员会。对原地盘活存量建设用地用于发展工业和养殖业的，在办理用地手续时，市规划局、市住房和城乡建设局、市国土资源局等部门照顾减免所有规费。对乡镇政府盘活利用小化工项目因政策性关停并转为闲置的土地，土地净收益全部转移支付给乡镇政府，专项用于扶持新上项目的投入。对新上工业项目通过兼并、收购、合并、转让等方式取得存量出让国有土地使用权的，土地收益增值部分全部让利给原企业；因受让原合并各方的土地、房屋权属涉及过户的，免收政府收取的规费。据统计，全年累计盘活存量建设用地 111.75 公顷。

2010 年 5 月，市国土资源局组织对 2009 年以前的项目进行存量建设用地调查。经查，2009 年以前闲置、空闲、批而未供及低效利用土地 334 宗 428.09 公顷，其中：闲置土地 29 宗 92.79 公顷、空闲土地 259 宗 126.86 公顷、批而未供土地 13 宗 69.9 公顷、低效利用土地 33 宗 138.54 公顷。对此，市国土资源局按照市政府关于《泰兴市闲置及低效利用土地处理意见》，处置收回 5 宗 16 公顷闲置土地，对 45 宗 92.4 公顷土地进行盘活利用。2011年年初，市政府印发《存量土地盘活指导意见》。5月，召开全市国土资源管理工作会议，市委、市政府要求全市年内盘活50%以上存量建设用地。当年，全市盘活利用存量土地263宗197.64公顷，盘活宗地数和面积分别占存量土地总数的56%和50%，部分乡镇提前达到零闲置、零空闲的盘活挖潜目标。2013年，市国土资源局对全市1999—2012年度所有供地项目进行清理，认定闲置土地8宗45.71公顷，本着边整边改原则，其中2家用地单位随即开工建设，2宗予以收回（分别为泰州科健化工有限公司、泰州浩普投资有限公司），面积5.59公顷。其他4家用地单位重新签订合同，限期开工建设。2015年，全市盘活存量建设用地280公顷，处置批而未供土地32宗51.1公顷、闲置土地2宗8.53公顷。2016年，全年处置存量土地346.67公顷。年底，泰兴市节约集约依法依规用地得分在泰州市绩效考核中排名第一。2017年，市政府办公室印发《关于加强低效用地再开发和闲置土地处置工作的实施意见》，要求推进低效用地再开发，积极处置闲置土地，优化土地资源配置，调整土地利用结构，转变土地利用方式，提高土地利用率。是年，全市盘活利用存量建设用地319.87公顷，实施城镇低效用地再开发176.2公顷。2018年，市国土资源局完成批而未供项目供地145.87公顷，实施低效用地再开发110公顷，盘活存量建设用地272.4公顷。

第三节　高标准厂房建设

2005年9月，市政府印发《关于加强推进标准厂房建设的实施意见》，规定标准厂房必须多层成片建设，各乡镇年度建设规模不得小于3000平方米，用地主要通过盘活存量来解决。意见还规定建设和使用标准厂房将给予规费减免、税收留成和财政补贴等优惠，并将标准厂房建设列入乡镇双文明百分赛考核内容，对标准厂房使用率、项目投入率等指标进行考核。是年，全市建成标准厂房10.65万平方米，有50多家中小企业进驻落户。2007年12月，市政府印发《关于盘活存量建设用地的意见》，规定镇、村利用零星空闲存量土地建造标准厂房出租的，出租收益全部归镇、村所有；企业利用自身闲置国有出让土地建设标准厂房用于出租的，出租收益全部归企业所有。2013年4月，市政府办公室印发《关于推进全市高标准厂房建设促进土地节约集约利用的通知》，要求“十二五”规划期间，园区、工业集聚区分别建成单区域高标准厂房5万平方米以下、3万平方米以上。年内，全市安排用地指标5.3公顷用于高标准厂房建设。是年，全市竣工投入使用4层以上高标准厂房10万平方米。

2014年，市政府印发《泰兴市重大产业项目落户预审办法》，规定对投资规模低于3000万元人民币的工业项目不再单独供地，一律进驻高标准厂房。同时要求各园区、工业集聚区年度建成高标准厂房建筑面积必须分别在5万平方米以下、3万平方米以上；中大型规模以上企业在建设区域内高标准厂房容积率必须达到1.6以上，建筑密度必须达到35%以上，厂房必须达到四层以上，并配备工业电梯，符合安全生产和环境保护要求。全年全市建成高标准厂房40万平方米，其中晟楠电子、远大家私分别建成16层、8层高标准厂房，容积率都在6.5以上。2015年，全市建成高标准厂房15.8万平方米。2016年，市国土资源局对全市标准厂房和高标准厂房建设进行调查，并分类统计，按投资主体区分，形成台账。并与市经济和信息化委员会联合研究，提请市政府出台《关于推进高标准厂房建设和使用的奖励意见》，鼓励企业利用存量建设用地、未利用地和村留地建设多层高标准厂房，引导工业项目优先使用高标准厂房。2016—2018年，全市建成高标准厂房78万平方米。

第四节　土地节约集约利用创建活动

2012年，市政府制定全市开展创建土地节约集约利用模范市活动意见，将创建工作纳入政府年度重点工作内容，不断探索节约集约用地新模式。是年，创建工作通过省级验收，被省国土资源厅表彰为“江苏省国土资源节约集约利用模范市”，获得农用地转用指标13.33公顷的奖励。8月，市政府开展创建“高标准厂房建设与使用先进地区”活动，制定创建工作实施意见和措施，召开专题会议，落实创建责任，有序推进创建活动。年底，经省国土资源厅、省经济和信息化委员会验收，泰兴被表彰为“高标准厂房建设与使用先进地区”，获得6.67公顷用地计划和100万元奖金奖励。

2016年，市政府部署开展“土地节约集约利用先进园区”和“土地管理模范乡镇”创建活动。规定对园区和乡镇实行差别化考核，园区以节约集约用地为考核重点，乡镇以依法依规用地为考核重点。对土地节约集约利用先进园区奖励30万元和2公顷用地指标，对土地管理模范乡镇奖励15万元和1公顷用地指标，考核结果同时作为园区和乡镇（街道）年度目标管理考核依据之一。是年，虹桥工业园区、泰兴高新区、泰兴经济开发区被评为“土地节约集约利用先进园区”，分别获得30万元资金和2公顷用地指标奖励。泰兴市分别被国务院办公厅、省国土资源厅表彰为“土地集约节约利用成效较好、闲置土地较少的市（盟）、县（市、区）”和“2016年度江苏省国土资源节约集约利用模范市”，获得新增建设用地计划奖励100公顷（其中国家66.67公顷、省33.33公顷）。被省国土资源厅、省经济和信息化委员会表彰为“2016年度江苏省高标准厂房建设与使用先进地区”。2017年，泰兴市再次被国务院办公厅表彰为“土地节约集约利用、土地利用秩序、土地利用计划执行好的市（盟）、县（市、区）”，获得新增建设用地计划奖励66.67公顷，并获江苏省国土资源节约集约利用200万元资金奖励，被省国土资源厅、省经济和信息化委员会表彰为“2017年度江苏高标准厂房建设与使用先进地区”。在泰兴市开展的“土地节约集约利用先进园区”和“土地管理模范乡镇”创建活动中，泰兴经济开发区、泰兴高新区、虹桥工业园区被评为“土地节约集约利用先进园区”，各获得30万元资金和2公顷用地指标奖励。

2018年，市政府调整优化考核指标，继续开展“土地节约集约利用先进园区”

和“土地管理模范乡镇”创建活动，全市节约集约用地水平不断提升。国土资源节约集约利用综合评价考核在全省较上年度前移 7 名，被省国土资源厅表彰为“2018 年度江苏省国土资源节约集约利用模范市”，获得新增建设用地计划奖励 33.33 公顷。黄桥经济开发区、泰兴经济开发区、城区工业园区被评为全市“土地节约集约利用先进园区”，分别获得 30 万元资金和 2 公顷用地指标奖励。

第五节　节约集约用地评价

2009 年 2 月，市国土资源局按照国家、省国土资源部门关于开展开发区土地集约利用评价工作的统一部署，委托江苏金宁达不动产评估咨询有限公司为技术协作单位，对江苏泰兴经济开发区进行土地集约利用评价。并建立由江苏泰兴经济开发区管理委员会和开发区国土资源分局主要负责人组成的领导小组，全面负责开发区土地集约利用评价工作。建立由开发区管理委员会、开发区国土资源分局和金宁达公司专业技术人员组成的技术指导组，负责基础资料核查、技术指导、成果核验和论证等工作。建立由金宁达公司和开发区国土资源分局工作人员组成的项目实施组，具体负责开发区土地集约利用评价基础资料收集、初步检校、成果编制及成果反馈等工作。此次土地集约利用评价对象为江苏泰兴经济开发区国家公告四址范围内的土地，即东至闸南路、南至洋思港、西至长江边、北至如泰运河，总面积 427.98 公顷。评价时点为 2008 年 12 月 31 日。评价内容为评价范围内土地利用基础数据调查、土地集约利用程度评价、土地集约利用潜力测算及成果编制。自 2009 年 2 月起，经过前期准备、基础数据调查、内业处理与成果编制、评价成果自检、成果论证与上报、成果公示与应用等 6 个阶段的工作，于 6 月 30 日将初步成果报送省土地勘测规划院审核，并报省国土资源厅预检。依据审核和预检意见，及时对评价成果进行修改与完善，最终形成评价成果有成果报告、成果图件和数据表格与资料汇编 3 个方面。成果报告包括《江苏泰兴经济开发区土地集约利用评价工作报告》《江苏泰兴经济开发区土地集约利用评价技术报告》《江苏泰兴经济开发区土地集约利用评价典型企业专题报告》；成果图件包括《土地利用状况图（Ⅰ）——按土地利用类型划分》《土地利用状况图（Ⅱ）——按土地供应方式划分》《典型工业企业分布图》《土地集约利用扩展潜力分布图》；数据表格与资料汇编包括评价工作中涉及的各类原始数据、过程数据、指标数据等。7 月 10 日将最终成果上报省国土资源厅。8 月，省国土资源厅专家组对江苏泰兴经济开发区 2008 年度土地集约利用评价成果进行验收，认定合格。评价结果表明，江苏泰兴经济开发区 2008 年度土地利用集约度综合分值为 90.37 分，土地集约利用具有土地开发建设基本成型、用地结构合理、土地利用强度达到国家标准、工业用地投入产出效益较高、土地利用管理到位、绩效良好等特点，达到国家优秀水平。

2008 年江苏泰兴经济开发区土地集约利用程度评价结果一览表

表 6–5–1

指标层					子目标层			目标层			集约度综合分值（分）
指标	现状值	理想值	实现度分值（分）	指标权重	子目标	子目标分值（分）	子目标权重	目标	目标分值（分）	目标权重	
土地开发率	96.52%	98.00%	98.49	0.39	土地开发程度	98.47	0.27	土地利用状况	95.48	0.41	90.37
土地供应率	92.44%	95.00%	97.31	0.35							
土地建成率	100.00%	100.00%	100.00	0.26							
工业用地率	87.46%	85.00%	100.00	1.00	用地结构状况	100.00	0.27				
综合容积率	0.65	0.70	92.66	0.31	土地利用强度	91.08	0.46				
建筑密度	32.32%	35.00%	92.33	0.21							
工业用地综合容积率	0.69	0.75	92.46	0.28							
工业用地建筑密度	34.15%	40.00%	85.38	0.20							
工业用地固定资产投入强度	3014.93	3500.00	86.14	0.46	工业用地投入产出效益	87.05	1.00	用地效益	87.05	0.38	
工业用地产出强度	7464.81	8500.00	87.82	0.54							
到期项目用地处置率	100.00%	100.00%	100.00	0.37	土地利用监管绩效	100.00	0.56	管理绩效	86.40	0.21	
闲置土地处置率	100.00%	100.00%	100.00	0.63							
土地有偿使用率	79.45%	80.00%	99.31	0.54	土地供应市场化程度	69.10	0.44				
土地招拍挂率	8.41%	25.00%	33.64	0.46							

2010年年初，市国土资源局按照国土资源部《关于开展开发区土地集约利用评价成果更新工作的通知》要求，对江苏泰兴经济开发区2009年度土地集约利用评价成果进行更新。此次更新评价时点为2009年12月31日，更新评价范围与上年度保持不变，评价方法与规程基本相同。更新评价成果显示，2009年度，江苏泰兴经济开发区土地集约利用程度总体较高，综合分值为93.95分。

按照评价成果每两年更新一次的要求，2012年3月，市国土资源局和经济开发区管理委员会在基于2009年度土地集约利用评价成果基础上，对江苏泰兴经济开发区土地集约利用评价成果进行更新工作。更新评价范围仍为经济开发区依法审批界线范围内土地，总面积427.98公顷。更新评价时点为2011年12月31日，对应基础数据采用至2011年年底累计数据（如固定资产投资额）、至2011年年底现状数据（如土地利用现状数据）及2011年全年数据（如企业总收入）。通过开展各阶段工作，8月上旬，更新评价工作结束。评价结果是：土地利用集约度综合分值为94.73分，达到国家优秀标准，与2009年相比，开发区产业用地投入产出效益有所上升，土地利用程度、土地利用监管绩效和土地供应市场化程度、用地结构状况和土地利用强度的指标分值均呈稳中有升态势，显现开发区招商引资和监督管理等政策措施的实施卓有成效。8月23日，更新成果通过省国土资源厅专家组验收。

2009 年江苏泰兴经济开发区土地集约利用程度评价结果一览表

表 6-5-2

指标层					子目标层			目标层			集约度综合分值（分）
指标	现状值	理想值	实现度分值（分）	指标权重	子目标	子目标分值（分）	子目标权重	目标	目标分值（分）	目标权重	
土地供应率	92.69%	95.00%	97.57	0.51	土地利用程度	98.76	0.28	土地利用状况	96.73	0.46	93.95
土地建成率	100.00%	100.00%	100.00	0.49							
工业用地率	86.58%	85.00%	100.00	1.00	用地结构状况	100.00	0.27				
综合容积率	0.67	0.70	96.14	0.30	土地利用强度	90.65	0.45				
建筑密度	34.20%	40.00%	85.50	0.24							
工业用地综合容积率	0.73	0.75	97.63	0.26							
工业用地建筑密度	39.76%	50.00%	79.52	0.20							
工业用地固定资产投入强度	3203.82	3800.00	84.31	0.45	产业用地投入产出效益	88.71	1.00	用地效益	88.71	0.35	
工业用地产出强度（万元/公顷）	8307.78	9000.00	92.31	0.55							
到期项目用地处置率	100.00%	100.00%	100.00	0.40	土地利用监管绩效	100.00	0.50	管理绩效	100.00	0.19	
闲置土地处置率	100.00%	100.00%	100.00	0.60							
土地有偿使用率	100.00%	100.00%	100.00	0.53	土地供应市场化程度	100.00	0.50				
土地招拍挂实现率	100.00%	100.00%	100.00	0.47							

2012 年江苏泰兴经济开发区土地集约利用程度评价结果一览表

表 6-5-3

指标层					子目标层			目标层			集约度综合分值（分）
指标	现状值	理想值	实现度分值（分）	指标权重	子目标	子目标分值（分）	子目标权重	目标	目标分值（分）	目标权重	
土地供应率	95.36%	98.00%	97.31	0.47	土地利用程度	97.96	0.28	土地利用状况	96.46	0.47	94.73
土地建成率	96.57%	98.00%	98.54	0.53							
工业用地率	86.55%	86.00%	100.00	1.00	用地结构状况	100.00	0.27				
综合容积率	0.71	0.75	94.67	0.27	土地利用强度	93.41	0.45				
建筑密度	36.12%	38.00%	95.05	0.25							
工业用地综合容积率	0.77	0.80	96.25	0.25							
工业用地建筑系数	43.52%	50.00%	87.04	0.23							
工业用地固定资产投入强度（万元 / 公顷）	4118.11	4300.00	95.77	0.47	产业用地投入产出效益	89.38	1.00	用地效益	89.38	0.34	
工业用地产出强度（万元 / 公顷）	8370.78	10000.00	83.71	0.53							
到期项目用地处置率	100.00%	100.00%	100.00	0.40	土地利用监管绩效	100.00	0.52	管理绩效	100.00	0.19	
闲置土地处置率	100.00%	100.00%	100.00	0.60							
土地有偿使用实现率	100.00%	100.00%	100.00	0.51	土地供应市场化程度	100.00	0.48				
土地招拍挂实现率	100.00%	100.00%	100.00	0.49							

2012 年江苏泰兴经济开发区土地集约利用强度评价指标变化情况表

表 6-5-4

指标	2011 年现状值	2009 年现状值	2008 年现状值	2011 年相对 2009 年变化幅度	备注
土地供应率	95.36%	92.69%	92.44%	2.88%	
土地建成率	96.57%	100.00%	100.00%	–3.43%	
工业用地率	86.55%	86.58%	87.46%	–0.03%	
综合容积率	0.71	0.67	0.65	5.97%	
建筑密度	36.12%	34.20%	32.32%	5.61%	
工业用地综合容积率	0.77	0.73	0.69	5.48%	
工业用地建筑系数	43.52%	39.76%	34.15%	9.46%	2008 年为工业用地建筑密度
工业用地固定资产投入强度（万元 / 公顷）	4118.11	3203.82	3014.93	28.54%	
工业用地产出强度（万元 / 公顷）	8370.78	8307.78	7464.81	7.58%	
到期项目用地处置率	100.00%	100.00%	100.00%	0.00%	
闲置土地处置率	100.00%	100.00%	100.00%	0.00%	
土地有偿使用实现率	100.00%	100.00%	79.45%	0.00%	2008 年为土地有偿使用率
土地招拍挂实现率	100.00%	100.00%	8.41%	0.00%	2008 年为土地招拍挂率

2015 年 6 月，市政府成立泰兴市区域建设用地节约集约利用评价工作领导小组，对泰兴市区域内建设用地节约集约利用进行评价。选定中国矿业大学作为技术协作单位。市国土资源局负责本次泰兴市区域建设用地节约集约利用评价组织工作。本次评价以全市整个行政辖区作为评价单元，以行政辖区范围内全部建设用地作为评价对象，以 2014 年 12 月 31 日为评价时点。通过前期准备、基础调查、定性分析、定量评价、评价结果综合分析、表格汇总等各阶段工作，2015 年 9 月底，泰兴市区域内建设用地节约集约利用状况初始评价工作完成。取得成果:《泰兴市区域建设用地节约集约利用评价工作报告》《泰兴市区域建设用地节约集约利用状况评价技术报告》《泰兴市区域用地状况评价基础数据汇总表》《泰兴市人口发展与城乡建设用地变化的匹配程度分析过程表》《泰兴市经济发展与建设用地变化的匹配程度分析过程表》《泰兴市区域用地状况定量评价指标权重值表》《泰兴市区域用地状况定量评价指标理想值汇总表》《泰兴市区域用地状况整体评价指数汇总表》《泰兴市区域建设用地节约集约利用状况评价数据库》。根据泰兴市区域建设用地状况定量分析结果，泰兴市建设用地节约集约利用定量评价综合指数为 80.47，表明泰兴市区域建设用地利用状况节约集约水平较高。

在开展泰兴市区域建设用地节约集约利用评价工作同时，市国土资源局对泰兴市中心城区建设用地集约利用潜力进行评价。评价对象为经法定程序批准的中心城区土地利用总体规划确定的城镇建设用地规模边界内所有现状建设用地，评价时点为2014年12月31日。主要任务是定性分析中心城区建设用地利用状况，划分居住、商业、工业、教育、行政办公、其他等功能区，定量评价各类功能区土地集约利用水平；依据定性分析和定量评价结果，测算各类功能区的集约利用规模潜力和经济潜力，确定挖潜时序。2016年12月底，泰兴市中心城区建设用地集约利用潜力初始评价工作完成，取得2项文字成果、56项表格成果、17项图件成果和数据库成果。2016年9月，市国土资源局与中国矿业大学继续合作，对2016年度泰兴市区域建设用地节约集约利用状况进行更新评价。此次更新评价，以2015年12月31日为评价时点，以泰兴市辖区内全部建设用地（总面积 为25704.74公顷）作为评价对象。通过定性分析和定量评价，表明全市土地节约集约利用总体状况基本良好。

2017年6月，市国土资源局与江苏金宁达房地产土地评估有限公司合作，对2017年度泰兴市区域建设用地和江苏泰兴经济开发区土地节约集约利用状况进行更新评价，对江苏泰兴黄桥经济开发区、高新技术产业开发区土地节约集约利用进行初始评价。经过调查与资料整理，定性分析土地利用与社会、经济发展的协调程度，定量评价建设用地节约集约利用水平，完成上述地区范围内的评价工作。从评价结果看：泰兴市区域建设用地节约集约利用状况较好，集约利用水平较上轮评价有所提高。江苏泰兴经济开发区产业用地经济效益良好，土地集约利用水平较高。江苏黄桥经济开发区采取提高土地投资强度，推行多层高标准厂房建设和盘活存量土地等措施，土地集约利用水平不断提高。江苏泰兴高新技术产业开发区土地利用集约度综合分值91.87分，土地开发利用程度实现度分值93.64分，土地利用强度实现度分值87.13分，产业用地投入产出效益实现度分值92.76分，土地集约利用程度总体提高，达到优秀水平。

2018年7月，市国土资源局与江苏金宁达房地产评估规划测绘咨询有限公司合作，对泰兴市区域建设用地节约集约状况进行更新评价。此次评价以2017年12月31日为评价时点，以泰兴市行政辖区内全部建设用地为评价对象。主要通过定性与定量相结合和多指标、对比分析方法进行评价。定性分析各评价对象土地利用与社会、经济发展协调状况，判断土地利用趋势类型。通过构建评价指标体系，对评价对象进行定量评价。利用定性分析与定量评价结果，了解泰兴市区域用地状况和存在问题。用多指标对比分析方法，对泰兴市2017年度区域更新评价结果和2018年度区域更新评价结果进行多指标对比分析，了解泰兴市区域用地发展状况，为后续分析评价奠定基础。从评价结果来看，泰兴市区域建设用地节约集约利用状况水平较上一轮有所提高。同时，江苏泰兴高新技术产业开发区管理委员会与市国土资源局高新区分局，选择江苏金宁达房地产评估规划测绘咨询有限公司作为技术协作单位，组织对

2018 年度高新技术产业开发区主区范围内的土地集约利用进行评价。其中主区是经省政府依法审批的开发区界线范围，总面积为 4.5 平方千米，包括 2 个区块。区块一范围为：东至科泰路，南至兴南路，西至镇海路，北至大庆东路，面积约 3.07 平方千米；区块二范围为：东至虾港路，南至环溪路，西至何庄路，北至国庆东路，面积约为 1.43 平方千米。评价时点为 2017 年 12 月 31 日。评价工作采取以定量评价为主、注重定性分析与定量评价相结合、整体评价与典型分析相结合、实地调查与资料收集相结合的方法进行，评价工作于 2018 年 10 月结束。江苏泰兴高新技术产业开发区土地利用集约度综合分值为 92.69 分，达到国家优秀标准。

2018 年度江苏省泰兴高新技术产业开发区土地集约利用程度评价结果一览表

表 6-5-5　　单位：分

综合分值	评价范围	集约度分值	目标	集约度分值	子目标	集约度分值	指标	标准化值
92.69	主区	92.69	土地利用状况	92.89	土地利用程度	93.9	土地供应率	95.11
							土地建成率	92.79
					土地利用强度	92.18	综合容积率	92
							建筑密度	92.4
			用地效益	89.64	综合用地效益	89.64	综合地均税收	94.38
							人口密度	84.3
			管理绩效	100	土地利用监管绩效	100	土地闲置率	100

8 月，市国土资源局与江苏泰兴经济开发区管理委员会、江苏金宁达房地产评估规划测绘咨询有限公司合作对 2018 年度泰兴经济开发区土地集约利用进行评价。此次评价时点为 2017 年 12 月 31 日，评价对象为江苏泰兴经济开发区主区和发展方向区范围内土地。其中主区是经国务院依法批准的开发区界线范围。发展方向区为主区以外由开发区管理机构通过代管等方式实际管辖且已建成的城镇建设用地范围和符合土地利用总体规划、城乡规划的未来发展用地空间。主区范围为：东至闸南路，南至洋思港，西至长江边，北至如泰运河，总面积 427.98 公顷。发展方向区总面积 649.25 公顷，包括 3 个区片，区片一范围为：东至朝阳路，南至洋思路，西至长江边，北至北二环路以北约 250 米，面积为 351.03 公顷；区片二范围为：东至闸南路以东约 1000 米，南至如泰运河，西至闸南路，北至通江路，面积为 121.10 公顷；区片三范围为：东至闸南路，南至如泰运河以南约 800 米，西至长江边，北至通江路，面积为 177.12 公顷。经过土地利用状况调查、土地集约利用程度评价、土地集约利用潜力测算、成果编制等阶段工作，2018 年 10 月评价工作结束。

2018 年江苏泰兴经济开发区土地利用集约度综合分值为 98.08 分，达到国家优秀水平。

2018 年江苏泰兴经济开发区土地集约利用程度评价结果一览表

表 6-5-6　　单位：分

综合分值	评价范围	集约度分值	目标	集约度分值	子目标	集约度分值	指标	标准化值
98.08	主区	98.20	土地利用状况	97.90	土地利用程度	100.00	土地供应率	100.00
							土地建成率	100.00
					用地结构状况	98.82	工业用地率	98.82
					土地利用强度	96.62	综合容积率	96.10
							建筑密度	92.95
							工业用地综合容积率	97.40
							工业用地建筑系数	98.87
			用地效益	98.41	产业用地投入产出效益	98.41	工业用地固定资产投入强度	97.65
							工业用地地均税收	99.21
			管理绩效	100.00	土地利用监管绩效	100.00	土地闲置率	100.00
	发展方向区	97.61	土地利用状况	97.66	土地利用程度	99.80	土地开发率	99.80
					用地结构状况	99.68	工业用地率	99.68
					土地利用强度	95.88	综合容积率	97.26
							建筑密度	96.23
							工业用地综合容积率	96.00
							工业用地建筑系数	94.52
			用地效益	96.07	产业用地投入产出效益	96.07	工业用地固定资产投入强度	98.88
							工业用地地均税收	93.15
			管理绩效	100.00	土地利用监管绩效	100.00	土地闲置率	100.00

2018 年江苏泰兴经济开发区（主区）土地集约利用程度评价指标变化情况表

表 6-5-7

指标	2017 年现状值	2016 年现状值	2015 年现状值	2013 年现状值	2011 年现状值	2009 年现状值	2008 年现状值	2017 年与 2016 年变化幅度
土地供应率	100%	100%	100%	97.1%	95.36%	92.69%	92.44%	0.00%
土地建成率	100%	100%	100%	100%	96.57%	100%	100%	0.00%
工业用地率	88.94%	88.94%	88.94%	88.43%	86.55%	86.58%	87.46%	0.00%
综合容积率	0.74	0.74	0.74	0.73	0.71	0.67	0.65	0.00%
建筑密度	35.32%	35.32%	35.32%	36.32%	36.12%	34.20%	32.32%	0.00%
工业用地综合容积率	0.75	0.75	0.75	0.79	0.77	0.73	0.69	0.00%
工业用地建筑系数	44.49%	44.49%	43.2%	43.96%	43.52%	39.76%	34.15%	0.00%
工业用地固定资产投入强度	8592.79	7636.68	6513.16	6409.05	4118.11	3203.82	3014.93	12.52%
工业用地地均税收	496.03	440.39	419.98	416.5	—	—	—	12.63%
土地闲置率	—	—	—	—	—	—	—	—

2018 年江苏泰兴经济开发区（发展方向区）土地集约利用程度评价指标变化情况表

表 6-5-8

指标	2017 年现状值	2016 年现状值	2015 年现状值	2013 年现状值	2011 年现状值	2009 年现状值	2008 年现状值	2017 年与 2016 年变化幅度
土地开发率	99.80%	99.80%	99.35%	89.38%	96.48%	94.62%	94.36%	0.00%
工业用地率	91.71%	91.71%	91.7%	89.6%	80.41%	79.80%	80.02%	0.00%
综合容积率	0.71	0.71	0.71	0.81	0.80	0.80	0.80	0.00%
建筑密度	38.49%	38.33%	38.33%	45.54%	36.83%	36.01%	34.28%	0.42%
工业用地综合容积率	0.72	0.72	0.72	0.82	0.70	0.68	0.66	0.00%
工业用地建筑系数	45.37%	45.37%	44.68%	50.9%	44.96%	42.30%	36.42%	0.00%
工业用地固定资产投入强度	6921.28	6291.5	5410.07	5394.87	4996.17	3214.96	2976.62	10.01%
工业用地地均税收	391.25	372.23	359.46	452.99	—	—	—	5.11%
土地闲置率	—	—	—	—	—	—	—	—

市国土资源局与江苏黄桥经济开发区管理委员会，选择江苏金宁达房地产评估规划测绘咨询有限公司为协作单位，于 2018 年 8 月起，组织开展江苏黄桥经济开发区土地集约利用评价更新工作。评价对象为经省政府依法审批的江苏黄桥经济开发区主区范围内 297 公顷土地，四至范围为：东至盐靖路，南至军民路，西至季黄河，北至胜利路。评价时点为 2017 年 12 月 31 日。评价工作 10 月底基本完成。从评价结果看，江苏泰兴黄桥经济开发区土地利用集约度综合分值为 93.87 分，达到优秀水平。

2018 年度江苏省泰兴黄桥经济开发区土地集约利用程度评价结果一览表

表 6-5-9　　单位：分

综合分值	评价范围	集约度分值	目标	集约度分值	子目标	集约度分值	指标	标准化值
93.87	主区	93.87	土地利用状况	94.30	土地利用程度	96.51	土地供应率	95.65
							土地建成率	97.28
					用地结构状况	98.18	工业用地率	98.18
					土地利用强度	91.58	综合容积率	88.00
							建筑密度	91.00
							工业用地综合容积率	88.75
							工业用地建筑系数	98.42
			用地效益	88.72	产业用地投入产出效益	88.72	工业用地固定资产投入强度	87.00
							工业用地地均税收	90.45
			管理绩效	100	土地利用监管绩效	100	土地闲置率	100.00

2018 年江苏泰兴黄桥经济开发区土地集约利用程度评价指标变化情况表

表 6-5-10

指标	2017 年现状值	2016 年现状值	2017 年与 2016 年变化幅度
土地供应率	90.87%	90.76%	0.11%
土地建成率	97.28%	91.63%	5.65%
工业用地率	83.45%	83.66%	–0.21%
综合容积率	0.66	0.66	0
建筑密度	36.4%	35.92%	1.48%
工业用地综合容积率	0.71	0.7	0.01
工业用地建筑系数	44.29%	43.41%	0.88%
工业用地固定资产投入强度	6959.74	7025.31	–65.57
工业用地地均税收	379.9	375.65	4.25
土地闲置率	—	—	—

第七章

土地市场与地价

2015 年 8 月 28 日，泰兴市政府在浙江举办 2015 江苏泰兴土地招商（杭州）推介会

①
②
③

① 2017 年 7 月 28 日，泰兴市国有建设用地使用权挂牌出让确认会召开

② 2016 年 12 月 21 日，泰兴市工业用地调查成果通过泰州市国土资源局验收

③ 2018 年 12 月 3 日，泰兴市农村建设用地调查项目验收会召开

20 世纪 90 年代，土地使用制度改革催生了土地一级市场和土地二级市场，土地一级市场由政府高度垄断，二级市场可以放开搞活。土地这个特殊商品进入市场后，它的价值效应得到充分显现。各级政府和市土地管理部门对土地实行由资源管理向资源和资产并重管理的转变，不断规范土地经营，将土地交易行为纳入依法管理轨道。1998 年起，泰兴开展全市建制镇、乡集镇土地分等定级估价工作，并结合实际情况，适时进行基准地价成果更新，做到土地价格与地区基础设施建设功能提升相适应，科学、合理确定全市各类地区地价体系。2000 年 12 月，成立泰兴市土地开发储备中心。此后，泰兴的地价体系逐步完善，土地交易更趋规范，土地市场日趋成熟。

第一节　土地市场管理

一、土地储备

2000年年初，泰兴市国土管理局试行土地储备工作，将全市各乡镇集镇区和城区内的闲置和低效利用土地报请市政府收回，通过适度整理开发后，推向市场进行出让，全年共收回储备土地9.51公顷，累计回笼资金6508万元。是年12月，泰兴市土地开发储备中心成立。2001年，全年累计储备土地4.7公顷，回笼资金1亿元。2002年年初，市政府出台《泰兴市土地储备实施办法（试行）》，市土地开发储备中心按照土地资产化经营、土地资产资本化运作的思路和土地经营多元化的工作要求，建立健全土地开发储备管理各项制度。坚持执行"三个一"，即一个渠道进水，一个池子蓄水，一个龙头放水。同时建立土地收购储备信息库。2001年至2002年两年中，市土地开发储备中心采取协议收购和现金收购等方式，共储备土地27宗，面积21.5公顷，通过土地市场实行竞争出让，土地收益达3.13亿元。

2003年，市土地开发储备中心先后收购泰兴城区大庆西路物资服务公司、泰师附小南侧等19宗闲置国有土地，面积18.84公顷，变现土地资产近1亿元。是年，为支持企业"三置换一保障（即置换国有、集体产权和股权，置换国有、集体企业职工身份，置换国有土地使用权；实行社会保障）"工作，按照市长协调会要求，市土地开发储备中心向国投公司借款3200万元，收购6家企业闲置土地11.62公顷。同时，以土地作为抵押，向中国银行借款5000万元，为城市新区建设提供启动资金。2004年，市土地开发储备中心贯彻执行《江苏省国有土地储备办法》，完善"土地收购、纳入储备、拆迁整理、市场供应"储备管理体系，全年累计收购储备土地60宗，面积47.56公顷。2008年，市土地开发储备中心执行江苏省《土地储备管理办法》、《土地储备资金财务管理暂行办法》和《工业用地招标拍卖挂牌出让办法（试行）》等规定，完善土地收购、储备、上市机制，规范招标拍卖挂牌出让程序，城镇经营用地全部实行统一管理，依照计划集中净地上市，发挥土地储备机制对平抑房价、稳定房地产市场秩序调控作用。

2011年，市土地开发储备中心对泰兴市迎幸桥北侧、济川南路东侧、中兴大道东延等地块土地实施储备，面积 190.33 公顷。2012 年，市土地开发储备中心收回泰兴斯帝尔板材有限公司闲置土地 14.33 公顷，置换批而未用土地 10.68 公顷，重新安排给 5 个单位使用。2013 年，市土地开发储备中心对市委党校、南极集团、乡镇（园区）“商、粮、物、供”等 152 个项目地块实行收购，储备土地 338.73 公顷。从金融部门融资 15.4 亿元，确保有足够资金收购储备土地。2014 年，市土地开发储备中心对泰兴城区江平南路东侧、镇海路东侧、文昌路东首及张桥等乡镇地块土地实行收购储备，面积 281.18 公顷。2015 年，对羌溪北路周边、新型工业泵厂等 19 个项目土地收购储备，并出让土地 25.68 公顷，回笼资金 7181 万元。收购储备存量用地及批而未供项目用地 15 宗，面积 57.07 公顷，补偿金额 4891 万元。2016 年，市土地开发储备中心以 11577 万元收购价，收回城区和乡镇国有建设闲置土地 79.81 公顷。2018 年，市土地开发储备中心配合乡镇、园区，实施 72 个项目收购储备工作，收购土地面积 128.99 公顷。同时，对全市土地储备地块情况进行调查，编制 2019 年度土地储备计划和规划，把暂无供地计划的到期新增用地列入土地储备。2000—2018 年，市土地开发储备中心共收储土地 864 宗，面积 1544.47 公顷，补偿金额 38.27 亿元。

2000—2018 年泰兴市土地储备情况表

表 7-1-1

年份	宗地数（宗）	储备面积（公顷）	补偿金额（万元）
2000	11	9.51	6508
2001	8	4.70	10000
2002	19	16.80	21300
2003	25	30.46	23916
2004	60	47.56	8900
2005	36	27.10	4656
2006	41	34.21	6417
2007	32	26.74	5742
2008	51	43.52	9051
2009	34	29.82	6824
2010	37	31.14	7053
2011	64	190.33	11981
2012	21	25.01	6420
2013	152	338.73	154000
2014	92	281.18	36592
2015	34	82.75	12072
2016	28	79.81	11577
2017	47	116.05	15991
2018	72	128.99	23730
合计	864	1544.47	382730

二、土地经营

（一）国有土地使用权协议出让

1996年，凡是工业用地，泰兴采用协议出让方式供地。1996—1997年，全市共协议出让国有土地使用权13宗，出让面积14.51公顷，出让金3058.27万元。1998年，全市工业用地仍采用协议出让方式供地。2001年，市政府实行国有土地使用权出让市长联席会议制度，由副市长组织召开市国土资源局、市规划局、市财政局、市审计局、市监察局、市法制局等部门负责人参加的国有土地使用权出让联席会议，重点讨论确定土地出让政策与方案。是年，共召开4次国有土地使用权出让联席会议，讨论出让82宗地国有土地使用权，办理协议出让66宗地国有土地使用权，面积27.46公顷。2002年，市国土资源局规范土地交易管理制度，增强经营性用地出让行为透明度，实现经营性用地入市率、有偿供地率、出让金收缴率3个100%。2008年，全市协议出让国有土地使用权23宗，出让面积14.23公顷，成交价4390万元。是年起，新增工业用地全部通过招标、拍卖、挂牌竞价出让方式供地，采用协议出让方式出让国有土地使用权明显减少。

1999—2018年，全市协议出让国有土地使用权1575宗，面积1469.88公顷。

1999—2018年泰兴市国有土地使用权协议出让情况表

表7-1-2

年份	宗数（宗）	面积（公顷）
1999	83	14.96
2000	92	33.39
2001	66	27.46
2002	41	9.89
2003	102	36.57
2004	304	256.34
2005	215	290.30
2006	460	624.21
2007	33	15.05
2008	23	14.23
2009	4	2.57
2010	34	11.63
2011	14	6.05
2012	31	3.33
2013	15	12.59

续表 7-1-2

年份	宗数（宗）	面积（公顷）
2014	13	62.31
2015	11	10.17
2016	9	15.59
2017	7	13.43
2018	18	9.81
合计	1575	1469.88

（二）国有土地使用权招标、拍卖、挂牌出让

1998 年 6 月 24 日，在河失镇举行泰兴市首期国有土地使用权拍卖会

1998 年，泰兴国有土地使用权出让方式由单一协议出让向招标、拍卖出让方式转变。6 月 24 日，市政府首次在河失镇召开拍卖国有土地使用权现场会，敲响苏北拍卖出让国有土地使用权第一槌。此后，古溪、黄桥、新市、孔桥、七圩等乡镇及泰兴市区相继举行土地使用权拍卖活动。全年共拍卖出让国有土地使用权 7 宗，出让面积 0.39 公顷，成交价 330 万元。是年，全市对金融、娱乐、商业、旅游和房地产开发用地，全部采取拍卖出让方式供地。全年全市招标出让国有土地使用权 2 宗，出让面积 0.29 公顷，收取出让金 241 万元。

1999 年，全市组织拍卖国有土地使用权活动 24 次，出让土地使用权 346 宗，出让面积 1.95 公顷，成交价 4679 万元，其中，拍卖出让泰兴市区鼓楼北路北段国有土地使用权 41 宗，出让面积 0.28 公顷，成交价 2461 万元，平均地价每平方米 8790 元，最高地价每平方米 14164 元，创全省之最。是年，招标出让国有土地使用权 2 宗，出让面积 0.04 公顷，收取出让金 30 万元。2000 年 6 月，市政府对市区鼓楼北路东侧、大会堂路北侧 38 宗国有土地使用权组织拍卖活动，出让面积 0.26 公顷，成交价 2966.3 万元，平均地价每平方米 11260 元。

2001 年 5 月，市国土管理局采取国有土地使用权和建设开发受让权“捆绑”上市的拍卖出让方式，组织对省泰兴中学对面 4 公顷土地“两权”拍卖，以超出底价 1728 万元价格成交，市政府收益 3008 万元。是年，全市出让国有土地使用权 386 宗，

出让面积55.9公顷，获取土地出让金1.94亿元。其中市区鼓楼北路小桥北1宗65.29平方米国有土地使用权以158万元成交，平均地价每平方米2.42万元，再次创全省地价之最。2002年，市国土资源局坚持经营城市和经营土地相结合，推进国有土地使用权招标、拍卖和挂牌出让工作。将挂牌出让交易由市区向乡镇延伸，市局机关和各乡镇国土资源所设立挂牌出让交易栏，在市国土资源局统一指导下开展国有土地使用权挂牌出让工作。在供地过程中做到两个“全部”，即对不符合划拨供地条件的全部实行有偿供地，对经营性用地全部实行竞价供地，有偿和竞价供地率达100%。是年，全市通过竞价出让国有土地使用权45幅154宗，出让面积28.21公顷，收取出让金2.7亿元。2003年1月，市政府将位于市区大庆东路南侧、新建巷东侧、内城河北侧1公顷国有土地使用权，挂牌出让给江苏中兴建设有限公司，获取土地出让金598万元。5月，市政府在城区举行新区一期工程国有土地使用权挂牌出让活动，一宗面积为40.42公顷的土地，成交价3.39亿元，溢出底价1.28亿元，创泰兴国有土地使用权一次出让总价之最。是年，全市累计竞价出让国有土地使用权208宗，出让面积65.16公顷，收取出让金4.14亿元。2004年，全年竞价出让土地使用权73宗、面积62.87公顷，收取土地出让金3.66亿元。全市土地有偿使用方式供地率、房地产开发等经营性项目用地入市交易率及其出让金到账率均达100%。

2005年，市政府执行国家《划拨供地目录》规定，对不符合划拨供地条件的建设项目一律采取招标、拍卖、挂牌出让方式供地。全年有偿供地267宗，面积295.33公顷，年度土地出让金首次突破10亿元大关，达10.12亿元，其中竞价出让土地使用权52宗，出让面积37.7公顷，取得出让金3.54亿元。2006年，全市有偿供地403宗，面积560.36公顷，出让金总额达17.83亿元。其中，竞价出让土地使用权55宗，面积84.99公顷，获取土地出让金9.29亿元，出让金总额是上年的2.6倍，创泰兴历史新高。 2007年，全市竞价出让工业用地14宗，面积28公顷，成交价5830万元。年内市政府在杭州举办土地出让推介会，吸引香港、福建、浙江、上海等地客商，推出经营性用地22宗，出让面积67.87公顷，收取土地出让金12.31亿元。2008年5月和10月，市政府组织市国土资源局等部门，赴绍兴和杭州分别举办土地出让推介会。全年挂牌出让土地使用权72宗，面积143.14公顷，收取土地出让金3.24亿元。其中经营性用地10宗，面积3.79公顷，出让金1980.36万元；工业用地62宗，面积139.35公顷，出让金3.04亿元。2009年，市政府再次组织市国土资源局等部门去外地招商引资，举办宁波土地出让推介会。全年挂牌出让土地使用权67宗，面积176.53公顷，收取土地出让金11.24亿元。其中，城区经营性用地8宗41.42公顷，出让金7.5亿元；乡镇经营性用地18宗14.78公顷，出让金1.18亿元；工业用地41宗120.33公顷，出让金2.56亿元。2010年，全市累计挂牌出让土地使用权95宗，面积380.38公顷，收取土地出让金44.27亿元。其中：经营性用地31宗，面积

138.54 公顷，成交价 39.10 亿元；工业项目用地 64 宗，面积 241.84 公顷，成交价 5.17 亿元。

2011 年，市政府开展经营性用地宣传推介工作，招引大批客商，增强竞争态势，活跃土地市场。全年出让土地使用权 70 宗，面积 263.38 公顷，收取出让金 23.08 亿元。其中，经营性用地 23 宗，面积 86.04 公顷，出让金 18.9 亿元；工业用地 47 宗，面积 177.34 公顷，出让金 4.18 亿元。2012 年 10 月，市国土资源局按照市政府要求，举办泰兴市 2012 年土地招商（杭州）推介会。全年挂牌出让土地使用权 154 宗，面积 288.8 公顷，收取出让金 19.78 亿元。其中：城区经营性用地 31 宗，面积 49.4 公顷，出让金 12.86 亿元；乡镇经营性用地 25 宗，面积 41 公顷，出让金 2.06 亿元；工业用地 98 宗，面积 198.4 公顷，出让金 4.86 亿元。2013 年 3 月，市政府在深圳举办土地招商会，全方位推介房地产开发项目。是年，挂牌出让土地使用权 222 宗，面积 563.53 公顷，收取土地出让金 78.18 亿元。其中：工业用地 125 宗，面积 273.13 公顷，出让金 7.96 亿元；城区经营性用地 42 宗，面积 161.07 公顷；出让金 55.32 亿元；园区、乡镇（街道）经营性用地 55 宗，面积 129.33 公顷，出让金 14.9 亿元。是年，招标、拍卖、挂牌出让国有土地使用权成交总价创泰兴历史年度总价最高。

2014 年，市政府采取“走出去，引进来”的方法，通过电话沟通、上门访谈、约请座谈、现场推介等形式进行宣传推介。5 月 28 日，土地招商推介会现场签约市区南天门地块、福利中心东侧地块等 8 个土地项目。年内，全市竞价出让土地使用权 125 宗，面积 258.93 公顷，收取出让金 21.93 亿元。其中：工业用地 81 宗，面积 151.73 公顷，出让金 5.40 亿元；经营性用地 44 宗，面积 107.2 公顷，出让金 16.53 亿元。2015 年全市挂牌出让土地使用权 85 宗，面积 248.16 公顷，收取出让金 32 亿元。其中工业用地 47 宗，面积 141.51 公顷，出让金 5.36 亿元；经营性用地 38 宗，面积 106.65 公顷，出让金 26.64 亿元。2016 年，全市挂牌出让土地使用权 203 宗，出让面积 536.93 公顷，收取出让金 47.29 亿元。2017 年，全市挂牌出让土地使用权 313 宗，面积 642.47 公顷，收取出让金 53.05 亿元。其中工业用地 279 宗，面积 509.00 公顷，出让金 3.09 亿元；经营性用地 34 宗，面积 133.47 公顷，出让金 49.96 亿元。2018 年，市国土资源局筹划土地出让推介，加大线上线下土地出让推介力度，全面推行土地网上交易。全年全市挂牌出让土地使用权 303 宗，面积 454.67 公顷，收取出让金 56.14 亿元。其中工业用地 258 宗，面积 352.13 公顷，出让金 12.52 亿元；经营性用地 45 宗，面积 102.54 公顷，出让金 43.62 亿元。

1998—2018 年，全市招标、拍卖、挂牌出让国有土地使用权 3068 宗，出让面积 4390.55 公顷，成交总价 429.19 亿元。其中：出让工业用地 1274 宗，出让面积 2674.67 公顷，出让总价 68.35 亿元；出让经营性用地 1794 宗，出让面积 1715.88 公顷，出让总价 360.83 亿元。

1998—2018年泰兴市国有土地使用权招标、拍卖、挂牌出让情况表

表 7-1-3

年份	出让宗数（宗）	出让面积（公顷）	出让总金额（万元）	其中					
				工业用地			经营性用地		
				出让宗数（宗）	出让面积（公顷）	出让金额（万元）	出让宗数（宗）	出让面积（公顷）	出让金额（万元）
1998	9	0.68	571.00	—	—	—	9	0.68	571.00
1999	348	1.99	4709.00	—	—	—	348	1.99	4709.00
2000	38	0.26	2966.30	—	—	—	38	0.26	2966.30
2001	386	55.90	19400.00	—	—	—	386	55.90	19400.00
2002	154	28.21	27000.00	—	—	—	154	28.21	27000.00
2003	208	65.16	41400.00	—	—	—	208	65.16	41400.00
2004	73	62.87	36600.00	—	—	—	73	62.87	36600.00
2005	52	37.70	35400.00	—	—	—	52	37.70	35400.00
2006	55	84.99	92900.00	—	—	—	55	84.99	92900.00
2007	36	95.87	128930.00	14	28.00	5830.00	22	67.87	123100.00
2008	72	143.14	32400.00	62	139.35	30400.00	10	3.79	1980.36

续表 7-1-3

年份	出让宗数（宗）	出让面积（公顷）	出让总金额（万元）	其中					
				工业用地			经营性用地		
				出让宗数（宗）	出让面积（公顷）	出让金额（万元）	出让宗数（宗）	出让面积（公顷）	出让金额（万元）
2009	67	176.53	112400.00	41	120.33	25600.00	26	56.20	86800.00
2010	95	380.38	442700.00	64	241.84	51700.00	31	138.54	391000.00
2011	70	263.38	230800.00	47	177.34	41800.00	23	86.04	189000.00
2012	154	288.80	197800.00	98	198.40	48600.00	56	90.40	149200.00
2013	222	563.53	781800.00	125	273.13	79600.00	97	290.40	702200.00
2014	125	258.93	219300.00	81	151.73	54000.00	44	107.20	165300.00
2015	85	248.16	320000.00	47	141.51	53600.00	38	106.65	266400.00
2016	203	536.93	472900.00	158	341.91	136318.00	45	195.02	336582.00
2017	313	642.47	530500.00	279	509.00	30900.00	34	133.47	499600.00
2018	303	454.67	561400.00	258	352.13	125200.00	45	102.54	436200.00
合计	3068	4390.55	4291856.66	1274	2674.67	683548.00	1794	1715.88	3608308.66

（三）国有土地使用权转让

1996年，泰兴市执行《泰兴市国有土地使用权出让和转让暂行办法》，规定转让土地使用权，转让人与受让人必须签订转让合同。双方当事人到市土地管理局办理土地权属登记手续，换取国有土地使用证。地上建筑物、其他附着物随之转移的，双方当事人按规定向市房产管理部门办理房屋产权过户登记手续。转让人在办理权属变更登记手续时，应向国家按规定缴纳土地增值税。同时规定以出让方式取得土地使用权的土地使用者，其土地使用权在使用年限内可以依法转让（包括出售、赠与、交换等），其合法权益受国家法律保护；通过行政划拨取得国有土地使用权的，必须按规定补办出让手续，补交国有土地使用权出让金后，方可转让。是年，全市国有土地使用权转让面积50公顷。1996—2018年，全市国有土地使用权转让4600宗，转让面积5200公顷。

（四）国有土地使用权出租

1996年，泰兴市土地租赁市场执行《泰兴市国有土地使用权出让和转让暂行办法》，规定出租土地使用权及其地上建筑物、附着物，出租人必须到市土地管理、房产管理部门办理土地使用权及地上建筑物、附着物出租登记手续。未经登记的，租赁合同无效。经批准登记的，出租人按年初承租人支付的租金中所含土地收益部分上缴国家。泰兴市区内土地出租，主要是房产（厂房、库房）出租，地租一般隐含在房产租金中。土地年租金收取标准根据不同用途、不同等级的实际地价水平由市土地管理局拟定，报市政府批准公布执行。是年执行的标准为：住宅用地、生产用地、经营用地分别为房产租金的20%、30%、40%。土地年租金由市土地管理部门收取。1998年，泰州市明确泰兴作为企业改制首批试点县（市）之一，市国土管理局全力服务于企业改制工作，参与土地产权界定、土地资产确认及处理，配合市企业改制领导小组制定一系列文件，明确企业改制中土地使用权的确认、评估及土地年租金标准和处理办法，印制《国有土地使用权租赁合同》以及《土地使用权租赁呈报审批表》等文本。负责审定改制企业用地、签订租赁合同、审核租赁土地使用权及发放土地承租证明书等工作，全年以租赁方式处置国有土地使用权280宗。1999年年初，市政府印发《泰兴市国有划拨土地租赁、出租和改变用途收取年租金的规定》，是年，全市共办理划拨国有土地使用权出租3514宗，面积17.77公顷；租赁254宗，面积130.19公顷；改变用途1559宗，面积7.46公顷，应收取土地年租金815.63万元。为减轻企业负担，促使全市企业改制工作顺利进行，市政府决定对改制企业1999年度土地年租金暂不收取，因而全市仅收取土地年租金106.94万元。2000年10月，市国土管理局、市法院、市公安局、市工商行政管理局及市财政局联合下发《关于收取土地年租金的公告》，并组成两个年租金征收督查小组，逐乡镇检查年租金征收情况。是年，全市累计收取土地年租金156万元。2013年后全市未征收国有土地使用权年租金。

（五）国有土地使用权抵押

1996年，泰兴市执行《泰兴市国有土地使用权出让和转让暂行办法》，规定土地使用权抵押时，其地上建筑物、其他附着物随之抵押；地上建筑物和其他附着物抵押时，其使用范围内土地使用权同时抵押。土地使用权作价现额由市土地管理部门核定。涉及地上建筑物、其他附着物抵押时，其作价现额及抵押率不得大于80%。土地使用权抵押合同须约定抵押人和抵押权人各自权利和义务。明确土地面积、位置和有效使用期限。土地使用权抵押，凭国有土地使用证或土地出让合同设定抵押权。如涉及地上建筑物、其他附着物抵押时，须同时出具房屋产权和其他有效证明方能设定抵押权。是年，市土地管理局办理土地使用权抵押登记5宗，面积4.43公顷。抵押价值1081.77万元。1997—1999年，市土地管理部门共办理土地使用权抵押登记145宗，涉及土地面积213.37公顷，抵押价值47760万元。

2000年，市国土管理局为企业融资提供土地使用权抵押登记服务，共办理土地使用权抵押登记75宗，抵押价值16701万元。2001年，全市办理土地使用权抵押登记62宗。2003年，随着泰兴地方经济迅猛发展，抵押贷款作为企业融资的一种手段，日渐增加。全年办理土地使用权抵押登记逾百家，计201宗。由于土地具有固有的不动产特性，故以土地作为抵押物贷款成为各企业首选。2009年，全市办理土地使用权抵押登记突破千家，计2325宗。2011年，办理土地使用权抵押登记2522宗。2012年，办理土地使用权抵押登记2780宗，抵押价值68.32亿元。2016—2018年，全市共办理542宗国有土地使用权抵押登记，面积1310公顷，抵押价值308亿元。

三、土地自发交易市场清理

1996年，市土地管理局在黄桥、广陵、宣堡等7个建制镇进行土地自发交易市场清理，清理出土地自发交易行为1812起，涉及土地面积13.96公顷，依法收取补交土地出让金72.63万元。1999年9月，市国土管理局在全市范围内开展土地非法转让清理工作。清理发现，全市发生各类非法转让土地1266宗，面积24.26公顷。其中，擅自转让土地使用权860宗，改变用途59宗，房屋买卖引起集体土地使用权转移282宗，联营联建8宗，房屋买卖引起国有土地使用权转移57宗。对此，市国土管理局本着“尊重历史、面对现实、规范操作、妥善处理”原则，对其中940宗补办各类用地手续，其余用地依法依规进行处置，追缴出让金987.05万元，并处罚金10.23万元。

2001年7月，泰兴开展土地批租专项治理工作。市委、市政府成立土地批租专项治理工作领导小组，下设办公室，专题召开全市土地批租专项治理工作会议，转发市土地专项治理工作办公室《关于开展土地批租专项治理工作的实施意见》，对专项治理各阶段工作作出具体部署，举办各乡镇、部门和经济开发区土地批租专项治理工作业务培训班。充分利用市“两台一报”新闻媒体进行宣传报道。专项治理工作中，经过调查摸底、自查申报、抽样复查，彻底查清全市各类用地情况：1999年1月至2001年6月，全市有偿供地1009宗，面积103.79公顷，收取出让金及租金总额3.96亿元；划拨供地277宗，面积172.16公顷；查处并依法补办单位违法用地6宗，面积0.37公顷，追缴出让金63.51万元。是年11月底，泰兴土地批租专项治理工作通过泰州市土地批租专项治理领导小组验收。

2003年2月，根据国务院治理整顿土地市场秩序电视电话会议精神和省、市工作部署，市政府召开专题会议，动员部署开展治理整顿土地市场秩序工作，并明确把全市范围内工业园区用地作为土地市场秩序治理整顿重点。市国土资源局按照市政府部署，对1个省级经济开发区和16个乡镇工业园区进行清查，据统计，经济开发区及各乡镇工业园区启用面积5584.8公顷，其中，不符合土地利用总体规划的面积626.67公顷。对此，市国土资源局向市委、市政府提出对乡镇工业园区进行整合、撤并，重点发展经济开发区及泰兴、黄桥、虹桥等具有一定规模的工业园区，实行资源共享、集约利用土地的建议，得到市委、市政府采纳。同时，各乡镇工业园区不符合土地利用总体规划的土地全部退田还耕。年底，治理整顿土地市场秩序工作通过省、泰州市检查验收。

2004年起，市政府规定凡是划拨使用土地上的房屋买卖，必须按规定补办土地出让手续后，才能进行交易。因此，全市范围内划拨使用土地上的房屋买卖，先补办土地出让手续，再进行房产交易成为正常工作，土地市场秩序逐步走上正轨。

第二节　土地分等定级

一、市区土地分等定级

1994 年 5 月，泰兴开展市区土地和乡镇集镇土地分等定级估价工作，逐步建立从基准地价到宗地地价的地价体系和地价修正体系。1997 年 7 月，市国土管理局对 1994 年市区土地定级估价成果进行更新，市区土地划分为 4 个土地级别。2002 年 4 月，市国土资源局对 1997 年编制的市区土地定级与基准地价成果进行更新。市区土地划分为 5 个级别，划分范围为东至东三环路、南至南三环路、西至泰常公路、北至跃进中沟，面积 50 平方千米。

2008 年，市国土资源局根据泰兴市区基础设施建设快速发展和土地市场不断规范的特点，首次采用“以价定级”技术路线，重新进行区段划分，此项工作 2009 年结束。全市区划分商业用地地价区段 23 个，面积 312.69 公顷；划分住宅用地地价区段 18 个，面积 5129.81 公顷；划分工业用地地价区段 14 个，面积 1711.57 公顷。在此基础上，利用地价区段基准地价评估结果，按分用途“以价定级”技术思路，运用数理统计方法，重新划分土地级别；采用专家评议和实地调查相结合的方法最终确定土地级别界线，形成土地定级成果。商业用地划分 5 个级别、住宅用地划分 4 个级别、工业用地划分 3 个级别，并确定各用途级别土地面积和分布范围。

2009 年泰兴市市区土地级别面积一览表

表 7-2-1

土地级别	商业用地		住宅用地		工业用地	
	面积（公顷）	占总面积	面积（公顷）	占总面积	面积（公顷）	占总面积
一	36.77	11.76%	220.77	4.30%	50.43	2.95%
二	43.93	14.05%	894.15	17.43%	552.56	32.28%
三	127.00	40.62%	1514.05	29.52%	1108.58	64.77%

续表 7-2-1

土地级别	商业用地		住宅用地		工业用地	
	面积（公顷）	占总面积	面积（公顷）	占总面积	面积（公顷）	占总面积
四	59.55	19.04%	2500.84	48.75%	—	—
五	45.44	14.53%	—	—	—	—
总面积	312.69		5129.81		1711.57	

2009 年泰兴市市区商业用地各级别土地分布情况表

表 7-2-2

土地级别	分布范围
一	鼓楼中心区、鼓楼东路、长征路—鼓楼西路
二	国庆西路东段—国庆东路西段、羌溪路、大庆西路、中兴大道
三	鼓楼南路北段、根思路西段—车站路南段、江平中路、万桥路、国庆东路东段、济川路、星火路、大庆东路、鼓楼南路南段
四	永丰路、国庆西路西段—通江路、党校路、江平南路—二环南路
五	苏中批发城、好来居家饰、兴燕路—根思路东段

2009 年泰兴市市区住宅用地各级别土地分布情况表

表 7-2-3

土地级别	分布范围
一	鼓楼中心区
二	城南街道、东联村—朱庄村、朱庄村—周庄村、燕头村、北站村、联盟村—延令村
三	延陵村—宝塔村、后营村—张堡村、南殷村—后营村、文岱村—张陈村、跃进村—商井村、向阳村—商井村、西元村—党校路
四	杨庄村—三六村、城区工业园、燕头村—张陈村、蔡桥村—宝塔村

2009 年泰兴市市区工业用地各级别土地分布情况表

表 7-2-4

土地级别	分布范围
一	市区中心、万桥路
二	商井村、朱庄村—后营村、延陵村—马岱村、三泰村—张堡村、燕头村
三	延陵村—宝塔村、南殷村、城区工业园、杨庄村—三六村、钱庄村、蔡桥村、江平北路沿线

2010 年，市国土资源局利用 2009 年建立的各用途用地地价区段数据库成果，充分考虑各地价区段所在区位及各地价区段内影响地价的因素，局部调整 2 个商业用地地价区段土地级别。通过土地市场交易资料测算法验证和实地勘查等方法，最终确定土地各用途级别和分布范围。

2010 年泰兴市市区各用途土地级别确定结果情况表

表 7-2-5

土地用途	土地级别	分布范围
商业用地	一	鼓楼中心区、鼓楼东路、长征路—鼓楼西路
	二	中兴大道—东润路中段、国庆西路东段—国庆东路西段、羌溪路、大庆西路
	三	庆云路、万桥路、国庆东路东段、济川路、星火路、鼓楼南路南段、根思路西段—车站路南段、江平中路、大庆东路
	四	永丰路、国庆西路西段—通江路、江平南路—二环南路、党校路
	五	好来居家饰、兴燕路—根思路东段、苏中批发城—红星美凯龙
住宅用地	一	鼓楼中心区
	二	国庆新村、城东新区、延陵村、城南街道、阳光华府、东方花园
	三	商井新村、盛世家园—三泰新村、南苑小区、南殷村—后营村、御景园、宝塔村、商井村
	四	杨庄村、蔡桥村、张陈村、城区工业园
工业用地	一	市区中心、万桥路
	二	朱庄村—后营村、延陵村—马岱村、商井村、三泰新村—张堡村、燕头村
	三	南殷村、城区工业园、江平北路沿线、杨庄村—三六村、延陵村—宝塔村、钱庄村、蔡桥村

2011 年，市国土资源局根据市区商业用地、住宅用地和工业用地地价区段基准地价确定结果，局部调整 3 个商业用地地价区段，增加 1 个工业用地地价区段。最终确定各用途地价区段 57 个，其中商业用地地价区段 23 个，住宅用地地价区段 18 个，工业用地地价区段 16 个。分别将各用途地价区段按基准地价高低进行排序，形成新的地价位序。同时参照各地价区段原级别采用人工判读法对区段基准地价变动较大、位序产生级别跳跃的地价区段进行土地级别调整。对新增加的地价区段，根据排序后其前后地价区段的级别和地价确定其土地级别。2012—2013 年，分别对上年度市区地价动态监测与基准地价进行更新，由于原有各地价区段的地价未产生级别跳跃，各级别间的地价级差仍较明显，因此 2012 年、2013 年对市区原有各地价区段的土地

级别未作变更。2014 年，市区新增佳源新天地商业用地地价区段，此区段由于综合商业楼的性质，地价为泰兴市区最高，因此，商业用地土地级别定为一级。2015 年，市区新增江平南路商业用地地价区段，该区段位于市区边缘，地价不高，参考临近区段基准地价，将商业用地土地级别定为四级；新增朝阳村住宅用地地价区段，该区段远离市区中心，地价较低，参考与其房价相近的区段基准地价，将住宅用地土地级别定为三级。2016 年，市国土资源局以 2015 年度市区地价动态监测与基准地价更新成果为基础，将市区地价动态监测体系划分地价区段 146 个，其中，商业用地地价区段 61 个、住宅用地地价区段 44 个、工业用地地价区段 41 个；设立地价监测点 299 个，其中，商业用地地价监测点 131 个、住宅用地地价监测点 92 个、工业用地地价监测点 76 个。划分商业用地土地级别 5 级、住宅用地土地级别 4 级、工业用地土地级别 3 级，各用途地价区段土地级别未发生变化。

2016 年泰兴市市区各用途土地级别确定结果情况表

表 7-2-6

土地用途	土地级别	分布范围
商业用地	一	鼓楼中心区、鼓楼东路、长征路—鼓楼西路、佳源新天地
	二	中兴大道—东润路中段、国庆西路东段—国庆东路西段、羌溪路、大庆西路
	三	庆云路、万桥路、国庆东路东段、济川路、星火路、鼓楼南路南段、根思路西段—车站路南段、江平中路、大庆东路
	四	永丰路、国庆西路西段—通江路、江平南路—二环南路、党校路、江平南路
	五	好来居家饰、兴燕路—根思路东段、苏中批发城—红星美凯龙
住宅用地	一	鼓楼中心区
	二	城南街道、国庆新村、城东新区、东方花园、延陵村、阳光华府
	三	南殷村—后营村、南苑小区、御景园、盛世家园—三泰新村、宝塔村、商井新村、商井村、朝阳村
	四	杨庄村、蔡桥村、张陈村、城区工业园、南郊村
工业用地	一	市区中心、万桥路
	二	延陵村—马岱村、三泰新村—张堡村、燕头村
	三	江平北路沿线、杨庄村—三六村、钱庄村、南殷村、蔡桥村、城区工业园、延陵村—宝塔村、泰兴经济技术开发区北、泰兴经济技术开发区南

市国土资源局在 2017—2018 年度泰兴市城镇地价动态监测与基准地价更新工作中，根据市区商服用地、住宅用地和工业用地地价区段地面基准地价确定结果，分别将各用途地价区段按基准地价高低进行位序排列，形成新的地价位序，参照各地价区段原级别采用人工判读法对区段基准地价变动较大、位序产生级别跳跃的地价区段进行土地级别调整。2017—2018 年度商服、住宅、工业用地地价区段的地价总体位序变化不大，未产生级别跳跃，各级别间地价差仍较明显，各区段土地级别未发生变化。

二、乡镇集镇土地分等定级

1998 年，市国土管理局根据《江苏省县（市）建制镇和乡集镇土地分等定级估价实施意见》要求，投资近 20 万元，组织各乡镇国土管理所业务骨干共 38 人进行业务培训，并与江苏省金陵土地资产评估高新技术公司共同编写《泰兴市建制镇、乡集镇土地分等定级估价技术方案》，以 1998 年 12 月 31 日为基准日，开展泰兴市建制镇、乡集镇土地分等定级估价工作。经一个月对所在镇区和乡集镇区的集镇规模、经济发展水平、交通条件、商服繁华程度、基础设施状况和土地交易状况进行调查和资料收集，形成调查样点资料 2 万余份，收集各乡镇镇区大比例尺地形图、镇区建设规划图、土地利用现状图等图件 144 幅以及统计、物价、邮电、交通等方面基础资料，确定乡镇集镇区土地分等 6 大因素 20 个因子和土地定级 6 大因素 14 个因子 。征求市交通运输局、市商业局、市住房和城乡建设局等部门专家意见，进行土地分等定级估价因素、因子权重值打分。最后将所有资料移交金陵公司进行技术处理，将除泰兴市区以外的 35 个乡镇集镇区按土地质量及区域差异，划分为 4 个等次。黄桥镇区估价范围较大，东至姜八路以西，南至黄桥热电厂，西至城黄公路镇内西北段，北至环球化工厂，总面积 7.01 平方千米。根据其内部土地的区位条件和利用效益上的差异，将其划分为 3 个级别。

1999 年泰兴市建制镇、乡集镇土地分等情况表

表 7–2–7

土地等次	集镇名称
一	黄桥
二	七圩、蒋华、大生、广陵、马甸、过船、曲霞、新市、张桥、姚王
三	古溪、河失、十里甸、天星、焦荡、分界、宣堡、常周、南新、南沙、珊瑚、根思
四	溪桥、宁界、胡庄、北新、横垛、长生、老叶、刘陈、孔桥、元竹、横巷、汪群

1999 年泰兴市黄桥镇镇区各级别土地确定结果情况表

表 7-2-8

土地级别	面积（平方千米）	分布范围
一	0.3955	西起季黄河东侧粮管所，向东至西街小学，向北至团结幼儿园，至恒丰市场向南至黄桥市场沿红星幼儿园向东，到致富路，向北至镇政府，继而向东至姜八路，向东南至酱品厂，拐向西南，到黄桥交运服务公司，黄桥建筑公司，向西到电器厂，东街小学，沿如泰运河向西，西拐至季黄河东侧黄桥食品店
二	0.9081	西起农机厂，向东北至季黄河，沿季黄河向北，拐至黄桥油厂，黄桥小学，向东北至十桥路，沿十桥路向北，到季黄河东支南部，向南拐，沿银杏路北侧约 50 米向东到姜八路，向东南至压缩机部件厂，再折向西南，越过如泰运河，至姜八路东侧，沿文明路南郊约 70 米向西到泰兴第二人民医院，到通联路，向南延伸至异型铜材厂，继续沿文明路向西至商业社、木材公司向西北越过如泰运河到农机厂
三	5.7084	一、二级别土地以外，估价范围界线以内的部分

2008 年，泰兴土地定级由“先定级后估价”综合定级技术思路改为“以价定级”分用途定级技术思路划定土地级别。各乡镇按集镇区域的大小，商业用地地价区段一般划分 1~4 个（黄桥镇 10 个），住宅用地地价区段一般划分 1~2 个（黄桥镇 6 个），工业用地地价区段一般划分 1~3 个（黄桥镇 4 个）。此后，因域内各乡镇集镇区同一种土地利用类型地价内部差异不大，划分的地价地段较少，不足以进行归类划分土地级别，且已形成的各用途地价区段基本涵盖各乡镇集镇区，完全可以满足地价管理要求以及宗地地价评估需要，故至 2018 年域内未再划分各乡镇集镇区土地级别。

三、农用地分等定级

2001 年 7 月，市政府印发《关于开展农用地定级估价工作的通知》，成立农用地定级估价工作领导小组及其办公室，开展泰兴市农用地定级估价工作。市国土管理局编制农用地定级估价工作方案和技术方案，与南京农业大学土地管理学院合作，成立农用地定级估价课题组和调查组，具体负责泰兴市农用地定级估价技术和调查工作。根据《农用地分等定级规程》规定，此次农用地分等定级估价对象与范围为泰兴市行政区域内现有农用地和宜农未利用地，即已有耕地，总面积 78368.59 公顷。其他地类土地不在此次定级估价范围。按照《泰兴市农用地定级估价技术方案》要求，此次调查以乡镇为作业区域，分别收集和调查全市各乡镇政治、经济及自然条件、区位条件、社会经济条件、农业生产、土壤普查、土地利用总体规划等文本、数据及图件资料。外业调查资料验收合格后，将全部资料移交南京农业大学进行数据处理和分析，完成农用地定级估价研究。此次农用地定级的技术路线和方法是：以农用地（即耕地）为评估对象，以 1:10000 土地利用现状图为工作底图，以调查的农用地资料为基础，依据主导因素原则和区域分异原则，采用“因素法”进行。首先确定定级因素因子，然后采用特尔斐法确定其权重，按照“相对值法”编制定级因素因子分值图，并补充区位因素、耕作便利因素分值图。采用“叠置法”“多边形法”划分定级单元，以农用地定级评价单元图为底图，将各定级因素分值图逐一套合，计算单元因素分值，用几何平均法或加权平均法将定级因素质量分综合成该定级评价单元的农用地质量分，得到定级指数，根据定级指数初步划分农用地级别。在对初步划分的农用地级别进行检验、校核和调整后，最终确认农用地级别。

2002 年泰兴市各乡镇耕地及地类面积调查结果情况表

表 7-2-9　　单位：公顷

乡镇	水田		旱田		菜地		合计
	总计	其中国有	总计	其中国有	总计	其中国有	
姚王镇	2358.54	—	1542.02	1.04	—	—	3900.56
过船镇	1418.94	—	476.03	0.66	—	—	1894.97
大生镇	2360.58	—	643.24	—	—	—	3003.82
刘陈镇	1783.85	—	1123.57	—	—	—	2907.42
珊瑚镇	1865.87	—	1280.02	—	0.41	—	3146.30
分界乡	2749.30	—	1887.25	—	—	—	4636.55
南沙镇	1104.43	—	1113.11	—	—	—	2217.54
广陵镇	2542.63	5.11	1141.97	—	—	—	3684.60
泰兴镇	2300.25	0.38	1109.64	1.29	85.95	—	3495.84
宣堡镇	2139.06	—	1197.09	—	2.11	—	3338.26
胡庄镇	2639.65	—	1139.46	—	—	—	3779.11
开发区	269.51	10.60	73.73	1.45	—	—	343.24
元竹镇	2034.58	1.29	1038.93	—	—	—	3073.51
黄桥镇	2789.42	—	1865.25	0.47	0.53	—	4655.20
七圩镇	1581.47	—	196.61	—	—	—	1778.08

续表 7-2-9

乡镇	水田		旱田		菜地		合计
	总计	其中国有	总计	其中国有	总计	其中国有	
根思乡	2376.39	0.07	1511.97	—	—	—	3888.36
蒋华镇	2339.69	—	675.13	—	0.25	—	3915.07
河失镇	2937.69	0.48	1465.61	1.11	—	—	4403.30
溪桥镇	1138.41	—	810.90	—	—	—	1949.31
张桥镇	2988.07	—	984.95	—	—	—	3973.02
曲霞镇	1728.05	2.78	602.49	2.95	—	—	2330.54
古溪镇	1431.07	—	750.87	—	0.24	—	2182.18
马甸镇	1229.64	—	582.47	5.86	—	—	1812.11
横垛镇	1472.91	—	1536.35	—	—	—	3009.26
新街镇	3426.78	—	1378.09	—	6.66	—	4811.53
食品种猪场	0.00	—	0.97	—	—	—	0.97
泰兴农科所	2.79	2.79	3.59	3.59	2.72	2.72	9.10
一捕捞公司	3.50	—	12.38	—	—	—	15.88
二捕捞公司	74.73	—	17.39	6.39	—	—	92.12
泰兴养殖场	0.00	—	82.15	28.67	—	—	82.15
黄桥种猪场	7.27	7.27	5.47	5.47	—	—	12.74
泰兴良种场	20.81	9.00	2.00	—	—	—	22.81
泰兴种猪场	0.00	0.00	3.14	3.14	—	—	3.14
合　计	52015.88	39.77	26253.84	62.09	98.87	2.72	78368.59

2002 年泰兴市姚王镇农用地级别与地类面积确认结果情况表

表 7-2-10

级别	水田		旱田		菜地		合计	
	面积（公顷）	比例	面积（公顷）	比例	面积（公顷）	比例	面积（公顷）	比例
一	0.00	0.00%	0.00	0.00%	0.00	0.00%	0.00	0.00%
二	1357.17	34.80%	853.76	21.89%	0.00	0.00%	2210.93	56.69%
三	1001.37	25.67%	688.26	17.64%	0.00	0.00%	1689.63	43.31%
四	0.00	0.00%	0.00	0.00%	0.00	0.00%	0.00	0.00%
合计	2358.54	60.47%	1542.02	39.53%	0.00	0.00%	3900.56	100.00%

2002 年泰兴市过船镇农用地级别与地类面积确认结果情况表

表 7-2-11

级别	水田		旱田		菜地		合计	
	面积（公顷）	比例	面积（公顷）	比例	面积（公顷）	比例	面积（公顷）	比例
一	1150.63	60.72%	376.85	19.89%	0.00	0.00%	1527.48	80.61%
二	253.72	13.39%	94.16	4.97%	0.00	0.00%	347.88	18.36%
三	6.09	0.32%	2.16	0.11%	0.00	0.00%	8.25	0.43%
四	8.50	0.45%	2.86	0.15%	0.00	0.00%	11.36	0.60%
合计	1418.94	74.88%	476.03	25.12%	0.00	0.00%	1894.97	100.00%

2002 年泰兴市大生镇农用地级别与地类面积确认结果情况表

表 7-2-12

级别	水田		旱田		菜地		合计	
	面积（公顷）	比例	面积（公顷）	比例	面积（公顷）	比例	面积（公顷）	比例
一	1727.36	57.51%	438.58	14.60%	0.00	0.00%	2165.94	72.11%
二	370.75	12.34%	125.42	4.17%	0.00	0.00%	496.17	16.51%
三	11.59	0.39%	7.70	0.26%	0.00	0.00%	19.29	0.65%
四	250.89	8.35%	71.53	2.38%	0.00	0.00%	322.42	10.73%
合计	2360.58	78.59%	643.24	21.41%	0.00	0.00%	3003.82	100.00%

2002 年泰兴市刘陈镇农用地级别与地类面积确认结果情况表

表 7-2-13

级别	水田		旱田		菜地		合计	
	面积（公顷）	比例	面积（公顷）	比例	面积（公顷）	比例	面积（公顷）	比例
一	0.00	0.00%	0.00	0.00%	0.00	0.00%	0.00	0.00%
二	878.53	30.22%	342.00	11.76%	0.00	0.00%	1220.53	41.98%
三	905.32	31.14%	781.57	26.88%	0.00	0.00%	1686.89	58.02%
四	0.00	0.00%	0.00	0.00%	0.00	0.00%	0.00	0.00%
合计	1783.85	61.36%	1123.57	38.64%	0.00	0.00%	2907.42	100.00%

2002年泰兴市珊瑚镇农用地级别与地类面积确认结果情况表

表7-2-14

级别	水田		旱田		菜地		合计	
	面积（公顷）	比例	面积（公顷）	比例	面积（公顷）	比例	面积（公顷）	比例
一	171.10	5.44%	57.10	1.81%	0.41	0.02%	228.61	7.27%
二	1120.24	35.60%	825.29	26.23%	0.00	0.00%	1945.63	61.84%
三	574.54	18.26%	397.63	12.64%	0.00	0.00%	972.17	30.90%
四	0.00	0.00%	0.00	0.00%	0.00	0.00%	0.00	0.00%
合计	1865.87	59.30%	1280.02	40.68%	0.41	0.02%	3146.30	100.00%

2002年泰兴市分界镇农用地级别与地类面积确认结果情况表

表7-2-15

级别	水田		旱田		菜地		合计	
	面积（公顷）	比例	面积（公顷）	比例	面积（公顷）	比例	面积（公顷）	比例
一	0.00	0.00%	0.00	0.00%	0.00	0.00%	0.00	0.00%
二	732.04	15.79%	369.92	7.98%	0.00	0.00%	1101.96	23.77%
三	2017.26	43.51%	1517.33	32.72%	0.00	0.00%	3534.59	76.23%
四	0.00	0.00%	0.00	0.00%	0.00	0.00%	0.00	0.00%
合计	2749.30	59.30%	1887.25	40.70%	0.00	0.00%	4636.55	100.00%

2002年泰兴市南沙镇农用地级别与地类面积确认结果情况表

表7-2-16

级别	水田		旱田		菜地		合计	
	面积（公顷）	比例	面积（公顷）	比例	面积（公顷）	比例	面积（公顷）	比例
一	22.77	1.03%	64.78	2.92%	0.00	0.00%	87.55	3.95%
二	859.33	38.75%	936.32	42.22%	0.00	0.00%	1798.65	80.97%
三	222.30	10.02%	112.01	5.06%	0.00	0.00%	334.31	15.08%
四	0.03	0.00%	0.00	0.00%	0.00	0.00%	0.03	0.00%
合计	1104.43	49.80%	1113.11	50.20%	0.00	0.00%	2217.54	100.00%

2002 年泰兴市广陵镇农用地级别与地类面积确认结果情况表

表 7-2-17

级别	水田		旱田		菜地		合计	
	面积（公顷）	比例	面积（公顷）	比例	面积（公顷）	比例	面积（公顷）	比例
一	325.09	8.82%	29.68	0.81%	0.00	0.00%	354.77	9.63%
二	1580.49	42.90%	735.60	19.96%	0.00	0.00%	2316.09	62.86%
三	637.04	17.29%	376.68	10.22%	0.00	0.00%	1013.72	27.51%
四	0.00	0.00%	0.01	0.00%	0.00	0.00%	0.01	0.00%
合计	2542.63	69.01%	1141.97	30.99%	0.00	0.00%	3684.60	100.00%

2002 年泰兴市泰兴镇农用地级别与地类面积确认结果情况表

表 7-2-18

级别	水田		旱田		菜地		合计	
	面积（公顷）	比例	面积（公顷）	比例	面积（公顷）	比例	面积（公顷）	比例
一	489.74	14.01%	148.09	4.24%	85.95	2.46%	723.78	20.71%
二	1560.59	44.64%	780.42	22.32%	0.00	0.00%	2341.01	66.96%
三	249.92	7.15%	181.14	5.18%	0.00	0.00%	431.06	12.33%
四	0.00	0.00%	0.00	0.00%	0.00	0.00%	0.00	0.00%
合计	2300.25	65.80%	1109.64	31.74%	85.95	2.46%	3495.84	100.00%

2002 年泰兴市宣堡镇农用地级别与地类面积确认结果情况表

表 7-2-19

级别	水田		旱田		菜地		合计	
	面积（公顷）	比例	面积（公顷）	比例	面积（公顷）	比例	面积（公顷）	比例
一	108.19	3.24%	113.15	3.39%	2.11	0.06%	223.45	6.69%
二	1740.49	52.14%	917.78	27.49%	0.00	0.00%	2658.27	79.63%
三	290.38	8.07%	166.17	4.98%	0.00	0.00%	456.55	13.68%
四	0.00	0.00%	0.00	0.00%	0.00	0.00%	0.00	0.00%
合计	2139.06	64.08%	1197.09	35.86%	2.11	0.06%	3338.26	100.00%

2002 年泰兴市胡庄镇农用地级别与地类面积确认结果情况表

表 7-2-20

级别	水田		旱田		菜地		合计	
	面积（公顷）	比例	面积（公顷）	比例	面积（公顷）	比例	面积（公顷）	比例
一	0.00	0.00%	0.00	0.00%	0.00	0.00%	0.00	0.00%
二	915.51	24.23%	461.45	12.21%	0.00	0.00%	1376.96	36.44%
三	1724.14	45.62%	678.01	17.94%	0.00	0.00%	2402.15	63.56%
四	0.00	0.00%	0.00	0.00%	0.00	0.00%	0.00	0.00%
合计	2639.65	69.85%	1139.46	30.15%	0.00	0.00%	3779.11	100.00%

2002 年泰兴开发区农用地级别与地类面积确认结果情况表

表 7-2-21

级别	水田		旱田		菜地		合计	
	面积（公顷）	比例	面积（公顷）	比例	面积（公顷）	比例	面积（公顷）	比例
一	0.00	0.00%	0.00	0.00%	0.00	0.00%	0.00	0.00%
二	915.51	24.23%	461.45	12.21%	0.00	0.00%	1376.96	36.44%
三	1724.14	45.62%	678.01	17.94%	0.00	0.00%	2402.15	63.56%
四	0.00	0.00%	0.00	0.00%	0.00	0.00%	0.00	0.00%
合计	2639.65	69.85%	1139.46	30.15%	0.00	0.00%	3779.11	100.00%

2002 年泰兴市元竹镇农用地级别与地类面积确认结果情况表

表 7-2-22

级别	水田		旱田		菜地		合计	
	面积（公顷）	比例	面积（公顷）	比例	面积（公顷）	比例	面积（公顷）	比例
一	0.00	0.00%	0.00	0.00%	0.00	0.00%	0.00	0.00%
二	108.72	3.54%	49.75	1.62%	0.00	0.00%	158.47	5.16%
三	1798.67	58.52%	732.75	23.84%	0.00	0.00%	2531.42	82.36%
四	127.19	4.14%	256.43	8.34%	0.00	0.00%	383.62	12.48%
合计	2034.58	66.20%	1038.93	33.80%	0.00	0.00%	3073.51	100.00%

2002年泰兴市黄桥镇农用地级别与地类面积确认结果情况表

表7-2-23

级别	水田		旱田		菜地		合计	
	面积（公顷）	比例	面积（公顷）	比例	面积（公顷）	比例	面积（公顷）	比例
一	18.48	0.40%	0.00	0.00%	0.53	0.01%	19.01	0.41%
二	1300.53	27.94%	685.31	14.72%	0.00	0.00%	1985.84	42.66%
三	1417.62	30.45%	1039.75	22.34%	0.00	0.00%	2457.37	52.79%
四	52.79	1.13%	140.19	3.01%	0.00	0.00%	192.98	4.14%
合计	2789.42	59.92%	1865.25	40.07%	0.53	0.01%	4655.20	100.00%

2002年泰兴市七圩镇农用地级别与地类面积确认结果情况表

表7-2-24

级别	水田		旱田		菜地		合计	
	面积（公顷）	比例	面积（公顷）	比例	面积（公顷）	比例	面积（公顷）	比例
一	1438.81	80.92%	165.43	9.30%	0.00	0.00%	1604.24	90.22%
二	46.20	2.60%	0.00	0.00%	0.00	0.00%	46.20	2.60%
三	96.46	5.42%	31.18	1.76%	0.00	0.00%	127.64	7.18%
四	0.00	0.00%	0.00	0.00%	0.00	0.00%	0.00	0.00%
合计	1581.47	88.94%	196.61	11.06%	0.00	0.00%	1778.08	100.00%

2002年泰兴市根思乡农用地级别与地类面积确认结果情况表

表7-2-25

级别	水田		旱田		菜地		合计	
	面积（公顷）	比例	面积（公顷）	比例	面积（公顷）	比例	面积（公顷）	比例
一	0.00	0.00%	0.00	0.00%	0.00	0.00%	0.00	0.00%
二	27.74	0.71%	0.00	0.00%	0.00	0.00%	27.74	0.71%
三	805.57	20.72%	512.36	13.18%	0.00	0.00%	1317.93	33.90%
四	1543.08	39.69%	999.61	25.70%	0.00	0.00%	2542.69	65.39%
合计	2376.39	61.12%	1511.97	38.88%	0.00	0.00%	3888.36	100.00%

2002 年泰兴市蒋华镇农用地级别与地类面积确认结果情况表

表 7-2-26

级别	水田		旱田		菜地		合计	
	面积（公顷）	比例	面积（公顷）	比例	面积（公顷）	比例	面积（公顷）	比例
一	3101.01	79.21%	645.13	16.48%	0.25	0.01%	3746.39	95.70%
二	138.42	3.53%	26.21	0.67%	0.00	0.00%	164.63	4.20%
三	0.27	0.01%	3.79	0.09%	0.00	0.00%	4.06	0.10%
四	0.00	0.00%	0.00	0.00%	0.00	0.00%	0.00	0.00%
合计	3239.69	82.75%	675.13	17.24%	0.25	0.01%	3915.07	100.00%

2002 年泰兴市河失镇农用地级别与地类面积确认结果情况表

表 7-2-27

级别	水田		旱田		菜地		合计	
	面积（公顷）	比例	面积（公顷）	比例	面积（公顷）	比例	面积（公顷）	比例
一	187.59	4.26%	138.32	3.14%	0.00	0.00%	325.91	7.40%
二	1875.05	42.59%	939.74	21.34%	0.00	0.00%	2814.79	63.93%
三	875.05	19.87%	387.49	8.80%	0.00	0.00%	1262.54	28.67%
四	0.00	0.00%	0.05	0.00%	0.00	0.00%	0.05	0.00%
合计	2937.69	66.72%	1465.61	33.28%	0.00	0.00%	4403.30	100.00%

2002 年泰兴市溪桥镇农用地级别与地类面积确认结果情况表

表 7-2-28

级别	水田		旱田		菜地		合计	
	面积（公顷）	比例	面积（公顷）	比例	面积（公顷）	比例	面积（公顷）	比例
一	0.00	0.00%	0.00	0.00%	0.00	0.00%	0.00	0.00%
二	730.43	37.47%	494.27	25.36%	0.00	0.00%	1224.70	62.83%
三	407.98	20.93%	316.63	16.24%	0.00	0.00%	724.61	37.17%
四	0.00	0.00%	0.00	0.00%	0.00	0.00%	0.00	0.00%
合计	1138.41	58.40%	810.90	41.60%	0.00	0.00%	1949.31	100.00%

2002 年泰兴市张桥镇农用地级别与地类面积确认结果情况表

表 7-2-29

级别	水田		旱田		菜地		合计	
	面积（公顷）	比例	面积（公顷）	比例	面积（公顷）	比例	面积（公顷）	比例
一	263.05	6.62%	46.06	1.16%	0.00	0.00%	309.11	7.78%
二	881.62	22.19%	315.80	7.95%	0.00	0.00%	1197.42	30.14%
三	1843.40	46.40%	623.09	15.68%	0.00	0.00%	2466.49	62.08%
四	0.00	0.00%	0.00	0.00%	0.00	0.00%	0.00	0.00%
合计	2988.07	75.21%	984.95	24.79%	0.00	0.00%	3973.02	100.00%

2002 年泰兴市曲霞镇农用地级别与地类面积确认结果情况表

表 7-2-30

级别	水田		旱田		菜地		合计	
	面积（公顷）	比例	面积（公顷）	比例	面积（公顷）	比例	面积（公顷）	比例
一	1131.16	48.54%	223.80	9.60%	0.00	0.00%	1354.96	58.14%
二	551.49	23.66%	376.06	16.14%	0.00	0.00%	927.55	39.80%
三	45.41	1.95%	2.63	0.11%	0.00	0.00%	48.04	2.06%
四	0.00	0.00%	0.00	0.00%	0.00	0.00%	0.00	0.00%
合计	1728.05	74.15%	602.49	25.85%	0.00	0.00%	2330.54	100.00%

2002 年泰兴市古溪镇农用地级别与地类面积确认结果情况表

表 7-2-31

级别	水田		旱田		菜地		合计	
	面积（公顷）	比例	面积（公顷）	比例	面积（公顷）	比例	面积（公顷）	比例
一	0.00	0.00%	0.00	0.00%	0.00	0.00%	0.24	0.01%
二	206.85	9.48%	61.87	2.84%	0.00	0.00%	268.72	12.32%
三	1224.22	56.10%	689.00	31.57%	0.00	0.00%	1913.22	87.67%
四	0.00	0.00%	0.00	0.00%	0.00	0.00%	0.00	0.00%
合计	1431.07	65.58%	750.87	34.41%	0.00	0.00%	2182.18	100.00%

2002年泰兴市马甸镇农用地级别与地类面积确认结果情况表

表 7-2-32

级别	水田		旱田		菜地		合计	
	面积（公顷）	比例	面积（公顷）	比例	面积（公顷）	比例	面积（公顷）	比例
一	73.60	4.06%	30.94	1.71%	0.00	0.00%	104.54	5.77%
二	251.12	13.86%	123.04	6.79%	0.00	0.00%	374.16	20.65%
三	854.81	47.17%	339.70	18.74%	0.00	0.00%	1194.51	65.91%
四	50.11	2.77%	88.80	4.90%	0.00	0.00%	138.91	7.67%
合计	1229.64	67.86%	582.47	32.14%	0.00	0.00%	1812.11	100.00%

2002年泰兴市横垛镇农用地级别与地类面积确认结果情况表

表 7-2-33

级别	水田		旱田		菜地		合计	
	面积（公顷）	比例	面积（公顷）	比例	面积（公顷）	比例	面积（公顷）	比例
一	0.00	0.00%	0.00	0.00%	0.00	0.00%	0.00	0.00%
二	156.29	5.20%	100.71	3.34%	0.00	0.00%	257.00	8.54%
三	1226.54	40.76%	1369.53	45.51%	0.00	0.00%	2596.07	86.27%
四	90.09	2.99%	66.12	2.20%	0.00	0.00%	156.21	5.19%
合计	1472.91	48.95%	1536.35	51.05%	0.00	0.00%	3009.26	100.00%

2002年泰兴市新街镇农用地级别与地类面积确认结果情况表

表 7-2-34

级别	水田		旱田		菜地		合计	
	面积（公顷）	比例	面积（公顷）	比例	面积（公顷）	比例	面积（公顷）	比例
一	0.00	0.00%	0.00	0.00%	6.66	0.14%	6.66	0.14%
二	15.96	0.33%	0.00	0.00%	0.00	0.00%	15.96	0.33%
三	2222.78	46.20%	676.74	14.06%	0.00	0.00%	2899.52	60.26%
四	1188.04	24.69%	701.35	14.58%	0.00	0.00%	1889.39	39.27%
合计	3426.78	71.22%	1378.09	28.64%	6.66	0.14%	4811.53	100.00%

2012年8月，市政府组织开展全市耕地质量等级成果补充完善工作。其对象为泰兴市2011年度行政区域范围内土地利用现状变更调查确定的所有耕地，以土地利用现状图上图斑作为分等单元，共有131463个，总面积为66932公顷。评价时点为2011年12月31日。市国土资源局与江苏金宁达不动产评估咨询有限公司协作，收集泰兴市土地利用现状图、农用地定级估价资料、社会经济统计年鉴、土壤资料及21个乡镇383个行政村2011年农田基础设施调查表、2009—2011年耕地投入—产出平均水平调查表等，为耕地质量等级成果补充完善工作提供第一手资料。在2002年农用地分等成果的基础上，以2011年土地利用现状图和收集、调查的全市各乡镇耕地自然质量状况、土地利用状况、投入—产出状况及农用地分等指标体系、方法体系、参数体系等为基础，按照《农用地质量分等规程》的思路与要求，采用特尔斐法、抽样调查法、实地调查法、聚类分析法等技术方法，更新评价耕地质量等别，形成完整、实用的全市各乡镇耕地自然质量等、利用质量等和经济质量等各等别成果。

2012年泰兴市各乡镇耕地自然质量等面积统计情况表

表7-2-35

行政单元	单位	二等地	三等地	四等地	总计
黄桥镇	公顷	1990.33	7987.71	693.56	10671.60
	%	18.65	74.85	6.50	100
分界镇	公顷	1194.96	1903.46	1410.63	4509.05
	%	26.50	42.21	31.28	100
古溪镇	公顷	205.28	3366.48	1378.13	4949.89
	%	4.15	68.01	27.84	100
元竹镇	公顷	55.93	906.07	2216.59	3178.59
	%	1.76	28.51	69.74	100
珊瑚镇	公顷	199.60	1564.05	1178.08	2941.73
	%	6.79	53.17	40.05	100
广陵镇	公顷	649.62	2515.53	399.4	3564.55
	%	18.22	70.57	11.02	100
曲霞镇	公顷	1173.84	1012.64	49.65	2236.13
	%	52.49	45.29	2.22	100
张桥镇	公顷	2842.84	896.63	—	3739.47
	%	76.02	23.98	—	100
河失镇	公顷	1171.44	2782.67	—	3954.11
	%	29.63	70.37	—	100

续表 7-2-35

行政单元	单位	二等地	三等地	四等地	总计
新街镇	公顷	—	55.76	4512.39	4568.15
	%	—	1.22	98.78	100
姚王镇	公顷	174.50	2553.61	623.79	3351.9
	%	5.21	76.18	18.61	100
宣堡镇	公顷	393.16	1597.03	—	1990.19
	%	19.75	80.25	—	100
泰兴镇	公顷	1288.72	1585.1	—	2873.82
	%	44.84	55.16	—	100
虹桥镇	公顷	3357.68	1733.67	—	5091.35
	%	65.95	34.05	—	100
滨江镇	公顷	4003.20	1384.16	211.02	5598.38
	%	71.51	24.72	3.77	100
根思乡	公顷	75.00	2163.27	1450.42	3688.69
	%	2.03	58.65	39.32	100
泰兴市水产良种场	公顷	23.61	—	—	23.61
	%	100	—	—	100
长江	公顷	0.79	—	—	0.79
	%	100	—	—	100
全市	公顷	18800.50	34007.84	14123.66	66932
	%	28.09	50.81	21.10	100

2012 年泰兴市各乡镇耕地利用质量等面积统计情况表

表 7-2-36

行政单元	单位	二等地	三等地	四等地	五等地	总计
黄桥镇	公顷	—	3793.51	6878.09	—	10671.60
	%	—	35.55	64.45	—	100
分界镇	公顷	—	1194.96	3314.09	—	4509.05
	%	—	26.50	73.50	—	100
古溪镇	公顷	—	2320.90	2628.99	—	4949.89
	%	—	46.89	53.11	—	100
元竹镇	公顷	—	55.93	2047.64	1075.02	3178.59
	%	—	1.76	64.42	33.82	100

续表 7-2-36

行政单元	单位	二等地	三等地	四等地	五等地	总计
珊瑚镇	公顷	—	199.60	2742.13	—	2941.73
	%	—	6.79	93.21	—	100
广陵镇	公顷	—	1244.51	2320.03	—	3564.54
	%	—	34.91	65.09	—	100
曲霞镇	公顷	511.69	663.06	1061.37	—	2236.12
	%	22.88	29.65	47.46	—	100
张桥镇	公顷	243.92	3495.56	—	—	3739.48
	%	6.52	93.48	—	—	100
河失镇	公顷	—	1171.44	2782.67	—	3954.11
	%	—	29.63	70.37	—	100
新街镇	公顷	—	—	55.76	4512.39	4568.15
	%	—	—	1.22	98.78	100
姚王镇	公顷	—	174.50	3177.40	—	3351.90
	%	—	5.21	94.79	—	100
宣堡镇	公顷	—	698.21	1291.97	—	1990.18
	%	—	35.08	64.92	—	100
泰兴镇	公顷	—	1288.72	1585.10	—	2873.82
	%	—	44.84	55.16	—	100
虹桥镇	公顷	3357.68	1463.53	270.14	—	5091.35
	%	65.95	28.75	5.30	—	100
滨江镇	公顷	3574.72	871.06	1152.60	—	5598.38
	%	63.85	15.56	20.59	—	100
根思乡	公顷	—	75.00	3613.69	—	3688.69
	%	—	2.03	97.97	—	100
泰兴市水产良种场	公顷	23.61	—	—	—	23.61
	%	100	—	—	—	100
长江	公顷	0.79	—	—	—	0.79
	%	100	—	—	—	100
全市	公顷	7712.41	18710.49	34921.67	5587.41	66932
	%	11.52	27.95	52.17	8.36	100

2012年泰兴市各乡镇耕地经济质量等面积统计情况表

表7-2-37

行政单元	单位	四等地	五等地	六等地	总计
黄桥镇	公顷	463.59	10208.01	—	10671.60
	%	4.34	95.66	—	100
分界镇	公顷	—	1632.94	2876.11	4509.05
	%	—	36.21	63.79	100
古溪镇	公顷	205.28	3366.48	1378.14	4949.89
	%	4.15	68.01	27.84	100
元竹镇	公顷	—	218.38	2960.21	3178.59
	%	—	6.87	93.13	100
珊瑚镇	公顷	—	499.51	2442.22	2941.73
	%	—	16.98	83.02	100
广陵镇	公顷	1244.51	2320.03	—	3564.54
	%	34.91	65.09	—	100
曲霞镇	公顷	1174.75	1061.37	—	2236.12
	%	52.54	47.46	—	100
张桥镇	公顷	2842.84	896.63	—	3739.47
	%	76.02	23.98	—	100
河失镇	公顷	—	1171.44	2782.67	3954.11
	%	—	29.63	70.37	100
新街镇	公顷	—	—	4568.15	4568.15
	%	—	—	100	100
姚王镇	公顷	—	205.54	3146.37	3351.91
	%	—	6.13	93.87	100
宣堡镇	公顷	—	698.21	1291.97	1990.18
	%	—	35.08	64.92	100
泰兴镇	公顷	—	1297.85	1575.97	2873.82
	%	—	45.16	54.84	100
虹桥镇	公顷	3357.68	1733.67	—	5091.35
	%	65.95	34.05	—	100
滨江镇	公顷	3824.96	630.97	1142.45	5598.38
	%	6832	11.27	20.41	100

续表 7-2-37

行政单元	单位	四等地	五等地	六等地	总计
根思乡	公顷	—	152.83	3535.85	3688.68
	%	—	4.14	95.86	100
泰兴市水产良种场	公顷	23.61	—	—	23.61
	%	100	—	—	100
长江	公顷	0.79	—	—	0.79
	%	100	—	—	100
全市	公顷	13138.01	26093.86	27700.11	66932
	%	19.63	38.99	41.38	100

2012 年泰兴市耕地自然质量等各地类面积统计情况表

表 7-2-38

地类	单位	二等地	三等地	四等地	总计
水田	公顷	14332.15	25314.31	9909.29	49555.74
	%	28.92	51.08	20.00	100.00
水浇地	公顷	293.76	923.88	537.07	1754.70
	%	16.74	52.65	30.61	100.00
旱地	公顷	4174.6	7769.67	3677.31	15621.59
	%	26.72	49.74	23.54	100.00
全市	公顷	18800.51	34007.86	14123.67	66932
	%	28.09	50.81	12.10	100.00

2012 年泰兴市耕地利用质量等各地类面积统计情况表

表 7-2-39

地类	单位	二等地	三等地	四等地	五等地	总计
水田	公顷	6017.51	13887.02	25727.76	3923.46	49555.75
	%	12.14	28.02	51.92	7.92	100.00
水浇地	公顷	43.67	417.72	1085.95	207.36	1754.71
	%	2.49	23.80	61.89	11.82	100.00
旱地	公顷	1651.25	4405.95	8107.79	1456.59	15621.58
	%	10.57	28.20	51.90	9.33	100.00
全市	公顷	7712.43	18710.69	34921.5	5587.41	66932
	%	11.52	27.95	52.17	8.36	100.00

2012 年泰兴市耕地经济质量等各地类面积统计情况表

表 7-2-40

地类	单位	四等地	五等地	六等地	总计
水田	公顷	10083.48	19483.06	19989.20	49555.74
	%	20.35	39.32	40.33	100.00
水浇地	公顷	166.17	600.11	988.43	1754.71
	%	9.47	34.20	56.33	100.00
旱地	公顷	2888.38	6010.71	6722.49	15621.58
	%	18.49	38.48	43.03	100.00
全市	公顷	13138.03	26093.88	27700.12	66932
	%	19.63	38.98	41.39	100.00

2013—2016 年，泰兴逐年开展耕地质量等别年度更新评价工作。市国土资源局遵循“评价方法不变、基本参数稳定、适当补充调查”原则，在前年度耕地质量等别补充完善工作基础上，按照《农用地质量分等规程》和《江苏省耕地质量等别成果补充完善实施方案》规定，分别依据年度 土地变更调查资料，开展耕地质量差别各年度更新评价工作。对各年度内耕地增减变化（建设占用、灾害损毁、农业结构调整、生态退耕、补充开发）及耕地质量建设（土地整治、农业综合开发、农田水利建设等）引起的耕地质量等别变化，进行更新评价和更新耕地质量等别数据库，并建立耕地质量差别年度更新评价数据包。具体工作中，对建设占用、灾害损毁、农业结构调整、生态退耕减少的耕地进行核减，相应的耕地图斑灭失；对通过开发、复垦等途径新增的耕地进行质量评定；依据土地利用年度变更数据库确定新增耕地数量、类型及位置；按照《江苏省耕地质量等别成果补充完善实施方案》确定的方法及参数体系，根据《江苏省耕地质量等别年度更新评价技术方案》的指导调查变化数据，评定新增耕地的质量等别；对土地整治、农业综合开发、农田水利建设区域的耕地质量进行更新评价，补充、更新变化数据后，更新评价区域内的耕地质量等别，形成各年度全市耕地质量等别更新成果。

2016 年泰兴市各乡镇（街道）耕地自然质量等面积统计情况表

表 7-2-41　　单位：公顷

名称	五等地	六等地	总计
黄桥镇	460.42	10117.07	10577.49
分界镇	0.26	4593.06	4593.06

续表 7-2-41

名称	五等地	六等地	总计
古溪镇	207.81	4836.43	5044.24
元竹镇	0.00	3204.40	3204.40
珊瑚镇	0.00	2979.95	2979.95
广陵镇	0.24	3595.78	3596.02
曲霞镇	528.6	1744.13	2272.73
张桥镇	2868.38	917.12	3785.50
河失镇	0.00	3968.47	3968.47
新街镇	0.00	4607.33	4607.33
姚王镇	0.00	3095.59	3095.59
宣堡镇	147.73	1854.27	2002.00
济川街道	0.03	2696.68	2696.71
虹桥镇	3346.65	1733.15	5079.80
滨江镇	3496.82	1847.47	5344.29
根思乡	0.00	3727.00	3727.00
泰兴市水产良种场	28.63	0.00	28.63
长江	0.79	0.00	0.79
全市	11086.36	55517.90	66604

2016 年泰兴市各乡镇（街道）耕地利用质量等面积统计情况表

表 7-2-42　　单位：公顷

名称	五等地	六等地	总计
黄桥镇	3688.09	6889.40	10577.49
分界镇	0.26	4593.06	4593.32
古溪镇	2025.62	3018.62	5044.24
元竹镇	0.00	3204.40	3204.40
珊瑚镇	0.00	2979.95	2979.95
广陵镇	655.33	2940.69	3596.02
曲霞镇	1197.88	1074.85	2272.73
张桥镇	3782.94	2.57	3785.51
河失镇	0.00	3968.47	3968.47
新街镇	0.00	4607.33	4607.33
姚王镇	0.00	3095.59	3095.59

续表 7–2–42

名称	五等地	六等地	总计
宣堡镇	147.73	1854.27	2002.00
济川街道	0.03	2696.68	2696.71
虹桥镇	3347.54	1732.26	5079.80
滨江镇	3744.01	1600.28	5344.29
根思乡	0.00	3727.00	3727.00
泰兴市水产良种场	28.63	0.00	28.63
长江	0.79	0.00	0.79
全市	18618.85	47985.42	66604

2016 年泰兴市各乡镇（街道）耕地经济质量等面积统计情况表

表 7–2–43 单位：公顷

名 称	七等地	八等地	总计
黄桥镇	9875.03	702.46	10577.49
分界镇	206.67	4386.66	4593.33
古溪镇	2371.93	2672.31	5044.24
元竹镇	0.00	3204.40	3204.40
珊瑚镇	0.00	2979.95	2979.95
广陵镇	3183.41	412.62	3596.03
曲霞镇	2222.90	49.83	2272.73
张桥镇	3785.50	0.00	3785.50
河失镇	0.00	3968.47	3968.47
新街镇	0.00	4607.33	4607.33
姚王镇	0.00	3095.59	3095.59
宣堡镇	147.73	1854.27	2002.00
济川街道	0.03	2696.68	2696.71
虹桥镇	5079.80	0.00	5079.80
滨江镇	3745.83	1598.45	5344.29
根思乡	0.00	3727.00	3727.00
泰兴市水产良种场	28.63	0.00	28.63
长江	0.79	0.00	0.79
全市	30648.24	35956.02	66604

2016 年泰兴市耕地国家自然质量等各地类面积统计情况表

表 7-2-44 单位：公顷

地类代码	地类名称	五等	六等	总计
011	水田	8414.95	40269.92	48684.87
012	水浇地	118.95	1570.93	1689.88
013	旱地	2552.47	13677.08	16229.55
合计		11086.37	55517.93	66604

2016 年泰兴市耕地国家利用质量等各地类面积统计情况表

表 7-2-45 单位：公顷

地类代码	地类名称	五等	六等	总计
011	水田	13844.6	34840.27	48684.87
012	水浇地	321.03	1368.86	1689.89
013	旱地	4453.25	11776.30	16229.55
合计		18618.88	47985.43	66604

2016 年泰兴市耕地国家经济质量等各地类面积统计情况表

表 7-2-46 单位：公顷

地类代码	地类名称	七等	八等	总计
011	水田	23021.84	25663.03	48684.87
012	水浇地	534.74	1155.15	1689.89
013	旱地	7091.69	9137.86	16229.55
合计		30648.27	35956.04	66604

2016 年 8 月，市国土资源局成立耕地质量定级与农用地估价领导小组和办公室，在全省率先开展耕地质量定级和农用地估价工作。此次耕地质量定级与农用地估价的范围是指域内已有耕地和农用地利用总体规划确定的宜耕地，包括可用于农耕用途的林地、草地、农田水利用地、养殖水面等和宜农未利用地；不包括建设用地、自然保护区，也不包括土地利用总体规划中的永久性林地、永久性草地、永久性水域，总面积 6.67 万公顷。9 月，市国土资源局与协作单位江苏金宁达房地产土地评估有限公司共同编制《泰兴市耕地质量定级与农用地估价工作方案》和《泰兴市耕地质量定级与农用地估价技术方案》。收集 2016 年泰兴市最新土地利用现状图、土地利用总体规划图、土壤普查和 2011—2015 年泰兴市统计年鉴资料。组织对耕地质量定级、乡镇村农用地估价和农贸中心、村基础设施条件等资料进行调查。在此基础上，将外业调查资料整理归档，输入计算机，建立泰兴市耕地质量定级与农用地估价数据库，采取以

因素法和修正法定级相结合的技术思路，两者定级结果互相验证，进行必要的校验调整，并根据实地踏勘和专家评议，最终确定全市及各乡镇（街道）耕地质量级别和面积。至2018年域内未进行农用地分等定级工作。

2016年泰兴市耕地质量级别面积量算情况表

表7–2–47

耕地质量级别	一	二	三	四	总计
旱地（公顷）	2195.20	6225.80	5184.96	2583.56	16189.52
水浇地（公顷）	242.60	449.24	761.97	251.60	1705.41
水田（公顷）	6793.97	20958.83	14729.28	6346.77	48828.85
总计	9231.77	27633.87	20676.21	9181.93	66724
占比（%）	13.84	41.42	30.98	13.76	100.00

2016年泰兴市各乡镇（街道）耕地质量定级结果面积量算情况表

表7–2–48 单位：公顷

名 称	一等地	二等地	三等地	四等地	总计
滨江镇	823.33	4103.96	427.67	64.45	5419.41
分界镇	—	2936.46	1649.71	—	4586.17
根思乡	1156.47	2566.23	—	—	3722.70
古溪镇	—	—	757.03	4273.84	5030.07
广陵镇	—	—	2555.63	1043.26	3598.89
河失镇	—	2770.59	1196.56	—	3967.14
黄桥镇	295.17	4303.88	5898.94	—	10585.99
虹桥镇	394.24	4674.53	0.76	—	5069.53
曲霞镇	—	1369.50	896.29	—	2265.78
珊瑚镇	—	—	1123.23	1853.67	2976.90
泰兴市水产良种场	—	—	27.33	—	27.33
济川街道	2726.01	—	—	—	2726.01
新街镇	—	—	3241.15	1363.56	4604.71
宣堡镇	168.31	1548.78	280.15	—	1997.24
姚王镇	2535.62	622.78	—	—	3158.40
元竹镇	—	—	2620.97	583.15	3204.12
张桥镇	1134.62	2647.16	—	—	3781.78
长江	—	—	0.79	—	0.79
合计	9231.77	27633.87	20676.21	9181.93	66724

第三节　地价

一、地价体系

（一）基准地价

1. 商业、工业、住宅用地基准地价

1994 年 5 月，市土地管理局按照《城镇土地估价规程》规定，结合各乡镇区位因素和市政设施配套等情况，制定泰兴市市区、各乡镇集镇区和化工开发区基准地价。1997 年 7 月，市土地管理局以 1997 年 6 月 30 日为地价基准日，对 1994 年市区土地定级估价成果进行更新调查，通过对城市基础设施、交通状况、环境质量、人口密度、企业效益等方面调查，并对调查资料进行处理，确定 1997 年泰兴市市区各土地级别商业、住宅及工业用地基准地价。

1997 年泰兴市市区各土地级别商业、住宅、工业用地基准地价一览表

表 7-3-1　　单位：元 / 平方米

土地级别	商业用地	住宅用地	工业用地
一	1200	500	350
二	800	350	300
三	500	300	250
四	300	275	210

说明：商业用地包括商业、服务业、金融业、旅游业、娱乐业等第三产业用地

1998 年 10 月，根据国家国土管理部门对基准地价更新周期一般不宜超过两年的规定，市国土管理局开展全市除泰兴市区以外的 35 个乡集镇、建制镇土地分等定级估价工作。在划分土地等次和土地级别基础上，根据各乡镇集镇区各类用地交易情况和土地收益情况，分别对不同土地等次和土地级别的商业、工业、住宅用地进行基准地价评定，形成全市建制镇、乡集镇土地分等定级估价体系，取得成果有《泰兴市建制镇、乡集镇土地分等定级估价报告（送审稿）》《泰兴市建制镇及乡集镇土地等次

图》《黄桥镇区土地定级图》等。1999 年 4 月 15 日，泰兴市建制镇、乡集镇土地分等定级估价成果通过省级验收，省国土管理局颁发合格证书。

1999 年泰兴市建制镇、乡集镇各土地等次商业、工业、住宅用地基准地价一览表

表 7–3–2　　单位：元 / 平方米

土地等次	集镇名称	商业用地		工业用地		住宅用地	
		平均地价	变幅	平均地价	变幅	平均地价	变幅
二	七圩、蒋华、大生、广陵、马甸、过船、曲霞、新市、张桥、姚王	650	550 ~ 750	210	180 ~ 240	250	210 ~ 290
三	古溪、河失、十里甸、天星、焦荡、分界、宣堡、常周、南新、南沙、珊瑚、根思	460	370 ~ 550	150	120 ~ 180	190	170 ~ 210
四	溪桥、宁界、胡庄、北新、横垛、长生、老叶、刘陈、孔桥、元竹、横巷、汪群	300	230 ~ 370	110	90 ~ 130	160	150 ~ 170

1999 年泰兴市黄桥镇镇区各土地级别商业、工业、住宅用地基准地价一览表

表 7–3–3　　单位：元 / 平方米

土地级别	商业用地		工业用地		住宅用地	
	平均地价	变幅	平均地价	变幅	平均地价	变幅
一	900	700 ~ 1100	280	230 ~ 350	350	280 ~ 420
二	510	400 ~ 600	210	180 ~ 240	270	220 ~ 320
三	320	200 ~ 400	170	150 ~ 190	230	200 ~ 260

2002 年 4 月，市国土资源局根据省国土资源厅《关于加快全省城镇基准地价更新调整工作的通知》要求和国家《城镇土地定级规程》及城市建设总体规划，结合市区发展方向和速度，开展市区土地定级估价成果更新工作。此次市区土地定级估价成果更新范围定为：东至东三环路，南至南三环路，西至泰常公路，北至跃进中沟，面积为 50 平方千米。在此范围内，按照规程要求，市国土资源局调查和收集市区商业繁华程度、交通条件、基础设施、环境状况等方面的资料和数据，调查市区房屋出租、出售、土地联营联建、以地换房、企业兼并、征地拆迁开发和工业用地、农业用地效益等情况。设立监测点 30 个，其中，商业 12 个，住宅 8 个，工业 10 个。应用地理信息系统高新技术，将土地评定为 5 个级别，同时绘制土地级别图、测算商业用地级别基准地价和路线价、住宅用地及工业用地级别基准地价和区片价，编制商业、住宅、工业用地地价指数，编制宗地地价修正系数表和因素条件说明表，建立市区地价动态监测体系。形成由单一的级别基准地价发展为以级别基准地价为核心，以路线

价、区片价为补充的地价体系。市区基准地价更新成果于 2002 年 9 月底通过省国土资源厅验收。2003 年 6 月 10 日，市政府印发《关于批准公布泰兴市市区基准地价更新成果的通知》，并于 2003 年 7 月 1 日起执行。

2002 年泰兴市市区商业用地级别基准地价一览表

表 7-3-4　　单位：元 / 平方米

土地级别	一	二	三	四	五
基准地价	1800	1200	730	420	340
变幅	1250 ~ 2350	800 ~ 1600	480 ~ 980	300 ~ 540	270 ~ 410
容积率	1.2	1.0	1.0	0.8	0.7

2002 年泰兴市市区住宅用地级别基准地价一览表

表 7-3-5　　单位：元 / 平方米

土地级别	一	二	三	四	五
基准地价	900	660	460	340	270
变幅	700 ~ 1100	500 ~ 820	350 ~ 570	270 ~ 410	230 ~ 310
容积率	1.8	1.5	1.2	1.0	0.8

2002 年泰兴市市区工业用地级别基准地价一览表

表 7-3-6　　单位：元 / 平方米

土地级别	一	二	三	四	五
基准地价	400	340	290	240	200
变幅	320 ~ 480	280 ~ 400	240 ~ 340	200 ~ 280	170 ~ 230

2008 年 3 月至 2009 年 6 月，市国土资源局根据《江苏省城镇地价动态监测与基准地价更新技术规范》的要求，与江苏金宁达不动产评估咨询有限公司合作，对泰兴市市区东至跃进中沟封庄中沟一线；南至南三环战备河一线；西至泰常路；北至

2009 年 6 月 4 日，泰兴市城区基准地价更新成果验收会召开

跃进河，面积为51.5平方千米区域，进行地价动态监测与基准地价更新工作。这次更新，按照商业用地、住宅用地和工业用地等不同用途划分地价评定区段，测算区段基准地价，评定土地级别，评估级别基准地价，建立由区段基准地价到宗地地价修正体系，运用地价区段基准地价评估成果和数理统计方法，初步划分土地级别。在此基础上，通过专家评议和实地调查，最终确定土地级别界线和级别基准地价，完成泰兴市区土地级别和基准地价评定工作。

2009年泰兴市市区商业用地级别基准地价一览表

表7-3-7

土地级别	级别基准地价（元/平方米）	设定容积率	设定开发程度	土地面积（公顷）	区段范围
一	7300	1.3	六通一平	36.77	鼓楼中心区、鼓楼东路、长征路、鼓楼西路
二	3800	1.1	六通一平	43.93	国庆西路东段、国庆东路西段、羌溪路、大庆西路、中兴大道
三	2900	1.0	六通一平	127.00	鼓楼南路北段、根思路西段、车站路南段、江平中路、万桥路、国庆东路东段、济川路、星火路、大庆东路、鼓楼南路南段
四	1900	0.9	六通一平	59.55	永丰路、国庆西路西段—通江路、党校路、江平南路—二环南路
五	1200	0.8	六通一平	45.44	苏中批发城、好来居家饰、兴燕路、根思路东段

说明："六通一平"系指通路、通电、供水、排水、通气、通信，场地平整；
"五通一平"系指通路、通电、供水、排水、通信，场地平整。下同

2009年泰兴市市区住宅用地级别基准地价一览表

表7-3-8

土地级别	级别基准地价（元/平方米）	设定容积率	设定开发程度	土地面积（公顷）	区段范围
一	2300	1.6	六通一平	220.77	鼓楼中心区
二	1700	1.5	六通一平	894.15	城南街道、东联村—朱庄村、朱庄村—周庄村、燕头村、北站村、联盟村—延令村

续表 7-3-8

土地级别	级别基准地价（元 / 平方米）	设定容积率	设定开发程度	土地面积（公顷）	区段范围
三	800	1.1	六通一平	1514.05	延陵村—宝塔村、后营村—张堡村、南殷村—后营村、文岱村—张陈村、跃进村—商井村、向阳村—商井村、西元村—党校路
四	400	1.0	五通一平	2500.84	杨庄村—三六村、城区工业园、燕头村—张陈村、蔡桥村—宝塔村

2009 年泰兴市市区工业用地级别基准地价一览表

表 7-3-9

土地级别	级别基准地价（元 / 平方米）	设定容积率	设定开发程度	土地面积（公顷）	区段范围
一	470	0.8	六通一平	50.43	市区中心、万桥路
二	350	0.6	六通一平	552.56	商井村、朱庄村—后营村、燕头村、延陵村—马岱村、三泰村—张堡村
三	260	0.4	五通一平	1108.58	延陵村—宝塔村、南殷村、钱庄村、城区工业园、杨庄村—三六村、蔡桥村、江平北路沿线

2010 年，市国土资源局与江苏金宁达不动产评估咨询有限公司合作对泰兴市市区地价动态监测与基准地价开展更新工作，工作范围仍为 2008 年 3 月设定的市区建成区范围，面积 51.3 平方千米。工作内容是对工作范围内商业、住宅和工业用地地价区段进行实地勘查，对地价均质性产生较大差异的地价区段范围进行调整，在新开发区域进行地价区段增设。以上轮地价动态监测成果为基础，进行地价动态监测点复核、删除、补设和增设，完善商业、住宅、工业用地地价动态监测点构成的地价动态监测体系。利用地价监测点地价测算区段、级别及城市平均地价，计算地价指数。利用地价动态监测区段地价测算结果，更新工作范围内商业、住宅、工业用地地价区段基准地价体系，包括商业、住宅用地地价区段的地面基准地价。再以地价区段基准地价成果为基础，科学划分并建立工作范围内商业、住宅和工业用地新的级别体系，更新级别基准地价。

2010 年泰兴市市区商业用地级别基准地价一览表

表 7-3-10 单位：元 / 平方米

土地级别	基准地价	变幅	设定土地开发程度	设定容积率
一	8900	5900 ~ 12440	六通一平	1.3
二	4700	4020 ~ 5900	六通一平	1.1
三	3400	2730 ~ 4550	六通一平	1.0
四	2300	1760 ~ 2860	六通一平	0.9
五	1300	112 ~ 1760	五通一平	0.8

2010 年泰兴市市区住宅用地级别基准地价一览表

表 7-3-11 单位：元 / 平方米

土地级别	基准地价	变幅	设定土地开发程度	设定容积率
一	3100	2620 ~ 3490	六通一平	1.6
二	2250	1540 ~ 2800	六通一平	1.5
三	1050	680 ~ 1540	六通一平	1.1
四	500	380 ~ 680	五通一平	1.0

2010 年泰兴市市区工业用地级别基准地价一览表

表 7-3-12 单位：元 / 平方米

土地级别	基准地价	变幅	设定土地开发程度	设定容积率
一	485	410 ~ 520	六通一平	0.9
二	355	300 ~ 410	六通一平	0.8
三	260	220 ~ 300	五通一平	0.7

2011 年 11 月至 2012 年 3 月，市国土资源局开展泰兴市市区和黄桥、分界、古溪、元竹、珊瑚、广陵、张桥、河失、新街、姚王、宣堡、滨江、虹桥、曲霞、根思等 15 个乡镇地价季度动态监测与基准地价更新工作。此项工作范围为泰兴市市区和乡镇建成区及近期规划区，市区地价动态监测范围总面积约 45.94 平方千米，在泰兴市区西侧新增加泰兴经济开发区，其范围为：东至朝阳路、南至洋思港、西至沿江公路、北至疏港公路，面积为 15.6 平方千米。这次更新，以 2010 年地价动态监测与基准地价更新成果为基础，以季度为监测周期，实地勘查并合理调整地价区段，整理地价动态监测点资料，跟踪检查并对其复核、补设和更新。依据《城镇土地估价规程》，运用多种估价方法对各地价监测点进行宗地地价评估，并利用地价动态监测点价格进行区段地价与地价指数的测算和确定。在地价季度监测基础上，以年度为更新周期，测算并确定地价区段基准地价，运用数理统计方法对地价区段进行归并 ，更新土地

级别并确定各地价动态监测点价格、地价区段基准地价、级别基准地价和各类地价指数。最终整理地价动态监测和基准地价成果，编制地价动态监测和基准地价成果图，并首次在乡镇建立地价动态监测体系。按照《城市地价动态监测技术规范》和《江苏省城镇地价动态监测与基准地价更新技术规范》要求，市国土资源局科学划分商业、住宅、工业用地地价区段，布设动态监测点并测算其地价。以乡镇地价动态监测体系成果为依据，测算地价区段基准地价。

2011年泰兴市市区商业用地地价区段基准地价一览表

表7-3-13

区段编号	区段名称	起点	终点	容积率	开发水平	设定宽度（米）	设定深度（米）	地面地价（元/平方米）	平均楼面地价（元/平方米）
01001S	鼓楼中心区	鼓楼北路以东—大会堂路—府前街以东—线国庆东路以北	鼓楼北路以西—三井巷—长征路以东、大庆路	1.5	六通一平	12	14	11640	7760
01002S	鼓楼东路	羌溪路	府前街	1.2	六通一平	7	10	7800	6500
01003S	长征路—鼓楼西路	长征路、庆云路	江平中路、大庆西路	1.2	六通一平	8	10	7540	6280
01004S	国庆西路东段—国庆东路西段	羌溪河、五亭桥	长征路、国庆路	1.1	六通一平	10	12	4950	4500
01005S	庆云路	金龙大厦南侧	人民医院南侧	1.1	六通一平	8	10	4200	3820
01006S	永丰路	羌溪路	鼓楼南路	1.0	六通一平	7	8	2620	2620
01007S	羌溪路	外环城河	体育巷	1.2	六通一平	8	12	4930	4110
01008S	大庆西路	羌溪路	江平路	1.1	六通一平	8	10	4890	4440
01009S	根思路西段—车站路南段	两泰官河、如泰运河	皮肤病防治院、小河	1.0	六通一平	8	10	3570	3570

续表 7-3-13

区段编号	区段名称	起点	终点	容积率	开发水平	设定宽度（米）	设定深度（米）	地面地价（元/平方米）	平均楼面地价（元/平方米）
01010S	国庆西路西段—通江路	长征路	南苑小区	0.9	六通一平	4	8	2460	2740
01011S	党校路	外环城河	良种场河	0.8	六通一平	4	6	2170	2710
01012S	江平中路	党校路	如泰运河	1.0	六通一平	6	10	3520	3520
01013S	江平南路—二环南路	济川路、南郊村	江平南路、党校路	0.8	六通一平	6	8	2220	2780
01014S	万桥路	国庆东路	大庆东路	1.1	六通一平	8	10	3960	3600
01015S	国庆东路东段	济川路	羌溪河	1.0	六通一平	8	12	3820	3820
01016S	兴燕路—根思路东段	二环东路、根思路	两泰官河、二环北路	0.8	五通一平	6	8	1340	1680
01017S	济川路	二环南路	大庆东路	1.0	六通一平	4	6	3730	3730
01018S	苏中批发城—红星美凯龙	苏城村、红星美凯龙南侧—二环北路南侧	金沙路、涌金商业广场北侧—跃进河	0.8	五通一平	12	16	1360	1700
01019S	中兴大道—东润路中段	文江路、跃进河	济川路、中兴大道	1.2	六通一平	7	10	5360	4470
01020S	星火路	星火路	东三环路	1.0	六通一平	4	8	3710	3710
01021S	大庆东路	东三环路	羌溪河	0.9	六通一平	6	8	3340	3720
01022S	五金城—好来居家饰—鑫都小商品市场	二环东路、农田	农田	0.9	五通一平	10	12	1580	1750
01023S	鼓楼南路南段	江平南路	五亭桥	1.0	六通一平	6	8	3530	3530

2011 年泰兴市市区住宅用地地价区段基准地价一览表

表 7-3-14　　单位：元 / 平方米

区段编号	区段名称	区段四至	容积率	开发程度	地面单价	平均楼面地价
01001J	鼓楼中心区	东至羌溪河；南至公园北河（外环城河）；西至外环城河；北至如泰运河	1.6	六通一平	3200	2000
01002J	城南街道	东至羌溪河；南至江平南路—二环南路一线；西至国庆西路—江平路一线；北至公园北河（外环城河）	1.4	六通一平	2150	1540
01003J	国庆新村	东至济川路；南至二环南路；西至羌溪河；北至如泰运河	1.5	六通一平	2590	1730
01004J	城东新区	东至东三环；南至二环南路；西至济川路；北至如泰运河	1.5	六通一平	2540	1690
01005J	东方花园	东至老龙河；南至如泰运河；西至两泰官河；北至根思路—泰姚公路	1.3	六通一平	1910	1470
01006J	阳光华府	东至两泰官河；南至如泰运河；西至友谊中沟、港河；北至商井村、燕头村	1.4	六通一平	2020	1440
01007J	延陵村	东至外环城河；南至延陵中沟—国庆西路一线；西至长江新村边小河；北至如泰运河	1.5	六通一平	2270	1520
01008J	南苑小区	东至江平路；南至蔡桥村小河；西至金沙中沟；北至通江路—江平路	1.1	六通一平	1100	1000
01009J	盛世家园—三泰新村	东至东三环路；南至南三环路；西至江平南路—老羌溪河一线；北至二环南路	1.2	六通一平	1360	1130
01010J	南殷村—后营村	东至封庄中沟；南至战备河；西至东三环路；北至如泰运河	1.1	六通一平	1000	910
01011J	御景园	东至星火中沟—跃进中沟一线；南至根思路—老龙河—如泰运河一线；西至两泰官河—根思路—老龙河一线；北至东风河	1.1	六通一平	1000	910
01012J	商井新村	东至两泰官河、港河；南至商井村；西至友谊中沟；北至跃进村	1.3	六通一平	1430	1100
01013J	商井村	东至友谊中沟；南至如泰运河；西至金沙路；北至振兴路	1.1	六通一平	870	790

续表 7-3-14

区段编号	区段名称	区段四至	容积率	开发程度	地面单价	平均楼面地价
01014J	宝塔村	东至长江新村边小河；南至通江路；西至金沙中沟；北至如泰运河	1.1	六通一平	960	870
01015J	城区工业园	东至金沙路；南至如泰运河；西至泰常公路；北至跃进河	0.9	五通一平	440	490
01016J	杨庄村	东至两泰官河；南至郭庄村—商井村—跃进村；西至金沙路；北至跃进河	1.0	五通一平	600	600
01017J	张陈村	东至跃进中沟；南至东风河—星火中沟—泰姚公路一线；西至两泰官河—东风河—星火中沟一线；北至跃进河	0.9	五通一平	450	500
01018J	蔡桥村	东至金沙中沟；南至南三环；西至泰常公路；北至如泰运河	1.0	五通一平	500	500

2011年泰兴市市区工业用地地价区段基准地价一览表

表 7-3-15　　单位：元/平方米

区段编号	区段名称	区段四至	开发程度	容积率	地面单价
01001G	市区中心	东至羌溪河；南至江平南路—二环南路；西至江平路；北至如泰运河	六通一平	0.9	505
01002G	万桥路	东至济川路；南至二环南路；西至羌溪河；北至如泰运河	六通一平	0.9	475
01003G	商井村	东至两泰官河；南至如泰运河；西至友谊中沟—金沙路；北至石油机械厂边小河	六通一平	0.8	370
01004G	燕头村	东至星火中沟；南至如泰运河；西至两泰官河；北至东风河	六通一平	0.8	340
01005G	朱庄村—后营村	东至东润路；南至兴南路；西至济川路；北至如泰运河	六通一平	0.8	395
01006G	三泰新村—张堡村	东至济川路；南至南三环；西至蔡桥村边小河；北至江平南路—二环南路	六通一平	0.8	345
01007G	延陵村—马岱村	东至江平路；南至南三环；西至金沙中沟；北至如泰运河	六通一平	0.8	375
01008G	城区工业园	东至金沙路；南至如泰运河；西至泰常公路；北至跃进河	五通一平	0.8	285

续表 7-3-15

区段编号	区段名称	区段四至	开发程度	容积率	地面单价
01009G	江平北路沿线	东至友谊中沟；南至商井路；西至金沙路；北至二环北路	五通一平	0.8	270
01010G	杨庄村—三六村	东至二环东路；南至石油机械厂边小河—东风河一线；西至友谊中沟；北至跃进河	五通一平	0.8	260
01011G	钱庄村	东至跃进中沟；南至东风河—如泰运河一线；西至二环南路；北至跃进河	五通一平	0.8	250
01012G	南殷村	东至封庄中沟；南至星火路；西至东三环；北至大庆东路	五通一平	0.8	290
01013G	蔡桥村	东至金沙中沟；南至南三环；西至泰常公路；北至通江路	五通一平	0.8	240
01014G	延陵村—宝塔村	东至金沙中沟；南至通江路；西至泰常公路；北至如泰运河	五通一平	0.8	255
01015G	泰兴经济技术开发区	东至朝阳路；南至洋思港；西至沿江公路；北至疏港路	五通一平	0.8	240

说明：工业用地基准地价为地面单价，下同

2011 年泰兴市市区利用地价区段基准地价测算商业用地级别平均地价一览表

表 7-3-16　　　　单位：元 / 平方米

土地级别	所含地价区段	设定土地开发水平	设定容积率	级别平均地面地价
一	鼓楼中心区、鼓楼东路、长征路—鼓楼西路	六通一平	1.3	9479.74
二	中兴大道—东润路中段、国庆西路东段—国庆东路西段、羌溪路、大庆西路	六通一平	1.1	4972.27
三	庆云路、万桥路、国庆东路东段、济川路、星火路、鼓楼南路南段、根思路西段—车站路南段、江平中路、大庆东路	六通一平	1.0	3620.47
四	永丰路、国庆西路西段—通江路、江平南路—二环南路、党校路	六通一平	0.9	2381.33
五	五金城—好来居家饰—鑫都小商品市场、兴燕路—根思路东段、苏中批发城—红星美凯龙	五通一平	0.8	1366.51

2011 年泰兴市市区利用地价区段基准地价测算住宅用地级别平均地价一览表

表 7-3-17 单位：元 / 平方米

土地级别	所含地价区段	设定土地开发水平	设定容积率	级别平均地面地价
一	鼓楼中心区	六通一平	1.6	3202.92
二	国庆新村、城东新区、延陵村、城南街道、阳光华府、东方花园	六通一平	1.5	2387.40
三	商井新村、盛世家园—三泰新村、南苑小区、南殷村—后营村、御景园、宝塔村、商井村	六通一平	1.1	1081.26
四	杨庄村、蔡桥村、张陈村、城区工业园	五通一平	1.0	504.37

2011 年泰兴市市区利用地价区段基准地价测算工业用地级别平均地价一览表

表 7-3-18 单位：元 / 平方米

土地级别	所含地价区段	设定土地开发水平	设定容积率	级别平均地面地价
一	市区中心、万桥路	六通一平	0.9	497.75
二	朱庄村—后营村、延陵村—马岱村、商井村、三泰新村—张堡村、燕头村	六通一平	0.8	362.68
三	南殷村、城区工业园、江平北路沿线、杨庄村—三六村、延陵村—宝塔村、钱庄村、蔡桥村、泰兴经济开发区	五通一平	0.8	252.51

2011 年泰兴市市区商业用地级别基准地价一览表

表 7-3-19 单位：元 / 平方米

土地级别	基准地价	变幅	设定土地开发程度	设定容积率
一	9480	6180 ~ 13740	六通一平	1.3
二	4970	4010 ~ 6330	六通一平	1.1
三	3620	2740 ~ 4950	六通一平	1.0
四	2380	1780 ~ 3100	六通一平	0.9
五	1370	1100 ~ 1860	五通一平	0.8

2011 年泰兴市市区住宅用地级别基准地价一览表

表 7-3-20　　单位：元 / 平方米

土地级别	基准地价	变幅	设定土地开发程度	设定容积率
一	3200	2630 ~ 3780	六通一平	1.6
二	2390	1560 ~ 3060	六通一平	1.5
三	1080	710 ~ 1690	六通一平	1.1
四	500	360 ~ 710	五通一平	1.0

2011 年泰兴市市区工业用地级别基准地价一览表

表 7-3-21　　单位：元 / 平方米

土地级别	基准地价	变幅	设定土地开发程度	设定容积率
一	500	430 ~ 550	六通一平	0.9
二	365	310 ~ 430	六通一平	0.8
三	255	220 ~ 315	五通一平	0.8

2011 年泰兴市乡镇商业用地地价区段基准地价一览表

表 7-3-22

乡镇名称	区段编号	区段名称	区段范围	开发水平	容积率	设定宽度（米）	设定深度（米）	地面地价（元 / 平方米）	平均楼面地价（元 / 平方米）
黄桥镇	02001S	东进路	姜八路—十桥路	五通一平	1.2	4	10	3300	2750
	02002S	姜八路—塔东路	姜八路；银杏路—胜利中沟；塔东路；如泰运河—姜八路	五通一平	1.0	4	10	1550	1550
	02003S	致富南路—文明路	致富南路；如泰运河—城黄路；文明路；姜八路—十桥路	五通一平	1.0	4	10	1600	1600
	02004S	十桥路—东进西路	十桥路；银杏路—城黄路；东进西路；十桥路—姜黄河	五通一平	1.1	4	9	2500	2280
	02005S	致富中路	文江路—如泰运河	五通一平	1.1	4	9	2000	1820
	02006S	城黄路	永丰路—季黄河	五通一平	0.9	3	9	1320	1320

续表 7-3-22

乡镇名称	区段编号	区段名称	区段范围	开发水平	容积率	设定宽度（米）	设定深度（米）	地面地价（元/平方米）	平均楼面地价（元/平方米）
黄桥镇	02007S	华溪中路—凤灵街（溪桥）	华溪中路；泰阳路—龙溪路；凤灵街；华溪路—东方路	五通一平	0.9	3	7	1270	1410
	02008S	龙溪路—东方路（溪桥）	龙溪路；华溪路—东方路；东方路；凤灵街—龙溪路	五通一平	0.8	3	7	990	1230
	02009S	河东路—横过公路（刘陈）	河东路；致富路—横过公路；横过公路；懿清服饰—河西路	五通一平	0.8	3	7	1050	1310
虹桥镇	03001S	祥福中路—人民路—中兴街—东风路（七圩）	祥福中路、中兴街；人民路—东风路；人民路；东风路；祥福中路—中兴街	五通一平	1.0	4	8	1750	1750
	03002S	蒋闸路（蒋华）	泰常路—南街路	五通一平	1.0	4	8	1600	1600
	03003S	振华路—致富路—泰常路（蒋华）	振华路；泰常路—小麦港；致富路；泰常路；振华路—蒋闸路	五通一平	1.0	3	7	1550	1550
姚王镇	04001S	泰姚路—安泰路	泰姚路；安泰路—牛桥路；安泰路；泰姚路—姚王初中	五通一平	1.0	4	8	1480	1480
张桥镇	05001S	江平公路	同源路—西桥大道	五通一平	1.0	3	7	1250	1250
河失镇	06001S	新广线—334 省道—先锋路	新广线；334 省道—河失政府；334 省道、先锋路；新广线—巷道	五通一平	1.0	3	7	1050	1050
广陵镇	07001S	广兴路—兴镇路—广陵中街	广兴路；育才路—广陵中街；兴镇路；广陵中街；振龙街—广兴路	五通一平	1.0	4	9	980	980

续表 7-3-22

乡镇名称	区段编号	区段名称	区段范围	开发水平	容积率	设定宽度（米）	设定深度（米）	地面地价（元/平方米）	平均楼面地价（元/平方米）
新街镇	08001S	朝阳大街（北新）	巷道—育才路	五通一平	1.0	4	8	980	980
	08002S	振兴路—新广路（北新）	振兴路；新广路—经一路；新广路；朝阳街—镇区界线	五通一平	0.9	3	7	880	980
	08003S	元马路—南新街路（南新）	元马路；新广路—新街大道；南新街路；元马路—梯青路	五通一平	0.9	3	7	850	940
	08004S	梯青路（南新）	梯青路；新广路—新街大道	五通一平	0.9	3	7	820	910
珊瑚镇	09001S	金珊瑚路	增产港—丰产港	五通一平	1.0	4	8	900	900
	09002S	红珊瑚路—银珊瑚路	红珊瑚路；金珊瑚路—银珊瑚路；银珊瑚路；增产港—红珊瑚路	五通一平	0.9	4	8	800	890
古溪镇	10001S	乾坤路—私盐路	乾坤路；河流—私盐路；私盐路；东方寺路—古马干河	五通一平	1.0	4	8	1050	1050
	10002S	人民路—文化路—振兴路—跃进路（横垛）	人民路；振兴路；文化路—跃进路；文化路；跃进路；人民路—振兴路	五通一平	1.0	4	8	1000	1000
滨江镇马甸社区	11001S	双桥路北段—晶莹路	双桥路北段；泰兴市工程机械厂—晶莹路；晶莹路；江平路—双桥路	五通一平	0.9	3	7	1030	1150
	11002S	双桥路南段	翻水站—电厂路	五通一平	0.9	3	7	980	1090
分界镇	12001S	繁荣路—永丰路—广德路	繁荣路；广德路；永丰路—复兴路；永丰路；繁荣路—广德路	五通一平	1.0	4	8	1000	1000
	12002S	316 省道	邮电所—巷道	五通一平	0.9	3	7	920	1020

续表 7-3-22

乡镇名称	区段编号	区段名称	区段范围	开发水平	容积率	设定宽度（米）	设定深度（米）	地面地价（元/平方米）	平均楼面地价（元/平方米）
曲霞镇	13001S	霞幕圩大街	河曲公路—环镇路	五通一平	0.9	3	7	880	980
元竹镇	14001S	姜八公路	银杏路—巷道	五通一平	0.9	3	7	850	940
	14002S	兴隆路	银杏路—支路	五通一平	0.9	3	7	750	830
根思乡	15001S	宣泰路—龙溢路	宣泰路；古马干河—供电所；龙溢路；根思卫生院—宣泰路	五通一平	0.9	3	7	900	1000
宣堡镇	16001S	宣泰路—康乐街	宣泰路；新区路—宣堡港；康乐街；振兴路—泰孔公路	五通一平	0.9	4	9	930	1030
	16002S	银杏市场	东至宣堡法院；南至新区路；西至泰孔路；北至中央路	五通一平	0.8	3	7	630	790

2011 年泰兴市乡镇住宅用地地价区段基准地价一览表

表 7-3-23　　单位：元/平方米

乡镇名称	区段编号	区段名称	区段四至	开发水平	容积率	地面地价	平均楼面地价
黄桥镇	02001J	镇中区片	东至姜八路；南至城黄路；西至十桥路；北至银杏路	五通一平	1.2	1690	1410
	02002J	镇北区片	东至永丰中路—银杏路—十桥路；南至东进路；西至定慧路；北至北环路	五通一平	1.2	1300	1080
	02003J	镇西区片	东至十桥路；南至通站路；西至定慧路；北至东进路	五通一平	1.2	1200	1000
	02004J	镇东区片	东至新长铁路；南至胜利中沟；西至姜八路；北至北环路	五通一平	1.2	1100	920
	02005J	溪桥住宅区段	东至宁靖盐高速公路；南至东方路以南约 30 米；西至河失镇；北至凤灵集团北侧	五通一平	1.0	1000	1000
	02006J	刘陈住宅区段	东至河东大渠；南至横过公路以南；西至园区东路；北至庙头中沟	五通一平	1.0	950	950

续表 7-3-23

乡镇名称	区段编号	区段名称	区段四至	开发水平	容积率	地面地价	平均楼面地价
虹桥镇	03001J	七圩住宅区段	东至河塘；南至水泥路；西至河塘，北至农田	五通一平	1.1	1260	1150
	03002J	蒋华住宅区段	东至泰兴市现代化工用品厂东侧；南至蒋闸路以南约 500 米；西至镇西路以西约 450 米；北至张六公路	五通一平	1.1	1200	1090
姚王镇	04001J	姚王住宅区段	东至泰姚路；南至源泵业；西至泰星锻件厂；北至泰星集团	五通一平	1.1	1200	1090
张桥镇	05001J	张桥住宅区段	东至张华中沟；南至西桥村；西至刘岱中沟；北到天星港	五通一平	1.1	1080	980
河失镇	06001J	河失住宅区段	东至黄桥镇；南至河失中学；西至姚王镇；北至如泰运河	五通一平	1.1	800	730
广陵镇	07001J	广陵住宅区段	东至广陵中沟；南至界河；西至新广公路以西约 150 米；北至河流	五通一平	1.1	600	550
新街镇	08001J	北新住宅区段	东至河流；南至镇政府南侧；西至新街大道；北至新街幼儿园北侧	五通一平	1.0	550	550
	08002J	南新住宅区段	东至村有道路；南至河流；西至新街大道以西约 200 米；北至河流	五通一平	1.0	500	500
珊瑚镇	09001J	珊瑚住宅区段	东至河塘—增产港；南至农业产业园区；西至丰产港；北至铁珊瑚路—河塘	五通一平	1.0	650	650
古溪镇	10001J	古溪住宅区段	东至振兴路以东约 450 米；南至古马干河；西至农田；北至青年路	五通一平	1.1	710	650
	10002J	横垛住宅区段	东至河塘；南至跃进路；西至东风路；北至农田	五通一平	1.0	660	660
滨江镇马甸社区	11001J	马甸住宅区段	东至江苏泰盛炉业有限公司；南至电厂路；西至古马干河支流；北至马甸初级中学	五通一平	1.0	800	800
分界镇	12001J	分界住宅区段	东至农田；南至如泰运河；西至增产港；北至农田	五通一平	1.0	770	770
曲霞镇	13001J	曲霞住宅区段	东至友谊中沟；南至环镇南路；西至张万路；北至曲霞初中	五通一平	1.0	580	580
元竹镇	14001J	元竹住宅区段	东至水泥路；南至水泥路；西至水泥路；北至元竹客运站	五通一平	1.0	450	450

续表 7-3-23

乡镇名称	区段编号	区段名称	区段四至	开发水平	容积率	地面地价	平均楼面地价
根思乡	15001J	根思住宅区段	东至泰兴市水泵厂；南至供电所营业厅；西至根思小学；北至古马干河	五通一平	1.0	620	620
宣堡镇	16001J	宣堡住宅区段	东至农田；南至宣南中沟；西至泰孔公路；北至农村道路	五通一平	1.0	630	630

2011 年泰兴市乡镇工业用地地价区段基准地价一览表

表 7-3-24　　单位：元 / 平方米

乡镇名称	区段编号	区段名称	区段四至	开发水平	容积率	地面地价
黄桥镇	02001G	非工业集中区	东至新长铁路；南至通站路；西至定慧路；北至北环路	五通一平	0.8	285
	02002G	黄桥工业园区	东至新长铁路；南至韩庄路；西至姜八路；北至胜利中沟	五通一平	0.8	275
	02003G	溪桥工业区段	东至宁靖盐高速公路；南至东方路以南约 30 米；西至河失镇；北至凤灵集团北侧	五通一平	0.8	240
	02004G	刘陈工业区段	东至河东大渠；南至横过公路以南；西至园区东路；北至庙头中沟	五通一平	0.8	240
虹桥镇	03001G	虹桥工业园区	东至规划道路；南至焦土港；西至规划道路；北至四桥港	五通一平	0.8	240
姚王镇	04001G	城东工业园区	东至宁通公路；西至东三环路；北至 334 省道；南至老城黄路	五通一平	0.8	240
张桥镇	05001G	张桥非工业集中区	东至张华中沟；南至西桥村；西至刘岱中沟；北至天星港	五通一平	0.8	240
	05002G	张桥工业集中区	东至羌溪河；南至天星港；西至村有河流；北至朱巷中沟	五通一平	0.8	235
河失镇	06001G	河失工业区段	东至黄桥镇；南至河失中学；西至姚王镇；北至如泰运河	五通一平	0.8	235
广陵镇	07001G	广陵工业区段	东至广陵中沟；南至界河；西至新广公路以西约 150 米；北至河流	五通一平	0.8	235
新街镇	08001G	北新街工业集中区	东至排水沟；南至宣堡港；西至村有道路；北至九二九中沟	五通一平	0.8	230
	08002G	农产品加工园区	东至姜八路；南至财富大道；西至宁靖盐高速公路；北至姜堰	五通一平	0.8	230
新街镇	08003G	南新街工业区段	东至村有道路；南至河流；西至新街大道以西约 200 米；北至河流	五通一平	0.8	230

续表 7-3-24

乡镇名称	区段编号	区段名称	区段四至	开发水平	容积率	地面地价
珊瑚镇	09001G	珊瑚工业区段	东至河塘—增产港；南至农业产业园区；西至丰产港；北至铁珊瑚路—河塘	五通一平	0.8	235
古溪镇	10001G	古溪非工业集中区	东至振兴路以东约 450 米；南至古马干河；西至农田；北至青年路	五通一平	0.8	240
	10002G	古溪工业集中区	东至河流—幸福路；南至五环路；西至私盐路；北至古马干河	五通一平	0.8	235
	10003G	横垛非工业集中区	东至河塘；南至跃进河；西至东风河；北至农田	五通一平	0.8	240
	10004G	横垛工业集中区	东至文化路；南至农田；西至跃进路；北至跃进河	五通一平	0.8	235
滨江镇马甸社区	11001G	马甸工业区段	东至江苏泰盛炉业有限公司；南至电厂路；西至古马干河支流；北至马甸初级中学	五通一平	0.8	240
分界镇	12001G	分界非工业集中区	东至农田；南至如泰运河；西至增产港；北至农田	五通一平	0.8	240
	12002G	分界工业集中区	东至繁荣路；南至巷道；西至巷道；北至如泰运河	五通一平	0.8	235
曲霞镇	13001G	曲霞工业区段	东至友谊中沟；南至环镇南路；西至张万路；北至曲霞初中	五通一平	0.8	235
元竹镇	14001G	元竹非工业集中区	东至水泥路；南至水泥路；西至水泥路；北至元竹客运站	五通一平	0.8	230
	14002G	元竹工业集中区	东至环城路；南至胜利中沟；西至姜八线；北至胜利路	五通一平	0.8	230
根思乡	15001G	根思非工业集中区	东至泰兴市水泵厂；南至供电所营业厅；西至根思小学；北至古马干河	五通一平	0.8	235
	15002G	根思工业集中区	东至金泰新减速机有限公司东侧；南至江苏一建公司；西至根东中沟；北至欧凯有限公司	五通一平	0.8	235
宣堡镇	16001G	宣堡工业区段	东至农田；南至宣南中沟；西至泰孔公路；北至农村道路	五通一平	0.8	235

2012年起，市国土资源局对泰兴市市区和乡镇地价动态监测体系与基准地价逐年更新。2012年对2011年成果加以更新，与上年度相比，在市区新增加1个商业用地地价区段。2013年，泰兴市市区和乡镇原有各地价区段内部土地质量和地价基本保持一致，继续沿用2012年12月31日各地价区段的范围。市区共有地价区段56个，其中商业用地23个，住宅用地18个，工业用地15个。乡镇共有地价区段85个，其中商业用地35个，住宅用地23个，工业用地27个。2014年，泰兴进行市区、乡镇地价动态监测，并对2013年基准地价成果加以更新，与上年度相比，在市区新增加1个商业用地地价区段，乡镇调整1个商业用地地价区段范围，新规划的建制镇中增加1个商业用地地价区段和1个住宅用地地价区段。2015年，在对2014年地价动态监测和基准地价成果加以更新工作中，市区分别新增加1个商业用地、住宅用地地价区段，住宅用地地价区段将1个原有区段拆分为2个均质性更高的区段，工业用地地价区段删除1个，拆分1个；乡镇商业用地地价区段范围调整1个。2016年，市国土资源局以2015年度工作成果为基础，通过对2015年度泰兴市市区、乡镇商业、住宅、工业用地地价区段进行复核、调整，对商业、住宅和工业用地地价监测点进行核查、补设和更新，更新和完善市区地价动态监测体系，测算2016年泰兴市市区、乡镇季度地价指数。以2017年1月1日为估价期日，应用地价监测点地价资料和土地市场交易资料，测算并确定地价区段基准地价，调整土地级别，更新级别基准地价，维护、更新区段基准地价评估宗地地价的修正体系和市区地价管理信息系统。2016年12月31日，市区商业用地平均地价为2572.12元/平方米，按

2014年1月17日，泰兴市召开2013年度地价动态监测与基准地价更新成果听证会

2016年8月11日，泰兴市召开2015年度地价动态监测与基准地价更新成果听证会

可比区段价格测算，地价增长率为 –3.86%；住宅用地平均地价为 1497.12 元 / 平方米，按可比区段价格测算，地价增长率为 –1.85%；工业用地平均地价为 410.46 元 / 平方米，按可比区段价格测算，地价增长率为 2.45%。

2016 年泰兴市市区商业用地地价区段基准地价一览表

表 7–3–25

区段编号	区段名称	开发水平	设定容积率	设定宽度（米）	设定深度（米）	地面地价（元 / 平方米）	平均楼面地价（元 / 平方米）
109025S	江平南路	六通一平、	1.1	6	8	1430	1300
118001S	鼓楼中心区	六通一平	1.5	12	14	7900	5270
118002S	鼓楼东路	六通一平	1.2	7	10	5860	4880
118003S	长征路—鼓楼西路	六通一平	1.2	8	10	5640	4700
118004S	国庆西路东段—国庆东路西段	六通一平	1.1	10	12	3670	3340
118005S	庆云路	六通一平	1.1	8	10	2710	2460
118006S	永丰路	六通一平	1.0	7	8	1650	1650
118007S	羌溪路	六通一平	1.5	8	12	3340	2230
118008S	大庆西路	六通一平	1.5	8	10	3340	2220
118009S	根思路西段—车站路南段	六通一平	1.0	8	10	2310	2310
118010S	国庆西路西段—通江路	六通一平	0.9	4	8	1550	1720
118011S	党校路	六通一平	1.1	4	6	1350	1230
118012S	江平中路	六通一平	1.3	6	10	2200	1690
118013S	江平南路—二环南路	六通一平	1.1	6	8	1390	1270
118014S	万桥路	六通一平	1.4	8	10	2280	1630
118015S	国庆东路东段	六通一平	1.0	8	12	2440	2440
118016S	兴燕路—根思路东段	五通一平	0.8	6	8	960	1200
118017S	济川路	六通一平	1.0	4	6	2400	2400
118018S	苏中批发城—红星美凯龙	五通一平	0.8	12	16	980	1230
118019S	中兴大道—东润路中段	六通一平	1.2	7	12	3990	3330
118020S	星火路	六通一平	1.3	4	8	2260	1740
118021S	大庆东路	六通一平	1.3	6	8	2070	1600
118022S	好来居家饰	五通一平	0.9	10	12	1100	1220
118023S	鼓楼南路南段	六通一平	1.3	6	8	2070	1590
118024S	佳源新天地	六通一平	1.5	6	12.5	8520	5680

2016 年泰兴市市区住宅用地地价区段基准地价一览表

表 7-3-26　　单位：元 / 平方米

区段编号	区段名称	开发水平	设定容积率	地面地价	平均楼面地价
114010J	南殷村—后营村	六通一平	1.5	1360	900
114021J	朝阳村	六通一平	1.8	1870	1040
118001J	鼓楼中心区	六通一平	1.8	3410	1890
118002J	城南街道	六通一平	1.6	2410	1500
118003J	国庆新村	六通一平	1.7	2830	1660
118004J	城东新区	六通一平	1.7	2870	1690
118005J	东方花园	六通一平	1.6	2140	1340
118006J	阳光华府	六通一平	1.6	2280	1420
118007J	延陵村	六通一平	1.7	2520	1480
118008J	南苑小区	六通一平	1.5	1440	960
118009J	盛世家园—三泰新村	六通一平	1.5	1720	1150
118011J	御景园	六通一平	1.7	1350	790
118012J	商井新村	六通一平	1.6	1840	1150
118013J	商井村	六通一平	1.6	1230	770
118014J	宝塔村	六通一平	1.6	1310	820
118016J	杨庄村	五通一平	1.4	980	700
118017J	张陈村	五通一平	1.4	820	590
118019J	蔡桥村	五通一平	1.4	900	640
118020J	南效村	五通一平	1.4	890	640
123015J	城区工业园	五通一平	1.4	810	580

2016 年泰兴市市区工业用地地价区段基准地价一览表

表 7-3-27　　单位：元 / 平方米

区段编号	区段名称	开发水平	设定容积率	地面地价
118001G	市区中心	六通一平	0.9	530
118002G	万桥路	六通一平	0.9	500
118004G	燕头村	六通一平	0.8	405
118006G	三泰新村—张堡村	六通一平	0.8	410
118007G	延陵村—马岱村	六通一平	0.8	420
118009G	江平北路沿线	五通一平	0.7	395

续表 7-3-27

区段编号	区段名称	开发水平	设定容积率	地面地价
118010G	杨庄村—三六村	五通一平	0.7	395
118011G	钱庄村	五通一平	0.7	395
118012G	南殷村	五通一平	0.7	395
118013G	蔡桥村	五通一平	0.7	395
118014G	延陵村—宝塔村	五通一平	0.7	395
123008G	城区工业园	五通一平	0.7	395
123016G	泰兴经济技术开发区北	五通一平	0.8	395
123017G	泰兴经济技术开发区南	五通一平	0.8	395

2016 年泰兴市市区商业用地级别基准地价一览表

表 7-3-28　　单位：元 / 平方米

土地级别	基准地价	变幅	设定土地开发水平	设定容积率
一	6810	4794 ~ 9798	六通一平	1.3
二	3690	2839 ~ 4588	六通一平	1.3
三	2260	1760 ~ 3116	六通一平	1.2
四	1410	1148 ~ 1897	六通一平	1.0
五	990	816 ~ 1265	五通一平	0.8

2016 年泰兴市市区住宅用地级别基准地价一览表

表 7-3-29　　单位：元 / 平方米

土地级别	基准地价	变幅	设定土地开发水平	设定容积率
一	3410	2898 ~ 3921	六通一平	1.8
二	2660	1819 ~ 3300	六通一平	1.7
三	1540	1046 ~ 2150	六通一平	1.6
四	870	688 ~ 1127	五通一平	1.4

2016 年泰兴市市区工业用地级别基准地价一览表

表 7-3-30　　单位：元 / 平方米

土地级别	基准地价	变幅	设定土地开发水平	设定容积率
一	525	475 ~ 556	六通一平	—
二	410	385 ~ 441	六通一平	—
三	395	375 ~ 415	五通一平	—

2016 年泰兴市乡镇商业用地地价区段基准地价一览表

表 7-3-31

乡镇名称	区段编号	区段名称	设定土地开发水平	设定容积率	设定宽度（米）	设定深度（米）	地面地价（元/平方米）	平均楼面地价（元/平方米）
黄桥镇	100001S	东进路	五通一平	1.2	4	6	2120	1770
	100002S	姜八路—塔东路	五通一平	1.0	3	7	1200	1200
	100003S	致富南路—文明路	五通一平	1.0	4	7	1250	1250
	100004S	十桥路—东进西路	五通一平	1.1	6	8	1770	1600
	100005S	致富中路	五通一平	1.1	3	6	1550	1410
	110007S	华溪中路—凤灵街（溪桥）	五通一平	0.9	8	8	1040	1160
	110008S	龙溪路—东方路（溪桥）	五通一平	0.8	5	9	800	1000
	111009S	河东路—横过公路（刘陈）	五通一平	0.8	4	8	850	1070
	100010S	姜八路—胜利路	五通一平	1.1	6	10	1110	1010
	100011S	城黄路	五通一平	1.0	8	10	1050	1050
分界镇	101001S	繁荣路—永丰路—广德路	五通一平	1.0	4	7	800	800
	101002S	316 省道	五通一平	0.9	5	10	730	810
古溪镇	102001S	乾坤路—私盐路	五通一平	1.0	3	6	840	840
	103002S	人民路—文化路—振兴路—跃进路（横垛）	五通一平	1.0	6	10	800	800
元竹镇	104001S	姜八公路	五通一平	0.9	6	8	680	750
	104002S	兴隆路	五通一平	0.9	4	7	590	660
珊瑚镇	105001S	金珊瑚路	五通一平	1.0	3	7	720	720
	105002S	红珊瑚路—银珊瑚路	五通一平	0.9	8	8	640	710
广陵镇	106001S	广兴路—兴镇路—广陵中街	五通一平	1.0	4	6	800	800
曲霞镇	108001S	霞幕圩大街	五通一平	0.9	8	10	710	790
张桥镇	109001S	江平公路	五通一平	1.0	4	8	1010	1010
河失镇	112001S	新广线—334 省道—先锋路	五通一平	1.0	5	9	860	860

续表 7-3-31

乡镇名称	区段编号	区段名称	设定土地开发水平	设定容积率	设定宽度（米）	设定深度（米）	地面地价（元/平方米）	平均楼面地价（元/平方米）
新街镇	113001S	朝阳大街（北新）	五通一平	1.0	8	12	790	790
	113002S	振兴路—新广路（北新）	五通一平	0.9	5	8	710	780
	113003S	元马路—南新街路（南新）	五通一平	0.9	4	6	680	760
	113004S	梯青路（南新）	五通一平	0.9	4	7	660	730
姚王镇	114001S	泰姚路—安泰路	五通一平	1.0	6	10	1210	1210
宣堡镇	115001S	宣泰路—康乐街	五通一平	0.9	4	8	750	830
	115002S	银杏市场	五通一平	0.8	4	8	500	630
滨江镇马甸社区	117001S	双桥路北段—晶莹路（马甸）	五通一平	0.9	8	10	830	920
	117002S	双桥路南段（马甸）	五通一平	0.9	3	6	790	880
虹桥镇	119001S	祥福中路—人民路—中兴街—东风路（七圩）	五通一平	1.0	3	7	1440	1440
	120002S	蒋闸路（蒋华）	五通一平	1.0	3	6	1300	1300
	120003S	振华路—致富路—泰常路（蒋华）	五通一平	1.0	4	6	1260	1260
虹桥新城	120001S	虹桥大道	五通一平	1.0	3	6	660	660
根思乡	200001S	宣泰路—龙溢路	五通一平	0.9	3	5	720	800

2016 年泰兴市乡镇住宅用地级别基准地价一览表

表 7-3-32　　单位：元/平方米

乡镇名称	区段编号	区段名称	设定土地开发水平	设定容积率	地面地价	平均楼面地价
黄桥镇	100001J	镇中区片	五通一平	1.5	1230	820
	100002J	镇北区片	五通一平	1.5	1100	730
	100003J	镇西区片	五通一平	1.5	940	630
	100004J	镇东区片	五通一平	1.5	840	560
	110005J	溪桥住宅区段	五通一平	1.3	510	390
	111006J	刘陈住宅区段	五通一平	1.2	530	440
分界镇	101001J	分界住宅区段	五通一平	1.2	360	300

续表 7-3-32

乡镇名称	区段编号	区段名称	设定土地开发水平	设定容积率	地面地价	平均楼面地价
古溪镇	102001J	古溪住宅区段	五通一平	1.3	440	340
	103002J	横垛住宅区段	五通一平	1.3	440	340
元竹镇	104001J	元竹住宅区段	五通一平	1.3	430	330
珊瑚镇	105001J	珊瑚住宅区段	五通一平	1.2	350	290
广陵镇	106001J	广陵住宅区段	五通一平	1.4	560	400
曲霞镇	108001J	曲霞住宅区段	五通一平	1.3	530	410
张桥镇	109001J	张桥住宅区段	五通一平	1.4	630	450
河失镇	112001J	河失住宅区段	五通一平	1.2	550	460
新街镇	113001J	北新街住宅区段	五通一平	1.2	390	330
	113002J	南新街住宅区段	五通一平	1.2	390	330
姚王镇	114001J	姚王住宅区段	五通一平	1.4	640	460
宣堡镇	115001J	宣堡住宅区段	五通一平	1.3	450	350
滨江镇马甸社区	117001J	马甸住宅区段	五通一平	1.2	390	320
虹桥镇	119001J	七圩住宅区段	五通一平	1.4	640	460
	120002J	蒋华住宅区段	五通一平	1.4	650	460
虹桥新城	120001J	虹桥新城住宅区段	五通一平	1.0	510	510
根思乡	200001J	根思住宅区段	五通一平	1.2	330	280

2016 年泰兴市乡镇工业用地级别基准地价一览表

表 7-3-33　　单位：元 / 平方米

乡镇名称	区段编号	区段名称	设定土地开发水平	设定容积率	地面地价
黄桥镇	100001G	黄桥非工业集中区	五通一平	0.8	395
	100002G	黄桥工业园区	五通一平	0.8	395
	100003G	溪桥工业区段	五通一平	0.8	395
	100004G	刘陈工业区段	五通一平	0.8	395
分界镇	101001G	分界非工业集中区	五通一平	0.8	375
	101002G	分界工业集中区	五通一平	0.8	375
古溪镇	102001G	古溪非工业集中区	五通一平	0.8	385
	102002G	古溪工业集中区	五通一平	0.8	385
	103003G	横垛非工业集中区	五通一平	0.8	385
	103004G	横垛工业集中区	五通一平	0.8	385

续表 7-3-33

乡镇名称	区段编号	区段名称	设定土地开发水平	设定容积率	地面地价
元竹镇	104001G	元竹非工业集中区	五通一平	0.8	375
	104002G	元竹工业集中区	五通一平	0.8	375
珊瑚镇	105001G	珊瑚工业集区段	五通一平	0.8	375
广陵镇	106001G	广陵工业集区段	五通一平	0.8	385
曲霞镇	108001G	曲霞工业区段	五通一平	0.8	375
张桥镇	109001G	张桥非工业集中区	五通一平	0.8	375
	109002G	张桥工业集中区	五通一平	0.8	375
河失镇	112001G	河失工业区段	五通一平	0.8	385
新街镇	113001G	北新街工业集中区	五通一平	0.8	385
	113002G	农产品加工园区	五通一平	0.8	395
	113003G	南新街工业区段	五通一平	0.8	385
姚王镇	114001G	城东工业园区	五通一平	0.8	395
宣堡镇	115001G	宣堡工业区段	五通一平	0.8	385
滨江镇马甸社区	117001G	马甸工业区段	五通一平	0.8	395
虹桥镇	119001G	虹桥工业园区	五通一平	0.8	395
根思乡	200001J	根思非工业集中区	五通一平	0.8	375
	200002G	根思工业集中区	五通一平	0.8	375

2017 年 1 月，市国土资源局与江苏金宁达房地产评估规划测绘咨询有限公司组织项目实施组，开展 2017 年度泰兴市城镇地价动态监测与基准地价更新工作。其工作范围包括泰兴城区、江苏泰兴经济开发区及 15 个乡镇（黄桥、虹桥、姚王、张桥、河失、广陵、新街、珊瑚、古溪、分界、曲霞、元竹、宣堡镇和根思乡及滨江镇马甸社区）的镇区及近期规划区。城区工作范围为：东至跃进中沟—封庄中沟一线、南至江洋路一线、西至襟江南路、北至跃进中沟，面积约 55.42 平方千米；江苏泰兴经济开发区工作范围为：东至朝阳路、南至洋思港、西至沿江公路、北至疏港公路，面积为 16.57 平方千米；城区工作范围面积总计 71.99 平方千米。15 个乡镇工作面积总计 59.56 平方千米。依据国家城镇土地分等定级及城镇土地估价技术规程，结合泰兴实际，科学划分城镇商服、住宅、工业用地地价地段，设立地价监测点。至 2017 年 12 月 31 日，城镇地价地段共有 145 个，其中，商服用地地价区段 60 个、住宅用地地价区段 44 个、工业用地地价区段 41 个。城镇地价动态监测体系共设立地价监测点 297 个，其中，商服用地地价监测点 129 个、住宅用地地价监测点 92 个、工业用地地价

监测点 76 个。在此基础上，以 2017 年第 4 季度地价区段地价水平测算结果为主，适当参考地价区段市场交易样点地价，考虑政府优化、调节土地利用等方面政策需要，综合确定估价期日 2018 年 1 月 1 日城区及各乡镇镇区商服、住宅、工业用地各地价区段基准地价和用地级别基准地价。

2017 年泰兴市城区商服用地地价区段基准地价一览表

表 7-3-34

区段编号	区段名称	设定土地开发水平	设定容积率	设定宽度（米）	设定深度（米）	地面地价（元/平方米）	底层楼面地价（元/平方米）	二层楼面地价（元/平方米）
109025S	江平南路	六通一平	1.1	6	8	2090	2600	1200
118001S	鼓楼中心区	六通一平	1.5	12	14	11080	9990	4790
118002S	鼓楼东路	六通一平	1.2	7	10	7650	8610	4130
118003S	长征路—鼓楼西路	六通一平	1.2	8	10	7400	8340	4000
118004S	国庆西路东段—国庆东路西段	六通一平	1.1	10	12	5540	6860	3220
118005S	庆云路	六通一平	1.1	8	10	4140	5150	2370
118006S	永丰路	六通一平	1.0	7	8	2340	2340	—
118007S	羌溪路	六通一平	1.5	8	12	4970	4530	2090
118008S	大庆西路	六通一平	1.5	8	10	4950	4520	2080
118010S	国庆西路西段—通江路	六通一平	0.9	4	8	2120	2360	—
118011S	党校路	六通一平	1.1	4	6	1830	2270	1050
118012S	江平中路	六通一平	1.3	6	10	3480	3670	1690
118013S	江平南路—二环南路	六通一平	1.1	6	8	2010	2490	1150
118014S	万桥路	六通一平	1.4	8	10	3480	3400	1560
118015S	国庆东路东段	六通一平	1.0	8	12	3790	3790	—
118016S	兴燕路—根思路东段	六通一平	0.8	6	8	1060	1330	—
118017S	济川路	六通一平	1.0	4	6	3730	3730	—
118019S	中兴大道—东润路中段	六通一平	1.2	7	12	6060	6870	3230
118020S	星火路	六通一平	1.3	4	8	3650	3850	1770
118021S	大庆东路	六通一平	1.3	6	8	3270	3440	1580
118022S	好来居家饰	六通一平	0.9	10	12	1200	1330	—
118023S	鼓楼南路南段	六通一平	1.3	6	8	3290	3470	1590
118024S	佳源新天地	六通一平	1.5	6	12.5	11310	10190	4890
118025S	苏中批发城—红星美凯龙	六通一平	0.8	12	16	1090	1360	—

2017 年泰兴市城区住宅用地地价区段基准地价一览表

表 7–3–35　　单位：元 / 平方米

区段编号	区段名称	设定土地开发水平	设定容积率	地面地价	平均楼面地价
114010J	南殷村—后营村	六通一平	1.5	1660	1110
114021J	朝阳村	六通一平	1.8	2300	1280
118001J	鼓楼中心区	六通一平	1.8	4260	2370
118002J	城南街道	六通一平	1.6	2970	1860
118003J	国庆新村	六通一平	1.7	3480	2050
118004J	城东新区	六通一平	1.7	3530	2070
118005J	东方花园	六通一平	1.6	2660	1660
118006J	阳光华府	六通一平	1.6	2830	1770
118007J	延陵村	六通一平	1.7	3110	1830
118008J	南苑小区	六通一平	1.5	1790	1190
118009J	盛世家园—三泰新村	六通一平	1.5	2120	1420
118011J	御景园	六通一平	1.7	1670	980
118012J	商井新村	六通一平	1.6	2270	1420
118013J	商井村	六通一平	1.6	1530	950
118014J	宝塔村	六通一平	1.6	1610	1010
118016J	杨庄村	六通一平	1.4	1220	870
118017J	张陈村	六通一平	1.4	1030	730
118019J	蔡桥村	六通一平	1.4	1110	790
118020J	南效村	六通一平	1.4	1110	790
123015J	城区工业园	六通一平	1.4	1010	720

2017 年泰兴市城区工业用地地价区段基准地价一览表

表 7–3–36　　单位：元 / 平方米

区段编号	区段名称	设定土地开发水平	设定容积率	基准地价
118001G	市区中心	六通一平	0.9	530
118002G	万桥路	六通一平	0.9	500
118004G	燕头村	六通一平	0.8	405
118006G	三泰新村—张堡村	六通一平	0.8	410

续表 7-3-36

区段编号	区段名称	设定土地开发水平	设定容积率	基准地价
118007G	延陵村—马岱村	六通一平	0.8	420
118009G	江平北路沿线	五通一平	0.7	395
118010G	杨庄村—三六村	五通一平	0.7	395
118011G	钱庄村	五通一平	0.7	395
118012G	南殷村	五通一平	0.7	395
118013G	蔡桥村	五通一平	0.7	395
118014G	延陵村—宝塔村	五通一平	0.7	395
123008G	城区工业园	五通一平	0.7	400
123016G	泰兴经济技术开发区北	五通一平	0.8	395
123017G	泰兴经济技术开发区南	五通一平	0.8	395

说明：工业用地基准地价为地面单价

2017 年泰兴市城区土地级别面积统计情况表

表 7-3-37

土地用途 级别	商服用地		住宅用地		工业用地	
	面积（公顷）	占总面积比例（%）	面积（公顷）	占总面积比例（%）	面积（公顷）	占总面积比例（%）
一	40.42	11.70	213.67	3.86	501.46	8.96
二	50.32	14.57	909.11	16.4	1192.02	21.29
三	109.92	31.82	1945.84	35.11	3905.87	69.75
四	78.13	22.62	2473.43	44.63	—	—
五	66.65	19.29	—	—	—	—
总面积	345.44	100	5542.05	100	5599.35	100

2017 年泰兴市城区商服用地级别基准地价一览表

表 7-3-38　　单位：元 / 平方米

土地级别	基准地价	变幅	设定土地开发水平	设定容积率
一	9270	6294 ~ 13004	六通一平	1.3
二	5560	4207 ~ 6970	六通一平	1.3
三	3500	2779 ~ 4759	六通一平	1.2
四	2000	1555 ~ 2687	六通一平	1.0
五	1090	902 ~ 1380	六通一平	0.8

2017 年泰兴市城区住宅用地级别基准地价一览表

表 7–3–39　　单位：元 / 平方米

土地级别	基准地价	变幅	设定土地开发水平	设定容积率
一	4260	3622 ~ 4901	六通一平	1.8
二	3280	2259 ~ 4056	六通一平	1.7
三	1900	1298 ~ 2648	六通一平	1.6
四	1090	856 ~ 1406	六通一平	1.4

2017 年泰兴市城区工业用地级别基准地价一览表

表 7–3–40　　单位：元 / 平方米

土地级别	基准地价	变幅	设定土地开发水平	设定容积率
一	525	475 ~ 556	六通一平	—
二	410	385 ~ 441	六通一平	—
三	395	375 ~ 420	五通一平	—

2017 年泰兴市乡镇商服用地地价区段基准地价一览表

表 7–3–41

乡镇名称	区段编号	区段名称	设定土地开发水平	容积率	设定宽度（米）	设定深度（米）	地面地价（元 / 平方米）	底层楼面地价（元 / 平方米）	二层楼面地价（元 / 平方米）
黄桥镇	100001S	东进路	五通一平	1.2	4	6	2140	2440	1120
	100002S	姜八路—塔东路	五通一平	1.0	3	7	1210	1210	—
	100003S	致富南路—文明路	五通一平	1.0	4	7	1250	1250	—
	100004S	十桥路—东进西路	五通一平	1.1	6	8	1770	2210	1010
	100005S	致富中路	五通一平	1.1	3	6	1560	1930	890
	110007S	华溪中路—凤灵街（溪桥）	五通一平	0.9	8	8	1050	1170	—
	110008S	龙溪路—东方路（溪桥）	五通一平	0.8	5	9	810	1010	—
	111009S	河东路—横过公路（刘陈）	五通一平	0.8	4	8	860	1070	—
	100010S	姜八路—胜利路	五通一平	1.1	6	10	1120	1400	640
	100011S	城黄路	五通一平	1.0	8	10	1060	1060	—

续表 7-3-41

乡镇名称	区段编号	区段名称	设定土地开发水平	容积率	设定宽度（米）	设定深度（米）	地面地价（元/平方米）	底层楼面地价（元/平方米）	二层楼面地价（元/平方米）
分界镇	101001S	繁荣路—永丰路—广德路	五通一平	1.0	4	7	810	810	—
	101002S	316 省道	五通一平	0.9	5	10	730	820	—
古溪镇	102001S	乾坤路—私盐路	五通一平	1.0	3	6	840	840	—
	103002S	人民路—文化路—振兴路—跃进路（横垛）	五通一平	1.0	6	10	800	800	—
元竹镇	104001S	姜八公路	五通一平	0.9	6	8	680	760	—
	104002S	兴隆路	五通一平	0.9	4	7	590	660	—
珊瑚镇	105001S	金珊瑚路	五通一平	1.0	3	7	720	720	—
	105002S	红珊瑚路—银珊瑚路	五通一平	0.9	8	8	640	720	—
广陵镇	106001S	广兴路—兴镇路—广陵中街	五通一平	1.0	4	6	800	800	—
曲霞镇	108001S	霞幕圩大街	五通一平	0.9	8	10	710	790	—
张桥镇	109001S	江平公路	五通一平	1.0	4	8	1010	1010	—
河失镇	112001S	新广线—334 省道—先锋路	五通一平	1.0	5	9	860	860	—
新街镇	113001S	朝阳大街（北新）	五通一平	1.0	8	12	800	800	—
	113002S	振兴路—新广路（北新）	五通一平	0.9	5	8	710	790	—
	113003S	元马路—南新街路（南新）	五通一平	0.9	4	6	690	760	—
	113004S	梯青路（南新）	五通一平	0.9	4	7	660	730	—
姚王镇	114001S	泰姚路—安泰路	五通一平	1.0	6	10	1210	1210	—
宣堡镇	115001S	宣泰路—康乐街	五通一平	0.9	4	8	750	830	—
	115002S	银杏市场	五通一平	0.8	4	8	500	630	—

2017 年泰兴市乡镇住宅用地地价区段基准地价一览表

表 7-3-42　　　　　　　　　　　　　　　　　　单位：元 / 平方米

乡镇名称	区段编号	区段名称	设定土地开发水平	设定容积率	地面地价	平均楼面地价
黄桥镇	100001J	镇中区片	五通一平	1.5	1260	840
	100002J	镇北区片	五通一平	1.5	1120	750
	100003J	镇西区片	五通一平	1.5	960	640
	100004J	镇东区片	五通一平	1.5	850	570
	100005J	溪桥住宅区段	五通一平	1.3	520	400
	110006J	刘陈住宅区段	五通一平	1.2	530	450
分界镇	101001J	分界住宅区段	五通一平	1.2	360	300
古溪镇	102001J	古溪住宅区段	五通一平	1.3	510	390
	103002J	横垛住宅区段	五通一平	1.3	520	400
元竹镇	104001J	元竹住宅区段	五通一平	1.3	440	340
珊瑚镇	105001J	珊瑚住宅区段	五通一平	1.2	350	290
广陵镇	106001J	广陵住宅区段	五通一平	1.4	490	350
曲霞镇	108001J	曲霞住宅区段	五通一平	1.3	410	320
张桥镇	109001J	张桥住宅区段	五通一平	1.4	640	460
河失镇	112001J	河失住宅区段	五通一平	1.2	560	460
新街镇	113001J	北新街住宅区段	五通一平	1.2	400	330
	113002J	南新街住宅区段	五通一平	1.2	400	330
姚王镇	114001J	姚王住宅区段	五通一平	1.4	650	470
宣堡镇	115002J	宣堡住宅区段	五通一平	1.3	460	360
滨江镇马甸社区	117001J	马甸住宅区段	五通一平	1.2	390	330
虹桥镇	119002J	七圩住宅区段	五通一平	1.4	650	470
	120001J	虹桥新城住宅区段	五通一平	1.0	580	580
	120002J	蒋华住宅区段	五通一平	1.4	660	470
根思乡	200002J	根思住宅区段	五通一平	1.2	340	280

2017年泰兴市乡镇工业用地地价区段基准地价一览表

表7-3-43　　单位：元/平方米

乡镇名称	区段编号	区段名称	设定土地开发水平	设定容积率	地面地价
黄桥镇	100001G	黄桥非工业集中区	五通一平	0.8	395
	100002G	黄桥工业园区	五通一平	0.8	395
	100003G	溪桥工业区段	五通一平	0.8	395
	100004G	刘陈工业区段	五通一平	0.8	395
分界镇	101001G	分界非工业集中区	五通一平	0.8	375
	101002G	分界工业集中区	五通一平	0.8	375
古溪镇	102001G	古溪非工业集中区	五通一平	0.8	385
	103002G	古溪工业集中区	五通一平	0.8	385
	103003G	横垛非工业集中区	五通一平	0.8	385
	103004G	横垛工业集中区	五通一平	0.8	385
元竹镇	104001G	元竹非工业集中区	五通一平	0.8	375
	104002G	元竹工业集中区	五通一平	0.8	375
珊瑚镇	105001G	珊瑚工业集区段	五通一平	0.8	375
广陵镇	106001G	广陵工业集区段	五通一平	0.8	385
曲霞镇	108001G	曲霞工业区段	五通一平	0.8	375
张桥镇	109001G	张桥非工业集中区	五通一平	0.8	375
	109002G	张桥工业集中区	五通一平	0.8	375
河失镇	112001G	河失工业区段	五通一平	0.8	385
新街镇	113001G	北新街工业集中区	五通一平	0.8	385
	113002G	农产品加工园区	五通一平	0.8	395
	113003G	南新街工业区段	五通一平	0.8	385
姚王镇	114001G	城东工业园区	五通一平	0.8	395
宣堡镇	115001G	宣堡工业区段	五通一平	0.8	385
滨江镇马甸社区	117001G	马甸工业区段	五通一平	0.8	395
虹桥镇	119001G	虹桥工业园区	五通一平	0.8	395
根思乡	200002G	根思工业集中区	五通一平	0.8	375
	200003G	根思非工业集中区	五通一平	0.8	375

在开展 2017 年度泰兴市城镇比价动态监测与基准地价更新工作的同时，市国土资源局对 2017 年度泰兴市公共管理与公共服务用地基准地价进行评估。评估对象为泰兴市公共管理与公共服务用地（包含机关团体用地、新闻出版用地、教育用地、科研用地、医疗卫生用地、社会福利用地、文化设施用地、体育用地、公用设施用地、公园与绿地用地等十个二级地类。十个二级地类中，公用设施用地、公园与绿地用地两个二级地类划归于公共设施类，其余八个二级地类划归于公共服务类）。此次评估，监测范围以泰兴市城区地价动态监测范围为基础，适当调整本次公共管理与公共服务用地基准地价监测范围，具体为：东至胡曲线，南至江洋路，西至襟江路，北至横过线，面积约 63.07 平方千米。估价基准日为 2018 年 1 月 1 日。土地使用年期设立为 50 年。此次测算，主要以公共设施类为基准，公共服务类以公共设施类为基准进行修正，确定基准日泰兴市公共设施类用地各地价区片基准地价和各土地级别基准地价。

2017 年泰兴市公共设施类用地各地价区片基准地价一览表

表 7-3-44　　单位：元 / 平方米

区片编号	区片名称	设定开发水平	容积率	地面地价
118001L	鼓楼中心区	六通一平	1.2	525
118002L	城中心中部区	六通一平	1.1	440
118003L	城中心东部区	六通一平	1.1	410
118004L	城中心北部区	六通一平	1.1	405
118005L	外围南部区	五通一平	1.0	400
118006L	外围北部区	五通一平	1.0	395

2017 年泰兴市公共设施类用地各土地级别基准地价一览表

表 7-3-45　　单位：元 / 平方米

土地级别	四至范围	地面地价
一	东至羌溪河、南至公园北河（外环城河）、西至外环城河、北至如泰运河	525
二	东至姚桑线、南至 S334、西至泰延线、北至银杏路—振兴路	420
三	东至封庄中沟、南至江洋路—元庄路、西至襟江中路—襟江南路、北至泰张线—泰苏线	395

2018 年 1 月起，市国土资源局选择江苏金宁达房地产评估规划测绘咨询有限公司为协作单位，开展 2018 年度泰兴市城镇地价动态监测与基准地价更新和泰兴市公共管理与公共服务用地基准地价评估专题研究更新工作。其工作范围与 2017 年度基

本一致，仍为泰兴城区、江苏泰兴经济开发区及其他15个乡镇的镇区及近期规划区。经济开发区和各乡镇工作面积保持不变，分别为16.57平方千米和59.56平方千米。由于近年来随着城镇建设发展，泰兴市城东片区成为重点发展区域，市政府等办公单位搬至城东，镇海路—城东高速段全线贯通、城东高速规划建设彰显出城东发展潜力，故将城东部分区域划入城区工作范围，面积为57.31平方千米，与2017年相比，向东扩大1.89平方米。此次城镇地价动态监测与基准地价更新工作以《江苏省城镇地价动态监测与基准地价更新技术规范（2014年版）》、国家2014年发布的《城镇土地分等定级规程》《城镇土地估价规程》为依据，以2017年度工作成果为基础，通过对2017年度泰兴市城镇商服、住宅、工业、公共管理和公共服务用地地价区片进行复核、调整，对商服、住宅和工业用地地价监测点进行核查、补设和更新，更新和完善城镇地价监测体系，测算2018年泰兴市城镇季度地价指数，并以2019年1月1日为估价期日，应用地价监测点地价资料和土地市场交易资料，测算并确定地价区段基准地价，调整土地级别，更新级别基准地价。同时维护、更新区段基准地价评估宗地地价修正体系和城区地价管理信息系统。

2018年泰兴市城区商服用地地价区段基准地价一览表

表7-3-46

区段编号	区段名称	设定土地开发水平	设定容积率	设定宽度（米）	设定深度（米）	地面地价（元/平方米）	底层楼面地价（元/平方米）	二层楼面地价（元/平方米）
118001S	鼓楼中心区	六通一平	1.5	12	14	11090	10000	4800
118002S	鼓楼东路	六通一平	1.2	7	10	7660	8620	4140
118003S	长征路—鼓楼西路	六通一平	1.2	8	10	7410	8350	4010
118004S	国庆西路东段—国庆东路西段	六通一平	1.1	10	12	5550	6870	3230
118005S	庆云路	六通一平	1.1	8	10	4150	5160	2380
118006S	永丰路	六通一平	1.0	7	8	2340	4680	—
118007S	羌溪路	六通一平	1.5	8	12	4970	4550	2090
118008S	大庆西路	六通一平	1.5	8	10	4960	4520	2080
118011S	党校路	六通一平	1.1	4	6	1830	2290	1050
118014S	万桥路	六通一平	1.4	8	10	3480	3410	1570
118015S	国庆东路东段	六通一平	1.0	8	12	3790	5160	—
118017S	济川路	六通一平	1.0	4	6	3740	7480	—
118019S	中兴大道—东润路中段	六通一平	1.2	7	12	6070	6880	3240

续表 7-3-46

区段编号	区段名称	设定土地开发水平	设定容积率	设定宽度（米）	设定深度（米）	地面地价（元 / 平方米）	底层楼面地价（元 / 平方米）	二层楼面地价（元 / 平方米）
118020S	星火路	六通一平	1.3	4	8	3650	3850	1770
118021S	大庆东路	六通一平	1.3	6	8	3270	3450	1590
118022S	好来居家饰	五通一平	0.9	10	12	1200	2660	—
118023S	鼓楼南路南段	六通一平	1.3	6	8	3290	3470	1590
118024S	佳源新天地	六通一平	1.5	6	12.5	11330	10200	4900
118025S	苏中批发城—红星美凯龙	五通一平	0.8	12	16	1090	1860	—
118026S	万达广场	六通一平	1.3	6	6	4840	5060	2380
118027S	吾悦广场	六通一平	1.3	6	10	5050	5290	2490
118028S	昌建广场	六通一平	1.3	6	8	3440	3620	1660
118029S	文昌东路东段	六通一平	1.1	6	8	2450	3050	1410
118030S	兴燕路—根思路东段	五通一平	0.8	6	8	1060	2660	—
118031S	江平南路—二环南路	六通一平	1.1	6	8	2010	2510	1150
118032S	江平中路	六通一平	1.3	6	10	3720	3920	1800
118033S	国庆西路西段—通江路	六通一平	0.9	4	8	2190	4860	—

2018 年泰兴市城区住宅用地地价区段基准地价一览表

表 7-3-47　　单位：元 / 平方米

区段编号	区段名称	设定土地开发水平	设定容积率	地面地价	平均楼面地价
114010J	南殷村—后营村	六通一平	1.5	2110	1400
114021J	朝阳村	六通一平	1.8	2400	1330
118001J	鼓楼中心区	六通一平	1.8	4390	2440
118002J	城南街道	六通一平	1.6	3100	1940
118003J	国庆新村	六通一平	1.7	3620	2130
118004J	城东新区	六通一平	1.7	3630	2140
118005J	东方花园	六通一平	1.6	2750	1720
118006J	阳光华府	六通一平	1.6	2910	1820
118007J	延陵村	六通一平	1.7	3180	1870

续表 7-3-47

区段编号	区段名称	设定土地开发水平	设定容积率	地面地价	平均楼面地价
118008J	南苑小区	六通一平	1.5	1870	1250
118009J	盛世家园—三泰新村	六通一平	1.5	2450	1630
118011J	御景园	六通一平	1.7	2460	1450
118012J	商井新村	六通一平	1.6	2390	1490
118013J	商井村	六通一平	1.6	1590	990
118014J	宝塔村	六通一平	1.6	1680	1050
118016J	杨庄村	五通一平	1.4	1250	890
118017J	张陈村	五通一平	1.4	1050	750
118019J	蔡桥村	五通一平	1.4	1140	810
118020J	南效村	五通一平	1.4	1140	820
118021J	塞纳公馆	六通一平	1.8	1990	1100
123015J	城区工业园	五通一平	1.4	1030	730

2018 年泰兴市城区工业用地地价区段基准地价一览表

表 7-3-48 单位：元 / 平方米

区段编号	区段名称	设定土地开发水平	设定容积率	地面地价
118001G	市区中心	六通一平	0.9	535
118002G	万桥路	六通一平	0.9	505
118004G	燕头村	六通一平	0.8	405
118006G	三泰村—张堡村	六通一平	0.8	410
118007G	延陵村—马岱村	六通一平	0.8	420
118009G	江平北路沿线	五通一平	0.7	395
118010G	杨庄村—三六村	五通一平	0.7	395
118011G	钱庄村	五通一平	0.7	395
118012G	南殷村	五通一平	0.7	395
118013G	蔡桥村	五通一平	0.7	395
118014G	延陵村—宝塔村	五通一平	0.7	395
123008G	城区工业园	五通一平	0.7	400
123016G	泰兴经济技术开发区北	五通一平	0.8	395
123017G	泰兴经济技术开发区南	五通一平	0.8	395

说明：工业用地基准地价为地面单价

2018 年泰兴市城区公共设施类用地各区片基准地价一览表

表 7-3-49　　　　单位：元 / 平方米

区段编号	区片名称	设定土地开发水平	设定容积率	地面地价
118001L	鼓楼中心区	六通一平	1.2	530
118002L	城中心中部区	六通一平	1.1	450
118003L	城中心东部区	六通一平	1.1	420
118004L	城中心北部区	六通一平	1.1	410
118005L	外围南部区	五通一平	1.0	405
118006L	外围北部区	五通一平	1.0	395

2018 年泰兴市城区土地级别面积统计情况表

表 7-3-50

土地用途 / 级别	商服用地		住宅用地		工业用地		公共管理与公共服务用地	
	面积（公顷）	占总面积比例	面积（公顷）	占总面积比例	面积（公顷）	占总面积比例	面积（公顷）	占总面积比例
一	40.42	17.99%	213.67	3.86%	501.46	8.96%	213.67	3.39%
二	50.32	22.40%	909.11	16.40%	1192.02	21.29%	2505.92	39.73%
三	86.71	38.60%	1945.84	35.11%	3905.87	69.75%	3587.85	56.88%
四	11.29	5.03%	2473.43	44.63%	—	—	—	—
五	35.90	15.98%	—	—	—	—	—	—
总面积	224.64	100%	5542.05	100%	5599.35	100%	6307.44	100%

2018 年泰兴市城区商服用地级别基准地价一览表

表 7-3-51　　　　单位：元 / 平方米

土地级别	基准地价	变幅	设定土地开发水平	设定容积率
一	9280	6302 ~ 13026	六通一平	1.3
二	5440	4112 ~ 6982	六通一平	1.3
三	3540	2782 ~ 4769	六通一平	1.2
四	2000	1557 ~ 2820	六通一平	1.0
五	1090	903 ~ 1381	五通一平	0.8

2018年泰兴市城区住宅用地级别基准地价一览表

表 7-3-52 单位：元 / 平方米

土地级别	基准地价	变幅	设定土地开发水平	设定容积率
一	4390	3730 ~ 5047	六通一平	1.8
二	3380	2338 ~ 4175	六通一平	1.7
三	2150	1350 ~ 2828	六通一平	1.6
四	1110	872 ~ 1436	五通一平	1.4

2018年泰兴市城区工业用地级别基准地价一览表

表 7-3-53 单位：元 / 平方米

土地级别	基准地价	变幅	设定土地开发程度	设定容积率
一	525	479 ~ 560	六通一平	—
二	415	383 ~ 444	六通一平	—
三	395	376 ~ 418	五通一平	—

2018年泰兴市城区公共设施类用地级别基准地价一览表

表 7-3-54 单位：元 / 平方米

土地级别	基准地价	设定土地开发程度	设定容积率
一	530	六通一平	1.2
二	425	六通一平	1.1
三	400	五通一平	1.0

2018年泰兴市乡镇商服用地地价区段基准地价一览表

表 7-3-55

乡镇名称	区段编号	区段名称	设定土地开发水平	设定容积率	设定宽度（米）	设定深度（米）	地面地价（元 / 平方米）	底层楼面地价（元 / 平方米）	二层楼面地价（元 / 平方米）
黄桥镇	100001S	东进路	五通一平	1.2	4	6	2140	2440	1120
	100002S	姜八路—塔东路	五通一平	1.0	3	7	1210	2420	—
	100003S	致富南路—文明路	五通一平	1.0	4	7	1260	2520	—
	100004S	十桥路—东进西路	五通一平	1.1	6	8	1780	2220	1020
	100005S	致富中路	五通一平	1.1	3	6	1560	1950	890
	110007S	华溪中路—凤灵街（溪桥）	五通一平	0.9	8	8	1050	2340	—

续表 7-3-55

乡镇名称	区段编号	区段名称	设定土地开发水平	设定容积率	设定宽度（米）	设定深度（米）	地面地价（元/平方米）	底层楼面地价（元/平方米）	二层楼面地价（元/平方米）
黄桥镇	110008S	龙溪路—东方路（溪桥）	五通一平	0.8	5	9	810	2020	—
	111009S	河东路—横过公路（刘陈）	五通一平	0.8	4	8	860	2160	—
	100010S	姜八路—胜利路	五通一平	1.1	6	10	1120	1400	640
	100011S	城黄路	五通一平	1.0	8	10	1060	2120	—
分界镇	101001S	繁荣路—永丰路—广德路	五通一平	1.0	4	7	810	1620	—
	101002S	316 省道	五通一平	0.9	5	10	740	1640	—
古溪镇	102001S	乾坤路—私盐路	五通一平	1.0	3	6	840	1680	—
	103002S	人民路—文化路—振兴路—跃进路（横垛）	五通一平	1.0	6	10	800	1600	—
元竹镇	104001S	姜八公路	五通一平	0.9	6	8	680	1520	—
	104002S	兴隆路	五通一平	0.9	4	7	590	1320	—
珊瑚镇	105001S	金珊瑚路	五通一平	1.0	3	7	730	1460	—
	105002S	红珊瑚路—银珊瑚路	五通一平	0.9	8	8	650	1440	—
广陵镇	106001S	广兴路—兴镇路—广陵中街	五通一平	1.0	4	6	800	1600	—
曲霞镇	108001S	霞幕圩大街	五通一平	0.9	8	10	710	1580	—
张桥镇	109001S	江平公路	五通一平	1.0	4	8	1010	2020	—
河失镇	112001S	新广线—334 省道—先锋路	五通一平	1.0	5	9	860	1720	—
新街镇	113001S	朝阳大街（北新）	五通一平	1.0	8	12	800	1600	—
	113002S	振兴路—新广路（北新）	五通一平	0.9	5	8	710	1580	—
	113003S	元马路—南新街路（南新）	五通一平	0.9	4	6	690	1520	—
	113004S	梯青路（南新）	五通一平	0.9	4	7	660	1480	—
姚王镇	114001S	泰姚路—安泰路	五通一平	1.0	6	10	1210	2420	—
宣堡镇	115001S	宣泰路—康乐街	五通一平	0.9	4	8	750	1660	—
	115002S	银杏市场	五通一平	0.8	4	8	510	1260	—

续表 7-3-55

乡镇名称	区段编号	区段名称	设定土地开发水平	设定容积率	设定宽度（米）	设定深度（米）	地面地价（元/平方米）	底层楼面地价（元/平方米）	二层楼面地价（元/平方米）
滨江镇马甸社区	117001S	双桥路北段—晶莹路（马甸）	五通一平	0.9	8	10	830	1840	—
	117002S	双桥路南段（马甸）	五通一平	0.9	3	6	790	1760	—
虹桥镇	119001S	祥福中路—人民路—中兴街—东风路（七圩）	五通一平	1.0	3	7	1450	2900	—
	120001S	虹桥大道	五通一平	1.0	3	6	670	1340	—
	120002S	蒋闸路（蒋华）	五通一平	1.0	3	6	1310	2620	—
	120003S	振华路—致富路—泰常路（蒋华）	五通一平	1.0	4	6	1270	2540	—
滨江镇	123001S	疏港路	五通一平	1.2	5	8	1030	1180	540
根思乡	200001S	宣泰路—龙溢路	五通一平	0.9	3	5	720	1600	—

2018 年泰兴市乡镇住宅用地地价区段基准地价一览表

表 7-3-56　　单位：元/平方米

乡镇名称	区段编号	区段名称	设定土地开发水平	设定容积率	地面地价	平均楼面地价
黄桥镇	100001J	镇中区片	六通一平	1.5	1290	860
	100002J	镇北区片	六通一平	1.5	1150	770
	100003J	镇西区片	六通一平	1.5	990	660
	100004J	镇东区片	六通一平	1.5	870	580
	110005J	溪桥住宅区段	六通一平	1.3	540	410
	110006J	刘陈住宅区段	六通一平	1.2	540	450
分界镇	101001J	分界住宅区段	五通一平	1.2	370	310
古溪镇	102002J	古溪住宅区段	五通一平	1.3	520	400
	103002J	横垛住宅区段	五通一平	1.3	520	400
元竹镇	104001J	元竹住宅区段	五通一平	1.3	450	340
珊瑚镇	105001J	珊瑚住宅区段	五通一平	1.2	360	300
广陵镇	106001J	广陵住宅区段	五通一平	1.4	500	350
曲霞镇	108001J	曲霞住宅区段	五通一平	1.3	410	320
张桥镇	109001J	张桥住宅区段	五通一平	1.4	650	470

续表 7-3-56

乡镇名称	区段编号	区段名称	设定土地开发水平	设定容积率	地面地价	平均楼面地价
河失镇	112001J	河失住宅区段	五通一平	1.2	560	470
新街镇	113001J	北新街住宅区段	五通一平	1.2	400	340
	113002J	南新街住宅区段	五通一平	1.2	410	340
姚王镇	114001J	姚王住宅区段	五通一平	1.4	660	470
宣堡镇	115002J	宣堡住宅区段	五通一平	1.3	470	360
滨江镇马甸社区	117001J	马甸住宅区段	五通一平	1.2	400	330
虹桥镇	119002J	七圩住宅区段	六通一平	1.4	670	480
	120001J	虹桥新城住宅区段	六通一平	1.0	600	600
	120002J	蒋华住宅区段	六通一平	1.4	670	480
滨江镇	123001J	滨江住宅区段	五通一平	1.5	1250	840
根思乡	200002J	根思住宅区段	五通一平	1.2	340	290

2018 年泰兴市乡镇工业用地地价区段基准地价一览表

表 7-3-57　　单位：元 / 平方米

乡镇名称	区段编号	区段名称	设定土地开发水平	设定容积率	地面地价
黄桥镇	100001G	黄桥非工业集中区	五通一平	0.8	400
	100002G	黄桥工业园区	五通一平	0.8	395
	110003G	溪桥工业区段	五通一平	0.8	400
	111004G	刘陈工业区段	五通一平	0.8	395
分界镇	101001G	分界非工业集中区	五通一平	0.8	375
	101002G	分界工业集中区	五通一平	0.8	375
古溪镇	102001G	古溪非工业集中区	五通一平	0.8	385
	102002G	古溪工业集中区	五通一平	0.8	390
	103003G	横垛非工业集中区	五通一平	0.8	385
	103004G	横垛工业集中区	五通一平	0.8	390
元竹镇	104001G	元竹非工业集中区	五通一平	0.8	375
	104002G	元竹工业集中区	五通一平	0.8	380
珊瑚镇	105001G	珊瑚工业集区段	五通一平	0.8	375
广陵镇	106001G	广陵工业集区段	五通一平	0.8	385
曲霞镇	108001G	曲霞工业区段	五通一平	0.8	380

续表 7-3-57

乡镇名称	区段编号	区段名称	设定土地开发水平	设定容积率	地面地价
张桥镇	109001G	张桥非工业集中区	五通一平	0.8	380
	109002G	张桥工业集中区	五通一平	0.8	375
河失镇	112001G	河失工业区段	五通一平	0.8	385
新街镇	113001G	北新街工业集中区	五通一平	0.8	385
	113002G	农产品加工园区	五通一平	0.8	395
	113003G	南新街工业区段	五通一平	0.8	390
姚王镇	114001G	城东工业园区	五通一平	0.8	395
宣堡镇	115001G	宣堡工业区段	五通一平	0.8	390
滨江镇马甸社区	117001G	马甸工业区段	五通一平	0.8	400
虹桥镇	119001G	虹桥工业园区	五通一平	0.8	395
根思乡	200002G	根思工业集中区	五通一平	0.8	380
	200003G	根思非工业集中区	五通一平	0.8	375

2. 农用地基准地价

2001 年 7 月，泰兴市开展农用地定级估价工作。在农用地分等定级的基础上，采用两种方法对农用地进行估价。一是以收益还原法为主，辅以市场比较法和成本逼近法，确定无限年期不同级别、不同用途农用地基准地价。利用基准地价成果，建立宗地评估修正体系，求取各宗地地价。二是根据农用地质量条件或农用地定级成果，划分均质区域作为基准地价评估单元，并根据各评估单元（各乡镇）影响因素综合分或定级分值、市场资料和投入产出资料，建立综合分与地价关系模型，形成各乡镇无限年期各级别、不同用途农用地基准地价成果。

2002 年泰兴市姚王镇无限年期各级别、不同用途农用地基准地价成果一览表

表 7-3-58　　单位：元 / 平方米

级 别	水 田		旱 田		菜 地	
	30 年期	无限年期	30 年期	无限年期	30 年期	无限年期
一	0.00	0.00	0.00	0.00	0.00	0.00
二	17.69	29.27	17.35	28.70	0.00	0.00
三	16.50	27.30	15.06	24.91	0.00	0.00
四	0.00	0.00	0.00	0.00	0.00	0.00

2002 年泰兴市过船镇无限年期各级别、不同用途农用地基准地价成果一览表

表 7-3-59　　单位：元 / 平方米

级 别	水 田		旱 田		菜 地	
	30 年期	无限年期	30 年期	无限年期	30 年期	无限年期
一	20.25	33.50	19.42	32.13	0.00	0.00
二	19.74	32.66	17.85	29.53	0.00	0.00
三	16.63	27.51	15.14	25.05	0.00	0.00
四	15.50	25.64	14.55	24.07	0.00	0.00

2002 年泰兴市大生镇无限年期各级别、不同用途农用地基准地价成果一览表

表 7-3-60　　单位：元 / 平方米

级 别	水 田		旱 田		菜 地	
	30 年期	无限年期	30 年期	无限年期	30 年期	无限年期
一	20.47	33.86	19.49	32.24	0.00	0.00
二	19.68	32.56	17.89	29.60	0.00	0.00
三	16.52	27.33	15.73	26.02	0.00	0.00
四	15.49	25.63	14.56	24.09	0.00	0.00

2002 年泰兴市刘陈镇无限年期各级别、不同用途农用地基准地价成果一览表

表 7-3-61　　单位：元 / 平方米

级 别	水 田		旱 田		菜 地	
	30 年期	无限年期	30 年期	无限年期	30 年期	无限年期
一	0.00	0.00	0.00	0.00	0.00	0.00
二	17.39	28.77	17.15	28.37	0.00	0.00
三	16.53	27.35	15.07	24.93	0.00	0.00
四	0.00	0.00	0.00	0.00	0.00	0.00

2002 年泰兴市珊瑚镇无限年期各级别、不同用途农用地基准地价成果一览表

表 7-3-62　　单位：元 / 平方米

级 别	水 田		旱 田		菜 地	
	30 年期	无限年期	30 年期	无限年期	30 年期	无限年期
一	19.90	32.92	19.17	31.71	0.00	0.00
二	17.48	28.92	17.13	28.34	0.00	0.00
三	16.62	27.50	15.08	24.95	0.00	0.00
四	0.00	0.00	0.00	0.00	0.00	0.00

2002 年泰兴市分界镇无限年期各级别、不同用途农用地基准地价成果一览表

表 7-3-63　　单位：元 / 平方米

级别	水田		旱田		菜地	
	30 年期	无限年期	30 年期	无限年期	30 年期	无限年期
一	0.00	0.00	0.00	0.00	0.00	0.00
二	17.61	29.13	17.09	28.27	0.00	0.00
三	16.41	27.15	14.97	24.77	0.00	0.00
四	0.00	0.00	0.00	0.00	0.00	0.00

2002 年泰兴市南沙镇无限年期各级别、不同用途农用地基准地价成果一览表

表 7-3-64　　单位：元 / 平方米

级别	水田		旱田		菜地	
	30 年期	无限年期	30 年期	无限年期	30 年期	无限年期
一	19.79	32.74	19.19	31.75	0.00	0.00
二	18.13	29.99	17.47	28.84	0.00	0.00
三	16.92	27.99	15.16	25.08	0.00	0.00
四	14.70	24.32	0.00	0.00	0.00	0.00

2002 年泰兴市广陵镇无限年期各级别、不同用途农用地基准地价成果一览表

表 7-3-65　　单位：元 / 平方米

级别	水田		旱田		菜地	
	30 年期	无限年期	30 年期	无限年期	30 年期	无限年期
一	20.25	33.50	19.42	32.13	0.00	0.00
二	19.74	32.66	17.85	29.53	0.00	0.00
三	16.63	27.51	15.14	25.05	0.00	0.00
四	15.50	25.64	14.55	24.07	0.00	0.00

2002 年泰兴市泰兴镇无限年期各级别、不同用途农用地基准地价成果一览表

表 7-3-66　　单位：元 / 平方米

级别	水田		旱田		菜地	
	30 年期	无限年期	30 年期	无限年期	30 年期	无限年期
一	22.27	36.84	20.37	33.70	22.29	36.88
二	18.30	30.27	17.40	28.79	0.00	0.00
三	16.81	27.81	15.12	25.01	0.00	0.00
四	0.00	0.00	0.00	0.00	0.00	0.00

2002 年泰兴市宣堡镇无限年期各级别、不同用途农用地基准地价成果一览表

表 7-3-67　　单位：元 / 平方米

级 别	水 田		旱 田		菜 地	
	30 年期	无限年期	30 年期	无限年期	30 年期	无限年期
一	20.16	33.35	19.35	32.01	0.00	0.00
二	18.85	31.18	17.33	28.67	0.00	0.00
三	16.75	27.71	15.11	25.00	0.00	0.00
四	0.00	0.00	0.00	0.00	0.00	0.00

2002 年泰兴市胡庄镇无限年期各级别、不同用途农用地基准地价成果一览表

表 7-3-68　　单位：元 / 平方米

级 别	水 田		旱 田		菜 地	
	30 年期	无限年期	30 年期	无限年期	30 年期	无限年期
一	0.00	0.00	0.00	0.00	0.00	0.00
二	17.32	28.65	17.15	28.37	0.00	0.00
三	16.78	27.76	15.14	25.05	0.00	0.00
四	0.00	0.00	0.00	0.00	0.00	0.00

2002 年泰兴开发区无限年期各级别、不同用途农用地基准地价成果一览表

表 7-3-69　　单位：元 / 平方米

级 别	水 田		旱 田		菜 地	
	30 年期	无限年期	30 年期	无限年期	30 年期	无限年期
一	0.00	0.00	0.00	0.00	0.00	0.00
二	18.37	30.39	17.55	29.03	0.00	0.00
三	0.00	0.00	0.00	0.00	0.00	0.00
四	15.45	25.56	0.00	0.00	0.00	0.00

2002 年泰兴市元竹镇无限年期各级别、不同用途农用地基准地价成果一览表

表 7-3-70　　单位：元 / 平方米

级 别	水 田		旱 田		菜 地	
	30 年期	无限年期	30 年期	无限年期	30 年期	无限年期
一	0.00	0.00	0.00	0.00	0.00	0.00
二	17.00	28.12	16.95	28.04	0.00	0.00
三	16.27	26.92	14.95	24.73	0.00	0.00
四	15.51	25.66	14.64	24.22	0.00	0.00

2002年泰兴市黄桥镇无限年期各级别、不同用途农用地基准地价成果一览表

表7-3-71　　单位：元/平方米

级别	水田		旱田		菜地	
	30年期	无限年期	30年期	无限年期	30年期	无限年期
一	19.91	32.94	0.00	0.00	0.00	0.00
二	17.58	29.08	17.27	28.57	0.00	0.00
三	16.64	27.53	15.07	24.93	0.00	0.00
四	15.51	25.66	14.63	24.20	0.00	0.00

2002年泰兴市七圩镇无限年期各级别、不同用途农用地基准地价成果一览表

表7-3-72　　单位：元/平方米

级别	水田		旱田		菜地	
	30年期	无限年期	30年期	无限年期	30年期	无限年期
一	22.75	37.64	20.74	34.31	0.00	0.00
二	17.74	29.35	0.00	0.00	0.00	0.00
三	16.86	27.89	15.12	25.01	0.00	0.00
四	0.00	0.00	0.00	0.00	0.00	0.00

2002年泰兴市根思乡无限年期各级别、不同用途农用地基准地价成果一览表

表7-3-73　　单位：元/平方米

级别	水田		旱田		菜地	
	30年期	无限年期	30年期	无限年期	30年期	无限年期
一	0.00	0.00	0.00	0.00	0.00	0.00
二	16.91	27.98	0.00	0.00	0.00	0.00
三	16.18	26.77	15.23	25.20	0.00	0.00
四	15.49	25.63	14.53	24.04	0.00	0.00

2002年泰兴市蒋华镇无限年期各级别、不同用途农用地基准地价成果一览表

表7-3-74　　单位：元/平方米

级别	水田		旱田		菜地	
	30年期	无限年期	30年期	无限年期	30年期	无限年期
一	22.46	37.16	20.66	34.18	0.00	0.00
二	19.72	32.62	17.78	29.41	0.00	0.00
三	15.89	26.29	14.84	24.55	0.00	0.00
四	0.00	0.00	0.00	0.00	0.00	0.00

2002 年泰兴市河失镇无限年期各级别、不同用途农用地基准地价成果一览表

表 7-3-75　　单位：元 / 平方米

级 别	水 田		旱 田		菜 地	
	30 年期	无限年期	30 年期	无限年期	30 年期	无限年期
一	20.47	33.86	19.44	32.16	0.00	0.00
二	18.06	29.88	17.33	28.67	0.00	0.00
三	16.84	27.86	15.14	25.05	0.00	0.00
四	0.00	0.00	14.05	23.24	0.00	0.00

2002 年泰兴市溪桥镇无限年期各级别、不同用途农用地基准地价成果一览表

表 7-3-76　　单位：元 / 平方米

级 别	水 田		旱 田		菜 地	
	30 年期	无限年期	30 年期	无限年期	30 年期	无限年期
一	0.00	0.00	0.00	0.00	0.00	0.00
二	17.96	29.71	17.36	28.72	0.00	0.00
三	16.52	27.33	15.04	24.88	0.00	0.00
四	0.00	0.00	0.00	0.00	0.00	0.00

2002 年泰兴市张桥镇无限年期各级别、不同用途农用地基准地价成果一览表

表 7-3-77　　单位：元 / 平方米

级 别	水 田		旱 田		菜 地	
	30 年期	无限年期	30 年期	无限年期	30 年期	无限年期
一	20.95	34.66	19.99	33.07	0.00	0.00
二	17.94	29.68	17.27	28.57	0.00	0.00
三	16.32	27.00	15.12	25.01	0.00	0.00
四	0.00	0.00	0.00	0.00	0.00	0.00

2002 年泰兴市曲霞镇无限年期各级别、不同用途农用地基准地价成果一览表

表 7-3-78　　单位：元 / 平方米

级 别	水 田		旱 田		菜 地	
	30 年期	无限年期	30 年期	无限年期	30 年期	无限年期
一	20.15	33.34	19.33	31.98	0.00	0.00
二	18.97	31.38	17.78	29.41	0.00	0.00
三	16.86	27.89	15.12	25.01	0.00	0.00
四	0.00	0.00	0.00	0.00	0.00	0.00

2002 年泰兴市古溪镇无限年期各级别、不同用途农用地基准地价成果一览表

表 7-3-79 单位：元 / 平方米

级别	水田		旱田		菜地	
	30 年期	无限年期	30 年期	无限年期	30 年期	无限年期
一	0.00	0.00	0.00	0.00	0.00	0.00
二	17.27	28.57	17.09	28.27	0.00	0.00
三	16.62	27.50	15.05	24.90	0.00	0.00
四	0.00	0.00	0.00	0.00	0.00	0.00

2002 年泰兴市马甸镇无限年期各级别、不同用途农用地基准地价成果一览表

表 7-3-80 单位：元 / 平方米

级别	水田		旱田		菜地	
	30 年期	无限年期	30 年期	无限年期	30 年期	无限年期
一	21.23	35.12	20.01	33.10	0.00	0.00
二	18.15	30.03	17.02	28.16	0.00	0.00
三	16.53	27.35	15.05	24.90	0.00	0.00
四	15.51	25.66	14.64	24.22	0.00	0.00

2002 年泰兴市横垛镇无限年期各级别、不同用途农用地基准地价成果一览表

表 7-3-81 单位：元 / 平方米

级别	水田		旱田		菜地	
	30 年期	无限年期	30 年期	无限年期	30 年期	无限年期
一	0.00	0.00	0.00	0.00	0.00	0.00
二	17.50	28.95	16.98	28.09	0.00	0.00
三	16.33	27.02	15.00	24.82	0.00	0.00
四	15.52	25.68	14.65	24.24	0.00	0.00

2002 年泰兴市新街镇无限年期各级别、不同用途农用地基准地价成果一览表

表 7-3-82 单位：元 / 平方米

级别	水田		旱田		菜地	
	30 年期	无限年期	30 年期	无限年期	30 年期	无限年期
一	0.00	0.00	0.00	0.00	0.00	0.00
二	17.06	28.22	0.00	0.00	0.00	0.00
三	16.14	26.70	15.24	25.21	0.00	0.00
四	15.51	25.66	14.61	24.17	0.00	0.00

2016年8月，泰兴在全省率先开展耕地质量定级和农用地估价工作。在对耕地质量定级的基础上，市国土资源局根据泰兴市农用地利用状况以及农用地自然、社会、经济和其他特殊因素，按照《农用地估价规程》和《泰兴市耕地质量定级与农用地估价技术方案》，以2016年12月31日为时点，分别评估出不同级别的已有耕地各用地类型土地无限年期使用权及法定最高承包年期30年农用地承包经营权平均价格。同时，按照耕地基准地价确定原则和估价结果，以耕地投入产出效益资料和级别平均地价为依据，在综合考虑耕地利用和管理政策的基础上，形成泰兴市农用地基准地价评估成果。

2016年泰兴市农用地基准地价结果一览表

表7-3-83　　单位：元/平方米

农用地级别	水田		旱地	
	长期使用权	承包经营权	长期使用权	承包经营权
一	53.27	34.29	49.54	31.89
二	48.19	31.02	43.37	27.92
三	45.08	29.02	38.32	24.67
四	41.19	26.51	32.95	21.21

2016年泰兴市土地承包权基准地价结果一览表

表7-3-84

级别	水田		旱地	
	元/平方米	万元/亩	元/平方米	万元/亩
一	26.76	1.78	24.89	1.66
二	25.93	1.73	23.34	1.56
三	25.11	1.67	21.34	1.42
四	23.73	1.58	18.98	1.27

2016年泰兴市土地（水田）经营权基准地价结果一览表

表7-3-85

级别	经营权（30年）		经营权（20年）		经营权（10年）		经营权（5年）	
	元/平方米	万元/亩	元/平方米	万元/亩	元/平方米	万元/亩	元/平方米	万元/亩
一	7.30	0.49	5.56	0.37	3.28	0.219	1.80	0.120
二	4.93	0.33	3.76	0.25	2.22	0.148	1.21	0.081
三	3.79	0.25	2.89	0.19	1.70	0.113	0.93	0.062
四	2.70	0.18	2.06	0.14	1.21	0.081	0.67	0.045

2016 年泰兴市土地（旱地）经营权基准地价结果一览表

表 7-3-86

级别	经营权（30 年）		经营权（20 年）		经营权（10 年）		经营权（5 年）	
	元 / 平方米	万元 / 亩	元 / 平方米	万元 / 亩	元 / 平方米	万元 / 亩	元 / 平方米	万元 / 亩
一	6.79	0.45	5.17	0.34	3.05	0.203	1.67	0.111
二	4.44	0.30	3.38	0.23	1.99	0.133	1.09	0.073
三	3.23	0.22	2.46	0.16	1.45	0.097	0.79	0.053
四	2.16	0.14	1.65	0.11	0.97	0.065	0.53	0.035

（二）标定地价

1994 年，泰兴在确定各类用地级别基准地价基础上，根据需要选定典型地块进行标定地价评估工作。

1998 年起，标定地价评估地块的选定与地价监测点的选定同步。2016 年，市国土资源局利用已建立的泰兴市地价动态监测体系，在各用途地价监测点中择优选取标准宗地。泰兴市区、乡镇共选取 27 个标准宗地，其中商业用地 13 个，密度为 3.6 个 / 平方千米；住宅用地 10 个，密度为 0.18 个 / 平方千米；工业用地 4 个，密度为 0.07 个 / 平方千米。运用各用途地价监测点现状条件下和设定条件下地价，通过对标准宗地现状条件下地价进行年期修正来测算并确定标定地价。

2016 年泰兴市城镇标定地价确认结果一览表

表 7-3-87　　单位：元 / 平方米

标准宗地编号	对应监测点编号	用　途	标准宗地现状条件下地价	标定地价
B321283118001S01	321283118001S	商服用地	7664.00	8630.87
B321283118003S02	321283118003S	商服用地	5047.00	5683.27
B321283118004S02	321283118004S	商服用地	3849.00	3848.87
B321283118005S01	321283118005S	商服用地	2292.00	2581.00
B321283118006S02	321283118006S	商服用地	1444.00	1650.03
B321283118010S02	321283118010S	商服用地	1628.00	1628.05
B321283118011S02	321283118011S	商服用地	1291.00	1291.21
B321283118015S01	321283118015S	商服用地	2105.00	2443.94
B321283118017S01	321283118017S	商服用地	2265.00	2265.19

续表 7-3-87

标准宗地编号	对应监测点编号	用　途	标准宗地现状条件下地价	标定地价
B321283118018S01	321283118018S	商服用地	967.60	1089.60
B321283118019S02	321283118019S	商服用地	3241.00	3649.27
B321283118022S02	321283118022S	商服用地	895.30	1039.59
B321283118024S01	321283118024S	商服用地	8418.00	8516.12
B321283114010J03	321283114010J	住宅用地	1206.00	1218.90
B321283114021J02	321283114021J	住宅用地	1863.00	1870.11
B321283118001J01	321283118001J	住宅用地	3058.00	3108.76
B321283118001J02	321283118001J	住宅用地	2989.00	2988.68
B321283118004J01	321283118004J	住宅用地	2548.00	2605.98
B321283118006J01	321283118006J	住宅用地	2006.00	2057.24
B321283118006J02	321283118006J	住宅用地	2013.00	2055.17
B321283118009J03	321283118009J	住宅用地	1438.00	1456.68
B321283118012J01	321283118012J	住宅用地	1570.00	1575.58
B321283118016J01	321283118016J	住宅用地	770.90	770.88
B321283118002G01	321283118002G	工业用地	33.75	501.21
B321283118004G01	321283118004G	工业用地	36.75	404.41
B321283118012G01	321283118012G	工业用地	49.25	395.07
B321283123016G02	321283123016G	工业用地	42.75	395.09

（三）出让底价

1997 年，市土地管理局依据评估地价、地理区位、土地市场供求等情况，拟定出让底价方案报市政府批准，确定出让底价。是年，工业用地出让底价在 130 元 / 平方米左右，商业、住宅用地出让底价 210 ～ 410 元 / 平方米。2001 年，市政府建立由市物价局、市建设局、市财政局、市国土管理局、市规划局等部门组成的国有土地使用权出让工作政府联席会议制度，集体商定具体地块出让底价等事宜；并规定凡最终出让价格低于出让底价的，一律不予成交。2002 年，泰兴基准地价调整后，出让底价也随之变化，工业用地出让底价 200 元 / 平方米左右，商业、住宅用地中乡镇出让底价 450 元 / 平方米左右，市区出让底价最高为 2350 元 / 平方米、最低为 460 元 / 平方米。2007年，省政府明确土地出让最低价标准后，泰兴工业用地出让底价在210元/平方米左右，商业、住宅用地中乡镇出让底价500元/平方米左右，市区出让底价最高4300元/平方米、最低为480元/平方米。2011年，泰兴工业用地出让底价250元/平方米，商业、住宅用地中乡镇最低出让底价500元/平方米，最高为3300元/平方米；市区最低出让底价为500元/平方米，最高为5600元/平方米。

2016年，泰兴对土地征收成本进行调整，土地出让底价也随之调整，工业用地出让底价380～400元/平方米，商业、住宅用地中乡镇最低出让底价500元/平方米，最高为2200元/平方米；市区最低出让底价为870元/平方米，最高5900元/平方米。

（四）宗地成交价

1996—1997年，泰兴国有土地使用权出让采取协议出让方式。两年间，共协议出让国有土地使用权13宗，面积14.51公顷，出让价3058.27万元，平均成交单价210.81元/平方米。

1998年，国有土地使用权出让由单一的协议出让向招标、拍卖出让方式转变。是年，泰兴共出让9宗商住用地国有土地使用权，平均成交价839.27元/平方米。1999年，出让泰兴市区鼓楼北路北段国有土地使用权41宗，平均成交价8790元/平方米，其中最高成交价达14164元/平方米，创全省之最。2000年，出让市区鼓楼北路东侧38宗商住用地，平均成交价11260元/平方米。其中，鼓楼北路小桥北1宗65.29平方米国有土地使用权，以158万元成交，成交价达24199.72元/平方米，再次创全省地价之最。是年4月下旬，黄桥镇在乡镇区划调整后举办第一次土地使用权拍卖活动，出让面积1235.53平方米，出让总价57.51万元，平均成交价4654.70元/平方米，创泰兴乡镇历史上平均地价之最。1998—2002年，泰兴招标、拍卖出让国有土地使用权935宗，平均成交价为627.55元/平方米。2007年，泰兴执行《江苏省工业用地招标拍卖挂牌出让办法（试行）》等规定，工业用地必须采用招标、拍卖、挂牌方式出让。其出让底价和成交价均不得低于所在地的土地等别相应最低标准。是年，泰兴出让工业用地14宗，平均成交价208.11元/平方米。2003—2016年，泰兴共招标、拍卖、挂牌出让各类用地国有土地使用权2160宗，平均成交价846.48元/平方米。2017—2018年，全市共招标、拍卖、挂牌出让各类用地国有土地使用权597宗，平均成交价1261元/平方米。

1998—2018 年泰兴市部分经营性用地土地使用权出让成交情况表

表 7-3-88

年份	出让地块	受让单位 / 个人	面积（平方米）	用途	出让方式	出让年限（年）	起始价（万元）	成交总价（万元）	成交单价（元 / 平方米）
1998	河失供销社地块	张荣	468.00	商住	拍卖	70	—	21.53	460.00
	黄桥中保块办事处地块	王志高	267.75	商住	拍卖	70	—	75.51	2820.00
	新市镇政府地块	杨文庆	1324.00	商住	拍卖	70	—	75.54	570.54
1999	城区鼓楼北路地块	卞晓明	2801.24	商住	拍卖	70	—	2461.00	8785.40
	黄桥镇政府地块	张爱军	1326.80	商住	拍卖	70	—	475.40	3583.05
	过船镇政府地块	杨建忠	564.30	商住	拍卖	70	—	163.13	2890.91
2000	府前街东侧地块	陈林荣	8680.00	商住	拍卖	70	—	1018.00	1172.81
	市政府西侧地块	丁永龙	2634.15	商住	拍卖	70	—	2966.20	11260.56
	黄桥镇政府地块	步文惠	1184.04	商住	拍卖	70	—	596.70	5039.53
2001	市燃料公司地块	市燃料公司	585.00	商住	拍卖	70	—	528.00	9025.64
	鼓楼北路（小桥北）地块	徐涛	2383.36	商住	拍卖	70	—	2867.30	12030.49
	鼓楼东路南侧（泰中）地块	祝金龙	41024.10	商住	拍卖	70	—	3008.00	733.23
2002	市区根思路南侧地块	苏州市仁仁房屋开发有限公司	68455.85	商住	拍卖	70	—	3183.00	464.97
	市区鼓楼西路北侧地块	吴方俊	19538.00	商住	拍卖	70	—	2681.00	1372.20
	城区西环路北侧地块	赵书权	13068.00	商住	拍卖	70	—	1048.02	801.97

续表 7-3-88

年份	出让地块	受让单位 / 个人	面积（平方米）	用途	出让方式	出让年限（年）	起始价（万元）	成交总价（万元）	成交单价（元 / 平方米）
2003	市区泰师附小南侧地块	绿洲房产	3306.60	商住	挂牌	70	—	898.00	2715.45
2003	根思路北泰仪地块	扬州市鸿大房地产开发有限公司	29073.73	商住	挂牌	70	—	1818.00	625.31
2003	党校路西市丝绸地块	丁节坤	4418.80	商住	挂牌	70	—	348.00	787.54
2004	木库（游泳池东侧）地块	泰州苏源集团	90135.80	住宅	挂牌	70	542.30	5488.00	608.86
2004	大西门菜场地块	胡剑杰	13900.00	商住	挂牌	70	516.50	758.00	545.32
2004	电缆厂地块	金百庆	15921.90	商住	挂牌	70	538.90	1308.00	821.50
2005	国际大酒店北侧地块	金坛市银磊房地产开发有限公司	5700.00	综合	挂牌	50	1648.00	3008.00	5277.00
2005	2005—08	泰兴市黄桥建筑安装工程公司	12338.00	住宅	挂牌	70	338.00	338.00	274.00
2005	TXGT—05022	泰兴市福星房地产有限公司	21806.10	商住	挂牌	70	2588.00	2698.00	1237.00
2006	TXGT—0610	泰兴市福星房地产有限公司	31345.85	住宅	挂牌	70	2888.00	3138.00	1001.00
2006	TXGT—0612	泰兴市兴隆房地产开发有限公司	39950.00	商住	挂牌	70	7288.00	8638.00	2162.00
2006	TXGT—0611	江苏金鹏房地产开发有限公司	63027.22	住宅	挂牌	70	4078.00	4128.00	655.00

续表 7-3-88

年份	出让地块	受让单位 / 个人	面积（平方米）	用途	出让方式	出让年限（年）	起始价（万元）	成交总价（万元）	成交单价（元 / 平方米）
2007	TX2007—11	泰兴市润泰房地产开发有限公司	48680.00	商住	挂牌	70	2998.00	4098.00	842.00
	TXGT—0706	泰兴市福星房地产有限公司	9168.00	商住	挂牌	70	888.00	1888.00	2059.00
	TXGT—0705	江苏锦城建设有限公司	7261.00	住宅	挂牌	70	1388.00	1398.00	1925.00
2008	TXGT08960	泰兴市黄桥建筑安装工程公司	1137.00	批发零售	挂牌	40		126.19	1109.00
	TXGT08947	江苏弘华置业有限公司	7165.00	城镇住宅	挂牌	70		880.00	1228.00
	TXGT08949	中国石油化工股份有限公司江苏泰州泰兴有限分公司	2981.00	批发零售	挂牌	40		119.55	401.00
2009	TXGT—0907	泰兴市兴隆房地产开发有限公司	35387.00	批发零售	挂牌	40		8180.00	2312.00
	TXGT—0910	泰兴市兴隆房地产开发有限公司	39110.00	住宅	挂牌	40		15080.00	3856.00
	TXGT—0914	泰兴市房地产综合开发有限公司	86606.00	住宅	挂牌	70		11180.00	1291.00

续表 7-3-88

年份	出让地块	受让单位 / 个人	面积（平方米）	用途	出让方式	出让年限（年）	起始价（万元）	成交总价（万元）	成交单价（元 / 平方米）
2010	TX2010—08	泰兴市广源房地产开发有限公司	99083.00	住宅	挂牌	70		14088.00	1422.00
	TX2010—09	泰兴市广源房地产开发有限公司	112197.00	住宅	挂牌	70		18678.00	1665.00
	TX2010—20	江苏新能源置业集团有限公司	83911.00	住宅	挂牌	50		28958.00	3451.00
2011	TX2011—03	泰兴市广源房地产开发有限公司	119249.00	住宅	挂牌	50		26198.00	2197.00
	TX2011—12	泰兴市新禾置业有限公司	41501.00	住宅	挂牌	70		16808.00	4050.00
	TX2011—19	江苏新能源置业集团有限公司	126296.00	住宅	挂牌	70		49358.00	3908.00
2012	TX2012—02	万泰控股集团股份有限公司	33310.00	住宅	挂牌	70		3368.00	1011.00
	TX2012—21	江苏和福房地产开发有限公司	49815.00	住宅	挂牌	70		15048.00	3021.00
	TX2012—42	泰兴市安联置业有限公司	50533.00	住宅	挂牌	70		11510.00	2278.00

续表 7-3-88

年份	出让地块	受让单位 / 个人	面积（平方米）	用途	出让方式	出让年限（年）	起始价（万元）	成交总价（万元）	成交单价（元 / 平方米）
2013	TX2013—04	江苏凤凰置业有限公司	57585.00	批发 零售	挂牌	40		15050.00	2614.00
	TX2013—33	江苏新能源置业集团有限公司	62302.00	住宅	挂牌	70		22600.00	3627.00
	TX2013—46	江苏中南建设集团股份有限公司	41625.00	住宅	挂牌	70		16500.00	3964.00
2014	TX2014—18	上海欣成投资（集团）有限公司	31540.00	住宅	挂牌	70		7930.00	2514.00
	TX2014—19	上海欣成投资（集团）有限公司	42880.00	住宅	挂牌	70		10930.00	2549.00
	TX2014—20	泰兴市裕元置业有限公司	22743.00	住宅	挂牌	70		3130.00	1376.00
2015	TX2015—03	泰兴市隆兴房地产开发有限公司	33333.00	住宅	挂牌	70		6688.00	2006.00
	TX2015—12	江苏润华置业发展有限公司	58236.00	住宅	挂牌	70		7635.00	1311.00
	TX2015—13	江苏恒富地产有限公司	38583.00	住宅	挂牌	70		6948.00	1801.00

续表 7-3-88

年份	出让地块	受让单位 / 个人	面积（平方米）	用途	出让方式	出让年限（年）	起始价（万元）	成交总价（万元）	成交单价（元 / 平方米）
2016	TX2016—28	河南远大可持续建筑科技有限公司	53300.00	商业	挂牌	40	8571.00	8581.00	1610.00
	TX2016—34	泰兴市裕元置业有限公司	37127.00	商住	挂牌	70	7128.00	7138.00	1923.00
	TX2016—43	泰兴市恒润置业有限公司	60509.00	商住	挂牌	70	10755.00	10805.00	1786.00
2017	TX2017—25	泰州碧桂园房地产开发有限公司	40653.00	商住	挂牌	70	18298.00	19298.00	4747.00
	TX2017—42	浙江祥生房地产开发有限公司	50868.00	住宅	挂牌	70	34798.00	47398.00	9318.00
	TX2017—43	江苏兴隆兴业地产集团有限公司	44717.00	住宅	挂牌	70	30588.00	43388.00	9703.00
2018	TX2018—03	泰兴市新型建筑房地产开 发公司	65649.00	住宅	挂牌	70	29548.00	42848.00	6527.00
	TX2018—04	江苏和福房地产开发有限 公司	66804.00	住宅	挂牌	70	33408.00	51108.00	7650.00
	TX2018—10	泰兴市广源房地产开发有 限公司	56901.00	商住	挂牌	70	40888.00	505888.00	8889.00

2018 年泰兴市工业用地招标、拍卖、挂牌出让成交情况表
（土地单价 380 元 / 平方米以上）

表 7-3-89

序号	挂牌地块编号	用地位置	用途	出让面积（平方米）	受让单位 / 个人	成交单价（元 / 平方米）	成交总价（万元）	成交日期	批次
1	TX18G-01 号	虹桥镇宋桥村江岸组	工业	3343.00	泰兴市永恒水泥制砖厂	400.00	133.72	2018.2.8	17-7-2
2	TX18G-02 号	虹桥镇八圩村红旗组，九圩村九圩组	工业	4286.00	江苏恒润制药有限公司	400.00	171.44	2018.2.8	17-7-5
3	TX18G-03 号	河失镇洋碾村徐西 1 组，南洋 2 组	工业	3144.00	泰兴市大川精密机械制造有限公司	545.00	171.35	2018.2.8	17-7-50
4	TX18G-04 号	河失镇洋碾村南洋 1 组	工业	2145.00	泰兴市万鑫物资回收有限公司	550.00	117.98	2018.2.8	17-7-51
5	TX18G-05 号	河失镇洋碾村南洋 1 组	工业	988.00	泰兴市万鑫物资回收有限公司	550.00	54.34	2018.2.8	17-7-51
6	TX18G-06 号	姚王镇封垈村封东 6 组	工业	3512.00	江苏恒减传动设备有限公司	460.00	161.55	2018.2.8	17-7-48
7	TX18G-07 号	姚王镇毛庄村郭桥 3 组	工业	462.00	泰兴市启泰精工机械有限公司	565.00	26.10	2018.2.8	17-7-49
8	TX18G-08 号	姚王镇石桥村石桥 10 组	工业	3098.00	江苏俊辉重工有限公司	505.00	156.45	2018.2.8	17-8-13
9	TX18G-09 号	姚王镇姚垈村先西 7 组，石桥村徐黄 1、2 组	工业	20295.00	中核铭际建筑科技（泰兴）有限公司	435.00	882.83	2018.2.8	17-7-53
10	TX18G-10 号	姚王镇姚垈村先西 7 组，石桥村徐黄 1、2 组	工业	3379.00	中核铭际建筑科技（泰兴）有限公司	435.00	146.99	2018.2.8	17-7-53
11	TX18G-11 号	姚王镇王庄村盐泥 6、11 组	工业	19021.00	泰州市中天环境科技有限公司	435.00	827.41	2018.2.8	17-7-54
12	TX18G-12 号	姚王镇王庄村姚王 7、8 组	工业	8689.00	泰兴市润中建筑材料租赁服务有限公司	435.00	377.97	2018.2.8	17-7-56
13	TX18G-13 号	姚王镇王庄村姚王 7、8 组	工业	7117.00	鹏图环保科技有限公司	435.00	309.59	2018.2.8	17-7-57
14	TX18G-14 号	姚王镇王庄村盐泥 10 组，姚王 1、3 组	工业	13698.00	江苏南极机械有限责任公司	400.00	547.92	2018.2.8	17-8-8
15	TX18G-15 号	广陵镇北肖村集体	工业	4000.00	泰兴市坤美服饰有限公司	390.00	156.00	2018.2.8	17-7-24

续表 7-3-89

序号	挂牌地块编号	用地位置	用途	出让面积（平方米）	受让单位 / 个人	成交单价（元 / 平方米）	成交总价（万元）	成交日期	批次
16	TX18G-16 号	曲霞镇镇西村陈公堂 3、6 组	工业	4214.00	泰兴市正杰电器有限公司	430.00	181.20	2018.2.8	17-1（16）-13
17	TX18G-17 号	滨江镇石桥村东坝、四垡、四乔组，中港村赵垡组	工业	2366.00	南京汽轮电机集团泰兴宁兴机械有限公司	475.00	112.39	2018.2.8	17-5-55
18	TX18G-18 号	济川街道办集体，向阳村张岱、档二、杨乔、朝东组，滨江镇长沟村季岱、张岱、联合组	工业	8496.00	泰兴市兴盛资产投资公司	400.00	339.84	2018.2.8	17-5-3 17-5（16）-9
19	TX18G-19 号	济川街道办集体，向阳村张岱、档二、杨乔、朝东组，滨江镇长沟村季岱、张岱、联合组	工业	5581.00	泰兴市兴盛资产投资公司	400.00	223.24	2018.2.8	17-5-3 17-5（16）-9
20	TX18G-20 号	新街镇孔叶村 3 组	工业	1000.00	泰兴市兴瑞盛隆水泥制品厂	400.00	40.00	2018.3.16	17-7-41
21	TX18G-21 号	新街镇孔叶村 8 组	工业	2041.00	泰兴市天源建筑材料有限公司	400.00	81.64	2018.3.16	17-7-42
22	TX18G-22 号	新街镇孔叶村 8 组	工业	1751.00	泰兴市天源建筑材料有限公司	400.00	70.04	2018.3.16	17-7-42
23	TX18G-23 号	张桥镇常巷村常巷 7、8 组	工业	6668.00	江苏九星机床制造有限公司	475.00	316.73	2018.3.16	17-9-20
24	TX18G-24 号	滨江镇殷石村前石、中石组，中港村常石组	工业	11669.00	泰兴锦云染料有限公司	400.00	466.76	2018.3.16	17-7-21
25	TX18G-25 号	滨江镇洋思村村集体	工业	7577.00	泰兴市扬子医药化工有限公司	400.00	303.08	2018.3.16	17-8-1
26	TX18G-26 号	分界镇耿厂村丁厂 3 组	工业	4744.00	泰兴市海纳锦程弹性纤维有限公司	452.00	214.43	2018.3.16	17-6（16）-1
27	TX18G-27 号	根思乡井垡村大井 4 组	工业	1405.00	泰兴市兴嘉塑料有限公司	385.00	54.09	2018.3.16	17-8-20
28	TX18G-28 号	济川街道办事处集体、张庄村张庄 7 组	工业	11731.00	泰兴市兴盛资产投资公司	500.00	586.55	2018.3.19	17-8-6

续表 7-3-89

序号	挂牌地块编号	用地位置	用途	出让面积（平方米）	受让单位 / 个人	成交单价（元 / 平方米）	成交总价（万元）	成交日期	批次
29	TX18G-29 号	滨江镇良种场	工业	3237.00	江苏昌泰建设工程有限公司	400.00	129.48	2018.3.19	17-7-17
30	TX18G-30 号	滨江镇良种场	工业	4103.00	江苏昌泰建设工程有限公司	400.00	164.12	2018.3.19	17-7-17
31	TX18G-31 号	黄桥镇朱何村朱庄 3 组	工业	11744.00	江苏黑松林粘合剂厂有限公司	575.00	675.28	2018.3.19	17-8-11
32	TX18G-32 号	黄桥镇韩庄村何韩 1、7 组	工业	41255.00	泰兴市黄桥投资发展有限公司	476.00	1963.74	2018.3.19	17-8-9
33	TX18G-33 号	姚王镇十里甸村甸何 7、8 组	工业	2626.00	泰州远大体育用品有限公司	440.00	115.54	2018.3.19	17-9-13
34	TX18G-34 号	姚王镇王庄村盐泥 5、6、7、11 组	工业	2263.00	泰兴市智光环保科技有限公司	450.00	101.84	2018.3.19	17-3（16）-8
35	TX18G-35 号	姚王镇王庄村盐泥 5、11 组，官沟村官东 5 组，官西 1、2、3 组	工业	15724.00	泰兴市智光环保科技有限公司	500.00	786.20	2018.3.19	17-7-55
36	TX18G-36 号	河失镇司马村司马 2、6 组，元仙村西失 4 组	工业	10154.00	江苏益裕建设工程配套有限公司	460.00	467.08	2018.3.19	17-9-14
37	TX18G-37 号	根思乡根思村大新 1、2 组	工业	942.00	江苏豪亿建设有限公司	625.00	58.88	2018.3.19	17-8-19
38	TX18G-38 号	根思乡根思村村集体、大新 5 组	工业	5359.00	泰兴龙溢端子有限公司	380.00	203.64	2018.3.19	17-9-8
39	TX18G-39 号	根思乡老叶村集体	工业	4627.00	泰兴市老叶建材有限公司	380.00	175.83	2018.3.19	17-9-19
40	TX18G-40 号	根思乡老叶村集体	工业	4444.00	泰兴市文泉建材有限公司	380.00	168.87	2018.3.19	17-9-10
41	TX18G-41 号	新街镇杨芮村 3、4、5 组	工业	14620.00	江苏涛艺经典科技有限公司	520.00	760.24	2018.3.19	17-8-19
42	TX18G-42 号	新街镇杨芮村 1、2、3 组，元竹镇芮徐村 17 组	工业	28210.00	江苏中泾包装科技有限公司	516.00	1455.64	2018.3.19	17-8-15 17-8-16

续表 7-3-89

序号	挂牌地块编号	用地位置	用途	出让面积（平方米）	受让单位 / 个人	成交单价（元 / 平方米）	成交总价（万元）	成交日期	批次
43	TX18G-43 号	新街镇管凤村 7 组，南新街村肖季 2 组	工业	5796.00	泰州中坚机电设备有限公司	530.00	307.19	2018.3.19	17-5（16）-23 17-6（16）-8
44	TX18G-44 号	元竹镇成庄村 11 组	工业	3163.00	泰兴市晨露服装厂	400.00	126.52	2018.3.19	17-7-46
45	TX18G-46 号	姚王镇王庄村盐泥 5、11 组，官沟村官东 5 组，官西 1、2、3 组	工业	12058.00	泰兴市智光环保科技有限公司	500.00	602.90	2018.3.19	17-7-55
46	TX18G-47 号	姚王镇鲁堡村长池 7 组	仓储	1971.00	泰兴市惠农农业科技有限公司	450.00	88.70	2018.3.19	17-6（16）-6
47	TX18G-48 号	姚王镇王庄村盐泥 9、10 组	工业	15561.00	泰兴市智光环保科技有限公司	400.00	622.44	2018.3.19	17-6（16）-4 17-9-11
48	TX18G-49 号	姚王镇官庄村官西 1、7、9、10、11 组	工业	19190.00	泰兴市智光环保科技有限公司	440.00	844.36	2018.3.19	17-6（16）-5 17-9-12
49	TX18G-50 号	珊瑚镇八户村 12 组	工业	12919.00	江苏美利美新型建材科技有限公司	560.00	723.46	2018.3.19	17-7-22
50	TX18G-51 号	滨江镇卢碾村卢垈组	工业	818.00	泰兴市东方药用包装材料有限公司	515.00	42.13	2018.4.27	17-9-5
51	TX18G-53 号	黄桥镇余庄村顾何 2、3 组	工业	19326.00	泰州金源包装容器有限公司	400.00	773.04	2018.4.27	17-7-40
52	TX18G-54 号	元竹镇镇北村 19、20、21 组	工业	3470.00	江苏清新食品有限公司	515.00	178.71	2018.4.27	17-6-5
53	TX18G-55 号	元竹镇芮徐村 17 组，新街镇杨芮村 1、2、3 组	工业	5140.00	江苏菇本堂生物科技股份有限公司	600.00	308.40	2018.4.27	17-9-17
54	TX18G-57 号	济川街道办燕头村文垈 5 组	仓储	312.00	江苏锦城建设有限公司	940.00	29.33	2018.4.27	17-7-33
55	TX18G-58 号	滨江镇闸北路西侧、团结河北路北侧	工业	42839.00	江苏田菱感光材料有限公司	415.00	1777.82	2018.5.23	收购存量
56	TX18G-59 号	姚王镇新镇居委会陆庄 3 组	工业	10105.00	江苏丽泰船舶设备有限公司	515.00	520.41	2018.5.23	18-1（17）-1

续表 7-3-89

序号	挂牌地块编号	用地位置	用途	出让面积（平方米）	受让单位 / 个人	成交单价（元 / 平方米）	成交总价（万元）	成交日期	批次
57	TX18G-61 号	姚王镇新镇居委会陆庄 3 组，姚庄 5 组	工业	12000.00	江苏宇航休闲家私有限公司	430.00	516.00	2018.5.23	18-1（17）-3
58	TX18G-63 号	姚王镇王庄村姚王 1、2、3 组	工业	33334.00	格兰立方能源科技（江苏）有限公司	400.00	1333.36	2018.5.23	16-6（15）-10
59	TX18G-64 号	姚王镇王庄村姚王 1、2、3 组	工业	31333.00	江苏嘉选电气有限公司	400.00	1253.32	2018.5.23	16-6（15）-10
60	TX18G-65 号	姚王镇王庄村姚王 1、2、3 组	工业	13383.00	江苏久顺市政工程有限公司	400.00	535.32	2018.5.23	16-6（15）-10
61	TX18G-66 号	姚王镇鲁堡村长池 7 组	仓储	1620.00	泰兴市惠农农业科技有限公司	535.00	86.67	2018.5.23	18-1（17）-19
62	TX18G-67 号	河失镇司马村司马 7、8 组	工业	8527.00	江苏迪鼎机械有限公司	460.00	392.24	2018.5.23	18-1（17）-16
63	TX18G-68 号	河失镇河头居委会河头 9 组	工业	2667.00	江苏迪奥永利实业有限公司	485.00	129.35	2018.5.23	17-7-52
64	TX18G-70 号	曲霞镇曲霞村村集体	工业	10697.00	泰兴市曲霞镇人民政府	380.00	406.49	2018.5.23	17-9-19
65	TX18G-71 号	虹桥镇四仙村如意组，二号组	工业	22558.00	江苏意戈尔钢制品有限公司	400.00	902.32	2018.5.23	17 度（虹桥调整）-3
66	TX18G-72 号	虹桥镇蒋华村村集体	工业	837.00	泰兴市亚云电子有限公司	400.00	33.48	2018.5.23	17 度（虹桥调整）-2
67	TX18G-73 号	滨江镇蒋榨村西垡、丁垡、东岱、夏元组	仓储	23906.00	江苏苏中沿江化工物流经营发展有限公司	400.00	956.24	2018.6.29	17-8-5
68	TX18G-74 号	滨江镇西江村临江 9 组	工业	4278.00	泰兴市滨江镇人民政府	400.00	171.12	2018.6.29	17-6（16）-7
69	TX18G-75 号	滨江镇大马庄村大南 3 组	工业	2431.00	泰兴市滨江镇人民政府	470.00	114.26	2018.6.29	17-8-4
70	TX18G-76 号	滨江镇石桥村村集体、四乔、四一、四二、倪垡组	工业	53285.00	江苏金禾建设工程有限公司	400.00	2131.40	2018.6.29	17-7-18
71	TX18G-77 号	广陵镇顾周村 13、14 组	工业	13913.00	造品科技材料（泰兴有限公司）	400.00	556.52	2018.6.29	18-1（17）-17
72	TX18G-78 号	姚王镇新镇居委会姚庄 4 组	工业	6764.00	泰兴市金冠包装制品有限公司	530.00	358.49	2018.6.29	18-1（17）-9

续表 7-3-89

序号	挂牌地块编号	用地位置	用途	出让面积（平方米）	受让单位 / 个人	成交单价（元 / 平方米）	成交总价（万元）	成交日期	批次
73	TX18G-79号	虹桥镇七圩村江口东组、江口西组	工业	9164.00	泰州中兴汤臣绿色建筑科技有限公司	400.00	366.56	2018.6.29	2017年（虹桥调整）–4
74	TX18G-80号	滨江镇中港村棋西组	工业	2623.00	江苏中丹化工技术有限公司	485.00	127.22	2018.6.29	15–13（15）–2收购存量
75	TX18G-81号	虹桥镇四仙村二号组	工业	6667.00	江苏莱澳材料科技有限公司	400.00	266.68	2018.6.29	18–1（17）–20 2017年（虹桥调整）–7
76	TX18G-82号	济川街道办众贤村众二组	仓储	5717.00	泰兴市佳兴仓储有限公司	400.00	228.68	2018.6.29	17–7–35
77	TX18G-56号	新街镇东申村2组	工业	10298.00	江苏杰熙卡木业有限公司	440.00	453.11	2018.7.27	17–9–17
78	TX18G-60号	姚王镇新镇居委会姚庄4组	工业	6667.00	福蒂斯（江苏）游艇配件有限公司	520.00	346.68	2018.7.27	18–1（17）–2
79	TX18G-83号	姚王镇王庄村姚王1、2、3组	工业	56804.00	中衡新材料科技（江苏）有限公司	620.00	3521.85	2018.7.27	16–6（15）–10
80	TX18G-85号	姚王镇新镇居委会姚庄4组	工业	9368.00	江苏孜品生物科技有限公司	635.00	594.87	2018.7.27	18–1（17）–10收购存量
81	TX18G-87号	虹桥镇公殿村念五、朱小组	工业	1420.00	江苏沃宸住宅工业有限公司	400.00	56.80	2018.7.27	2017年（虹桥调整）–6
82	TX18G-88号	虹桥镇七圩村江口东组	工业	2465.00	泰兴市申联环保科技有限公司	505.00	124.48	2018.7.27	17–4（16）–10收购存量
83	TX18G-89号	根思乡根思村大新1、2组	工业	6102.00	泰兴市联众井盖有限公司	380.00	231.88	2018.7.27	18–2–26
84	TX18G-90号	新街镇杨芮村1组，元竹镇芮徐17组	工业	18809.00	泰兴市新源农产品加工投资发展有限公司	442.00	831.36	2018.7.27	17–8–15
85	TX18G-91号	济川街道办集体、向阳村杨乔组	工业	2936.00	江苏一鸣生物股份有限公司	400.00	117.44	2018.7.27	18–1–7
86	TX18G-92号	姚王镇王庄村盐泥6、8、9、10、11组，姚王1组	工业	241092.00	泰兴市智光环保科技有限公司	400.00	9643.68	2018.7.27	17–4–7 17–3（16）–9 17–6（16）–3

续表 7-3-89

序号	挂牌地块编号	用地位置	用途	出让面积（平方米）	受让单位 / 个人	成交单价（元 / 平方米）	成交总价（万元）	成交日期	批次
87	TX18G-93 号	虹桥镇六圩港南侧、江堤路东侧	工业	29582.00	泰州中兴汤臣绿色建筑科技有限公司	550.00	1627.01	2018.7.27	收购存量
88	TX18G-94 号	河失镇河头居委会杜庄 2 组	工业	1794.00	泰兴市宏洋新材料科技有限公司	590.00	105.85	2018.7.27	16-7（15）-7
89	TX18G-95 号	新街镇霍庄村港东、路南、路北组	工业	13914.00	江苏宇诚展览展示有限公司	450.00	626.13	2018.8.3	16-7（15）-15 收购存量
90	TX18G-96 号	新街镇霍庄村港东、路南、路北组	工业	13511.00	江苏戴文会展有限公司	450.00	608.00	2018.8.3	16-7（15）-15 收购存量
91	TX18G-97 号	新街镇霍庄村路北组	工业	9634.00	泰兴中然热电发展有限公司	400.00	385.36	2018.8.3	18-1-16
92	TX18G-98 号	新街镇霍庄村 4、5 组	工业	13287.00	江苏鲜时农业科技有限公司	420.00	558.05	2018.8.3	17-6-10
93	TX18G-99 号	新街镇霍庄村 4、5 组，中西组	工业	13367.00	江苏鲜时农业科技有限公司	420.00	561.41	2018.8.3	17-6-10 16-4-4
94	TX18G-100 号	新街镇霍庄村 1、5 组，中西组	工业	37180.00	江苏超悦农业发展有限公司	450.00	1673.10	2018.8.3	17-9-15 16-4-4 17-6-10 收购存量
95	TX18G-101 号	姚王镇官沟村官西 4、5、6、7、8、9、11 组，十里甸村甸何 1、2 组	工业	50810.00	泰兴市智光环保科技有限公司	400.00	2032.40	2018.8.3	18-1-6
96	TX18G-102 号	姚王镇官沟村官西 4、5、6、7、8、9、11 组，十里甸村甸何 1、2 组	工业	28306.00	泰兴市智光环保科技有限公司	400.00	1132.24	2018.8.3	18-1-6
97	TX18G-103 号	姚王镇官沟村官西 4、5、6、7、8、9、11 组，十里甸村甸何 1、2 组	工业	24614.00	中智（泰兴）电力科技有限公司	400.00	984.56	2018.8.3	18-1-6
98	TX18G-104 号	姚王镇官沟村官西 4、5、6、7、8、9、11 组，十里甸村甸何 1、2 组	工业	22249.00	中智（泰兴）电力科技有限公司	400.00	889.96	2018.8.3	18-1-6
99	TX18G-105 号	姚王镇官沟村官西 4、5、6、7、8、9、11 组，十里甸村甸何 1、2 组	工业	17343.00	中智（泰兴）电力科技有限公司	400.00	693.72	2018.8.3	18-1-6

续表 7-3-89

序号	挂牌地块编号	用地位置	用途	出让面积（平方米）	受让单位 / 个人	成交单价（元 / 平方米）	成交总价（万元）	成交日期	批次
100	TX18G-106 号	虹桥镇公殿村念三中、朱小组	工业	5667.00	江苏沃宸住宅工业有限公司	400.00	226.68	2018.8.3	15-6-24
101	TX18G-107 号	虹桥镇公殿村念三中、朱小组	工业	7533.00	圣达电气有限公司	400.00	301.32	2018.8.3	15-6-24
102	TX18G-108 号	滨江镇蒋港村村集体、前北、后北组、赵桥组	工业	52559.00	江苏京腾昊桦科技有限公司	400.00	2102.36	2018.8.3	17-8-2
103	TX18G-109 号	滨江镇蒋港村桥西、元桥组	工业	2657.00	泰州市港泰物资再生有限公司	400.00	106.28	2018.8.3	17-7-20 后收回重挂
104	TX18G-110 号	滨江镇新港路东侧、滨江南路西侧	工业	20466.00	泰兴市滨江污水处理有限公司	400.00	818.64	2018.8.3	收购存量
105	TX18G-111 号	新街镇霍庄村中西组	仓储	25670.00	江苏新源仓储有限公司	450.00	1155.15	2018.8.3	16-4-4、收购存量
106	TX18G-69 号	河失镇河头居委会杜庄 2 组	工业	4568.00	江苏百利雅木业有限公司	505.00	230.68	2018.8.3	16-4-12
107	TX18G-45 号	广陵镇木行村 4、10 组	工业	5425.00	江苏爱瑞格环保设备有限公司	430.00	233.28	2018.8.3	17-9-18
108	TX18G-52 号	黄桥镇余庄村顾何 2、3 组	工业	16643.00	江苏永生新能源科技有限公司	412.00	685.69	2018.8.3	17-7-40
109	TX18G-112 号	滨江镇水产良种场	工业	32604.00	泰兴市成兴国有资产经营投资有限公司	400.00	1304.16	2018.9.7	17-2-17、收购存量
110	TX18G-113 号	黄桥镇诸马村诸马 19、20 组，江堡村江堡 1、2、13 组	工业	80818.00	惠尔新机械泰兴有限公司	461.00	3725.71	2018.9.7	17-8-10
111	TX18G-114 号	黄桥镇三里村村集体	工业	4515.00	泰兴市蓝邦建材有限公司	400.00	180.60	2018.9.7	18-1-13
112	TX18G-115 号	姚王镇新镇居委会姚庄 4 组	工业	8234.00	泰兴高新环保设备有限公司	569.00	468.51	2018.9.7	18-1（17）-7
113	TX18G-116 号	滨江镇中港村卫星组、新港路东侧	工业	4989.00	泰兴金江化学工业有限公司	545.00	271.90	2018.9.7	18-2-23、收购存量
114	TX18G-109 号	滨江镇蒋港村桥西、元桥组	仓储	2657.00	江苏苏中沿江化工物流经营发展有限公司	400.00	106.28	2018.9.7	17-7-20

续表 7–3–89

序号	挂牌地块编号	用地位置	用途	出让面积（平方米）	受让单位 / 个人	成交单价（元 / 平方米）	成交总价（万元）	成交日期	批次
115	TX18G–118 号	黄桥镇横巷村 7 组	工业	2943.00	泰兴市八达机械配件制造有限公司	500.00	147.15	2018.9.7	18–1–12
116	TX18G–119 号	济川街道办事处大生村杨垈组	工业	3950.00	泰兴市良林汽车配件有限公司	575.00	227.13	2018.10.19	18–1–4
117	TX18G–120 号	姚王镇王庄村盐泥 4、5 组	工业	33326.00	泰兴市智光环保科技有限公司	402.00	1339.71	2018.10.19	17–3（16）–4
118	TX18G–121 号	姚王镇新镇居委会姚庄 4、5 组	工业	6268.00	江苏鑫品堡诚装饰有限公司	643.00	403.03	2018.10.19	18–1（17）–4
119	TX18G–122 号	姚王镇新镇居委会姚庄 4 组	工业	9703.00	江苏胜立特机械有限公司	558.00	541.43	2018.10.19	18–1（17）–8
120	TX18G–123 号	姚王镇新镇居委会姚庄 4、5 组	工业	6000.00	泰兴市恩泽包装有限公司	754.00	452.40	2018.10.26	18–1（17）–5
121	TX18G–124 号	姚王镇王庄村姚王 1、2、3 组	工业	5982.00	泰兴铭际金属制品有限公司	400.00	239.28	2018.10.26	16–6（15）–10
122	TX18G–125 号	姚王镇王庄村姚王 1、2、3 组	工业	16667.00	泰兴市智光环保科技有限公司	400.00	666.68	2018.10.26	16–6（15）–10
123	TX18G–126 号	滨江镇新港路东侧、滨江中路西侧	工业	25383.00	泰兴市扬子医药化工有限公司	555.00	1408.76	2018.11.23	收购存量
124	TX18G–127 号	曲霞镇镇西村陈公堂 3、6 组	工业	5001.00	泰州协进精密机械有限公司	389.00	194.54	2018.11.23	17–5–59
125	TX18G–128 号	姚王镇王庄村 3、4、5 组	工业	12067.00	江苏金鹏防火板业有限公司	400.00	482.68	2018.11.23	收购存量
126	TX18G–129 号	姚王镇镇集体	工业	538.00	泰兴市宏盛锻件厂	420.00	22.60	2018.12.7	18–3–78
127	TX18G–130 号	姚王镇石桥村石桥 6、10 组	工业	8148.00	泰兴市泰宏混凝土有限公司	489.00	398.44	2018.12.7	18–3–76
128	TX18G–131 号	新街镇李荡村李荡 6 组	工业	4844.00	江苏洋宇生态农业有限公司	432.00	209.26	2018.12.7	17–6–20
129	TX18G–132 号	宣堡镇梅埝村梅西 4 组	工业	785.00	江苏正宏橡塑机械制造有限公司	471.00	36.97	2018.12.7	18–3–15
130	TX18G–133 号	虹桥镇四仙村北九二组	工业	822.00	泰兴市鸿意玻璃制品有限公司	400.00	32.88	2018.12.7	18–3–56
131	TX18G–134 号	虹桥镇四仙村北九二组	工业	5689.00	泰兴市鸿意玻璃制品有限公司	400.00	227.56	2018.12.7	18–3–56
132	TX18G–135 号	姚王镇十里甸村甸何 8 组	工业	1604.00	泰兴市顺丰玻璃厂	400.00	64.16	2018.12.7	18–3–77

续表 7-3-89

序号	挂牌地块编号	用地位置	用途	出让面积（平方米）	受让单位 / 个人	成交单价（元 / 平方米）	成交总价（万元）	成交日期	批次
133	TX18G-136 号	河失镇同心村石堡3组	工业	3708.00	泰兴市安之泰混凝土有限公司	461.00	170.94	2018.12.7	18-3-75
134	TX18G-137 号	河失镇同心村石堡1、2组	工业	9937.00	泰兴市安之泰混凝土有限公司	403.00	400.46	2018.12.7	18-3-74
135	TX18G-138 号	河失镇洋碾村南洋1、4、6组	工业	18205.00	泰兴市南洋水泥制品有限公司	491.00	893.87	2018.12.7	18-3-73
136	TX18G-139 号	虹桥镇四仙村丰水、小圩、中九二组、北九二组	工业	21312.00	江苏其美纺织材料有限公司	400.00	852.48	2018.12.7	18-3-52
137	TX18G-140 号	姚王镇封垈村封东6组	工业	3253.00	江苏恒减传动设备有限公司	491.00	159.72	2018.12.7	18-3-80
138	TX18G-141 号	姚王镇石桥村石桥7、8组	工业	4254.00	泰州久屹建设有限公司	400.00	170.16	2018.12.7	18-6（18）-37
139	TX18G-142 号	张桥镇常巷村常巷7、8组，匡庄5组	工业	7173.00	江苏苏欣医疗科技有限公司	525.00	376.58	2018.12.7	18-3-37
140	TX18G-143 号	虹桥镇上元村村集体、元垈组	工业	1762.00	泰兴市佳禾塑料制品有限公司	400.00	70.48	2018.12.7	18-3-44
141	TX18G-144 号	河失镇三军村村集体	工业	2717.00	江苏三军升降设备有限公司	400.00	108.68	2018.12.7	18-3-71
142	TX18G-145 号	张桥镇镇西村辛垈6组	工业	4068.00	江苏恒发弹簧有限公司	495.00	201.37	2018.12.7	18-3-36
143	TX18G-146 号	张桥镇匡庄村匡庄1、5组	工业	7601.00	江苏双洁环保机械制造有限公司	525.00	399.05	2018.12.7	18-3-35
144	TX18G-147 号	宣堡镇梅埝村梅西9组	工业	4457.00	泰州市杰尔曼消防装备有限公司	482.00	214.83	2018.12.7	18-3-17
145	TX18G-148 号	宣堡镇梅埝村梅西4组	工业	3497.00	泰兴市众成新型建筑材料有限公司	391.00	136.73	2018.12.7	18-3-16
146	TX18G-149 号	虹桥镇桃园村五圩组	工业	8000.00	江苏江大泵业制造有限公司	412.00	329.60	2018.12.7	18-3-46
147	TX18G-150 号	根思乡乡集体	工业	385.00	泰州市重整催化技术服务有限公司	380.00	14.63	2018.12.10	18-3-12
148	TX18G-151 号	根思乡乡集体	工业	2158.00	泰州市重整催化技术服务有限公司	380.00	82.00	2018.12.10	18-3-9
149	TX18G-152 号	根思乡根思村小井3组	工业	13323.00	江苏行星重载齿轮箱有限公司	440.00	586.21	2018.12.10	18-6（18）-7
150	TX18G-153 号	根思乡根思村西湖1组	工业	15641.00	江苏祥顺环保设备有限公司	411.00	642.85	2018.12.10	18-6（18）-10

续表 7-3-89

序号	挂牌地块编号	用地位置	用途	出让面积（平方米）	受让单位 / 个人	成交单价（元 / 平方米）	成交总价（万元）	成交日期	批次
151	TX18G-154 号	根思乡根思村小井 3 组	工业	4257.00	江苏国铸新型建材科技有限公司	465.00	197.95	2018.12.10	18-3-6
152	TX18G-155 号	虹桥镇通石村张圣组、新胜组	工业	11250.00	泰州思睿新材料科技有限公司	400.00	450.00	2018.12.10	18-3-50
153	TX18G-156 号	虹桥镇通石村张圣组、新胜组	工业	1935.00	泰州思睿新材料科技有限公司	400.00	77.40	2018.12.10	18-3-50
154	TX18G-157 号	虹桥镇通石村张圣组、新胜组	工业	2343.00	泰州思睿新材料科技有限公司	400.00	93.72	2018.12.10	18-3-50
155	TX18G-158 号	新街镇霍庄村港东组	工业	4617.00	江苏宇诚展览展示有限公司	400.00	184.68	2018.12.10	18-6（18）-20
156	TX18G-159 号	新街镇霍庄村路南组、港东组	工业	5298.00	江苏戴文会展有限公司	420.00	222.52	2018.12.10	18-6（18）-21
157	TX18G-160 号	元竹镇镇北村 19 组、20 组	工业	22600.00	江苏开拓者环保材料有限公司	400.00	904.00	2018.12.10	18-6（18）-23
158	TX18G-161 号	滨江镇蒋港村元桥、旮旯、桥西组	仓储	9150.00	江苏苏中沿江化工物流经营发展有限公司	400.00	366.00	2018.12.10	18-4-19
159	TX18G-163 号	虹桥镇东风路西侧、六圩港北侧	工业	46992.00	江苏沃宸住宅工业有限公司	549.00	2579.86	2018.12.10	收购存量
160	TX18G-165 号	张桥镇匡庄村匡庄 5 组	工业	1448.00	江苏苏欣医疗科技有限公司	600.00	86.88	2018.12.10	18-3-38
161	TX18G-166 号	张桥镇克仁村村集体、焦堡居委会村集体	工业	1932.00	江苏泰禾金属工业有限公司	400.00	79.21	2018.12.10	18-3-39
162	TX18G-167 号	根思乡根思村西湖 1、6 组	工业	4384.00	江苏鹏江电子科技有限公司	430.00	188.51	2018.12.10	18-3-5
163	TX18G-168 号	元竹镇镇北村 15 组	工业	11796.00	江苏九润鑫晟食品有限公司	462.00	544.98	2018.12.12	18-6（18）-25
164	TX18G-169 号	元竹镇镇北村 15、17、18、21 组	工业	13665.00	江苏和旺食品有限公司	430.00	587.60	2018.12.12	18-3-28
165	TX18G-170 号	广陵镇广陵居委会 15 组	工业	1333.00	江苏泰顺能源科技开发有限公司	520.00	69.32	2018.12.12	18-6（18）-14
166	TX18G-171 号	广陵镇顾周村 3 组	工业	2881.00	泰兴市钰丽农副产品有限公司	473.00	136.27	2018.12.12	18-3-18
167	TX18G-173 号	广陵镇广陵居委会 14 组	工业	7026.00	江苏广通汽配精密制造有限公司	477.00	335.14	2018.12.12	18-6（18）-13

续表 7-3-89

序号	挂牌地块编号	用地位置	用途	出让面积（平方米）	受让单位/个人	成交单价（元/平方米）	成交总价（万元）	成交日期	批次
168	TX18G-174号	虹桥镇崇福村大圩组	工业	1060.00	泰兴市美声电子有限公司	400.00	42.40	2018.12.12	18-3-42
169	TX18G-175号	古溪镇横垛居委会集体	工业	854.00	江苏享颂机械有限公司	390.00	33.73	2018.12.12	18-3-3
170	TX18G-176号	古溪镇古溪社区古溪4、10、11组	工业	6874.00	泰州优尔医疗器械有限公司	437.00	300.39	2018.12.12	18-6（18）-4
171	TX18G-177号	古溪镇古溪社区古溪4、10、11组	工业	6668.00	莹普智能科技（泰州）有限公司	437.00	291.39	2018.12.12	18-6（18）-4
172	TX18G-178号	古溪镇古溪社区古溪4、10、11组	工业	6660.00	江苏新进医疗器械有限公司	437.00	291.04	2018.12.12	18-6（18）-4
173	TX18G-179号	古溪镇古溪社区古溪4、10、11组	工业	6660.00	泰兴市求精仪器厂	437.00	291.04	2018.12.12	18-6（18）-4
174	TX18G-180号	曲霞镇镇西村陈公堂3组	工业	3830.00	泰兴市辉耀照明有限公司	398.00	152.43	2018.12.12	18-6（18）-16
175	TX18G-181号	曲霞镇李圩村7组	工业	2030.00	江苏固特美装配式建筑科技有限公司	515.00	104.55	2018.12.12	18-6（18）-17
176	TX18G-182号	曲霞镇曲霞村曲水10组	工业	1333.00	江苏汇宏电子科技有限公司	550.00	73.32	2018.12.12	18-3-24
177	TX18G-183号	虹桥镇通石村村集体、北圩2组	工业	3201.00	江苏天辉环保科技有限公司	432.00	138.28	2018.12.12	18-3-51
178	TX18G-184号	虹桥镇蒋华村西双圩组	工业	6749.00	江苏华洋装备科技有限公司	400.00	269.96	2018.12.12	18-3-43
179	TX18G-185号	虹桥镇四仙村小圩组	工业	1800.00	江苏玺源电器有限公司	465.00	83.70	2018.12.12	18-3-55
180	TX18G-186号	虹桥镇四仙村丰水组	工业	2302.00	江苏伟纳电气有限公司	475.00	109.35	2018.12.12	18-3-54
181	TX18G-188号	虹桥镇同德村肖南组	工业	695.00	江苏新虹润金属材料有限公司	475.00	33.01	2018.12.12	18-3-45
182	TX18G-189号	滨江镇过船村夹巷、解放、仁堡组	工业	24858.00	江苏田菱感光材料有限公司	435.00	1081.32	2018.12.14	18-4-14
183	TX18G-190号	姚王镇姚垈村先西2、3、4、5、6、7组，姚垈1、2、3、4、5、6组	工业	312365.00	江苏泰隆减速机股份有限公司	433.00	13525.40	2018.12.14	18-3（17）-1
184	TX18G-191号	根思乡根思村小井4组	工业	760.00	江苏海澄水工机械有限公司	470.00	35.72	2018.12.14	18-3-8

续表 7-3-89

序号	挂牌地块编号	用地位置	用途	出让面积（平方米）	受让单位 / 个人	成交单价（元 / 平方米）	成交总价（万元）	成交日期	批次
185	TX18G-192 号	根思乡根思村小井 4 组	工业	2285.00	江苏华通电池配件有限公司	435.00	99.40	2018.12.14	18-3-11
186	TX18G-193 号	新街镇霍庄村中西组、5 组	工业	585.00	江苏超悦农业发展有限公司	695.00	40.66	2018.12.14	18-6（18）-27 17-9-15
187	TX18G-194 号	曲霞镇张匡 8 组	工业	1187.00	江苏百诺医疗科技有限公司	490.00	58.16	2018.12.14	18-3-21
188	TX18G-195 号	分界镇王厂村 10、11 组，分界村 12、13 组	工业	11408.00	泰兴市惠风和畅实业有限公司	464.00	529.33	2018.12.14	18-3-2
189	TX18G-196 号	分界镇耿厂村丁厂 2、3、4 组	工业	6595.00	泰兴市昆光电力科技有限公司	435.00	286.88	2018.12.14	16-7-27 18-6（18）-1
190	TX18G-197 号	分界镇王厂村 11、12 组	工业	6667.00	江苏曹工液压科技有限公司	461.00	307.35	2018.12.14	18-6（18）-3
191	TX18G-198 号	河失镇同心村石堡 3 组	工业	10923.00	泰兴市隆泰混凝土有限公司	440.00	480.61	2018.12.14	18-6（18）-35
192	TX18G-199 号	河失镇镇集体	工业	2642.00	泰兴联创绝缘材料有限公司	390.00	103.04	2018.12.14	18-6（18）-31
193	TX18G-200 号	滨江镇过船村过一、夹巷组	工业	54629.00	泰州联成塑胶工业有限公司	400.00	2185.16	2018.12.14	18-4-10 18-5（17）-6
194	TX18G-201 号	河失镇司马村司马 8 组	工业	5272.00	江苏迪鼎机械有限公司	499.00	263.07	2018.12.14	18-6（18）-32
195	TX18G-202 号	曲霞镇镇西村陈公堂 6 组	工业	8722.00	江苏瑞富精密机械有限公司	425.00	370.69	2018.12.14	17-1-12 18-6-19
196	TX18G-203 号	曲霞镇李圩村 5 组	工业	2485.00	泰州佰诺泵业科技有限公司	510.00	126.74	2018.12.14	18-3-22 18-6（18）-18
197	TX18G-204 号	滨江镇蒋港村村集体、旮旯组	仓储	6499.00	国本（江苏）物流管理有限公司	400.00	259.96	2018.12.17	18-4-15
198	TX18G-205 号	滨江镇蒋港村村集体、旮旯组	仓储	578.00	国本（江苏）物流管理有限公司	400.00	23.12	2018.12.17	18-4-15
199	TX18G-206 号	滨江镇蒋港村村集体、旮旯组	仓储	16.00	国本（江苏）物流管理有限公司	400.00	0.64	2018.12.17	18-4-15
200	TX18G-207 号	广陵镇木行村 2 组	仓储	12126.00	江苏港金联运有限公司	453.00	549.31	2018.12.17	18-5-20

续表 7-3-89

序号	挂牌地块编号	用地位置	用途	出让面积（平方米）	受让单位 / 个人	成交单价（元 / 平方米）	成交总价（万元）	成交日期	批次
201	TX18G-208号	根思乡根思村小井1组	仓储	1244.00	泰兴市嘉盛基础工程有限公司	552.00	68.67	2018.12.17	18-3-13
202	TX18G-209号	根思乡根思村大新2组	工业	1814.00	泰兴市联众井盖有限公司	476.00	86.35	2018.12.17	18-6（18）-8
203	TX18G-210号	姚王镇王庄村盐泥10组	工业	9113.00	泰兴市智光环保科技有限公司	425.00	387.30	2018.12.17	18-10（16）-6 18-5-22
204	TX18G-211号	河失镇失迷巷居委会巷上3组，司马村村集体	工业	2000.00	泰兴市润华气体资源开发利用有限公司	440.00	88.00	2018.12.17	18-6（18）-30
205	TX18G-212号	河失镇司马村司马3组，元仙村元仙8、9组	工业	8079.00	江苏益裕建设工程有限公司	563.00	454.85	2018.12.17	18-6（18）-34
206	TX18G-213号	珊瑚镇八户村19、24组	工业	3755.00	泰兴市珊瑚投资发展有限公司	543.00	203.90	2018.12.17	18-3-40
207	TX18G-214号	珊瑚镇珊瑚新村9组	工业	2422.00	泰兴市名扬食品机械有限公司	605.00	146.53	2018.12.17	18-3-81
208	TX18G-216号	根思乡双港村居庄2组	工业	3407.00	江苏泛华传动机械有限公司	445.00	151.61	2018.12.17	18-3-10
209	TX18G-217号	根思乡双港村周里3组	工业	1064.00	江苏兴升减速机有限公司	487.00	51.82	2018.12.17	18-3-7
210	TX18G-218号	黄桥镇印家院村9、10组	工业	956.00	江苏海威锻造有限公司	650.00	62.14	2018.12.17	18-3-69
211	TX18G-219号	河失镇河头居委会河头10组	工业	522.00	泰兴市天安建筑安装工程有限公司	796.00	41.55	2018.12.17	18-3-72
212	TX18G-220号	河失镇河头居委会河头10组	工业	2448.00	泰兴市天安建筑安装工程有限公司	796.00	194.86	2018.12.17	18-3-72 16-7（15）-11
213	TX18G-221号	元竹镇镇北村18组	工业	2141.00	泰兴市平顺皮革制品有限公司	400.00	85.64	2018.12.19	18-6（18）-24
214	TX18G-222号	元竹镇镇北村18组	工业	2331.00	江苏永盛生物科技有限公司	400.00	93.24	2018.12.19	18-3-26
215	TX18G-223号	滨江镇天星村前进、张周、西元、东乐组	工业	26667.00	欧利生东邦涂料（江苏）有限公司	445.00	1186.68	2018.12.19	18-2（17）-10

续表 7-3-89

序号	挂牌地块编号	用地位置	用途	出让面积（平方米）	受让单位 / 个人	成交单价（元 / 平方米）	成交总价（万元）	成交日期	批次
216	TX18G-224 号	滨江镇蒋港村前北、后北、河西、赵东、赵桥、赵西、黄元组，过船村北陈组	工业	69697.00	江苏科奕莱新材料科技有限公司	400.00	2787.88	2018.12.19	18-2（17）-1 18-4-12
217	TX18G-225 号	滨江镇天星村张周、西元组	工业	26666.00	江苏产协高分子有限公司	400.00	1066.64	2018.12.19	18-2（17）-9
218	TX18G-226 号	虹桥镇四仙村木行组	工业	13333.00	泰兴市思源卫生材料有限公司	465.00	619.99	2018.12.19	18-7（18）-4
219	TX18G-227 号	虹桥镇公殿村营四西组，营三圩组	工业	26667.00	泰兴市瑞源电气有限公司	413.00	1101.35	2018.12.19	18-7（18）-5
220	TX18G-229 号	虹桥镇公殿村营四东组，营四西组	工业	26667.00	泰兴市虹兴标房建设有限公司	465.00	1240.02	2018.12.19	18-7（18）-3
221	TX18G-230 号	曲霞镇镇西村陈公堂 3、6 组	工业	5059.00	江苏展途通风设备有限公司	405.00	204.89	2018.12.19	17-5-58
222	TX18G-231 号	滨江镇水产良种场地块	工业	35746.00	泰兴市成兴国有资产经营投资有限公司	400.00	1429.84	2018.12.19	18-2（17）-4
223	TX18G-232 号	河失镇河头居委会杜庄 1、2 组	工业	11248.00	泰兴市河失镇农村集体资产管理委员会	460.00	517.41	2018.12.19	18-6（18）-36
224	TX18G-233 号	河失镇河头居委会杜庄 1、2 组	工业	8000.00	泰兴旭祥精密机械有限公司	460.00	368.00	2018.12.19	18-6（18）-36
225	TX18G-234 号	分界镇官庄村 12 组	工业	1625.00	江苏龙天顺金属有限公司	430.00	69.88	2018.12.19	16-7（15）-26
226	TX18G-235 号	分界镇官庄村村集体	工业	1854.00	江苏龙天顺金属有限公司	430.00	79.72	2018.12.19	18-3-1
227	TX18G-236 号	虹桥镇四仙村二号组	工业	10355.00	江苏莱澳材料科技有限公司	400.00	414.20	2018.12.19	18-7（18）-2
228	TX18G-238 号	新街镇霍庄村河南组	工业	405.00	泰兴市新源农产品加工投资发展有限公司	600.00	24.30	2018.12.19	18-3-27
229	TX18G-239 号	姚王镇封岱村封西 1 组	工业	744.00	泰兴市星辰减速机制造有限公司	613.00	45.61	2018.12.19	18-7（18）-20
230	TX18G-240 号	姚王镇封岱村封东 6 组	工业	2696.00	江苏越信实业有限公司	485.00	130.76	2018.12.19	18-7（18）-24
231	TX18G-241 号	姚王镇封岱村封东 6 组	工业	3318.00	江苏恒减传动设备有限公司	485.00	160.92	2018.12.19	18-7（18）-22

续表 7-3-89

序号	挂牌地块编号	用地位置	用途	出让面积（平方米）	受让单位 / 个人	成交单价（元 / 平方米）	成交总价（万元）	成交日期	批次
232	TX18G-242 号	姚王镇封垈村封东6组	工业	3458.00	泰州市文涛商贸有限公司	510.00	176.36	2018.12.19	18-7（18）-23
233	TX18G-172 号	滨江镇过船村胜利、大圩、曹圩组，蒋港村旮旯组	工业	120831.00	江苏常隆农化有限公司	433.00	5231.98	2018.12.21	18-4-18
234	TX18G-243 号	黄桥镇野向村野向2、5 组	工业	23936.00	江苏凤灵乐器文化产业有限公司	485.00	1160.90	2018.12.21	18-7（18）-11
235	TX18G-244 号	黄桥镇江堡村江堡1、13组，吴韩村1组，诸马村 14、19 组	工业	20165.00	惠尔新机械泰兴有限公司	420.00	846.93	2018.12.21	18-7（18）-15
236	TX18G-245 号	黄桥镇余庄村王庄1、3、5 组，祁巷村周堡 5 组	工业	6989.00	江苏东方九天新能源材料有限公司	500.00	349.45	2018.12.21	18-7（18）-16
237	TX18G-246 号	黄桥镇余庄村王庄1、3、5 组，祁巷村周堡 5 组	工业	2722.00	江苏东方九天新能源材料有限公司	500.00	136.10	2018.12.21	18-7（18）-16
238	TX18G-249 号	滨江镇蒋榨村丁垈、东垈、西垈、夏元组	仓储	2881.00	江苏苏中沿江化工物流经营有限公司	400.00	115.24	2018.12.21	18-7（18）-26
239	TX18G-250 号	滨江镇蒋榨村丁垈、东垈、西垈、夏元组	仓储	21226.00	江苏苏中沿江化工物流经营有限公司	400.00	849.04	2018.12.21	18-7（18）-26
240	TX18G-251 号	滨江镇褚港村村集体、戴行、压榨、姚桥、冯东、扦垈组，过船村戴顾组	工业	196828.00	泰兴梅兰新材料有限公司	400.00	7873.12	2018.12.21	18-5（17）-5
241	TX18G-252 号	姚王镇石桥村徐黄1、2 组，姚垈村先西 2、3、7 组	工业	8292.00	中核铭际建筑科技（泰兴）有限公司	473.00	392.21	2018.12.24	18-10（16）-5、-9 18-4（17）-4
242	TX18G-253 号	新街镇杨芮村 4、5 组	工业	33333.00	江苏森麦克斯家居用品有限公司	481.00	1603.32	2018.12.24	17-6（16）-9 18-6（18）-22
243	TX18G-254 号	新街镇杨芮村 4、5 组	工业	10000.00	江苏欧迈克斯家居用品有限公司	481.00	481.00	2018.12.24	18-6（18）-22

续表 7-3-89

序号	挂牌地块编号	用地位置	用途	出让面积（平方米）	受让单位 / 个人	成交单价（元 / 平方米）	成交总价（万元）	成交日期	批次
244	TX18G-255 号	珊瑚镇八户村21、22、23、25组，八达村25组	工业	16666.00	江苏美利美新型建材科技有限公司	663.00	1104.96	2018.12.24	18-7（18）-18
245	TX18G-256 号	元竹镇蒋堡村村集体	工业	673.00	泰兴市盾宇劳保防护用品有限公司	380.00	25.57	2018.12.24	18-4-23
246	TX18G-257 号	元竹镇蒋堡村 4、5 组	工业	2087.00	泰兴市宇睿机电设备有限公司	380.00	79.31	2018.12.24	18-3-34
247	TX18G-258 号	虹桥镇同德村石南组	工业	19631.00	江苏钜信通科技有限公司	437.00	857.87	2018.12.24	18-7（18）-1
248	TX18G-259 号	虹桥镇上元村元垈、元西、元东、元阳组	工业	1889.00	江苏圳泰新材料科技有限公司	440.00	83.12	2018.12.24	18-3-59
249	TX18G-260 号	虹桥镇上元村元垈、元西、元东、元阳组	工业	7333.00	江苏圳泰新材料科技有限公司	440.00	322.65	2018.12.24	18-3-59
250	TX18G-262 号	黄桥镇野向村野向 2、4、5 组	工业	13212.00	江苏辰茗乐器有限公司	490.00	647.39	2018.12.28	18-7（18）-14 18-16（15）-2
251	TX18G-263 号	黄桥镇野向村野向 2、4、5 组	工业	6100.00	泰兴市琴海乐器有限公司	490.00	298.90	2018.12.28	18-7（18）-14 18-16（15）-2
252	TX18G-264 号	分界镇耿厂村丁厂 3 组，耿厂 1、2、3 组，官庄村 5 组	工业	8260.00	泰兴市初魅纺织有限公司	451.00	372.53	2018.12.28	18-6（18）-2 18-8（17）-5
253	TX18G-265 号	济川街道办向阳村庄基组	工业	1339.00	泰州市富太胶管有限公司	435.00	58.25	2018.12.28	18-3-64
254	TX18G-266 号	济川街道办蔡巷村蔡东组	工业	781.00	泰兴市思创工业设备制造有限公司	400.00	31.24	2018.12.28	18-3-62
255	TX18G-267 号	济川街道办大生村村集体	仓储	8938.00	泰兴市福利建筑安装工程有限公司	400.00	357.52	2018.12.28	18-3-61 17-7-34

二、土地出让保护价

1993年起，泰兴在国有土地使用权出让活动中，均以不低于省政府规定的土地出让保护价确定出让底价：市区每平方米200元，农村生地每平方米100元。

2002年3月，省政府批转省国土资源厅、省物价局《关于公布全省协议出让国有土地使用权最低价的请示》，确定全省协议出让国有土地使用权最低价格。泰兴市协议出让最低价为市区130元/平方米，其他乡镇110~125元/平方米，经济开发区125元/平方米。2007年3月，省政府办公厅印发《江苏省工业用地出让最低价标准的通知》，规定工业用地必须采用招标、拍卖、挂牌方式出让，其出让底价和成交价格均不得低于所在地土地等别相应的最低标准。泰兴市土地等别为九等，地价标准为204元/平方米。此地价最低标准适用于土地利用总体规划确定的城镇建设用地范围内所有拟出让的工业用地。土地使用权出让年限为50年，基准日为2007年1月1日；并且规定对确需使用土地利用总体规划确定的城市建设用地范围外的土地，且土地前期开发由土地使用者自行完成的工业项目用地，在确定土地出让价格时，可按照不低于此地价标准60%执行。对使用未列入耕地后备资源且尚未确定土地使用权人（或承包经营权人）的未利用地的工业项目用地，在确定土地出让价格时，可按照不低于此地价标准30%执行。2007—2012年，泰兴工业用地均按此最低出让价格标准执行。

2012年11月，市政府印发《关于调整工业用地最低出让价格的通知》，规定泰兴市经济开发区（滨江镇）、黄桥工业园区（黄桥镇）、虹桥工业园区（虹桥镇）、城东工业园区（姚王镇）、济川街道工业用地最低出让价格不低于300元/平方米；曲霞镇、广陵镇、张桥镇、古溪镇、河失镇、分界镇、宣堡镇、珊瑚镇、根思乡工业用地最低出让价格不低于280元/平方米；农产品加工园区、新街镇、元竹镇工业用地最低出让价格不低于270元/平方米。2016年2月，市政府分别对工业用地和乡镇拆迁安置区用地最低出让价格作出调整。工业用地最低出让价格调整为：泰兴经济开发区（滨江镇）、黄桥工业园区（黄桥镇）、虹桥工业园区（虹桥镇）、城东工业园区（姚王镇）、城区工业园区（济川街道）、农产品加工园区400元/平方米；宣堡镇、古溪镇、河失镇、广陵镇、新街镇390元/平方米；其他乡镇380元/平方米。乡镇拆迁安置区用地采取挂牌出让方式供地，安置区用地最低出让价格调整为：济川街道办、滨江镇、黄桥镇、姚王镇不低于425元/平方米；宣堡镇、古溪镇、河失镇、广陵镇、新街镇不低于405元/平方米；其他乡镇不低于395元/平方米。调整后的最低出让价格从2016年3月1日起执行。至2018年，泰兴土地出让保护价按以上标准执行。

三、地价评估

（一）评估机构

泰兴市土地估价所始建于 1994 年 5 月，经省土地管理局资格审查，领取 B 级土地估价资格证书，准予在泰兴行政辖区范围内从事基准地价、标定地价、宗地交易地价评估业务。

2000 年 10 月，根据省国土管理局《关于认真做好土地估价机构脱钩改制工作的通知》要求和《事业单位登记管理条例》规定，原设立的事业性土地估价机构，不再承担市场性土地评估中介业务。其他经营性土地估价机构，必须按照国务院办公厅关于脱钩改制的精神实行脱钩改制，改制后中介性评估机构，为合伙制公司或有限公司。至此，泰兴市土地估价所不再承担市场性土地评估业务，只负责土地基准地价监测、修订、修正系数调查工作。12 月，撤销泰兴市土地估价所，其职能并入新建立的泰兴市土地市场服务中心，并于 2001 年 3 月 1 日正式运行。2006 年 5 月，其职能由市土地市场服务中心划出，并入市国土资源局地籍测绘科，市场性土地估价业务由评估中介机构办理。

（二）评估活动

泰兴市土地估价所自建立之日起，为域内单位或个人土地使用权出让、转让、出租、抵押、参股等提供土地评估服务，为土地分等定级、地价评估、土地资产评估等开展一些业务活动，并为委托评估单位出具土地估价报告书。1996 年，市土地管理局按照市政府关于企业改制清产核资统一部署，在全市开展土地资产评估工作。具体分为土地清查估价和数据统计汇总两步进行。遵照“科学、合理、客观评估”原则，客观地反映企业、单位的土地价值量，所评估的每宗地均形成申请审批表、宗地情况调查表、计算表、权源证明及宗地图等完整资料，并根据评估结果，建立土地资产台账。是年共评估 9 宗土地，总评估价 1527.91 万元。1997 年，市土地管理局承担 4 宗企业改制和 32 宗土地使用权作价抵押中的土地资产评估工作，32 宗土地使用权作价抵押所涉及土地面积 41.3 公顷，抵押价值达 11749 万元。

1998 年，泰兴作为泰州市企业改制首批试点县（市）之一。市国土管理局根据市委、市政府要求，全力服从并服务于企业改制工作，共评估集体土地 212 宗、国有土地 274 宗，显化土地资产 39755.1 万元。1999 年为 52 家改制企业进行土地资产处置服务，其中：评估集体土地 16 宗，国有土地 36 宗，评估土地资产 5690.2 万元。2000 年，市国土管理局为企业融资提供土地资产评估和土地使用权抵押登记服务，全年共办理土地评估 75 宗，抵押价值 16701 万元。2001 年后，泰兴市土地评估工作由具备相应资质的评估单位承担。2001—2018 年，泰兴市共进行土地资产评估 1960

宗地（其中工业用地1166宗、住宅用地165宗、商业用地158宗、商住用地471宗），面积4247.83公顷，评估总价5039019万元。

2001—2018年泰兴市各类建设用地地价评估一览表

表7-3-90

年份	用地类型						面积（公顷）	评估总价（万元）
	小计（宗）	工业（宗）	住宅（宗）	商业（宗）	商住（宗）	综合（宗）		
2001	30	—	6	4	20	—	6.79	10720
2002	53	—	7	3	43	—	30.88	29046
2003	55	—	11	6	38	—	50.11	40187
2004	71	—	9	4	58	—	62.89	27511
2005	51	—	6	3	42	—	35.31	32785
2006	45	—	10	2	33	—	84.99	92889
2007	37	—	3	2	32	—	96.88	129411
2008	12	—	3	1	8	—	9.20	2501
2009	67	41	5	2	19	—	176.53	112400
2010	79	58	6	3	12	—	353.11	436788
2011	70	47	2	1	20	—	263.38	230752
2012	154	98	7	4	45	—	288.86	197768
2013	224	122	16	81	5	—	559.88	780604
2014	135	81	32	6	16	—	335.78	672731
2015	76	47	10	5	14	—	309.79	737410
2016	204	158	11	10	25	—	523.58	295645
2017	313	279	8	10	16	—	665.17	474696
2018	284	235	13	11	25	—	474.07	689081
合计	1960	1166	165	158	471	—	4247.83	5039019

第八章
地籍管理

2017 年 4 月 19 日，省测绘地理信息局局长施建石到泰兴调研测绘地理信息工作

①
②
③

①2015 年 8 月，泰兴市国土资源局开展《中华人民共和国测绘法》宣传活动

②2017 年 7 月 28 日，泰兴市国土资源局举办土地确权与土地权属争议调处政策培训班

③2018 年 8 月 29 日，泰兴市国土资源局开展全国测绘日纪念活动

地籍管理是做好国土资源管理各项工作的基础，土地权属是地籍管理的核心，维护社会主义土地公有制，保护土地所有者和使用者合法权益是地籍管理肩负的重要法律责任。1996 年后，市国土资源管理部门在城镇和农村开展土地调查、测绘、统计和土地申报、登记、确权发证及权属争议调处等工作，运用先进技术开展土地详查和城镇地籍调查，地籍管理实现了从以地权登记为主转向多项目多目标的管理体系。1998—1999 年，分别被省国土管理局评为地政地籍管理工作优胜单位和地籍管理先进单位。2000 年起，在全市范围内启动“数字国土”工程，建立城乡全数字化地籍和土地利用现状数据库，为建立现代科学地籍管理体系打下坚实基础。2008 年进行的第二次土地调查是规模较大的地情、地籍调查，查清全市土地资源状况，分清地属界、地类界，理顺土地权属关系，积累大量的国土资源资料，结束泰兴国土资源“家底不清”的历史。2012 年被省国土资源厅评为全省地籍管理双强单位。2015 年 9 月，设立泰兴市不动产登记中心，履行权籍调查、受理、审核、缮证、发证等职能，2016 年 5 月正式运行。实践中，主动探索，实行质效并举，做到便民利企。2018 年，泰兴市不动产登记政务服务中心被自然资源部授予“全国百佳不动产登记便民利民示范窗口”称号。

第一节　土地调查

一、土地利用现状更新调查

1996年，市土地管理局从省测绘局购买全市72幅航片，开展全市土地利用现状更新调查。与省地质测绘院协作，共同完成外业调绘和内业量算整理工作。外业调绘工作中，市土地管理局和乡镇土地管理所人员与省地质测绘院专业人员相配合，坚持“一到”“二清”“三准”，即“查到”“看清、问清”“量准、绘准、记准”。达到“清绘内容笔笔清、工作任务日日清、调绘界线村村清、整饰图片幅幅清”的工作标准。年底，全市外业调绘工作结束。翌年，市土地管理局与协作单位采用多工作面分头量算和主工作面统一汇总运作方式，进行内业量算。在内业量算时，主要采取以图幅为基本工作单元进行作业，自顶向下、由高级到低级进行量算，自底而上、由局部向整体进行统计的方法。通过外业调绘和内业量算，查清全市土地中的8个一级类、32个二级类和2个三级类的利用面积、分布情况和权属状况。形成1：10000土地利用现状标准分幅图和图斑面积量算图各70幅，1：10000乡镇土地利用现状图及权属界线图43幅，1：50000土地利用现状标准分幅图10份，1：50000土地利用现状图2幅。1997年12月12日，调查成果质量通过省国土管理局验收。该调查成果显示：全市土地总面积125263公顷，比1995年全市土地总面积减少17702公顷（因1997年8月，口岸、永安洲、刁铺、孔桥、许庄等5个乡镇划归泰州市高港区管辖，故面积减少17702公顷）。全市土地总面积中耕地79233.55公顷，占土地总面积的63.25%；园地415.78公顷，占土地总面积的0.33%；林地162.49公顷，占土地总面积的0.13%；城镇村及工矿用地20029.20公顷，占土地总面积的16.00%；交通用地1024.35公顷，占土地总面积的0.82%；水域及水利设施用地13969.02公顷，占土地总面积的11.15%；未利用土地10428.66公顷，占土地总面积的8.32%。2002年，市国土资源局开展新设地类、可调整地类补充调查及土地变更调查。通过外业调查、计算机内业处理，运用地理信息系统软件，完成过渡分类与原分类的年初面积转换和农村地籍信息系统数据转换及图件更新，将2002年以前土地利用现状划分的八大类，调整为农用地、建设用地和未利用土地三大类。经调查，全市土地总面积125263公顷，其中农用地 89804.79 公顷，占土地总面积的 71.69%；建设用地 19935.29 公顷，占土地总面积的 15.91%；未利用土地 15522.92 公顷，占土地总面积的 12.40%。

2007 年 7 月，泰兴市开展第二次土地调查。市政府成立由副市长田之本任组长，市国土资源局、市统计局、市水利局、市交通运输局、市发展和改革委员会、市财政局、市民政局、市公安局等部门负责人为成员的第二次土地调查领导小组，并下设办公室。发布《关于开展全市第二次土地调查的公告》，制定《泰兴市第二次土地调查工作方案》《泰兴市第二次土地调查技术设计书》。各乡镇相继成立领导小组，组建工作班子。市和乡镇两级政府分别召开土地调查工作会议进行专项动员部署。此次调查由市国土资源局具体组织实施，主要目标是全面查清全市土地利用分类、分布、面积和权属等现状，以及自然变化和人为变更状况。

此次调查分农村和城镇两部分进行。农村部分调查工作由江苏省测绘工程院承担。2007 年 12 月至 2008 年 4 月在河失镇完成调查试点。2008 年 5 月向全市全面推开。12 月各乡镇完成地类调查及核查工作。整个调查工作由点到面，按照前期准备、宣传发动、人员培训、收集资料、野外调查、内业整理、数据处理、形成数据库等程序进行。采用内、外业相结合的调查方法，形成集信息获取、处理、存储、传输、分析和应用服务于一体的土地调查技术流程，获取调查区每一块土地的类型、面积、权属和分布信息，建立土地利用数据库。经过调查，农村部分获得 1∶5000 标准分幅的正射影像调查底图 230 幅、标准分幅土地利用现状图 230 幅、土地利用现状挂图 373 幅、村土地利用现状图 373 幅、权属界线图 373 幅、村权属界线图 373 幅、外业调查成果地图、农村土地调查记录手簿、权属界线协议书、确认书 2424 份、集体土地权属调查表 30341 份及图件等资料。数据库成果主要包括土地权属、土地利用现状、基本农田和影像等数据。其中，宗地数 32008 宗，地类图斑 236695 个，线状地类 128387 条。

城镇部分调查工作由山东正元地理信息工程有限责任公司承担。2009 年 3 月，测绘作业人员和仪器设备进入工程现场展开调查工作。2010 年 3 月，内外业工作全部结束。按国家标准汇总方法进行面积汇总，完成数据库建库工作。这次城镇调查区面积共 29.97 平方千米，街坊 121 个，宗地 24734 宗。调查中布设一级 GPS 控制点调查外业现场 237 个，图根导线点 2285 个。形成 1∶500 分幅地籍图 538 幅、街坊图 121 幅和其他地形图、宗地图及 24734 份地籍调查档案资料等数据库成果。

第二次土地调查成果显示：全市土地总面积为 125443.17 公顷，地类主要以耕地、城镇村及工矿用地、水域及水利设施用地为主。耕地 71495.48 公顷，占土地总面积的 56.99%；园地 1897.03 公顷，占土地总面积的 1.51%；林地 66.53 公顷，占土地总面积的 0.01%；草地 2.83 公顷，占土地总面积 0.01 的 %；城镇村及工矿用地 23905.91 公顷，占土地总面积的 19.10%；交通运输用地 5150.82 公顷，占土地总面积的 4.11%；水域及水利设施用地 22161.81 公顷，占土地总面积的 17.67%；其他用地 762.76 公顷，占土地总面积的 0.60%。2012 年 12 月，泰兴市第二次土地调查成果通过省第二次土地调查领导小组检查验收。此次土地调查结束长期以来泰兴土地资源“家底不清”、数据不实状况，为实现全市地籍管理信息化奠定基础。

2008 年泰兴市第二次土地调查中土地利用现状情况表

表 8–1–1

序号	行政单元	二次调查面积（公顷）	图斑数（个）	线状地类（条）
1	黄桥镇	7045.31	10628	6480
2	分界镇	7105.57	12744	8733
3	古溪镇	3364.19	6372	8013
4	横垛镇	4239.99	7395	7786
5	元竹镇	4748.07	9674	4817
6	珊瑚镇	4942.03	7736	6670
7	广陵镇	5848.05	9494	8105
8	曲霞镇	3530.85	8682	4570
9	张桥镇	6176.16	12872	6860
10	溪桥镇	6401.04	12363	6675
11	刘陈镇	4149.44	8220	3536
12	河失镇	6440.54	14925	6601
13	新街镇	7205.18	17944	8679
14	姚王镇	5792.03	11975	5151
15	宣堡镇	5374.29	9462	4437
16	马甸镇	2956.63	5723	2387
17	泰兴镇	8597.03	14110	5337
18	七圩镇	2814.94	5312	1937
19	蒋华镇	6.13.31	12831	4875
20	滨江镇	6183.22	12621	4969
21	根思乡	5889.5	12895	6906
22	胡庄镇	5807.39	11830	4850
23	二捕捞公司	287.81	424	112
24	泰兴市水产良种场	293.35	354	1
25	长江（泰兴段）	4207.75	109	0
26	合计	125443.17	236695	128387

2008年泰兴市第二次土地调查中权属情况表

表 8-1-2

序号	行政单元	调查面积（公顷）	行政村（个）	小组（个）	宗地总数（宗）	其中			
						国有宗地	小组宗地	村集体宗地	镇集体宗地
1	黄桥镇	7045.31	26	353	1260	73	1035	85	67
2	分界镇	7105.57	19	375	1450	48	1169	192	41
3	古溪镇	3364.49	8	475	495	36	398	26	35
4	横垛镇	4239.99	10	232	688	45	564	42	67
5	珊瑚镇	4942.03	13	315	1175	44	935	448	48
6	广陵镇	5848.05	19	392	1255	71	1015	104	65
7	溪桥镇	6401.04	22	376	1550	84	1310	92	64
8	滨江镇	6183.22	17	436	1642	173	1092	245	132
9	根思乡	5889.5	17	362	2317	173	1754	240	150
10	河失镇	6440.54	20	433	2228	212	1679	235	102
11	胡庄镇	5807.39	16	339	1397	76	1067	176	78
12	蒋华镇	6013.31	16	405	1258	99	806	218	135
13	刘陈镇	4149.44	13	212	1127	92	789	180	66
14	马甸镇	2956.63	12	198	921	67	680	84	90
15	七圩镇	2814.94	8	235	590	80	404	53	53
16	曲霞镇	3530.85	11	246	941	116	688	55	82
17	泰兴镇	8597.03	27	482	2379	348	1450	320	261
18	新街镇	8205.18	28	444	2303	134	1898	164	107
19	宣堡镇	5374.29	19	354	1807	147	1332	253	75
20	姚王镇	5792.03	20	369	2252	178	1595	349	130
21	元竹乡	4748.07	12	263	1107	95	859	78	75
22	张桥镇	6176.16	20	403	1823	114	1466	144	99
23	二捕捞公司	287.81	0	14	23	3	16	3	1
24	泰兴市水产良种场	293.35	0	0	5	5	0	0	0
25	长江（泰兴段）	4207.75	0	0	15	14	0	0	1
26	合计	125443.17	373	7413	32008	2527	24001	3486	1994

2010年以后，市国土资源局按照上级国土资源管理部门关于开展土地利用现状变更调查工作部署，每年在规定时限内，以耕地转为建设用地为重点，调查建设项目占地情况、土地开发复垦整理情况、农业结构调整和生态退耕情况，全面查清土地利用现状及变化。将每年度内实际变化的权属、地类要素编绘上图，形成现势性较强的土地利用现状图件。结合产业政策、各类建设用地审批和土地开发、复垦、整理以及农村村民建房等资料，分析土地利用的现状、变化情况。市国土资源局建立土地利用现状变更调查日常工作制度，采取“月清季累年统计”调查方法，缩短土地变更调查周期，出现一宗，调查一宗，变更一宗，随时上图、上表，及时掌握土地变化情况和变化趋势，提高变更调查全面性和到位率。

至2018年年末，全市土地总面积116964.83公顷（因2008年9月胡庄镇、市第二捕捞公司及宣堡镇赵王等7个行政村划归泰州市高港区管辖，故土地面积比2008年第二次土地调查减少8478.34公顷），其中：耕地67430.33公顷，占土地总面积的57.65%；园地1049.18公顷，占土地总面积的0.90%；林地66.67公顷，占土地总面积的0.06%；草地2.69公顷，占土地总面积的0.01%；城镇村及工矿用地22749.46公顷，占土地总面积的19.45%；交通运输用地6018.32公顷，占土地总面积的5.14%；水域及水利设施用地18713.21公顷，占土地总面积16.00%；其他土地934.97公顷，占土地总面积的0.80%。

2018年泰兴市土地利用现状分类面积情况表

表8-1-3　　单位：公顷

分布区域	合计	耕地	园地	林地	草地	城镇村及工矿用地	交通运输用地	水域及水利设施用地	其他土地
合计	116964.83	67430.33	1049.18	66.67	2.69	22749.46	6018.32	18713.21	934.97
黄桥镇	17595.97	10752.33	145.29	22.20	—	3254.25	1064.63	2223.59	133.68
分界镇	7111.31	4728.11	94.43	2.56	—	1024.97	312.94	903.98	44.32
古溪镇	7606.36	5146.16	21.66	11.28	—	1082.41	340.22	930.42	74.21
珊瑚镇	4938.07	3091.59	9.90	5.76	—	847.73	251.21	699.87	32.01
广陵镇	5842.75	3690.93	6.21	1.36	—	905.14	297.73	899.70	41.68
滨江镇	11762.28	4860.73	127.49	—	—	2871.36	566.13	3234.31	102.26
根思乡	5889.49	3821.08	94.13	0.13	—	829.14	276.28	845.30	23.43
河失镇	6440.53	4072.39	127.72	1.05	—	1001.56	287.43	897.01	53.37
虹桥镇	10909.51	5140.54	11.23	—	—	2064.21	565.03	3040.61	87.89

续表 8-1-3

分布区域	合计	耕地	园地	林地	草地	城镇村及工矿用地	交通运输用地	水域及水利设施用地	其他土地
曲霞镇	3530.74	2313.21	21.23	—	—	516.30	96.56	545.47	37.97
济川街道	8187.07	3034.41	54.56	16.22	—	3427.61	601.89	1009.34	43.04
新街镇	7206.60	4664.42	171.64	2.55	0.63	1065.08	340.16	878.98	83.14
宣堡镇	3226.61	2043.28	57.87	0.91	—	545.17	139.42	416.10	23.86
姚王镇	5792.07	2969.81	11.72	1.59	—	1576.24	471.48	706.44	54.79
元竹镇	4749.31	3227.56	12.94	0.01	—	700.16	232.09	532.09	44.46
张桥镇	6176.16	3873.78	81.16	1.05	2.06	1038.13	175.12	950.00	54.86

2018 年 5 月，市政府印发《关于开展第三次全市土地调查的通知》，成立泰兴市第三次土地调查领导小组。市国土资源局组织人员参加省国土资源厅举办的第三次土地调查业务培训，系统学习调查实施方案和技术规程。10 月，市国土资源局通过公开招标方式，分别确定江苏易图地理信息科技股份有限公司负责项目监理，南京国图信息产业有限公司负责泰兴全域土地调查工作，江苏兰德数码科技有限公司、江苏省地质测绘院、南京捷鹰数码测绘有限公司、江苏煤炭地质物测队、正元地理信息有限责任公司等 5 家单位承担农村不动产权籍调查工作。至年底，已准备 0.1 米航空遥感影像作为第三次土地调查工作底图，收集齐第三次土地调查图斑数据和农村建设用地调查及 2017 年度土地变更调查等基础数据。

二、地籍调查

1996 年 9 月，市土地管理局开展泰兴市区地籍测量及地籍调查工作。工作范围为：东至济川路、南至城南路、西至江平路、北至如泰运河，面积 5.95 平方千米，此项工作由河南省第二测绘院承担。市土地管理局与该测绘院共同编制《泰兴市区 1∶500 地籍测量技术设计书》，经扬州市土地管理局审核后得到省国土管理局批准。市土地管理局和测绘院共同组成 31 人的调查队伍，经业务培训后，分成 8 个工作小组，按照国家土地管理局《城镇地籍调查规程》《江苏省城镇地籍调查细则》进行作业。翌年 9 月初，市区地籍测量工作结束。共完成 5.95 平方千米细部测量和市区 20 平方千米首级控制测量及 120 个街坊 8365 宗地地籍调查。9 月 29 日，通过省国土管理局检查验收。1997 年年初，市土地管理局在全市开展村庄地籍调查工作。5 月底在河失镇完成调查工作试点。6 月 6 日，市土地管理局召开专题会议，听取河失镇介绍开展村庄地籍调查工作经验和做法，对全市开展村庄地籍调查工作做了部署。要求各乡镇先试点，后推开，年底前必须完成一个试点村地籍调查工作。会议结束后，市土地管理局分别在黄桥和泰兴两镇组织各乡镇业务骨干进行培训。年底，全市完成 210 个村 8.8 万宗地地籍调查任务。翌年，市国土管理局结合各乡镇实际情况，组织再次培训、分类指导、重点扶持，采取以人包片、责任到人的督促指导形式，促使各乡镇调查工作平衡发展。年底，全市 883 个行政村 34.6 万宗地地籍调查结束。2000 年 5 月，市国土管理局在市区劳动新村进行商品房、房改房土地调查登记试点工作，取得 200 份登记资料。下半年，在泰兴镇、黄桥镇开展商品房、房改房土地调查登记工作，至年底，获登记资料 4500 份。是年 8 月中旬，市国土管理局制定《泰兴市单位用地调查工作方案》，对全市使用国有土地和集体土地的所有行政企事业单位进行为期 4 个月的用地大调查。组建工作班子，组织人员培训后进行资料收集、现场调查核实和逐宗整理材料等工作，对单位用地土地权属、面积、四至和取得方式等调查和登记，获取 3900 宗单位用地调查登记资料，并登记造册，建成单位用地数据库。2005 年，市国土资源局在全市开展土地使用权证书查验工作，着重对使用土地的单位和个人是否申请办理土地登记，土地登记内容是否完整、准确、规范，土地使用权转让、出租、抵押或改变用途是否依法办理变更土地登记手续，是否使用统一版本的土地使用权证书等方面进行全面调查。查验中发现问题的重新进行地籍调查、核实并校证。历时年余，于 2006 年年底，共查验 23 万余宗地证书资料，并以各村民小组为单位登记造册。2007 年，市国土资源局开展全市单位建设用地证书查验工作，重点调查所有单位建设用地是否办理土地登记、登记内容是否完整、权属是否合法、面积是否准确、界址是否清晰。对使用国有土地的 2533 宗地和使用集体土地的 1736 宗地的地籍进行调查、核实、校正，共查验 4269 宗地证书资料，重新登记造册。2008 年起，市国土资源局将地籍调查、土地登记作为日常工作来抓，坚持做到发生一宗、调查一宗、登记一宗，确保土地登记资料的现势性。2017 年，市国土资源局以农村建设用地调查为契机，完成全市 15 个乡镇、1 个街道，合计 184 平方千米的农村地籍调查和农村建设用地调查，全面查清全市农村建设用地现状和利用情况，摸清农村建设用地规模结构、分布及潜力。同时完成元竹镇 12 个行政村 6.22 平方千米不动产权属调查。是年，市国土资源局开展特色田园乡村不动产调查，完成黄桥镇祁巷村、宣堡镇银杏村、曲霞镇印达村等 3 个村共 3101 宗不动产权籍调查工作。

三、土地综合统计

1996 年，市土地管理局执行国家土地管理局颁布的《土地管理综合统计报表制度》，2 月底前统计上报上一年度国家征用土地、乡（镇）村建设用地、农民建房用地及划拨用地等情况，计有土地利用现状分类面积、耕地面积变化情况、城镇建设用地当年增加面积、国有土地使用权有偿出让、获得土地使用权方式等报表，同时统计上报国有土地使用权有偿出让、违法占地处理、土地管理机构和人数、审批建设用地、用地计划执行等情况。除综合统计上报年报报表外，还根据土地利用现状调查结果，分别按耕地、园地、林地、草地、城镇村及工矿用地、交通用地、水域、未利用地八大类进行统计，上报土地面积等各类情况。

2000 年，市国土管理局执行国土资源部规定，实行全国统一的统计分类、行业分类和统一编码。综合统计报表，除国土资源管理机构、人员及经费情况外，主要有审批建设用地情况、土地征用情况、基本农田保护情况和土地整理、复垦、开发项目完成情况、国有土地供应情况、国有土地使用权交易情况、地质勘查投入情况、地质勘查新发现的矿产地、矿产资源勘查许可证及采矿许可证发证情况、探矿权、采矿权出让情况、行政复议情况、信息化建设情况等统计报表。土地综合统计时，市国土资源局组织地籍与测绘管理科、土地开发储备中心、矿产资源开发管理办公室、资源利用管理科、执法监察科、耕地保护科、计财科、办公室等科室（中心）分别进行统计，在规定时间内，上报局综合统计人员，再由局综合统计人员审核后按规定时间上报。其中，审批用地情况、土地使用权流转情况、土地违法案件查处和行政复议情况的报表于 7 月 10 日上报，土地利用现状调查和耕地增减变化情况的统计资料报告期为上年的 11 月 1 日至次年的 10 月 31 日，其他报表报送日期为 2 月 28 日。同时，对所填报的内容加以分析，特别对每年土地利用现状作出全面分析，说明其增减变化原因、去向，为市政府及上级制定相关政策、规定提供依据。2009 年起，市国土资源局不再上报综合统计年报，改由各科室、中心按上级对口单位的要求提供统计信息资料。

第二节　土地登记

一、建设用地使用权登记

1996年，市土地管理局将土地初始登记、变更登记、抵押登记、补（换）发登记、分割登记、注销登记、其他登记、查（解）封登记等作为日常地籍管理工作，接到收件，随即办理。是年，全市共办理土地变更登记24宗，面积13.03公顷；土地使用权抵押登记5宗，面积4.43公顷；发放农村村民宅基地使用证817本。1997年，市国土管理局结合国有土地使用证书查验工作，办理国有土地使用权变更登记231宗、补发登记34宗，颁发国有土地使用权证书109本。全年办理土地使用权抵押登记32宗。1998年，共办理土地使用权变更登记980宗、土地使用权抵押登记53宗。1999年，发放集体土地使用证33.4万本，办理土地使用权变更登记发证2300宗，土地使用权抵押登记60宗。2000年，市国土管理局对商品房、房改房进行土地登记发证，全市共发放土地证书4700本。办理土地使用权变更登记97宗、抵押登记75宗，发放集体土地使用证495本、国有土地使用证2986本。2001年，全市办理土地使用权变更登记556宗、抵押登记62宗，发放国有土地使用证1273本、集体土地使用证661本，商品房发证2139本。2002年，市国土资源局按照市政府《关于加快住房登记和实施土地分割登记的通知》精神，抓好商品房和城镇住房土地使用权登记发证工作。全市办理国有土地使用权变更登记1116宗、农村村民宅基地变更登记6322宗。2003年，全年发放集体土地使用证4862本、国有土地使用权分割转让许可证2013本。发放国有土地使用证1971本，其中办理国有土地使用权转让362本、出让693本、划拨715本、抵押登记201本。

2004年，全市核发集体土地使用证4855本、国有土地使用证2918本，办理商品房分割许可证3031本。是年，市国土资源局对全市354038本集体土地使用证、17760本国有土地使用证、1090本他项权利证书，逐一清理核对，对权属、界址、面积不准确等问题进行整改，通过省、泰州市国土资源管理部门验收。2005年，市国土资源局对土地登记做到收到一件、办理一件。全市发放集体土地使用证12274本、国有土地使用证6587本、分割转让许可证3740本、他项权利证明书581本。2006

年，市国土资源局严格按照国土资源部《关于进一步规范土地登记行为的通知》要求，核发集体土地使用证 13260 本、国有土地使用证 9471 本、分割转让许可证 4370 本。2007 年，结合单位建设用地证书查验工作，重新核发单位建设用地国有土地使用证 2533 本、集体土地使用证 1736 本。2008 年，全市发放集体土地使用证 2934 本、国有土地使用权分割转让许可证 2496 本、他项权利证明书 1800 本、国有土地使用证 6896 本（其中出让 4876 宗，划拨 2020 宗）。2009 年，全市发放国有土地使用证 15874 本，其中初始登记 11501 宗，变更登记 4373 宗。发放集体土地使用证 3189 宗。办理国有土地使用权抵押登记 2325 宗。2010 年，全市发放国有土地使用证 9620 本、集体土地使用证 976 本、分割转让许可证 146 本、他项权利证明书 3139 本。

2011 年，市国土资源局在办理土地使用权登记发证工作中建立一次性告知、限时办结、先发证后补签等制度，规范和简化土地登记手续。是年，全市发放国有土地使用证 8472 本、集体土地使用证 2673 本，办理国有土地使用权抵押登记 2522 宗。2012 年，全市发放土地使用证 11082 本，其中：初始登记 7027 宗、变更登记 4055 宗。办理国有土地使用权抵押登记 2780 宗。2013 年至 2016 年 5 月底，全市发放国有土地使用证 32323 本、集体土地使用证 2879 本、分割转让许可证 24868 本、他项权利证明书 10500 本，办理土地变更登记 380 宗、国有土地使用权抵押登记 18400 宗。2016—2018 年，全市办理补（换）发登记 6768 宗、注销登记 25716 宗、查（解）封登记 8411 宗、其他登记 133552 宗。

二、集体土地所有权登记

2003 年 4 月，市政府转发市国土资源局《关于开展集体土地所有权登记发证工作的意见》，开展全市农村集体土地所有权登记发证工作。市国土资源局组织工作人员业务培训，明确工作任务和要求。工作人员在外业调查工作中，充分利用土地利用现状变更调查成果，对变更了的行政界线进行实地调查，填写集体土地权属调查表，每宗地达到“权属合法、界址清楚、面积准确”的要求。是年 6 月底完成外业调查工作。按照“申请、调查、审核、注册、发证”工作程序，10 月底，以行政村为单位，发放集体土地所有权证 390 本。因条件限制，此次全市农村集体土地所有权只确权到行政村一级，未确认到每一个具有所有权的农民集体，未建立农村集体土地确权登记发证信息系统，实现登记发证成果信息化管理，与上级要求和农村经济发展现实需求不相适应。

2012 年 6 月，市政府成立集体土地所有权确权登记发证工作领导小组，下设办公室，落实经费 453 万元，在全市开展农村集体土地所有权确权登记发证工作。明确由市国土资源局统一布置实施、南京国图信息产业股份有限公司承担。8 月底，前期准备工作就绪，在河失镇开展的试点成果通过泰州市国土资源局查验。河失镇试点工作结束后，随即向全市推开。此次集体土地所有权确认登记发证工作涉及全市范围内 16 个乡镇（街道）、383 个行政村（社区）、6989 个村民小组。市国土资源局运用 2003 年农村集体土地所有权登记发证资料和第二次土地调查以及年度土地变更调查成果，对辖区内农村集体土地的位置、权属、界线、地类、面积等状况进行调查或核查，利用农村土地调查管理信息系统进行登记发（换）证。完成集体土地地籍调查面积 103075.91 公顷、宗地数 29140 宗，确权登记土地面积 103069.32 公顷、宗地数 29132 宗。未确权登记 土地面积 6.59 公顷、宗地数 8 宗（主要是南通市、靖江市飞地）。共发放集体土地所有权证书 29132 本，其中村民小组农民集体 23115 本、村农民集体 3598 本、乡镇农民集体 2089 本。形成的成果资料有地籍调查成果、登记发证成果、图件成果及信息化和报表成果等。地籍调查成果包括集体土地所有权调查工作底图 383 幅、集体土地权属调查表 28802 份、法人代表身份证明书、委托指界人公示及公示证明材料、法人代表及委托指界人身份证复印件、组织机构代码证及宗地图等；登记发证成果包括土地登记申请书、土地登记审批表、土地登记卡、土地归户卡、权属审核情况公告及公告证明材料、集体土地所有权证；图件成果包括 1∶5000 标准分幅集体土地所有权地籍图、地籍区地籍子区划分图、权属界线图、宗地图等；信息化和报表成果包括泰兴市农村集体土地所有权登记发证数据库和泰兴市土地权属面积汇总表。这次全市集体土地所有权确权登记发证工作，于 2012 年年底完成，2013 年 6 月通过省国土资源厅检查验收。

第三节　不动产登记

2015年9月，设立市不动产登记中心，为市国土资源局管理的事业单位。2016年4月，市不动产登记中心设置综合科、登记科、权籍调查科、土地市场服务科、信息科等5个内设科室。市不动产登记中心经机构设置、职能整合、窗口人员业务培训、登记信息系统及数据整合和数据库建设等阶段筹备，于2016年5月底正式运行。5月31日，省国土资源厅不动产登记局局长林颢、泰州市国土资源局局长李兴国、市长张育林、常务副市长刘荣华在市政务服务中心为4个市民颁发4本首批城镇不动产登记证书。不动产登记系统达到国家信息平台要求的各项技术标准，于9月29日接入国家信息平台。是年，全市发放不动产权证书14925本，各类不动产登记证明9875份，完成不动产权籍调查5000余宗，接待不动产查询13000余人次，办理各类信访、咨询500余件。市不动产登记中心运作模式，受到省国土资源不动产登记局肯定，在全省业务探讨会上进行推广。2017年，市不动产登记中心在全省率先实施“一窗受理、集成服务”模式，实现多部门、多类型业务同时办结目标，给服务对象带来便利。同时，推进不动产登记工作向基层延伸，年内正式开通基层分局不动产登记网点，开通农村商业银行、邮政储蓄银行两个金融机构不动产登记网点，实现不动产登记同城通办。与市住房和城乡建设局等部门联合建立权籍调查、登记受理、疑难问题处理等工作班子，妥善处理企业和居民不动产登记历史遗留问题，通过“两证”（建设规划许可证或房屋产权证、土地使用证）补办完成不动产登记。至年底，共发放38本补办不动产登记证。年内，市不动产登记中心被省国土资源厅明确为省内两家不动产单元代码示范推广与集成应用试点单位之一。市不动

2016年12月30日，泰兴市召开“两证”补办工作培训会

产登记中心归纳整理试点成果，形成《不动产权籍成果审核办法》《不动产测绘考核办法》等成果，为全省不动产单元代码编制与集成应用提供制度依据和实践参照。是年，全市发放不动产登记证书37718本，各类不动产登记证明18628份，完成不动产登记调查8000余宗，接待不动产查询29000余人次，办理各类信访、咨询900余件。

2018年9月15日，泰兴市不动产登记业务培训会召开

2018年，市不动产登记中心开通网上预约和微信预约平台，成立外网平台受理窗口，办理不动产登记，方便服务对象。与房管、地税、法院建立信息共享机制，拓展共享部门，打通内外信息通道，减少服务对象提交证明材料及人工录入错误概率，简化办理程序，缩短办理登记时限。将宅基地使用权及房屋所有权的不动产登记纳入基层分局受理范围。是年，市不动产登记中心受理各类业务80000余件，发放各类证书25000余本、证明19000份，接待不动产登记查询36000余人次，完成不动产权籍调查3300余宗，答复各类信访、咨询360余件，完成全市“两证”补办217件，配合多批政策性房屋申购查询、登记，为多期房屋征收地块查询、注销、安置房登记等提供优质服务，协调处理各类登记遗留业务200余件。

附：不动产登记典型案例

案例一

怎样解决轮候查封登记中要求记载期

基本情况

乙法院于2016年6月6日作出对刘某不动产的查封裁定，并于2016年6月7日向市不动产登记机构送达协助执行通知书，要求查封该不动产。乙法院送达的执行文书中，载明查封期限为3年，查封期间为2016年6月7日至2019年6月6日。登记机构受理后发现，该不动产已被甲法院于2016年3月2日查封登记，查封期间为2016年3月2日至2019年3月1日。为此，市不动产登记机构告知乙法院该不动产已被甲法院查封的事实，乙法院作轮候查封登记，登记簿上只记载查封期限而无须记载查封期间。但是，乙法院要求登记机构严格按照执行文书记载查封期间。

解决办法

针对上述情况，登记机构根据有关规定认为，对于有瑕疵的法律文书或不符合登记规定要求的，登记机构应当向人民法院提出审查建议。在不停止办理协助执行事项前提下，应当建议乙法院先行修正执行裁定和协助执行通知书，只载明查封期限为3年。如果乙法院不修正执行裁定和协助执行通知书，登记机构应当按照协助执行通知书将查封期间2016年6月7日至2019年6月6日记载到登记簿。登记机构经与乙法院沟通，法院同意轮候查封登记中只在登记簿中记载查封期限，不记载查封期间。

经验总结

轮候查封不是正式查封，不发生查封效力，只有轮候查封转为正式查封后，才能发生限制登记机构为登记簿上记载的权利人办理处分承载有查封负担的不动产转移登记、抵押登记的效力，只有登记簿上记载查封登记的查封期间届满未续封的，或者查封实施单位解除查封后，顺位在先的轮候查封方可转为正式查封。因此轮候查封转为正式查封的时间节点是不确定的，没有记载查封期间的必要。登记机构只要在登记簿上记载查封主体、轮候查封登记时点和查封期限等即可，根据对该案例处理经验，登记过程中遇到有瑕疵的法律文书或不符合登记要求的，登记机构应及时与法院沟通，既维护法院法律文书的严肃性，又避免日后产生纠纷。

案例二

法院判决房产转让合同无效
但设有抵押权的房产所有权如何返还登记

基本情况

房屋所有权人吴某患有间歇性精神病，属于限制民事行为能力人，他名下拥有一套房产。2014年，吴某和李某共同到登记机构将该房产因买卖关系申请转移登记至李某名下。但该房产没有实际交付给李某。虽然吴某患有间歇性精神病，到登记机构申请登记时一切显现正常，登记机构按照登记程序给予登记发证。后李某将该不动产设定抵押担保给工商银行办理抵押权登记。2016年，吴某父母发现该房产被转让给李某且已办理转移登记，遂到法院起诉李某，以吴某属于限制民事行为能力人为由诉求法院确认该房屋转让合同无效。法院审理判决该转让合同无效。后吴某父母凭生效的法院判决，以法定监护人身份代理申请登记机构将该房产返还登记给吴某。登记机构经过审查发现该房产设有担保抵押权，告知吴某父母法院诉讼过程存在不足，未将该房产设定抵押登记的抵押权人作为第三人一并起诉，现该房产存在负担义务，不好直接返还登记给原房屋所有权人吴某。

解决方案

1. 登记机构按照《中华人民共和国合同法》第五十六条规定：无效合同或者被撤销的合同自始没有法律约束力。那么因该买卖法律行为产生的物权转移登记自始无效，则该房屋所有权应该依程序返还登记给原房屋所有权人吴某，因为吴某属于限制民事行为能力人，应当由其法定监护人父母亲代为申请登记。

2. 因法院没有将该房产上设定的抵押权人作为该案诉讼的第三人，法院判决没有对此抵押权人作出任何处置，登记机构只能按照法院此民事判决将登记在李某名下的房屋所有权返还登记给吴某名下，至于该房产设定的抵押权，登记机构可以告知抵押权人此判决结果，但登记机构凭法院民事判决，可直接返还转移登记给吴某。

3. 登记机构在告知抵押权人上述情况后，如果抵押权人没有明确放弃抵押权申请或其他抵押权变更登记，登记机构宜在返还转移登记给吴某名下的房产上继续记载设定有抵押权登记的状况。

经验总结

1. 法院在审理此类案件中，不动产设定有抵押权的时候，应该将抵押权人作为第三被告人一并诉讼。

2. 登记机构对于吴某父母代理申请返还登记可以以不动产所有权上因设定有抵押权事宜，不予受理申请，建议其申请法院解除该不动产设有的负担抵押权后予以登记。

案例三

不动产登记过程中如何解决胎儿继承权问题

基本情况

李女士丈夫王先生意外死亡，二人已育有一子王小某，王先生死亡时，李女士又怀有6个月大的二胎，王先生生前未立有遗嘱及遗赠抚养协议，李女士及其公婆一致意见将丈夫名下不动产归王小某继承，现所有继承人至登记机构申请登记，受理后，经询问得知，尚有同一顺序继承权的腹中胎儿，虽其他继承人均同意将不动产归王小某继承，但对于胎儿继承问题，登记机构该如何处理？

解决方案

《中华人民共和国民法总则》第16条规定：涉及遗产继承、接受赠予等胎儿利益保护的，胎儿视为具有民事权利能力。但是胎儿出时死体的，其民事权利能力自始不存在。针对胎儿继承权问题，登记机构应明确告知申请人胎儿继承份额应予以保留，不得剥夺。此时，登记机构可告知申请人以下两种处理路径：一是暂缓申请登记，待胎儿出生后，再行遗产分割；二是若申请人此时申请登记，其继承份额由其母亲代为保管，先行登记在其母名下，待婴儿出生后，再申请将其母代管份额更正到婴儿名下。

经验总结

1. 必须严格履行程序。通过该案例，登记人员询问的重要性及巧妙性得到充分体现，尤其在继承登记受理时，询问、公示两程序必须严格履行，否则容易产生侵权行为。

2. 掌握相关法律法规。继承涉及《中华人民共和国继承法》《中华人民共和国婚姻法》《中华人民共和国民法总则》等诸多法律法规和法定继承、遗嘱继承、遗赠及遗赠抚养等内容。登记人员需熟练掌握相关法律法规，方能在登记工作中灵活运用。

引申思考

1. 如果胎儿出生是活体的，则该保留份额为该婴儿所有，可由其母亲代为保管。

2. 如果胎儿出生后不久即死亡，该婴儿所有份额则应由死婴的法定继承人按法定继承处理。

3. 如果胎儿出生时即为死胎，则其保留份额应由法定继承人再分割。

第四节　土地测绘管理

一、土地测绘

1989 年 11 月，县土地管理局在内设机构土地管理事务所内设立泰兴市土地测绘队，承担域内一般测绘任务。

1996 年 9 月，市土地管理局与河南省第二测绘院协作，对泰兴市区进行地籍测量。翌年 9 月，完成市区东至济川路、南至城南路、西至江平路、北至如泰运河 5.95 平方千米细部测量和市区 20 平方千米首级控制测量，并通过省国土管理局检查验收。

2000 年，市土地测绘队具备数字化测图、计算机制图、机器设备绘图等测绘工作能力，经省测绘局资质审查，取得丙级测绘资质。2005 年，市国土资源局在人才市场招聘 3 名测绘专业人员充实测绘力量。在原泰兴市土地测绘队基础上，组建泰兴市万源土地测绘队，自收自支事业单位，企业化经营，独立核算，承担全市土地使用权抵押登记发证勘查测量任务。2006 年，市国土资源局投入 480 万元，会同市规划局完成对沿江地区和城黄一带 310 平方千米的 1∶1000 地形测量和 110 平方千米的 1∶1000 土地利用现状调查。2007 年，全市土地使用权登记发证实地勘查工作委托市万源土地测绘队等单位进行；年底，全市地籍测绘测量成果质量得到省测绘局检查组好评。1999—2018 年，全市地籍测绘行业依据《江苏省城镇地籍测量调查规程》《江苏省关于加强建设用地勘测定界的通知》，及时、准确完成新增建设用地勘查测量任务，共计编写勘测报告 2813 份，测量面积 6602.31 公顷。

二、测绘行业管理

1996 年，市城乡建设环境保护局为市测绘技术业务归口管理部门，主管全市测绘工作，测绘技术业务受扬州市测绘行政主管部门指导。1997 年，泰州市行政体制建立后，受泰州市测绘行政主管部门指导。在泰兴市范围内，凡是从事各项测绘业务工作的单位和个人，必须提出申请，填写“测绘资格申请表”，经市城乡建设环境保护局审核后，报请省、泰州市测绘行政主管部门审批，领取“测绘许可证”。获证单位和个人从事测绘工作时，不得超出“测绘许可证”规定的业务范围，从事经营性测绘业务的单位和个人，必须到工商行政管理部门申请领取营业执照。2001 年 12 月，测绘行业管理职能由市城乡建设环境保护局划归市国土资源局。2002 年，市国土资源局制定全市测绘行业发展规划和计划。组织、管理全市基础测绘、地籍测绘、行政区域界线测绘和其他重要测绘项目。依法管理全市测绘市场，对全市测绘单位进行资质初审、测绘项目备案、技术质量监管等。负责测绘结果、地理信息、地图编制出版管理和永久性测量标志保护，组织提供测绘公共服务和应急保障，指导基础地理信息社会化服务，依法查处违法测绘案件。

2003 年，市国土资源局组织全市测绘人员学习《中华人民共和国测绘法》，邀请专业人士对测绘人员进行业务培训和指导，提高其专业水平和专用软件及地籍信息系统应用能力。协助泰州市国土资源局完成测绘单位资质初审、注册、年检工作。8 月，市国土资源局进行测量标志普查。查清全市范围内共有永久性测量标志 125 个，其中三角点 56 个、水准点 69 个。对这些标志点逐一进行实地查勘，详细登记。10 月，普查工作全面完成，通过泰州市国土资源局检查验收。2006 年 12 月，市国土资源局以 2003 年完成的三角点、水准点、点之记、委托保管书、普查登记表等资料，作为维护踏勘、设计及作业的基础资料，在全市范围内开展永久性测量标志维护工作。经实地查看，需维护的测量标志 61 个、暂缓维护的 3 个、不维护的 61 个。全年共维护永久性测量标志 61 个，其中三角点 29 个、水准点 32 个。2007 年 4 月，通过泰州市国土资源局验收。8 月，省测绘局测量标志维护验收组对泰兴测量标志维护工作进行验收，通过查看内业资料，实地抽查 7 个测量标志的维护外业，质量评为优秀。2009 年，市国土资源局围绕地理信息市场中的信息获取、提供、使用、生产、出版、传输等 6 个环节，对全市地理信息市场进行治理整顿，未发现地理信息泄密、窃密案件及非法测绘活动。9 月，地理信息市场专项整治工作通过泰州市专项整治工作领导小组检查验收。2011 年，市国土资源局制定《泰兴市测绘技术质量管理暂行办法》及测绘人员考核办法，加强对测绘人员考核，提高测绘服务质量。2014 年，市国土资源局被泰州市国土资源局评为地理国情普查优秀奖。

2016 年 9 月，市国土资源局进行全市范围内永久性测量标志维护工作，全年维护永久性测量标志 54 个，其中三角点 28 个（一等点 3 个、二等点 3 个、三等点 4 个、四等点 18 个）、水准点 26 个（一等点 8 个、二等点 4 个、三等点 1 个、四等点 13 个）。提交成果资料包括测量标志分布图 1 份，点之记、永久性测量标志委托保管书、检查报告、普查登记表、维护工作登记表各 54 份，GNSS RTK 流动站外业观测手簿 4 份，测量标志维护前、后的远、近景照片 204 幅及工作总结、技术总结等。维护后的测量标志点位清晰、权属明确、使用方便、管护落实；并对全市范围内新增、迁建、毁损测量标志实现信息化动态管理。12 月 20 日，泰兴市永久性测量标志维护项目通过泰州市国土资源局组织的现场验收。是年，市国土资源局建立全市不动产测绘单位名录。规定申请进入名录的单位应具备条件，经考察和对提交材料的审查，12 个测绘单位进入名录。并统一不动产测绘成果审核范围、形式、内容、标准，规范测绘市场准入行为。

2016 年泰兴市不动产测绘单位情况表

表 8-4-1

序号	单位名称	资质级别	专业范围
1	南京国图信息产业股份有限公司	甲级	不动产测绘、地籍测绘、房产测绘
2	江苏新亚勘察设计有限公司	甲级	不动产测绘、地籍测绘、房产测绘
3	江苏易图通信息工程有限公司	乙级	不动产测绘、地籍测绘、房产测绘
4	江苏苏信测绘有限公司	乙级	不动产测绘、地籍测绘、房产测绘
5	泰兴市万源土地测绘有限公司	丙级	不动产测绘、地籍测绘、房产测绘
6	泰兴市金源测绘有限公司	丙级	不动产测绘、地籍测绘、房产测绘（规划许可证载单栋建筑面积 5 万平方米以下；单个合同标的不超过建筑面积 100 万平方米）
7	泰兴市规划测绘院	丙级	不动产测绘、地籍测绘、房产测绘（规划许可证载单栋建筑面积 5 万平方米以下；单个合同标的不超过建筑面积 100 万平方米）
8	泰兴市苏泰房产测绘服务有限公司	丙级	不动产测绘、地籍测绘、房产测绘（规划许可证载单栋建筑面积 5 万平方米以下；单个合同标的不超过建筑面积 100 万平方米）
9	江苏省兰德土地工程技术有限公司	丙级	不动产测绘、地籍测绘、房产测绘（规划许可证载单栋建筑面积 5 万平方米以下；单个合同标的不超过建筑面积 100 万平方米）
10	泰州市科泰岩土工程有限公司	丙级	不动产测绘、地籍测绘、房产测绘
11	泰兴市经纬建设工程测绘有限公司	丁级	不动产测绘、地籍测绘、房产测绘
12	泰兴市万全建筑测绘有限公司	丁级	不动产测绘、地籍测绘、房产测绘（规划许可证载单栋建筑面积 2 万平方米以下；单个合同标的不超过建筑面积 50 万平方米）

2017年，市国土资源局组织开展诚信体系建设活动，全年对测绘市场组织巡查3次，完成测绘地理信息质量监督检查和质量评定专项工作，检查比例达100%。完成测绘成果汇总工作，共汇交测绘成果目录、电子数据光盘、出具成果目录汇交凭证各7份。完成辅助决策地图的联动更新和月更新地图信息，保证地图的及时性。年底，通过省测绘局抽检。年内，加大对《中华人民共和国测绘法》宣传力度，邀请省测绘局专家对市国土资源全系统人员及测绘人员进行讲解授课，提高测绘水平和业务素质。是年，市国土资源局组织对永久性测量标志进行巡查、核查，建立保管人员身份信息数据库。2018年，市国土资源局对全市54个永久性测量标志进行维护，其中三角点28个、水准点26个。建立全市不动产测绘单位名录，经考察、审查，17个测绘单位进入名录。至此，市规划测绘院李均良、李军，市万源土地测绘有限公司李宏桂，市苏泰房产测绘服务有限公司朱炳波、余进等先后通过全国注册测绘师资格考试。

2018年泰兴市不动产测绘单位情况表

表8-4-2

序号	单位名称	资质级别	专业范围
1	正元地理信息有限责任公司	甲级	不动产测绘、地籍测绘、房产测绘
2	江苏龙腾空间信息技术有限公司	甲级	不动产测绘、地籍测绘、房产测绘
3	江苏智途科技股份有限公司	甲级	不动产测绘、地籍测绘、房产测绘
4	江苏金宁达房地产评估规划测绘咨询有限公司	乙级	不动产测绘、地籍测绘、房产测绘（规划许可证载单栋建筑面积5万平方米以下、单个合同标的不超过建筑面积200万平方米）
5	江苏科泰岩土工程有限公司	乙级	不动产测绘、地籍测绘、房产测绘（规划许可证载单栋建筑面积5万平方米以下、单个合同标的不超过建筑面积200万平方米）
6	泰兴市万源土地测绘有限公司	丙级	不动产测绘、地籍测绘、房产测绘
7	泰兴市苏泰房产测绘服务有限公司	丙级	不动产测绘、地籍测绘、房产测绘（规划许可证载单栋建筑面积5万平方米以下、单个合同标的不超过建筑面积100万平方米）
8	泰兴市规划测绘院	丙级	不动产测绘、地籍测绘、房产测绘
9	泰兴市金源测绘有限公司	丙级	不动产测绘、地籍测绘、房产测绘（规划许可证载单栋建筑面积5万平方米以下、单个合同标的不超过建筑面积100万平方米）

续表 8-4-2

序号	单位名称	资质级别	专业范围
10	泰兴市万全建筑测绘有限公司	丙级	不动产测绘、地籍测绘、房产测绘（规划许可证载单栋建筑面积 5 万平方米以下、单个合同标的不超过建筑面积 100 万平方米）
11	泰兴市信诚测绘有限公司	丙级	不动产测绘、地籍测绘、房产测绘
12	泰兴市同创不动产测绘服务有限公司	丙级	不动产测绘、地籍测绘、房产测绘
13	泰兴市恒天测绘有限公司	丙级	不动产测绘、地籍测绘、房产测绘
14	江苏四友信息技术有限公司	丙级	不动产测绘、地籍测绘、房产测绘
15	泰州市启航规划测绘有限公司	丙级	不动产测绘、地籍测绘、房产测绘
16	泰兴市鑫纬测绘科技有限公司	丁级	不动产测绘、地籍测绘、房产测绘（规划许可证载单栋建筑面积 5 万平方米以下、单个合同标的不超过建筑面积 50 万平方米）
17	泰兴市经纬建设工程测绘有限公司	丁级	不动产测绘、地籍测绘、房产测绘（规划许可证载单栋建筑面积 5 万平方米以下、单个合同标的不超过建筑面积 50 万平方米）

第九章

土地法治

2010 年 3 月 10 日，泰兴市违法违规用地查处整改任务交办会召开

①
②
③ ④

① 2011 年 8 月 15 日，泰兴市涉土信访、保障性住房用地、卫生执法检查工作通过省国土资源厅督查组验收

② 2013 年 7 月 5 日，泰兴市土地例行督察整改工作会议召开

③ 2014 年 11 月 29 日，泰兴市国土资源局与市公安局、市检察院组成土地联合执法机制揭牌仪式

④ 2017 年 6 月 8 日，泰兴市国土资源局行政执法案卷评审会召开

随着泰兴经济建设的快速发展，土地供需矛盾突出，违法违规用地行为时有发生，强化土地执法监察势在必行。1996年以后，泰兴市政府在贯彻执行上级有关法律法规的同时，相继制定部分国土资源管理方面的规范性文件。市土地管理局从强化土地执法监察入手，1996年9月，成立“泰兴市土地监察大队”，专司土地执法监察工作。建立市、乡镇、村、组四级土地监察网络，充分发动群众参与土地执法监督，对违法用地行为做到早发现、早查处。为了提高全市广大干部群众土地法治意识和土地国策观念，市委、市政府和市土地管理部门每年结合“普法”教育内容，围绕全国“6·25”土地日宣传主题，运用各种手段，采取多种形式，全方位、多层次大张旗鼓地宣传土地管理法律、法规和政策，受教育面达80%以上。在全市范围内开展以无违法批地、无违法用地、无违法管地为主要内容的土地管理“三无”乡（镇）创建活动。1998年起，开展创建土地执法模范市活动。2001年起，市国土管理局将依法行政纳入年度工作目标。2011年起，开展以“土地执法模范市”和“土地管理模范乡（镇）”及“基本农田保护模范村”为内容的“三模”联创活动。实行群众性自我约束、互相监督，预防违法案件发生，形成专业执法监察与群众依法监察相结合的法制管理模式。2003年，市国土资源局被泰兴市政府表彰为依法行政先进集体；被泰州市政府表彰为土地执法监察工作先进单位。2017年，泰兴被省国土资源厅表彰为江苏省土地执法先进县（市、区）。

第一节　土地法规培训和宣传

一、土地法规培训

1996年，市土地管理局举办土地管理法律法规等各类培训班6期，每期人数90~110人。1997年4月，中共中央、国务院发出《关于进一步加强土地管理切实保护耕地的通知》后，市土地管理局以保护耕地、规范村（居）民建房用地和集体建设用地管理为主要内容，举办全市乡（镇）、村土地管理人员业务知识培训，参训人员达800多人。在市农干校、市委党校组织240名村级干部学习土地管理法律法规知识。6月初，市土地管理局与市法院以学习《中华人民共和国刑法》为主要内容，联合举办土地管理系统全体人员培训班。1998年,《中华人民共和国土地管理法》修订后，市国土管理局先后派出50余人，分别参加省、泰州市国土管理部门举办的5期培训班学习。11月，市国土管理局组织全系统人员进行为期两天学习和培训。市土地监察大队全体人员先后参加省国土资源培训中心、泰州市以及泰兴市司法部门举办的培训。同时，市国土管理局将土地管理法律法规知识列入市委党校、农干校干部培训和乡镇党员干部冬训班的重要内容。

1999年是全面贯彻实施修订后的《中华人民共和国土地管理法》的第一年，市国土管理局组织全系统人员开展自学及集中培训，全系统210名干部职工参加国土资源部组织的《中华人民共和国土地管理法》基本知识闭卷考试，合格率达100%。同时，市国土管理局组织乡镇机关干部，村、组负责人和企事业单位负责人进行法律法规知识培训，帮助他们了解和掌握修订后的《中华人民共和国土地管理法》的主要精神及所规定的建设用地审批程序。2000年是“三五”普法工作的最后一年。10月17日，《江苏省土地管理条例》颁布，市国土管理局把全系统人员、全市各村（居）民委员会主任等作为重点对象进行土地法律知识培训。据统计，全年培训土地管理人员400人次，乡（镇）、村各级干部 近500人次。2001年，市国土管理局在市委党校、市农干校、市国土管理干部培训中心，分别举办乡（镇）、村干部和土地管理人员土地法律法规培训班或以会代训20余次，参训人员达2000多人。2002年6月，全市各乡镇先后举办镇、村、组三级干部土地管理法律法规培训班，参训人员达4000人次。

2003—2010年，市国土资源局有针对性地对全系统人员进行常态化培训，共举办各类土地管理培训班26期，培训5000余人次。

2011年5月，市国土资源局和市政府法制办联合组织《国有土地上房屋征收与补偿条例》培训班，邀请东南大学法学院副教授顾大松主讲。接受培训的有各乡镇政府、街道办事处及“一区四园”管委会分管负责人、法制员及市住房和城乡建设局、市规划局、市司法局、市政府法制办和市国土资源局等单位工作人员。10月，市国土资源系统全体人员参加市政府法制办举办的《江苏省党政领导干部违反土地管理规定行为责任追究暂行办法》等法规培训。是年，市国土资源局组织全系统干部职工参加法律法规培训两期500多人次。2012年3月，市国土资源局组织全系统人员举办土地执法监察、信访实务及依法行政、土地节约集约利用、国有土地使用权招拍挂实务等法规及业务知识培训班。6月，市国土资源局邀请东南大学法学院副教授顾大松主讲《闲置土地处置办法》《最高人民法院关于审理涉及农村集体土地行政案件若干问题的规定》，对全系统人员进行培训。是年，市国土资源局共举办国土资源管理法律法规知识培训班12期，参加培训人员2000余人次。2013年11月，市国土资源局和市政府法制办联合举办由各乡镇政府（街道办事处）负责人、劳动服务所负责人、“一区四园”管委会分管负责人、市人力和社会保障局、市财政局分管负责人及经办机构负责人、市政府法制办和市国土资源局耕地保护科科室人员参加的培训班，邀请省国土资源厅政策法规处处长林颖主讲，学习《江苏省征地补偿和被征地农民社会保障办法》。2014年3月，市国土资源局以依法行政、

2011年10月27日，泰兴市国土资源管理政策法规培训班开班

2015年9月29日，国土资源执法重点监管文件培训会召开

以案说法、测绘管理为主要内容，组织全系统人员进行培训。全年共举办法律法规培训班10期，培训镇、村干部800人次。2015年，市国土资源局以《中华人民共和国土地管理法》《中华人民共和国矿产资源法》《中华人民共和国测绘法》《中华人民共和国物权法》《中华人民共和国不动产登记暂行条例》《中华人民共和国行政处罚法》《中华人民共和国行政复议法》《中华人民共和国行政诉讼法》《中华人民共和国行政强制法》等一系列法律法规为培训内容，组织全系统人员及镇、村干部举办培训班8期，参训人员达3000余人次。2016年，市国土资源局以公共法律、专业法律知识及行政执法典型案例分析为主要内容，组织全系统人员举办各类培训班10期，参训人员达1800人次。7月，市国土资源局选派5名局领导干部和中层干部参加省国土资源厅《中华人民共和国土地管理法》等5个法律法规培训。2017年，市国土资源局举办国土资源法律知识培训班9期，培训国土资源系统人员1600人次，镇、村干部2000余人次。2018年，市国土资源局编印《国土资源政策法规汇编》，全系统人员人手一册，除自学外，举办国土资源法律知识培训班10期，参训人员1700人次，每期培训班均组织55周岁以下的参训人员进行法律法规知识闭卷考试，合格率达100%。

二、土地法规宣传

1996年6月，市土地管理局编印《土地管理法规选编》3000册，在《泰兴报》刊登土地管理专版，印发1.5万份，分别送发给市、乡（镇）、村各级干部学习和宣传。组织3000多人参加省土地管理局组织的国土知识竞赛，获得15个三等奖，市土地管理局获得全省国土知识竞赛组织奖。河失镇组织中小学生开展以“保护我们的生命线”为主题的诗歌朗诵会；口岸镇组织5个代表队参加土地管理知识电视大奖赛；溪桥乡围绕土地管理工作自编15个文艺节目在全乡各村巡回演出。是年，市土地管理局被省土地管理局评为1996年度全省土地管理宣传工作先进单位。1997年，中共中央、国务院《关于进一步加强土地管理切实保护耕地的通知》下发后，市土地管理局印发宣传资料2000多份，刊印《泰兴报》土地管理专版发送给市、乡（镇）、村干部学习和宣传。与泰兴报社联合举办“土地管理知识百题有奖竞赛”。全市参赛人数近5000人。在泰兴电视台制作。两则公益性广告，在晚上黄金时间连续播放45天。与团市委、市教育局联合举办“爱我中华、珍惜土地”征文、书画竞赛活动，选送书法稿4幅、绘画稿3幅、征文6篇，参加泰州市竞赛。其中，泰兴镇中心小学周书娜的《爱我中华、珍惜土地》和市工商局张汉刚的《但存方寸地、留与子孙耕》两幅书法作品分别获得一、二等奖，泰兴中学朱菲的《耕地的自述》征文获得三等奖，泰兴镇中心小学谢诗雨的绘画作品《我受不了了》获三等奖；其他9件作品获鼓励奖。1998年，市国土管理局将宣传《中华人民共和国土地管理法》与“三五”普法结合起来，印发宣传计划、提纲、口号5000余份，在城乡主干道悬挂宣传横幅400余条。各乡镇运用黑板报、橱窗、文艺演出、散发宣传单等形式开展宣传活动。1999年，市政府召开学习贯彻实施修订后的《中华人民共和国土地管理法》动员大会，市国土管理局与《泰兴日报》协办刊登《中华人民共和国土地管理法》知识问答，与市广播电台合作举办《金土地》法规宣传栏目，与市有线电视台常年合作在黄金时段播放公益性广告。2000年，市国土管理局投入20万元，在城区交通要道制作大型公益广告牌8块。8月，与市妇联联合举办“国土杯”农家女致富经有奖征集活动。年底，市国土资源局“三五”普法工作通过省国土资源厅验收。2001年,《江苏省土地管理条例》实施，市国土管理局翻印该条例6000多册，赠送给市、乡（镇）、村各级干部学习和宣传；宣传车上街下乡，走遍全市每个角落；在《泰兴日报》开辟《国土管理大家谈》栏目，与电视台联合举办一期《银杏彩虹》节目。2002年，市国土资源局与市文联诗词协会和市电视台联合举办“电视诗歌朗诵会”。在分界乡举办《恋土情》文艺演出。10月,“电视诗歌朗诵会”被省国土资源厅评为全省国土资源宣传好项目。市国土资源局被省国土资源厅表彰为“全省国土资源系统法制宣传先进集体”。2003年，市国土资源局在电视台《荧屏视点》栏目制作《中华人民共和国矿产资源法》专题节目进行宣传。

2004年，市国土资源局在《泰兴广播电视报》设立专版，刊登土地管理法规知识问答；与泰兴电视台联合制作《今日视点》专题片，公开曝光8宗违法用地；编印《土地管理文件选编》和《泰兴国土信息——违法用地案件警示专辑》，发送市、乡镇党政负责人；召开行风监督员座谈会和在城市级老干部座谈会，通报当年发生的重大土地违法案件。2005年，市国土资源局与市教育局联合举办中小学生“国土资源杯”征文竞赛活动，此活动被省国土资源厅评为国土资源法规宣传好项目。是年，市国土资源局被省国土资源厅评为“四五”普法工作先进集体，被省委宣传部、省依法治省领导小组办公室、省司法厅评为“2001—2005年全省法制宣传教育工作先进单位”。2006年，市国土资源局启动“五五”普法工作，制订普法计划、教育培训计划、依法行政计划和法律法规宣传计划。把开展国土资源法规宣传教育作为创建省级文明行业（单位）重要内容。

2011年，市国土资源局开展送法下乡活动。9月，市国土资源局一行14人到古溪镇，向干部群众宣讲国土资源管理法律法规。是年，市国土资源局在乡（镇）党员干部冬（春）训班、三干会等阵地向党员干部进行国土资源法律法规宣传，受教育人数达10000人次。2015年4月，市国土资源局开展地球日宣传活动，布置村务公开栏、发送短信、印发宣传彩页等进行宣传。9月，市国土资源局推行“谁执法谁普法”规定，利用以案释法、以案普法、以案学法等方式宣传普及国土资源法律法规。是年，市国土资源局向执法对象、服务对象以及社会群众开展集中宣讲活动10次，受教育面达6000人次。2016年是实施“七五”普法的第一年，市国土资源局推行“每月一法”宣传制度，宣传《中华人民共和国土地管理法》《中华人民共和国不动产登记暂行条例》《江苏省征地补偿和被征地农民社会保障办法》《国土资源行政处罚办法》等法律法规和政策。与报刊、电视台、广播电台等传统媒体保持互动，扩大国土资源普法宣传工作覆盖面。12月，在“国土资源法治宣传月”活动中，市国土资源局编印宣传资料6000册，分发给市、乡镇（街道）、村（居）各级干部及党员、中心户长学习。2017年4月，市政府举办市领导班子法治专题讲座，市国土资源局局长孙红东主讲国土资源管理法律法规知识。8月29日是测绘法宣传日，市国土资源局组织各分局、各测绘地理信息单位举办有奖征文竞赛活动，并将优秀征文在局门户网站和《泰兴日报》刊发。同时通过版图知识宣传册、宣传展报和电子政务短信服务平台向市、乡镇（街道）党政机关负责人、企事业单位负责人发送测绘宣传公益短信5000余条。12月，市国土资源局开展“12·4”国家宪法日和“法治宣传月”活动。专题举办涉土行政法律事务讲座，并向参会人员赠送普法书籍300册。

2017年12月4日，泰兴市国土资源局举行法治宣传咨询活动

2018年，市国土资源局采取“走出去，请进来”、以案说法、满意服务乡镇行、印发宣传材料、专题培训等形式，结合“精准扶贫”“大走访大落实”等活动，对全市广大干部群众普及法律知识、解决法律诉求，从不同角度、不同层面进行全方位国土资源法治宣传。

三、全国“土地日”宣传活动

1996年6月25日是第6个全国“土地日”，也是《中华人民共和国土地管理法》颁布实施10周年纪念日。市政府对开展宣传纪念活动做出部署。活动期间，市委、市政府组织市四套班子、各乡镇和部委办局负责人召开纪念《中华人民共和国土地管理法》颁布10周年座谈会，总结土地管理经验，分析建设用地形势，加强土地管理工作。市长常龙福发表《加强耕地保护、促进经济发展》电视讲话，副市长吴国华、市土地管理局局长叶新彩分别就划定基本农田保护区和加强土地管理工作接受记者采访。市政协组织对全市土地管理工作视察，在市区鼓楼广场开设土地法规咨询平台，接待咨询群众500余人次。1997年“6·25”全国“土地日”宣传活动期间，市电视台播放全市土地复垦整理专题片。宣传中共中央、国务院《关于进一步加强土地管理切实保护耕地的通知》产生背景、指导思想、保护耕地主要措施和战略意义。河失镇举办“刑法与土地犯罪”宣讲大会，镇党委书记张志善主持宣讲，接受教育人员达300名。1998年全国“土地日”前后，市人大、市政协组织部分人大代表、政协委员和乡镇党政负责人，召开《泰兴市〈土地管理法〉实施办法（修订草案）》征求意见座谈会；市国土管理局向2000名中小学生赠送土地国情普及读本《生命的家园——漫话土地》。1999年6月25日，市政府在市区鼓楼广场举行千人参加的百米长卷保护耕地签名活动，市四套班子负责人参加签名。2000年6月25日是第10个全国“土地日”，全市围绕“保护耕地——为了美好的明天”宣传主题，进行1个月左右集中宣传。市国土管理局向乡镇、企事业单位发放土地宣传挂图960套共3840张、《中国土地报》“土地日”特刊2000余份；在全市举办“国土杯”征文竞赛活动，收到参赛作品216篇，并选送部分作品参加泰州市国土资源局征文竞赛。6月25日，市委副书记、市长朱有瑞发表电视讲话，并在《泰兴日报》发表署名文章。

1998年6月25日，泰兴市国土管理局局长陈保桂向姚王初中师生赠送土地管理读本

1999年6月25日，泰兴市四套班子负责人参加千人（中小学生）百米长卷保护耕地签名活动

2001—2003年，全国“土地日”期间，市国土资源局围绕“规划用地，利国利民”“规范土地市场，促进经济发展”“规范土地市场，促进可持续发展”宣传主题，举办土地市场成果展，在城区和各乡镇巡回展出；邀请泰兴籍中国作协会员、中国诗歌学会会员、江苏省和泰州市作协会员数十人到泰兴进行采风，围绕土地国情、国

2003 年，泰兴市纪念第十三个全国土地日广播直播现场

策、国法及典型人和事撰写诗词，经专家评审筛选 26 篇优秀作品，汇编成《土地吟》诗歌集，向市、乡镇党政领导、机关部门负责人、学生等发放 3000 余册。

2004—2010 年，每年全国“土地日”期间，市国土资源局以深入基层，贴近群众为目标，开展宣传活动。其间，2007 年“6·25”土地日宣传活动中，市政府召开严格土地管理工作会议。市国土资源局邀请部分省、市人大代表、政协委员召开人大代表建议、政协委员提案集中面答暨国土资源管理工作征询会。与市电视台联合举办“一区四园”国土管理知识大奖赛，经济开发区代表队获得一等奖，城东、黄桥工业园区代表队获得二等奖，城东、虹桥工业园区获得组织奖。2008 年 6 月 25 日，市国土资源局领导班子成员带领科室（中心）负责人，分 4 个小组到蒋华、宣堡、古溪、河失开展“6·25”土地日送法下乡咨询服务活动，接受群众咨询 278 人次，发放宣传资料 4620 份。2011 年 6 月 25 日是第 21 个全国“土地日”，全市围绕“土地与转变发展方式——促节约、守红线、惠民生”为主题开展宣传活动。市国土资源局向市、乡镇、村、组干部和社会群众分发“土地日”宣传特刊、宣传折页、土地管理知识手册万余份（册）；在《今日泰兴》报刊开辟国土资源管理宣传专版，发表题为《但存方寸土留与子孙耕》的公开信；市国土资源局负责人和土地执法监察等科室（中心）负责人走进《行风热线》，解答广大群众关心的重点、热点问题；市电视台连续 5 天播放国土资源管理系列报道。

2012 年，市国土资源局将 6 月定为全国“土地日”主题宣传月，围绕“建设高标准基本农田，保障国家粮食安全”主题，面向各个层面开展宣传活动。用手机短信向市、乡镇、园区领导干部发送“土地日”宣传口号 400 余条；开展“满意服务乡镇园区行”活动，就土地历史遗留问题等工作与各乡镇、园区负责人面对面座谈，共同会商解决措施；举办全系统人员国土资源管理政策业务培训班，提高干部职工依法行政水平；各基层分局组织召开村组负责人座谈会，发送宣传资料，宣讲国家土地方针政策和法律法规。2013—2017 年“6·25”全国“土地日”宣传活动中，市国土资源局做到五个结合：结合万顷良田工程建设、永久基本农田保护，宣传土地资源国情、市情，宣传贯彻最严格的耕地保护制度和最严格的节约用地制度，宣传落实节约优先战略、推进节约集约用地、提高土地利用效率做法和成效；结合土地执法检查和土地执法模范市创建工作，宣传国家土地调控政策，宣传严格土地执法监管、查处土地违法行为、维护土地管理良好秩序的工作措施；结合普法教育，广泛宣传国土资源国情、国策和法律法规，宣传依法依规用地的必要性和紧迫性；结合土地整治、城乡建设用地增减挂钩、点供、单独选址等用地政策和被征地农民生活保障，宣传破解用地难题典型经验，宣传灵活运用土地政策，维护好群众权益，改革创新管护好国土资源方面的做法；结合推进不动产统一登记制度改革，宣传建立不动产统一登记制度重要意义，为推动不动产统一登记制度改革，营造良好舆论环境。

2018 年 6 月 25 日是第 28 个全国“土地日”。“土地日”宣传期间，市国土资源局、市教育局在全市各小学联合开展“小手护国土，我们在行动”主题宣传活动。各校围绕“珍惜土地资源，建设美丽家园”主题，结合国土资源国情、市情，开展主题鲜明、形式新颖、内容丰富的中队活动，让学生接受国土资源保护知识及版图教育，每个学生将所学国土资源知识向家长进行义务宣传。同时，在全市小学生中开展国土资源管理书画比赛，收到参赛作品 250 余件，评定结果：一等奖 10 名、二等奖 15 名、三等奖 30 名、指导奖和组织奖各 10 名。市国土资源局对获奖单位和个人分别颁发奖状和奖品。

2018 年 6 月 22 日，泰兴市大生小学开展庆祝第 28 个“全国土地日”活动

1996—2018 年全国“土地日”宣传主题一览表

表 9-1-1

年份	宣传主题	年份	宣传主题
1996	土地与发展——保护我们的生命线	2008	坚守耕地红线，节约集约用地，构建保障和促进科学发展的新机制
1997	土地与国家——爱护我们生命的家园	2009	保障科学发展，保护耕地红线
1998	土地与未来——集约用地，造福后代	2010	土地与转变发展方式——依法管地集约用地
1999	依法行政，合理用地	2011	土地与转变发展方式——促节约、守红线、惠民生
2000	保护耕地——为了美好的明天	2012	建设高标准基本农田，保障国家粮食安全
2001	规划用地，利国利民	2013	珍惜土地资源，节约集约用地
2002	规范土地市场，促进经济发展	2014	节约集约利用土地，转变土地利用方式
2003	规范土地市场，促进可持续发展	2015	节约集约利用土地，推动土地利用方式根本转变
2004	坚持科学发展观，珍惜每一寸土地	2016	节约集约用地，切实保护耕地
2005	节约集约用地，促进科学发展	2017	土地与生态文明建设
2006	依法合理用地，促进科学发展	2018	珍惜土地资源，建设美丽家园
2007	节约集约用地，坚守耕地红线		

第二节 土地执法监察

一、监察网络

1996年，市土地管理局一名副局长分管土地监察工作，各乡镇土地管理所人员为专职土地执法监察员，各村（居）民委员会主任为兼职土地监察员。9月，市土地管理局成立泰兴市土地监察大队，定编20人，专司土地执法监察工作。年末，全市共有土地监察人员1145人，其中专职人员149人，兼职人员996人。1997年，市政府明确各乡镇分管土地负责人为土地执法监察员，各乡镇分别聘请各村（居）民委员会主任为兼职土地监察员、各村（居）民小组组长为土地监察信息员。全市土地监察网络形成。1998年，市国土管理局在全市各乡（镇）分别聘请一名土地监察专员，重新聘请89名村级兼职土地监察员和部分组级土地监察信息员。9月，市国土管理局按工作片划分，成立5个土地监察中队。市、乡（镇）、村、组四级土地监察网络形成。2000年3月，全市部分乡（镇）行政区划调整，2001年5月，各乡镇部分行政村合并。市国土管理局和各乡镇分别对乡镇、村、组兼职土地监察员和信息员进行相应调整。2002年，市国土资源局以乡镇国土资源所为基础，全市成立24个土地监察中队，统一挂牌办公。重新聘任村级兼职土地监察员和组级土地监察信息员4568名，并将其登记建档，组织普法培训。2005年，针对城区、城郊接合部违法用地行为频发情况，市国土资源局成立国土资源监察大队城区中队，加强对上述地段土地监察工作。2009年，全市将市、乡镇、村、组土地监察网络与基本农田保护网络合而为一，既从源头预防土地违法案件发生，又从根本上使基本农田保护措施落到实处。

2012年起，全市建立土地执法监察防控机制，推行全覆盖无盲区网格化巡查模式，按市、乡镇、村、组四级区域分别划分为若干网格，一格一人，将网格内土地执法动态巡查的发现、报告、处置等责任落实到政府和相关部门具体责任人。土地监察网络中村兼职土地监察员和组土地监察信息员密切配合做好各自区域内违法用地早发现、早报告工作，使多起违法用地行为消灭在萌芽状态。至2018年，全市建立起较完善的市、乡镇（街道）、村（居）、组四级土地监察体系，共有土地监察人员1120人，其中专职人员17人、兼职人员330人、组土地监察信息员773人。

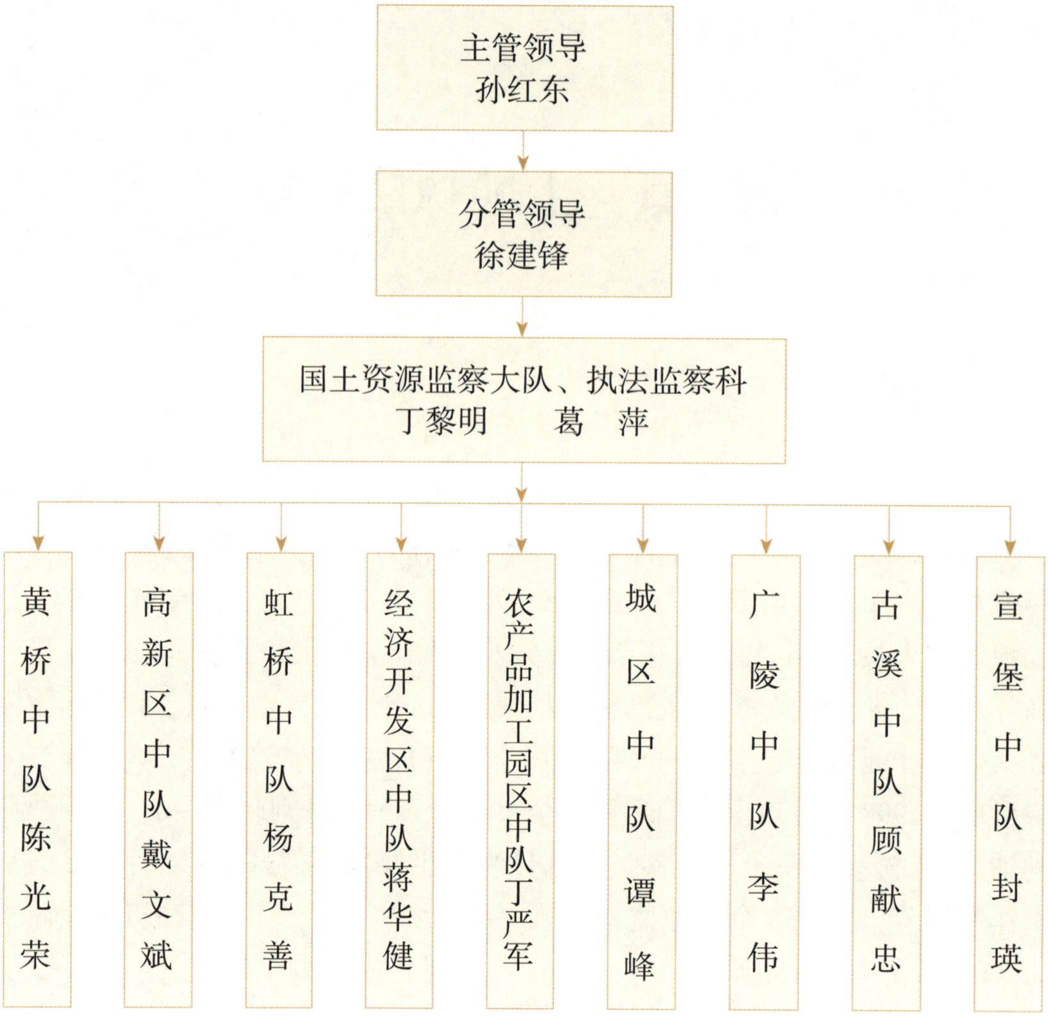

2018 年泰兴市国土资源系统执法监察机构网络图

二、案件查处

1996 年，市、乡镇查处各类土地案件 72 件，其中市土地管理局立案查处土地权属纠纷案 2 件、违法占地案 8 件。全市共拆除违法占地所建房屋 38 间、违章新建砖瓦窑 3 座，退耕土地 3 公顷。泰兴镇第四工程处常某非法占用十里甸乡三泰村 1.28 公顷土地建商品房、横巷乡横巷村 4 组非法占用 0.30 公顷土地新建立窑及扬州久兴工艺制品有限公司在田河镇征而未用 1.33 公顷土地案件，市土地管理局依法做出拆除退地和收回土地使用权处罚决定。1997 年，市土地监察大队提高巡回监察频率，由每月 1 次巡回监察改为 2 次。新市镇毗芦村因江平路拓宽改造，涉及 15 户 31 间房屋拆迁，虽然宅基地安排在废弃老厂区内，但未履行用地批准手续，市土地监察大队巡查发现后，立即责令停工，督促其补办用地批准手续。是年 6 月，泰兴镇对东联村北湾组历史遗留的易地翻建但老屋未拆的 17 户做出处理，共拆除违章建筑 557.5 平方米，退回土地 0.14 公顷。年内，市土地管理局查处泰兴镇东联村殷某、珊瑚乡蒋岱村袁某和王岱村王某等个人违法占地建房和十里甸乡政府违法占地建三泰新村商品房及根思乡南森村、宣堡镇西宣村违法占地建窑等案件。对25宗58.93公顷征而未用两年以上的单位建设用地，除立即动工建设的8.60公顷外，责成其用地单位将50.33公顷闲置土地恢复耕种。1998年，市国土管理局于3月、9月分片组织乡镇国土管理所所长进行两次全市拉网式巡回监察。市土地监察大队成员实行分片包干，坚持每月开展两次以上巡回监察，对建设用地实行跟踪检查。年内，全市共发现个人违法占地建房13宗，其中12宗依法补办用地手续，法院强制拆除非法占地违章建筑1宗，退还耕地0.02公顷。1999年，巡查中发现姜八公路元竹段两侧擅自乱搭临时棚屋，市土地监察大队联合元竹乡政府拆除大小房屋47间，退出土地0.09公顷。是年，先后查处南沙乡秦晓村、曲霞镇五岳村非法占用基本农田建砖瓦窑案件，责成窑主自行拆除违章建筑，恢复耕种条件。

姚王镇拆除违章建筑现场

2000年3月底，少数群众趁行政区划调整之机擅自占地建房，市国土管理局巡查发现后，当即教育制止。是年，集中查处大生镇曹某、曲霞镇风月村陈某违法占地建窑以及曲霞镇陈公堂村郜某、根思乡张许村许某等在基本农田保护区建房等案件。2001年，全市各乡镇土地监察人员坚持每月4次定期巡回监察，市土地监察大队每月组织2次巡查活动。春节、五一、十一长假期间突击巡查。全年全市立案查办土地违法案件12起，并对根思乡、曲霞镇等4起社会影响较大的土地案件强制执行。2002年，全市共发现土地违法案件183起，查处结案180起，结案率达98%，累计罚款21.80万元，拆除房屋345平方米，退田还耕2.91公顷，责令补办手续33.18公顷，建议给予当事人党纪、政纪处分1人。是年，依法申请人民法院对根思乡陆某、泰兴镇刘某、广陵镇凌某等违法占地案件强制执行。2003年，市国土资源局推行动态巡查责任制，划定巡查区域，采取定期巡查与不定期巡查相结合、集中巡查与分散巡查相结合、全面普查与抽查相结合的方法，开展推磨式巡查3次，分区域巡查135次。制止各类违法用地行为78起，责令停工23起，督促120家违法占地单位补办24.33公顷用地手续。对124宗历史遗留建设项目用地进行调查处理，累计罚款146万余元。全年全市查处土地违法案件9起，拆除房屋605平方米，退田还耕0.91公顷。2004年，市国土资源监察大队每季度组织1次对重点区域进行巡查，不定期对泰兴城区、城郊接合部和乡镇集镇等区域进行专项巡查。各乡镇全面推行周报告、零报告制度。全年查处违法用地15宗，其中单位用地11宗、个人建房4宗。依法补办用地手续8宗，立案查处7宗，罚款8.76万元，拆除违章建筑8760平方米。2005年，市国土资源监察大队和各乡镇监察中队加大巡查频率，做到在时间上和空间上不留死角。全年制止违法用地行为152起，其中责令停止施工36起，立案查处11起，申请法院强制执行8起，拆除违章建筑5600平方米。

2006年，市国土资源局采取带图巡查、挂图作战方法。监察人员随身携带全市土地利用总体规划图和土地利用现状图，发现在建项目，立即在土地利用现状图上标注位置，并对照土地利用总体规划图核查是否符合规划确定用途。将项目名称、位置、用地是否经过批准、用地类型等情况录入在建项目用地台账。按已办理合法用地手续、正在办理用地手续以及擅自占用三类，分别用绿、黄、红三色在《泰兴市在建项目用地动态图》上标注，实行分类督查管理。对标注绿色的项目，继续进行跟踪，对照农用地转用、供地批准文件、用地红线图等，督查项目是否按批准位置和面积使用土地。对标注黄色的项目，下发停工通知书，明确要求建设单位待用地批准手续到位后再行施工，并实行重点督查，死看硬守；如不听招呼继续施工，即组织人员强制拆除。对标注红色的项目，立即下发停工通知书，责令限期拆除，恢复土地原状；情节严重的予以立案查处，并严肃追究相关责任人责任。全年全市共发现各类土地违法违规行为98起，占地面积101.53公顷，其中少批多用4起，边批边用28起，未批先用52起，非法转让14起。下发停工通知书53份，强拆帮拆9宗、退田还耕53.3公顷，督促完善手续45宗，立案查处39宗、拆除违章建筑7010平方米、罚款92.5万元、对3名责任人建议给予党纪政纪处分。2007年7月，全市开展“土地执法百日行动”活动，加大部门协同执法监察力度，形成市国土资源局、市公安局、市检察院、市法院、市纪律检查委员会、市监察局等部门共同执法检查机制。全年立案调查土地违法违规案件33宗；责令限期整改、完善用地手续15宗；拆除违章建筑11处，退耕面积14.89公顷；6宗违法用地被制止在初始阶段，面积6.80公顷；依法实施处罚29宗，罚款170.41万元；没收违规用地15宗，面积7.13公顷。2008年，市国土资源局将“一区四园”、乡镇政府及工业集聚区所在村和全市国道、省道、县道两侧200米范围内地段设定为一级巡查区域，明确市国土资源监察大队负责日常巡查，其余地段设定为二级巡查区域，明确各乡镇国土资源所（分局）根据各自管辖范围负责日常巡查。全年全市发现违法用地68宗，其中经制止自行纠正并恢复土地原状的违法用地行为11宗57.07公顷；经教育依法规范用地29宗57.2公顷；立案查处16宗12.73公顷；依法处置12宗，罚款80.34万元，退出土地9.53公顷。对违法用地责任人提出处分建议3人次，移送司法机关处置案件1宗。市国土资源局开展卫片执法检查工作，对省国土资源厅划定的181个图斑分解出的285宗用地，组织人员逐宗实

2009 年 10 月 19 日，泰兴市召开土地违法违规专项督察汇报会

地丈量与核查，对其中 35 宗违法用地提出处罚处分建议。2009 年，全年全市累计下发停工通知书 49 份，拆除 10 宗违法用地上的构、建筑物，退还耕地 43.99 公顷。依法做出处罚决定，没收构、建筑物 28.97 平方米，拆除构、建筑物 4.39 万平方米，罚款 131.55 万元。对 13 名直接责任人提出给予党纪政纪处分建议。2010 年，全市共发现违法违规用地 73 宗，其中拆除 16 宗，没收 32 宗，完善手续 10 宗，立案查处并申请法院强制拆除 4 宗，10 宗安置区、道路用地待新一轮规划批准实施后完善用地手续，保留宗教用地 1 宗，全年依法罚款 501.11 万元。对卫片执法检查反映的 13 宗违法用地立案查处，建议市纪律检查委员会、市监察局对园区、乡镇 5 名负责人给予党纪和行政处分。2011 年，全年拆除 7 宗违法用地上的建筑物，退出土地 1.56 公顷，对 1 宗符合规划但没有用地计划的违法用地进行拆除，对 23 宗 48.80 公顷违法用地依法补办用地手续，累计罚款 455.18 万元。

2012 年后，市国土资源局在土地执法监察工作中做到“四个提高”。即提高土地执法监察巡查频率。市国土资源监察大队每月巡查次数提高到 2 次以上，监察中队每月巡查次数提高到 8 次以上，结合发挥信息网络和违法用地村级报告机制的作用，确保违法用地主动发现率达 100%。提高违法用地报告及时率。各监察中队在发现违法违规用地行为当日须将情况报告所在乡镇（街道）、园区和市国土资源局，每周末市国土资源局将本周全市范围内违法违规用地基本情况、已采取的措施、制止查处中遇到的困难、存在问题等以报告形式向市委、市政府报告。提高跟踪制止成功率。对违法违规用地当场责令停止施工，对制而不止的在 24 小时内致函土地执法联动部门，采取停电、停水和停批等措施，对于态度强硬、不予配合的违法当事人，立即移送法院申请行政命令强制执行。提高立案查处效率。执法监察人员在发现违法违规用地行为 24 小时内完成停工、立案和调查取证工作。对于未能及时整改消除违法状态的土地违法违规行为，依据法律规定程序和标准进行行政处罚。2014 年 12 月，市委办公室和市政府办公室联合印发《关于推进全市土地综合执法工作的意见》，强化执法人员责任意识。2015 年，全市违法用地主动发现率、立案率、调查率均达 100%，结案率达 90% 以上。2012—2015 年，全市共查处违法用地 485 宗、面积2534公顷，拆除违章建筑301宗、面积14.66万平方米，罚款1143.60万元，退还土地1470.80公顷，对22名直接责任人提出给予党纪政纪处分建议。2016年，市政府于3月10日至6月20日在全市开展“违法违规用地集中整治百日行动”活动。对检查发现的违法违规用地，完善用地手续59宗60.56公顷，强制帮拆7宗0.95公顷，建议市监察局追究负有违法责任的乡镇、街道、园区负责人3名，村、居负责人5名。9月，市政府对当年新发生及“百日行动”活动中已查处未整改到位的违法用地，组织开展“违法违规用地集中整改月”活动。拆除违法违规用地上的构、建筑物恢复耕地原状的24宗，完善补办用地手续110宗。是年，市国土资源局启用综合动态智能监管系统，加强“慧眼守土”工程建设，全市布设211个高清摄像头，基本实现建设用地区域实时和有效监控。2017年，市国土资源局对2016年卫片发现和2017年新发生的违法用地，按照拆除、完善、立案、处罚、追责“五到位”要求，逐宗交办整改任务。全市立案整改各类违法用地917宗340.12公顷，其中拆除247宗94.95公顷，报批126宗96.29公顷，备案511宗96.71公顷，完善用地手续33宗52.17公顷。2018年，市国土资源局在全市范围内开展全面清查整改存量临时用地、公益性公墓、个人住宅、设施农用地等各类违法用地和批而未供土地“五项行动”。至年底，共整改各类违法用地613宗387.84公顷，其中拆除204宗违法用地上的建筑物、构筑物，退耕82.56公顷。全市存量违法用地大幅度减少。是年，全市共发现并及时整改新增违法用地162宗107.47公顷。在已设211个高清摄像头的基础上，又增设117个，实现对全市建设用地实时监控。

2013年4月23日，泰兴市国土资源局邀请市检察院人员一起研讨违法用地案件的处理

济川街道拆除违章建筑现场

1996 — 2018 年泰兴市违法用地查处情况表

表 9-2-1

年份	违法用地宗数（宗）	违法用地面积（公顷）	退还耕地（公顷）	违法用地案件查处情况			
				处罚数（起）	拆除违章建筑（平方米）	罚款（万元）	追究责任人数（人）
1996	72	5.91	3.30	8	1520.00	5.60	0
1997	17	4.50	0.20	9	557.50	8.90	0
1998	50	0.91	0.91	10	2040.00	9.20	0
1999	18	43.20	32.80	11	980.00	10.60	0
2000	23	53.70	28.70	15	1010.00	23.2	0
2001	12	68.20	32.30	12	1091.00	25.50	0
2002	183	57.30	2.91	18	345.00	21.80	1
2003	9	78.90	0.91	9	605.00	146.00	1
2004	15	86.50	32.50	7	8760.00	8.76	2
2005	152	90.2	42.80	11	5600.00	12.00	2
2006	98	101.53	53.30	39	7010.00	92.5	3
2007	33	87.6	28.82	29	7819.00	170.41	4
2008	68	123.80	66.60	16	8992.00	80.34	3
2009	59	152.00	43.99	50	43900.00	131.55	13
2010	73	395.00	157.20	13	53900.00	501.11	5
2011	41	436.00	1.56	80	40301.00	455.18	5
2012	103	543.00	342.20	91	39870.00	302.90	4
2013	114	621.00	421.10	95	34100.00	333.20	5
2014	136	723.00	365.30	101	35892.00	201.80	6
2015	132	647.00	342.20	105	36719.00	305.70	7
2016	157	735.00	403.20	122	37899.00	387.80	8
2017	917	340.12	94.95	247	949974.75	282.90	5
2018	162	107.47	93.50	23	826012.80	105.50	9
合计	2644	5501.84	2591.25	1121	2144898.05	3622.45	83

附：土地违法案件查处案例选录

案例一

1994 年 11 月，珊瑚乡王埭村 6 组王某某户申请拆除其于 1990 年购买的原生产队集体 4 间仓库易地翻建房屋，王埭村村民委员会未同意，仅允许其原地翻建。王某某户在建房报批手续尚未办妥情况下，即在新规划线的耕地上动工建设，于 1995 年春建成 3 间平房和 1 间辅助用房。建房期间，该户蒙骗村组干部，谎称建房手续已办齐全，且一直未拆除 4 间老房。村组干部多次督促该户将老屋拆除，其妻代王某某写下书面保证书，可过了保证期限多日，该户仍然未将老屋拆除。对此，王埭村村民委员会讨论决定强行拆除王某某户老屋。1996 年 4 月初，该户 4 间老屋被村干部强行拆除。王某某不服村干部的做法，一纸诉状将王埭村村民委员会推上被告席。

市法院经审理认为，王某某户申请易地翻建房屋手续并未办妥，原 4 间老屋宅基地使用证未被政府收回注销，手中仍持有县级以上人民政府颁发的宅基地使用证，表明宅基地使用权和房屋产权是合法的，应受法律保护，任何人不得侵犯。被告王埭村村民委员会强行拆除原告 4 间房屋，其行为侵犯了原告合法权益。根据《中华人民共和国民事诉讼》和《中华人民共和国民法通则》规定，被告必须停止侵犯，赔偿损失。按照《中华人民共和国土地管理法》规定，村组及其他行政机关对非法占地所建房屋都没有权利强行拆除，必须申请法院依法强制执行。1996 年年底，市法院判决王埭村村民委员会败诉，责令该村限期将王某某户被拆除的 4 间老屋恢复原状。王埭村村民委员会于 1997 年 8 月在王某某户老住宅重新建起 4 间瓦房。

1997 年 9 月，珊瑚乡政府对王某某户未经有权部门批准，非法占地建房行为依法做出限期拆除非法占地所建房屋退还土地的处罚决定。王某某不服乡政府所作的处罚决定，随向市法院提起诉讼。市法院依据《中华人民共和国土地管理法》第四十五条规定：村民建房凡是占用耕地的都必须报经县级以上人民政府批准，未经批准或者采取欺骗手段批准，非法占用土地建住宅的，责令退还非法占用的土地，限期拆除或者没收在非法占用的土地上新建的房屋。做出维持珊瑚乡政府所作处罚决定的判决。王某某不服一审判决，向泰州市中级人民法院提起上诉，中级人民法院终审维持原判。在判决书做出自行拆除期限内，王某某户未自觉履行。1998 年 6 月 25 日，珊瑚乡政府申请市法院强制执行，在市国土管理局和该乡政府协助下，强行将王某某户新建的 3 间平房和 1 间辅助用房全部拆除，退出非法占用的土地。

案例二

2013年10月15日，泰兴市民张某未经有权部门批准，非法占用济川街道张庄村2.34公顷集体土地实施水泥场地等设施建设。市国土资源监察大队巡查发现后当即制止，并立案调查，根据《中华人民共和国土地管理法》第七十六条、《中华人民共和国土地管理法实施条例》第四十二条规定，对张某违法占地行为做出拆除非法占用土地上的建筑物、构筑物，并处以罚款，恢复土地原状的行政处罚决定。鉴于张某违法占用耕地数量超过0.67公顷，经泰州市国土资源局鉴定张某行为属破坏耕地。市国土资源局遂将该案件移交市公安局依法追究当事人刑事责任。

案例三

2016年3月31日，市国土资源监察大队在土地动态巡回检查时，发现虹桥镇涌兴村孙圩组基本农田内正在实施仓库等设施建设。执法人员立即予以制止，并调查取证。经查，泰兴市恒泽宇物流有限公司未经有权部门批准，擅自占用基本农田1299平方米建仓库等设施。当日，市国土资源局决定立案调查；并于2016年7月26日做出责令该有限公司退还非法占用的1299平方米土地，自行拆除在非法占用1299平方米土地上新建的建筑物和其他设施，恢复土地原状，并处罚款25980元的行政处罚决定。2016年9月2日，该有限公司缴纳了25980元罚款，但一直未自行拆除非法占用土地上的建筑物和其他设施。市国土资源局向法院申请强制执行，泰州医药高新技术产业开发区法院于2016年12月22日做出准予强制执行裁定，并于2017年3月在该法院执行局主持下，强制拆除泰兴市恒泽宇物流有限公司非法占用1299平方米土地上的建筑物和其他设施，恢复土地原状。

案例四

卫片检查发现，2016年9月，陈某某未经有权部门批准，非法占用珊瑚镇二河新村7组集体土地611平方米实施厂房等设施建设。对照珊瑚镇土地利用总体规划图和土地利用现状图，该宗地地类为农用地，其中耕地552平方米、基本农田59平方米，不符合珊瑚镇土地利用总体规划。2018年6月12日，市国土资源局决定对陈某某非法占地建厂房行为立案调查。于2018年8月28日做出行政处罚决定：责令陈某某退还非法占用的611平方米土地；在收到处罚决定书之日起十五日内自行拆除在非法占用且不符合珊瑚镇土地利用总体规划的611平方米土地上新建的建筑物和其他设施，恢复土地原状；并处罚金10050元。2018年9月4日，当事人陈某某缴纳10050

元罚款，但一直不拆除违章建筑，让出土地。市国土资源局申请法院强制执行，2019年7月26日，泰州医药高新技术产业开发区法院做出裁定，准予强制执行，由泰兴市政府组织实施。其间，经多方工作，当事人认识到非法占用农用地的严重性，于2019年11月，陈某某自行拆除611平方米土地上的建筑物和其他设施。经查验，违法用地现场的建筑痕迹全部处理完毕，并恢复耕种。

案例五

2017年，虹桥工业园区管理委员会引进江苏英沃电子科技有限公司锂电池配件生产项目。是年4月，该有限公司未经有权部门批准，非法占用虹桥镇四仙村中九二组、北九二组集体土地3064平方米实施厂房等设施建设。对照虹桥镇土地利用现状图和土地利用总体规划图，该宗地地类为农用地，其中耕地2815平方米、其他土地249平方米，均符合虹桥镇土地利用总体规划。4月8日，市国土资源局决定对江苏英沃电子科技有限公司立案查处，认定其行为违反《中华人民共和国土地管理法》第四十三条、四十四条之规定，构成非法占地案，非法占地面积3064平方米。9月6日，市国土资源局做出行政处罚决定：责令江苏英沃电子科技有限公司退还非法占用的3064平方米土地；没收在非法占用3064平方米土地上新建的建筑物和其他设施；并处罚金29395元。9月18日，该宗地经省政府批准办理农用地转用并征收为国有。10月19日，江苏英沃电子科技有限公司缴纳罚款29395元。10月20日，市国土资源局依法将没收资产移交市财政局。江苏英沃电子科技有限公司可在该宗地挂牌出让时，经市政府批准取得建设用地批准书。11月1日，市国土资源局向市纪律检查委员会、市监察局提出给予该非法占地案责任人虹桥镇党委宣传委员徐某（协助分管虹桥镇国土资源管理工作）行政处分建议。

三、非农业建设用地清理

1996年6月，市土地管理局联合泰兴镇政府对商井村吴东、吴西两个村民小组撤组后国有土地进行清理。拆除违法违章所建房屋35间，退还耕地1.45公顷。1997年7月，市政府和各乡镇相继成立清查工作领导小组和办公室，对全市非农业建设用地进行清查。各乡镇先行摸底，市土地管理局抽调业务骨干进行业务培训，组成清查小组。全市分为5个工作片，每个工作片确定一个重点乡镇由市清查工作办公室人员蹲点指导检查。市土地管理局把非农业建设用地清查工作和土地证书查验工作同步进行。全面查清经济开发区房地产、市属交通、水利工程等建设用地情况及全市单位建设用地、农村宅基地用地情况。经排查发现，1991—1997年，全市各类非农业建设用地51539宗、面积3086.79公顷，其中违法用地879宗、面积1795.06公顷。在违法用地中，水利、道路用地66宗、面积1695.80公顷，单位建设用地176宗、面积94.15公顷，个人建房用地637宗、建筑占地面积5.11公顷。清查结果表明，违法用地类型主要是未批先用，其中以水利、道路和乡镇集体建设用地居多。按照政策和法律查处单位违法用地159宗，查处率90.34%。对其中150宗34.67公顷单位违法用地依法补办批准手续。查处个人违法用地637宗，查处率100%。共拆除房屋1774间，退还耕地12.82公顷。1998年，市国土管理局扩大清查范围，对清查中发现的农村田间排水沟以下的水利、乡间路道用地补办982宗、面积2493.82公顷，其中报省批准29宗，面积1204.07公顷；报泰州市批准953宗、面积1289.75公顷。1999年，市国土管理局抓好非农业建设用地清查中发现的违法用地补办工作，全年共补办单位违法用地19宗，面积7.53公顷。2000年后，全市先后开展土地非法转让清理、土地批租专项治理、治理整顿土地市场秩序等非农业建设用地清理工作，对清理出的违法用地，均依法予以处理。

2005年，市国土资源局对2004年4月29日以前发生的违法用地进行清理。全市各类违法用地75宗、面积167.15公顷，其中工业用地72宗、面积166.17公顷，其他用地3宗、面积0.98公顷。本着“尊重历史、面对现实、严肃查处、依法办理”的原则，对符合国家产业政策、具有发展前途的企业，在征地补偿费用按规定足额解缴到位的前提下，按照“既查事又查人”的要求，先罚款处罚并对直接责任人依法给予党纪、政纪处分，再按规定完善相关报批手续。年底，75宗用地报省国土资源厅审核确认，补办用地手续。2006年后，鉴于积案已经查清并逐步处理到位，新案随时发生，随时处理，没有再进行非农业建设用地清理工作。

第三节 依法行政

一、制定规范性文件

1996—2018年，市委、市政府、市委办公室、市政府办公室、市纪律检查委员会、市国土资源局、市公安局、市检察院、市法院等先后制定下发土地管理规范性文件107个，其中建设用地文件24个、地政地籍管理文件4个、保护耕地与节约集约用地工作文件15个、土地使用制度改革与土地市场管理文件14个、土地执法监察工作文件19个、征地补偿与失地农民安置工作文件20个、土地管理机构与队伍建设文件1个、其他涉土规范性文件10个。

1996—2018年泰兴市土地管理规范性文件一览表

表9-3-1

序号	发文单位	文件号	文件名称	发文时间
1	市政府	泰政发〔1997〕15号	关于进一步加强土地管理切实保护耕地的意见	1997年1月17日
2	市政府	泰政发〔1997〕64号	关于印发《泰兴市宅基地管理办法》的通知	1997年3月26日
3	市政府	泰政发〔1997〕65号	关于进一步整治、管理窑业用地的意见	1997年3月26日
4	市委	泰委发〔1997〕70号	关于切实加强农村集体资产管理工作的意见	1997年7月11日
5	市委	泰委发〔1997〕80号	关于清理纠正副乡（局）级以上领导干部违反规定多占住房和购买、建造、装修住房等问题的意见	1997年8月13日
6	市委	泰委发〔1997〕81号	关于印发《关于副乡（局）级以上领导干部分房、购房、建私房和装修房等问题的有关规定》的通知	1997年8月13日
7	市国土管理局	泰国土发〔1997〕107号	关于对泰兴市国有土地使用权出让和转让暂行办法的补充意见	1997年12月24日

续表 9-3-1

序号	发文单位	文件号	文件名称	发文时间
8	市政府	泰政发〔1998〕24 号	关于印发《泰兴市国有土地使用权出让和转让暂行办法的补充规定》的通知	1998 年 2 月 24 日
9	市国土管理局	泰国土发〔1998〕43 号	关于规范土地市场管理的紧急通知	1998 年 7 月 1 日
10	市政府	泰政发〔1999〕45 号	关于印发《泰兴市城市房屋拆迁补偿安置实施细则》的通知	1999 年 3 月 7 日
11	市政府	泰政发〔1999〕84 号	关于印发《泰兴市国有划拨土地租赁出租和改变用途收取租金的规定》的通知	1999 年 4 月 23 日
12	市政府	泰政发〔1999〕140 号	关于清理非法转让土地的通知	1999 年 8 月 28 日
13	市政府	泰政发〔2000〕38 号	泰兴市城市房屋拆迁补偿安置补充细则	2000 年 3 月 17 日
14	市政府	泰政发〔2000〕86 号	关于实施《泰兴市土地利用总体规划》的通知	2000 年 6 月 23 日
15	市政府	泰政发〔2000〕121 号	泰兴市建设用地统一征地与供地办法	2000 年 10 月 12 日
16	市政府	泰政发〔2001〕141 号	关于实施泰兴市城市总体规划建设用地布局局部调整方案的通知	2001 年 10 月 12 日
17	市政府	泰政发〔2002〕15 号	关于印发《泰兴市土地储备实施办法（试行）》的通知	2002 年 2 月 27 日
18	市政府	政府令第 6 号	泰兴市城市房屋拆迁管理暂行办法	2002 年 3 月 28 日
19	市政府	泰政发〔2002〕58 号	关于加强国有土地资产管理的意见	2002 年 4 月 27 日
20	市政府	泰政发〔2003〕21 号	关于国有土地使用权出让金收支管理暂行办法	2003 年 2 月 27 日
21	市政府	泰政发〔2003〕22 号	关于泰兴市城市新区开发建设征用集体土地房屋拆迁补偿安置暂行办法	2003 年 2 月 27 日
22	市政府	泰政发〔2003〕29 号	关于加强公路沿线建设规划控制和管理的通知	2003 年 3 月 5 日
23	市政府	泰政发〔2003〕31 号	关于调整耕地占用税征收标准的通知	2003 年 3 月 7 日
24	市政府办	泰政办发〔2003〕37 号	关于进一步治理整顿土地市场秩序实施方案	2003 年 3 月 24 日

续表 9-3-1

序号	发文单位	文件号	文件名称	发文时间
25	市政府	泰政发〔2003〕54 号	泰兴市城市规划区范围内农村居民建造住宅管理暂行规定	2003 年 4 月 4 日
26	市政府	泰政发〔2003〕55 号	泰兴市城市住宅小区竣工综合验收管理暂行办法	2003 年 4 月 5 日
27	市政府	政府令第 1 号	泰兴市宅基地管理办法	2003 年 5 月 20 日
28	市政府	泰政发〔2003〕84 号	泰兴市实施土地管理法暂行办法	2003 年 5 月 20 日
29	市政府	泰政发〔2003〕87 号	关于转发泰州市农民集体所有建设用地使用权流转管理办法（试行）的通知	2003 年 5 月 23 日
30	市政府	政府令第 2 号	泰兴市城市房屋拆迁管理办法	2003 年 6 月 19 日
31	市政府	泰政发〔2003〕101 号	泰兴市征用土地补偿安置暂行办法	2003 年 6 月 19 日
32	市政府	泰政发〔2003〕102 号	关于进一步加强城市建设用地和建设项目审批管理工作的意见	2003 年 6 月 19 日
33	市政府	泰政发〔2003〕103 号	关于规范城市非工业项目用地建设费金征收工作的意见	2003 年 6 月 19 日
34	市政府办	泰政办发〔2003〕119 号	关于印发《泰兴经济开发区拆迁补偿安置暂行办法》的通知	2003 年 8 月 7 日
35	市政府	泰政发〔2004〕145 号	泰兴市征地补偿和被征地农民基本生活保障暂行办法	2004 年 12 月 14 日
36	市政府	泰政发〔2005〕41 号	关于开展土地使用权证书查验工作的公告	2005 年 3 月 22 日
37	市国土资源局	泰国土资发〔2005〕39 号	关于加强黏土资源管理工作的通知	2005 年 4 月 14 日
38	市政府	政府令第 2 号	泰兴市征收集体土地房屋拆迁补偿安置暂行办法	2005 年 6 月 23 日
39	市政府	泰政发〔2005〕83 号	关于进一步加强和规范房地产市场管理的通知	2005 年 7 月 6 日
40	市政府	泰政发〔2005〕64 号	关于调整我市城镇土地使用税征收标准的通知	2005 年 12 月 31 日
41	市政府	泰政发〔2006〕150 号	关于印发《泰兴市被征地农民基本生活保障补充办法》的通知	2006 年 11 月 27 日
42	市政府	政府令第 1 号	泰兴市城市房屋拆迁管理办法	2006 年 11 月 30 日
43	市政府	泰政发〔2007〕40 号	泰兴市经济适用房建设管理暂行办法	2007 年 4 月 4 日

续表 9-3-1

序号	发文单位	文件号	文件名称	发文时间
44	市国土资源局	泰国土资发〔2007〕34 号	关于印发《新征工业用地招拍挂出让相关工作程序》和《关于存量工业用地出让有关规定》的通知	2007 年 5 月 8 日
45	市国土资源局	泰国土资发〔2007〕51 号	关于印发《国土资源执法监察工作过错责任追究制度》的通知	2007 年 5 月 24 日
46	市政府	泰政发〔2007〕79 号	关于进一步加强土地契税征管工作的通知	2007 年 6 月 12 日
47	市政府	泰政发〔2007〕85 号	关于印发《泰兴市防汛防旱应急预案》的通知	2007 年 7 月 9 日
48	市政府办	泰政办发〔2007〕172 号	关于印发《泰兴市城乡建设用地增减挂钩专项规划实施方案》的通知	2007 年 10 月 10 日
49	市政府	泰政发〔2007〕131 号	关于印发《盘活存量建设用地的意见》的通知	2007 年 12 月 26 日
50	市政府	泰政发〔2007〕132 号	关于印发《泰兴市临时用地管理暂行办法》的通知	2007 年 12 月 26 日
51	市政府	泰政发〔2008〕43 号	关于印发《泰兴市市区低收入家庭住房保障规划》的通知	2008 年 4 月 17 日
52	市政府	泰政发〔2008〕77 号	关于加强城市总体规划用地范围内村（居）民个人建房规划管理工作的通知	2008 年 9 月 2 日
53	市委	泰委发〔2008〕128 号	关于加强城区防治违法建设工作的实施意见	2008 年 9 月 29 日
54	市政府	泰政发〔2009〕59 号	关于印发《泰兴市城市房屋拆迁管理办法》的通知	2009 年 5 月 4 日
55	市政府	泰政发〔2009〕67 号	关于调整征收土地地上附着物补偿标准的通知	2009 年 5 月 31 日
56	市政府	泰政发〔2009〕68 号	关于明确征地拆迁范围内暂停办理相关手续的通知	2009 年 6 月 12 日
57	市政府	泰政发〔2009〕86 号	关于加强经营性用地建筑容积率管理的通知	2009 年 10 月 14 日
58	市政府	泰政发〔2009〕89 号	关于印发《泰兴市被征地和自愿放弃土地承包经营权的农民社会保障暂行办法》的通知	2009 年 10 月 16 日
59	市政府	泰政发〔2009〕102 号	关于调整征地补偿标准的通知	2009 年 12 月 11 日
60	市政府	泰政发〔2009〕104 号	关于泰兴市农村宅基地置换住房试点工作意见	2009 年 12 月 18 日

续表 9-3-1

序号	发文单位	文件号	文件名称	发文时间
61	市政府	泰政发〔2011〕21号	关于征地拆迁范围内禁止抢搭强建、突击装潢和暂停办理相关手续的通知	2011年3月4日
62	市政府	泰政发〔2011〕43号	关于落实依法行政三年规划的实施意见	2011年4月2日
63	市国土资源局	泰国土资发〔2011〕33号	关于进一步规范征地工作的通知	2011年5月3日
64	市政府	泰政发〔2011〕64号	关于调整征地补偿标准的通知	2011年7月14日
65	市国土资源局	泰国土资发〔2012〕10号	关于明确容积率等土地使用条件调整补缴土地出让金及税费有关要求的通知	2012年2月24日
66	市政府	泰政发〔2012〕29号	关于切实推进节约集约利用土地的意见（试行）	2012年3月7日
67	市政府	泰政发〔2012〕68号	关于开展全市农村集体土地所有权确权登记发证的通告	2012年7月5日
68	市政府	泰政发〔2012〕97号	关于停止审批城市规划区内村（居）民个人建房的通知	2012年9月18日
69	市政府办	泰政发〔2012〕92号	关于调整工业用地最低出让价格的通知	2012年11月19日
70	市政府	泰政发〔2012〕99号	关于推进农民集中居住的意见	2012年11月27日
71	市政府	泰政发〔2013〕29号	泰兴市重大产业项目落户预审办法（试行）	2013年2月4日
72	市委	泰委发〔2013〕48号	关于开展创建土地执法模范市、土地管理模范乡镇（街道）、基本农田保护模范村活动的实施方案	2013年3月7日
73	市政府办	泰政办发〔2013〕86号	关于推进全市高标准厂房建设促进土地节约集约利用的通知	2013年4月10日
74	市政府	泰政发〔2013〕89号	关于调整宁靖盐高速公路泰兴市泰兴段工程用地的审核意见	2013年5月21日
75	市纪委	泰纪发〔2013〕71号	关于印发《泰兴市党员干部违法建设处理意见》的通知	2013年10月28日
76	市政府	泰政发〔2013〕157号	泰兴市贯彻实施《江苏省征地补偿和被征地农民社会保障实施办法》若干问题的规定	2013年12月25日

续表 9-3-1

序号	发文单位	文件号	文件名称	发文时间
77	市国土资源局	泰国土资发〔2014〕12 号	关于实行违法案件分级查办机制的通知	2014 年 1 月 27 日
78	市政府	泰政发〔2014〕19 号	关于开展创建土地执法模范市、土地管理模范乡镇（街道）、基本农田保护模范村活动的实施意见	2014 年 1 月 23 日
79	市政府	泰政发〔2014〕61 号	关于修订《泰兴市贯彻实施〈江苏省征地补偿和被征地农民社会保障实施办法〉若干问题的规定》的通知	2014 年 5 月 30 日
80	市政府办	泰政办发〔2014〕131 号	关于印发《严格规范村（居）民建房，积极推进农民集中居住工作意见》的通知	2014 年 9 月 27 日
81	市人民检察院 市国土资源局	泰检会〔2014〕3 号	关于进一步加强国土资源执法协作联动机制建设的意见	2014 年 11 月 4 日
82	市国土资源局 市公安局	泰国土资发〔2014〕63 号	关于切实加强联合执法机制建设的意见	2014 年 11 月 20 日
83	市委办 市政府办	泰委办发〔2014〕89 号	关于推进全市土地综合执法工作的意见	2014 年 12 月 12 日
84	市政府办	泰政办发〔2014〕166 号	泰兴市存量建设用地盘活和高效利用办法	2014 年 12 月 12 日
85	市委 市政府	泰委发〔2014〕73 号	关于全面推进节约集约用地的意见	2014 年 12 月 24 日
86	市国土资源局	泰国土资发〔2015〕14 号	关于进一步规范建设用地报批工作的通知	2015 年 3 月 10 日
87	市委办	泰委办发〔2016〕1 号	印发《关于积极引导农村土地经营权有序流转和加快推进农业适度规模经营》的通知	2016 年 2 月 24 日
88	市政府	泰政发〔2016〕28 号	关于开展土地节约集约利用先进园区和土地管理模范乡镇创建活动的实施意见	2016 年 3 月 9 日
89	市国土资源局	泰国土资发〔2016〕64 号	关于进一步加强设施农用地临时监管工作的通知	2016 年 5 月 13 日
90	市国土资源局	泰国土资发〔2016〕100 号	泰兴市国土资源违法案件审理暂行办法	2016 年 6 月 20 日

续表 9-3-1

序号	发文单位	文件号	文件名称	发文时间
91	市国土资源局	泰国土资发〔2016〕66 号	关于进一步加强临时用地管理的通知	2016 年 5 月 15 日
92	市国土资源局	泰国土资发〔2016〕73 号	泰兴市国土资源执法监察动态巡查责任追究暂行办法	2016 年 5 月 17 日
93	市国土资源局	泰国土资发〔2016〕115 号	关于进一步加强国有建设用地批后监管的通知	2016 年 7 月 18 日
94	市政府办	泰政办发〔2016〕41 号	关于印发《关于全市部分居民已建房屋“两证”遗留问题的处理意见》的通知	2016 年 12 月 1 日
95	市政府办	泰政办发〔2017〕5 号	关于进一步加强全市土地整治工作的意见	2017 年 1 月 16 日
96	市政府	泰政发〔2017〕25 号	关于严格全市土地监管规范用地秩序的通知	2017 年 2 月 15 日
97	市国土资源局	泰国土资发〔2017〕17 号	泰兴市国土资源系统全员执法监察暂行办法	2017 年 2 月 25 日
98	市委办 市政府办	泰委办发〔2017〕78 号	泰兴市违法用地监管责任追究办法（试行）	2017 年 7 月 25 日
99	市政府办	泰政办发〔2017〕164 号	泰兴市农村闲置建设用地复垦整理实施方案	2017 年 11 月 1 日
100	市政府办	泰政办发〔2017〕185 号	关于加强低效用地再开发和闲置土地处置工作的实施意见	2017 年 11 月 18 日
101	市政府	泰政发〔2017〕62 号	关于进一步推进节约集约用地的实施意见	2017 年 12 月 5 日
102	市国土资源局	泰国土资发〔2018〕33 号	关于进一步加强农村居民建房管理的通知	2018 年 2 月 24 日
103	市国土资源局	泰国土资发〔2018〕125 号	关于全面提升不动产登记服务水平的实施意见	2018 年 4 月 17 日
104	市国土资源局	泰国土资发〔2018〕64 号	关于进一步加强设施农用地管理的通知	2018 年 4 月 28 日
105	市国土资源局	泰国土资发〔2018〕84 号	泰兴市国土资源领域信访积案化解集中深度攻坚行动实施方案	2018 年 5 月 17 日
106	市国土资源局	泰国土资发〔2018〕102 号	泰兴市国土资源局执法监察巡查暂行办法	2018 年 6 月 7 日
107	市政府	泰政发〔2018〕38 号	泰兴市耕地保护激励暂行办法	2018 年 6 月 19 日

二、规范行政行为

1996年10月，泰兴贯彻实施《中华人民共和国行政处罚法》。市政府办公室要求对《中华人民共和国行政处罚法》等法律规范实施情况进行检查。1997年，市土地管理局成立检查小组，对《中华人民共和国行政诉讼法》《中华人民共和国行政复议条例》《中华人民共和国国家赔偿法》《中华人民共和国行政处罚法》等法律法规实施后土地行政执法情况进行全面检查，有与法律法规相悖的部门文件立即废止。通过审查，未发现单位内设机构以个人名义或委托其他事业组织实施行政处罚的情况。1996—1997年，全市依法作出土地行政处罚决定17起。1998年，市国土管理局在全系统推行公开政务、公开办事程序、规范行政管理行为、接受社会和群众监督为主要内容的公示制管理。把各科室、中心、乡镇国土管理所工作职责、工作要求、用地审批程序、时限、土地监察以及主要法律法规依据等，全方位公开明示。同时建立和完善国土管理工作行政执法和错案责任追究等内部监督机制。是年，全市依法作出行政处罚决定10起。1999年，市国土管理局将土地监察人员守则、巡回监察、信访举报、办案程序、监察档案管理、监察统计、重大案件上报会办、土地执法监察工作报告等一系列规章制度编印成册，全系统人员人手一册，作为监察人员行为准则。同时健全行政执法责任制、行政过错和错案追究制、考核奖惩制等配套制度，使土地管理行政行为置身于自我制约和群众监督之中。2001年，市国土管理局将依法行政工作纳入年度工作目标，与国土管理系统精神文明建设及国土资源管理各项业务工作同部署、同落实、同检查、同考核，确保各项国土资源管理工作依法行政。是年，全市依法作出土地行政处罚决定21起。2002年，市国土资源局重新修订执法人员岗位责任制、错案追究制、信访举报等18项规章制度，供执法人员自我学习、自我对照、自我约束，提高依法行政水平。2003年，市国土资源局围绕建立国土资源管理现代化行政程序，组织清查各类规章、规范性文件，规范各类行政措施的制定、审核、报批工作，建立行政执法评议考核制度。是年，市国土资源局依法作出土地行政处罚决定9起，依法组织听证4起。

2004年是《中华人民共和国行政许可法》颁布实施的第一年，市国土资源局根据国土资源部行政为民十项措施和工作人员五条禁令，制定《2004年度机关各科室行政工作和党风廉政建设百分考核实施细则》和《2004年度国土资源所百分考核实施细则》，推行工作人员挂牌上岗制度，自觉接受群众和服务对象监督和评议。同时深化干部人事制度改革，实行各乡镇国土资源所所长全市异地交流，为依法行政创造条件。是年，市国土资源局依法作出土地行政处罚决定23起，依法组织听证5起。2005年，市国土资源局贯彻落实国土资源部《关于全面推进依法行政工作的意见》，编印《泰兴市国土资源局政务公开手册》。规定执法人员持证上岗，亮证执法。实行行政行为流水作业，规范化运作。推行行政执法责任制和决策责任追究制，健全行政行为评议考核机制，开展乡镇国土资源所“依法行政示范基地”创建工作。2006年，市国土资源局对政务公开事项和内容进行调整补充和完善，重新明确农用地转用征收等16个事项申报材料要件、办理程序、承诺时限和收费标准。建立健全廉情公示、重大事项集体决策和内部会审等制度，最大限度减少行政审批中的自由裁量空间，规范行政行为。2007年，市国土资源局印发《国土资源执法监察工作过错责任追究制度》，对违法用地发现不及时、制止不得力、查处不到位等17种过错行为作具体界定，逐一明确对单位负责人和直接责任人责任追究办法。明确规定对违法违规用地当事人，执法人员不意气用事，不偏袒护错，必须依法依规公平公正执行。2008年，市国土资源局贯彻《政府信息公开条例》，编制行政职权目录和行政权力运行流程图，将执法依据、程序、权限及时向社会公开，做到行政权力阳光运作；并更新维护局门户网站，及时发布政务信息。2009年起，市国土资源局把依法行政列为党风廉政建设和反腐倡廉工作重要内容，明确具体要求与职责。2007—2011年，市国土资源局共依法作出土地行政处罚决定188起，土地行政处理决定50起，依法组织听证10起。全市共发生土地行政诉讼案件6件，行政复议案件12件。

2010年12月24日，泰兴市普法依法行政工作检查考核汇报会召开

2012年6月30日，市国土资源局邀请东南大学法学院副教授顾大松给全系统人员主讲《最高人民法院关于审理涉及农村集体土地行政案件若干问题的规定》，对市国土资源局近年来发生的行政诉讼、行政复议案件进行分析，通过以案说法的

2012年6月11日，泰兴市国土资源局邀请泰州市国土资源局法规处、泰兴市人民法院及市法制办专家对泰兴市国土资源系统2012年行政执法卷宗进行评查

形式指出行政执法过程中存在问题和不足，阐述做好涉土行政诉讼和行政复议工作的意义。是年，市国土资源局参加行政复议15起，未发生被撤销案件；参加行政诉讼15起，动员当事人撤诉2起，未发生败诉案件。2013年起，市国土资源局把合法行政、合理行政、程序正当、高效便民、诚实守信、权责统一等基本要求落实到国土资源管理日常工作中。绘制行政审批事项运作流程图，形成既相互协调又相互制约的权力框架。严格规范行政执法自由裁量权，细化、量化具体业务工作的自由裁量幅度，在依法行政基础上，努力实现合理行政。2014年，市国土资源局结合全市实际，就自由裁量权行使条件、运用范围、裁量幅度、实施种类等进一步细化和分解，印发《泰兴市国土资源局规范行政确认自由裁量基准》《泰兴市国土资源局规范行政许可（审批）自由裁量办法》《泰兴市国土资源局规范行政许可（审批）自由裁量基准》《泰兴市国土资源局关于规范行政处罚自由裁量实施办法》，使执法人员有章可循。同时，按照严格依法、全面真实、及时便民的原则，不断完善"统一受理、协调办理、风险评估、归口答复"的办理工作机制，严把审核受理、登记交办、协调会商、答复审核4个关口，实行政府信息依申请公开案件化办理模式，提升行政行为透明度和依法行政水平。对省国土资源厅下放的6种行政审批项目，逐项编写流程图、法律依据、材料要件、办理时限、收费标准和依据、岗位权限、自由裁量等事项，不断完善行政权力网上公开透明运行工作。2013—2015年，市国土资源局共依法作出土地行政处罚决定301起，办理土地行政诉讼案件81起、行政复议案件88起，依法组织听证14起。

2016年，市国土资源局再次对本部门以前制定的8份文件进行清理，其中需要修订2份、废止1份，并将清理的有关文件及时在市政府网站进行公布。全年全市依法作出行政处罚决定135起，办理涉土行政诉讼案件40起、行政处理案件3起、行政复议案件23起，依照职权组织听证会34场。严格审查135件行政处罚案卷、93件政府信息公开资料，均具合法性。是年，市国土资源局被泰州市国土资源局表彰为依法行政先进集体。2017年，市国土资源局印发《泰兴市国土资源行政争议案件办理规定》，明确责任主体，梳理责任环节，落实业务科室承办人旁听开庭审理案件，常态化开展行政执法案卷评查活动，实行"一案一分析"制度，研究解决行政争议案件中反映的共性、疑难问题，落实典型案件警示通报制度。加强与司法机关沟通与协调，预防行政公益诉讼风险，防止败复、败诉案件发生。市国土资源局建立土地执法监察全过程监督问责体系。2018年，市国土资源局制定《行政执法全过程记录制度》，实现行政执法全程留痕、可追溯；制定《重大行政决定法制审核制度》，完善内部监督程度；制定《行政执法公示制度》，公开行政执法信息。坚持"一案一分析"，多角度分析涉土行政争议原因，多渠道积累有效化解方案，推行"承办机构—政策法规科—法律顾问—集体讨论"工作模式，提升行政争议化解水平。全年共发生涉土行政争议案件86件，其中行政诉讼案件57件（通过调解撤诉15件）、行政复议案件29件，代市政府办理行政争议案件9件。这些案件中，除1件系1998年原市房管处发放的房产证被法院判决撤销案件外，其他案件均以胜诉、胜复告捷。10月，市国土资源局组织对2017年1月以来提请市政府出台的15个文件进行梳理、排查，其中7个规范性文件涉及市场经济主题，根据“谁起草，谁审查”“谁制定，谁清理”原则，对上述7个文件进行公平竞争审查，未发现违反公平竞争的文件。

1996—2018年，全市共依法作出土地行政处罚决定1150起、土地行政处理决定53起，办理土地行政诉讼案件246起、土地行政复议案件194起。

1996—2018年泰兴市涉土依法行政工作情况表

表9-3-2　　单位：件

年份	行政处罚	行政处理	行政诉讼	行政复议
1996	8	0	0	0
1997	9	0	0	0
1998	10	0	0	0
1999	11	0	0	0
2000	15	0	0	0
2001	21	0	0	0
2002	9	0	0	0
2003	9	0	0	0
2004	23	0	0	0
2005	11	0	1	1
2006	39	0	0	0
2007	29	11	1	1
2008	16	8	0	0
2009	50	9	0	0
2010	13	9	3	5
2011	80	13	2	6
2012	91	0	15	15
2013	95	0	16	26
2014	101	0	29	27
2015	105	0	36	35
2016	135	3	40	23
2017	247	0	46	26
2018	23	0	57	29
合计	1150	53	246	194

第四节　土地信访

一、信访制度

1996年，市土地管理局制定土地管理信访人员工作职责、信访办理工作制度、信访保密制度、信访首问负责制度、信访工作考核制度。1997年5月，市土地管理局实施国家土地管理局颁布的《土地信访规定》，选派政策法规水平较高、政治素质较好的人员为专职信访接待员，制定领导接待日制度，明确每月30日为局长接待日。同时制定乡镇包案制度，所有乡镇来访，由各乡镇承办处理。1998年，市国土管理局规定局负责人每周一轮流至信访室接待群众上访，解答、处理群众来访问题。2000年，市国土管理局将信访工作列入对各乡镇国土管理所考核，实行“一票否决”。2002年，市国土资源局制定信访工作考核意见和细则，对土地信访工作实行单项考核。2004年，市国土资源局完善负责人信访接待日制、市长公开电话办理制、信访查办承诺制、办结反馈制、重大信访案件会办制等信访工作制度。2005年，市国土资源局贯彻执行国土资源部颁布的《信访条例》，建立信访工作责任制，完善和规范信访办理程序。2006年，市政府印发《关于落实重点国土资源信访问题调处责任的通知》，建立重点信访问题由市政府负责人调处责任制，明确乡镇党委书记为国土资源信访第一责任人，将国土资源信访工作纳入乡镇双文明百分赛考核，实行“一票否决”。建立国土资源信访责任追究制，对因工作不力、措施不实，导致涉土信访居高不下，社会影响较大的，对乡镇党政负责人采取组织措施。市国土资源局印发《关于加强信访工作的意见》，明确国土资源系统内部各科室（中心）、基层所（分局）信访工作责任、办理程序和考核办法，继续推行业务科室负责人信访室轮值和首问负责制，将涉土信访解决在初始状态。

2009年，市委、市政府实行涉土信访办理市、乡镇两级包干制，市委、市政府负责人包涉土信访重点乡镇，督促、检查信访重点乡镇的工作，协调各部门共同办理疑难信访；乡镇党政负责人包信访重点案件，亲自挂帅，专案处理。2016年，市委、市政府开展以“无越级上访、无矛盾纠纷积案、无有影响的群体性事件”为标准的“无访村（居、社区）”创建活动。全市有244个村达到信访工作“无访村（居、社区)”标准，获得市委、市政府通报表彰。2018年，市国土资源局印发《泰兴市国土资源领域信访积案化解集中深度攻坚行动实施方案》和《关于进一步加强局班子成员、业务科室接访下访和日常轮值接访工作的通知》，将“信访五责”(属地责任、主体责任、领导责任、主管责任、首办责任)细化到具体岗位，明确系统党委的主体责任、主要领导的第一责任人责任和分管领导及其他领导的信访“一岗双责”。将具体工作细化到具体单位，明确国土资源监察大队牵头建立研究协调机制和市域联动办访机制，明确各科室对业务范围内信访的主办责任。将具体任务细化到具体人员，建立局班子成员、业务科室负责人日常轮值接访制度，确保每个工作日均有局负责人带队接访；建立基层分局定期接访制度，规定分局负责人每周轮班接访；建立首接首问首办责任制，提升一次性办结率。同时，市国土资源局制定《信访工作例会制度》《信访包案化解制度》《信访维稳应急制度》《涉土矛盾纠纷排查报告分析制度》《国土资源信访交办、督查、预警、通报制度》等信访制度，规范信访工作行为，提高接访工作效率。

二、信访受理

1996年，土地信访量呈上升趋势。市土地管理局对可由乡镇政府或乡镇土地管理所处理的信访案件，交乡镇处理，市土地管理局定期催办、督办；对市土地管理局的自办案件，凡信访室可自行调处的则由信访室直接调处，并向当事人出具调解协议。对涉及违法用地信访案件一律由局行政科室调查处理。对重大信访案件的处理，邀请市法院、市检察院、市公安局、市监察局、市纪律检查委员会等部门联合办案。是年受理人民来信279件，办结率96.5%；接待群众来访429人次，反映涉土问题183件，办结率96%。1997年，市土地管理局对涉土信访采取3条措施，即落实乡镇、部门和单位责任，力求把有关问题解决在基层，消灭在萌芽状态；改善服务态度，对上访对象晓之以法、动之以理，实行耐心疏导，解释和调处相结合；推行超前服务，及时解决群众实际问题，促使部分群众自我解除信访。是年，受理人民来信212件，办结率96%；接待群众来访176起，243人次，办结率100%。翌年，信访量增加，全年受理人民来信258件，办结率99%；接待群众来访210人次，反映涉土问题134件，办结率100%。1999年，市国土管理局成立局长陈保桂任组长、副局长张圣元任副组长、各科室(中心)负责人为成员的信访工作领导小组。重新选调3名业务精湛、经验丰富的信访工作人员，充实信访窗口，负责人民群众来信来访接待登记、批办、交办、转办、会办、催办和查办等各个环节的工作，全年受理人民来信241件，办结率96%；接待群众来访171人次，办结率100%。2000年，全市群众来信、来访量呈下降趋势，全年受理人民来信103件，接待来访142人次，反映土地方面问题的

216件，分别是上一年的42.7%、83%和80.3%，来访来信办结率100%。横垛镇5年未发生一起到县级以上的土地信访，得到省、市领导肯定。2001年，全年受理人民来信123件，接待群众来访165人次，反映土地方面问题的共198件，来信来访办结率96%。2002年，市国土资源局要求全系统变“坐等上访”为“主动下访”，对突出矛盾及早做好钝化工作。全年共受理群众来信、来电、来访284件，办结率99%。9月，在省国土资源厅召开的全省信访工作会议上，市国土资源局介绍信访工作经验和做法。2003年，市国土资源局贯彻落实国土资源部《关于妥善处理国土资源信访问题，维护社会稳定的紧急通知》和省信访督查会议精神，加强土地信访工作领导。当年信访量较往年有大幅度下降，共受理人民来信102件、来电107件，接待群众来访112人次，办结率95%。2004—2006年，共受理人民来信343件、来电289件，办结率96%以上，接待群众来访709人次，办结率100%。

2007年，市政府将12月作为国土资源信访接待处理突击月，组织市政府办公室、市信访局、市纪律检查委员会、市监察局等部门以及各乡镇政府，集中精力，集中时间，突击办理一批疑难信访案件。是年，受理人民来信150件、来电65件，接待群众来访101起263人次，办结率均达95%。2008年，市委、市政府成立由市政府主要负责人任组长、市纪律检查委员会书记和分管副市长任副组长，各相关部门主要负责人为成员的涉土信访工作领导小组，将涉土信访工作由部门行为上升为政府行为。市政府召开全市进一步严格土地管理工作会议，强化乡镇涉土信访工作责任，明确乡镇党委书记为所在乡镇涉土信访工作“第一责任人”，对所辖乡镇涉土信访工作负总责；凡因违法用地或拖欠、挪用被征地农民补偿款等问题引发群众上访，或因涉土信访处置不力导致重复上访的，除对乡镇“双文明”百分赛考核实行“一票否决”外，并对该乡镇党委书记采取组织措施。同时建立以市纪律检查委员会、市监察局牵头，由市政府办公室、市法制局、市信访局、市矛盾协调中心、市国土资源局、市规划局、市城管局、市公安局、市法院等部门和各乡镇共同参与的涉土信访联合调解机制，明确各自职责。对因违法用地引发的信访，由市国土资源局牵头，发生违法用地的所在乡镇配合进行处理。对因历史遗留问题引发的涉土信访，由市信访局牵头组织有关部门依照各自职能，共同研究解决。是年，共受理群众来信、来电、来访197件，依法办理185件，办结率94%。

2009年，市政府以摘除“信访重点管理县”帽子为目标，开展“涉土信访积案化解年”活动，涉土信访有所减少。全年受理人民来信、来电（含重复来信来电）183件，接待群众来访94起190人次，办结率均达98%。全市共排查涉土信访积案和重信重访9件，结案8件，办结率89%。是年，泰兴被省国土资源厅执法监察局摘除“土地信访重点市”帽子。2010年，市国土资源局为巩固涉土信访“摘帽”成果，对初信初访实行首问负责制，国土资源系统能独立调处的问题，立即着手解决，不能单独处理的问题，主动与各部门和乡镇对接，共同研究解决办法，落实解决措施，将矛盾解决在初发阶段。是年，受理人民来信116件、来电242件，办结率99%，接待群众来访98起321人次，办结率98%。2011年，市国土资源局强化接访、处访工作责任，让群众随来随谈，随接随走，竭力把信访问题解决在首办环节。全年受理人民来信136件、来电62件，接待群众来访161起320人次，办结率98%。2012年，市国土资源局推行涉土信访联办、联查、联防办理机制，对群众反映的问题，及时调查研究，认真梳理，分类处理，加强复查复核工作。是年，受理人民来信142件、来电216件，办结率99%，接待群众来访108起351人次，办结率98%。2013年，反映土地权属纠纷和拖欠农民征地补偿款的信访较多，全年共受理人民来信123件、来电146件，接待群众来访44起191人次，办结率均为100%。2014年，市国土资源局对涉土信访工作，突出抓好"防、查、息、保"4个环节，切实控减涉土信访量。是年，受理人民来信243件、来电333件，接待群众来访69起205人次，办结率均达100%。

2016年，市国土资源局开展涉土信访积案化解攻坚活动，采取全面排查、及早介入的措施，及时掌握矛盾纠纷发生、发展情况，将信访问题和矛盾纠纷化解在基层。同时开展"信访基础业务规范年"活动，全面排查、及时整改日常信访在登记、受理、交办、告知等工作环节中存在的问题，规范信访工作程序，提高信访工作办理效率。是年，受理人民来信158件、来电236件，接待群众来访119起368人次，办结率99%。2017年，市国土资源局在继续开展涉土信访积案化解集中攻坚活动的同时，进一步强化信访接待调解机制，配备和落实局机关各科室、中心，基层分局专兼职调解员，实行因案施策，重点区域重点走访、重点事项重点包案，成功化解省国土资源厅厅长李侃桢包案的2件重点信访，得到省国土资源厅领导肯定。全年受理人民来信138件、来电241件，接待群众来访123起374人次，办结率98%。2018年，市国土资源局在全系统推行"全员办访、全程负责"信访工作新模式。全年受理人民来信136件、来电239件，办结率99%，接待群众来访131起346人次，办结率98%。1996—2018年，市国土资源管理部门共受理人民来信3779件、来电3553件，接待群众来访2965起5523人次，办结率均达95%以上。

2017年7月6日，省国土资源厅厅长李侃桢到泰兴市调研国土资源信访事项包案处理工作

附：信访调解案例

案例一

济川街道办众贤村因市政建设需在该村建垃圾中转站，于 2016 年 4 月租赁该村七组土地 12.64 亩，其中只办理征用手续 4.06 亩。群众要求要征就全部征，否则不同意垃圾中转站继续用地。

2017 年 12 月，经调解，自愿达成如下协议：一、一致同意面对现实，实事求是解决问题。二、同意办理征用 4.06 亩土地的手续，依法对群众进行补偿，土地补偿费、青苗补偿费、安置补助费等如数、如期到位。三、除被征用的 4.06 亩土地外，剩余 8.58 亩土地仍按 2016 年 4 月所签订租赁协议执行，按每年每亩 1600 元计算，如数、如期兑现到位。四、按照以上条款兑现，群众不再上访。五、协议一经签订，绝不反悔，绝不违约，如有违约愿承担一切责任和后果。

案例二

因当事人马某某家与东邻当事人颜某家土地权属纠纷，致当事人马某某自 2015 年开始上访，要求拆除颜某兄弟马某某家所建房屋（已经相关部门处理），并要求解决与颜某家土地权属纠纷。

2017 年 7 月，经调解，双方自愿达成如下协议：一、颜某家同意在马某某家东围墙外让出 20 厘米土地为马某某家护墙地，马某某家护墙建筑混凝土，其高度不得超过自家坎脚高度。二、颜某家同意为马某某家东围墙粉刷镶贴提供方便。三、颜某家将原来种植在马某某家围墙南侧的土地（东西宽北段 7.24 米，南段 6.10 米，南北长 14.36 米，计 0.143 亩）调换给马某某家耕种，马某某家在颜某家屋后种植的土地中调换等量土地给颜某家耕种。四、颜某家对马某某白果树管理等提供方便，该白果树树干下土地维持现状。五、颜某家宅地南端至东西水泥路的三角尖土地如条件成熟，愿意调换给马某某家耕种，不得调换给第三者。六、马某某家愿意在协议签订之日起不再为马某某建房问题上访，认可相关部门处理意见。七、双方本着互谅互让原则和睦相处，不冷言冷语，不损害对方农作物等。

第五节　土地执法创建活动

一、土地管理“三无”乡（镇）创建活动

1996 年，市政府继续开展创建土地管理“三无”乡镇活动，作为推进土地管理工作的重要措施。年初，市政府下发《关于在全市开展创建土地管理“三无”乡镇活动的通知》，成立市长常龙福任组长，副市长吴国华任副组长，市土地管理局、市建设局、市法院、市检察院、市司法局、市发展和改革委员会、市信访局等部门主要负责人为成员的创建土地管理“三无”乡镇活动领导小组。领导小组下设办公室，市土地管理局局长叶新彩兼任办公室主任，统一组织和协调创建活动。3 月 16 日，市政府召开创建土地管理“三无”乡镇活动动员会议，明确创建活动指导思想、内容、要求、方法步骤和实施措施。各乡镇相应成立创建土地管理“三无”乡镇活动领导小组，分别与各村、企事业单位签订责任书，实行一级抓 一级，一级保一级，一级对一级负责。8 月初，市土地管理局分片召开各乡镇土地管理所所长会议，专题交流各地创建工作的做法和经验，分析研究创建活动中存在的薄弱环节，并组织就地进行土地监察巡查。11 月底，市政府对全市 28 个申请验收的乡镇，统一组织考核验收，黄桥、河失、横垛、古溪、元竹、横巷、分界、南沙、宁界、曲霞、姚王、刘陈、溪桥、汪群、孔桥、老叶、口岸、永安洲、刁铺、许庄、七圩、大生、泰兴镇等 23 个乡镇达到土地管理“三无”乡镇标准，受到市政府表彰。1997 年，市政府在《关于深入开展创建土地管理“三无”乡镇活动的通知》中对创建土地管理“三无”乡镇的标准进一步完善和细化。具体标准明确为:（1）无违法批地。做到按规定程序报批，无越权批地行为;（2）无违法管地。做到在建设用地审批和管理中无以地谋私和索贿受贿行为;（3）无违法用地。做到无超标多占土地面积或荒芜土地行为。当年 7 月底至 8 月初，市土地管理局分片召开各乡镇创建土地管理“三无”乡镇工作汇报会，帮助各乡镇对照标准找差距。年底，市政府组织考核验收，全市 37 个乡镇，有 21 个乡镇达到“三无”乡镇标准。市国土管理局被泰州市国土管理局表彰为创建“三无”乡镇组织工作先进单位。1998 年，全市土地管理“三无”乡镇由 1996 年的 23 个增加到 30 个，达标率由 1996 年 54.7% 提高到 81.1%。

二、土地执法模范乡（镇）创建活动

1999年，省国土管理局印发《关于开展创建土地执法模范乡（镇）活动的通知》，要求在创建土地管理“三无”乡（镇）活动的基础上，开展创建“土地执法模范乡（镇）”活动。市国土管理局将土地执法模范乡（镇）标准、创建活动计划、措施和考核验收细则等印发给各乡镇组织实施。各乡镇针对以往创建活动中存在的问题，研究落实创建措施。市国土管理局土地执法监察科（大队）工作人员按片分工包干，落实责任，每季组织一次检查交流，督促指导原“三无”达标乡镇进一步巩固创建成果，帮助未达标乡镇查找存在问题，竭尽全力落实创建措施，实现土地执法模范乡镇创建目标。年底，市政府组织考核验收，泰州市国土管理局抽查上报总数20%以上的乡镇，全市81%的乡镇达到“土地执法模范乡（镇）”标准。2000年年初，市政府召开全市土地管理工作会议，对全市开展创建“土地执法模范乡（镇）”活动进行再动员，明确创建措施和责任，并与各乡镇签订创建“土地执法模范乡（镇）”责任状。是年，全市24个乡镇中，有20个乡镇达到“土地执法模范乡（镇）”标准，达标率83.3%。2001年，各乡镇按照市政府部署，继续开展创建“土地执法模范乡（镇）”活动。翌年，市国土资源局以创建“土地执法模范乡（镇）”活动为载体，不断强化土地执法监察，实行抽查与全面查相结合、定期查与不定期查相结合 、突击查与重点查相结合，全市违法违规用地得到有效遏制。2003年，市国土资源局将全市划片分工，按工作片落实责任人。5月，分片召开创建工作督查会，汇报交流各乡镇创建工作情况，下发“创建工作年中考核表”，各乡镇对照考核标准，自查自评自纠。9月，市政府召开全市土地监察工作会议，传达省、泰州市关于土地执法监察工作新要求，并以分界镇为典型召开创建工作现场会，促进各乡镇创建工作上水平出成效。年底，全市20个乡镇达到创建标准。2004—2009年，市政府以创建“土地执法模范乡（镇）”活动为抓手，组织各乡镇以宣传提高全民依法用地意识为先导，以强化执法监察为手段，防查结合，全面遏制违法用地行为。6年中，“土地执法模范乡（镇）”创建活动达标率100%。

三、土地执法模范市创建活动

1998年5月，省政府在江都召开创建“土地执法模范县”试点工作会议，确定泰兴为全省创建“土地执法模范”试点县（市）。市政府部署开展创建“土地执法模范市”活动。8月，根据《省创建土地执法模范县评分标准及考核验收办法的通知》精神，制定《泰兴市创建土地执法模范市活动的意见》，提出创建土地执法模范市具体目标和措施。市委、市政府成立市长陈骏骠任组长，副市长周绍泉任副组长，市公安局、市检察院、市法院、市国土管理局、市建设局、市发展和改革委员会、市监察局等部门主要负责人为成员的创建工作领导小组和工作班子，使“土地执法模范市”创建活动有领导、有组织、有目标。1999年，市政府印发《关于在全市开展创建“土地执法模范市”活动的通知》，专题召开会议，研究部署创建工作，以开展创建“土地执法模范乡（镇）”活动为基础，与各乡镇政府签订创建责任状，将创建工作列入全年工作目标考核，实行“一票否决”。市政府组织市法院、市公安局、市综合治理办公室、市信访局、市监察局、市建设局等部门密切配合，形成创建合力。市国土资源局及时调整、健全全市土地监察网络，充分发挥群防群治的作用。各乡镇以创建“土地执法模范市”为目标，开展创建“土地执法模范乡（镇）”活动，实行一级保一级，确保“土地执法模范市”创建达标。市土地监察大队和各乡镇国土管理所共同负责全市土地执法监察任务，实行分区域巡回监察，加大主动监察频率，使违法用地做到早发现、早制止。2002年，市政府将创建“土地执法模范市”活动列入政府50件实事之一，重新聘请市、乡镇土地监察专员，聘任村兼职土地监察员，落实村民小组土地监察信息员，使全市形成“横向到边、纵向到底”的土地监察网络。市国土资源局重新修订监察人员岗位责任制，全面推行分片包干巡查制和办案负责制，加大巡回监察力度，确保创建“土地执法模范市”工作始终保持健康发展态势。1999—2006年，市政府每年组织年终考评，全市80%以上的乡镇达到“土地执法模范乡（镇）”标准，基本实现“土地执法模范市”目标。

2007年年初，省国土资源厅印发《关于在全省深入开展创建“土地执法模范县（市）”活动的通知》，这标志着创建“土地执法模范县（市）”活动在全省推开，市政府利用各种会议、新闻媒体宣传创建“土地执法模范市”活动意义，继续以创建“土地执法模范乡（镇）”为抓手，把创建“土地执法模范乡（镇）”列入市政府对乡镇百分赛考核，明确规定发生违法用地的乡镇及乡镇主要负责人不得参与评先评优。各乡镇政府将耕地保护、土地巡查、违法用地制止、涉土信访等列入对村（居）“三个文明”建设考核内容，凡发生重大土地违法行为的，年终考核实行“一票否决”，取消村（居）及其负责人评先评优资格。自此，全市土地管理和耕地保护责任由部门负责转变为部门和地方政府共同负责，土地执法由部门职责变为部门和政府共同的职责。市国土资源局强化土地动态巡查，做到巡查不留盲区，监察不留死角，切实把问题处理在萌芽状态。村（居）民委员会干部对辖区内单位用地、村（居）民建房、土地复垦整理、增减挂钩项目、耕地保护、被征地农民补偿安置等情况做到及时检查，一经发现问题苗头，立即制止并及时汇报。2009年，市政府在部署开展创建“土地执法模范市”活动的同时，制定创建“土地执法模范乡（镇）”活动奖励措施。明确规定：创建活动考核得分在90分以上，排名1~3名的乡镇，奖励5万元，排名4~7名的乡镇，奖励 3 万元。年内，市政府围绕“零问责”目标，先后两次召开专题会议，督促和推进当年新发生违法违规用地查处整改工作。市国土资源局扎实开展卫片执法检查、十日清查和违法违规用地专项清理行动，土地违法违规案件全部依法查处到位。

2010 年，市政府印发《关于开展创建土地执法模范市、土地管理模范乡镇、基本农田保护模范村活动的通知》和《泰兴市土地管理模范乡镇、基本农田保护模范村创建工作考核细则》，在全市开展“三模”联创活动。市政府成立由市长高亚梓任组长，副市长刘荣华任副组长，市国土资源局、市公安局、市信访局、市住房和城乡建设局、市环境保护局、市发展和改革委员会、市监察局、市城管局、市供电局等部门负责人为成员的“三模”联创工作领导小组。市国土资源局以“三模”联创活动为抓手，实行查防结合 、查处并举，建立违法用地行为早发现、早报告、早制止“三早”机制。与各乡镇和市各部门主动协调，形成合力，共同围绕“三模”联创目标抓落实、抓推进、抓达标。各乡镇将创建工作与普法教育相结合，与日常土地管理工作相结合，与土地执法监察工作相结合。各行政村紧扣基本农田保护，严格执行基本农田“五不准”制度，把保护责任落实到户。10 月，全市开展“三模”联创专项督查，将督查情况向全市通报。年底，由市政府办公室牵头，市国土资源局会同市纪律检查委员会、市住房和城乡建设局、市规划局、市财政局等部门组成考核验收小组，对全市申报验收的乡镇、村进行验收，全市 7 个乡镇达到“土地管理模范乡（镇）”标准，28 个行政村达到“基本农田保护模范村”标准。2011 年，市政府修订完善“三模”联创实施方案，组织召开全市国土资源工作暨创建“土地执法模范市”活动动员大会。各乡镇、村分别召开创建“土地管理模范乡（镇）”和“基本农田保护模范村”活动推进会，细化工作目标，层层分解责任，实行创建工作重心下移。市国土资源局定期会同市住房和城乡建设局、市公安局、市环境保护局、市监察局、市供电局等部门督查各乡镇创建工作，并以专题简报的形式向市四套班子负责人报告督查情况，推动创建工作有序开展。年底，4 个乡镇评为“土地管理模范乡（镇）”，4 个乡镇评为创建“土地管理模范乡镇先进单位”，28 个行政村评为“基本农田保护模范村”。2012 年，市政府

2011 年 11 月 3 日，泰州市国土资源局组织对泰兴市土地执法模范市创建工作进行检查验收

把“三模”联创工作与其他中心工作同部署、同考核。市国土资源局继续把“三模”联创工作作为土地管理工作的中心，紧抓不放，力度不减。年末，经综合考核评审，分界镇、元竹镇、滨江镇、黄桥镇被评为“土地管理模范镇”；张桥镇、曲霞镇、姚王镇、古溪镇被评为“土地管理模范镇创建工作先进单位”；三阳村、房元村、古溪村、塘湾村、南周村、王厂村、蒋港村、苏垡村、联新村、李秀河村、双联村、杏陆村、宋福村、申庄村、姚垡村、新街镇居委会、西黄村、印荡村、双桥村、中盐村、果园村、周岱村、公殿村、宋桥村、禅师村、新圩村、肖榨村、郭桥村等28个村被评为“基本农田保护模范村”；孙昊、徐建锋、祝留国等42名市、乡镇（街道）、村干部及市国土资源系统人员被评为“三模”联创工作先进个人，分别获得市政府奖励。

2013年，在“三模”联创活动中，市政府对创建工作成效突出的乡镇（街道）、村及个人给予表彰奖励。姚王镇、曲霞镇被评为“土地管理模范镇”，各获奖金10万元；分界镇、珊瑚镇、滨江镇、济川街道被评为“土地管理模范镇（街道）创建工作先进单位”，各获奖金6万元；双进村等32个村被评为“基本农田保护模范村”，各获奖金5000元；李鹏等45人被评为“三模”联创工作先进个人，各获奖金1000元。2014年，曲霞镇、张桥镇、元竹镇、济川街道被评为“土地管理模范乡镇（街道）”，各获奖金10万元；新街镇、河失镇、古溪镇、珊瑚镇被评为“土地管理模范镇创建工作先进单位”，各获奖金6万元；三阳村等32个村被评为“基本农田保护模范村”，各获奖金5000元；姚国俊等45人被评为“三模”联创工作先进个人，各获奖

2012年12月13日，省国土资源厅对泰兴市“土地执法模范市”创建工作考核验收

金 1000 元。

2015 年，市委、市政府把开展“三模”联创活动与“国土资源节约集约模范市”创建活动结合。市国土资源局继续实施土地执法动态巡查、联合执法等土地监察制度，进一步提升创建工作水平和质量。年末，依据前一年遥感影像图斑和平时掌握的情况，对各乡镇核查土地违法违规查处整改情况；核查涉土信访处理情况；核查耕地占补平衡和增减挂钩备选项目任务落实资料，评选出“三模”联创工作先进单位和先进个人。2016 年，市委、市政府组织开展“三模”联创活动和“土地节约集约利用先进园区”创建活动。年初，市政府提出创建工作总体目标为：乡镇（街道）、园区高度重视节约集约和依法依规用地工作；不断加大土地整治力度；坚持节约集约用地；坚持依法依规用地；依法开展征地补偿和被征地农民生活保障工作。年内，市政府组织市国土资源局等部门对乡镇（街道）、园区创建工作进行督促检查，各乡镇（街道）、园区对各自辖区内不符合节约集约用地标准行为、违反土地使用标准控制要求供地、用地行为，及时进行整改。市国土资源局先后开展“违法违规用地集中整治百日行动”和“违法违规用地集中整改月”活动。对排查出来的重大项目用地问题、卫片执法检查发现的问题和涉土信访反映的问题，及时研究并加以解决，做好土地要素保障工作。年末，市政府组织对乡镇（街道）、园区创建工作考评，元竹镇、曲霞镇、古溪镇被评为“土地管理模范镇”，分别获得 15 万元奖金和 1 公顷用地指标奖励；丁正磊等 30 人被评为创建工作先进个人，各获奖金 2000 元。2017 年，市政府动员全市上下把创建“土地执法模范市”活动作为严格国土资源管理重点工作。全市范围内形成“党委领导、政府负责、部门协同、公众参与、上下联动”的良好局面。各乡镇（街道）、园区主要领导亲自挂帅，加强对创建活动统筹协调。市国土资源局与市各部门加强对创建活动指导和督查，推动创建活动健康运行。年末，经市政府综合考评，河失镇、广陵镇、宣堡镇被评为“土地管理模范镇”，各获 15 万元奖金和 1 公顷用地指标奖励；王迎春等 30 名人员被评为创建工作先进个人，各获奖金 2000 元。是年，泰兴被省国土资源厅评为“2017 年度江苏省土地执法先进县（市、区）”。

2018 年，全市继续开展“土地节约集约利用先进园区”和“土地管理模范乡镇”创建活动，并以此为契机，确保实现创建“土地执法模范市”目标。年底，市政府组织综合考评，姚王镇、分界镇、广陵镇、虹桥镇、河失镇被评为“土地管理模范乡镇”，各获 15 万元奖金和 1 公顷用地指标奖励；于亚明等 30 人被评为创建工作先进个人，各获奖金 2000 元。泰兴市创建“土地执法模范市”活动基本达标。

第十章
国土资源税费

泰兴市国土资源局税费收缴大厅

①
②

① 纳税人在纳税窗口缴纳税款

② 泰兴市行政审批中心国土资源税费收缴窗口

开征国土资源各项税费，是运用经济手段管理土地的重要措施。税项包括耕地占用税、城镇土地使用税、土地增值税、契税等保护耕地、节约土地的税费，解决用地矛盾，促进工农业同步协调发展。费项包括土地荒芜费、农业重点开发建设资金、耕地开垦费、新增建设用地土地有偿使用费、国有土地有偿使用费、非农用土地有偿使用费等行政类规费和征（拨、使）用土地管理费、城乡居民建房用地管理费、土地出让业务费、土地登记费等事业类规费，此举既增加财政收入，又有效促进合理用地和节约用地。随着改革不断深化和经济发展需要，有些税费标准几经调整，或停止收取，既减轻单位和个人经济负担，又保障国土资源管理工作正常开展，更为保护耕地、开发复垦整理土地发挥积极作用。

第一节　土地赋税

一、耕地占用税

1996 年，泰兴市根据 1988 年财政部、国家土地管理局下发的《关于确保对非农业建设用地征收耕地占用税的联合通知》精神，制定关于征收耕地占用税具体办法。明确凡在泰兴域内占用耕地建房或者从事其他非农业建设的单位和个人为耕地占用税纳税人。税额标准根据全市各乡镇人均耕地数量和经济发展情况确定，标准为每平方米 5~7 元。其中：泰兴镇、黄桥、广陵、刁铺、马甸、蒋华、曲霞、新市、七圩、大生、天星、燕头、过船、口岸、永安洲等 15 个乡镇，每平方米 7 元；分界、古溪、元竹、常周、焦荡、张桥、溪桥、河失、十里甸、姚王、根思、孔桥、田河、许庄等 14 个乡镇，每平方米 6 元；珊瑚、长生、横巷、宁界、南沙、横垛、南新、刘陈、北新、老叶、宣堡、汪群、胡庄等 13 个乡镇，每平方米 5 元。所属乡镇农民个人在规定额度内占用耕地新建住宅，按规定税额减半征收，但农户或联户占用耕地从事其他非农业生产经营的则全额征收。对公路建设（包括新建、扩建、改建）占用耕地的，按江苏省财政厅印发的《关于公路建设占用耕地征收耕地占用税问题的通知》规定，一律按每平方米 2 元的标准计征耕地占用税。同时执行省财政厅《关于建立耕地占用税减免分级审批制度（试行）的通知》规定：国家、集体非农业建设占用耕地 0.2 公顷以下（含 0.2 公顷）的减免税额由县级财政局审批，抄报省财政厅备案；占用菜地 0.2 公顷以下，耕地 0.2 公顷以上、1 公顷以下的，减免税额须经省辖市财政局审批；占用纳税的非耕地在 0.67 公顷以下的减免税由县级财政局审批，报省辖市财政局备案。耕地占用税征收方法是：纳税人必须在土地管理部门批准占用耕地之日起 30 日内，持土地管理部门开具的纳税通知书，向县级财政机关纳税，逾期按日加收应纳税款 5‰的滞纳金；纳税人按有关规定至土地管理部门办理退还耕地手续的，已纳税款不予退还；单位和个人获准征用或者占用耕地超过 2 年不使用的，按规定税额的 2 倍征收耕地占用税。征收的耕地占用税，根据省政府规定，上缴国家 30%、省 15%，市、县（市）、乡（镇）55%，用于建立农业发展专项资金。3 月，市土地管理局、市财政局联合印发《关于进一步完善耕地占用税预收保证金制度，切实做好耕地占用税征管工作的通知》，规定从4月1日起域内国家、集体、个人三项建设耕地占用税由市财政局征收，改为由用地单位或个人所在地乡镇财政所直接征收，土地管理部门不再签发纳税通知书。其程序为：由乡镇土地管理所通知用地单位或个人在用地审批前到乡镇财政所缴纳耕地占用税保证金；由乡镇财政所按实收保证金开出预收收据；由乡镇土地管理所根据单位和个人缴纳的耕地占用税保证金金额核定报批用地面积，在申报用地资料中连同保证金收据一并报市土地管理局；市土地管理局根据单位或个人用地申报材料和保证金预收收据，呈报上级人民政府批准；用地单位或个人持用地批准文件到财政所办理预收保证金解库手续，并对预收保证金多退少补，同时取得完税凭证。减免耕地占用税的程序和权限，仍按省财政厅《关于建立耕地占用税减免分级审批制度（试行）的通知》规定执行。实行预收耕地占用税保证金制度后，各类减免税一律实行先征后退；对各乡镇建设用地应征税额实行包干结算的办法，即按应征税额的5%提取征收经费后，按总额62%上缴中央、省和省辖市，县（市）级财政和乡镇财政所各得19%。

2008年1月，根据修订后的《中华人民共和国耕地占用税暂行条例》精神，泰兴将耕地占用税税额调整为：占用耕地的每平方米30元；占用林地的为占用耕地的80%；占用其他农用地的为占用耕地的50%；农村居民建住宅占用耕地的减半征收；铁路线路、公路线路、港口基建占用耕地的，按每平方米2元的税额征收；军工设施、学校、养老院、殡仪馆建设用地免征。占用基本农田的在适用税额基础上提高50%。2011—2018年，泰兴征收耕地占用税5.57亿元。

二、城镇土地使用税

1996年，泰兴贯彻《江苏省〈城镇土地使用税暂行条例〉施行细则》，继续开征城镇土地使用税。规定凡在城区、建制镇、工矿区范围内使用土地的单位和个人，均为城镇土地使用税的纳税人，依法缴纳城镇土地使用税。土地使用税以纳税人实际占用土地面积计算税额，由土地所在地税务部门征收。征用耕地的，自批准征用之日起满一年时，开始缴纳城镇土地使用税。征用非耕地的，自批准征用次月起缴纳城镇土地使用税。泰兴将城镇土地使用年税额分为两等：泰兴城区（包括郊区村在内的全部地区）为一等，每平方米0.5元；黄桥、广陵、口岸、刁铺、马甸、宣堡、过船、蒋华、河失、古溪等20个建制镇（只限镇政府所在地）为二等，每平方米0.3元。征收方法，实行按年征收，分期预缴，企业按季预缴，个人按半年预缴。逾期不缴的，按日加收5‰的滞纳金。由国家财政部门拨付事业经费单位自用土地、宗教寺庙、公园名胜古迹自用土地、直接用于农、林、牧、渔业生产用地及财政部另行规定的能源、交通、水利等设施用地均免征城镇土地使用税。1999年11月，泰兴城区土地使用税年税额调整为每平方米 1 元，建制镇土地使用税年税额调整为每平方米 0.5 元。2001 年 4 月，泰兴土地使用税年税额调整为城区每平方米 2 元，建制镇每平方米 1.5 元。

2006 年 12 月 31 日，国务院修订的《中华人民共和国城镇土地使用税暂行条例》颁布后，省政府对城镇土地使用税额标准重新作调整。翌年，泰兴根据国务院和省政府规定，将城镇土地使用税年税额调整为城区每平方米 5 元，建制镇每平方米 3 元。2017 年 1 月，泰兴城镇土地使用税年税额调整为城区每平方米 8 元，建制镇每平方米 5 元。至 2018 年，全市征收城镇土地使用税按以上文件精神执行。

三、土地增值税

1996 年，泰兴按照《中华人民共和国土地增值税暂行条例》及财政部实施细则，继续开征土地增值税。规定凡转让国有土地使用权、地上建筑物及其附着物并取得收入的单位和个人，为土地增值税纳税人。土地增值税以纳税人转让房地产所取得的增值额为计税依据，实行四级超额累进税率。增值额未超过扣除项目金额 50% 的部分，税率为 30%；增值额超过扣除项目金额 50%、未超过扣除项目金额 100% 的部分，税率为 40%；增值额超过扣除项目金额 100%、未超过扣除项目金额 200% 的部分，税率为 50%；增值额超过扣除项目金额 200% 的部分，税率为 60%。纳税人建造普通标准住房出售，增值额未超过扣除项目金额 20% 的，或因国家建设需要依法征用、收回的房地产，免征土地增值税。土地增值税由税务部门征收。纳税人自转让房地产合同签订之日起 7 日内向房地产所在地税务主管部门办理纳税申报，在税务部门核定期限内缴纳土地增值税。由土地管理部门、房地产管理部门向税务部门提供纳税资料，协助税务部门依法征收土地增值税。纳税人未按章缴纳土地增值税的，土地管理部门、房地产管理部门不得办理土地、房产权属变更手续。同时，泰兴依据纳税人转让房地产取得的收入预征土地增值税，预征率为 1%。2004 年，全市规范和加强土地增值税征收管理工作，除普通标准住宅（指为解决住房困难户住房，由政府指定的房地产开发公司开发，按照政府部门规定的建筑标准建造，实行国家定价或限价并由政府指导销售对象的住宅）不实行预征外，对其他各类商品房均实行预征。2014 年 1 月，全市普通住宅（按照所在地一般民用住宅标准建造的，除别墅、度假村、高级公寓等高档住宅以外的居民住房）土地增值税按 2% 预征率预征。2016 年 6 月，全市普通住宅、非普通住宅、其他类型房产的预征率均为 2%；预计增值率大于 100% 且小于或等于 200% 的房地产开发项目，预征率为 5%；预计增值率大于 200% 的房地产开发项目，预征率为 8%。至 2018 年，泰兴征收土地增值税按以上标准执行。

四、契税

1996年，泰兴对经土地、房管部门批准发生买卖、典当、赠予和交换的私人房屋，继续开征契税。凡房地产的买卖、典当、赠与或交换等行为，均应凭土地使用证、房屋所有证和当事人双方订立的契约，由承受人交纳契税。税率为：卖契税按卖价征收6%；典契税按典价征收3%；赠予契税按现值价格征收6%；交换的土地房屋，双方价值相等的免征契税，不相等的，其超过部分按卖契税率征税。契税收入归县（市）级地方财政。1997年4月23日，国务院第55次常务会议通过《中华人民共和国契税暂行条例》，并于1997年10月1日起施行，同时废止1950年4月3日由中央人民政府政务院颁布的《契税暂行条例》。是年，省政府印发《江苏省实施〈中华人民共和国契税暂行条例〉办法》，规定江苏省行政区域内转移土地、房屋权属，承受的单位和个人为契税的纳税人，应当依照省《中华人民共和国契税暂行条例》实施办法规定缴纳契税，契税税率为土地、房屋现行评估总价的4%。纳税人应当自纳税义务发生之日起10日内，向土地、房屋所在地的契税征收机关办理纳税申报，并在契税征收机关核定的期限内缴纳契税。契税由土地、房屋所在地的财税部门负责征收。2014年起，泰兴执行江苏省契税基本税率，按3%的税率征收契税。至2018年，泰兴征收契税按此标准执行。

第二节 土地规费

一、规费种类与标准

（一）行政类规费与标准

1.“农转非”粮油差价补贴及撤组预备金

由征地单位向被征地单位一次性交付粮、油差价补贴，是对被征地单位“农转非”人员的生活安排。1996 年，粮油差价补贴根据征地工“农转非”人数计算，每人 3000 元。由市财政局收取，实行专户储存，专款专用。1997 年，泰兴执行泰州市人民政府关于贯彻《江苏省实施〈土地管理法〉办法》的通知，对征用城市规划区内的村组土地或城市规划区外人均不足 0.5 亩的村组土地，收取撤组预备金。收取标准为：城市规划区内的村组土地每公顷 45000 元（每亩 3000 元）。城市规划区以外的村组土地，征地前被征地村民人均耕地在 0.5 亩（不含 0.5 亩）以下的，用地单位按以下标准缴纳撤组预备金：0.5 亩（不含 0.5 亩）以下的，每亩 2000 元；0.4 亩（不含 0.4 亩）以下的，每亩 3000 元；0.3 亩（不含 0.3 亩）以下的，每亩 4000 元；0.2 亩（不含 0.2 亩）以下的，每亩 5000 元。对征地面积较大的用地项目，分段计收撤组预备金，撤组预备金由市土地管理部门统一收取，专户储存，专项用于撤组后需保养人员生活补助，不得移作他用。征地后农业人口人均耕地不足 0.1 亩的村民小组，经市、县（市、区）人民政府审核后报省政府批准，撤销该村民小组建制，原村民小组成员的农业户口可转为非农业人口，市财政局向征地单位一次性收取“农转非”人员每人 3000 元的粮油差价补贴。2008 年后停收“农转非”粮油差价补贴及撤组预备金，执行被征地农民生活保障的政策规定。

2. 土地荒芜费（土地闲置费）

1996 年，泰兴执行省物价局、省土地管理局印发的《关于全省土地管理系统行政事业性收费有关问题的通知》，规定对征地后抛荒的单位和个人及责任田抛荒户每公顷收取 30000 元（每亩 2000 元）土地荒芜费。此项费用由县（市）级土地管理部门负责收取，专项用于土地复垦。对抛荒超过两年以上的，除收取土地荒芜费外，由县（市）级土地管理部门提请同级人民政府批准无偿收回，同时注销土地使用证。1999年，根据省政府《关于贯彻实施〈土地管理法〉有关问题的通知》规定，对已经办理审批手续的非农业建设占用耕地，一年以上未动工建设的，当地国土管理部门应收取土地闲置费（1999年新修订的《中华人民共和国土地管理法》实施前称土地荒芜费，实施后改称土地闲置费），收取标准按土地荒芜费标准执行，每公顷30000元（每亩2000元）。2005年起，泰兴执行省《关于调整土地闲置费征收政策促进土地资源保护有关问题的通知》规定，对以划拨方式取得土地使用权的，自建设用地批准书颁发之日起满1年未动工建设的，按每年每公顷60000元（每亩4000元）征收土地闲置费；对以出让方式取得土地使用权的，自国有土地有偿使用合同生效满1年未动工开发建设的，按每年不超过土地出让金的20%计征土地闲置费，其中工业用地按土地出让金的15%计征，经营性用地和其他用地按土地出让金的10%计征；对已开发建设面积不足总面积三分之一的，或已投资不足总投资25%且未经批准终止开发建设满1年的建设用地应认定为闲置土地，根据供地方式征收土地闲置费。杜绝不交、少交、漏交土地闲置费行为，对逾期缴纳土地闲置费的，从逾期之日起，按日加收0.1%的滞纳金。拒缴土地闲置费的，国土资源管理部门可依法收回土地使用权，并对收回的土地使用权实行招标或者拍卖。2008年10月起，泰兴根据省物价局、省国土资源厅、省财政厅《关于调整土地闲置费征收标准问题的通知》规定，对闲置满1年不满2年的土地征收土地闲置费。闲置土地认定标准为：土地使用者依法取得土地使用权后，未经原批准用地的人民政府或市、县（市）人民政府国土资源行政主管部门同意，超过国有建设用地使用权有偿使用合同或者划拨决定书等约定的动工建设日期满1年以上未动工开发建设的；国有建设用地使用权有偿使用合同或者划拨决定书未约定动工建设日期的，以国有建设用地使用权有偿使用合同生效或者国土资源行政主管部门颁发建设用地批准书之日起，满1年以上未动工建设的；已动工开发建设但开发建设面积占应动工开发建设总面积不足三分之一的或者已投资额占总投资额不足25%、且未经市、县（市）人民政府国土资源行政主管部门同意，中止开发建设连续满1年以上的土地。征收闲置费的标准统一按划拨或出让土地价款的20%征收。其中：以划拨方式取得土地使用权的，以取得土地付出的成本（扣除税收）为划拨土地价款；以出让方式取得土地使用权的，以土地出让金总额为出让土地价款。对逾期缴纳土地闲置费的，从逾期之日起，按日加收0.1%的滞纳金。2015年1月1日起，泰兴执行财政部、国家发改委《关于减免养老和医疗机构行政事业性收费有关问题的通知》规定，对非营利性养老和医疗机构免征土地闲置费；对营利性养老和医疗机构减半征收土地闲置费。至2018年，泰兴仍按以上文件精神收取土地闲置费。

3. 非农用土地有偿使用费

1996年，泰兴执行省物价局、省土地管理局《关于全省土地管理系统行政事业性收费有关问题的通知》规定，经国家和省批准收取城镇土地使用税范围以外的各类非农业生产经营及其他用地的单位和个人，向国家和集体逐年缴纳非农用土地有偿使用费。征收标准为每平方米0.15~0.5元。对自批准用地之日起连续超过6个月不使用的建设用地，按上述标准的1~4倍加收非农用土地有偿使用费；对未经批准或超过批准数量违法占用的土地责令退还，在退还土地之前，按上述标准的3~5倍加收非农用土地有偿使用费。非农用土地有偿使用费由用地单位或个人于每年12月底以前向市、乡镇土地管理部门缴清，逾期不缴者，按全年应缴金额1~3倍加收。土地管理部门从所收取的非农用土地有偿使用费总额中提取10%作为土地管理业务费，其余部分列为土地复垦整治资金。党政机关、村（居）民委员会、学校、幼儿园、医院及由财政拨款的行政事业单位用地，铁路、公路、水利用地、军事设施用地（含永久性测量标志用地），农民宅基地（经营性用地除外）等免缴非农用土地有偿使用费。从事农、林、牧、渔开发，兴办交通、能源基础设施、教育、文化、科学技术、卫生和其他不以营利为目的的社会公益事业的外商投资项目用地等，免缴非农用土地有偿使用费。1997年，泰兴调整非农用土地有偿使用费征收标准，乡镇以上企业每年每平方米0.5元；村集体企业每年每平方米0.4元；组集体企业每年每平方米0.3元；个体户、联合体从事非农业生产经营合法批准的用地每年每平方米0.5元。2003年，泰兴停止收取非农用土地有偿使用费。

4. 国有土地有偿使用费

1996年，泰兴执行省物价局、省土地管理局《关于全省土地管理系统行政事业性收费有关问题的通知》规定，对通过行政划拨方式取得国有土地使用权进行非农业建设（包括新建、改建和扩建）的用地单位和个人，一次性收取国有土地有偿使用费（原拆原建不扩大面积的除外）。收费标准为每平方米7.5~30元，其中城镇国有土地每平方米30元；国有荒山、荒滩、荒地每平方米7.5元；城镇以外的其他国有土地每平方米15元。党、政、军机关，非经营性事业单位办公室、职工住房用地，暂免交国有土地有偿使用费。划拨使用撤销村组建制后剩余的国有土地，按征地程序办理用地手续、缴纳有关税费外，按照每平方米15元标准缴纳国有土地有偿使用费。2007年1月，泰兴同时执行《泰州市物价局、财政局公布环境基础设施建设和营运过程中收费优惠政策的通知》规定，国有土地有偿使用费优惠收费标准为每平方米3.75~15元，其中城镇国有土地每平方米15元；国有荒山、荒滩、荒地每平方米3.75元；城镇以外的其他国有土地每平方米7.5元；划拨使用撤销村组建制后剩余的国有土地，除按征地程序办理用地手续、缴纳有关税费外，按照每平方米7.5元标准缴纳国有土地有偿使用费。2009年9月1日，根据省政府《关于进一步取消和停止部分行政事业性中介服务性收费项目的通知》，泰兴取消收取国有土地有偿使用费。

5. 农业重点开发建设资金

1996 年，泰兴根据《省政府办公厅转发省计经委等部门关于提交农业重点开发建设资金征收标准有关问题的请示的通知》要求，继续对国家、集体、个人（含乡村企业、个体工商户和城乡居民建房用地）非农业建设新征（拨、使）用土地（包括耕地和非耕地、原地拆建不扩大范围的除外）征收农业重点开发建设资金。征收标准为每公顷 30000 元（每亩 2000 元），由市土地管理局代收，并按规定提取征收总额 2% 的业务费用，其余部分逐年全额解缴省土地管理部门。提取的业务费分成比例为：省 10%、省辖市 20%、市 70%。征收的农业重点开发建设资金分成比例为：省 60%、省辖市 10%、市 30%，用于当地农业后备资源开发利用、农业重点项目建设和土地复垦整理。至 2018 年，全市收取农业重点开发建设资金按以上文件精神执行。

6. 新增建设用地土地有偿使用费

1999 年 1 月，市政府依据新修订的《中华人民共和国土地管理法》《中华人民共和国土地管理法实施条例》和财政部、国土资源部关于《新增建设用地土地有偿使用费收缴使用管理办法》精神，对新增建设用地土地有偿使用费收缴使用作出规定：明确报国务院审批的新增建设用地项目，按国土资源部下达的缴款通知书征收；报省政府审批、使用年度计划指标的，且属土地利用总体规划确定的城市（建制镇）建设用地范围内（即圈内）新增建设用地及该规划圈外以出让等有偿使用方式供地的新增建设用地，均需缴纳新增建设用地土地有偿使用费。征收标准为每平方米 17 元。新增建设用地土地有偿使用费，专项用于耕地开发、基本农田保护和土地复垦整理等，不得挪用，不得平衡财政预算，结余结转使用。市财政部门从收取总额中提取 2% 作为业务手续费。其余按 30% 上缴中央财政，70% 上缴地方财政。国家能源、交通、水利等重点基础设施建设项目等在城市用地规模之外单独选址且属划拨用地范围，不缴纳新增建设用地土地有偿使用费。2002 年 1 月 1 日，根据省财政厅、省国土资源厅《关于新增建设用地土地有偿使用费有关征收问题的通知》规定，泰兴在全市范围内对新增建设用地土地有偿使用费实行就地缴纳的办法。费用分成比例为：上缴中央财政 30%，上缴省、市财政各 10%，50% 留市（县）财政。2005 年 1 月 1 日，泰兴执行财政部、国土资源部、中国人民银行《关于进一步加强新增建设用地土地有偿使用费征收使用管理的通知》规定，新增建设用地土地有偿使用费实行就地缴纳、全额入库，取消由用地单位预交的办法。新增建设用地土地有偿使用费的缴纳主体为市人民政府，由市人民政府财政部门负责缴款，在土地出让金等土地收益中列支，不直接向用地单位收取。根据《江苏省沿江开发奖励政策实施办法》的规定，2003—2007 年，泰兴经济开发区新增建设用地土地有偿使用费缴省集中部分的 50% 给予返还。2007 年 1 月 1 日，新增建设用地土地有偿使用费征收标准调整为每平方米34元。至2018年，全市收取新增建设用地土地有偿使用费按以上标准执行。

7. 耕地开垦费

1999年1月1日起，泰兴按照省政府《关于贯彻实施〈土地管理法〉有关问题的通知》规定，凡非农业建设经批准占用耕地的，按照“占多少，垦多少”的原则，由占用耕地的单位负责开垦与所占耕地数量和质量相当的耕地。没有条件开垦或者开垦耕地不符合要求的，必须在办理农用地转用审批手续时先按规定缴纳耕地开垦费。耕地开垦费专项用于基本农田保护、土地复垦开发整理。征收标准为每平方米7元，占用基本农田的，在征收标准基础上再提高40%。2006年5月1日，泰兴市耕地开垦费收取标准从原来每平方米7元调整到每平方米11元，对占用基本农田的加收40%耕地开垦费。2011年9月1日，泰兴市耕地开垦费调整到每平方米17元，对占用基本农田的加收40%耕地开垦费。根据省物价局、省财政厅规定，2014年1月1日至2018年12月31日，中小学校舍安全工程免收耕地开垦费。2015年1月1日，泰兴执行财政部、国家发改委《关于减免养老和医疗机构行政事业性收费有关问题的通知》规定，对非营利性养老和医疗机构免征耕地开垦费，对营利性养老和医疗机构减半征收耕地开垦费。2016年1月1日，耕地开垦费征收标准调整到每平方米40元，对占用基本农田的加收40%耕地开垦费。至2018年，全市收取耕地开垦费按以上文件精神执行。

8. 土地复垦保证金（土地复垦费）

1996年，泰兴按照省物价局、省土地管理局《关于全省土地管理系统行政事业性收费有关问题的通知》规定，对建设需要征用基本农田保护区土地、菜田的单位和个人征收土地复垦保证金。收取标准为每公顷30000元（每亩2000元），此费用由土地管理部门收取。建设用地单位和个人能承担复垦任务，经验收合格后退回保证金；建设用地单位和个人不能承担复垦任务的，由土地管理部门利用此项费用统一组织复垦。1997年1月1日，按照省物价局、省国土管理局《关于进一步加强宅基地管理工作的通知》规定，对将宅基地改作经营性用地的以及“农转非”已就业户另有宅基地或异地建房户，在其原宅基地退回之前，每户应向所在地土地管理部门缴纳5000元土地复垦保证金，超过两年不复垦退回的，由土地管理部门统一组织复垦。1998年，按照省物价局、省国土资源厅规定，除农民建房外，其他建设单位和个人占用农用土地进行建设，由当地国土管理部门在办理建设用地手续时向其收取土地复垦保证金，收取标准为每公顷30000元（每亩2000元）。1999年起，按照省政府《关于贯彻实施〈土地管理法〉有关问题的通知》规定，对非农业建设占用耕地的，缴纳土地复垦费不再收取土地复垦保证金（1999年新修订的《中华人民共和国土地管理法》实施前称土地复垦保证金，实施后改称土地复垦费）。但所有涉及挖损、塌陷、压占土地的单位和个人都必须履行土地复垦义务，在办理建设用地手续前建设单位和个人必须与当地国土管理部门签订土地复垦合同，并缴纳土地复垦费。土地复垦费缴纳标准按土地复垦保证金标准执行，对市区工业企业免征，对占用基本农田的加收 40%，由国土管理部门在办理建设项目用地审批手续时收取，不再收取土地复垦保证金。根据省物价局、省财政厅规定：2014 年 1 月 1 日至 2018 年 12 月 31 日，中小学校舍安全工程免收土地复垦费。2015 年 1 月 1 日，按照财政部、国家发改委《关于减免养老和医疗机构行政事业性收费有关问题的通知》规定，对非营利性养老和医疗机构免征土地复垦费，对营利性养老和医疗机构减半征收土地复垦费。至 2018 年，全市收取土地复垦费按以上文件精神执行。

（二）事业类规费与标准

1. 征（拨、使）用土地管理费

1996 年，泰兴按照省物价局、省土地管理局《关于全省土地管理系统行政事业性收费有关问题的通知》规定，征（拨、使）用土地管理费按征（拨、使）用土地时所发生省以上批准及法律法规规定收取的各种费用（税不计入基数）总额 3% 收取（在基数难以计算时按土地最低保护价计收）。同时规定征后即行出让的不收取征（拨、使）用土地管理费。2001 年 9 月 20 日起，泰兴按国家计委、财政部调低后的征（拨、使）用土地管理费标准执行，即按征（拨、使）用土地时所发生的省以上批准及法律法规规定收取的各种费用（税不进入基数）总额 2.1% 收取（在基数难以计算时按土地最低保护价 70% 计收）。2008 年 9 月，根据省、市规定，停止收取征（拨、使）用土地管理费。

2. 城乡居民建房用地管理费

1996 年，泰兴按照省物价局、省土地管理局《关于全省土地管理系统行政事业性收费有关问题的通知》规定，按占地面积计算，向占地建房的城乡居民收取用地管理费。收费标准为每平方米 0.4 元，每户最高不超过 55 元；农村“五保户”建房用地，免收管理费。1997 年 3 月，泰兴按照省物价局、省国土管理局《关于进一步加强宅基地管理工作的通知》规定，城乡居民建房用地管理费仍按占地面积计算，标准为：占用耕地建房的每平方米 1.5 元，占用非耕地建房和原地翻建房屋的每平方米 0.6 元。2001 年，泰兴按照国家计委、财政部《关于全面整顿涉房建设收费、取消部分收费项目的通知》，降低城乡居民建房用地管理费收取标准，按占地面积每平方米 0.4 元收取，每户最多不超过 55 元。2004 年 5 月，泰兴执行财政部、发改委、农业部《关于公布农民建房收费等有关问题的通知》，取消城乡居民建房用地管理费收费项目。

3. 土地出让业务费

1996 年，泰兴按照省物价局、省土地管理局《关于全省土地管理系统行政事业性收费有关问题的通知》规定，在土地出让总费用中提取2%作为业务手续费。2007年，省财政厅、省国土资源厅、中国人民银行南京分行转发财政部、国土资源部、中国人民银行《关于国有土地使用权出让收支管理办法的通知》，将土地出让业务费计提比例调整为1.5%。2011—2018年，收取土地出让业务费3.70亿元。

4. 土地权属、用途变更费

1996年，泰兴按照省物价局、省土地管理局《关于全省土地管理系统行政事业性收费有关问题的通知》规定，对引起土地权属、用途发生变更的用地单位和个人收取土地权属、用途变更费。收费标准为：县城（含县城）城区范围内执行每平方米1元；乡镇（含乡镇镇区）以下和新征用地时（农民部分除外）执行每平方米0.5元。2007年1月，泰兴执行《泰州市物价局、财政局公布环境基础设施建设和营运过程中收费优惠政策的通知》规定，土地用途变更费优惠收费标准为：县城（含县城）城区范围内每平方米0.5元；乡镇以下每平方米0.25元。2008年9月，按省、市规定取消该收费项目。

5. 土地登记费（不动产登记费）

土地登记费是指对原用地进行地籍测量、调查、验线、登记和发证时收取的费用。该费用包括土地注册登记及证书费、土地权属调查费和地籍测绘费。1996年，泰兴按照省物价局、省土地管理局《关于公布土地管理系统行政事业性收费项目及标准的通知》规定，向进行土地登记发证的单位和个人收取土地登记费。其中土地注册登记收取证书费为：企事业单位每证10元；城镇居民每证5元；农村居民每证3元；“三资”企业及需要用国家特制证书的单位每证20元。土地权属调查费与地籍测绘费收费标准相同，标准为：党政机关、人民团体、全额预算管理的事业单位免缴；企业、自收自支事业单位，土地使用面积在1000平方米以下（含1000平方米），每宗地收取50元，每超500平方米及以内加收20元，最高不超过2万元；差额预算单位，土地使用面积2500平方米以内（含2500平方米），每宗地收取75元，每超500平方米及以内加收10元，最高不超过0.5万元。城镇居民私房用于生产经营的，其使用面积在500平方米（含500平方米）以内的每宗地收取40元；城镇居民住房（私房）每宗地面积100平方米及以下的收取6元，每超50平方米及以内的加收2.5元，最高不超过20元；农村居民生活用房，面积在200平方米（含200平方米）以内的，每宗地收取3.5元，200平方米以上每宗地收取7元。1999年4月，根据省物价局、省财政厅《关于规范土地登记费收费标准的通知》规定，泰兴将原土地注册登记及证书费、土地权属调查费、地籍测绘费3个项目合并为土地登记费。土地登记费收取标准调整为：党政机关、人民团体、全额预算管理事业单位每宗地收取10元；企业、自收自支单位土地使用面积在1000平方米（含1000平方米）以下每宗地收取110元，每超过500平方米及以内加收40元，最高不超过4万元。差额预算管理事业单位土地使用面积在2500平方米（含2500平方米）以下每宗地收取160元，每超过500平方米及以内加收20元，最高不超过1万元；城镇居民私房用于生产经营的土地使用面积在500平方米（含500平方米）以下每宗地收取90元，每超过100平方米及以内加收20元，最高不超过200元；城镇居民住房（私房）土地使用面积在100平方米（含100平方米）以下每宗地收取18元，每超过50平方米及以内加收5元，最高不超过35元。2004年5月，根据财政部、发改委、农业部印发《关于农民建房收费等有关问题的通知》，泰兴将土地证书工本费从土地登记费中单列，标准为：普通证书每本5元，国家特制证书每本20元，由农民个人自愿选择。2005年10月，根据省物价局、省财政厅《关于取消、调整部分行政事业性收费项目的通知》精神，泰兴对居民住宅发放土地使用证取消收费。2007年1月，市物价局、市财政局转发《泰州市物价局、财政局公布环境基础设施建设和营运过程中收费优惠政策的通知》，规定土地登记收费优惠标准为：企业、自收自支单位土地使用面积在1000平方米（含1000平方米）以下每宗地收55元，每超过500平方米及以内加收20元，最高不超过2万元。2009年9月，根据省物价局、省财政厅《关于降低收费标准和实施减免政策的通知》规定，泰兴对符合条件的初创中小企业免收土地登记费、土地证书工本费。2011年12月，泰兴根据国家、省财政和物价部门的规定，对小型、微型企业，自2012年1月1日至2014年12月31日免收土地登记费。2015年，市国土资源局根据财政部通知精神，印发《关于取消、停征和免征一批行政事业性收费的通知》，规定从2015年1月1日起对小微企业免征土地登记费。2016年12月，泰兴执行《国家发改委、财政部关于不动产登记收费标准等有关问题的通知》规定，将原有住房及其建筑用地分别办理各类登记时收取的登记费，统一整合为不动产登记费。不动产登记费按件收取，不得按照不动产的面积体积或者价款的比例收取。申请人以一个不动产单元提出一项不动产权利的登记申请，并完成一个登记类型登记的为一件，收费标准为：住宅类每件80元；非住宅类每件550元；不动产权属证书工本费，按规定核发一本证书不收证书工本费，向一个以上不动产权利人核发权属证书的，每增加一本证书加收证书工本费10元。至2018年，泰兴收取不动产登记费按以上文件精神执行。

二、规范收取行为与管理使用

（一）规范收取行为

1996年，泰兴市、乡（镇）两级土地管理部门建立健全财务管理机构，配备齐财会人员，明确土地收费专职人员，统一办理江苏省收费许可证和收费员证。建立各项收费管理制度，明确规定：统一使用省级财政部门统一印制或监制的票据，严格按照收费许可证规定的规费项目、标准，亮证、规范收费。开具收费票据时，按票据规定栏目详细填写收费项目、标准、金额等内容，以便管理部门核查。同时，不断完善建设用地、土地登记、土地出让等项业务工作与土地收费工作的衔接，上报的有关用地审批资料须经各级财会人员审核各项费用收缴情况，并签署意见，加盖财务审核专用章，对省规定的收费项目和标准，不擅自更改或拖欠不缴。在土地收费工作中，不超越规定权限擅自设立收费项目、制定收费标准；不扩大收费范围和提高收费标准；对已被取消或收费标准已经降低的，不继续按原项目、标准收费；不利用职权强制收费、搭车收费。对违反土地收费规定的单位和个人，由物价检查部门依据《中华人民共和国价格管理条例》《江苏省价格监督管理条例》《泰州市行政事业性收费管理办法》予以查处。

（二）管理使用

1996 年，泰兴执行省政府《关于印发〈江苏省国家建设征用土地费用包干实施办法〉的通知》规定，行政类规费一般属于专项资金，专款专用，取之于土，用之于土。如农业重点开发建设资金、新增建设用地土地有偿使用费、耕地开垦费等，在用地报批时，先全额上缴省国土管理部门或国库，后再按照一定比例返还省辖市和市。这类资金主要用于农业投入、基本农田建设和土地复垦开发整理等，由市财政部门具体管理。使用时，由市国土资源局、市农业局或市水利局编制项目预算，经市政府审批同意后，市财政局按照项目专项资金予以拨付。事业类规费一般作为事业经费，保障国土管理事业发展。如征（拨、使）用土地管理费、土地权属用途变更费、土地出让业务费、城乡居民建房用地管理费、土地登记费等，列入国土资源管理部门年度收支预算，实行“收支两条线”，支出主要用于国土资源管理部门事业人员工资、福利、办公、会务、差旅以及业务培训、宣传教育、档案管理、信息化建设等发展国土资源管理事业所必需的费用，按照预算进行开支。所有经费使用，均接受上级国土资源主管部门和同级财政、审计部门监督、检查、审计与管理。

第十一章

矿产资源管理与地质灾害防治

2016 年 12 月 12 日，《泰兴经济开发区地质灾害危险性区域评估报告》成果评审会召开

①/②

① 1992 年，泰兴县开发利用二氧化碳座谈会召开

② 2016 年 10 月 13 日，泰兴市综合地质调查座谈会召开

泰兴市位于长江北岸江苏中部平原地带，主要地质构造为隆起区。域内矿产资源除二氧化碳气较为丰富外，其他有黏土、氦气、地热、浅层天然气、优质石英砂等。经勘探，二氧化碳气储量在 1000 亿立方米以上，为中国最大的天然液压二氧化碳气田。20 世纪 80 年代开始开采，产品主要应用于工农业及食品生产中。黏土是制砖瓦的原料，至 1996 年年初，全市砖瓦窑达 1024 座，砖瓦窑业在一定时期内为城乡建设发挥了积极作用，但也造成资源浪费、耕地受损、污染增加，生态环境受到破坏等负面影响。1997 年起，市政府对长期失控的砖瓦窑业进行多次整顿和专项治理。至 2006 年，全市存有的 619 座砖瓦窑全部关闭，并拆除复垦到位。至此，域内无窑基门数 18 门以下的砖瓦窑业。矿产资源管理机构原隶属于市计划委员会，2001 年 12 月，地质矿产资源行政管理职能划入市国土资源局，内设矿产资源开发管理办公室。2002 年后，市国土资源局认真履行各项地质矿产资源管理职责，建立矿产资源开采管理制度，加强矿业权管理，治理整顿矿业权企业，实行采矿权有偿使用，推动砖瓦生产企业转型升级。2017 年，针对域内黏土资源禀赋不足情况，不再延续办理黏土资源采矿许可证。市国土资源局重视做好综合地质调查和地质灾害评估、预防工作。至 2018 年，全市地质矿产行政管理进一步规范，依法管理矿产资源水平进一步提高。

第一节　矿产资源管理

一、规划编制

2002 年，市国土资源局矿产资源开发管理办公室参与《泰州市矿产资源总体规划（2001—2010 年）泰兴部分》编制。对全市境内砖瓦用黏土、二氧化碳气、地热、地下水等资源开发利用和保护做出规划。同时建立矿产资源市场配置新机制，建立健全地质灾害防治、监测等制度。2007 年，市国土资源局矿产资源开发管理办公室参与泰州市国土资源局《泰兴市矿产资源总体规划（2008—2015 年）泰兴部分》编制。规划坚持环保优先，节约优先，在保护中开发，在开发中保护的方针，做到有效保护与合理利用相统一、资源开发与环境保护两并重、市场配置与宏观调控相结合。规划确定 2008—2015 年地质勘查、矿产资源开发利用及关闭砖瓦窑业企业等主要规划指标，使矿产资源开发与环境保护矛盾得到缓解。该规划于 2011 年经泰州市政府批准实施，2012 年 3 月获国土资源部规划优秀成果一等奖。2016 年，市国土资源局组织力量参与泰州市国土资源局《泰州市矿产资源总体规划（2016—2020 年）泰兴部分》编制。该规划基准年为 2015 年，规划期为 2016—2020 年，展望至 2025 年。规划对基础地质调查、矿产资源勘查、矿产资源开发利用与保护等制定出具体的近、远期目标。规定砖瓦用黏土以土地整理的黏土、河道疏浚淤泥为重点开采资源，全面禁止在基本农田开采黏土，合理设定砖瓦生产企业布局，限定并逐步减少企业数量。规定二氧化碳气生产企业有序有偿开采，实行资源利益最大化。同时进一步规范完善采矿权市场建设，鼓励发展地热供暖、洗浴、保健、养殖等综合利用模式。限制地下水开采，加强地质灾害防治。该轮规划通过省国土资源厅、省发展和改革委员会等职能部门及南京地质矿产研究所等专家预审，并通过泰州市政府组织的听证，于 2017 年 11 月经泰州市政府批准实施。

二、矿业秩序管理

1996年4月，全国矿业秩序整顿电话会议后，市政府召开由市计划委员会、市土地管理局、市水利局等部门负责人参加的专题会议，研究部署全市矿业秩序整顿工作。7月，市政府印发《关于认真贯彻执行〈矿产资源法〉切实加强全市矿产资源管理的通知》，规定凡在本市境内开采二氧化碳气、砖瓦黏土、石英砂等矿产资源的企业和个人必须依法到市矿产资源开发管理办公室办理登记手续，领取采矿许可证，否则禁止开采、生产；开采黏土资源的乡镇集体、个体窑业主，必须凭市矿产资源开发管理办公室颁发的有效采矿许可证到市土地管理局办理换发窑业临时用地使用证手续；开采江砂资源的，市矿产资源开发管理办公室必须凭河道、航道主管部门批准的采矿批准书颁发采砂许可证。是年，泰兴市二氧化碳厂、轮窑和土立窑业主、采砂企业均依法进行登记，领取合法营业证件。1997年，市政府决定，在全市范围内开展以清理整顿砖瓦窑用地取土为重点的“三土”专项治理工作。市矿产资源开发管理办公室会同市水利等部门巡查。发现市七圩砖瓦厂取江边滩土制砖，虽经多次制止，但仍置之不理。市矿产资源开发管理办公室采取罚款措施，并责令该厂限期填土防患。该厂立即整改、对不该取土的取土区进行填土恢复，按照采矿许可证规定要求，在江堤50米以外地带取土。2000年，市矿产资源开发管理办公室根据市政府部署，开展土、立窑专项整治活动，对无土源及在基本农田保护区、公路两侧乱采乱挖的窑场，一律关停，限期拆除。至2002年年底，全市督促窑主自行拆除土、立窑21座，申请法院强制拆除1座，并全部退田还耕，复垦到位。1995—2000年，由市计划委员会牵头，市水利局、市公安局、市航道管理部门密切配合，集中行动10余次，对在长江非法采砂行为进行巡查和打击，拆除价值4万多元采砂设备。2002年，市国土资源局狠抓矿业权管理，对1家二氧化碳企业 、8家轮窑企业进行采矿许可证年检登记和企业档案健全完善工作。2004年，查处非法买卖黏土资源案件2起，没收非法所得1.2万元。2005年，市矿产资源开发管理办公室对逾期不年检的长生陶瓷厂依法注销其采矿许可证。至此，全市砖瓦生产企业持证开采率达100%。2006年3月，市政府成立以副市长吕炳生为组长的整顿和规范矿产资源开发秩序工作领导小组，督促整顿和规范矿产资源开发秩序工作。至8月底，全市619座土立窑全部拆除，并复垦退田还耕到位。全年查处非法买卖黏土资源案件3起，没收非法所得0.8万元：查处非法买卖二氧化碳气体资源案件1起，没收非法所得2.63万元。2007年，市国土资源局对无证非法生产的采矿企业下发停产通知书4份，罚款14.4万元；查处非法盗售二氧化碳原料气行为1起，没收非法所得1.7万元，移送公安机关拘留2起；强制拆除死灰复燃土立窑2座。是年，市政府与华东石油地质局签订供用气协议，实行“一厂一管一表”管理方式，优化全市二氧化碳资源管理和开发秩序。2008年，市国土资源局在溪桥南殷村二氧化碳井口设立二氧化碳计量站，继续推行“一厂一管一表”的供气管理模式，彻底结束二氧化碳井口所在地生产企业无偿无序使用二氧化碳资源的历史。是年，对未经批准擅自扩建轮窑门数的7家企业，责令补办安全、环保、建设项目评估等批准手续。对未经批准擅自扩建14门轮窑的新街创业新型墙体材料有限公司下发限期整改通知书2份、停止非法生产通知书1份，并注销采矿许可证。查处非法销售二氧化碳原料气案件2起，其中报公安部门查处1起，没收非法所得并处罚款共计13万元。2009年，市国土资源局坚持查纠并举、纠建并重原则，在狠抓矿业开发秩序管理同时，进行矿业用地秩序专项治理整顿。年初起对采矿企业矿业权进行实地核查，至4月底，完成用地审批资料收集、数据汇总、图件绘制等工作。经核查，全市采矿企业实际用地面积47.65公顷，其中6.42公顷具有合法用地手续，其他41.23公顷均为历史沿用工矿用地，对这部分用地依法逐一补办用地手续。10月，市国土资源局下发《关于进一步加强二氧化碳资源利用管理的通知》，规定未经所在地镇政府及市国土资源局、市公安局、市工商行政管理局等部门批准，禁止任何单位和个人新建二氧化碳提纯装置；严格执行华东石油地质局与企业的协议约定，二氧化碳只能作为产品生产原料使用，不得以原料气或提纯气直接对外销售，不得向第三方供气；禁止任何单位和个人擅自同意他人私接供气管道。根据通知规定，市国土资源局、市工商行政管理局联合组织巡查，发现18家企业违规，有的擅自销售二氧化碳气体及提纯气，且销售价格低于每吨380元，有的私接管道。对此，市国土资源局对18家违规企业分别采取停止供气、取消用气资格及58万元罚款措施，年底前全部整改到位。2012—2013年，市政府及市国土资源局负责人与华东石油地质局磋商，协调华东石油局、地方政府及采矿企业的利益关系，防止和查处非法盗气行为，协同调处出现的矛盾纠纷，重新修订供气协议，确保二氧化碳资源有序开采，合法利用。2016年，市国土资源局认真开展矿业权年检工作，办理黏土资源采矿权延续换证11宗，应换尽换率达100%。2017年按照省国土资源厅文件精神，对全市砖瓦生产所持有的黏土采矿许可证到期后，不再延续办理，作注销处置。至2018年，全市共设置矿业权2宗，采矿秩序良好。

三、矿业安全管理

2001年，市国土资源局矿产资源开发管理办公室对全市所有的采矿企业进行全面检查，督促各采矿企业成立安全生产领导小组，配备齐专、兼职安全生产管理人员，企业法人为企业第一安全责任人，并设置专管安全生产副厂长。市矿产资源开发管理办公室分别与全市10家采矿企业签订安全生产责任状、填写安全督查登记表，规定各企业每月填报安全生产月报表，向市矿产资源开发管理办公室报告安全生产情况；督促各采矿企业建立健全安全生产管理责任制、安全生产操作规程、违章处罚实施细则等各项制度；组织安全管理人员培训，严格考核，做到合格上岗，特殊工种持证挂牌上岗；组织各采矿企业每月开展安全生产大检查，及时发现和处理安全隐患。2003年，按照泰州市国土资源局《关于切实加强当前安全生产工作的紧急通知》要求，市国土资源局于4月和9月分别组织矿产资源开发管理办公室专职人员及河失、黄桥、溪桥等镇国土资源所工作人员，对全市所有采矿企业进行全面安全检查，及时指出事故隐患，并督促企业限期整改落实，全年采矿企业未发生人员伤亡事故。2004年初，市国土资源局分别与全市11家采矿企业及所在乡镇国土资源所签订安全生产责任状，严格安全生产月报制和责任追究制。2005年，市国土资源局坚持“安全第一、预防为主”方针，采取对矿产资源开发管理办公室和乡镇国土资源所分层落实责任和考核制度的办法，继续坚持“月报季巡”制度，强化乡镇国土资源所对采矿企业及窑基安全生产监督检查，利用巡查机会向采矿企业干部职工及窑主宣传安全生产常识，加强对安全管理人员培训，从根本上杜绝重大责任事故发生。2009年5月，市国土资源局会同市工商行政管理局、市安全生产监督管理局等部门对全市14家利用二氧化碳资源的生产企业进行全面检查。针对检查中发现的无危险化学品生产许可证、经营许可证、项目建设违规、压力容器及安全附件未注册登记和校验、实际经营范围与营业执照不符、工作人员无证上岗等问题，分别采取停气、限期整改等措施。2011年12月，市政府部署对集中分布在黄桥镇、河失镇18家二氧化碳生产企业进行专项整治。18家企业中，主要存在法定的相关手续不全、超范围经营销售二氧化碳气体、盗窃二氧化碳气体等违法违规现象，已构成安全生产重大隐患。市国土资源局、市公安局、市安全生产监督管理局、市质量技术监督局、市工商行政管理局、河失镇、黄桥镇等部门和单位联合执法，严肃查处。市国土资源局督促华东石油地质局对超范围经营、销售二氧化碳气体的企业限制或停止供气。市公安局对二氧化碳气体运输车辆加大稽查力度，对超范围经营、销售二氧化碳气体的单位进行查处。市工商行政管理部门依法取缔“无证无照”生产经营企业和严厉打击非法盗气行为，对违法违规行为依法予以处罚。市安全生产监督管理局督促落实好安全生产主体责任，加大安全生产监管力度，查处违反安全生产秩序行为。市质量技术监督局加大对二氧化碳企业特种设备、管道使用监督检查力度，对发现未领取使用证或未经检测检验合格的压力容器企业，责令立即停止使用，并依法予以处罚。黄桥镇、河失镇落实属地主体责任，加强对辖区内二氧化碳企业安全生产工作经常性督促、检查。翌年2月底，专项整治工作结束。各二氧化碳生产企业对存在问题逐一整改，规范经营行为，完善手续，落实安全整改措施，自行拆除违法违规设备。其中，对1家整改不力的企业责令限期整改到位，对1家无法整改的企业责令立即关停。8月，市国土资源局配合华东

2018 年 2 月 9 日，泰兴市国土资源局组织人员到二氧化碳生产企业检查安全生产工作

石油地质局完成输气管道空架工程，消除地下二氧化碳输气管道年久失检的安全隐患。2013 年，市国土资源局继续强化对采矿企业安全生产监督管理，坚持定期不定期和突出重大节日、各级党代会、人代会等关键时段，组织对全市采矿企业多频率和全方位安全生产督促、检查。健全日常监管和重要时段“日报告”监管制度，及时治理安全隐患。2016 年，市国土资源局对采矿企业强化安全生产检查，强化源头管控，突出风险防范，创新监管措施，矿业权人活动区域安全生产形势总体稳定。2016 年、2017 年连续两年市国土资源局被市政府表彰为安全生产工作先进单位，杨绍华被表彰为安全生产工作先进个人。至 2018 年，二氧化碳开采 30 多年来未发生井喷事故，采矿企业未发生人员伤亡等安全生产事故。

四、矿产资源开发利用

（一）二氧化碳资源开发利用

1983 年，地矿部华东石油地质局在泰兴进行石油、天然气普查，在溪桥至黄桥一带发现二氧化碳气田，基本探明储量面积 19.51 平方千米，控制储量面积 32.67 平方千米，总面积 52.18 平方千米，储量在 1000 亿立方米以上，经济开采储量 6.676 × 109 立方米，埋藏深度 1800~2650 米，纯度在 98.10% 以上。气田压力高，属中深层、低丰度、高产能中型气田，是国内已探明储量最大、开发程度较高的天然二氧化碳气田。1984 年，地矿部华东石油地质局经江苏省计经委批准，在泰兴黄桥建立“泰兴县二氧化碳厂”，占地面积 2 公顷，职工 160 人，固定资产投资 3000 多万元，并建成 1 座 150 吨装载量码头。工厂建成初期，开采量以每年 25% 的速度递增，由 1994 年 800 万立方米（折 1.6 万吨）增加至 2001 年 5000 万立方米（折 10 万吨）。1997 年，二氧化碳厂投入资金形成槽车运输、槽船供气。至 2005 年，由最初的 1 口井增加到 3 口井供气，每年开采量 40 万吨，销售量在 35 万吨以上，销售额达 1.5 亿元。二氧化碳厂辟有 4 个产品，即工业级二氧化碳、初级净化工业级二氧化碳、食品级二氧化碳和干冰。形成年 10 万吨以上、日充装量 3000 瓶以上的生产能力。二氧化碳产品广泛应用于工业、农业及食品生产中，尤其是造船业气体保护焊接用量最大。2016 年，泰兴市润华气体公司持证成功开采二氧化碳资源，年开采量达 10 万吨以上。2017 年，二氧化碳气开采量 43 万吨。至 2018 年，二氧化碳产品用户达 500 多家，产品销售遍布华东地区。

（二）黏土资源开发利用

黏土是砖瓦窑业生产的主要原料，由于砖瓦窑业生产投资少，工艺简单，设备简陋，1996 年年初，全市建有轮窑、立窑、土窑 1024 座，年使用黏土量约 371.8 万立方米。是年，市土地管理局把窑基、砖瓦生产场地列入临时用地管理，并进行窑业用地治理整顿，全年拆除立窑 82 座，停止生产 310 座，全市尚有继续生产的砖瓦窑 632 座，年使用黏土量 230 万 ~340 万立方米。1997 年，市委、市政府结合“三土”治理，至 4 月底，全市拆除土立窑 342 座。年内，批准新建有黏土资源生产的土立窑 151 座。年末，全市有继续生产的砖瓦窑 441 座，年使用黏土量约 160.1 万立方米。2002 年，地质矿产管理职能划归泰兴市国土资源局，市国土资源局对全市矿产资源

二氧化碳气田

开发利用实施规范化管理。2003 年 5 月，市矿产资源开发管理办公室按照市国土资源局部署，对位于分界乡七贤村砖瓦用黏土资源开采权挂牌出让。通过竞价，该村长 950 米、宽 30 米，开采深度 1.5 米，总储量 4.27 万立方米黏土资源由长生陶瓷厂以 24.20 万元价格竞得，高出出让底价 2.20 万元。是年，全市组织黏土资源挂牌出让活动 18 次，获得出让金 40.42 万元。至 2006 年，全市土立窑全部拆除复垦到位。尚有经过批准、管理规范、能源消耗较低、技术较为先进的砖瓦生产企业 15 家，共有窑基门数 320 门，年产标准砖 21872 万块，年产值 4071.31 万元，年使用黏土量 30.61 万立方米。至 2016 年，全市砖瓦生产企业 11 家，窑基门数共 262 门，年产标准砖 20594.50 万块，年产值 4025.00 万元，年使用黏土量 28.82 万立方米。2017 年，市国土资源局对全市砖瓦生产企业进行专项整治，根据黏土资源严重匮乏的实际，按照省国土资源厅要求，对全市所有砖瓦生产企业所持有的黏土采矿许可证到期后不再延续办理，作注销处置。

2006 年泰兴市窑基门数 18 门以上砖瓦生产企业黏土用量情况表

表 11–1–1

序号	单位名称	窑基门数（门）	年使用黏土量（万立方米）	年产量（万块）	年产值（万元）
1	泰兴市建筑材料三厂	20	2	1429	256.51
2	泰兴市珊瑚砖瓦厂	20	2	1429	340.31
3	泰兴市黄桥三里轮窑厂	20	2	1429	297.89
4	泰兴市新型建筑装潢材料厂	20	2	1429	252.83
5	泰兴市张桥镇金祥新型建筑材料厂	20	2	1429	356.3
6	泰兴市泰东新型墙体材料有限公司	20	0.61	437	97.82
7	泰兴市新街创业新型墙体材料有限公司	40	4	2858	634.22
8	泰兴市建筑安装器材厂	20	2	1429	118.24
9	泰兴市热电建材厂	20	2	1429	109.81
10	泰兴市德胜砖瓦厂	20	2	1429	221.2
11	泰兴市泰通建材有限公司	20	2	1429	289.05
12	泰兴市七圩砖瓦厂	20	2	1429	192.35
13	泰兴市四方砖瓦厂	20	2	1429	324.67

续表 11-1-1

序号	单位名称	窑基门数（门）	年使用黏土量（万立方米）	年产量（万块）	年产值（万元）
14	泰兴市横巷砖瓦厂	20	2	1429	327.8
15	泰兴市恒信特种耐火材料有限公司建筑墙体材料分公司	20	2	1429	252.31
合计		320	30.61	21872	4071.31

2016 年泰兴市窑基门数 18 门以上砖瓦生产企业黏土用量情况表

表 11-1-2

序号	单位名称	窑基门数（门）	年使用黏土量（万立方米）	年产量（万块）	年产值（万元）
1	泰兴市泰兴通建材有限公司	22	2.42	1729.3	336.00
2	泰兴市热电建材厂	22	2.42	1729.3	278.78
3	泰兴市新街创业新型墙体材料有限公司	40	4.40	3144.2	536.42
4	泰兴市建筑材料三厂	24	2.64	1886.5	297.22
5	泰兴市珊瑚砖瓦厂	22	2.42	1729.3	317.98
6	泰兴市黄桥三里窑厂	20	2.20	1572.1	386.98
7	泰兴市新型建筑装潢材料厂	18	1.98	1414.9	248.95
8	泰兴市张桥镇金祥新型建筑材料厂	20	2.20	1572.1	341.67
9	泰兴市泰东新型墙体材料有限公司	36	3.96	2829.8	673.50
10	泰兴市兴宏新型墙体材料厂	18	1.98	1414.9	338.72
11	泰兴市四方砖瓦厂	20	2.20	1572.1	268.78
合计		262	28.82	20594.5	4025.00

（三）其他资源开发利用

氦气资源开发利用 氦气分布在黄桥镇溪桥社区一带。气层厚度 5.4 米，面积较小，属小型矿床；氦气埋藏浅，易开采；品位高，品位 1.06%~1.17%。其产品主要应用于航天、航空、医疗卫生、深水作业等行业。因含气面积小，开发成本高，故尚未开发利用。

地热资源开发利用 河失镇、宣堡镇、济川街道西南地下蕴含丰富的地热资源。2011 年 7 月，河失镇成功钻探一口地热浅井，井深 635 米，水温 35℃，初始水位埋深 7.4 米，可开采量 600 立方米 / 日；热储层位于新近系，岩性为砂岩，厚度 230 米，埋藏深度 370 米；地热水中偏硅酸和溴含量达国家医疗热矿水标准，锶含量超过国家地热标准。地热水可间接用于医疗，洗浴行业。至 2018 年尚未开发利用。

石油资源开发利用 黄桥地区是全市唯一发现工业性气田的地区。黄桥最深探井 N4 井有良好的油气显示，包括可燃气、凝析油、轻质油和一般原油。下扬子区块理论上石油勘探前景良好，无锡勘探一井计划钻探 6000 米，至 2018 年已进尺 4000 米，待后期科技突破，进一步勘探开发。

五、矿产资源补偿费征收

2002 年，市国土资源局根据 1994 年国务院 150 号令《关于矿产资源补偿费征收管理办法》规定，向矿产资源采矿权人收取矿产资源（二氧化碳气、黏土）补偿费。标准为：二氧化碳气补偿费率为销售额的 3%，黏土资源补偿费率为每立方米市场平均价的 2%。征收办法是：二氧化碳生产企业按规定时限，主动填报矿产资源补偿费月（季）申报表，申报销售量和销售额，经市国土资源局矿产资源开发管理办公室审核认可后，由企业填写矿产资源补偿费专用缴款书，经开户银行直接解缴国库；对以黏土生产砖瓦的企业在换发采矿许可证时，依据上年度的黏土用量一次性征收黏土资源补偿费。是年，累计征收矿产资源补偿费 71 万元。2004 年，全年依法足额征收矿产资源补偿费 134.95 万元。2005 年，全年征缴矿产资源补偿费 188.3 万元。2006 年，市国土资源局矿产资源开发管理办公室根据省、泰兴市国土资源主管部门规定，改革黏土资源补偿费征收方式，由按销售额征收改为按黏土资源开采量核定征收，每立方米平均价格基数定为 12 元。2006—2009 年，共收缴矿产资源补偿费 1475 万元。2010 年 1 月，根据泰州市国土资源局规定，黏土资源平均价格基数由每立方米 12 元调整为每立方米 16 元。2011 年，泰兴执行省、市国土资源主管部门规定，黏土资源平均价格基数由每立方米 16 元调整为每立方米 22 元，是年，收缴矿产资源补偿费 306 万元。2016 年 7 月 1 日起国家将矿产资源补偿费费率调整为零，泰兴市全面停止收取矿产资源有偿使用费。2012—2016 年，共收取矿产资源补偿费 690.8 万元。

第二节　地质灾害防治

一、综合地质调查

2016 年 7 月，市国土资源局与江苏省地质调查研究院合作，进行泰兴市综合地质调查。总体目标是为泰兴市国土资源合理利用、城市规划、建设、发展提供基础地质资料和管理决策依据，计划用 3 年时间完成。泰兴综合地质调查围绕域内小城镇发展进程中“地质资源保障”和“地质环境安全”两大重点主题，确定基础地质、水文地质、工程地质、环境地质、地热资源、土壤地球化学调查和信息系统建设等七大专题。2017 年，项目实施组在收集基础地质、工程地质、水文地质、地质灾害、地质深部物探及相关规划等资料的基础上，全面推进项目野外调查、钻探施工、样品测试等实物工作，获得大量的野外一手地质资料，为室内成果的总结和提升打下坚实基础。项目成果之一《泰兴市区域压覆重要矿产资源调查报告》于 3 月 3 日通过省国土资源厅专家评审组评审。2018 年，综合地质调查工作完成域内面上地质调查 1169.65 平方千米、地球物理勘查 90000 余米、钻探施工 7000 余米、采集各类测试样品 5000 余件。11 月，该项目野外调查成果通过省国土资源厅专家组验收，并被评为优秀等级。至此，泰兴市综合地质调查项目野外综合调查工作结束，接着转入室内综合研究与成果报告编制阶段。

二、地质灾害评估

2003 年起，市国土资源局履行建设用地地质灾害危险性评估备案职责，审查评估单位资质和地质灾害评估级别核查意见，规范地质灾害危险性评估备案程序，向社会公开发布地质灾害防治信息资料。在地质灾害评估工作中，市国土资源局对每一项建设用地都要通过有资质的评估单位按照评估技术要求，实施地质灾害危险性评估，查明建设项目用地范围内土层结构和物理力学性质，根据建筑物载荷大小，选取合适的基础形式和地基处理办法，落实地质灾害防治措施。实施建设项目地质灾害危险性评估，必须由建设项目申请人向受委托的地质灾害评估单位提供立项批文、建设项目用地红线图等资料，评估单位拟定评估级别，经市国土资源局矿产资源开发管理办公室审核同意评估级别（评估级别根据地质灾害易发区的重点程度和建设项目具体情况而定，尤其是学校、医院、商场等人员较密集的场所评估级别相对较高）。评估单位出具的建设项目地质灾害评估报告须经市国土资源局矿产资源开发管理办公室核准、备案。2015 年起，按照国土资源部要求，简化评估报告需经市国土资源局矿产资源开发管理办公室备案的程序。自 2016 年 1 月 1 日起，全市地质灾害评估费用全部列入政府土地出让成本，由政府统一公开采购评估单位。2016 年 7 月，根据省国土资源厅要求，在经济开发区开展地质灾害危险性区域评估试点，并建立起“责任明确，运行高效，方便企业，全程代办”成果应用查询模式，极大地方便了区内项目用地审批。2003—2018 年，共完成地质灾害评估报告核准 1677 宗、备案 739 宗（2015 年起取消备案），建设用地地质灾害评估率及评估报告备案率均达 100%。

2003—2018 年泰兴市地质灾害危险性评估备案情况表

表 11-2-1

年份	用地性质	评估级别及宗数		评估单位及资质	备案情况
		级别	宗数（宗）		
2003	工业、商业、住宅、综合、其他	三级	22	江苏省地质工程勘察院	备案
2004	工业、商业、住宅、综合、其他	三级	38	江苏省地质工程勘察院	备案
2005	工业、商业、住宅、综合、其他	三级	58	江苏省地质工程勘察院	备案
2006	工业、商业、住宅、综合、其他	三级	138	江苏省地质工程勘察院 江苏省地质调查研究院	备案
2007	工业、商业、住宅、综合、其他	三级	43	江苏省地质工程勘察院 江苏南京地质工程勘察院	备案
2008	工业、商业、住宅、综合、其他	三级	51	江苏省地质工程勘察院 江苏南京地质工程勘察院	备案
2009	工业、商业、住宅、综合、其他	三级	52	江苏省地质工程勘察院	备案
2010	工业、商业、住宅、综合、其他	三级	81	江苏省地质工程勘察院 江苏南京地质工程勘察院	备案
2011	工业、商业、住宅、综合、其他	三级	44	江苏省地质工程勘察院	备案
2012	工业、商业、住宅、综合、其他	二、三级	53	江苏省地质工程勘察院 江苏省地质调查研究院	备案
2013	工业、商业、住宅、综合、其他	二、三级	98	江苏省地质工程勘察院 江苏省地质调查研究院	备案
2014	工业、商业、住宅、综合、其他	二、三级	61	江苏省地质工程勘察院 江苏南京地质工程勘察院	备案

续表 11-2-1

年份	用地性质	评估级别及宗数		评估单位及资质	备案情况
		级别	宗数（宗）		
2015	工业、商业、住宅、综合、其他	一、二、三级	85	江苏省地质调查研究院	—
2016	工业、商业、住宅、综合、其他	一、二、三级	269	江苏省地质调查研究院甲级	—
2017	工业、商业、住宅、综合、其他	一、二、三级	266	江苏省地质调查研究院甲级	—
2018	工业、商业、住宅、综合、其他	二、三级	318	江苏省地质调查研究院甲级	—
合计			1677	—	—

三、地质灾害预防

根据省地质灾害易发区划分报告确认，泰兴地质灾害主要有地面沉降（全市范围内）、特殊类岩土（部分地域）灾害和汛期地质灾害（长江泰兴段江岸坍塌）等。2003 年，市国土资源局按照国务院《地质灾害防治条例》等法律法规文件和上级主管部门要求，全面履行各项地质环境管理和预防职责。每年年初编制《泰兴市年度地质灾害防治应急预案》，提高突发性地质灾害应急和防治能力。每年入汛前，市国土资源局建立或调整由局主要负责人任组长、分管负责人任副组长、局办公室和矿产资源开发管理办公室全体人员为成员的市汛期地质灾害防治应急领导小组，及时下发通知，要求沿江及地质灾害易发地域的单位做好汛期地质灾害防治工作，明确各乡镇国土资源所（分局）前沿哨卡防守责任。每年 4 月前，市国土资源局与各乡镇国土资源所（分局）、各乡镇国土资源所（分局）与沿江及地质灾害易发地域各村组分别签订江岸坍塌、地面沉降、特殊类岩土地质灾害防治工作明白卡，做到地质灾害防治工作责任到人、任务到人、措施到位。市国土资源局定期不定期组织各乡镇国土资源所（分局）负责人和责任人进行汛前抽查、汛期详查、汛后复查工作。加强汛期地质灾害隐患排查和易发区巡查，建立地质灾害实情报告、重要地质灾害隐患报告和地质灾害成功预报实例报告零报告制度。坚持汛期 24 小时轮流值班制度，确保通信畅通、信息传递及时准确，提高汛期地质灾害防治应急反应能力。

（一）地面沉降监测

泰兴地面沉降灾害处于初步发育阶段，是区域内有一定厚度且压缩性较高的松散沉积物分布和长期开采地下水，导致地下水水位持续下降造成的。地面沉降覆盖全市范围，重点防治区，主要在城区南部，姚王镇西南部和新街镇西北部，面积约 43.51

平方千米，累计沉降量 50~100 毫米，沉降速率一般小于每年 5 毫米，其他地区为低易发区，面积约 1126.14 平方千米。为加强域内地下水动态和地面沉降监测，1997 年，全市选择 4 个地下水监测井点，实行每旬一次定期监测，及时掌握地下水现状，并报泰州市国土管理局评价。2001 年，对地下水监测井点进行调整，并新增 4 个监测井点，全面掌握境内地下水开采现状第一手资料。2009 年 7 月 26 日，泰兴镇三六村二组一村民在承包地（水稻田）除草时，土地突然发生塌陷，与之相邻处有 4 处先后塌陷，最大一处塌陷面积 11 米 ×7 米，塌陷深度约为 1.5 米，原因是大雨造成地下松散地层向河道塌陷，未造成人员伤亡。塌陷处经填塞后，恢复种植。2013 年，全市先后在 8 个镇区选择 41 个地下水监测井点，市国土资源局每周定时对 41 口地下水井水位（动水位、静水位）、水质、井水深度、使用等情况进行详细记录，每月及时、准确向泰州市国土资源局上报地下水监测数据报表，及时掌握地下水动态变化和地面沉降情况。2018 年，全市共设置水文地质、环境地质监测点 19 个，其中国家级 3 个，省辖市级 6 个，市（县）级 10 个。至 2018 年，泰兴未发生明显地面沉降灾害。

2018 年泰兴市水文地质、环境地质监测点情况表

表 11–2–2　　单位：毫米 / 年

序号	点位名称	点位级别	用水类型	地面沉降情况
1	TX302	国家级	监测井	小于 10
2	TX301	国家级	监测井	小于 10
3	TX401	国家级	监测井	小于 10
4	TZTX01	市级	监测井	小于 10
5	TZTX02	市级	监测井	小于 10
6	TZTX03	市级	监测井	小于 10
7	TZTX04	市级	监测井	小于 10
8	TZTX05	市级	监测井	小于 10
9	TZTX06	市级	监测井	小于 10
10	TXJC1	市（县）级	监测井	小于 10
11	TXJC2	市（县）级	监测井	小于 10
12	TX–0021	市（县）级	日常使用	小于 10
13	TX–0016	市（县）级	日常使用	小于 10
14	TX–0028	市（县）级	应急备用	小于 10
15	TX–0032	市（县）级	应急备用	小于 10

续表 11–2–2　　　　单位：毫米 / 年

序号	点位名称	点位级别	用水类型	地面沉降情况
16	TXZT01	市（县）级	监测井	小于 10
17	TXZT06	市（县）级	监测井	小于 10
18	TXZT07	市（县）级	监测井	小于 10
19	TXZ37	市（县）级	监测井	小于 10

（二）特殊类岩土灾害预防

地质灾害防治区警示牌（2019 年 10 月摄）

特殊类岩土包括软土和砂土。软土天然含水量高，孔隙大，压缩性高，强度低，渗透系数小，具有触变性和不均匀性，工程地质性差。2010 年，确定全市软土重点防治区域为：滨江镇龙港—洋思以西及虹桥镇八圩—涌兴以南地区，面积约 43.22 平方千米，其他区域为不易发区。泰兴域内地面 30 米以浅广泛分布砂土，岩性为粉土、粉砂和粉细砂，为全新沉积物，厚度为 3.5~30 米，顶板埋深 0~16.3 米。砂土灾害重点防治区主要在泰兴城区、经济开发区、高新地区、沿江地区以及黄桥、滨江、根思、张桥、广陵等乡镇镇区，面积约 264 平方千米。对特殊类岩土灾害预防，除抓好建设项目用地地质灾害危险性评估工作外，市国土资源局依据定性与定量相结合、超前预测、突出主要灾种的原则，结合地质环境背景条件，将地面沉降和特殊类岩土分布区，定为灾害易发区及灾害重点防治区，并在该地区设置警示牌 6 块，警示牌注明地质灾害类型、区域面积等内容。警示牌每两年更新一次。至 2018 年，全市未发生特殊类岩土灾害。

（三）江岸坍塌预防

泰兴地处长江下游北岸，江堤在境内呈西北东南走向，长 73.5 千米。解放后，泰兴江堤虽未发生大面积坍塌，但局部坍塌灾害时有发生。1996 年前政府先后投入大量人力、物力、财力兴修护岸止坍工程，不断对江岸培修加固。1996 年，江堤达标工程建设于12月25日正式开工，市政府组织沿江12个乡镇10万多名民工奋战18天，完成45千米达标建设任务。整个工程实际动土171.53万方，耗用工日160.5万个。加高培厚后的江堤顶宽10米，外肩口挡浪子堰顶高真高8.11米，背水坡1∶2.5，迎水坡1∶3。投入资金2850万元。1997年沿江永安州、口岸等镇划归泰州高港区管辖后，境内江堤长24.2千米，当年动用土方143.86万立方米加高培厚江堤。1998年，建设江堤浆砌块石或混凝土护坡（硬质护坡）10千米、挡浪墙15千米。1999年，动用土方96万立方米，在培厚江堤外坡的基础上，完成江堤内侧镇塘固基任务。使堤脚外10米护堤地达到真高3米以上，25米范围内无深塘，新建护坡挡浪墙近10千米。2000年年底，在各级政府支持和全市人民共同努力下，建成长江堤防达标工程，堤顶公路全线贯通，防汛设施齐全。2001年12月，泰兴市在全省首家通过省水利厅江堤达标建设工程验收。此后，长江泰兴段经受住历年洪水考验。至2018年，未发生江岸坍塌灾害。

长江江堤虹桥段

2018 年泰兴市重要地质灾害隐患点、危险点分布情况表

表 11–2–3

编号	灾害类型	灾害详细位置	坐标		灾害特征和危害程度
			纬度	经度	
1	地面沉降	济川街道办南部	119° 59'17.1″	32° 9'45.2″	城区南部、姚王镇西南部、新街镇西北部地区属地面沉降中易发区，总面积 43.51 平方千米。该区域地貌类型为冲积平原，第四纪松散层厚度在 200 米以上，赋存多个承压含水层（组），其中第Ⅰ、Ⅳ承压水开采量较大，第Ⅰ承压水水位埋深大于 3.0 米，第Ⅳ承压水位埋深大于 4.0 米，处于区域水位降落漏斗的中心地带。地面沉降灾害已经发生，累计地面沉降量 50~100 毫米，沉降速率大于 2~4 毫米 / 年
2	地面沉降	姚王镇西南部	120° 3'55.1″	32° 10'23.7″	
3	地面沉降	新街镇西北部	120° 5'55.8″	32° 21'9.9″	
4	江岸坍塌	滨江镇长江过船港节点上下游	119° 54'54.9″	32° 8'55.7″	曾发生江岸坍塌，现状仍不稳定。危害江边厂房、道路、码头
5	江岸坍塌	滨江镇新星排涝站	119° 57'28.5″	32° 4'25.7″	江岸不稳定，存在江岸坍塌灾害隐患。危害江边厂房、道路、码头
6	江岸坍塌	虹桥镇九圩村靖泰界河口上下游	120° 1'18.3″	31° 58'54.4″	曾发生江岸坍塌，现状仍不稳定。危害江边厂房、道路、码头

第十二章
土地科技

2018年11月9日，泰兴市国土资源局承担的科技项目《新型城镇化背景下“人地挂钩”实施路径及配套政策研究——以泰兴市为例》研究成果通过省自然资源厅专家组验收

①
②

① 泰兴市国土资源局以信息化手段、运用大数据思维管理国土资源

② 2016 年，泰兴市国土资源局建成国土资源智能监控系统

土地科技工作是国土资源管理事业发展的重要条件。1996 年以来，市国土管理部门将土地科技管理列入重要工作日程，加大科技投入，引进与培养科技人才，建立土地科研与信息化管理制度，应用先进的信息技术开发完成多种适用于基层国土资源管理的信息系统。市国土资源管理部门组织开展专题调研、参与学术交流、科技攻关等活动，取得一批具有实用价值的科研成果，土地科技与国土资源管理事业得到同步发展。1996—2018 年，全市土地科技项目共获省级以上奖项 3 个。17 篇优秀论文及专题调研文章分别发表于省级以上报纸杂志。

第一节　科技活动

1996年9月，市土地管理局与河南省第二测绘院协作，共同完成市区5.95平方千米细部地籍测量和20平方千米首级控制地籍测量研究课题。利用此成果，完成全市各乡镇地籍测量任务。1998年10月，市国土管理局与江苏省金陵土地资产评估高新技术公司合作，运用地理空间信息系统技术，完成泰兴市建制镇、乡集镇土地分等定级估价研究课题，建立由路线价和级别基准地价评估宗地地价修正体系。局内专业技术人员借助省金陵土地资产评估高新技术公司设备和技术，通过实地调查和计算机处理，于1999年完成全市建制镇、乡集镇土地分等定级估价工作。2000年2月，市国土管理局在全市开展土地利用现状变更调查，各乡镇按照《土地利用现状变更调查技术规程》要求进行修补测，汇总出全市2000年2月29日这一时点土地利用现状，与南京师范大学合作，建立农村地籍管理信息系统，11月通过省国土资源厅验收。2001年，市国土管理局开发农村宅基地登记管理信息系统，统一为全市各乡镇国土管理所进行安装。并指导各基层国土管理所专人将登记资料逐一输入计算机。翌年年底，全部完成输入任务，全面建成农村宅基地登记管理信息系统。2002年5月，市国土资源局与南京师范大学合作，对市区50平方千米土地定级估价成果更新工作展开全面调查，翌年1月，形成市区基准地价更新成果，通过省国土资源厅验收。2004年，市国土资源局启动“数字国土”计划。2007年，市国土资源局完成泰兴国土资源网站改版工作，栏目设置合理，内容及时更新，同时加强局域网办公系统建设，实现省国土资源厅、泰州市国土资源局、局机关和乡镇国土资源所（分局）四级联网，公文全部实行网上流转办理。2008年起，市国土资源局通过电化教育方式，在全系统有计划、有重点组织学习教育，开展信息化和业务知识专题培训。2008年4月及2009年3月，市国土资源局分别邀请省测绘工程院和山东正元地理信息工程有限责任公司专家、技术人员进行指导，共同完成全市第二次土地调查任务。2011年，市国土资源局组织局内技术人员攻关，实施系统流程再造，形成立体、多维的信息化服务平台。2013年，市国土资源局启动“金土工程”，有序推进OA自动化办公系统、档案数字化扫描等项目建设。2014年3月，根据全省国土资源“四全”服务模式暨“一张图”工程推进会要求，市国土资源局制定实施方案，硬件、软件一起上。至年底，完成办公 OA 系统、档案管理系统等非业务性办公系统的开发。2015 年，市国土资源局加强地理国情监测成果统计分析和重点监测工作，深化监测成果应用，为全市经济社会发展提供测绘地理信息服务保障。2016 年，市国土资源局建成国土资源“一图一网三平台”（一张图，一个主干网，政务办公平台、综合监管平台、共享服务平台）及 17 个基础数据库，22 个业务和管理系统上线运行。完成“一张图”与“综合动态智能监管系统”“不动产登记系统”融合工作，建成局智能监管中心，实现全市国土系统政务办公高效化、业务审批科学化、综合监管精细化和共享服务便捷化。2018 年，市国土资源局建成信息资源完整、管理科学规范、具有现代化先进科技发展水平的各类国土资源数据库、管理体系和城乡一体化地理信息系统。

第二节　科技成果

1996 年，市土地管理系统工作人员加强土地科技研究，对土地管理事业发展过程中存在问题和现状进行探索和思考，撰写出一批具有针对性和实践性的科研论文。是年，谢春林撰写的《浅谈土地使用权租赁管理》《乡镇村企业集约用地初探》，均获得全国土地管理论文研讨会优秀论文二等奖，其中《乡镇村企业集约用地初探》获得《江苏经济日报》有奖征文三等奖。1997 年，孙冬英撰写的《狠抓土地复垦，促进耕地动态平衡》，发表于《中国土地报》。1998 年，陈保桂、栾俊等参与完成的《泰兴市建制镇、乡集镇土地分等定级估价》，获江苏省土地管理科技优秀成果二等奖。2001 年，陈保桂、成国堂等参与完成的《泰兴市腹部地区土地整理工程》，获江苏省土地整治科技创新奖二等奖；陈保桂、孙红东共同撰写的《市场化运作带来大发展》，获 2001 年度江苏省国土资源好新闻一等奖；孙冬英撰写的《坚持管理与服务并重，促进经济协调发展》，发表于《中国国土资源报》；孙冬英撰写的《小城镇建设用地的问题和对策》，发表于《江苏通讯（半月刊）》杂志。2002 年，孙冬英撰写的《新法的根本转变，培育规范土地市场》，发表于《中国国土资源报》。2016 年，王永华撰写的《推进土地节约利用提升土地产出效益——土地资源的节约集约利用途径初探》，获江苏省国土资源厅 2016 年度国土资源管理优秀调研报告三等奖；孙红东撰写的《突破土地供给制约，加快中心城市建设》《泰兴市破解土地资源瓶颈制约之路径初探》，分别发表于《中国土地》杂志；栾俊撰写的《"三高一全"打造不动产登记"泰兴速度"的做法》，发表于《中国不动产》杂志；徐建锋撰写的《泰兴市土地综合监管共同责任机制探索与对策》，入编国土资源部优秀论文集。2017 年 9 月，顾海荣撰写的《强化国土档案管理服务和谐社会建设》，发表于《卷宗》杂志；10 月，孙红东撰写的《国土档案管理系统信息安全架构设计》，发表于《科技创新与应用》杂志；由孙红东、祝萍、朱鹏等共同完成的《泰兴市同一乡镇土地复垦项目》，获 2017 年度江苏省土地、矿山地质环境整治科技创新二等奖；孙红东撰写的《把握节约集约三字诀 做好生态国土大文章——泰兴市节约集约用地实践与探索》、吴国栋撰写的《泰兴市土地执法监管共同责任机制现状分析及对策建议》，入编省自然资源厅优秀调研报告文集。2018 年 8 月，施玉红撰写的《数字背后的泰兴登记人》，发表于《中国不动产》杂志。市国土资源局承担的科技项目《新型城镇化背景下“人地挂钩”实施路径及配套政策研究——以泰兴市为例》研究成果，11 月 9 日通过省自然资源厅专家组验收。

1996—2018 年，市国土管理部门共获省级以上土地科技成果 20 项。

1996—2018 年泰兴市土地科技成果一览表

表 12-2-1

成果名称	主要完成人	发表、评审时间及获奖等级	发表的刊物、颁奖单位或研讨会
浅谈土地使用权租赁管理	谢春林	1996 年研讨会优秀论文二等奖	国家土地管理局土地管理研讨会
乡镇村企业集约用地初探	谢春林	1996 年研讨会优秀论文二等奖	国家土地管理局土地管理研讨会
狠抓土地复垦，促进耕地动态平衡	孙冬英	1997 年发表	《中国土地报》
泰兴市建制镇、乡集镇土地分等定级估价	周绍泉、陈保桂、沈习美、潘仁虎、黄克龙、李剑波、周进明、邱　群、栾　俊、唐金芳	1998 年科技优秀成果二等奖	江苏省国土管理局
泰兴市腹部地区土地整理工程	陈保桂、沈习美、刘程、成国堂等	2001 年土地整治科技创新奖二等奖	江苏省国土资源厅
市场化运作带来大发展	陈保桂、孙红东	2001 年度好新闻一等奖	江苏省国土资源厅
坚持管理与服务并重，促进经济协调发展	孙冬英	2001 年发表	《中国国土资源报》
小城镇建设用地的问题和对策	孙冬英	2001 年发表	《江苏通讯（半月刊）》
新法的根本转变，培育规范土地市场	孙冬英	2002 年发表	《中国国土资源报》
推进土地节约利用提升土地产出效益——土地资源的节约集约利用途径初探	王永华	2016 年度优秀调研报告三等奖	江苏省国土资源厅
突破土地供给制约，加快中心城市建设	孙红东	2016 年发表	《中国土地》
泰兴市破解土地资源瓶颈制约之路径初探	孙红东	2016 年发表	《中国土地》
“三高一全”打造不动产登记“泰兴速度”的做法	栾　俊	2016 年发表	《中国不动产》

续表 12-2-1

成果名称	主要完成人	发表、评审时间及获奖等级	发表的刊物、颁奖单位或研讨会
泰兴市土地综合监管共同责任机制探索与对策	徐建锋	2016 年优秀论文	国土资源部优秀论文集
强化国土档案管理服务和谐社会建设	顾海荣	2017 年发表	《卷宗》
国土档案管理系统信息安全架构设计	孙红东	2017 年发表	《科技创新与应用》
泰兴市同一乡镇土地复垦项目	孙红东、祝　萍、朱　鹏、周　宁、田为春、夏　娟、关　松、李　君、姚兆君、吴国栋	2017 年度科技创新二等奖	江苏省国土资源厅
把握节约集约三字诀　做好生态国土大文章——泰兴市节约集约用地实践与探索	孙红东	2017 年度优秀调研报告三等奖	江苏省自然资源厅
泰兴市土地执法监管共同责任机制现状分析及对策建议	吴国栋	2017 年度优秀调研报告三等奖	江苏省自然资源厅
数字背后的泰兴登记人	施玉红	2018 年发表	《中国不动产》

第三节　专题调研

1996 年，市土地管理局组织人员开展全市各乡镇及有关村组进行非农业建设用地情况实地调查，并撰写出翔实的调查报告。市委、市政府根据调研的实际情况，于翌年 1—7 月，分别印发《关于进一步加强土地管理切实保护耕地的意见》《泰兴市宅基地管理办法》《关于进一步整治、管理窑业用地的意见》《关于切实加强农村集体资产管理工作的意见》，并在全市开展非农业用地清理工作。1999 年，市国土管理局针对非法转让土地现象比较严重和土地市场秩序比较混乱的状况，组织 2 个调查小组，深入各乡镇及城区进行调查和研究，对时下土地市场现状，存在问题和必须采取的对策，形成书面报告向市政府汇报。8 月，市政府印发《关于清理非法转让土地的通知》。9 月，市国土管理局在全市范围内开展土地非法转让清理工作。2000 年，市国土管理局采用开座谈会和个别走访的方式，对小城镇建设用地工作进行专题调研，在全市范围内对各类可盘活存量建设用地情况进行调查，专门对“两镇一区”（泰兴镇、黄桥镇和经济开发区）的调查情况详细分类。并就小城镇建设用地现状、成绩、存在问题等情况向市委、市政府写出调查报告，对如何合理利用有限的用地计划和盘活利用存量建设用地解决小城镇建设用地问题提出切实可行的措施及解决途径，为市委、市政府提出的尽快改变市区面貌和加快黄桥镇、经济开发区建设决策提供用地保障。2003 年 2 月，市国土资源局针对全市 16 个乡镇纷纷“圈地”建工业园区等问题，组织人员赴各乡镇进行调研，了解到乡镇级工业园规模小、配套设施分散、低水平重复建设、资源浪费等情况。据此，市国土资源局向市委、市政府提出重点发展经济开发区和泰兴镇、黄桥镇等具有一定规模的工业园区，撤并整合其他乡镇工业园区，实行资源共享、集约利用土地的建议，得到市委、市政府重视和采纳。2004 年，市国土资源局会同市人力资源和社会保障局等部门在全市范围内选择征地数量、用途不同的镇村，对征地补偿和被征地农民基本生活保障情况进行调研，结合国家、省、市关于征地补偿和被征地农民基本生活保障的政策规定，写出调研报告，并为市政府起草《关于泰兴市征地补偿和被征地农民基本生活保障暂行办法》。年底，该暂行办法经市政府审核后印发实施。2006 年起，市国土资源局组织技术人员对工业、交通、水利、人口预测和土地利用现状及潜力进行调研，经过 4 年多努力，完成土地利用预测分析等重要课题，编制出符合泰兴实际的土地利用总体规划。2007年，市国土资源局从执法监察科、政策法规科及有关科室抽调人员组成调研组，就执法机制、责任追究、联合执法等方面进行专题调研，先后出台《国土资源执法监察工作过错责任追究制度》《关于实行违法案件分级查办通知》《关于进一步加强国土资源执法协作联动机制建设的意见》《泰兴市国土资源违法案件审理暂行办法》《泰兴市国土资源执法监察动态巡查责任追究暂行办法》《泰兴市国土资源管理工作考核细则》及《泰兴市国土资源系统全员执法监察暂行办法》等规范性文件。2010年，国土资源部提出在全国开展国土资源节约集约用地考评后，市国土资源局组织全方位调查、多层次座谈研讨活动，围绕节约集约用地、服务经济发展总目标，提出加强组织领导、建立监督考核机制、强化规划管理、控制总量、盘活存量、管住增量以及项目跟踪管理等建议，为市政府印发《关于切实推进节约集约利用土地的意见（试行）》提供重要参考意见。

2013年，市国土资源局根据土地管理业务需要，将土地科技管理与土地日常管理相结合，使土地科技在土地管理实践中发挥更大作用，在严格土地执法同时，积极探索防范土地违法案件发生及切实保护基本农田的有效手段。对创建土地执法模范乡镇及开展基本农田保护争先达标等活动进行总结、研讨，提出“三模”联创模式，得到市委、市政府认可。市委、市政府出台《关于开展创建土地执法模范市、土地管理模范乡镇（街道）、基本农田保护模范村活动的实施方案》。2014年，市国土资源局针对土地案件执法难，难执法问题，就案件查处，执行程序及周期等方面进行专题调研，向市委、市政府汇报后，市委办公室、市政府办公室联合印发《关于推进全市土地综合执法工作的意见》，在全市形成公、检、法、司、电力、水务等多部门联合执法的局面。2017年，随着全市经济迅猛发展，用地总量不断上升，土地监管及用地秩序必须进一步完善、规范。市国土资源局组织人员从加大土地监管力度、规范用地秩序及追究违法用地的监管责任等方面进行调研，为市政府出台《关于严格全市土地监管规范用地秩序的通知》及《泰兴市违法用地监管责任追究办法（试行）》提供参考意见。是年，市国土资源局围绕全市改革发展大局，结合泰兴各类建设用地实际，推出《关于盘活利用闲置土地的调查与思考》研究成果，该研究成果被市委表彰为2017年度社科应用研究优秀成果二等奖。

至2018年，市国土资源局通过调查研究，共形成调研材料29篇。其中，6篇获国家、省、市嘉奖或在国家、省、市级报刊发表，23篇得到市委、市政府采纳，并在此基础上，出台相关涉土政策性、规范性文件。

附：优化土地资源供应 促进中心城市发展

土地是一种有限资源，是国民经济发展的基本生产要素。当前，随着我市新阶段“城建会战”的推进，通过长远规划、科学配置土地资源，优化土地利用结构，对提升城市建设水平显得尤为重要。今天，我就“如何在中心城市建设中优化土地资源供应”这一主题，谈几点意见和建议。

一、调配置——统筹安排经营性、公益性用地的供应，逐步解决城市土地利用结构失衡问题

近年来，我市按照“完善旧区、发展新区”的发展思路，加大土地的供应，保障了城市发展的基本需求。2009—2013 年，城区有偿出让土地达 5927 亩，大大拓展了城市建设空间；收取土地出让金总额 126.7 亿元，为城市建设提供了重要的资金保障。但与此同时，土地供应存在的突出问题也制约着中心城市的发展。

1. 认清土地结构不平衡现象。五年来，全市以商业、住宅为代表的经营性用地量过大，供地量为 5781 亩，占全部用地总量的 57%，现有住宅建设用地总量超过 40% 的国家标准；公共服务设施用地相对不足，供地总量为 474 亩，仅占 4.7%，人均公共服务设施用地也低于 5.5 平方米的国家标准；以工业用地、仓储用地为主的产业用地供应量只有 434 亩，占 4.3%，这虽然与城市建设“退二进三”、减少工业企业有关，但也从一个侧面说明城市周边产业发展不充分。老城区的道路、绿化、广场、体育等公共设施用地严重不足，新区商业用地少且零星分布，经调查，新区商业用地面积约 23 公顷，约为建成区面积的 4.5%，低于中心城区商业用地 6.2% 的平均水平，不利于城市的健康发展。

2. 弄清城市土地供应侧重点。土地供应总量和结构的变化，将显著影响城市规划、产业导入和人口流动等内容。不同的土地供应，自然能影响这三类要素的流动方向。根据市委、市政府出台的《关于加快中心城市建设的意见》，我市中心城市建设要坚持“民生为本，促进和谐”“功能为先，综合配套”“统筹为基，产城融合”等原则，在进行土地供应时，应当采用差别化的政策，加强土地在中心城市建设中的资源配置引导作用适当向民生工程、交通基础工程倾斜，向二、三产业倾斜。具体地说，应明确城市建设的重点领域、重点设施、重点区域，做到土地供应有保有压，重点保证产业用地的供应、基础设施、公共设施的用地供应以及城市重点发展方向的用地供应。通过产业的发展、公共基础设施的配套，进一步吸引人流，聚集人气，促进中心城市人口的增加，并进一步增强城市经济的整体实力，提高城市发展的后劲。

3. 保障公共服务设施用地。公共服务设施与人民群众的生产生活息息相关，建立完善的公共服务设施是落实党的群众路线的重要体现。政府应当着力解决城市公共服务设施建设的用地问题，确保城区“九纵九横”的交通网络建设的用地需求，缓解市内交通拥堵问题；优先向供水、供电、供气、通信等市政公用设施倾斜；满足群众教育、医疗、文化、体育和居民休闲娱乐用地的需求，提高城市社会发展水平。提高土地的利用水平，大力推广立体绿化模式；积极研究和利用地下空间，修建并利用好地下人防设施、地下商业设施、地下交通设施、地下停车场设施，方便城市居民生活，提高土地利用效率。

4. 合理使用土地置换办法。城市土地置换是指按照城市产业结构调整的要求，依据城市土地价值规律以城市可持续发展为目标，通过转变城市土地使用机制，调整城市土地利用结构和空间布局，转换城市土地功能，达到改善城市环境，更新城市空间，提高城市土地利用综合效率，实现城市土地利用可持续发展的手段或途径。过去5年间，我市供应存量土地1500多亩，仅占供应总量的23%，城市规划区内目前尚有闲置、空闲、低效利用土地达2500亩。在城市建设过程中，通过对城西三迪、国兴通风等地块使用土地置换办法，积累了一定的成功经验。在今后城市土地供应中应当加大城市闲置、低效利用土地的盘活力度，积极使用土地置换办法，不仅可以在城市“退二进三”过程中继续使用，而且可以在三产服务业上探索使用，甚至可以在土地失衡区域协商使用，将利用率低和经济效益差的土地、群众需要的公共服务设施用地置换出来，重新进行配置，转换土地使用功能，最终使城市土地利用获得最大的综合效益，实现城市土地利用的可持续发展。

二、保重点——用土地出让指引中心城市的发展方向，有效遏止城区处处开发建设的做法

五年间，我市中心城区人口规模由21.8万人增加到25.3万人，中心城市用地规模由2060公顷增加到2326公顷，增长了12.9%。在城市规模不断扩大的同时，我们还要清楚地看到，土地利用水平和集约化程度还有待提高，需要进一步引起重视。

1. 关注城市发展的方向问题。目前，中心城区上市开发地块较多，但在布局上大都比较分散，让人搞不清城市发展的重点方向。城北有佳源威尼斯、城南有中南世纪城、城东有新能源新世界广场等几个城市综合体，一些其他的房地产开发项目也是分布在城市的各个地方，甚至规划区外也有工地。这些“见缝插针”的点状式开发，与城市整体的规划设计水平、开发商的整体实力等很多原因都有关系。这种现象的存在，不仅跟城市发展的目标相背离，影响土地的综合统筹开发利用，而且直接影响城市的组团式开发建设的效果，也在一定程度上制约了土地价值的提升。目前，在城市建设中心区还有不少城中村、棚户区、老住宅区的存在，如鼓楼南路两侧的城中村、长征路东侧、万桥路东侧等地块，土地利用以地表平面为主，开发强度不高，基础设施比较落后，亟待改造升级。

2. 切实改变土地供应结构。过去，为了多渠道筹集城市建设资金，曾片面强调“以地生财”“筑巢引凤”，导致城市土地的供应往往缺乏时段性和空间性，未能充分考虑城市功能分区的需要，加上规划、国土和城市建设部门没有很好地相互协调，未能严格按城市规划进行控制，结果把该作绿地的地块用来建楼，该作保护利用的建成了商业区，等等。城市建设与土地管理部门在开发利用土地时，应当充分考虑城市近期目标与远期发展的关系，协调好局部利益与整体利益的关系，合理开发利用城市土地。从长远利益着想，舍去一部分眼前既得利益，按照城市总体规划，在旧城改造中的土地供应，做到商业开发和完善公共服务相结合；在新区建设过程中，要明确商业、商务用地的规划与供应，促进城市新商圈的建设。同时也要适当增加城市绿地、人工湖建设，以及其他公共设施建设的土地供应，以改善城市的景观、生态环境，完善城市功能，提高城市的吸引力，从而最终使城市土地升值，达到开发与利用的目的。

3. 通过土地供应指引发展重点。当前，我市城市土地利用与城市的用地发展方向、环境发展目标等不相适应。要严格依据土地利用总体规划出让土地，保证城市规划实施的严肃性。通过土地开发供应计划保证重点发展区域的开发，并按照规划的要求组织土地出让，确保重点发展区域的基础设施适度超前建设，以此来引导城市开发的方向。根据我市“东城西区、三廊八片、拥河相生”的城市布局，加大如泰运河绿化景观廊道、两泰官河——羌溪河绿化景观廊道、中心城区与滨江工业组团之间的生态隔离廊道项目的供地力度。按照重心向北转移、中部加快改造、东部快速提升、南部适度拓展、西部有序开发的思路，通过土地的科学有序供应，高标准推进相应区域重点工程的实施，引领城市发展的重点方向。加快推进如泰运河以北主题文化街区、鼓楼北路两侧开发、长征路北延等重点工程的土地供应，提升城市北区三产服务功能和品位，形成城市北区新中心。

4. 不断提升土地连片开发水平。随着城市化的发展，城市土地开发由零星分散的小块开发，向集中成片规模化开发转变势在必行。无论是提高城市土地集约利用水平，提升城市建设品位，促进基础设施配套建设，还是构建和谐的城市社区，成片土地经营开发都比零星分散的分块开发显露出更强的优势。要根据城市发展和市场需求情况，进行深度分析和科学论证，确定城区土地成片开发规模，制定土地成片开发规划，对城区正在实施的几个城市综合体周边土地进行系统研究，制订详细的阶段性开发规划，实施开发要严格按照规划进行。在具体执行过程中，土地成片开发面积应当控制在与开发商约定项目建设的时间内，并明确合作开发商对土地成片开发的期限，确保土地成片开发项目有效实施。对成片开发的土地要遵循集约和节约用地的原则供地，认真研究出让规划和供应时序，讲究供地艺术，切实做到供应一块、开发一块、见效一块，实现土地保值增值，避免土地资源闲置浪费。

三、抑增量——通过调控土地供应化解房地产过剩，防止泡沫现象影响中心城市平稳发展

五年来，城区总供地面积为6891亩（不包含道路、广场、绿化等用地），其中房地产开发用地（商业、住宅等）5710亩，占总供地份额的82%。每年的房地产开发投资占我市全社会固定资产投资的比重均在11.5%~12.7%，房屋施工面积年均增长达到16%，房地产竣工总面积达255.9万平方米。

1. 客观分析当前我市房地产的发展现状。由于近年来城区的住宅用地价格已经达到每亩200万~300万元，我市的房屋销售价格，土地成本占到一半左右，超过全国40%的平均水平，几乎没有下降的空间。目前大部分二环外在售的商品房房价均已经达到6000元左右，比周边兴化、姜堰要高，与泰州、靖江基本持平，与我市居民人均可支配收入不相适应，在一定程度上影响了居民改善型住房需求。从实际情况看，我市作为全国的中小城市，外来人口吸引能力较弱，人口流出现象明显，全市历年常住人口均低于户籍人口，住宅刚性需求小。据统计，我市2013年供应住宅用地156万平方米，可建设住宅面积约达354万平方米，2013年前尚有约40万平方米住宅未开发建设，与2013年年底待售面积80万平方米合计，我市今后三年内可销售面积超过474万平方米，如果按人均30平方米的国家标准测算，可供15.8万人居住，已经大于《关于加快中心城市建设的意见》确定的三年新增约10万人口的目标。

2. 充分考虑政策实施的“时滞效应”影响。房地产业在任何城市都是不可替代的基础性产业，房地产业发展状况良好，对中心城市建设无疑会起到较大的推动作用，但也要警惕房地产过“热”的风险，必须提前做好应对之策。况且，多数政策的实施总会有一个循序渐进的过程，这也就是“时滞效应”。由于土地是房地产开发的基础，土地要素对于房价变化影响很大，通过调整土地供应来影响房地产市场价格，是政府调控房地产市场的辅助手段之一，但相比金融、财政方面的调控措施，土地调控对房地产市场的影响虽最为直接，但是土地因素对房地产价格的影响并不是同步的，而是效果显现的时间更长，因此“时滞效应”更加明显。无论是通过土地总量调控还是结构调控，土地供应时滞都是影响调控效果的重要因素。当前，如果面对我市房地产市场的“过热”情况不能作出正确判断，并且忽视土地供应时滞的存在，就会对我市的房地产业发展前景产生错误认识，难免不会影响中心城市的健康发展。

3. 尽快对全市房地产土地的供应进行调控。综合考虑我市房地产现状和土地政策的时滞效应，兼顾眼前利益和长远利益、经济效益与社会效益，更要兼顾土地产出效益和城市总体效益，保证中心城市的平稳发展，尽快调整房地产用地供应计划。从对房地产市场发展的周期、国家对房地产的调控政策、人口发展预期、消费者购买行为等市场环境进行综合研究，把握房地产走势，对房地产用地的规模时序、结构等方面

进行规划并加以严格实施。综合考虑住宅市场的有效需求，优先保证中低价位、中小套型普通商品房以及经济适用房的土地供应，满足拆迁安置群众的购房需求。严格限制低密度、大套型住房的土地供应，坚决停止别墅类房地产开发项目的土地供应，维持城市房地产业的供需平衡。相关部门应当对房地产开竣工面积、待售房消化速度等指标进行统计和分析，对各项房地产方面的指标进行监控和预测，及时发现市场运行中的新情况、新问题，提早协调国土资源管理部门通过土地供应政策进行调控，避免因房地产市场的起伏波动而影响城市的正常发展。

中心城市建设是关乎民生福祉的重大工程，是新型城镇化建设的重要举措。通过均衡有序的土地供应，可以进一步促进城市功能更加完善、城市品质更加精致、城市环境更加宜居，实现中心城市健康平稳发展。

作者　栾 俊（市政协委员）

摘自《泰兴年鉴（2015）》泰兴城建论坛

第十三章
人　物

泰兴市国土资源局高新区分局局长朱福彪被评为2018年度全市最美自然资源人

①
②

① 2017 年 3 月 22 日，泰兴市国土资源局接待高邮市国土资源局一行交流党务工作情况

② 2017 年 3 月 28 日，泰兴市国土资源局党务工作人员向盱眙市国土资源局一行介绍党建工作情况

泰兴人杰地灵，人才辈出。泰兴国土资源管理部门历任领导，带领全市国土人励精图治，认真履行“国土卫士”职责，依法科学管理土地，圆满完成国土资源管理领域各时期、各阶段工作。在坚守住耕地红线基础上，为地方经济快速发展做出贡献。在文明服务中不断提升“泰兴国土”整体形象，涌现出一批部、省、市级先进模范人物。1996—2018 年，市国土资源管理队伍中，先后获国土资源部表彰 3 人次，获省级表彰 57 人次，获泰州市级表彰 19 人次，获泰兴市级表彰 312 人次。

第一节 人物传略

戴炳政

戴炳政 1938年1月出生于泰兴县泰兴镇城西街道民主村一个贫民家庭。1963年7月毕业于江苏师范学院数学系，毕业后即从事教育工作。先后担任泰兴县曲霞中学教师、团总支书记、校领导成员，张湾中学校长，城东公社党委委员兼任公社教育辅导员，县工农教育办公室副主任，县文教局副局长；1984年1月调任江苏省教育厅计财处副处长；1985年1月任泰兴县政府办公室副主任（主持工作）；1988年5月任泰兴县土地管理局局长。因患胃癌，于1990年12月逝世。

1963年春，戴炳政在江苏师范学院学习期间加入中国共产党。长期以来，他以共产党员标准严格要求自己，对党忠诚，服从组织安排。中共十一届三中全会以后，坚决贯彻党的路线、方针和政策，拥护并执行党中央为稳定大局、发展经济而采取的各项措施。

戴炳政处处以身作则，时时发挥共产党员先锋模范作用，为政清廉，不以权谋私，时刻想着党和人民利益；待人热情诚恳，团结同志，不以领导干部自居，广交朋友，乐于同群众打成一片，主动帮助别人克服困难；工作勤勤恳恳，任劳任怨，一步一个脚印，特别在患病期间，常常拖着虚弱的身体坚守岗位。

戴炳政在工作中富有开拓创新精神，大半生从事教育工作，担任教师和教育行政领导干部期间，为贯彻党的教育方针、发展教育事业、培养一代新人做出积极贡献。1977年全国恢复高考制度，张湾中学连续两年都未有考生进入中专以上起分线，戴炳政狠抓教育质量，1979年，高校、中专录取的学生达20多名，在全县农村中学中名列前茅。在搞工农教育工作时，泰兴有电大、农业广播学校、职工教育等，头绪多，他能抓住关键，电大工作在扬州地区名列第二。任县文教局副局长期间分管计财工作，采取集训全县各公社文教财会人员，互审账目，清理登记各中、小学固定资产等方法，摸清家底，计财工作走上正轨。为解决“一无两有”（校校无危房、班班有教室、人人有桌凳）问题，跑遍全县各个公社，摸清每个学校具体情况，逐个落实规划措施，将有限的基建费用用在刀刃上。在主持县政府办公室工作期间，针对办公室摊子大、人员杂、遗留问题多的状况，妥善处理、协调各方面关系，调动大家的积极性。主持实施对驾驶班整顿改组、招待所承包、政府大院改造和机关宿舍楼建设等工作，兴办机关理发室、幼儿园等，受到机关干部一致好评。1988 年 5 月，戴炳政虽然已做胃癌切除手术，但仍服从组织安排，到新设置的县土地管理局任局长。他认真调查研究，熟悉情况，很快进入角色。第一，采取多种形式，宣传土地国情、国策和国法，增强广大干部群众土地法治意识。第二，完善局内设机构，设置综合、建设用地、地政地籍和土地监察等 4 个股室，各乡镇建立土地管理所，并明确各自的主要职能。第三，制定并不断完善各项制度，先后制定工作、学习、财务管理、公物管理、车辆管理、来信来访、土地监察、建设用地审批、验收发证、地籍档案管理等 17 项规章制度，使土地管理工作有法可依、有章可循。第四，勇于探索土地管理工作新路子，先后在扬州市率先开展国有土地、村民宅基地有偿使用试点和建设用地审批“两公开一监督”及一条龙服务试点，推行土地监察工作承包责任制，打开全县依法统一管好用好土地的新局面。泰兴县土地管理局于 1988—1989 年连续两年被扬州市土地管理局授予土地管理一等奖；1989 年被省土地管理局授予土地管理成绩显著奖；1990 年被扬州市土地管理局授予完成目标管理奖；1990 年被省土地管理局表彰为土地管理工作先进单位。

第二节　泰兴市国土资源局历任主要领导人

叶新彩

叶新彩　1938年8月出生，汉族，江苏泰兴人，初中文化程度，1955年5月参加工作，1956年7月加入中国共产党。1955年5月任梯青区孔马乡信用社主任；1956年10月任梯青区谢李乡信用社主任；1957年11月任梯青区信用社主任；1958年2月任梯青区区公所内务部部长；1959年2月任梯青区梯青公社党委组织科科长；1963年11月任梯青区河马公社总支书记；1964年6月任梯青区委组织科科长；1965年2月任共青团泰兴县委副书记；1968年9月任泰兴县磷肥厂革命委员会主任；1969年11月任根思公社党委副书记；1978年5月任北新公社党委副书记；1981年6月任北新公社（乡）党委书记；1988年5月任城黄区工作委员会书记；1990年5月至1997年4月任泰兴县（市）土地管理局局长；1998年8月退休。

陈保桂

陈保桂　1947年9月出生，汉族，江苏泰兴人，大学学历，1969年9月参加工作，1975年8月加入中国共产党。1969年9月为泰兴县姚王周里初级中学教师；1970年8月任泰兴县姚王中学教师、共青团姚王中学委员会书记、教导处主任；1981年8月任泰兴县车马中学校长、党支部书记；1982年9月任泰兴县张湾中学校长、党支部书记；1984年9月任泰兴县教育局党总支办公室主任、局办公室主任；1992年8月任泰兴市姚王镇党委副书记、书记；1997年4月任泰兴市国土管理局党组织书记、局长；2003年3月任泰兴市国土资源局党组织书记；2005年6月任泰兴市国土资源局主任科员；2007年9月退休。

田之本　1961年9月出生，汉族，江苏泰州人，大学学历，1978年1月参加工作，1981年2月加入中国共产党。1978年1月起相继担任泰兴县胡庄公社通讯报道员、

田之本

经费会计、党委代理秘书、助理秘书；1983年8月任泰兴县宣堡区委助理秘书；1984年9月在扬州市委党校学习；1986年8月任泰兴县宣堡区委宣传科副科长；1987年11月任泰兴县宣堡区公所工商助理；1989年1月任泰兴县宣堡区委组织科科长；1991年1月任泰兴县（市）宣堡区副区长；1993年8月任泰兴市北新乡党委副书记；1994年2月任泰兴市北新乡党委副书记、乡长；1997年1月任泰兴市北新乡党委书记；1999年8月任泰兴市宣堡镇党委书记；2000年5月任泰兴市纪律检查委员会副书记；2001年5月任泰兴市纪律检查委员会副书记、市监察局局长；2001年11月任泰兴市纪律检查委员会副书记、市监察局局长兼市经济环境监察中心副主任；2003年3月任泰兴市国土资源局党组织副书记、局长；2005年5月任泰兴市国土资源局党组书记、局长；2006年5月任泰兴市人民政府党组成员、副市长；2009年4月任中共泰兴市委常委、政法委书记；2016年1月任中共泰兴市委常委、政法委书记，市人大常委会副主任；2016年7月任泰兴市人大常委会党组成员、副主任。

刘国成

刘国成　1963年2月出生，汉族，江苏泰兴人，省委党校本科学历，1981年10月参加工作，1984年3月加入中国共产党。1981年10月为南京陆军学校警卫连班长；1983年3月为泰兴县公安局七圩派出所民警；1988年10月任泰兴县（市）公安局七圩派出所副所长；1995年3月任泰兴市公安局七圩派出所所长；1996年1月任泰兴市七圩镇人民政府副镇长；2000年3月任泰兴市七圩镇党委副书记、副镇长；2001年1月任泰兴市七圩镇党委副书记、镇长；2002年11月任泰兴市七圩镇党委副书记（主持工作）、镇长；2003年4月任泰兴市七圩镇党委书记、镇长；2003年11月任泰兴市七圩镇党委书记；2005年10月任泰兴市七圩镇党委书记、人大主席；2006年8月任泰兴市七圩镇党委书记、人大主席、虹桥工业园区党工委书记、管委会主任；2008年8月任泰兴市国土资源局党委书记、局长；2015年10月任泰兴市交通运输局党委书记、局长。

孙红东　1972年10月出生，汉族，江苏泰兴人，省委党校研究生学历，1995年3月加入中国共产党。1995年8月参加工作。1991年9月为泰兴县（市）元竹乡申庄中学教师；1993年9月在南京师范大学土地管理专业学习；1995年8月为泰兴市土地管理局综合科科员；1997年4月任泰兴市国土管理局综合科副科长；1997年5

孙红东

月任泰兴市国土管理局办公室副主任；1999 年 11 月任泰兴市国土管理局办公室主任兼土地市场服务中心主任、国土管理干部培训中心主任（其间，1997 年 8 月至 1999 年 12 月，参加中央党校函授学院经济管理专业本科班学习）；2001 年 12 月任泰兴市国土资源局办公室主任、土地市场服务中心主任、国土管理干部培训中心主任；2005 年 6 月任泰兴市国土资源局党组成员、副局长（其间，2002 年 9 月至 2005 年 7 月，参加江苏省委党校区域经济学专业研究生班学习）；2008 年 3 月任泰兴市国土资源局党委委员、副局长；2010 年 1 月任泰兴市国土资源局党委委员、副局长，市土地开发储备中心主任；2016 年 1 月任泰兴市国土资源局党委书记、局长，市土地开发储备中心主任。

第三节 人物表

1996—2018 年泰兴市国土资源系统受国土资源部表彰的先进个人一览表

表 13-3-1

获奖人	工作单位	所获表彰	授奖单位	获奖时间
陈保桂	泰兴市国土资源局	2002 年度全国土地资产管理先进个人	国土资源部	2003.2
聂 锋	泰兴市国土资源局	全国土地市场动态监测与监管工作先进个人	国土资源部	2013.12
周 宁	泰兴市国土资源局	全国国土资源管理系统推进依法行政及“六五”普法先进个人	国土资源部	2015.6

1996—2018 年泰兴市国土资源系统受省政府及省土地管理等部门表彰的先进个人一览表

表 13-3-2

获奖人	工作单位	所获表彰	授奖单位	获奖时间
朱 健	七圩镇土地管理所	土地财务管理先进工作者	江苏省国土管理局	1996.8
丁亚琴	泰兴市国土管理局	1997 年度先进档案工作者	江苏省国土管理局 江苏省档案局	1998.2
陈振东	泰兴市国土管理局	江苏省土地复垦开发先进个人	江苏省国土管理局 江苏省财政厅	1998.3
栾 欣	泰兴市国土管理局	1997 年度优秀政务信息员	江苏省国土管理局	1998.3
殷存祥	河失镇国土管理所	十佳土管员	江苏省国土管理局	1998.6
张国民	泰兴市国土管理局	土地报刊征订发行工作先进个人	江苏省国土管理局	1998.9
唐金芳	泰兴市国土管理局	地籍管理先进工作者	江苏省国土管理局	1999.4
殷存祥	河失镇国土管理所	地籍管理先进工作者	江苏省国土管理局	1999.4

续表 13-3-2

获奖人	工作单位	所获表彰	授奖单位	获奖时间
吴云福	黄桥镇国土管理所	地籍管理先进工作者	江苏省国土管理局	1999.4
丁亚琴	泰兴市国土管理局	1998 年土地管理档案工作先进个人	江苏省国土管理局	1999.4
封新萍	泰兴市国土管理局	1998 年度土地管理财务先进工作者	江苏省国土管理局	1999.6
栾　俊	泰兴市国土管理局	地价评估先进个人	江苏省国土管理局	2000.4
孙红东	泰兴市国土管理局	1999 年度政务信息工作先进个人	江苏省国土管理局	2000.4
刘　程	泰兴市国土管理局	全省土地利用规划和土地复垦开发工作先进个人	江苏省国土资源厅	2000.4
时　萍	泰兴市国土管理局	1999 年度土地管理综合统计先进工作者	江苏省国土资源厅	2000.7
孙红东	泰兴市国土管理局	2000 年度国土资源报刊发行工作先进个人	江苏省国土资源厅	2000.10
王永华	泰兴市国土管理局	2000 年度国土资源政务信息工作先进个人	江苏省国土资源厅	2001.5
陈保桂	泰兴市国土资源局	2001 年度全省国土资源管理依法行政先进个人	江苏省国土资源厅	2002.7
孙冬英	泰兴市国土资源局	全省土地批租专项治理工作先进个人	江苏省人民政府	2003.3
陈保桂	泰兴市国土资源局	全省国土资源系统先进工作者（劳动模范）	江苏省人事厅 江苏省国土资源厅	2003.6
刘　程	泰兴市国土资源局	全省耕地保护工作先进个人	江苏省国土资源厅	2003.12
刘　程	泰兴市国土资源局	全省基本农田保护检查工作先进个人	江苏省国土资源厅	2005.7
徐建锋	泰兴市国土资源局	全省国土资源政务信息、宣传工作先进个人	江苏省国土资源厅	2006.11
聂　锋	泰兴市国土资源局	全省开发区清理整顿工作先进个人	江苏省国土资源厅	2007.1
聂　锋	泰兴市国土资源局	2006 年度全省地籍管理“双优个人”	江苏省国土资源厅	2007.3
成建新	泰兴市国土资源局	全省国土资源综合统计工作先进个人	江苏省国土资源厅	2007.4

续表 13-3-2

获奖人	工作单位	所获表彰	授奖单位	获奖时间
苏　萍	泰兴市国土资源局	全省国土资源综合统计工作先进个人	江苏省国土资源厅	2007.4
聂　锋	泰兴市国土资源局	2007 年度全省地籍管理"双优个人"	江苏省国土资源厅	2008.4
孙红东	泰兴市国土资源局	全省矿业权年检工作先进个人	江苏省国土资源厅	2008.6
周　宁	泰兴市国土资源局	全省国土资源系统推进依法行政工作先进个人	江苏省国土资源厅	2010.10
祝　萍	泰兴市国土资源局	全省国土资源管理系统先进工作者	江苏省人力资源和社会保障厅 江苏省国土资源厅	2011.1
聂　锋	泰兴市国土资源局	全省土地利用管理工作先进个人	江苏省国土资源厅	2012.4
栾　俊	泰兴市国土资源局	全省国土资源系统纪检监察先进工作者	江苏省国土资源厅	2013.2
孙红东	泰兴市国土资源局	2012 年年度考核优秀等次	江苏省国土资源厅	2013.2
周志甫	泰兴市国土资源局	2012 年度全省地籍管理先进个人	江苏省国土资源厅	2013.2
张　峰	泰兴市国土资源局	2012 年度全省耕地保护先进个人	江苏省国土资源厅	2013.5
孙红东	泰兴市国土资源局	2013 年年度考核优秀等次	江苏省国土资源厅	2014.3
栾　俊	泰兴市国土资源局	2013 年年度考核优秀等次	江苏省国土资源厅	2014.3
成建新	泰兴市国土资源局	全省矿产资源补偿费征管工作先进个人	江苏省国土资源厅	2015.1
周　宁	泰兴市国土资源局	全省推进依法行政工作先进个人	江苏省国土资源厅	2015.1
孙红东	泰兴市国土资源局	2014 年年度考核优秀等次	江苏省国土资源厅	2015.1
徐建锋	泰兴市国土资源局	2014 年年度考核优秀等次	江苏省国土资源厅	2015.1
孙红东	泰兴市国土资源局	连续三年优秀等次人员（公务员记三等功）	江苏省国土资源厅	2015.1
周　宁	泰兴市国土资源局	2011—2015 年全省普法工作先进个人	江苏省委宣传部、省法制宣传教育领导小组办公室、省司法厅	2016.6

续表 13-3-2

获奖人	工作单位	所获表彰	授奖单位	获奖时间
栾　俊	泰兴市国土资源局	2015 年年度考核优秀等次	江苏省国土资源厅	2016.6
栾　俊	泰兴市国土资源局	2016 年年度考核优秀等次	江苏省国土资源厅	2017.6
徐建锋	泰兴市国土资源局	2016 年年度考核优秀等次	江苏省国土资源厅	2017.6
祝　萍	泰兴市国土资源局	“十二五”国土资源科技工作先进个人	江苏省国土资源厅	2017.6
葛　萍	泰兴市国土资源局	推进依法行政工作先进个人	江苏省国土资源厅	2017.6
成建新	泰兴市国土资源局	矿产资源补偿费征管工作先进个人	江苏省国土资源厅	2017.6
赵建军	泰兴市国土资源局经济开发区分局	2016 年度全省国土资源系统先进个人	江苏省人力资源和社会保障厅 江苏省国土资源厅	2017.6
封　萍	泰兴市国土资源局虹桥工业园区分局	2017 年度全省国土资源系统先进个人	江苏省国土资源厅	2018.1
祝　萍	泰兴市国土资源局	2017 年年度考核优秀等次	江苏省国土资源厅	2018.2
徐建锋	泰兴市国土资源局	2017 年年度考核优秀等次	江苏省国土资源厅	2018.2
栾　俊	泰兴市国土资源局	2018 年年度考核优秀等次	江苏省国土资源厅	2019.2
徐建锋	泰兴市国土资源局	2018 年年度考核优秀等次	江苏省国土资源厅	2019.2
徐建锋	泰兴市国土资源局	连续三年优秀等级人员（公务员记三等功）	江苏省国土资源厅	2019.2

1996—2018 年泰兴市国土资源系统受泰州市及市土地管理等部门表彰的先进个人一览表

表 13-3-3

获奖人	工作单位	所获表彰	授奖单位	获奖时间
殷存祥	河失镇国土管理所	泰州市十佳土管员	泰州市国土管理局	1998.6
黄亚平	溪桥乡国土管理所	泰州市十佳土管员	泰州市国土管理局	1998.6
李新宏	胡庄镇国土资源所	全市国土资源系统先进工作者	中共泰州市国土资源局委员会、泰州市国土资源局	2006.2

续表 13-3-3

获奖人	工作单位	所获表彰	授奖单位	获奖时间
吴吉友	黄桥镇国土资源所	全市国土资源系统先进工作者	中共泰州市国土资源局委员会、泰州市国土资源局	2006.2
陈希阳	泰兴市国土资源局	全市国土资源系统先进工作者	中共泰州市国土资源局委员会、泰州市国土资源局	2006.2
张　斌	泰兴市国土资源局	全市国土资源系统先进工作者	中共泰州市国土资源局委员会、泰州市国土资源局	2006.2
戴新华	泰兴市国土资源局	全市矿产资源管理和地质环境管理先进工作者	泰州市国土资源局	2007.4
蒋　俊	泰兴市国土资源局	全市国土资源系统政务信息工作先进个人	泰州市国土资源局	2007.5
朱家宏	泰兴市国土资源局河失分局	2007 年度矿产资源管理和地质环境管理先进工作者	泰州市国土资源局	2008.3
成建新	泰兴市国土资源局	2008 年度全市国土资源地矿管理先进工作者	泰州市国土资源局	2009.2
成国堂	溪桥镇国土资源所	2008 年度全市国土资源地矿管理先进工作者	泰州市国土资源局	2009.2
成建新	泰兴市国土资源局	整顿和规范矿产资源开发秩序工作先进个人	泰州市国土资源局	2010.3
祝留国	泰兴市国土资源局广陵分局	整顿和规范矿产资源开发秩序工作先进个人	泰州市国土资源局	2010.3
丁严军	泰兴市国土资源局城东工业园区分局	整顿和规范矿产资源开发秩序工作先进个人	泰州市国土资源局	2010.3
周晓祥	泰兴市国土资源局黄桥工业园区分局	整顿和规范矿产资源开发秩序工作先进个人	泰州市国土资源局	2010.3
成建新	泰兴市国土资源局	2009 年度地矿行政管理工作质量竞赛先进工作者	泰州市国土资源局	2010.3
周　宁	泰兴市国土资源局	全市“六五”普法先进个人	泰州市人民政府	2016.11
戴玉恒	泰兴市国土资源局古溪分局	2017 年度全市国土资源系统先进个人	泰州市国土资源局	2018.3
封　瑛	泰兴市国土资源局宣堡分局	2017 年度全市国土资源系统先进个人	泰州市国土资源局	2018.3

1996—2018年泰兴市国土资源系统受泰兴市表彰的先进个人一览表

表13-3-4

获奖人	工作单位	所获表彰	授奖单位	获奖时间
李兴国	泰兴市土地管理局	1996年度嘉奖奖励	中共泰兴市委 泰兴市人民政府	1997.8
张国民	泰兴市土地管理局	1996年度嘉奖奖励	中共泰兴市委 泰兴市人民政府	1997.8
张国民	泰兴市国土管理局	1997年度嘉奖奖励	中共泰兴市委 泰兴市人民政府	1998.7
姚锦岳	泰兴市国土管理局	1998年度嘉奖奖励	中共泰兴市委 泰兴市人民政府	1999.6
朱进国	泰兴市国土管理局	1998年度嘉奖奖励	中共泰兴市委 泰兴市人民政府	1999.6
王民放	南沙乡国土管理所	1998年度嘉奖奖励	中共泰兴市委 泰兴市人民政府	1999.6
吴吉友	横垛乡国土管理所	1998年度嘉奖奖励	中共泰兴市委 泰兴市人民政府	1999.6
李欣宏	燕头镇国土管理所	1998年度嘉奖奖励	中共泰兴市委 泰兴市人民政府	1999.6
徐丽华	泰兴镇国土管理所	1998年度嘉奖奖励	中共泰兴市委 泰兴市人民政府	1999.6
陈保桂	泰兴市国土管理局	1999年度市区旧城改造 建设先进工作者	中共泰兴市委 泰兴市人民政府	2000.3
孙冬英	泰兴市国土管理局	1999年度市区旧城改造 建设先进工作者	中共泰兴市委 泰兴市人民政府	2000.3
聂江林	泰兴市国土管理局	1999年度市区旧城改造 建设先进工作者	中共泰兴市委 泰兴市人民政府	2000.3
周怀剑	泰兴市国土管理局	1999年度市区旧城改造 建设先进工作者	中共泰兴市委 泰兴市人民政府	2000.3
陈保桂	泰兴市国土管理局	1999年度嘉奖奖励	中共泰兴市委 泰兴市人民政府	2000.7
周万寿	分界镇国土管理所	1999年度嘉奖奖励	中共泰兴市委 泰兴市人民政府	2000.7
吴吉友	横垛乡国土管理所	1999年度嘉奖奖励	中共泰兴市委 泰兴市人民政府	2000.7

续表 13-3-4

获奖人	工作单位	所获表彰	授奖单位	获奖时间
姚锦岳	泰兴市国土管理局	1999 年度嘉奖奖励	中共泰兴市委 泰兴市人民政府	2000.7
陈保桂	泰兴市国土管理局	2000 年度嘉奖奖励	中共泰兴市委 泰兴市人民政府	2001.7
成国堂	姚王镇国土管理所	2000 年度嘉奖奖励	中共泰兴市委 泰兴市人民政府	2001.7
李新宏	宣堡镇国土管理所	2000 年度嘉奖奖励	中共泰兴市委 泰兴市人民政府	2001.7
刘　程	泰兴市国土管理局	2000 年度嘉奖奖励	中共泰兴市委 泰兴市人民政府	2001.7
孙红东	泰兴市国上管理局	2000 年度嘉奖奖励	中共泰兴市委 泰兴市人民政府	2001.7
陈保桂	泰兴市国土资源局	全市经济发展软环境建设集中整治工作先进个人	中共泰兴市委 泰兴市人民政府	2001.12
吴卫峰	泰兴市国土资源局	第二轮市级机关“百村千户”扶贫工作先进个人	中共泰兴市委 泰兴市人民政府	2002.6
孙红东	泰兴市国土资源局	2001 年度嘉奖奖励	中共泰兴市委 泰兴市人民政府	2002.8
陈振东	泰兴市国土资源局	2002 年度行政执法先进个人	泰兴市人民政府	2003.3
吴吉友	横垛镇国土资源所	2002 年度行政执法先进个人	泰兴市人民政府	2003.3
朱家宏	分界镇国土资源所	2002 年度行政执法先进个人	泰兴市人民政府	2003.3
丁荣华	泰兴镇国土资源所	2002 年度行政执法先进个人	泰兴市人民政府	2003.3
成国堂	姚王镇国土资源所	2002 年度行政执法先进个人	泰兴市人民政府	2003.3
陈明光	泰兴市国土资源局	2002 年度全市纪检监察工作先进工作者	中共泰兴市委 泰兴市人民政府	2003.3
陈保桂	泰兴市国土资源局	2002 年度嘉奖奖励	中共泰兴市委 泰兴市人民政府	2003.7
孙冬英	泰兴市国土资源局	2002 年度嘉奖奖励	中共泰兴市委 泰兴市人民政府	2003.7
周　宁	泰兴市国土资源局	2003 年度行政执法先进个人	泰兴市人民政府	2004.3
丁严军	溪桥镇国土资源所	2003 年度行政执法先进个人	泰兴市人民政府	2004.3
祝留国	蒋华镇国土资源所	2003 年度行政执法先进个人	泰兴市人民政府	2004.3
叶扣章	河失镇国土资源所	2003 年度行政执法先进个人	泰兴市人民政府	2004.3
孙冬英	泰兴市国土资源局	2003 年度嘉奖奖励	泰兴市人民政府	2004.6

续表 13-3-4

获奖人	工作单位	所获表彰	授奖单位	获奖时间
丁亚琴	泰兴市国土资源局	全市档案工作先进工作者	中共泰兴市委	2005.3
徐建锋	泰兴市国土资源局	2004 年度市长公开电话优秀办话员	泰兴市人民政府	2005.4
姚锦岳	泰兴市国土资源局	2004 年度嘉奖奖励	中共泰兴市委 泰兴市人民政府	2005.6
陈明光	泰兴市国土资源局	2005 年度全市纪检监察工作先进工作者	中共泰兴市委 泰兴市人民政府	2006.3
成国堂	大生镇国土资源所	保持共产党员先进性教育活动先进个人	中共泰兴市委	2006.6
徐国余	刘陈镇国土资源所	2005—2006 年度优秀共产党员	中共泰兴市委	2007.6
朱家宏	河失镇国土资源所	2005—2006 年度优秀共产党员	中共泰兴市委	2007.6
王松庆	宣堡镇国土资源所	2005—2006 年度优秀共产党员	中共泰兴市委	2007.6
蒋　俊	泰兴市国土资源局	市人大代表建议政协委员提案办理工作先进个人	泰兴市人大、市人民政府、市政协	2008.2
成国堂	溪桥镇国土资源所	2008 年度嘉奖奖励	中共泰兴市委 泰兴市人民政府	2009.7
殷　珂	泰兴市国土资源局	行政服务十佳明星	中共泰兴市委 泰兴市人民政府	2010.2
葛　萍	泰兴市国土资源局	行政服务十佳明星	中共泰兴市委 泰兴市人民政府	2010.2
成国堂	泰兴市国土资源局城东工业园区分局	2009 年度嘉奖奖励	中共泰兴市委 泰兴市人民政府	2010.2
陶　勇	泰兴市国土资源局	2009 年度信访工作先进个人	中共泰兴市委 泰兴市人民政府	2010.3
蒋　俊	泰兴市国土资源局	市人大代表建议政协委员提案办理工作先进个人	泰兴市人大、市人民政府、市政协	2010.3
孙冬英	泰兴市国土资源局	2010 年度优秀共产党员	中共泰兴市委	2011.1
张清华	泰兴市国土资源局	2008—2010 年度史志档案工作先进个人	中共泰兴市委 泰兴市人民政府	2011.3
成国堂	泰兴市国土资源局城东工业园区分局	2010 年度记三等功奖励	中共泰兴市委 泰兴市人民政府	2011.7
栾　欣	泰兴市国土资源局	2010 年度记三等功奖励	中共泰兴市委 泰兴市人民政府	2011.7

续表 13-3-4

获奖人	工作单位	所获表彰	授奖单位	获奖时间
陈海燕	泰兴市国土资源局	2010 年度记三等功奖励	中共泰兴市委 泰兴市人民政府	2011.7
朱福彪	泰兴市国土资源局 农产品加工园区分局	2010 年度记三等功奖励	中共泰兴市委 泰兴市人民政府	2011.7
封 瑛	泰兴市国土资源局 宣堡分局	2010 年度嘉奖奖励	中共泰兴市委 泰兴市人民政府	2011.7
王文晶	泰兴市国土资源局	行政服务十佳明星	中共泰兴市委 泰兴市人民政府	2012.1
周 宁	泰兴市国土资源局	2011 年度法治建设 先进工作者	中共泰兴市委 泰兴市人民政府	2012.2
褚振东	泰兴市国土资源局	2011 年度信访工作 先进个人	中共泰兴市委 泰兴市人民政府	2012.2
叶金龙	泰兴市国土资源局	2011 年度纪检监察 先进工作者	中共泰兴市委 泰兴市人民政府	2012.2
封 瑛	泰兴市国土资源局 宣堡分局	2011 年度嘉奖奖励	中共泰兴市委 泰兴市人民政府	2012.2
马文国	泰兴市国土资源局	2010—2012 年创先争优 优秀共产党员	中共泰兴市委	2012.6
马文国	泰兴市国土资源局	2011—2012 年市级机关 “百村千户”挂扶工作 先进个人	中共泰兴市委	2013.3
马文国	泰兴市国土资源局	2012 年度全市优秀组工干部	中共泰兴市委	2013.3
蒋 俊	泰兴市国土资源局	人大代表建议政协提案 办理工作先进个人	泰兴市人大、市人 民政府、市政协	2013.3
成国堂	泰兴市国土资源局 城东工业园区分局	2012 年度国土资源 “三模联创”工作先进个人	泰兴市人民政府	2013.3
马文国	泰兴市国土资源局	2011—2012 年度优秀 党务工作者	中共泰兴市委	2013.6
戚 斌	泰兴市国土资源局 城区分局	2013 年度国土资源“三模联 创”工作先进个人	泰兴市人民政府	2014.1
顾献忠	泰兴市国土资源局 古溪分局	2013 年度国土资源“三模联 创”工作先进个人	泰兴市人民政府	2014.1
杨晓峰	泰兴市国土资源局 经济开发区分局	2013 年度国土资源“三模联 创”工作先进个人	泰兴市人民政府	2014.1
封 萍	泰兴市国土资源局 宣堡分局	2013 年度国土资源“三模联 创”工作先进个人	泰兴市人民政府	2014.1

续表 13-3-4

获奖人	工作单位	所获表彰	授奖单位	获奖时间
封　瑛	泰兴市国土资源局宣堡分局	2013 年度国土资源“三模联创”工作先进个人	泰兴市人民政府	2014.1
顾新堂	泰兴市国土资源局农产品加工园区分局	2013 年度国土资源“三模联创”工作先进个人	泰兴市人民政府	2014.1
成　华	泰兴市国土资源局城东工业园区分局	2013 年度国土资源“三模联创”工作先进个人	泰兴市人民政府	2014.1
朱兴平	泰兴市国土资源局城东工业园区分局	2013 年度国土资源“三模联创”工作先进个人	泰兴市人民政府	2014.1
朱家宏	泰兴市国土资源局黄桥工业园区分局	2013 年度国土资源“三模联创”工作先进个人	泰兴市人民政府	2014.1
陈光荣	泰兴市国土资源局黄桥工业园区分局	2013 年度国土资源“三模联创”工作先进个人	泰兴市人民政府	2014.1
秦建萍	泰兴市国土资源局虹桥工业园区分局	2013 年度国土资源“三模联创”工作先进个人	泰兴市人民政府	2014.1
吴国圣	泰兴市国土资源局广陵分局	2013 年度国土资源“三模联创”工作先进个人	泰兴市人民政府	2014.1
祝留国	泰兴市国土资源局广陵分局	2013 年度国土资源“三模联创”工作先进个人	泰兴市人民政府	2014.1
徐建峰	泰兴市国土资源局	2013 年度国土资源“三模联创”工作先进个人	泰兴市人民政府	2014.1
丁黎明	泰兴市国土资源局	2013 年度国土资源“三模联创”工作先进个人	泰兴市人民政府	2014.1
祝　萍	泰兴市国土资源局	2013 年度国土资源“三模联创”工作先进个人	泰兴市人民政府	2014.1
张　锋	泰兴市国土资源局	2013 年度国土资源“三模联创”工作先进个人	泰兴市人民政府	2014.1
周　宁	泰兴市国土资源局	2013 年度国土资源“三模联创”工作先进个人	泰兴市人民政府	2014.1
聂　锋	泰兴市国土资源局	2013 年度国土资源“三模联创”工作先进个人	泰兴市人民政府	2014.1
周志甫	泰兴市国土资源局	2013 年度国土资源“三模联创”工作先进个人	泰兴市人民政府	2014.1
居佳伟	泰兴市国土资源局	2013 年度国土资源“三模联创”工作先进个人	泰兴市人民政府	2014.1
吴国栋	泰兴市国土资源局	2013 年度国土资源“三模联创”工作先进个人	泰兴市人民政府	2014.1
褚振东	泰兴市国土资源局	2013 年度国土资源“三模联创”工作先进个人	泰兴市人民政府	2014.1

续表 13-3-4

获奖人	工作单位	所获表彰	授奖单位	获奖时间
成建新	泰兴市国土资源局	2013 年度安全生产工作先进个人	泰兴市人民政府	2014.2
张　斌	泰兴市国土资源局	城市建设先进个人	中共泰兴市委 泰兴市人民政府	2014.2
刘家瑞	泰兴市国土资源局	城市建设先进个人	中共泰兴市委 泰兴市人民政府	2014.2
陈海燕	泰兴市国土资源局	行政服务十佳明星	中共泰兴市委 泰兴市人民政府	2014.2
褚振东	泰兴市国土资源局	2013 年度信访工作先进个人	中共泰兴市委 泰兴市人民政府	2014.2
马文国	泰兴市国土资源局	2013 年度全市优秀组工干部	中共泰兴市委	2014.3
蒋　俊	泰兴市国土资源局	人大代表建议政协提案办理工作先进个人	泰兴市人大、市人民政府、市政协	2014.3
栾　欣	泰兴市国土资源局	2013 年度记三等功奖励	中共泰兴市委 泰兴市人民政府	2014.8
赵建军	泰兴市国土资源局黄桥工业园区分局	2013 年度记三等功奖励	中共泰兴市委 泰兴市人民政府	2014.8
周　和	泰兴市国土资源局虹桥工业园区分局	2013 年度记三等功奖励	中共泰兴市委 泰兴市人民政府	2014.8
成　华	泰兴市国土资源局城东工业园区分局	2013 年度记三等功奖励	中共泰兴市委 泰兴市人民政府	2014.8
马文国	泰兴市国土资源局	2013 年度嘉奖奖励	中共泰兴市委 泰兴市人民政府	2014.8
王建斌	泰兴市国土资源局	2013 年度嘉奖奖励	中共泰兴市委 泰兴市人民政府	2014.8
叶金龙	泰兴市国土资源局	2013 年度嘉奖奖励	中共泰兴市委 泰兴市人民政府	2014.8
徐向阳	泰兴市国土资源局	2013 年度嘉奖奖励	中共泰兴市委 泰兴市人民政府	2014.8
黄金华	泰兴市国土资源局	2013 年度嘉奖奖励	中共泰兴市委 泰兴市人民政府	2014.8
戴玉恒	泰兴市国土资源局	2013 年度嘉奖奖励	中共泰兴市委 泰兴市人民政府	2014.8
梅　颖	泰兴市国土资源局	2013 年度嘉奖奖励	中共泰兴市委 泰兴市人民政府	2014.8
王　娟	泰兴市国土资源局经济开发区分局	2013 年度嘉奖奖励	中共泰兴市委 泰兴市人民政府	2014.8

续表 13-3-4

获奖人	工作单位	所获表彰	授奖单位	获奖时间
张　锋	泰兴市国土资源局	2013 年度嘉奖奖励	中共泰兴市委 泰兴市人民政府	2014.8
张　斌	泰兴市国土资源局	2013 年度嘉奖奖励	中共泰兴市委 泰兴市人民政府	2014.8
王文晶	泰兴市国土资源局	2013 年度嘉奖奖励	中共泰兴市委 泰兴市人民政府	2014.8
郭　敏	泰兴市国土资源局	2013 年度嘉奖奖励	中共泰兴市委 泰兴市人民政府	2014.8
周晓祥	泰兴市国土资源局 黄桥工业园区分局	2013 年度嘉奖奖励	中共泰兴市委 泰兴市人民政府	2014.8
李　阳	泰兴市国土资源局 经济开发区分局	2013 年度嘉奖奖励	中共泰兴市委 泰兴市人民政府	2014.8
吴　珣	泰兴市国土资源局 城区分局	2013 年度嘉奖奖励	中共泰兴市委 泰兴市人民政府	2014.8
魏书闻	泰兴市国土资源局 农产品加工园区分局	2013 年度嘉奖奖励	中共泰兴市委 泰兴市人民政府	2014.8
封　瑛	泰兴市国土资源局 宣堡分局	2013 年度嘉奖奖励	中共泰兴市委 泰兴市人民政府	2014.8
封　萍	泰兴市国土资源局 宣堡分局	2013 年度嘉奖奖励	中共泰兴市委 泰兴市人民政府	2014.8
朱晨军	泰兴市国土资源局 广陵分局	2013 年度嘉奖奖励	中共泰兴市委 泰兴市人民政府	2014.8
丁严军	泰兴市国土资源局 城东工业园区分局	2013 年度嘉奖奖励	中共泰兴市委 泰兴市人民政府	2014.8
张清华	泰兴市国土资源局	2011—2013 年度全市史志 档案工作先进个人	中共泰兴市委 泰兴市人民政府	2014.12
刘家瑞	泰兴市国土资源局	2014 年度城建工作先进个人	中共泰兴市委 泰兴市人民政府	2015.1
张　斌	泰兴市国土资源局	2014 年度城建工作先进个人	中共泰兴市委 泰兴市人民政府	2015.1
周　宁	泰兴市国土资源局	2014 年度城建工作先进个人	中共泰兴市委 泰兴市人民政府	2015.1
陈希阳	泰兴市国土资源局	2014 年度城建工作先进个人	中共泰兴市委 泰兴市人民政府	2015.1
黄金华	泰兴市国土资源局	2014 年度城建工作先进个人	中共泰兴市委 泰兴市人民政府	2015.1
丁荣华	泰兴市国土资源局 城区分局	2014 年度城建工作先进个人	中共泰兴市委 泰兴市人民政府	2015.1

续表 13-3-4

获奖人	工作单位	所获表彰	授奖单位	获奖时间
张　伟	泰兴市国土资源局	12345・政风行风热线先进个人	泰兴市人民政府	2015.1
马文国	泰兴市国土资源局	2014 年度全市优秀组工干部	中共泰兴市委	2015.3
徐建锋	泰兴市国土资源局	2014 年度国土资源“三模联创”工作先进个人	泰兴市人民政府	2015.3
祝　萍	泰兴市国土资源局	2014 年度国土资源“三模联创”工作先进个人	泰兴市人民政府	2015.3
吴朝阳	泰兴市国土资源局	2014 年度国土资源“三模联创”工作先进个人	泰兴市人民政府	2015.3
周志甫	泰兴市国土资源局	2014 年度国土资源“三模联创”工作先进个人	泰兴市人民政府	2015.3
居佳伟	泰兴市国土资源局	2014 年度国土资源“三模联创”工作先进个人	泰兴市人民政府	2015.3
王建斌	泰兴市国土资源局	2014 年度国土资源“三模联创”工作先进个人	泰兴市人民政府	2015.3
吴国栋	泰兴市国土资源局	2014 年度国土资源“三模联创”工作先进个人	泰兴市人民政府	2015.3
吴卫峰	泰兴市国土资源局	2014 年度国土资源“三模联创”工作先进个人	泰兴市人民政府	2015.3
戚　斌	泰兴市国土资源局城区分局	2014 年度国土资源“三模联创”工作先进个人	泰兴市人民政府	2015.3
顾献忠	泰兴市国土资源局古溪分局	2014 年度国土资源“三模联创”工作先进个人	泰兴市人民政府	2015.3
封　萍	泰兴市国土资源局宣堡分局	2014 年度国土资源“三模联创”工作先进个人	泰兴市人民政府	2015.3
封　瑛	泰兴市国土资源局宣堡分局	2014 年度国土资源“三模联创”工作先进个人	泰兴市人民政府	2015.3
祝留国	泰兴市国土资源局广陵分局	2014 年度国土资源“三模联创”工作先进个人	泰兴市人民政府	2015.3
殷晓文	泰兴市国土资源局广陵分局	2014 年度国土资源“三模联创”工作先进个人	泰兴市人民政府	2015.3
顾新荣	泰兴市国土资源局广陵分局	2014 年度国土资源“三模联创”工作先进个人	泰兴市人民政府	2015.3
孙佳俊	泰兴市国土资源局经济开发区分局	2014 年度国土资源“三模联创”工作先进个人	泰兴市人民政府	2015.3

续表 13-3-4

获奖人	工作单位	所获表彰	授奖单位	获奖时间
杨晓峰	泰兴市国土资源局经济开发区分局	2014 年度国土资源“三模联创”工作先进个人	泰兴市人民政府	2015.3
程红珠	泰兴市国土资源局农产品加工园区分局	2014 年度国土资源“三模联创”工作先进个人	泰兴市人民政府	2015.3
成国堂	泰兴市国土资源局城东工业园区分局	2014 年度国土资源“三模联创”工作先进个人	泰兴市人民政府	2015.3
丁严军	泰兴市国土资源局城东工业园区分局	2014 年度国土资源“三模联创”工作先进个人	泰兴市人民政府	2015.3
戴文斌	泰兴市国土资源局黄桥工业园区分局	2014 年度国土资源“三模联创”工作先进个人	泰兴市人民政府	2015.3
陈光荣	泰兴市国土资源局黄桥工业园区分局	2014 年度国土资源“三模联创”工作先进个人	泰兴市人民政府	2015.3
秦建萍	泰兴市国土资源局虹桥工业园区分局	2014 年度国土资源“三模联创”工作先进个人	泰兴市人民政府	2015.3
蒋　俊	泰兴市国土资源局	2014 年度人大代表建议政协提案办理工作先进个人	泰兴市人大、市人民政府、市政协	2015.3
马文国	泰兴市国土资源局	2014 年度嘉奖奖励	泰兴市人民政府	2015.3
黄金华	泰兴市国土资源局	2014 年度嘉奖奖励	泰兴市人民政府	2015.3
周志甫	泰兴市国土资源局	2014 年度嘉奖奖励	泰兴市人民政府	2015.3
张　斌	泰兴市国土资源局	2014 年度嘉奖奖励	泰兴市人民政府	2015.3
刘家瑞	泰兴市国土资源局	2014 年度嘉奖奖励	泰兴市人民政府	2015.3
赵建军	泰兴市国土资源局黄桥工业园区分局	2014 年度嘉奖奖励	泰兴市人民政府	2015.3
顾献忠	泰兴市国土资源局古溪分局	2014 年度嘉奖奖励	泰兴市人民政府	2015.3
戴玉恒	泰兴市国土资源局	2014 年度嘉奖奖励	泰兴市人民政府	2015.3
丁严军	泰兴市国土资源局城东工业园区分局	2014 年度嘉奖奖励	泰兴市人民政府	2015.3
魏书闻	泰兴市国土资源局农产品加工园区分局	2014 年度嘉奖奖励	泰兴市人民政府	2015.3
封　萍	泰兴市国土资源局宣堡分局	2014 年度嘉奖奖励	泰兴市人民政府	2015.3
秦建萍	泰兴市国土资源局虹桥工业园区分局	2014 年度嘉奖奖励	泰兴市人民政府	2015.3

续表 13-3-4

获奖人	工作单位	所获表彰	授奖单位	获奖时间
戚　斌	泰兴市国土资源局城区分局	2014 年度嘉奖奖励	泰兴市人民政府	2015.3
梅　颖	泰兴市国土资源局	2014 年度嘉奖奖励	泰兴市人民政府	2015.3
杨晓峰	泰兴市国土资源局经济开发区分局	2014 年度嘉奖奖励	泰兴市人民政府	2015.3
郭　敏	泰兴市国土资源局	2014 年度嘉奖奖励	泰兴市人民政府	2015.3
王文晶	泰兴市国土资源局	2014 年度嘉奖奖励	泰兴市人民政府	2015.3
周晓祥	泰兴市国土资源局黄桥工业园区分局	2014 年度记三等功奖励	泰兴市人民政府	2015.3
王建斌	泰兴市国土资源局	2014 年度记三等功奖励	泰兴市人民政府	2015.3
徐建锋	泰兴市国土资源局	创建国家卫生城市工作先进个人	中共泰兴市委 泰兴市人民政府	2015.4
张　伟	泰兴市国土资源局	创建国家卫生城市工作先进个人	中共泰兴市委 泰兴市人民政府	2015.4
张　伟	泰兴市国土资源局	12345・政风行风热线先进个人	泰兴市人民政府	2016.2
张　峰	泰兴市国土资源局	社会治安综合治理和法治建设先进个人	中共泰兴市委 泰兴市人民政府	2016.3
吴朝阳	泰兴市国土资源局	社会治安综合治理和法治建设先进个人	中共泰兴市委 泰兴市人民政府	2016.3
马文国	泰兴市国土资源局	2013—2015 年度优秀党务工作者	中共泰兴市委	2016.3
栾　欣	泰兴市国土资源局	2015 年度嘉奖奖励	泰兴市人民政府	2016.3
周志甫	泰兴市国土资源局	2015 年度嘉奖奖励	泰兴市人民政府	2016.3
刘家瑞	泰兴市国土资源局	2015 年度嘉奖奖励	泰兴市人民政府	2016.3
赵建军	泰兴市国土资源局黄桥工业园区分局	2015 年度嘉奖奖励	泰兴市人民政府	2016.3
周晓祥	泰兴市国土资源局黄桥工业园区分局	2015 年度嘉奖奖励	泰兴市人民政府	2016.3
顾献忠	泰兴市国土资源局古溪分局	2015 年度嘉奖奖励	泰兴市人民政府	2016.3
祝留国	泰兴市国土资源局广陵分局	2015 年度嘉奖奖励	泰兴市人民政府	2016.3
成国堂	泰兴市国土资源局城东工业园区分局	2015 年度嘉奖奖励	泰兴市人民政府	2016.3
朱福彪	泰兴市国土资源局农产品加工园区分局	2015 年度嘉奖奖励	泰兴市人民政府	2016.3

续表 13-3-4

获奖人	工作单位	所获表彰	授奖单位	获奖时间
叶国成	泰兴市国土资源局宣堡分局	2015 年度嘉奖奖励	泰兴市人民政府	2016.3
朱　娟	泰兴市国土资源局城区分局	2015 年度嘉奖奖励	泰兴市人民政府	2016.3
杨晓峰	泰兴市国土资源局经济开发区分局	2015 年度嘉奖奖励	泰兴市人民政府	2016.3
郭翠华	泰兴市国土资源局经济开发区分局	2015 年度嘉奖奖励	泰兴市人民政府	2016.3
刘家瑞	泰兴市国土资源局	三年“城建会战”工作先进个人	中共泰兴市委 泰兴市人民政府	2017.1
陈希阳	泰兴市国土资源局	三年“城建会战”工作先进个人	中共泰兴市委 泰兴市人民政府	2017.1
张　斌	泰兴市国土资源局	三年“城建会战”工作先进个人	中共泰兴市委 泰兴市人民政府	2017.1
黄金华	泰兴市国土资源局	三年“城建会战”工作先进个人	中共泰兴市委 泰兴市人民政府	2017.1
周　琳	泰兴市国土资源局	2016 年度嘉奖奖励	泰兴市人民政府	2017.2
马文国	泰兴市国土资源局	2016 年度记三等功奖励	泰兴市人民政府	2017.2
黄金华	泰兴市国土资源局	2016 年度记三等功奖励	泰兴市人民政府	2017.2
张　斌	泰兴市国土资源局	2016 年度记三等功奖励	泰兴市人民政府	2017.2
王文晶	泰兴市国土资源局	2016 年度记三等功奖励	泰兴市人民政府	2017.2
戴玉恒	泰兴市国土资源局	2016 年度记三等功奖励	泰兴市人民政府	2017.2
封　萍	泰兴市国土资源局宣堡分局	2016 年度记三等功奖励	泰兴市人民政府	2017.2
梅　颖	泰兴市国土资源局	2016 年度记三等功奖励	泰兴市人民政府	2017.2
居佳伟	泰兴市国土资源局	2016 年度信访工作先进个人	中共泰兴市委 泰兴市人民政府	2017.2
张　伟	泰兴市国土资源局	2016 年度社会治安综合治理先进个人	中共泰兴市委 泰兴市人民政府	2017.2
居佳伟	泰兴市国土资源局	2016 年度社会治安综合治理先进个人	中共泰兴市委 泰兴市人民政府	2017.2
葛　萍	泰兴市国土资源局	2016 年度社会治安综合治理先进个人	中共泰兴市委 泰兴市人民政府	2017.2
周　宁	泰兴市国土资源局	2016 年度社会治安综合治理先进个人	中共泰兴市委 泰兴市人民政府	2017.2
杨绍华	泰兴市国土资源局	2016 年度安全生产工作先进个人	泰兴市人民政府	2017.2

续表 13-3-4

获奖人	工作单位	所获表彰	授奖单位	获奖时间
马文国	泰兴市国土资源局	2016 年度嘉奖奖励	泰兴市人民政府	2017.2
张　斌	泰兴市国土资源局	2016 年度嘉奖奖励	泰兴市人民政府	2017.2
栾　欣	泰兴市国土资源局	2016 年度嘉奖奖励	泰兴市人民政府	2017.2
王建斌	泰兴市国土资源局	2016 年度嘉奖奖励	泰兴市人民政府	2017.2
朱　立	泰兴市国土资源局	2016 年度嘉奖奖励	泰兴市人民政府	2017.2
周晓祥	泰兴市国土资源局黄桥工业园区分局	2016 年度嘉奖奖励	泰兴市人民政府	2017.2
陆宏雷	泰兴市国土资源局黄桥工业园区分局	2016 年度嘉奖奖励	泰兴市人民政府	2017.2
朱福彪	泰兴市国土资源局农产品加工园区分局	2016 年度嘉奖奖励	泰兴市人民政府	2017.2
钱月红	泰兴市国土资源局城东工业园区分局	2016 年度嘉奖奖励	泰兴市人民政府	2017.2
成　华	泰兴市国土资源局城东工业园区分局	2016 年度嘉奖奖励	泰兴市人民政府	2017.2
封　萍	泰兴市国土资源局虹桥工业园区分局	2016 年度嘉奖奖励	泰兴市人民政府	2017.2
秦建萍	泰兴市国土资源局虹桥工业园区分局	2016 年度嘉奖奖励	泰兴市人民政府	2017.2
封　瑛	泰兴市国土资源局宣堡分局	2016 年度嘉奖奖励	泰兴市人民政府	2017.2
唐亚萍	泰兴市国土资源局宣堡分局	2016 年度嘉奖奖励	泰兴市人民政府	2017.2
丁荣华	泰兴市国土资源局城区分局	2016 年度嘉奖奖励	泰兴市人民政府	2017.2
谭　峰	泰兴市国土资源局城区分局	2016 年度嘉奖奖励	泰兴市人民政府	2017.2
朱家宏	泰兴市国土资源局黄桥工业园区分局	2016 年度嘉奖奖励	泰兴市人民政府	2017.2
郭翠华	泰兴市国土资源局经济开发区分局	2016 年度嘉奖奖励	泰兴市人民政府	2017.2
周　琳	泰兴市国土资源局	2016 年度嘉奖奖励	泰兴市人民政府	2017.2
周志甫	泰兴市国土资源局农产品加工园区分局	2017 年度记三等功奖励	泰兴市人民政府	2017.2
杨晓峰	泰兴市国土资源局经济开发区分局	2017 年度记三等功奖励	泰兴市人民政府	2017.2

续表 13-3-4

获奖人	工作单位	所获表彰	授奖单位	获奖时间
赵建军	泰兴市国土资源局经济开发区分局	2017 年度记三等功奖励	泰兴市人民政府	2017.2
刘家瑞	泰兴市国土资源局	2016 年度市级机关优秀共产党员	中共泰兴市委市级机关工作委员会	2017.4
冯书林	泰兴市国土资源局	2016 年度市级机关优秀共产党员	中共泰兴市委市级机关工作委员会	2017.4
马文国	泰兴市国土资源局	我最喜爱的共产党员廉洁奉公先锋	中共泰兴市委组织部	2017.6
马文国	泰兴市国土资源局	2017 年度嘉奖奖励	泰兴市人民政府	2018.2
王建斌	泰兴市国土资源局	2017 年度嘉奖奖励	泰兴市人民政府	2018.2
刘家瑞	泰兴市国土资源局	2017 年度嘉奖奖励	泰兴市人民政府	2018.2
燕　红	泰兴市国土资源局	2017 年度嘉奖奖励	泰兴市人民政府	2018.2
蒋　俊	泰兴市国土资源局	2017 年度嘉奖奖励	泰兴市人民政府	2018.2
田为春	泰兴市国土资源局	2017 年度嘉奖奖励	泰兴市人民政府	2018.2
王永华	泰兴市国土资源局	2017 年度嘉奖奖励	泰兴市人民政府	2018.2
葛　萍	泰兴市国土资源局	2017 年度嘉奖奖励	泰兴市人民政府	2018.2
李　君	泰兴市国土资源局	2017 年度嘉奖奖励	泰兴市人民政府	2018.2
周　宁	泰兴市国土资源局	2017 年度嘉奖奖励	泰兴市人民政府	2018.2
黄庆末	泰兴市国土资源局	2017 年度嘉奖奖励	泰兴市人民政府	2018.2
陆宏雷	泰兴市国土资源局黄桥工业园区分局	2017 年度嘉奖奖励	泰兴市人民政府	2018.2
朱家宏	泰兴市国土资源局黄桥工业园区分局	2017 年度嘉奖奖励	泰兴市人民政府	2018.2
胡少明	泰兴市国土资源局农产品加工园区分局	2017 年度嘉奖奖励	泰兴市人民政府	2018.2
周志甫	泰兴市国土资源局农产品加工园区分局	2017 年度嘉奖奖励	泰兴市人民政府	2018.2
戴文斌	泰兴市国土资源局高新区分局	2017 年度嘉奖奖励	泰兴市人民政府	2018.2
封　萍	泰兴市国土资源局虹桥分局	2017 年度嘉奖奖励	泰兴市人民政府	2018.2
周　和	泰兴市国土资源局虹桥分局	2017 年度嘉奖奖励	泰兴市人民政府	2018.2
丁　梅	泰兴市国土资源局虹桥分局	2017 年度嘉奖奖励	泰兴市人民政府	2018.2

续表 13-3-4

获奖人	工作单位	所获表彰	授奖单位	获奖时间
孙佳俊	泰兴市国土资源局经济开发区分局	2017 年度嘉奖奖励	泰兴市人民政府	2018.2
王　娟	泰兴市国土资源局经济开发区分局	2017 年度嘉奖奖励	泰兴市人民政府	2018.2
丁荣华	泰兴市国土资源局城区分局	2017 年度嘉奖奖励	泰兴市人民政府	2018.2
袁中剑	泰兴市国土资源局城区分局	2017 年度嘉奖奖励	泰兴市人民政府	2018.2
钱　恒	泰兴市国土资源局古溪分局	2017 年度嘉奖奖励	泰兴市人民政府	2018.2
戚　斌	泰兴市国土资源局广陵分局	2017 年度嘉奖奖励	泰兴市人民政府	2018.2
封　瑛	泰兴市国土资源局宣堡分局	2017 年度嘉奖奖励	泰兴市人民政府	2018.2
栾　欣	泰兴市国土资源局	2017 年度记三等功奖励	泰兴市人民政府	2018.2
周晓祥	泰兴市国土资源局黄桥工业园区分局	2017 年度记三等功奖励	泰兴市人民政府	2018.2
朱福彪	泰兴市国土资源局高新区分局	2017 年度记三等功奖励	泰兴市人民政府	2018.2
郭翠华	泰兴市国土资源局经济开发区分局	2017 年度记三等功奖励	泰兴市人民政府	2018.2
周　琳	泰兴市国土资源局	2017 年度记三等功奖励	泰兴市人民政府	2018.2
杨绍华	泰兴市国土资源局	2017 年度安全生产工作先进个人	泰兴市人民政府	2018.2
徐建锋	泰兴市国土资源局	2017 年度社会治安综合治理、法治工作先进个人	中共泰兴市委	2018.2
褚振东	泰兴市国土资源局	2017 年度信访工作先进个人	中共泰兴市委	2018.2
刘家瑞	泰兴市国土资源局	2017 年度城建工作先进个人	中共泰兴市委	2018.2
黄金华	泰兴市国土资源局	2017 年度城建工作先进个人	中共泰兴市委	2018.2
马文国	泰兴市国土资源局	2017 年度全市优秀组工干部	中共泰兴市委组织部	2018.3
顾海荣	泰兴市国土资源局	2017 年度市级机关优秀党务干部	中共泰兴市委市级机关工作委员会	2018.3
李　君	泰兴市国土资源局	2017 年度市级机关优秀党员	中共泰兴市委市级机关工作委员会	2018.3
顾海荣	泰兴市国土资源局	2017 年度全市外宣工作先进个人	中共泰兴市委宣传部	2018.4

续表 13-3-4

获奖人	工作单位	所获表彰	授奖单位	获奖时间
孙红东	泰兴市国土资源局	2016—2017 年度优秀共产党员	中共泰兴市委	2018.6
吴卫峰	泰兴市国土资源局	2017 年度社会治安综合治理、法治工作先进个人	中共泰兴市委办公室	2019.2
葛　萍	泰兴市国土资源局	2017 年度社会治安综合治理、法治工作先进个人	中共泰兴市委办公室	2019.2
吴卫峰	泰兴市国土资源局	2018 年度信访工作先进个人	中共泰兴市委办公室	2019.2
马文国	泰兴市国土资源局	2018 年度嘉奖奖励	泰兴市人民政府	2019.3
刘家瑞	泰兴市国土资源局	2018 年度嘉奖奖励	泰兴市人民政府	2019.3
王建斌	泰兴市国土资源局	2018 年度嘉奖奖励	泰兴市人民政府	2019.3
朱　立	泰兴市国土资源局	2018 年度嘉奖奖励	泰兴市人民政府	2019.3
张　亚	泰兴市国土资源局	2018 年度嘉奖奖励	泰兴市人民政府	2019.3
燕　红	泰兴市国土资源局	2018 年度嘉奖奖励	泰兴市人民政府	2019.3
朱家宏	泰兴市国土资源局黄桥分局	2018 年度嘉奖奖励	泰兴市人民政府	2019.3
陈光荣	泰兴市国土资源局黄桥分局	2018 年度嘉奖奖励	泰兴市人民政府	2019.3
陆宏雷	泰兴市国土资源局黄桥分局	2018 年度嘉奖奖励	泰兴市人民政府	2019.3
李　阳	泰兴市国土资源局经济开发区分局	2018 年度嘉奖奖励	泰兴市人民政府	2019.3
孙佳俊	泰兴市国土资源局经济开发区分局	2018 年度嘉奖奖励	泰兴市人民政府	2019.3
王　娟	泰兴市国土资源局经济开发区分局	2018 年度嘉奖奖励	泰兴市人民政府	2019.3
戚　斌	泰兴市国土资源局广陵分局	2018 年度嘉奖奖励	泰兴市人民政府	2019.3
李　伟	泰兴市国土资源局广陵分局	2018 年度嘉奖奖励	泰兴市人民政府	2019.3
封　瑛	泰兴市国土资源局宣堡分局	2018 年度嘉奖奖励	泰兴市人民政府	2019.3
曹　蕾	泰兴市国土资源局	2018 年度嘉奖奖励	泰兴市人民政府	2019.3
胡少明	泰兴市国土资源局农产品加工园区分局	2018 年度嘉奖奖励	泰兴市人民政府	2019.3
殷晓文	泰兴市国土资源局农产品加工园区分局	2018 年度嘉奖奖励	泰兴市人民政府	2019.3
周　和	泰兴市国土资源局虹桥分局	2018 年度嘉奖奖励	泰兴市人民政府	2019.3

续表 13-3-4

获奖人	工作单位	所获表彰	授奖单位	获奖时间
祝留国	泰兴市国土资源局古溪分局	2018 年度嘉奖奖励	泰兴市人民政府	2019.3
钱　恒	泰兴市国土资源局古溪分局	2018 年度嘉奖奖励	泰兴市人民政府	2019.3
丁荣华	泰兴市国土资源局城区分局	2018 年度嘉奖奖励	泰兴市人民政府	2019.3
袁中剑	泰兴市国土资源局城区分局	2018 年度嘉奖奖励	泰兴市人民政府	2019.3
成　华	泰兴市国土资源局高新区分局	2018 年度嘉奖奖励	泰兴市人民政府	2019.3
朱家宏	泰兴市国土资源局黄桥分局	2018 年度记三等功奖励	泰兴市人民政府	2019.3
陆宏雷	泰兴市国土资源局黄桥分局	2018 年度记三等功奖励	泰兴市人民政府	2019.3
王建斌	泰兴市国土资源局	2018 年度记三等功奖励	泰兴市人民政府	2019.3
丁荣华	泰兴市国土资源局城区分局	2018 年度记三等功奖励	泰兴市人民政府	2019.3
封　瑛	泰兴市国土资源局宣堡分局	2018 年度记三等功奖励	泰兴市人民政府	2019.3

附：

用热忱的心，与服务对象换位思考

——记泰兴市行政服务中心国土窗口殷珂

殷珂，市行政服务中心国土窗口的一名工作人员，从国土资源局地籍科调至窗口工作已经整整 3 个年头。三年来，她经常把自己当作一名服务对象来换位思考，切实感受到了热忱服务、高效服务、廉洁服务的重要性，始终坚持“服务人民、奉献社会”的宗旨，不断强化服务意识，苦练服务技能，创新服务方式，尽到自己的绵薄之力。

三年的实践，殷珂感悟最深的是，熟练掌握业务技能，才是做好窗口服务工作的前提。刚到国土窗口工作时，她发现所有的档案盒都没有详细分类编号，要想从上千个档案盒中检索、查找一份资料，难度可想而知。她在实践当中运用“目录编号检索法”，使这个问题迎刃而解。殷珂还利用空闲时间，对这些档案资料的目录编号进行强化记忆，很快就对整个档案资料情况了然于胸。现在，只要随便说出一个地址，她就能准确说出相关档案资料所对应的目录编号。同事们也由衷地送给她一个“活电脑”的雅号。

殷珂在窗口负责土地证抵押、分割发证、转让发证等方面业务，这些业务几乎涵盖了国土窗口全部的服务内容。近年来，殷珂主动围绕“简化手续，提高效率、方便群众”的目标，积极向市国土资源局和市行政服务中心领导进言献策，取得了良好的效果。原先办理土地抵押的权证，需要填写两张申请表，加盖12个公章，还要附上抵押合同和评估报告，需要申请人准备的材料也很繁杂。她向窗口领导建议简化相关的申办手续，得到了大家的支持。通过调研分析论证，经过上级领导同意，现已简化成一张申请表，需要个人准备的材料也更加简便，国土窗口的满意率大幅度攀升。

“业务受理零推辞、业务办理零缺陷、优化服务零距离”是她的工作标准，并在日常服务中时时对照，不断修正反省自己。办理土地证手续时，通常需要申办人去房管处提取相关的档案资料，有时遇到“怕动”的服务对象，总认为是在故意“刁难”他，怎么都不愿意再去房管处。她只好自己跑腿，甚至自己掏钱帮助复印相关资料。正因为坚持了“把辛苦留给自己，把便捷留给群众”的理念，近几年，按照服务对象办事一事一评的统计，服务对象对她的评价都是“非常满意”，满意率达100%，多次被评为服务优胜个人，并获“党员示范岗”的称号。2010年1月，她被评为“泰兴市行政服务十佳明星”。

殷珂深深体会到，只有善于和服务对象换位思考，才能体谅他们奔波的辛劳和期待的迫切。有的服务对象家住古溪、元竹、珊瑚等边远乡镇，来去一趟真的很不容易。对于他们的需求，她总是尽最大努力为他们一次性办结所有手续，以免他们来回奔波。对于老弱病残的服务对象，她千方百计提供多方位的服务，让他们满意而归。到国土窗口工作的前两年，她总是坚持工作到除夕下午才下班，全然不顾远在焦荡集镇期待的婆婆和孩子，更顾不上爱人疼爱有加的埋怨。因为每到年底，也是国土窗口最忙碌的时候，多数是从外地回来，需要办证的服务对象。正是由于换位思考，替他人着想的工作习惯，使她坚持下来。

2009年春节前夕的一天中午，快要下班时，一位中年男子急匆匆地赶到国土窗口，急需办理土地他项权抵押证。但是，当殷珂接过他报送的材料时，当即就傻了眼，因为缺少银行抵押物清单、法人身份证明书等材料，这份抵押证再急也办不成。怎么办？看着对方着急的样子，殷珂先将其安顿下来，并立即请示窗口领导，恳请对此事特事特办，得到了领导的支持。她一方面让申办人通知家人赶快把所缺的材料送来，同时利用中午休息时间帮他完善已有的资料，先行办理相关审批手续。当天下午，就将土地他项权抵押证办好送到了申办人的手中，看着他紧皱的眉头舒展开来，殷珂才想起自己只顾忙碌，连午饭还没吃得上。事后，这位服务对象多次要请她吃饭表示谢意，都被她婉言谢绝。在她看来，能够在自己的能力范围之内，帮助服务对象解决燃眉之急，她感到既欣慰又充实。

摘自《泰兴年鉴（2011）》行政服务十佳明星

附 录

丁文江先生塑像

①
② ③
④

① 2011年5月13日，泰兴市国土资源局举办《国有土地上房屋征收与补偿条例》讲座

② 2017年8月9日，泰兴市国土资源局举办“把纪律和规矩挺在前面”专题讲座

③ 2017年11月23日，泰兴市国土资源局举办“不忘初心、牢记使命”主题演讲比赛活动

④ 2018年5月22日，泰兴市国土资源重点工作过堂会召开

中国现代地质之父——丁文江

丁文江

丁文江，字在君，笔名宗淹，英文名 V.K.Ting，清光绪十三年（1887）四月十三日出生于江苏泰兴黄桥镇米巷丁家花园。

丁文江光绪十七年（1891）入塾。光绪二十八年（1902）年前往日本留学。光绪三十年（1904）转赴英国，在司堡乐丁读中学。光绪三十四年（1908），入格拉斯哥大学求学，专修动物学，兼修地质学。清宣统二年（1910）将地质学由副科改为主科，地理学作为副科。宣统三年（1911）夏回国，途中，经云南、贵州等省作地理考察，九月参加游学毕业试，成绩名列最优等，奖给格致科进士，并“授农商部主事”。1912 年，任教于上海南洋中学，编《动物学教科书》。1913 年 2 月，任北京工商部矿政司地质科科长，9 月被工商部任命为地质调查所所长，兼地质研究所所长，11—12 月，同梭尔格等一起调查正太路沿线附近地质矿务。1914 年 2 月，被农商部任命为矿政局地质调查所所长，到云南野外考察。1915 年，在地质研究所讲授古生物学。1916 年 1 月，被任命为地质调查局会办，2 月，兼任地质矿产博物馆馆长，11 月被任命为地质调查所所长兼地质股股长。1918 年，他发现“三门系”地层，成为地层学界公认的“三门系”创立者。1919 年上半年，随梁启超考察欧洲，8、9 月间，游历美国。1920 年 7 月，被农商部任命为矿政司第四科科长，兼地质调查所所长。1921 年 6 月，始任奉天北票煤矿公司总经理，同月，发表中国最早研究工程地质的文章《北京马路石料之研究》。1922 年 2 月，与章鸿钊、翁文灏等 26 名中外科学家发起成立中国地质学会，5 月《努力》周报创刊，与蔡元培、李大钊等 16 人在该报第 2 期发表《我们的政治主张》。1923 年 1 月，当选中国地质学会会长，4 月，发表《玄学与科学——评张君劢的〈人生观〉》。1924 年任中华教育文化基金董事会董事。1925 年辞去北票煤矿公司总经理职务，当选中华图书馆协会董事。1926 年，参加中英庚款顾问委员会，5 月 4 日就任淞沪商埠督办公署总办。1927 年，赋闲著述，校对刊印《天工开物》，整理出版《徐霞客游记》。1928 年 7 月，调查川广铁路线及沿线地质矿产。1929 年，编撰

《梁启超年谱长编》，领导对西南诸省大规模的野外考察。1930年，主持编制《申报地图》。1931年，任北京大学地质学系研究教授。1932年，与胡适等人创办《独立评论》。1933年6、7月间，赴华盛顿出席第16届国际地质大会，8、9月间到苏联旅行，后写成《苏俄旅行记》。1934年4月，中央研究院正式聘请他为该院总干事。1935年5月，他起草的《国立中央研究院评议会条例》由国民政府公布，12月到湖南勘探煤矿，为清华大学南迁选址。1936年1月5日午后5时40分，因煤气中毒并发症，丁文江以身殉职，与世长辞。

丁文江曾以古镇神童著称，自幼聪慧过人。4岁入塾，“寓目成诵”，塾师试对，应答如流，被称为“天才”；10岁作策论《汉高祖、明太祖优劣论》；13岁考秀才；14岁接受泰兴知县龙璋面试，作《汉武帝通西南夷论》，下笔迅速，议论豪畅，被称为“国器”。

丁文江海外游学期间，博学多才。15岁赴日本读书，“讲革命，写文章”。一度担任《江苏》杂志编辑，宣传“中华复兴”思想。他刻苦攻读动物学和地质学获双科学士学位，精通英、法、德等多国语言。留英期间，深受达尔文“进化论”思想和西方浓厚的科学观影响，立志献身科学报效国家。

丁文江是“现代地质学开山大师”，是中国现代地质事业主要创始人和奠基人。他创办第一个地质学机构——地质研究所，培养中国第一批地质科学家，创办中国第一个地质调查观察机构——地质调查所，又参与创办中国地质学会。他是“中国地质科学工作从萌芽阶段到初步开展阶段中名列第一的先驱学者”。

丁文江是百科全书式人物，他除了在地质专业地质学领域取得令人称羡成就外，还在中国古代科技文献整理和研究、少数民族语言文献研究、地理学、人类学、动物学、考古生物学、地图学、测量学、历史学、考古学、语言学乃至政治学、军事学等多领域，亦有开拓性贡献或引人注目的著作，在相关领域产生了重大影响。

丁文江以重视实地调查著称，是公认的中国地质学界“第一个猎人”。他创建地质调查所并担任所长多年，提倡“登山必须到峰顶，移动必须步行”“近路不走走远路，平路不走走山路”，亲自做云南、贵州、广西、湖南、江西、河北、山西、陕西、河南、山东等省的土地调查。他的这种地质野外调查活动精神，为中国地质学者树立了实地调查采集的工作典范。他在调查中获取的大量第一手资料，撰写的大量地质调查报告，丰富了祖国科技资料宝库，为精研中国地质地层、古生物、矿床、地理、人类学等提供了丰富资料。他在不到10年的时间内，把地质调查所建设成为中国最早的一所完整的科研机构，在地质调研和学术出版等方面都达到公认的国际水平，成为中国科学发展史上的骄傲。

丁文江是中国古生物学研究开拓者。他早在1914年年底就在地质研究所开设“古生物学”课程。在这领域，他以研究大石化著称，他是第一位用统计学方法研究古生物的学者，代表性论文为《丁氏石燕（SPirfer tinji）与谢氏石燕（SPirfer hslehi）》。最受人称道的成就是，于1922年创办《中国古生物志》杂志，担任主编15年，主持出版的《中国古生物志》达80余册，其中根据他本人的资料编辑的有12册。1929年，他发起成立了“中国古生物学会”。

丁文江不仅对科学事业极具热心，而且对公共事务、现实政治有着浓厚兴趣和热情，是一位融中西文化于一体的杰出爱国者和社会活动家。他立志科学救国，积极参与政治，对国事“尤宏抱志愿”。他主张“好人政府”，甚至考虑组织一个“好政府党”。他常对朋友说的一句口头禅是：“最可怕的是一种有知识有道德的人不肯向政治上努力”，他倡议创办“努力社”和《努力》周报，积极参与时政刊物《独立评论》编辑工作，是著名的“科学与玄学”论战发起者。当自己家乡受到张作霖威胁时，他联合发起“助孙驱奉”的“救援江苏”运动。他有杰出的“治世”才能。1926年他出任淞沪商埠总办期间，任职8个月，精心规划治理“大上海”，使“大上海”第一次有了统一的市政、财政、警政和公共卫生设施。为“大上海”规划发展蓝图，从外国人手里为国家争回许多重要权利，其中赎回公共租界的会审公廨，新设立临时法院是他最大的成功。他在任北票煤矿总经理期间，为振兴该衰败不堪的煤矿，经过他5年苦心经营，原煤日产量达到2000吨，成为国内重要的新式煤矿公司，显示他非凡的专业能力和办事才能。他目睹平民疾苦，曾写诗抒怀，他面对日寇入侵，积极探讨抗敌救国方法。

丁文江公私清楚，终身不肯拿政府干薪，终身不肯因私事旅行免票坐火车，不肯为自己弟弟留学申请政府资助。他对朋友，对一切他认为于社会国家有用之人，都给予一切可能的关怀和帮助。

丁文江先生是20世纪中国科学、思想、文化史上影响最大的人物之一，是中国现代地质事业和地质科学主要创始人、中国自然科学开拓者和启蒙者、现代自然科学伟大实践家、受人爱戴的领导者、富于哲学思维的科学思想家，被誉为20世纪中国卓越的科学文化巨人。他著有《芜湖以下扬子江流域地质报告》《中国的造山运动》《申报地图》等，对中国地层学、构造地质学、地图学做出重大贡献。

泰兴市国土资源管理规范性文件选编

泰兴市人民政府文件

（泰政发〔1997〕64 号）

市政府关于印发泰兴市宅基地管理办法的通知

各乡（镇）人民政府，市各委、办、局（公司），市各直属单位：

《泰兴市宅基地管理办法》业经 1997 年市政府第 2 次常务会议讨论通过，现印发给你们，请认真贯彻执行。

一九九七年三月二十六日

泰兴市宅基地管理办法

第一条：为维护社会主义的土地公有制，加强宅基地管理，切实保护耕地，根据《江苏省实施〈土地管理法〉办法》等有关规定，制定本办法。

第二条：本办法适用于我市行政区域内的宅基地管理。

第三条：居民对宅基地只有使用权，没有所有权。居民不准在村镇规划区以外及其他土地上擅自建房。

第四条：居民宅基地安排的原则。

1. 实行用地计划管理。乡（镇）人民政府每年初按照市下达的用地计划分解到村，村安排到户，张榜公布后由乡（镇）土地管理所汇总上报市土地管理局，作为审核报批的依据。凡未安排到年度宅基地用地计划的户，建设部门不得办理选址意见书，土地管理部门不予办理宅基地报批手续。

2. 服从土地利用总体规划和村镇建设规划，严禁在农田保护区和“两区”划定中被确定为撤并的零星村庄安排宅基地。

3. 坚持节约和合理用地。充分利用符合村镇建设规划的原有宅基地、村内空闲地和荒废地，鼓励农村居民建楼房向空中发展，充分节约用地。

4. 严格按照法定程序、权限报批和批准用地，并按照规定的标准控制使用宅基地。

5. 城市规划区内原宅基地因国家建设被征用，所在村、组无宅基地可安置的，原则上安置商品房。

第五条：居民符合下列条件之一的，可向户口所在地的村、组申请宅基地。

1. 城区范围以外，因国家建设原宅基地被征用，符合有关规定，需要新安排宅基地的；

2. 因建设中心村，原庄台被市以上人民政府确定撤并复垦的；

3. 原有宅基地面积低于规定的标准，有两子以上的户。若有已达婚龄确需分居另行建房，且分居后父母身边留有一子的；或者有两女以上的无子户，若有已达婚龄、男方确定到女方落户，确需分居另行建房，且分居后父母身边留有一女的；

4. 经批准回原籍落户定居的离退休国家工作人员、职工、军人、华侨、侨眷、台胞等原无房屋确需重新安排宅基地的；

5. 世居本组的“非农户”，其他地方无房屋居住的。

第六条：凡有下列情况之一者，不予安排宅基地。

1. 宅基地面积虽低于规定标准，但住房长期空置或人均占有建筑面积超过 25 平方米的；

2. 住房用以出租、经商办企业或将住房卖给不符合申请宅基地条件人员的；

3. 户口虽然已合法迁入，但原籍宅基地尚未退还集体或未依法转让的，或不享受本地权利、不承担义务的空挂户；

4. 只有一个子女的家庭，与父母分户申请另行建房的；

5. 有两个子女以上的家庭，子女已达婚龄要求分户建房，但父母身边不留一子或不招婿的一女，单独申请安排或保留一户宅基地的。

第七条：安排宅基地的标准。

1. 农村居民，以四人户为基数，每户宅基地为 120 平方米，每增加一人，宅基地增加 25 平方米。

2. 城镇“非农户”及国营场圃职工，原则上实行统一规划，统建居民公寓。具有宅基地条件的，并符合城镇总体规划和村镇建设规划的，可向户口所在地申请宅基地。以四人户为基数，每户宅基地为100平方米，每增加一人，宅基地增加20平方米。

3. 农业与非农业户口混居户，在农村建房的，按农村居民的宅基地标准执行；在城镇或国营场圃建房的，以城镇居民的宅基地标准执行。

第八条：宅基地包括居住用房和附属房屋用地、庭院和家前屋后少量绿化用地（不包括家庭工、副业生产的临时用地）。宅基地范围内建筑占地面积不得超过宅基地面积的 70%。辅助用房必须建在宅基地范围内主房两边山墙延伸线之间。

第九条：宅基地面积的确定一般按家庭所在地的实有人数计算。有下列情况之一者，可照顾增计入宅基地面积。

1. 夫妇一方户口不在家庭所在地，但别处无住房的；

2. 可能回原籍的现役军人；

3. 大、中专院校在籍学生；

4. 家庭中虽有成员已“农转非”，但仍在原家庭生活、居住的；

5. 独生子女户；

6. 可能回原籍的劳教服刑人员。

有下列情况之一的，不得列入家庭人口申请宅基地：

1. 家庭成员中已另有住房的；

2. 计划外生育未成年子女；

3. 已婚嫁子女户口虽未迁出，配偶方宅基地已达标准的；

4. 父母已随一个子女计算家庭人口享受了宅基地，又随另一个子女申请宅基地的。

第十条：宅基地申报程序和审批权限。

1. 列入当年宅基地用地计划的建房户，向户口所在地村民委员会提出书面申请，领取个人建房用地呈报表。

2. 村兼职土地管理员查勘后，会同乡（镇）土管、建设部门，根据土地利用总体规划和村镇建设规划，现场确定宅基地位置、提出勘察意见，报送乡（镇）人民政府。

3. 经审核符合条件的、不扩大宅基地面积原地翻建的，由乡（镇）人民政府批准；新建、扩建、易地翻建的，建设部门办理村镇建设选址意见书后，报市人民政府批准，发给宅基地用地通知书。

4. 宅基地用地手续批准后，必须经乡（镇）土地管理所会同乡（镇）建设部门和村兼职土地管理员放线定界后，方可开工建设。房屋竣工后一个月内，由建房户向乡（镇）土地管理所申报验收。验收合格后发给宅基地使用证。

5. 副乡局级以上干部建私房使用宅基地的，必须先向乡（镇）土地管理所及村建科提出用地申请，经初步审查后报市土地管理部门及建设部门审查批准，在得到市纪委的正式批准手续之后，由市建设、土地管理部门现场放样交址后方可动工。乡（镇）管干部新建或翻建私房使用宅基地的，必须先由乡（镇）纪检部门审查，再办理用地审批手续。

6. 宅基地用地手续批准后一年内有效（以发证之日为准），过期自行作废。如确需延期使用宅基地的，必须及时报原批准机关办理延期批准手续。

第十一条：跨乡（镇）申请住宅用地的，除按以上条款规定办理有关手续外，还须持原籍乡（镇）土地管理所出具的对其旧宅基地的处理情况证明材料；跨县（市、区）界的须持原籍县（市、区）土地管理部门出具的对其旧宅基地的处理情况证明材料，方可申请宅基地。

第十二条：易地（包括本地易地翻建和异地迁户）申请宅基地的，原宅基地应先退回当地政府或集体经济组织，亦可经批准转让给符合条件的建房户。在原宅基地处理之前，每户必须向市土地管理局缴纳复垦保证金5000元。超过一年不处理的，没收保证金20%；超过两年的，没收50%；超过三年的，没收80%；超过四年的，全部没收，并依法拆房让地。

第十三条：在公路、河道两侧安排宅基地，必须符合建设、交通、水利部门有关规定，禁止在河道、公路两侧控制范围内建住宅或临时经营性用房。

第十四条：对各类违法用地建住宅的行为，严格按照土地管理法的有关规定予以处罚。

第十五条：对在宅基地管理工作中作出显著成绩的单位和个人给予奖励，对违反土地管理法规及本办法规定的，应依法严肃处理。

第十六条：本办法自公布之日起施行，原泰兴县泰政发〔1992〕32号文件同时废止。本办法由市土地管理局负责解释。

泰兴市人民政府文件

（泰政发〔2002〕15号）

市政府关于印发《泰兴市土地储备实施办法（试行）》的通知

各乡（镇）人民政府，市各局（公司）、直属单位：

《泰兴市土地储备实施办法（试行）》已经市政府第37次常务会议讨论通过，现予印发，希认真贯彻执行。

二〇〇二年二月二十七日

泰兴市土地储备实施办法（试行）

第一章　总 则

第一条　为盘活土地资产、优化土地资源配置、规范土地市场，根据《中华人民共和国土地管理法》《中华人民共和国城市房地产管理法》《江苏省土地管理条例》等法律、法规，结合本市实际，制定本办法。

第二条 本办法适用于本市行政区域内国有土地储备工作。

第三条 本办法所称土地储备，是指市国土资源主管部门受市政府委托，对通过依法没收、收购、置换、征用等方式取得的土地进行前期开发、整理，并予以储存，以供应和调控各类建设用地的需求，优化配置土地资源的行为。

第四条 市国土资源主管部门建立土地开发储备中心，具体负责实施土地收回、收购、征用、储备、前期开发整理和出让的准备工作。

市计划、经济、建设、规划、财政、房产等管理部门按各自职责，做好土地储备的相关工作。涉及的乡（镇）协助做好相关工作。

第五条 市土地开发储备中心根据产业结构调整及城、镇规划和土地利用的实际状况，制定土地储备计划。

第六条 下列国有土地应当进行储备：

（一）城市规划区范围内的无主地；

（二）被依法收回使用期限已满的土地；

（三）被依法收回的荒芜、闲置的国有土地；

（四）被依法没收的土地；

（五）因单位搬迁、解散、撤销、破产、产业结构调整或其他原因调整出的原划拨的国有土地；

（六）以出让方式取得土地使用权后无力继续开发而又不具备转让条件的土地；

（七）因实施城市规划和土地整理、市政府指令收购的土地；

（八）土地使用权人申请市土地开发储备中心收回的土地；

（九）撤组后的国有土地；

（十）土地使用权交易价格偏低，政府应优先购买的土地；

（十一）其他需要进行储备的国有土地。

依照前款第（一）项、第（二）项、第（三）项、第（四）项的规定收回国有土地使用权的，直接由市土地开发储备中心进行土地储备。其余需要储备的土地，由市土地开发储备中心按照本办法的规定进行收购储备，对土地使用权人给予适当补偿。

第二章 土地使用权收购储备

第七条 土地收购的一般程序：

（一）申请收购。市行政区域范围内符合本办法规定土地收购条件的国有土地，其土地使用权人应持有关资料申请市土地开发储备中心进行收购。

（二）核查权属。市土地开发储备中心对申请人提供的土地和地上物权属、土地面积、地上物面积、四至范围、土地用途等情况进行实地调查、勘验和审核。

（三）征询意见。市土地开发储备中心根据申请人提出的申请和实际调查的情况，向市建设主管部门征求规划意见。

（四）测算费用。市土地开发储备中心根据调查结果，会同有关部门进行土地补偿费用的测算评估；实行土地置换的，要进行相应地块的土地费用测算。

（五）报批方案。市土地开发储备中心根据土地权属调查、收购费用测算的结果，提出土地收购的具体方案，报市国土资源主管部门审批；其中特殊地块的收购储备方案须报市人民政府批准。

（六）签订合同。收购方案批准后，由市土地开发储备中心与原土地使用权人签订《国有土地使用权收购合同》。

（七）收购补偿。市土地开发储备中心根据《国有土地使用权收购合同》约定的金额、期限和方式，向原土地使用权人支付土地收购补偿费用；实行土地置换的，进行土地置换的差价结算。

（八）变更登记。市土地开发储备中心根据《国有土地使用权收购合同》约定，原土地使用权人与土地开发储备中心共同向市国土资源主管部门、房产管理部门申请办理土地使用权和房屋所有权变更登记手续，注销被收购方的登记。

（九）交付土地。原土地使用权人应根据合同约定的期限和方式向市土地开发储备中心交付被收购的土地和地上附着物；被收购的土地使用权一经交付，即纳入土地储备。

第八条　土地使用权人申请土地收购必须提供下列资料：

（一）土地使用权收购申请书；

（二）法人资格证明书；

（三）授权委托书；

（四）营业执照；

（五）土地使用权合法凭证；

（六）房屋所有权合法凭证；

（七）宗地平面图；

（八）主管部门意见；

（九）其他需要提交的资料。

第九条　《国有土地使用权收购合同》应包括以下内容：

（一）收购土地的位置、面积、用途、权属依据及地面附着物状况；

（二）土地收购补偿费用的金额及其支付方式和期限；

（三）交付土地的期限和方式；

（四）双方约定的其他权利和义务；

（五）违约责任；

（六）纠纷的处理。

第十条 《国有土地使用权收购合同》一经签订，即产生法律效力，双方当事人必须全面履行合同约定的各项义务。

第十一条 实施收购的土地以出让方式取得土地使用权的，原《国有土地使用权出让合同》自《国有土地使用权收购合同》生效之日起自行终止。

第十二条 土地收购补偿费一般按收购土地的开发成本计算。

已出让的土地使用权补偿费应包括对土地使用权人已支付的土地出让金的补偿，并扣除原土地使用权人已实际使用土地期间应付出的出让金部分。

以土地置换方式进行储备的，按前款规定的方式分别确定置换土地收购补偿费，由市土地开发储备中心与原土地使用权人结算差价。

第三章 储备土地前期开发利用

第十三条 市土地开发储备中心对收购储备的土地通过以下方式进行土地前期开发利用：

（一）前期开发。市土地开发储备中心在储备土地出让前，依法完成对储备土地地上建筑物及附属物的拆迁、土地平整等前期开发工作。

（二）土地利用。原土地使用权人交付土地后，储备土地出让前，市土地开发储备中心可以依法将储备土地使用权单独或连同地上建筑物出租、抵押、临时改变用途。

第十四条 储备土地前期开发利用中涉及土地使用权单独或连同地上建筑物出租、抵押、临时改变用途及地上建筑物及附属物拆迁的，市土地开发储备中心持有关用地批准文件及《国有土地使用权收购合同》，依法到有关部门办理审批或登记手续。

第四章 储备土地供应

第十五条 市土地开发储备中心应将储备土地的信息向社会公布。

第十六条 市土地开发储备中心应对拟出让的储备土地的收购、前期开发成本进行测算，经市国土资源主管部门、财政部门审核后，拟订储备土地的招商方案。

第十七条 城市规划区、建制镇规划区范围内的储备土地使用权，用于商业、旅游、娱乐和房地产开发等经营性项目的，应通过招标、拍卖和挂牌的形式确定开发单位；其他储备土地使用权可通过招标、拍卖和挂牌出让国有土地使用权的方式确定开发单位，也可通过协议出让国有土地使用权的方式约定开发单位。

第十八条　以招标、拍卖和挂牌方式出让储备土地使用权的，由市国土资源主管部门会同计划、建设、规划、房产管理部门共同拟订方案，依法批准后，由市国土资源主管部门实施。

第十九条　以协议方式进行储备土地使用权供应的按以下程序进行：

（一）确定拟供应地块。市土地开发储备中心根据规划的要求和土地储备方案，确定拟供应土地的坐落、四至范围、土地面积及用途。

（二）发布土地供应信息。市土地开发储备中心根据储备土地的实际情况，对条件成熟的土地公开发布土地使用权的出让信息。

（三）约定开发单位。市土地开发储备中心与提出申请的开发单位对开发条件、开发补偿费用、资金支付方式、支付期限、交地期限与方式等方面进行协商，约定受让的开发单位。

（四）方案报批。开发单位约定后，将储备土地使用权的预约出让方案报市国土资源主管部门批准，其中特殊地块预约出让方案须报市人民政府批准。

（五）签订预约出让协议。市土地开发储备中心与约定的开发单位签订《国有土地使用权预约出让协议书》，并将其作为国有土地使用权正式出让时《国有土地使用权出让合同》的附件。

（六）支付费用。开发单位应根据协议约定的期限、金额和方式，向市土地开发储备中心支付土地费用（包括土地收回、储备、预约出让过程中发生的实际成本）。开发单位持《国有土地使用权预约出让协议书》分别向计划、规划部门办理立项、规划审批手续，并向市国土资源主管部门申请办理建设用地审批及土地正式出让手续。

第二十条　《国有土地使用权预约出让协议书》应具备以下内容：

（一）土地的位置、面积；

（二）规划用地性质、规划要求；

（三）土地开发补偿费的金额、付款进度和方式；

（四）交付土地的期限和方式；

（五）双方约定的其他权利和义务；

（六）违约责任；

（七）纠纷的处理。

第五章　资金运作管理

第二十一条　土地开发储备中心实行财务独立核算、专户储存。储备土地资金运作按预算外资金管理规定，实行收支两条线管理，并接受市财政、审计、国土资源主管部门的指导和监督。

第二十二条　设立土地收购储备基金，其来源包括：

（一）市财政每年从土地出让净收入等土地收益中提取部分资金充实土地收购储备专项资金户；

（二）市土地财务的暂存基金；

（三）市土地开发储备中心运作后的增值资金留成部分；

（四）市土地开发储备中心利用储备国有土地使用权向银行申请抵押贷款。

第二十三条　市土地开发储备中心对储备土地运作后的增值资金除按一定比例作为储备资金，其余缴入市财政，主要用于城市基础设施建设。

第六章　法律责任

第二十四条　土地使用权符合收购条件，土地使用权人未申请进行储备而擅自转让土地使用权及其地上建筑物、附属物的，有关部门不得为其办理审批和登记手续，并由市国土资源主管部门依照《中华人民共和国土地管理法》第七十三条和《土地管理法实施条例》第三十八条规定予以处罚。

第二十五条　市土地开发储备中心未按本办法规定支付土地收购补偿费的，原土地使用权人有权解除收购补偿合同，并依法追究违约责任。

第二十六条　原土地使用权人未按本办法规定交付土地及地上建筑物的，或者在交付土地的同时擅自处理其地上建筑物的，市土地开发储备中心有权要求其限期改正，并依法追究违约责任。

第二十七条　开发单位未按本办法规定交纳土地开发补偿费的，市土地开发储备中心有权解除储备土地使用权预约出让协议，并可要求开发单位按协议规定赔偿相应的经济损失。开发单位未按本办法规定依法办理用地审批及土地出让手续的，市土地开发储备中心有权解除预约出让协议。

第二十八条　有关土地收购储备、前期开发利用、预约出让中的相关纠纷，争议双方可依法向仲裁机构申请仲裁或者向人民法院提起诉讼。

第二十九条　市土地开发储备中心工作人员玩忽职守、滥用职权，给国家、集体造成损失的，根据情节轻重，依法给予相应的行政处分，构成犯罪的，依法追究刑事责任。

第七章　附　则

第三十条　本办法由市国土资源主管部门负责解释。

第三十一条　本办法自 2002 年 3 月 15 日起施行。

泰兴市人民政府令

第 1 号

《泰兴市宅基地管理办法》已经市政府第三次常务会议审议通过，现予颁布施行。

市长：曹苏民

二〇〇三年五月二十日

泰兴市宅基地管理办法

第一条 为加强宅基地管理，切实保护耕地，根据《中华人民共和国土地管理法》和《江苏省土地管理条例》等规定，结合本市实际，制定本办法。

第二条 本办法适用于本市行政区域内城乡所有居民宅基地管理。

第三条 居民宅基地是指居住用房和附属用房建筑占地、庭院、家前屋后少量绿化用地。

第四条 城乡居民申请使用宅基地必须服从土地所有权者统一安排和国土资源管理部门的统一管理。

第五条 城乡居民宅基地安排的原则：

（一）服从土地利用总体规划、城市总体规划和集镇、村庄建设规划，严禁在基本农田保护区和拟撤并的庄台内建房；

（二）坚持节约用地和合理用地，充分利用原有的宅基地和村内空闲地，提倡建造公寓式住宅；

（三）严格按照法定程序、权限审核报批建房用地，并按照规定的标准管理宅基地；

（四）确需占用农用地建住宅的，应当先依法办理农用地转用手续，然后办理宅基地审批手续。

第六条 凡原住宅符合规划，且宅基地面积已达到规定标准，或虽低于规定标准，但原地根据规划可以增加宅基地翻扩建或翻建楼房的，一律不予批准易地翻扩建。

原住宅不符合规划或确需易地翻扩建房屋的，在报经有权部门批准后，必须先拆除老屋，将原宅基地交还集体，并落实好复垦利用措施后，方可由职能部门交地放样。确需先建后拆的建房户，必须出具申请，说明理由，落实保证措施，由村委会、村民小组（街道办、居委会）同意，报乡（镇）国土资源所批准。新屋建成后老屋拒不拆除的，则依法处罚。

易地翻建的地点，如果涉及他人承包地以外的土地，由村组会同当事人根据住宅规划协商调整；协商不成的，可由集体经济组织按规定程序收回土地使用权，重新变更安排。

第七条　农村居民建住宅原则上只能使用本集体经济组织所有的土地。确需跨村组建住宅的，必须由相关村组根据等量等质、就近集中的原则进行土地调整，并依法办理土地变更登记手续，明确土地产权关系

第八条　符合下列条件之一的居民，可以向户口所在地村组申请宅基地：

（一）服从规划建设，需要重新安排宅基地的；

（二）原有宅基地面积低于规定标准，子女已达婚龄，居住拥挤，确需分居的；

（三）经批准回乡定居的港澳台胞、华侨、侨眷等需要安排宅基地的；

（四）世居本村组的城镇居民，其他地方无房居住的；

（五）户口已迁移到本村组，原宅住房已依法拆除或转让的；

（六）因迁移居住、节省建设费用或土地等正常缘由，将住房出卖给本村组或外村组通过等质等量的土地调整符合建房条件的居民，经市政府批准后，重新申请宅基地的。

第九条　有下列情形之一者，申请宅基地的不予批准：

（一）出租房屋或原住房出卖给不符合申请宅基地条件的；

（二）擅自将原住房改作经营用房的；

（三）宅基地面积虽低于规定标准，但实际住房长期空置的；

（四）户口虽已合法迁入，但原籍住房未依法拆除或转让的，或不承担本地义务的空挂户；

（五）只有一个子女或虽有多个子女但均未达婚龄，与父母分户申请建住宅的；

（六）多个子女的家庭，子女已达婚龄要求分户建住宅，但父母身边不留一子或招婿的一女，单独申请或保留一户宅基地的。

第十条　居民宅基地用地标准以户为单位核算。

农村居民宅基地标准为：1~4 人户，每户不得超过 120 平方米；5 人以上户，每户不得超过 135 平方米。

城镇居民宅基地标准为：1~4 人户，每户不得超过 100 平方米；5 人以上户，每户不得超过 120 平方米。

第十一条　宅基地面积一般按居民家庭所在地的户籍实有人数计算。有下列情况之一的，可照顾增计 1 名家庭人口申请宅基地面积。

（一）夫妇一方户口不在家庭所在地的；

（二）可能回原籍的现役军人、劳教服刑人员；

（三）户口虽已迁出但实际仍在原家庭生活居住的；

（四）已超婚龄的家庭成员；

（五）大、中专院校在籍学生；

（六）独生子女。

第十二条 有下列情况之一的，不得列为家庭人口申请宅基地：

（一）另有住房的家庭成员；

（二）已婚嫁的子女户口未迁出，配偶方宅基地面积已达标准的；

（三）父母已随一个子女计算家庭人口享受了宅基地，又随另一个子女申请宅基地的。

第十三条 居民宅基地范围内的住房和附属用房建筑占地面积，不得超过宅基地面积的 70%，且房屋的进深必须符合村镇建设规划的要求。

第十四条 在公路、河道两侧或高压线下安排宅基地，必须符合建设、交通、水务、电力部门的有关规定。

第十五条 凡老宅基地面积超过规定标准的，应通过乡（镇）村建设规划更新改造旧房等途径，逐步将多占的土地退还集体。

第十六条 凡已列入当年用地计划内的居民新建、翻建住宅，必须按下列程序申报办理：

（一）建房户提出用地申请；

（二）村民小组讨论同意；

（三）村民委员会初审；

（四）乡（镇）国土、建设部门审查，符合规划和用地条件的，交乡（镇）人民政府审核；

（五）报市批准；

（六）领取选址意见书、工程建设许可证、用地通知书和“准建旗”，由乡（镇）职能部门放样定界，施工建房；

（七）房屋竣工后申请验收，领取房屋产权证和土地使用证。

第十七条 居民获准建住宅后，不得擅自改变用途、面积、位置、四至或私自转让；如需变更，必须报原批准机关批准。经批准后连续两年未使用的宅基地，应交还村组另行安排利用；因土地使用权纠纷未能及时处理或不可抗力因素造成两年内未能使用的，需报经市国土资源局核准后方可延期使用。

第十八条 全家在外县（市）定居落户的居民，原籍私房维持原状，保留宅基地使用权。房屋破旧的，可以维修。

第十九条 城镇居民新建住宅必须通过购置商品房或出让供地的方式取得，不得使用划拨的国有土地，不得占用农民集体土地，也不得向农村居民购买住宅。城镇居民原有住房需要翻建的，按规定程序和宅基地标准报经审核批准。原土地登记注册面积超过标准的部分应在报批时予以核减，住宅建成后按实际批准的用地面积重新注册登记。

第二十条　鼓励农村居民向小城镇聚集。凡已将户口迁入城镇，申请在城镇建住宅的，可暂时保留原宅基地，但其原住宅不得再翻扩建和擅自转让；凡户口未迁入城镇的近郊农村居民，申请在城镇建住宅的，可按照跨村组建房的规定执行；凡在城镇通过有偿使用方式取得土地使用权建房的农村居民，原有住宅可以保留。

城市规划区内农村集体土地上，除户口在本村组的居民外，不得安排宅基地；确需申请宅基地的，必须通过竞价出让取得国有土地使用权。

第二十一条　领导干部申请宅基地，按干部管理权限报纪检监察部门审查后，按居民申请宅基地的标准和程序办理报批手续。

第二十二条　本规定公布前，凡超过规定标准多占的宅基地，仍按原规定处以罚款，按农民集体所有建设用地使用权流转或临时用地的规定逐年或分批次收取多占宅基地的租用费，直至退出多占的土地为止。本规定公布后，凡超过批准数量非法占用土地的，由市国土资源局责令退还非法占用的土地，限期拆除在非法占用的土地上新建的建筑物和其他设施，并处非法占用土地每平方米 30 元的罚款。

第二十三条　未经批准原地翻建房屋，若违反规划或超过规定的用地标准，则限期拆除；若不违反规划又不超过标准，则按宅基地面积处以每平方米 30 元罚款，再补办批准手续。

第二十四条　出卖、转让房屋及附着物涉及土地使用权转移、且未经批准办理土地权属变更登记手续的，以非法买卖土地论处。

第二十五条　未取得选址意见书及建设许可证，而批准发放用地批准手续的；或未取得用地通知书，而批准发放建设许可证的，按非法批地的规定处罚。

第二十六条　国家工作人员、市乡聘任干部、乡（镇）企事业单位负责人及村级主要干部利用职权非法占地建住宅，比照居民非法占地建住宅从严处理，并按《江苏省土地管理违法行为行政处分暂行规定》给予纪律处分。

第二十七条　本办法由市国土资源局负责解释。

第二十八条　本办法自 2003 年 6 月 1 日起施行，原泰政发〔1997〕64 号文件同时废止。

泰兴市人民政府文件

（泰政发〔2003〕84 号）

市政府关于印发泰兴市实施土地管理法暂行办法的通知

各乡（镇）人民政府，市各局（公司）、直属单位：

《泰兴市实施〈土地管理法〉暂行办法》已经市政府第三次常务会议审议通过，现印发给你们，希认真贯彻执行。

二〇〇三年五月二十日

泰兴市实施《土地管理法》暂行办法

第一章 总 则

第一条 为了加强土地管理，切实保护耕地，促进社会经济可持续发展，根据《中华人民共和国土地管理法》《中华人民共和国矿产资源法》《中华人民共和国土地管理法实施条例》《基本农田保护条例》《江苏省土地管理条例》等法律、法规的规定，结合本市实际，制定本办法。

第二条 市国土资源局负责本市行政区域内土地的管理监督工作。

乡（镇）国土资源所是市国土资源局的派出机构，配合乡（镇）人民政府贯彻执行“十分珍惜、合理利用土地和切实保护耕地”的基本国策，采取有效措施，全面规划，严格管理，保护、开发土地资源，制止非法占用土地的行为。

场圃的土地实行属地管理。

第二章 土地登记发证

第三条 任何土地权利人都必须主动申报登记、领取土地使用证书，并自觉接受国土资源部门的证书查验。

第四条 在家庭联产承包中未打破原生产队界线的土地属村民小组农民集体所有，由村民小组经营、管理；打破原生产队界线进行承包的土地属村农民集体所有，由村集体经济组织或村民委员会经营、管理。

第五条　国有土地使用权分割转让实行许可证制度。出让的国有土地使用权分割转让或因地上建筑物、附着物所有权分割转让而涉及的土地使用权分割转让，必须申请办理国有土地使用权分割转让许可证。

第六条　依法改变土地权属、用途、四至的土地所有者、使用者，必须持批准文件，及时到国土资源部门申请办理土地变更登记。

有偿取得的土地使用权转让、出租、抵押的，依据土地使用权转让、出租、抵押合同直接办理土地变更登记。

土地所有者、使用者更改名称、通讯地址的，按有关证明材料直接办理土地变更登记。

依法继承房产等引起土地使用权变更的，直接办理土地变更登记。

第七条　侵犯土地所有权或使用权的，由被侵权人直接向人民法院起诉，要求停止侵犯、赔偿损失。

第三章　土地利用规划

第八条　乡（镇）人民政府为本乡（镇）土地利用总体规划编制实施的主体。乡（镇）土地利用总体规划业经批准，应在本行政区域内予以公告。

第九条　土地利用总体规划经批准后，任何单位和个人必须坚决执行。确有必要调整的，必须依法定程序逐级审核报批。

第十条　加强土地利用年度计划管理，实行建设用地总量控制。

第十一条　土地所有者或使用者应当提供有关资料，配合国土资源部门开展土地调查、统计及对土地利用动态监测。

第四章　耕地保护

第十二条　乡（镇）人民政府应当根据上级下达的基本农田保护指标，依法划定基本农田保护区，并将基本农田的建设、保护和管理列入乡（镇）、村领导任期目标责任制。

第十三条　禁止新建土立窑、占用耕地建坟或擅自在耕地上取土。结合低产田改造挖田取土的，必须符合土地开发整理规划和矿产（黏土）资源规划。

第十四条　因农业结构调整需要占用耕地的，必须保护好耕作条件和农田基础设施，未经批准，不得建设永久性建筑。

第十五条　为确保本市行政区域内耕地总量动态平衡，各乡（镇）必须加大土地复垦开发力度，每年年底预报下一年度土地后备资源复垦开发整理项目，由市国土资源局核查后列入耕地占补平衡项目库。对进入项目库的项目必须在规定的期限内实施到位。

第五章 建设用地

第十六条 建设项目用地在可行性研究阶段应当报市国土资源局进行预审，未经预审的建设用地项目，市国土、建设部门不予受理。

经过预审的建设项目需要使用土地的，应当持建设项目和建设规划批准文件，向市国土资源局提出用地申请，由市国土资源局按规定统一征地、统一供地。

第十七条 加强土地资产管理，坚持市政府高度垄断土地一级市场，按市场机制实行国有土地有偿使用和储备制度、农民集体所有建设用地使用权流转制度，统一由市国土资源局具体实施。

第十八条 各类临时用地必须符合土地利用总体规划和城乡建设规划，由用地单位或个人报经有权部门审核批准后方可使用。其使用期限一般不超过两年，使用期满，由用地者恢复种植条件，及时归还；若需继续使用，则重新报批，换发证书。在临时用地上不得建设永久性建筑物。

第十九条 加强城乡居民宅基地管理。具体办法另行规定。

第六章 监督检查及法律责任

第二十条 国土资源管理部门对本行政区域内的各类土地违法行为实施监督检查和依法处理，对所有建设用地实行跟踪管理；加强土地信访工作，努力将信访问题处理在基层。因土地管理人员工作失职或处理不公造成违法用地行为或引发重复上访、集体上访和越级上访现象的，则追究当事人的责任。

国土资源管理部门对涉嫌违法用地或存有用地纠纷的单位或个人，在未处理结案前停止办理有关土地审批、登记发证手续。

第二十一条 毁田卖土的，没收其非法所得，限期治理复垦。同时对买方按取土面积依法征收矿产资源补偿费。

第二十二条 临时用地使用期满，逾期不还又拒不报经有权部门批准继续使用的，责令限期拆除临时建筑物，退还土地，恢复耕种。

第二十三条 土地权利人不按规定时限办理土地证书查验手续的，市国土资源局可责令其限期补办土地证书查验手续；限期内仍不补办的，由市国土资源局报经市人民政府批准，注销其土地登记。

第二十四条 当事人拒绝、阻碍国土资源管理部门工作人员依法执行职务的，由公安部门依照《中华人民共和国治安管理处罚条例》处罚；构成犯罪的，依法追究刑事责任。

第七章　附　则

第二十五条　本办法由市国土资源局负责解释。

第二十六条　本办法自2003年6月1日起施行，有关土地管理文件、规定与本办法相抵触的，以本办法为准。

泰兴市人民政府办公室文件

（泰政办发〔2013〕86号）

市政府办公室关于推进全市高标准厂房建设促进土地节约集约利用的通知

各乡镇人民政府（街道办事处），一区四园管委会，市各委、办、局，各市直单位：

为进一步推进我市高标准厂房建设，保持此项工作在全省的先进位置，根据省国土资源厅《关于进一步推进全省高标准厂房建设促进土地节约集约利用的通知》（苏国土资发〔2013〕94号）精神，现就有关要求通知如下：

一、充分认识高标准厂房建设的重要意义

积极稳妥地推进高标准厂房建设，既是加大对中小微企业扶持力度、保障中小微企业用地，进一步减轻企业负担的一项重要措施，也是提高土地利用效率，推动节约集约用地，实现我市社会经济可持续发展的必然选择。

二、规范高标准厂房建设标准

按照省厅文件精神，高标准厂房一般应安排在已形成特色产业优势、中小微企业产业集聚度较高的园区内建设；规模以上大中型企业可以在符合规划选址要求的前提下，单独建设自用的高标准厂房。建设区域内高标准厂房容积率要在1.6以上，建筑密度要在35%以上（其他非高标准厂房建筑物建筑面积不计入以上容积率和建筑密度测算），厂房须达到四层及以上，带工业电梯，符合安全生产和环境保护要求。我市原则上要求“一区四园”单区域高标准厂房建筑面积要在5万平方米以上，其他工业集聚区单区域高标准厂房建筑面积在3万平方米以上。

三、严格高标准厂房建设的各项要求

1. 合理规划，逐年实施

各乡镇（街道）、园区要在4月底前制定本区域内标准厂房建设规划，在“十二五”规划期内逐年实施。

2. 落实主体，资金到位

对于已经完成规划布点的标准厂房项目，特别是取得高标准厂房奖励指标的园区、街道要迅速落实投资主体和建设资金，在用地手续完备后立即开工建设，确保我市高标准厂房建设得到省扶持，用奖励指标实现良性滚动开发。

3. 完善手续，规范运作

各乡镇（街道）、园区的高标准厂房建设要完善国土、建设、规划等各项手续，不允许出现违规建设的现象，市各有关部门在涉及高标准厂房建设项目审批上要简化程序，最低收费，最优服务。在土地利用上，必须使用依法取得的国有建设用地，规划用途为工业。鼓励使用依法取得的存量国有建设用地和企业利用现有依法取得的国有建设用地，鼓励企业将现有厂房改建，翻建为高标准厂房。

4. 缩短周期，有效利用

各乡镇（街道）、园区要高度重视，在保证质量的同时尽量缩短建设周期，确保短期内我市能够有一批符合要求的高标准厂房投入使用。要注重对中小微企业的招引，保证建成的高标准厂房得到有效利用。

二〇一三年四月十日

泰兴市人民政府文件

（泰政发〔2013〕157号）

市政府关于印发《泰兴市贯彻实施〈江苏省征地补偿和被征地农民社会保障实施办法〉若干问题的规定》的通知

各乡镇人民政府（街道办事处），各园区管委会，市各有关部门：

《泰兴市贯彻实施〈江苏省征地补偿和被征地农民社会保障实施办法〉若干问题的规定》已经市政府第十四次常务会讨论通过，现印发给你们，希认真组织实施。

二〇一三年十二月二十五日

泰兴市贯彻实施《江苏省征地补偿和被征地农民社会保障实施办法》若干问题的规定

第一条　为了维护被征地农民和农村集体经济组织的合法权益，保障被征地农民的生活和长远生计，规范征地补偿安置工作，根据《中华人民共和国物权法》《中华人民共和国土地管理法》《中华人民共和国社会保险法》《江苏省征地补偿和被征地农民社会保障办法》等法律、法规、规章和政策，结合本市实际，制定本规定。

第二条　本规定所称征地补偿和被征地农民社会保障，是指国家将农民集体所有的土地征收后，依法给予被征地农民和农村集体经济组织补偿，安排被征地农民的社会保障费用，将被征地农民纳入城乡社会保障体系的行为。

第三条　本规定适用于本市范围内农民集体所有的土地征收补偿和被征地农民社会保障工作。

第四条　被征地农民社会保障遵循即征即保、应保尽保、分类施保、逐步提高的原则，与促进就业相结合，将被征地农民纳入城乡社会保障体系，确保被征地农民原有生活水平不降低，长远生计有保障。

第五条　被征地农民应当从征地前在拥有该土地的农村集体经济组织内享有土地承包经营权，承担农业义务的成员中产生，原土地承包经营权人享有优先权。

被征地农民的名单由被征地的农村集体经济组织商定后提出，经乡（镇）政府（街道办事处）审核，并在被征地农村集体经济组织所在地公示后，报市政府确定。

第六条　市政府负责本市范围内的征地补偿和被征地农民社会保障工作，市相关部门各司其职、密切配合。国土资源局负责土地征收补偿方案的制定、报批和土地征收补偿工作；人力资源和社会保障局负责被征地农民社会保障费用的核算、审核和被征地农民的社会保障工作；财政局负责指定预存款账户及被征地农民社会保障资金的筹集、拨付；公安局负责提供被征地农民身份信息；农工办指导乡镇（街道）按规定程序确定被征地农民名单；监察局负责对征地补偿安置和被征地农民社会保障工作的监督及违法违纪案件的查处；审计局负责对征地安置和被征地农民社会保障费用收支情况进行审计。发改、住建、民政等部门按照各自职责配合做好征地补偿安置和被征地农民社会保障工作。

被征地所在乡（镇）政府（街道办事处）应当配合做好征地补偿、被征地农民社会保障和交地等相关工作。

第七条　本市征地补偿标准按照省规定的三类地区标准执行。

征地补偿标准根据经济社会发展水平和物价变动、被征地农民社会保障标准等情况适时调整。

第八条 市建立乡镇（街道）、村（社区）农业人口与农用地动态统计制度。

第九条 征收农民集体所有的土地，依法足额支付征地补偿费用，安排被征地农民的社会保障费用。征地补偿费用包括土地补偿费、安置补助费、地上附着物和青苗补偿费。

第十条 农民集体所有的土地按照用途分为农用地、建设用地和未利用地。

第十一条 征收农用地、建设用地和未利用地的土地补偿费计算方法，按《江苏省征地补偿和被征地农民社会保障办法》的规定执行。

征收农用地应当支付安置补助费，征收建设用地和未利用地不支付安置补助费。

第十二条 青苗补偿费按照一季的产值计算，能够如期收获的不予补偿。

地上附着物的补偿按本市确定的标准执行。地上附着物未明确补偿标准的，由征地单位与地上附着物所有权人协商确定，协商不成的，由有资质的价格鉴证机构进行评估，作为补偿依据。

征地告知后，凡被征地农村集体经济组织或农户在拟征收土地上抢栽、抢种、抢建的，一律不予补偿。

农村集体经济组织或农户在承包经营的土地上栽种树木、苗木等经济作物，承包人应在规定期限内清除被征收地块上的树木、苗木等经济作物，适当给予移植补助。

第十三条 征收土地涉及房屋及其他建筑物、构筑物的，依法给予补偿。征收宅基地涉及农民住房的，保障被征收人的居住条件。

城市规划区内征收土地上涉及农民住宅的，不再安排宅基地，按照与被征收住房合法面积相当的原则安排住房，或者按照市场评估价格给予补偿。

城市规划区外确需安排宅基地，根据村镇建设规划和土地利用总体规划，可由乡（镇）政府（街道办事处）牵头负责，妥善安排；不安排宅基地的，按照与被征收住房合法面积相当的原则安排住房，或者按照市场评估价格给予补偿。

非法占用土地进行建设，或者违反城乡规划进行建设的，其建筑物、构筑物不予补偿；被批准为临时用地，超过批准使用期限的地上建筑物和其他附着物，不予补偿。

第十四条 土地补偿费归被征地的农村集体经济组织所有，但应当将不少于70%的农用地土地补偿费支付给16周岁以上被征地农民。

安置补助费用于16周岁以下被征地农民的生活补助和16周岁以上被征地农民的社会保障。

地上附着物和青苗补偿费归其所有者所有。

第十五条 征地补偿费用没有足额到位的，被征地农村集体经济组织及其成员有权拒绝交地；征地补偿费用足额到位的，被征地农村集体经济组织及其成员应当按期交地。

第十六条　以征地补偿安置方案批准之日为界限，将被征地农民划分为下列三个年龄段：

（一）16周岁以下（未成年年龄段）；

（二）16周岁以上至60周岁（劳动年龄段）；

（三）60周岁以上（养老年龄段）。

被征地农民每个年龄段人员比例应当与被征地前被征地单位各该年龄段人员比例基本相同。

第十七条　劳动年龄段的被征地农民在企业就业的，应当参加企业职工基本养老保险；从事非全日制工作或者自由择业（灵活就业）的，可以按照灵活就业人员的规定参加企业职工基本养老保险。劳动年龄段的被征地农民参加企业职工基本养老保险，到达退休年龄时缴费不足15年的可以按照差几年补几年的办法补缴（暂执行至2016年12月底）。

第十八条　劳动年龄段的被征地农民未参加企业职工基本养老保险的，应按规定参加城乡居民社会养老保险，缴纳保险费至少15年（含补缴）；每年最低缴费标准按征地时本市农村最低生活保障标准的10倍确定；征地前已参加城乡居民社会养老保险的被征地农民，征地前、后累计缴纳保险费本金的水平，平均每年要达到征地时本市农村最低生活保障标准的10倍。

第十九条　养老年龄段的被征地农民从征地补偿安置方案批准次月起，按照本市农村最低生活保障标准的1.1倍按月领取养老补助金。被征地前已经参加新型农村社会养老保险或者城镇居民养老保险的人员，同时享受省人民政府规定的最低标准基础养老金。

养老补助金水平低于《泰兴市被征地和自愿放弃土地承包经营权的农民社会保障暂行办法》（泰政发〔2009〕89号）中60周岁人员初始养老待遇水平的，补足到同等水平，补差费用先由个人分账户列支，不足部分由市财政负责解决。

第二十条　被征地农民社会保障资金主要包括安置补助费及其增值收益和市政府从土地出让金和划拨供地成本中安排的统筹社会保障费用。统筹社会保障费用标准为：划拨土地每亩计取3万元；工业出让供地每亩计取5万元；经营性用地出让每亩计取7万元。被征地农民社会保障资金不足的，由市财政负责解决。

被征地农民社会保障资金的标准按照本市农村最低生活保障标准的1.1倍乘以139计算。

第二十一条　市财政局设立被征地农民社会保障资金财政专户（以下简称保障资金专户），管理、核算16周岁以上被征地农民社会保障资金。

16周岁以上被征地农民的社会保障资金一次性划入保障资金专户，并建立个人分账户。

第二十二条　劳动年龄段的被征地农民达到领取养老金年龄的，其在保障资金专户个人分账户中的资金本息余额一次性退还本人。被征地农民死亡的，其在保障资金专户个人分账户中的资金本息余额可以依法继承。

第二十三条　被征地农民按照医疗、工伤、生育保险规定缴纳保险费用后，享受相关待遇。

被征地农民家庭人均收入低于当地最低生活保障标准的，可以按照规定申请最低生活保障。

第二十四条　各乡（镇）政府（街道办事处）及其有关部门应当将劳动年龄段内的被征地农民纳入城镇就业体系，加强就业培训和指导，创造就业条件，促进被征地农民就业。

第二十五条　实行征地补偿资金预存制度。征地报批前，市财政局应当将征地补偿费用和土地有偿使用收益中安排的社会保障费用存入财政指定的账户（以下简称预存款账户）。征地报批时，市财政局应当出具征地补偿费用和被征地农民社会保障费用落实的相关凭证。

市国土资源局上报市政府批准征地补偿安置方案前，市人力资源和社会保障局应当对被征地农民社会保障费用落实情况提出审核意见。

第二十六条　市国土资源局应当在征地补偿安置方案批准之日起 15 个工作日内，从预存款账户中将土地补偿费足额支付到农村集体经济组织；将青苗补偿费支付给其所有者。地上附着物征收补偿安置按照附着物补偿标准执行。

农村集体经济组织应当在被征地农民的名单经市政府确定之日起 10 个工作日内，将不少于 70% 的农用地土地补偿费支付给 16 周岁以上被征地农民。

第二十七条　被征地农民的名单经市政府确定之日起 10 个工作日内，市国土资源局应当从预存款账户中将 16 周岁以下被征地农民生活补助费足额支付给本人，将 16 周岁以上被征地农民社会保障资金一次性划入保障资金专户。

被征地农民社会保障资金到账后 10 个工作日内，市人力资源和社会保障局应当按照以下方式处理：

（一）将养老年龄段被征地农民的社会保障资金记入其在保障资金专户中的个人分账户，用于逐月发放养老补助金；

（二）将劳动年龄段被征地农民的社会保障资金记入其在保障资金专户中的个人分账户，用于逐期代缴其参加社会养老保险的个人缴费部分。灵活就业人员按本市最低缴费标准代缴。个人分账户资金用完后，参加社会养老保险缴纳的费用由个人承担。

第二十八条　规范征地补偿和被征地农民社会保障工作，市政府主管部门及其工作人员有违法违规行为的，由市政府、有关主管部门或者监察机关责令改正，对直接负责的主管人员和其他直接责任人员依法给予行政处分；构成犯罪的，依法追究刑事责任。

第二十九条　被征地农村集体经济组织弄虚作假，冒领、截留、挪用征地补偿费用的，由有关机关责令改正，对直接负责的主管人员和其他直接责任人员依法给予行政处分；构成犯罪的，依法追究刑事责任。

第三十条　本规定所称“以上”均包含本数。

第三十一条　本规定自 2013 年 12 月 1 日起施行。从本规定施行之日起，新征收土地不再执行《泰兴市征地补偿和被征地农民基本生活保障暂行办法》（泰政发〔2004〕145 号）、《泰兴市被征地农民基本生活保障补充办法》（泰政发〔2006〕150 号）、《泰兴市被征地和自愿放弃土地承包经营权的农民社会保障暂行办法》（泰政发〔2009〕89 号）、《市政府办公室关于进一步完善我市被征地农民社会保障制度的通知》（泰政办发〔2012〕23 号）。本规定施行前已依法征收土地的，仍然按照原有的规定执行。

附表：

征地补偿标准（三类地区）

<table>
<tr><th colspan="3">地 类</th><th>土地补偿费（元/亩）</th><th>安置补助费（元/人）</th><th>青苗补偿费（元/亩）</th></tr>
<tr><td rowspan="7">农用地</td><td rowspan="3">耕地</td><td>水田</td><td>18000</td><td>17000</td><td rowspan="3">900</td></tr>
<tr><td>旱地</td><td>18000</td><td>17000</td></tr>
<tr><td>蔬菜地</td><td>20000</td><td>17000</td></tr>
<tr><td colspan="2">园地</td><td>18000</td><td>17000</td><td>无</td></tr>
<tr><td colspan="2">林地</td><td>18000</td><td>17000</td><td>无</td></tr>
<tr><td colspan="2">牧草地</td><td>18000</td><td>17000</td><td>无</td></tr>
<tr><td colspan="2">其他农用地</td><td>18000</td><td>17000</td><td>无</td></tr>
<tr><td colspan="3">建设用地</td><td>18000</td><td>无</td><td>无</td></tr>
<tr><td colspan="3">未利用地</td><td>9000</td><td>无</td><td>无</td></tr>
</table>

泰兴市人民政府文件

（泰政发〔2014〕61号）

市政府关于修订《泰兴市贯彻实施〈 江苏省征地补偿和被征地农民社会保障实施办法〉若干问题的规定》的通知

各乡镇人民政府（街道办事处），各园区管委会，市各有关部门：

2013年12月25日，市政府制定实施了泰政发〔2013〕157号《泰兴市贯彻实施〈江苏省征地补偿和被征地农民社会保障实施办法〉若干问题的规定》（以下简称《规定》）。为进一步加强政策制度的有机衔接，根据省、市有关规定，结合本市实际，现对《规定》修订如下：

一、将《规定》第二十条修订为“被征地农民社会保障资金主要包括安置补助费及其增值收益和市政府从土地出让金、划拨供地成本中安排的统筹社会保障费用。按照‘以支定收、收支平衡、不留缺口’的原则，从土地出让金和划拨供地成本中足额提取社会保障费用。社会保障费用标准按应安置人数 ×（本市农村最低生活保障标准的1.1倍 ×139个月 – 安置补助费）计算。经营性用地每亩增提7万元作为被征地农民社会保障资金市级统筹”。

二、将《规定》第三十一条修订为“本规定自2013年12月1日起施行。从本规定施行之日起，新征收土地不再执行《泰兴市征地补偿和被征地农民基本生活保障暂行办法》（泰政发〔2004〕145号）、《泰兴市被征地农民基本生活保障补充办法》（泰政发〔2006〕150号）、《泰兴市被征地和自愿放弃土地承包经营权的农民社会保障暂行办法》（泰政发〔2009〕89号）、《市政府办公室关于进一步完善我市被征地农民社会保障制度的通知》（泰政办发〔2012〕23号）。2005年1月1日至2009年10月15日期间已依法征收土地的，按泰政发〔2006〕150号《泰兴市被征地农民基本生活保障补充办法》执行。2009年10月16日至2013年11月30日依法征收土地的，于2014年8月31日前向市社会保险经办机构申报办理，仍按泰政发〔2009〕89号《泰兴市被征地和自愿放弃土地承包经营权的农民社会保障暂行办法》执行；2014年9月1日后申报办理的，按本规定执行”。

修订后的《泰兴市贯彻实施〈江苏省征地补偿和被征地农民社会保障实施办法〉若干问题的规定》附后。

二○一四年五月三十日

泰兴市贯彻实施《江苏省征地补偿和被征地农民社会保障实施办法》若干问题的规定

第一条　为了维护被征地农民和农村集体经济组织的合法权益，保障被征地农民的生活和长远生计，规范征地补偿安置工作，根据《中华人民共和国物权法》《中华人民共和国土地管理法》《中华人民共和国社会保险法》《江苏省征地补偿和被征地农民社会保障办法》等法律、法规、规章和政策，结合本市实际，制定本规定。

第二条　本规定所称征地补偿和被征地农民社会保障，是指国家将农民集体所有的土地征收后，依法给予被征地农民和农村集体经济组织补偿，安排被征地农民的社会保障费用，将被征地农民纳入城乡社会保障体系的行为。

第三条　本规定适用于本市范围内农民集体所有的土地征收补偿和被征地农民社会保障工作。

第四条　被征地农民社会保障遵循即征即保、应保尽保、分类施保、逐步提高的原则，与促进就业相结合，将被征地农民纳入城乡社会保障体系，确保被征地农民原有生活水平不降低，长远生计有保障。

第五条　被征地农民应当从征地前在拥有该土地的农村集体经济组织内享有土地承包经营权、承担农业义务的成员中产生，原土地承包经营权人享有优先权。

被征地农民的名单由被征地的农村集体经济组织商定后提出，经乡（镇）政府（街道办事处）审核，并在被征地农村集体经济组织所在地公示后，报市政府确定。

第六条　市政府负责本市范围内的征地补偿和被征地农民社会保障工作。市相关部门各司其职、密切配合。国土资源局负责土地征收补偿方案的制定、报批和土地征收补偿工作；人力资源和社会保障局负责被征地农民社会保障费用的核算、审核和被征地农民的社会保障工作；财政局负责指定预存款账户及被征地农民社会保障资金的筹集、拨付；公安局负责提供被征地农民身份信息；农工办指导乡镇（街道）按规定程序确定被征地农民名单；监察局负责对征地补偿安置和被征地农民社会保障工作的监督及违法违纪案件的查处；审计局负责对征地安置和被征地农民社会保障费用收支情况进行审计。发改、住建、民政等部门按照各自职责配合做好征地补偿安置和被征地农民社会保障工作。

被征地所在乡（镇）政府（街道办事处）应当配合做好征地补偿、被征地农民社会保障和交地等相关工作。

第七条　本市征地补偿标准按照省规定的三类地区标准执行。

征地补偿标准根据经济社会发展水平和物价变动、被征地农民社会保障标准等情况适时调整。

第八条　市建立乡镇（街道）、村（社区）农业人口与农用地动态统计制度。

第九条　征收农民集体所有的土地，依法足额支付征地补偿费用，安排被征地农民的社会保障费用。征地补偿费用包括土地补偿费、安置补助费、地上附着物和青苗补偿费。

第十条　农民集体所有的土地按照用途分为农用地、建设用地和未利用地。

第十一条　征收农用地、建设用地和未利用地的土地补偿费计算方法，按《江苏省征地补偿和被征地农民社会保障办法》的规定执行。

征收农用地应当支付安置补助费，征收建设用地和未利用地不支付安置补助费。

第十二条　青苗补偿费按照一季的产值计算，能够如期收获的不予补偿。

地上附着物的补偿按本市确定的标准执行，地上附着物未明确补偿标准的，由征地单位与地上附着物所有权人协商确定，协商不成的，由有资质的价格鉴证机构进行评估，作为补偿依据。

征地告知后，凡被征地农村集体经济组织或农户在拟征收土地上抢栽、抢种、抢建的，一律不予补偿。

农村集体经济组织或农户在承包经营的土地上栽种树木、苗木等经济作物，承包人应在规定期限内清除被征收地块上的树木、苗木等经济作物，适当给予移植补助。

第十三条　征收土地涉及房屋及其他建筑物、构筑物的，依法给予补偿。征收宅基地涉及农民住房的，保障被征收人的居住条件。

城市规划区内征收土地上涉及农民住宅的，不再安排宅基地，按照与被征收住房合法面积相当的原则安排住房，或者按照市场评估价格给予补偿。

城市规划区外确需安排宅基地，根据村镇建设规划和土地利用总体规划，可由乡（镇）政府（街道办事处）牵头负责，妥善安排；不安排宅基地的，按照与被征收住房合法面积相当的原则安排住房，或者按照市场评估价格给予补偿。

非法占用土地进行建设，或者违反城乡规划进行建设的，其建筑物、构筑物不予补偿；被批准为临时用地，超过批准使用期限的地上建筑物和其他附着物，不予补偿。

第十四条　土地补偿费归被征地的农村集体经济组织所有，但应当将不少于70%的农用地土地补偿费支付给16周岁以上被征地农民。

安置补助费用于16周岁以下被征地农民的生活补助和16周岁以上被征地农民的社会保障。

地上附着物和青苗补偿费归其所有者所有。

第十五条　征地补偿费用没有足额到位的，被征地农村集体经济组织及其成员有权拒绝交地；征地补偿费用足额到位的，被征地农村集体经济组织及其成员应当按期交地。

第十六条　以征地补偿安置方案批准之日为界限，将被征地农民划分为下列三个年龄段：

（一）16周岁以下（未成年年龄段）；

（二）16周岁以上至60周岁（劳动年龄段）；

（三）60周岁以上（养老年龄段）。

被征地农民每个年龄段人员比例应当与被征地前被征地单位各该年龄段人员比例基本相同。

第十七条　劳动年龄段的被征地农民在企业就业的，应当参加企业职工基本养老保险；从事非全日制工作或者自由择业（灵活就业）的，可以按照灵活就业人员的规定参加企业职工基本养老保险。劳动年龄段的被征地农民参加企业职工基本养老保险，到达退休年龄时缴费不足15年的可以按照差几年补几年的办法补缴（暂执行至2016年12月底）。

第十八条　劳动年龄段的被征地农民未参加企业职工基本养老保险的，应按规定参加城乡居民社会养老保险，缴纳保险费至少15年（含补缴）；每年最低缴费标准按征地时本市农村最低生活保障标准的10倍确定；征地前已参加城乡居民社会养老保险的被征地农民，征地前、后累计缴纳保险费本金的水平，平均每年要达到征地时本市农村最低生活保障标准的10倍。

第十九条　养老年龄段的被征地农民从征地补偿安置方案批准次月起，按照本市农村最低生活保障标准的1.1倍按月领取养老补助金。被征地前已经参加新型农村社会养老保险或者城镇居民养老保险的人员，同时享受省人民政府规定的最低标准基础养老金。

养老补助金水平低于《泰兴市被征地和自愿放弃土地承包经营权的农民社会保障暂行办法》（泰政发〔2009〕89号）中60周岁人员初始养老待遇水平的，补足到同等水平，补差费用先由个人分账户列支，不足部分由市财政负责解决。

第二十条　被征地农民社会保障资金主要包括安置补助费及其增值收益和市政府从土地出让金、划拨供地成本中安排的统筹社会保障费用，按照“以支定收、收支平衡、不留缺口”的原则，从土地出让金和划拨供地成本中足额提取社会保障费用。社会保障费用标准按应安置人数 ×（本市农村最低生活保障标准的1.1倍 ×139个月 - 安置补助费）计算。经营性用地每亩增提7万元作为被征地农民社会保障资金市级统筹。

第二十一条　市财政局设立被征地农民社会保障资金财政专户（以下简称保障资金专户），管理、核算16周岁以上被征地农民社会保障资金。

16周岁以上被征地农民的社会保障资金一次性划入保障资金专户，并建立个人分账户。

第二十二条　劳动年龄段的被征地农民达到领取养老金年龄的，其在保障资金专户个人分账户中的资金本息余额一次性退还本人。被征地农民死亡的，其在保障资金专户个人分账户中的资金本息余额可以依法继承。

第二十三条　被征地农民按照医疗、工伤、生育保险规定缴纳保险费用后，享受相关待遇。

被征地农民家庭人均收入低于当地最低生活保障标准的，可以按照规定申请最低生活保障。

第二十四条　各乡（镇）政府（街道办事处）及其有关部门应当将劳动年龄段内的被征地农民纳入城镇就业体系，加强就业培训和指导，创造就业条件，促进被征地农民就业。

第二十五条　实行征地补偿资金预存制度。征地报批前，市财政局应当将征地补偿费用和土地有偿使用收益中安排的社会保障费用存入财政指定的账户（以下简称预存款账户）。征地报批时，市财政局应当出具征地补偿费用和被征地农民社会保障费用落实的相关凭证。

市国土资源局上报市政府批准征地补偿安置方案前，市人力资源和社会保障局应当对被征地农民社会保障费用落实情况提出审核意见。

第二十六条　市国土资源局应当在征地补偿安置方案批准之日起15个工作日内，从预存款账户中将土地补偿费足额支付到农村集体经济组织；将青苗补偿费支付给其所有者。地上附着物征收补偿安置按照附着物补偿标准执行。

农村集体经济组织应当在被征地农民的名单经市政府确定之日起10个工作日内，将不少于70%的农用地土地补偿费支付给16周岁以上被征地农民。

第二十七条　被征地农民的名单经市政府确定之日起10个工作日内，市国土资源局应当从预存款账户中将16周岁以下被征地农民生活补助费足额支付给本人，将16周岁以上被征地农民社会保障资金一次性划入保障资金专户。

被征地农民社会保障资金到账后10个工作日内，市人力资源和社会保障局应当按照以下方式处理：

（一）将养老年龄段被征地农民的社会保障资金记入其在保障资金专户中的个人分账户，用于逐月发放养老补助金；

（二）将劳动年龄段被征地农民的社会保障资金记入其在保障资金专户中的个人分账户，用于逐期代缴其参加社会养老保险的个人缴费部分。灵活就业人员按本市最低缴费标准代缴。个人分账户资金用完后，参加社会养老保险缴纳的费用由个人承担。

第二十八条　规范征地补偿和被征地农民社会保障工作，市政府主管部门及其工作人员有违法违规行为的，由市政府、有关主管部门或者监察机关责令改正，对直接负责的主管人员和其他直接责任人员依法给予行政处分；构成犯罪的，依法追究刑事责任。

第二十九条　被征地农村集体经济组织弄虚作假，冒领、截留、挪用征地补偿费用的，由有关机关责令改正，对直接负责的主管人员和其他直接责任人员依法给予行政处分；构成犯罪的，依法追究刑事责任。

第三十条　本规定所称“以上”均包含本数。

第三十一条　本规定自2013年12月1日起施行。从本规定施行之日起，新征收土地不再执行《泰兴市征地补偿和被征地农民基本生活保障暂行办法》（泰政发〔2004〕145号）、《泰兴市被征地农民基本生活保障补充办法》（泰政发〔2006〕150号）、《泰兴市被征地和自愿放弃土地承包经营权的农民社会保障暂行办法》（泰政发〔2009〕89号）、《市政府办公室关于进一步完善我市被征地农民社会保障制度的通知》（泰政办发〔2012〕23号）。

2005年1月1日至2009年10月15日期间已依法征收土地的，按泰政发〔2006〕150号《泰兴市被征地农民基本生活保障补充办法》执行。2009年10月16日至2013年11月30日依法征收土地的，于2014年8月31日前向市社会保险经办机构申报办理，按泰政发〔2009〕89号《泰兴市被征地和自愿放弃土地承包经营权的农民社会保障暂行办法》执行；2014年9月1日后申报办理的，按本规定执行。

附表：

征地补偿标准（三类地区）

<table>
<tr><th colspan="3">地 类</th><th>土地补偿费
（元/亩）</th><th>安置补助费
（元/人）</th><th>青苗补偿费
（元/亩）</th></tr>
<tr><td rowspan="7">农用地</td><td rowspan="3">耕地</td><td>水田</td><td>18000</td><td>17000</td><td rowspan="3">900</td></tr>
<tr><td>旱地</td><td>18000</td><td>17000</td></tr>
<tr><td>蔬菜地</td><td>20000</td><td>17000</td></tr>
<tr><td colspan="2">园地</td><td>18000</td><td>17000</td><td>无</td></tr>
<tr><td colspan="2">林地</td><td>18000</td><td>17000</td><td>无</td></tr>
<tr><td colspan="2">牧草地</td><td>18000</td><td>17000</td><td>无</td></tr>
<tr><td colspan="2">其他农用地</td><td>18000</td><td>17000</td><td>无</td></tr>
<tr><td colspan="3">建设用地</td><td>18000</td><td>无</td><td>无</td></tr>
<tr><td colspan="3">未利用地</td><td>9000</td><td>无</td><td>无</td></tr>
</table>

泰兴市人民政府文件

（泰政发〔2017〕62号）

市政府印发《关于进一步推进节约集约用地的实施意见》的通知

各乡镇人民政府（街道办事处），各园区管委会，市各委、办、局，市各直属单位：

《关于进一步推进节约集约用地的实施意见》已经市政府第九次常务会议讨论通过，现印发于后，请认真贯彻执行。

二〇一七年十二月五日

关于进一步推进节约集约用地的实施意见

为认真贯彻落实最严格的耕地保护制度和节约用地制度，根据《中共江苏省委江苏省人民政府关于全面推进节约集约用地的意见》精神，结合泰兴实际，现就进一步推进全市节约集约用地提出如下意见：

一、指导思想

以全市国民经济和社会发展“十三五”规划为指导，以保护资源、节约集约、维护权益、改革创新为目标，全面实施节约集约用地战略，加快推进供给侧结构性改革，进一步提升土地节地水平和产出效益，为泰兴再创一个创新转型跨越发展黄金期提供有效的资源保障。

二、工作目标

1. 坚决守住耕地保护红线。坚定不移地执行最严格的耕地保护制度，健全耕地保护责任机制，严格划定和保护永久基本农田，完成高标准基本农田建设，确保耕地保有量和基本农田保护面积数量不减少、质量有提高。

2. 优化国土空间开发布局。按照空间高效集约、产业合理集聚、人口有序集疏的目标，强化土地利用总体规划管控作用，严格划定城市发展边界，优化城乡建设用地结构和布局，控制开发强度，推进城乡一体化建设和生态文明建设。

3. 提升节约集约用地水平。落实省节约集约“双提升”行动，建立健全节约集约用地制度体系，节地水平和产出效益进一步提升。到“十三五”期末，全市单位GDP建设用地占用下降26.1%，建设用地地均GDP增长35.32%。

4. 构建规范高效管地新秩序。健全土地执法监管共同责任机制，突出政府主导，加强部门协作，完善巡查机制，严肃查处违法违规用地，强化责任追究，构建违法用地预警问责机制，加快推进法治国土建设。

三、工作任务

（一）优化国土规划空间，坚守耕地保护红线

1. 强化规划管控作用。加强土地利用总体规划的实施管理，结合土地利用总体规划调整完善成果，统筹安排规划指标，确保全市耕地总量和基本农田保护面积不减少、建设用地总规模不突破。依据土地利用总体规划，审核各类建设项目用地，严格控制新增建设用地规模。加强规划引导，优化城乡建设用地空间布局。

2. 严格耕地和基本农田保护。落实“责任+激励、行政+保护”的耕地保护机制，坚持量质并举，守住耕地质量、数量双底线。将耕地保护目标和基本农田保护任务纳入乡镇、街道年度考核评价体系，党政主要负责人为第一责任人。适时开展耕地保护补偿机制试点工作。严格划定永久基本农田，实现永久基本农田“定位、定量、定质”，将保护责任落实到村组与农户。牢固树立耕地保护红线意识，严禁非农建设用地占用基本农田。

3. 规范实施土地综合整治。综合运用经济和行政手段，推动土地综合整治工作，加大耕地建设力度，通过高标准基本农田建设、农村土地综合整治、同一乡镇范围内村庄建设用地布局调整试点等项目，增加有效耕地面积，不断优化耕地和基本农田布局。探索实施耕作层剥离再利用制度，实行“占优补优”，提高耕地质量。

（二）转变土地利用方式，推进用地高效集约

1. 加强建设用地精准供应。严格执行产业供地政策，对市确定的基础产业、科技创新产业、战略性新兴产业、先进制造业等，优先安排供地，促进产业集聚；对其他一般项目用地，原则上优先使用存量土地；对列入国家和省《禁止用地项目目录》《限制用地项目目录》《产业结构调整指导目录2011年本（2013年修订）》《外商投资产业指导目录（2017年修订）》中明确限制和淘汰类的投资项目，一律不得供地。加强项目落户审查，工业项目投资强度不得低于260万元/亩，其中经济开发区、泰兴高新区、黄桥开发区、虹桥工业园区不低于350万/亩（化工行业500万元/亩），其他园区不低于280万元/亩。园区项目实际投资1亿元以上（化工项目3亿元以上）、乡镇工业集聚区项目实际投资3000万元以上，且固定资产投资占比80%以上的，可以单独供地；不符合上述条件的，原则上不得单独供地。

2. 强化建设用地预审和用地审查。完善重大产业项目会审制度，市发改委牵头相关部门，对市重大产业项目的容积率、投资强度、亩均产值、亩均税收等指标进行集中会审，对达不到规定标准的，一律不得通过审查，其中对于用地规模超过50亩以上项目落户预审核须报市政府审批。市发改、规划、国土、住建、消防等部门要认真落实《泰兴市新建产业项目容缺预审提前介入实施意见（试行）》，准确把握容缺受理项目的申报条件、申报流程等要求，健全“容缺”预审工作模式，提高对新建产业项

目的审批效率和服务效能。

3. 改革工业用地供应方式。结合本市实际，建立符合行业发展特点、产业生命周期和产业发展导向的工业用地制度。细化产业用地分类准入标准和投入产出要求，确定工业用地各类供应方式的适用对象，支持创业苗圃、孵化器及加速器项目按工业用地政策办理相关手续。推进工业用地长期租赁、租让结合、先租后让、弹性出让等灵活供地方式，可采取一次性出让分期签订出让合同、分期发放不动产权证，或先租赁后转为出让方式进行。首期出让（或租赁）合同年期一般不超过 5 年。期限届满，达到土地出让（或租赁）合同约定条件的，续签剩余年期土地出让合同，并按评估价格缴纳出让金或租金。续签合同约定土地出让年期结合企业产品生命周期，予以弹性约定，总年期不超过 50 年，未达出让（或租赁）合同约定条件的，限期整改，整改期间续签一定年期出让（或租赁）合同，整改期限不超过两年。

4. 鼓励土地立体开发利用。结合城市功能定位和空间布局要求，研究制定城区地下空间开发利用规划。鼓励和引导市场主体进行地下综合开发。地下空间与地上土地使用权可一并出让，也可单独协议出让。工矿仓储项目使用地下空间的，可不增收土地出让价款；经营性项目使用地下空间的，以有偿使用方式取得，出让的最低价格，地下一层按所在地基准地价对应用途楼面地价的 50% 收取，地下二层按所在地基准地价对应用途楼面地价的 40% 收取，地下三层以下（含三层）可免收土地出让金。地下空间分割要求根据地面建筑分割转让条件确定。对土地立体开发涉及的相关规费，实行减收或免收的差别化优惠政策。鼓励立体停车场建设、线性基础设施并线规划和建设等节地新模式。规划、国土、住建、民防等有关部门各司其职，加强地下空间利用和管理。

5. 加强工业用地综合评估考核。供地前，进行项目预评估，凡拟签约、拟落地的工业、服务业、科技项目，有新增用地等要素配置需求的，均需在产业导向、投资产出、节能降耗和发展前景等方面进行综合评估。经过评估准入，方可办理项目用地手续。经综合评估符合准入标准可以供地的，根据项目具体情况提出约束性土地使用条件，并在土地有偿使用合同中予以明确。同时，积极探索土地使用绩效综合评价。研究制定土地使用绩效综合评价及结果运用实施办法，落实差别化政策，促进企业加快转型升级。

6. 推进高标准厂房建设与使用。“三区三园”必须全部建设高标准厂房，其他乡镇要以建设高标准厂房为主。鼓励和引导社会投资主体参与多层高标准厂房建设、经营，引导中小微企业租赁和购买。高标准厂房一般要求层次必须四层（含四层）以上，配备工业电梯，建设容积率一般应当达到 1.6 以上，建筑总面积在 10000 平方米以上（园区）或 5000 平方米以上（乡镇工业集聚区、企业），符合安全生产和环境保护等相关要求。鼓励优先使用存量建设用地进行高标准厂房建设，增加容积率的，不增收土地价款。积极鼓励使用高标准厂房，有条件的地方，可以对入驻高标准厂房的企业给予一定的租金补贴。高标准厂房可整栋或分割转让，但不得改变功能和土地用途。

7. 推行国有建设用地履约保证金制度。对出让或者租赁的国有建设用地，由市国土资源局与受让方（租赁方）签订履约保证金协议。经营性用地按照出让价款或者租金的5%收取履约保证金（不超过2000万元），其中，50%为开工履约保证，50%为用地竣工履约保证；工业用地按照出让价款或者租金的10%收取履约保证金（不超过300万元），其中，50%为用地竣工履约保证，50%为投产达效履约保证。

8. 大力推进以税节地。按照新调整的城镇土地使用税税额标准和等级范围，税务、国土部门要加强联动，实现信息共享，及时掌握全市企业占用土地情况，加大土地使用税征缴力度。实行差别化管理，对产出效益和节地水平比较高的企业，适当给予财政奖励。研究制定对园区土地税收考核办法，真正实现"以地控税、以税节地"的目标。

9. 强化闲置土地处置。加大闲置土地处置力度，对依法认定为闲置土地的，采取挂牌督办、约谈问责、媒体曝光等形式督促闲置土地处置再利用。对因政府原因造成闲置的，通过调整规划设计条件、延长动工开发期限、安排临时使用、协议收回、置换用地等方式进行处置。对因企业原因造成闲置的，严格按照《闲置土地处置办法》依法处置，并不得办理被认定为闲置土地的转让、出租、抵押和变更登记。

10. 推进低效用地再开发和存量建设用地盘活。科学编制和实施低效用地再开发专项规划和年度实施计划，通过收购储备、引导转让、协议置换、业态调整、增容技改等途径进行再开发利用，并对低效用地实行分类分级动态管理。鼓励工业企业利用自有土地改建、扩建厂房增加容积率，不改变用途的，免收补交土地出让金和相关规费。对存量建设用地盘活和低效用地再开发，经市政府批准协议出让的，土地出让金按评估价核定，其中市财政只收取40%的净出让金，市政府将视土地利用的情况对乡镇（街道）、园区予以奖励。

11. 开展节约集约用地评价。积极开展城市区域、中心城区和经济开发区等节约集约用地评价，并强化评价成果应用。结合土地节约集约利用先进园区创建工作，在经济开发区、黄桥园区、高新区开展节约集约用地评价基础上，将其他园区和乡镇纳入节约集约用地评价体系。同时，开展对无标准、因特殊要求需突破标准及用地规模较大三类项目节地评价。

12. 加强农村建设用地管理。加快推进宅基地和集体建设用地使用权确权登记发证工作。在农村建设用地调查和农村不动产权籍调查试点工作的基础上，尽快完成房地一体的全市农村宅基地和集体建设用地使用权登记发证工作。鼓励集体土地使用权人以土地使用权联营、入股等形式兴办企业，盘活利用闲置土地和低效用地。统筹运用农村土地综合整治、城乡建设用地增减挂钩等手段，推进"空心村"治理，对散乱、废弃、闲置的农村建设用地进行整治。探索建立农民宅基地自愿有偿退出机制，有效减少农村居民点占地面积。

13. 规范土地储备和出让。科学编制土地储备规划和计划，扩大土地储备规模，优先将符合土地利用总体规划且尚未出让（划拨）的经营性用地、工业用地等空闲地纳入政府储备。认真落实国家房地产调控的政策措施，扎实推进供给侧结构性改革，按照“去产能、去库存、去杠杆、降成本、补短板”的工作要求，严格把握住宅用地供应的总量、结构、节奏和时序，优先满足保障性住宅用地的需求。

（三）强化土地全程监管，规范国土管理秩序

1. 加强建设用地批后全程监管。以监督监管有偿使用合同或划拨决定书的履约行为为重点，综合利用“慧眼守土”综合监管系统、“一张图”等技术手段，强化信息公示、交地放样、预警提示、开竣工申报、现场巡查、竣工验收、建立用地诚信档案等措施，实现对建设用地批后开发利用的实时动态巡查和全程监管。对因企业自身原因导致的违约行为，验收不予通过，国土部门不予办理不动产登记，并责成企业整改；对因政府原因造成违约的，按相关规定及时处理到位。

2. 强化土地执法共同监管。各乡镇（街道）、园区是辖区国土资源保护的第一责任人；国土部门是土地执法的主管部门；市法院、公安、监察、发改、住建、规划、交运、水务、城管、经信以及供水、供电等单位承担国土资源执法监管共同责任。各乡镇（街道）、园区党委政府要坚定依法管地用地意识，敢于动真碰硬，组织对违法用地及违法建设的制止、整改。国土部门要严格依法行政，加大整改查处力度，按照“既查事，又查人，消除违法状态”的原则，做到查处到位，责任追究到位。市镇两级政府通过建立联合执法机制，各部门齐抓共管，多方联动，坚决遏制各类违法违规用地行为。

3. 加大违法责任追究力度。对年度内违法占用耕地面积与新增建设用地占用耕地面积比例超过 10%，且整改不力的乡镇（街道）、园区，要对主要领导、分管领导进行约谈，责令限期整改。整改期间，暂停建设用地报批、审批。对违法用地情况严重的地区以及不正确履行职责的共同监管责任部门，根据《江苏省党政领导干部违反土地管理规定行为责任追究暂行办法》《泰兴市违法用地监管责任追究办法（试行）》，启动问责机制，实施问责。

4. 建立健全国土考核评价体系。将耕地保护、节地水平（包括亩均 GDP、亩均固定资产投资强度、亩均国税开票等）、违法用地占用耕地比例、违法违规用地查处到位率和整改率、共管责任落实情况等内容纳入园区、乡镇（街道）年度工作目标考核体系，强化国土资源管理。

四、工作要求

1. 全面落实责任。各乡镇（街道）、园区是本辖区推进节约集约用地的责任主体，

实行节约集约用地“一把手”负责制。市国土部门要发挥主管部门职能作用，加强对节约集约用地的政策指导和日常监管。市审计部门要认真落实领导干部耕地和基本农田保护、依法用地、节约集约用地离任审计制度。市各相关部门要按照工作职责各司其职，密切配合，形成推进节约集约用地的共同责任机制。

2. 大力宣传引导。节约集约用地是当前和今后解决资源制约、保障可持续发展的基本途径。要从长远和全局的高度，充分认识节约集约用地的重要性和紧迫性。利用电视、报纸、网络等媒体，广泛宣传全市土地资源形势、节约集约用地典型经验，推广应用节地技术，进一步增强全社会的资源忧患意识和节约集约用地意识，营造节约集约用地的良好氛围。

3. 强化考核奖惩。按照土地节约集约利用先进园区和土地管理模范乡镇创建工作的实施意见，严格进行考核，并将考核结果纳入年度综合考核体系。对促进节约集约用地成绩显著的，给予表彰和奖励。对节约集约用地政策执行不力和工作不到位、违反节约集约用地政策的，对党政负责人进行约谈、限期整改、通报批评或进行责任追究。

文章、调研报告选录

把握节约集约三字诀 做好生态国土大文章
——泰兴市节约集约用地实践与探索

近年来，泰兴市大力践行保护资源、节约集约、改革创新工作要求，全面深入推进节约集约用地“双提升”行动，把握“引、管、统”三字要诀，综合施策，努力做到保护更加精细、保障更加精准、调控更加精明，积极构建国土资源“两保一调”新机制，大力推进生态国土建设。2017 年被国务院表彰为“土地集约节约利用较好、闲置土地较少的县（市、区）”，2018 年再次被国务院表彰为“土地节约集约利用、土地利用秩序、土地利用计划执行好的县（市、区）”；被评为“江苏省国土资源节约集约利用模范县（市、区）”，先后 3 次被表彰为全省“高标准厂房建设与使用先进地区”。

一、把握好“引”字诀，打牢节约集约用地基础

1. 舆论引导。不断加大资源节约优先战略的宣传力度，加强节约集约用地的宣传引导，提高节约集约用地知晓率和认可度，形成全社会节约集约用地的共识。市委、市政府领导高度重视节约集约用地工作，多次专门批示要求以有限的土地资源支撑经济社会的可持续发展。利用国土资源工作专题会议、重点工作督查会、书记（局长）讲堂等有利时机，宣讲节约集约用地政策，逐步形成节约集约用地理念。邀请人大代表、政协委员、基层干部群众为我市节约集约用地工作进言献策。通过电台、电视、报纸、网络等各类媒介，向全社会广泛宣传土地资源的不可再生性和开发程度的有限性，努力在全社会形成节约集约用地的正确导向和良好氛围。两年来，累计发放宣传资料 10000 余份，在各类新闻媒体上刊登相关文章 50 余篇，举办各类培训班 5 期，参训人员 3000 多人次。

2. 规划引领。坚持“规划的节约是最大的节约”理念，统筹用地空间布局，加强土地资源整合，构建合理的城乡用地格局。一是科学制定规划指标。按照“合理布局、用好存量、留足空间”的原则，统筹安排生产空间、生活空间、生态空间。合理调整耕地、基本农田和建设用地指标，科学划定耕地保护红线和城市开发边界，确定到2020年，建设用地总量不得突破26306公顷，耕地保有量不得低于69026.67公顷。二是进一步优化空间布局，形成以沿江产业带、新老334省道为发展轴线，“T形主轴、东西联动、区域协同”的大发展格局，统筹全市空间布局、功能布局和产业布局，促进区域资源优化整合，推动区域规划对接、基础设施互联互通，更好实现区域分工协作，协同发展，促进土地利用节约集约程度的提高。三是统筹安排供地计划。在优化乡镇建设用地空间布局调整的原则下，主要以盘活存量建设用地、城乡建设用地增减挂钩等方式满足居住集中、非农产业发展的用地需要。工业集中区以外不再安排新增用地计划，促进产业、城镇、人口的合理布局和有效集聚。严查土地利用中的违法违规行为，增强土地利用规划的稳定性和严肃性。特殊情况需要修改调整土地利用总体规划的，严格按规定程序和权限报批。

3.制度引路。认真构建节约集约制度体系，先后制订出台《关于进一步推进节约集约用地的实施意见》《关于加强低效产业用地和闲置土地处置工作的实施意见》等8个文件，节约集约用地制度体系进一步完善，为推进全市节约集约用地工作提供了政策依据。建立了节约集约用地工作联席会议制度，定期沟通工作情况，协调解决资源节约集约利用过程中出现的重大问题。建立考核奖惩制度，在全市持续开展“土地节约集约利用先进园区”和“土地管理模范乡镇”创建活动，对园区和乡镇实行差别化考核，土地节约集约利用较好的园区和乡镇分别给予资金和用地指标的奖励。健全土地储备和出让制度，扩大土地储备规模，优先将尚未出让、划拨的经营性用地和工业用地等空闲土地纳入政府储备。健全离任审计制度，将耕地和基本农田保护、依法用地、节约集约用地等列入审计范围，对节约集约用地政策执行不力和工作不到位、违反节约集约用地政策的，进行通报批评或进行责任追究。

二、把握好“管”字诀，筑牢节约集约用地防线

1.批前管“进”。项目落户前，建立用地准入制度，严格进行落户预审。对市确定的基础产业、科技创新产业、战略性新兴产业、先进制造业等，优先安排供地，促进产业集聚；对其他一般项目用地，原则上优先使用存量土地；对列入限制类的项目，一律不得供地。在工业项目投资强度上，规定开发园区不低于350万元/亩（化工行业500万元/亩）。在投资总额上，园区项目实际投资不得低于1亿元（化工项目3亿元），固定资产投资占比不得低于80%，否则不予单独供地。在项目最终签约前，泰兴市还要组织专家从产业导向、投资产出、节能降耗和发展前景等方面进行综合评估，依据评估结果配置土地要素，全市每年因产业方向、用地规模等原因被否决或被核减用地面积的约占总供地的20%。

2.批后管“约”。在项目用地批准之后，泰兴市加大批后监管力度，督促用地单位按照约定使用土地。在公示、交地、开工、竣工、投产达效等时间节点及时到现场巡查、督建和验收，促进企业早日开工建设、投产达效，土地尽早高效利用。积极推行履约保证金制度，对达不到开竣工时间、容积率、投资强度、亩均产出等约定指标的，明确企业责任，没收履约保证金，同时采取责令追加投资、收回部分土地使用权等措施，倒逼企业加大用地投入。建成"慧眼守土"综合动态智能监管平台，328个高清摄像头覆盖全市域，对1400多宗建设用地开发利用状况实时无缝隙动态巡查与监测。常态化开展城市区域、开发园区和企业用地情况进行评价，对节约集约利用程度不高的，减少新增建设用地供应，限制用地手续的办理，打破传统"按需分配""宽打宽用"的模式。建立低效产业用地再开发项目库，通过收购储备、实施流转、协议置换、"退二进三"、增容技改等途径进行再开发。对依法认定为闲置土地的，严格执行闲置土地处置程序和规定，分类依法处置到位。两年来，泰兴市先后处置闲置土地32宗，盘活存量建设用地400公顷以上。

3. 执法管"序"。坚持违规违法用地就是最大的粗放浪费理念，持续强化土地执法监管，严格规范土地利用秩序，促进土地利用效率不断提升。一是创新土地执法方式方法。建立信息化执法模式，运用"一张图"和综合动态智能监管系统，为执法人员配备移动执法终端，实现APP与巡查系统、查处系统、卫片检查系统实时信息推送和数据关联，严格土地执法监管严防违法用地，从源头促进节约用地。二是压实违法用地监管责任。出台《泰兴市违法用地监管责任追究办法（试行）》，从乡镇（街道）、园区，市各有关部门和村（居、社区）三个层面，分别列出对违法用地发现、查处、整改等监管职责履行不力的14条负面清单，并按相关规定明确了问责方式及问责程序，减少土地资源的粗放利用。三是加强违法用地整改督查。为确保土地执法监察各项措施落到实处，泰兴市坚持把督促检查作为重要抓手，重点督查违法用地防控和整改情况、涉土信访办理和息访情况，定期督查、定期通报。2017年，全市实现工矿用地"零违法"目标。

三、把握好"统"字诀，创新节约集约用地机制

1. 城乡统筹。泰兴市农村建设用地面积较大，占全市总建设用地面积的70%左右，城乡建设用地结构不尽合理。泰兴市以此为突破口，按照农民向城镇集中、工业向园区集中、农业向规模集中、居住向社区集中的"四集中"要求，以城乡建设用地增减挂钩和同一乡镇范围内村庄建设用地布局调整试点为平台，积极实施土地整治项目，逐步减少农村建设用地。在实施过程中，重点对农村散乱、闲置、废弃、低效利用的集体建设用地进行复垦整治，合理布局农民集中居住点，停止非集中居住点范围住宅审批和建设，逐步撤并自然村、消除"空心村"，提高农村建设用地利用效率。同时积极探索宅基地退出和置换方式，明确规定农民退出宅基地后，选择到城镇或村集中居住区置换住房的，由乡镇比照房屋拆迁补偿安置政策；选择货币补偿的，按合法宅基地面积和建筑面积进行评估，给予相应的货币补偿和适当奖励。2016、2017

两年全市共实施土地整治项目 531 个，新增耕地 554.93 公顷，节约土地实现了“农地集中、居住集聚、用地集约、效益集显”的总体目标。

2. 空间统筹。变土地平面开发利用为空间立体开发利用，不仅综合利用好地面空间，还最大限度向空中要地、向地下要地，挖掘土地资源的利用潜力。在向空中要地方面，出台政策明确高标准厂房建设要求、政策支持和奖励标准，鼓励园区、乡镇（街道）利用存量、闲置土地建设高标准厂房。到目前为止，泰兴市已经三次被表彰为全省高标准厂房建设与使用先进地区。全市累计建设高标准厂房 100 多万平方米，已建成投入使用的厂房占 80% 以上。其中晟楠电子、远大家私等建成 8 层以上高标准厂房，容积率都在 6.5 以上。在地下空间利用方面，对项目建设需同时利用地下空间的，地下空间与地上土地使用权可一并出让，也可单独出让。工矿仓储项目使用地下空间的，可不增收土地出让价款；经营性项目使用地下空间的，以有偿使用方式取得，在出让价格上给予优惠。对民安广场等独立地下空间采取了竞价出让的方式，建成了地下商业广场，利用市区存量建设用地建设地下立体停车场，利用开发区地下空间建设综合管廊等，全市仅地下空间的利用就节约土地 33.33 公顷以上。

3. 功能统筹。泰兴市提出“共享”理念，对配套设施进行统一建设，集中使用。园区工业企业一般不单独建设食堂、宿舍、运动馆等配套设施，由园区按照统一规划、统一布局、统一配套、统一建设的原则，将包含商业、文化、体育、卫生、教育等生活服务设施进行一体化建设，为企业提供“一站式”的服务。经济开发区通过推行集中配套设施建设、集中生活设施建设、集中标准厂房建设、集中安置住宅建设，建设了污水处理厂，实现污水集中处理，建设了区域性热电厂，实现热电联产，共节约土地 45.33 公顷左右，既降低了企业投资和运营成本，又节约了有限的土地资源。

作者：孙红东

泰兴市土地执法监管共同责任机制现状分析及对策建议

近年以来，江苏省泰兴市紧扣依法规范管地用地行为这一目标，突出违法用地查处整改和涉土信访防控两个难点，着力构建共同责任、长效监管和保障科学发展三个机制，在构建国土资源执法监管共同责任机制上，采取了一些行之有效的做法和尝试，取得了一定的成效。

一、江苏省泰兴市落实土地执法监管共同责任的主要做法

1. *在两个层面，强化综合执法机构建设。*在市级层面，江苏省泰兴市通过多方协调，争得市领导的重视支持，得到了公安、检察两个部门的鼎力协助，专门设立了“公安局驻国土办公室”“检察院驻国土办公室”，检察院明确1名联络员，公安部门选派2名干警进驻江苏省泰兴市国土资源局，参与重点土地案件查处和集中巡查等工作，既发挥了驻点执法的桥梁纽带作用，又强化了执法监察的威慑力。在部门层面，市委、市政府将市土地综合执法工作领导小组办公室设在江苏省泰兴市国土资源局内，负责统筹协调各乡镇（街道）、园区和有关部门开展土地综合执法工作。将国土资源监察大队机构规格调整为“相当副科级”，突出国土资源执法监管的重要性和行政高度。

2. *从三个方面，落实综合监管主体责任。*一是将国土资源综合执法监管工作纳入市委、市政府对各乡镇（街道）、园区年度双文明建设综合考核，并对发生重大土地违法违规行为和赴省进京上访事项的单位实行“一票否决”。将土地合法性的认定作为拨付有关专项资金的前置条件。提请市委、市政府明确全市村级标准厂房、公共设施等创收项目验收过程都必须有国土资源监察大队全程参与，对涉及土地违法违规行为的，一律不予通过验收，不予拨付资金。二是深入开展土地节约集约利用先进园区和土地执法模范乡镇联创工作，加大考核奖励力度，充分发挥了创建活动对全市依法依规管地用地和切实保护耕地的导向和示范作用，实现压力的有效传递。三是由市政府办、监察局、效能办等部门对违法用地整改、涉土信访办理等重点难点工作进行跟进督查，及时采取提醒、约谈和问责等措施，倒逼地方政府主体责任的落实。

3. *对四类部门，健全完善综合执法机制。*一是与司法机关的联合办案机制。联合公安局开展重大土地违法案件的调查、处置、审理、集中执法巡查、突发事件处置，以及涉嫌国土资源犯罪案件的移送、侦查和起诉打击等工作。与检察等机关建立了职务犯罪惩处预防机制。定期开展土地执法监察工作风险点排查和职务犯罪预防宣讲，及时发现、移送和查办涉嫌国土资源职务犯罪案件。二是与纪检部门建立了案情线索移送机制。定期排查党员干部违法用地案件线索，加大查办违纪案件、问责追究的力度，对违反党纪政纪，从事或纵容土地违法违规行为的党员干部进行严肃处理。三是与行政部门建立配合机制。与财政部门（国资委）建立了违法建筑物没收移交机制。与相关职能部门建立了共同审查机制。将用地合法性审查作为各类审批事项的前置条件，各职能部门对建设项目用地情况进行严格把关，凡未经过国土部门用地合法性审查的，一律不予办理项目审批核准、建设规划许可、施工许可、房屋所有权等手续。四是与供电公司建立联动防控机制。国土部门发现土地违法违规行为，立即发函至供电公司，联合采取停电措施，对未整改到位的违法用地一律不予用电开户或增容。

*4. 抓五项重点，在系统内部落实综合监管措施。*一是突出源头防控。进一步健全全天候、全过程、全覆盖的执法监察体系，推行网格化管理模式，实现早巡查、早报告、早处置的“三早”目标。二是强化报告预警。严格执行土地违法违规行为报告制度，在抄告市委、市政府及有关部门的同时，通报本系统内部耕保、规划、储备等业务科室、中心，围绕消除违法状态共同研究落实制约措施。三是实施信息化监管。以“一张图”工程为依托，将执法监管系统与规划管控、用地审批、土地调查等相关业务系统交叉互动、协同运行，建成综合动态监管平台，在全域设立328个摄像头，实行视频巡查，现场情况实时导入执法巡查、案件查处、卫片检查等系统，通过国土信息化推进综合监管规范化。四是落实共同责任。在强化专职执法人员的主体责任的同时，探索全员监察模式，明确系统内部每一名工作人员的共同监管责任。五是建立考核追责制度。专门制定《执法监察绩效考核办法》《动态巡查责任追究暂行办法》和《错案责任追究制度》，严格考核兑现奖惩的同时，对未落实巡查责任制、履职不及时、查案不规范的，予以约谈提醒、诫勉谈话，直至问责。

二、制约共同责任机制作用发挥的因素和原因分析

*一是基层法治意识不强，执法环境需优化。*在建设用地实现减量化战略的形势下，有限的建设用地资源和用地指标不可能完全满足各级招商引资对土地的需求，招商引资数额的背后是各级政府和人员的政绩观，但违法用地多以小项目、小工程为主，投资强度较小，土地利用效率和集约程度较低。而长期以来土地违法成本较合法获取土地要低，违法用地者无论是直接在土地上建造房屋还是进行非法土地交易，均能通过经营违法用地，在短期内获得一定的利润收益。按照合法的渠道办理手续，不仅要缴纳较高的费用，还要花费较长的时间，因而使得少数违法主体缺乏申报和办理合法手续的动力。

*二是人员编制缺口较大，执法监管力量严重不足。*一方面，近年来土地卫片执法检查已经列为一项常态化工作，虽有多科室工作配合，但是执法监察人员仍是卫片执法检查工作的主干力量，从年初图斑下发到年末核查验收，牵涉大量的办案精力；另一方面，各地涉土信访工作多是归口于执法监察部门，随着信访渠道、信访量不断增

多，加之各级对依法行政的要求越来越高，案件办理时限越来越近，问责风险越来越大，基层执法人员精神压力越来越大，而相应的措施保障和激励机制相对弱势。

三是部门管理体制约束，被动处理政府违法。一些基层政府为了创造政绩、谋求经济利益，置土地法律法规于不顾，擅自满足个别企业提出的任何用地选址和规模等要求。这类土地违法违规案件受到国土部门查处时，所在政府又会向国土执法部门、执法者施加压力或者进行干预，影响着土地执法监察工作的顺利开展。

四是农村建设用地较多，严格管理难度很大。为加强新农村建设，各地方都要求建设和完善新农村配套设施，即村委会办公场所、公益性公墓、农民广场、农业设施和临时用地等，实际上多是占用本集体的土地，既不办理农用地转用，又不办理征收和供地手续，对这类用地的执法难度很大，需要结合各地实际，建立完善契合农民利益的配套政策。

五是执法强制权力欠缺，长期依赖有关部门。因法律没有赋予国土资源管理主管部门制止土地违法的强制措施，近年来江苏省泰兴市虽然不断加大了违法用地的查处力度，做到能够及时巡查发现违法违规用地，在下达《责令停止国土资源违法行为通知书》后，多数违法当事人不予理睬，强建偷建；在案件的调查取证过程中也存在类似的问题，有的违法当事人对案件调查不予配合；因土地违法案件的告知、处罚文书须在送达后方能生效，国土部门手段有限，经常遇到违法当事人故意推脱、躲避，这些实际存在的问题一直影响着土地执法的办案效率。

三、进一步提升土地执法监管水平的对策建议

1. 简化工作模式，解决各级卫片检查工作量大的问题。建议适当优化土地卫片执法检查工作模式，以各级自查为主，上级按比例抽检的模式，让土地卫片执法检查成为对各级土地执法巡查的有效补充，各地通过卫片执法检查，自行发现土地管理中的薄弱环节及管理工作中存在的突出问题，从而更具有针对性地进行补漏纠偏，完善政策，改进管理，促进土地管理工作深入到位。

2. 优化调控方式，解决农村建设用地规范难的问题。随着新农村建设步伐的加快，农村建设用地类型不断增多，规模不断增加。以集中居住、村委办公、秸秆回收、垃圾处理、村民文体场所为主，都使用本村组土地，执法难度较大。建议对此类用地，研究出台规范性管理意见，并戴帽下达年度用地计划，同时考虑简化审批环节，减免有关规费。

3. 强化队伍建设，解决土地执法监管保障不足的问题。一是建议协调人社部门根据执法区域大小、经济社会发展水平，适当增加执法监察人员编制，以基本适应土地执法监管工作量的不断增大。二是建议指导各级国土部门增设“土地卫片执法检查中心”，常态化、固定地从事本地区土地卫片执法检查工作的指导、组织、协调、落实和检查。三是建议提高执法监察人员待遇保障，出台保护从事执法监察工作的人员人身安全等相关规定，明确应有执法监察岗位性补贴、人身保险、意外伤害保险等，打消执法人员的后顾之忧。

4. 加强顶层协调，解决违法违规用地制止难的问题。15号令和省《暂行办法》都明确了土地监管中相关部门的共同责任，但是，在制止土地违法行为时，往往会出现国土部门“一头热”的尴尬现象。对此，建议国土资源部与供电、工商、税务等部门沟通联系，共同研究下发专项文件，构建起从上到下的联动执法机制。

5. 推动部门改革，解决土地执法强制权力缺乏的问题。赋予国土部门强制制止权、强制拆除权，一方面可通过国家对土地管理立法工作的加强，健全完善土地管理法律法规，尽量弥补法律在土地执法监管方面的缺陷和空白；另一方面可由地方政府在不与宪法、法律法规相抵触的前提下，在地方法律法规和规章中赋予国土资源执法监察机构必要的强制执行权。

作者：吴国栋

“三高一全”缔造不动产登记的“泰兴速度”

2016年5月31日，泰兴市首本不动产权证如期发放，标志着泰兴市不动产统一登记工作正式起航。截至8月18日，泰兴市不动产登记中心（以下简称“中心”）累计受理不动产登记10920件，档案查询6833件，日均登记188件，日查询量118件，各项工作规范有序、系统运行流畅、群众满意度高。

不动产统一登记是一项划时代工作，既无现成经验，又无借鉴模式，中心在不动产登记工作的探索中切实做到“三高一全”，在短短两个月的时间内，用智慧和拼搏精神书写了不动产登记新篇章，缔造了不动产登记的“泰兴速度”。

高效率的深度融合

从2016年4月1日三定方案下发到5月31日正式发证，短短两个月，中心实现了职能整合、机构设置、人员划转、窗口设置、职能划分等一系列科学高效的部署工作，为不动产登记工作的规范化运作奠定了基础。

在机构整合方面，市政府建立了由市领导任组长，市编办、法制办、国土、住建、农委、农工办、财政、税务等相关部门为成员单位的工作协调小组，负责协调全市不动产统一登记工作，解决职责、业务整合中遇到的重大问题，完善政策措施，协调相关事项。根据“三定方案”，明确由市不动产登记中心承担不动产登记工作，同时确定了中心的建制和机构设置。在人员划转方面，经多方协调，原房管局所有在岗在编人员整体划转。今年4月9日，正式进行了人员移交，真正实现了“人随事走，编随人走”。在档案移交方面，电子档案（包括档案扫描件）先行移交，纸质档案按计划分批次移交。一系列工作的扎实推进，促进了不动产统一登记工作顺利实施。在科室设置方面，新组建的不动产登记中心分设了综合科、权籍调查科、登记科、土地市场服务科四个科室，科学设置科室，明确科室职能，强化责任，落实到人。在业务整合方面，过渡期内，窗口工作日互派人员业务交流，弄清各自业务短板，确保尽快适应业务。利用节假日集中培训、微信群业务探讨等模式，全体人员以归零的心态多渠道、多方式学习，短期内实现了房、地业务的深度融合。

高标准的系统建设

不动产信息系统是规范化管理的基础，是保障不动产交易安全的重要保障，是不动产登记的重要载体。在信息系统建设方面，高标准规划、高起点建设，要求系统必须涵盖前期测绘成果管理、中期不动产登记、到后期档案管理的全过程管理，建成高标准、规范化信息系统。

加强测绘成果入库审核，确保不动产基础数据准确、规范。申请人提交测绘成果上传权籍管理系统后，中心对各测绘公司提交的测绘成果进行审核，经审核后的测绘成果在入库后，生成不动产单元号，并直接关联到不动产登记系统，形成了不动产登记系统的基础数据。

加强档案管理，系统关联，确保与不动产登记信息系统的正常对接。在不动产信息系统建设初期，将原房屋登记数据和原有土地登记数据进行移植，自动关联匹配了大部分数据，对于大量不适应、不兼容的房、地信息，在受理登记时，实行人工移植进入了新的不动产登记信息系统，进行数据匹配整合，通过信息关联，真正实现了房、地信息融合统一。

依附不动产登记系统，加强后期的档案管理利用。后期的档案管理包括建档、查询利用等均需依附不动产登记系统，实现了档案管理的科学化、信息化。目前中心整个档案系统实现了正常的查询、利用，确保了各项工作的顺利开展。真正实现了测绘成果、档案管理与不动产登记的有效衔接。现代化的信息系统为将来不动产信息系统全国联网奠定了坚实的基础。

高要求的全流程再造

梳理业务。人员整合到位后，中心安排业务骨干对原房屋及土地登记流程进行归纳总结，并按照条例和细则罗列的登记类型，结合我市实际和其他先进地区的成功经验，中心层面开展了多轮商讨，将复杂业务进行全方位梳理。

规避风险。针对可能存在的执行风险，召开不动产登记与政法系统研讨会，与局法规科、市政府法制办、市法院民事庭、行政庭、执行局等进行沟通，明确有关收件审查要求，规避风险。

再造流程。最后严格按照实施细则的规定进行流程再造和项目收件清单的确定，梳理出十大类41小类的登记类型，对每一收件材料要求和审核要点进行了明确，并印发到每个工作人员。对受理流程，中心制定出从权属调查、申请、受理、收费、审核、登簿、缮证、发证、建档一整套登记流程。

全方位的服务模式

建章立制、规范管理。为规范管理，窗口强化制度建设，先后制定了《窗口标准化管理制度》《窗口突发事件应急处理预案》《窗口疑难问题分级会商制度》《中心印章和权证管理制度》等一系列制度，规范化的管理，促进了服务质量的不断提升。

窗口设置、便民利民。中心设置了从业务咨询、档案查询、权籍调查、受理、审核、收费、缮证、发证一整套功能齐全的登记窗口。12个窗口同时平行全业务收件，咨询窗口专业咨询答疑，档案查询随到随查、查封解封专人负责，所有业务网上审批，特色服务常态化开展，极大方便了服务对象。配置了叫号系统，放置了办事指南、收件须知、登记业务相关表式，方便群众随时领取，开通了手机短信系统，及时进行提醒，告知办件结果。今后，我们即将开放微信公众号，开通微信查询功能，只要服务对象扫描“二维码”加关注，凭收件号均可查询办理状态。真正做到服务人性化，从点滴细节上体现为民服务的意识。

媒体跟进、宣传到位。为让群众熟悉政策，少走弯路，我们加大政策宣传力度，通过电视、网络、微信等传统媒体和新媒体广泛宣传，真正实现让信息多走路，让群众少跑腿。

促进不动产登记规范化是一项长期艰巨的任务，泰兴不动产登记中心在前期探索中取得了阶段性成果，在后续工作中，将再接再厉，强化管理，紧扣服务，促进不动产登记再上新台阶。

作者：栾 俊

诗赋选

银杏赋

上篇·神奇的传说

斗转星移，沧海桑田。

踏歌畅游，处处银杏林叠锦铺绣；登高望远，巍巍古银杏立地擎天。

问银杏：到处有青山，为何偏将泰兴恋作永恒家园？是沉醉于乡风的且厚且朴，还是感动于大地的至诚至善？

仙子的传说，美丽而浪漫。泰兴读懂了银杏的深藏苦心，银杏体会了泰兴的厚重情感。嫁给泰兴，是银杏永远自豪的选择；守望银杏，是泰兴永不舍弃的誓言。

古老的风情画，清新而悠远。银杏树下，祖先和后人可以跨时空交谈。夏日炎炎，绿树如盖，宛如前人辛劳的背影，缠满了后人的思念；金风悠悠，硕果摇铃，分明后人收获的欢乐，碰响了前人不变的心愿。

凤凰高歌，仙鹤欢鸣。祝福和祈望，共春风明月，年年岁岁，岁岁年年。

下篇·美好的家园

人间巨变，大地更新。东风化雨，盛世长春。

走出方寸小院，银杏家族蓬勃繁衍。银杏苗，见风长；银杏林，共潮生。多情最是古银杏，唯恐秋实成熟迟，急令子孙吐芳芬。圈圈年轮，初阳愿景，满月心情。

走出故园泰兴，豪迈走出国门。大佛指五洲飘香，珍奇果四海闻名。数颗晶莹在手，便把中国情结织满锦霞；一枚糯软入唇，顿教游子乡愁散作烟云。

走出古老的传说，人间重识精灵。银杏产业，科技创新。叶里画图仔细品，几多山高水长；果中文章精心读，满目霞蔚云蒸。

银杏环抱的村庄，四季良辰美景；银杏丰收的日子，漫天紫气祥云。祖先的歌谣，岁岁添新韵；田园的舞步，年年追春风。果似银，地生金；梦开花，喜盈门。岁月如酒，看醉了家园，万千风情！

丙戌夏日　刘鹏春

延陵赋

大江东去，浩浩泱泱。盈耳啸潮，一襟沧浪。襟江带海，是我延陵故乡。

千年赏心景物，四时悦目风光。莫地道无青峰，古银杏耸起巍巍翠岗；只因心有酒泉，老龙河润出暖暖醉乡。春花秋月收眼底，不尽锦绣图画；金风玉露入胸臆，连篇玑珠文章。广福疏钟，庆云清梵，西江暮雨，东郭朝阳。望江楼前潮欲上，征帆壮色；飞凤桥下风乍起，绿水生香。奎文阁，飞檐高悬梦驰星天之愿景；鲲化池，碧波轻摇鱼跃龙门之浮想。宝塔湾登高眺远：天边锦云追日去，尽是风流前贤；三井头饮水思源：井中倒影入梦来，每见白发亲娘……

地灵人杰，肥水沃土皆营养。聪慧与美德辉映，古风共正气和畅。顾孝子碑亭，恒久之感动寒暑不改；岳家军传说，永远之敬仰风雨无伤。古寺庙半成追忆，梵音今日犹可闻听，幸运钟总为故乡鸣响；老城墙唯见遗址，浮桥千年何曾吊起，迎福门长向未来开敞。昔日书院学堂踪迹可寻，缕缕书香弥散于历史殿堂；当年状元进士荣耀犹在，悠悠背景飘逸于岁月长廊。父子共及第，兄弟同登榜。佳话多少，生动了樵歌渔唱……

欣逢盛世，春暖人间，江山换颜，天地呈祥。新楼在白云间升高，长街于绿风里宽广。古银杏抖擞精神，美丽了寂寞和沧桑；名人路洋溢青春，行走着怀念与向往。厚德开泰，奋发图兴。前波后波逐长风，早潮晚潮催远航。征帆只问前程，彼岸无限风光。放眼量，天宽地阔，一路画卷，万般气象，雄且壮，慨而慷！

刘鹏春　己丑冬撰于沪上

泰兴赋

美哉泰兴，华夏之古邑，神州之名城。西江击浪济川而生，东海聚沙延陵随兴。南唐列祖昇元元年设县，历时千有余年。元代升为“上等县”，堪称江淮翘楚；今日评为“百强市”，名列苏中前茅。银杏之乡闻名遐迩，工贸新城冉冉崛起。襟江临海，接南连北，安泰吉祥，繁荣兴旺，正是：休闲的好去处、创业的大磁场。

地灵育人杰，英才济济耀故乡。无山有仙，仙气茫茫，声名鹊起；有水藏龙，龙风习习，钟灵一方。洪武翟善官至六部首，位显等同丞相；明季振宜编纂全唐诗，藏书天下无双。武状元“张八刀”武功盖世威震廷试场；文状元季驸马才气傲群计修庆云寺。道人余学先带头火烧震东市取消坑农猪子捐；中将朱履先率部攻打雨花台荣任阅兵总指挥。文学大家陆文夫小巷深处尝美食屡获全国大奖；科学巨匠丁文江崇山峻岭启宝匣实为地质之父。特级英雄杨根思气吞山河，道德模范刘绍安一诺千金。银杏小姐风姿绰约夺人眼球，体育健儿英姿飒爽称雄八方。各行各业，才俊蔚起，风流倜傥，兰亭奖、曹禺奖、鲁班奖……摘金夺银争荣光。

天宝生物华，景象烈烈诚可嘉。胜景悠悠，景胜引人，别有洞天；稀物多多，物稀为贵，独领风骚。宋高宗敕剔延祐观，三妃子泪积泣红洞。孝子祠尊位东郭隅，明文皇情至表其庐。法轮名塔隔水转斜，今人续顶告慰百家。高速公路星罗棋布四通八达笑接五洲；滨江新港卓尔不群船来舰往傲连四海。交错立交桥托梦上天游，别墅龙河湾驻足放长歌。休闲家怀馨开辟城中仙鹤湾，猪油酒旺销催生上海泰兴路。名人大道，绿树成荫，宽阔平坦，路路偕名人驰名；城中新村，整齐连片，时尚动感，村村为城市出彩。天蓝蓝，风动霄汉，云蒸霞蔚；水泱泱，鳞波浩瀚，影清景明；花艳艳，佳木葱茏，香气醉人。更有那，泰兴白果粒大壳薄软滑香糯，是神奇保健佳品，产量冠群县之首；黄桥烧饼香浓味正馅丰酥脆，为独特历史名点，影响遍神州大地。二氧化碳储量、纯度双冠中华；凤灵提琴销量、质地世界第一。

世易时移，日新月异。改革开放，弄潮搏浪。活力引四方聚焦，魅力招八面来风。林中百灵鸟跃跃欲试，全球五百强纷至沓来。泰兴人民亲商合资图发展，互动竞风流；跨国公司投资合作忙发财，双赢更有期。教育兴、建筑旺、农副盛，行行超群；银杏节、烧饼节、诗歌节，节节取胜；文明城、卫生城、生态城，样样可点。工业园区技术密集，创造滚滚财富；文化中心轻歌曼舞，彰显切切诗情。创建特色城匠心独运，描绘新蓝图自成一体。千里大地豪气干云，百万人民修身行善。厚德开泰，奋发图兴。美哉泰兴，万千大势正翻涌；壮哉泰兴，一飞冲天堪指日。

作者：陆进富

摘自《泰兴年鉴（2010）》

跋

《泰兴市国土资源志（1996—2018）》历经数年耕耘，终于付梓。这是泰兴国土资源管理史上的一件盛事，值得庆贺！

1996—2018年的光阴，只是历史长河中的一簇浪花，但在这十分短暂的历史中，全市国土资源系统的干部职工在改革开放大潮驱动下，为保护国土资源、保障经济发展，尽心尽力、尽职尽责，与时俱进、勇于求索，绘就出一幅令人钦羡的美丽画卷。土地利用总体规划编制、修编和适时调整完善，收到以规划引领和管控用地的效果；土地复垦整理和保护，以实现耕地占补平衡；土地市场经营和管理，促使土地由资源管理向资源和资产并重管理的步伐更加稳健；三项建设用地的法治化、规范化管理，为泰兴经济持续、健康、稳定发展提供可靠的保障；优化用地结构，挖潜、盘活存量土地及高标准厂房建设等设施，走出一条土地节约集约利用新路子；土地法规建设、执法监察和创建活动，持之以恒，常抓不懈，确保泰兴土地管理在法治轨道上健康运行；土地科技和信息化建设，加快国土资源管理科学化、信息化步伐；国土资源系统的政治思想建设、作风建设、廉政建设和业务建设，培养和锻造出一支有能力有素养的国土资源管理队伍……这些成果，离不开各级党委、政府和主管部门的领导和重视，离不开全市人民和社会各界人士的关心和支持。编纂本志，不仅为存史、资政服务，更是昭示今后，让每一代泰兴人都确立惜土如金的理念，不忘土地市情，增强土地资源忧患意识，高度重视和坚守耕地红线，更加热爱这片土地。

本志的编纂出版是我们国土资源系统全体干部职工对昨天泰兴国土资源管理事业的诠释。泰兴国土资源管理事业的今天，国土人正在谱写；泰兴国土资源管理事业的明天，期待国土人去描绘。因此，我们国土人使命光荣，责任重大。我们将进一步加快城乡统筹发展路径创新探索步伐，促进资源优化配置，奋力推进经济发展方式根本性转变。在农村耕地连片有效保护、农业现代化成功推进、农民收入显著提高的同时，加速工业化、城市化进程，让城乡居民共享科学发展丰硕成果，同瞻中国特色美好愿景。

在该志编纂出版工作中，得到社会各界的关注和支持，凝聚了各方面的智慧及心血。全体编纂人员笔耕不辍，有关专家学者悉心指导，本系统干部职工积极参与。值此该志行将交付出版之际，向所有为该志付出辛勤劳动的人们，致以诚挚的谢意。

泰兴市自然资源和规划局党委书记、局长　栾　俊

2021年12月

编后记

编纂《泰兴市国土资源志（1996—2018）》的工作，始于2017年7月，历经数载，经精雕细刻，反复修改，最终完成志书编纂成稿工作。

编纂《泰兴市国土资源志（1996—2018）》是一件功在当代、惠及子孙的大事。编纂工作启动前，市国土资源局专门成立国土资源志编纂委员会，编纂委员会下设办公室和编写组。编纂工作中，市国土资源局党委高度重视并十分关心志书编纂工作。党委书记、局长、志书编纂委员会主任孙红东先后10多次在工作会议上强调，编委会全体成员要以"朝受命、夕饮冰"的事业心和"误一字，夜难寐"的责任感，将编纂《泰兴市国土资源志（1996—2018）》作为国土文化建设工程的重要抓手，有继承、有创新、有重点地抓好编纂工作。党委委员、分管副局长、志书编纂委员会副主任顾海荣亲自组织协调、审核把关、帮助解决编写工作中遇到的困难和问题。局领导班子其他成员也给予了各方面的关心和支持。局办公室定期督查编写进度，督促各科室（中心）、基层分局主动及时提供资料。市党史方志办公室翁元锋科长等对志稿的撰写全程精心指导，倾注大量精力，给予极大关心，从志稿的凡例、编目到形成的征求意见稿及审查稿，提出许多宝贵意见。同时，在志稿征求意见过程中，陈保桂、孙冬英等老同志对志稿也提出了一些宝贵意见，较好地提升了志稿的质量。

编纂工作开始后，修志人员到市党史方志办公室征询、学习编纂志书的基础知识和基本要求，并到靖江市国土资源局学习编纂国土资源志的经验，为修志人员掌握修志业务技能打下基础。修志人员首先拟写志书的凡例和编目，经征求国土资源志编纂委员会和市党史方志办公室领导的意见后，进行修改、调整和落定。此后，修志人员按编目需求，到市档案馆调阅档案300余卷，在局档案室翻阅档案600余卷，前后阅览收集资料约100万字，基本掌握了编纂志书所需最详细真实的第一手资料。

在志稿编纂过程中，修志人员根据掌握的资料，以编目章节为单元，按章编写，逐章落稿。按此做法，全志内容一共13章。经过1年零4个月一丝不苟、认真编纂、反复修改等大量艰苦细致的工作，于2018年11月完成第一次征求意见稿。第一次征求意见稿编纂年限为1996—2016年，2019年市国土资源局与市规划局、市林业局合并组建新的市自然资源和规划局，为顺应国家机构体制改革，志稿编纂年限由2016年年底续写至2018年年底（部分内容续写至2019年年初）。修志人员在对《泰兴市国土资源志（1996—2016）》征求意见期间，一方面把征求的意见，对应各章节进行修改、充实；另一方面收集2017年、2018年两年的资料，将志稿进行补充和完善。2019 年 11 月，历经一年时间，先后易稿 8 次，最终形成《泰兴市国土资源志（1996—2018）》第二次征求意见稿，再次送交市党史方志办公室、局各科室、基层分局及退休老领导，分别征求他们的意见。此后，修志人员针对提出的各类意见进一步进行内容补充、篇目修改、部分章节的调整，经过近 6 个月的艰辛努力，易稿、核校多次，形成送审稿，送交市党史方志办公室及泰州市自然资源和规划局审查。

2020 年 5 月 21 日，市自然资源和规划局特邀市党史方志办公室翁元锋、张留红、蒋淑颖科长和泰州市自然资源和规划局有关领导和专家对送审稿进行审查评鉴。修志人员根据审查评鉴意见又进一步修改和完善，最终成稿。

这部志书的编纂成稿，得到方方面面的大力支持，凝结着编纂委员会、市党史方志办公室、编写组、资料采编人员、评审专家的汗水和心血，是集体智慧的结晶。值此志书出版之际，谨向为本志编纂、考订、打印校核、评审、图片拍摄者、出版工作等付出辛勤劳动的人们，致以衷心的感谢和崇高的敬意！

国土资源管理工作是一项多门类、多学科的系统工程，志书编纂工作更是一项业务技能较强的工作，由于我们经验不足、水平有限，任务重、人手少，难免有缺漏、瑕疵之处，敬请社会各界和有识之士批评指正。

编　者

2021 年 11 月